中国近代史学文献丛刊

王　东　李孝迁／主编

近代中国学者论日本汉学

贾菁菁／编校

上海古籍出版社

2018年度国家出版基金资助项目

上海高校服务国家重大战略出版工程

上海市教育委员会科研创新计划重大项目
"重构中国：中国现代史学的知识谱系（1901—1949）"
（2017-01-07-00-05-E00029）

2018年度国家社科基金重大项目
"域外史学在华百年传播史（多卷本）"
（项目批准号 18ZDA214）

丛刊缘起

学术的发展离不开新史料、新视野和新方法,而新史料则尤为关键。就史学而言,世人尝谓无史料便无史学。王国维曾说:"古来新学问之起,大都由于新发现。"无独有偶,陈寅恪亦以为"一时代之学术,必有其新材料与新问题",取用此材料,以研求问题,则为此时代学术之新潮流;顺此潮流者,谓之预流,否则谓之未入流。王、陈二氏所言,实为至论。抚今追昔,中国史学之发达,每每与新史料的发现有着内在联系。举凡学术领域之开拓、学术热点之生成,乃至学术风气之转移、研究方法之创新,往往均缘起于新史料之发现。职是之故,丛刊之编辑,即旨在为中国近代史学史学科向纵深推进,提供丰富的史料支持。

当下的数字化技术为发掘新史料提供了捷径。晚近以来大量文献数据库的推陈出新,中西文报刊图书资料的影印和数字化,各地图书馆、档案馆开放程度的提高,近代学人文集、书信、日记不断影印整理出版,凡此种种,都注定这个时代将是一个史料大发现的时代。我们有幸处在一个图书资讯极度发达的年代,当不负时代赋予我们的绝好机遇,做出更好的研究业绩。

以往研究中国近代史学,大多关注史家生平及其著作,所用材料以正式出版的书籍和期刊文献为主,研究主题和视野均有很大的局限。如果放宽学术视野,把史学作为整个社会、政治、思潮的有机组成部分,互相联络,那么研究中国近代史学所凭借的资料将甚为丰富,且对其也有更为立体动态的观察,而不仅就史论史。令人遗憾的是,近代史学文献资料尚未有系统全面的搜集和整理,从而成为学科发展的瓶颈之一。适值数字化时代,我们有志于从事这项为人作嫁衣裳的事业,推出《中国近代史学文献丛刊》,计划陆续出版各种文献资料,以飨学界同仁。

丛刊收录文献的原则：其一"详人所略，略人所详"，丛刊以发掘新史料为主，尤其是中西文报刊以及档案资料；其二"应有尽有，应无尽无"，丛刊并非常见文献的大杂烩，在文献搜集的广度和深度上，力求涸泽而渔，为研究者提供一份全新的资料，使之具有长久的学术价值。我们立志让丛刊成为相关研究者的案头必备。

这项资料整理工作，涉及面极广，非凭一手一足之力，亦非一朝一夕之功，便可期而成，必待众缘，发挥集体作业的优势，方能集腋成裘，形成规模。华东师范大学历史学系，在史学理论与史学史研究领域有着长久深厚的学术传统，素为海内外所共识。我们有责任，也有雄心和耐心为本学科的发展贡献绵薄之力。在当下的学术评价机制中，这些努力或许不被认可，然为学术自身计，不较一时得失，同仁仍勉力为之。

欢迎学界同道的批评！

前　言

　　近代以降，域外汉学名家辈出，成就斐然。其间，起步既早，涉入亦深的，当推比邻之日本。日本在历史上受到了中国文化的巨大影响，与中国共享着汉字文化、儒家价值、律令制度等共同的文化质素，由此形成了被称为"汉学"的学问。研读左国史汉，习作汉字汉诗，曾经是日本知识分子所必须具备的教养。明治开国之后，欧化主义的风潮代之而起，竞逐西洋学术成为新的主流。欧美学制的大学、学会被迅速移植，新的学科分类与方法向汉学提出巨大挑战的同时，亦促使其超越传统，展演出新的内容。东京帝国大学将汉学分化为支那哲学、支那文学、支那史学，京都帝国大学又在此基础上增设了语学、考古学、人文地理学，分别由狩野直喜、服部宇之吉、白鸟库吉、内藤湖南、桑原骘藏、铃木虎雄诸硕学执教。以东西两所大学为导向，东洋学、支那学空前繁荣，若陈垣在不同场合多次喟叹："现在中外学者谈汉学，不是说巴黎如何，就是说西京（日本京都）如何。"[①]至二十世纪上半叶，日本汉学不仅开启了考古学、人类学、民俗学等新的学科，而且在戏曲小说史、敦煌学、满蒙史、美术史等专门领域产生了极具影响力的著说，成为彼时亚洲告别传统，一领风气之先，最早步入近代学术的场域。

　　国内大规模引入日本汉学是在甲午之后。甲午之前，极少有日本书籍被绍介并翻译过来，不仅数量上微不足道，且多为日本人自译。迨至甲午，长久以来的足己自封与自负才被打破，学人试图通过改造学术以推动社会变革、救亡国家，泰西之学于是裹挟风雷奔涌而来。虽名为西学，方向上却来自一西一东，"东学"日本因文字、地理之便，成为取径西学的急就之选，"以求学之正格论之，必当于西而不于东；而急就之

[①] 郑天挺：《五十自述》，《天津文史资料选辑》第28辑，天津人民出版社，1984年，第8页。

法,东固有未可厚非者矣"。① 各种官书局、译书局纷纷设立,派人专司选译日书;维新派之康梁呼吁译书之余,请来古城贞吉负责《时务报》之翻译栏;日语的专门学校也陆续出现,罗振玉主持东文学社,聘请藤田丰八充任教习并翻译日书;负笈东游的留日学生,更投身到译书大潮中成为主力军,译述之业于是大盛。民国肇建之后,中日关系不断恶化,日书汉译整体有所衰减,然在抗战军兴之前仍保持稳步增长。相较而言,清末的译书因翻译粗漏、急功急利而被诟病为"梁启超式的输入",无组织、无选择,本末不具,贪多求快。民国之后则显现出沉潜的进步,翻译有了更多的自觉意识和主体性选择,译者虽仍以留日学生为主,但在各个领域都出现了由研究学者、专家充任译者的现象,如钱稻孙、蔡元培、林同济、梁园东、冯承钧、王古鲁、黄现璠、汪馥泉、隋树森、贺昌群等,人才云集;书目上也明显地从普通读物向学术著述倾斜,大量汉学著述趁此潮流被译介过来。

　　汉译日书的引入和传播,对中国学界造成了难以估量的影响。近代学术新旧递嬗之际的观念、方法、工具及焦点的变迁,都或多或少地借助了日本的经验。而当更深入地勾画汉学输入的思想脉络,抑或更细致地观察学人的因应与反思时,一些关键环节的历史图像仍是缺失的。亦即,日本汉学进入中国之后,阅读的历史是怎样的?阅读是输入与受容的中间节点,串联起关乎"生产、发行、接受"的完整的知识之旅。近代学人是如何倡始新学术,建构新知识、创立新学科的,恐怕都要从他们对新学接受的渠道——阅读开始。他们读了哪些书,做了怎样的评论与回应?中日学术交相比照之下,他们有何启发与反思?又借此得到了哪些新的观念与知识?关于此,有一类史料还未得到足够地考掘,即书评。

　　20、30 年代,以出版事业的繁荣为背景,书评开始大量出现。报刊、杂志的勃兴,为书评的刊载与传播提供了载体和媒介。专门的读书与书评类刊物如《读书杂志》、《图书月报》、《读书月刊》、《中国新书月报》、《图书评论》、《图书季刊》等相继出现,各类学会及研究机构陆续创办学术期刊,各大报纸开设图书类副刊也蔚为潮流,如《大公报》之《图

---

① 梁启超:《东籍月旦》,《饮冰室合集·文集》第 4 册,中华书局,2015 年,第 80 页。

书副刊》影响力最大,一时间大量书评风发泉涌。书评的涌现体现了知识生产、流通与传播的彻底改变。阅读体验不再是私人性质的读书札记,而是更具有共时性与对话性质的专书专评,推介什么书、评论如何,反映评论者的学术见解的同时,也直观地反映了当时学术界的研究状况与发展趋向。学人的知识、体验、观点被快速地汇聚、分享、传播,"同时代人的同声相应"[①]成为可能。更重要的是,书评提供了一个更具普遍意义的群体性视角。书评作者中不乏各个专门领域的学者,他们学养深厚、精通专门知识,广泛地汲取域外之学术,并积极地绍介进来,如钱穆、周一良、白寿彝、钱稻孙、童书业、吴晗等都撰写了高水平、高质量的书评文章。与此同时,书评作者中也有普通的受教育者。相对于"学者"而言,"读者"的身份更加普通、广泛,他们如何援引西学、评断学术,值得记录,亦可更加多元全面地再现日本汉学输入的历史图景。

本书以近代报刊、杂志为主,搜集整理日本汉学著作的书评。书评选录标准:发表时间介于1912—1949年;评介对象为日文原著或汉译日书;内容偏重于以史学、文学为主的人文学科;既包括全书而论的文章,也收录了截取部分章节而议论的作品。编校原则尽量依据原本,录入除明显的错字、别字之外,文字大多维持原貌,标点及分段以现在通行标准稍作调整。最后按照内容之相近,分别门类排序。囿于闻见,加之学识有限,本书文献取舍多有不足,校订错误也在所难免,尚祈方家学者不吝赐正。

贾菁菁
2018年夏华东师大历史学系

[①] 顾颉刚:《古史辨》第5册自序,上海书店出版社,1935年,第1页。

目 录

丛刊缘起 / 1
前言 / 1

评佐野袈裟美的《中国历史读本》 吕振羽 / 1
评《中国历史教程》 童书业 / 6
《东洋古代史》 铁 谷 / 11
饭岛忠夫《支那古代史论》评述 刘朝阳 / 14
评早川二郎的中国古代社会论 胡瑞梁 / 34
评森谷克己《中国社会经济史》 陈焕益 / 42
读森谷克己《中国社会经济史》 曾永潜 / 57
介绍《支那社会经济史》(附批评) 忆 恬 / 60
《中国社会经济史》 王味辛 / 65
中国社会历史是停滞倒退的么 吴 泽 / 69
评侵略主义者的中国历史观 华 岗 / 79
李继煌译述的高桑氏《中国文化史》 吴 晗 / 96
评《中国文化史》 寿 彝 / 103
评日人泷川龟太郎《史记会注考证》 钱 穆 / 106
评冈崎文夫著《魏晋南北朝通史》 周一良 / 114
关于《中国近世史》 李季谷 / 123
矢野仁一：《近世支那外交史》 蒋廷黻 / 126
《陆奥外交：日清战争之外交史的研究》 王信忠 / 128

《甲午战前日本挑战史》 问　渔 / 132

评《东洋历史大辞典》 梁容若 / 137

《东洋历史参考图谱》 滋　圃 / 147

《东洋读史地图》 禾　子 / 149

日本内藤湖南先生在中国史学上之贡献——《研几小录》及《读史丛录》提要 周一良 / 153

对于日本青山定男《中国历史地理研究的变迁》之辨正 张宏叔 / 169

评三宅俊成《中国风俗史略》 张荫麟 / 179

《中国秘密社会史》 罗尔纲 / 181

《大英博物馆所藏太平天国史料》考 谢兴尧 / 185

读陈啸仙译新城新藏《东洋天文学史大纲》 钱宝琮 / 193

《支那法制史研究》 王世杰 / 211

《中国建筑史》 仲 / 215

中国伦理学史 石　岑 / 220

评田崎仁义著《古代支那经济史》 石决明 / 222

读田崎仁义著《先秦经济史》后 张国柱 / 248

日本稻叶君山牙侩史补正 陈汉章 / 251

《唐宋时代金银之研究》 陈仲麓 / 256

读《元代奴隶考》——奴隶解放九项原因之批评 鞠清远 / 262

《中国经学史概说》 睎 / 268

读武内义雄《诸子概说》 赵幼文 / 272

评《先秦经籍考》 张季同 / 284

江侠庵编译《先秦经籍考》底胡译 慧　先 / 288

本田成之君《作易年代考》辨正及作易年代重考 靳德峻 / 292

《中国文学发凡》 张泽甫 / 310

《中国文学概论讲话》评介 王 岑 / 313

介绍日人盐谷温著《中国文学概论讲话》 王栋岑 / 317

《中国文学论集》 默 之 / 320

日人代庖的《中国文学论集》 一 岳 / 323

《南北戏曲源流考》 毓 / 325

评盐谷温《元曲概说》 卢 前 / 327

批评与介绍：青木正儿的《支那近世戏曲史》 陈子展 / 331

《中国近世戏曲史》述略 王世瑃 / 335

关于《中国近世戏曲史》 郑 震 / 338

读日本仓石武四郎的《目连救母行孝戏文研究》 钱南扬 / 343

森泰次郎的《作诗法讲话》 赵景深 / 348

金泽博士还历纪念《东洋语学之研究》 赦 / 352

介绍一本语学的著作：《汉音吴音之研究》（附表） 林春晖 / 355

《支那书籍解题（书目书志之部）》 何多源 / 361

《中西文化之交流》 维 / 364

《日支交涉史话》 钱稻孙 / 368

《西域文明史概论》 汪杨时 / 374

《西域文明史概论》 汪杨时 / 377

《西域文明史概论》的二种译本 于鹤年 / 380

《西域之佛教》 梁园东 / 383

读白鸟库吉博士《大秦之木难珠与印度之如意珠》（一）一文辨答
　　章鸿钊 / 385

《考证法显传》 汤用彤 / 397

《考证法显传》 泉 / 401

《张骞西征考》 克 凡 / 404

《渤海史考》 毓 / 406

《东胡民族考》 克凡 / 408

《敦煌秘籍留真》 周一良 / 412

读桑原骘藏《蒲寿庚考》札记 白寿彝 / 418

《蒙古史研究》 克 凡 / 425

《蒙古史》 冯承钧 / 428

《明初之满洲经略》 酉 生 / 433

箭内亘《可敦城考》驳义 唐长孺 / 438

《兀良哈及鞑靼考》 梁园东 / 443

《满洲发达史》 林同济 / 446

《明初之经营东北：驳日人矢野仁一博士谓明东北疆域限于边墙说》
　　刘选民 / 450

日本梅原末治博士新著三种 刘厚滋 / 462

《东亚考古学论考》(第一) 安志敏 / 471

《欧美搜储：支那古铜精华》 青 松 / 474

《战国式铜器之研究》 贺昌群 / 477

日本东亚考古学会刊行考古书籍四种 伯 平 / 480

《东方考古学丛刊甲种》读后记 安志敏 / 485

《考古学上より见たる辽之文化・图谱》 何怀德 / 496

评鸟居龙藏之《苗族调查报告》 江应梁 / 498

《东北亚洲搜访记》 沧 / 509

《第一次满蒙学述调查研究团报告》 鼎 / 511

《内蒙古、长城地带》 青 木 / 519

《支那文化史迹》介评 梁绳祎 / 522

《长安史迹考》 汤朝华 / 529

评杨炼译《长安史迹考》 周一良 / 536

评佐野袈裟美的《中国历史读本》

吕振羽

一

本来中国社会通史的完成,应该在先进国史学家的协助之下,由中国史学研究者来担任,要比较便易些。因为中国文化历史的久长,史料庞杂,真伪混淆。一个外国的史学家,究竟因为文字和其他条件等关系,是较难达到完满的结论的。因此沙发诺夫的《中国社会发展史》,森谷克己的《中国经济史》,虽然都能给予中国社会史研究部门以不少的影响与贡献,然而都未能获得相对正确的决定意义,同时也可说是相对的失败了。自然,这又是一部较正确的中国社会通史产生前之必然而又必要的经过,而且它必需要建筑在这些既有的成果之上的。另一方面,中国方面的社会史研究者,到目前止,甚至还不曾写出一部中国社会通史——姑无论其正确与否——着手书写而未曾完成的,除拙著《中国社会史》已出两册,尚缺秦至鸦片战争时代的一册和近百年的一册外,便有马乘风君的《中国经济史》出了一册,陶希圣、鞠清远两君合出了一部断代的《唐代经济史》,吴泽君的《中国社会史大纲》第一册则还不曾付梓,王渔邨君的《中国社会经济史》则系森谷克己《中国经济史》的缩本。说到这里,我们真是只有惭愧。

任何人也知道,这一工作——中国社会史的编著——是相当烦难的;不但需要对"史的唯物论"有高深的素养,而且需要对中国的所谓国学,有较深的素养,才能正确的去运用全部史料。可是关于"史的唯物论"即理论的素养,从纯研究的方面来说,也至少要同时对一般哲学、一般社会科学尤其是经济学和世界史有相当的素养，才能进行去认识"史的唯物论"。若说到认识的正确程度，那而且不是单单坐在研究室里的人们所能达到的，必须要从实践上去寻求，即从理论与实践之统一性上去寻求，才有可能；另一方面，不能应用正确的方法论的人们，即使其对所谓国学有较深的素养，也无法对史料达到正确的选择、搜集与认识的。像章太炎先生、黄季刚先生以至顾颉刚先生等，便是一些显例。

先进国的史学家，对方法论方面，有许多是不成问题的，而关于中国史料的搜求与考证上便成了问题；而我们这一群中国方面中国社会史研究者，却大多在两方面都成为问题，而表现着幼稚。

因此，佐野袈裟美的《中国历史读本》，一方面已引起我们的注意，一方面却也未能例外了。但对这一部新近出版而又为中国史学界所注意的著作，应该把它的内容加以评介，却又是必要的事情了。

二

著者除在《序说》中论究中国人种的起源问题和关于秦汉以前的中国古史研究史料问题外，全书的本文共分四篇十一章，第一篇所研究的为先阶级社会，第一章氏族制以前的社会，第二章氏族制社会；第二篇所研究的为奴隶制度社会，第三章关于中国的亚细亚生产方法，第四章关于周代奴隶制，第五章周代社会的经济状态，第六章周代社会的意特沃罗基；第三篇所研究的为官僚的——中央集权的封建制时代，第七章官僚的——中央集权的封建制的成立时代，第八章官僚的——中央集权的封建制的全盛时代，第九章官僚的——中央集权的封建的沉滞和发展之交错时代；第四篇所研究的为近百年的社会，第十章外国资本主义的侵入和中国封建社会的崩坏过程、中国民族资本主义的发达，第十一章太平天国革命运动、布尔乔亚民主主义运动、反帝国主义运动。

先从本书的优点说，著者在研究的态度上异常客观，他想尽量去容纳各派的意见（自然，过犹不及，在这里未免不够批判的斗争的精神），这是值得指出的第一个优点。著者参照了柯瓦列夫和雷哈德等人关于"亚细亚生产方法"问题的意见，确认"亚细亚的"社会，即是意味着希腊、罗马而外之奴隶制社会。这在目前,在史学范畴中是有着决定的意义的。这是值得指出的第二个优点。著者对中国近代社会的观察,原则上还算不错,虽然仍缺乏充分的发挥和有些地方意见上仍陷于朦胧,却并不能抹煞其原则上的正确。这是值得指出的第三个优点。其次,在编制上,我认为有值得提出讨论的地方,著者在大体上虽有一个系统,但关于第三篇的组织,著者把秦、前汉、后汉、隋、唐、宋、元、明各朝代,各自分为一个小节目去论述,这未免太现零乱一点。

另一方面,在理论上,从大体上说,第一,著者没有把中国社会之发展的变动的具体内容明白的叙述出来,去把握其活的历史的具体内容,使读者读完本书之后,反而疑心自秦到"鸦片战争"时代的中国社会内部并没有什么发展,或者在循环。事实上,作为社会存在之各种因素的东西,都是在不断的发展着、变动着,即在较长时期之封建制度时代内,社会本身亦常有部分的质的变化。朝代的更换,也都是从生产方法内在的矛盾基础上发生出来的,并非偶然,而且后一朝代较前一朝代,都有其比较进步的内容;第二,在中国社会的发展过程中,外在矛盾诸关系,如外族的侵入与汉武、唐太、明太之向外发展等,以及地理等条件,这些曾给予中国社会的发展以何种影响作用。著者便完全没有提到;第三,著者没有拿严谨的态度从阶级以及阶级内的各阶层的关系之具体的构成上去分析中国社会各阶段的社会的构成和其运动。恰恰相反,著者在这一方面却异常朦胧。尤其关于意特沃罗基的说明,著者仿佛不懂得阶层思想论似的,例如关于春秋、战国时代诸子的思想,都未能明确的指出其阶级性来。又如关于近代布尔乔亚的民主运动,为什么有温和派和激烈派的分野,这都是有其不同阶层的立场的,著者也全未提到;第四,著者在术语的应用上也很欠严谨,例如关于秦汉以后的封建社会,仍沿用着所谓"官僚的——中央集权的封建制"这一术语,而不知去采用施大灵所发明的"专制的封建主义"那一术语。又如关于"国民经济"和"工场手工业"那些术语,都有其一定的时代性的,著者却未免随便应用。著者写本书时,似乎还没留心去读过苏联关于清算波克罗夫司基学派的各种报告和论文。

著者在理论上所犯错误最严重的地方:一,关于中国地主阶级借外力来镇压内乱的历史事实,十九没有明白的叙述出来;一,关于一九一五年日本帝国主义向袁世凯所提出的二十一条,著者是这样记述着:"对此(二十一条——吕)中国政府也不容易与以承诺,交涉便全陷于苦闷的状态。在这里,直至日本政府发出五月七日的最后觉书,延至五月二十五日才被解决。"(三三六页)不明白的叙述出承认的只是袁世凯,而中国民众甚至当时的国会,始终都没有承认与通过,所以才成为悬案,而乃模糊的叙述着"被解决",并以"中国政府"当之。在这里,佐野无异已成了日本帝国主义侵略主义的代言人了——至少也是著者的一种严重错误。

这还仅就其理论上的最重要之点来说的。

三

关于殷代以前的中国社会,著者曾采取了我在《史前期中国社会研究》中所发表的部分意见。关于殷周时代的中国社会,著者在原则上大体采取郭沫若的意见,只抛弃了郭沫若的关于"亚细亚生产方法"的见解,而另行采取柯瓦列夫等人关于这一问题的见解。在材料上,关于殷代部分,还是以郭沫若在《中国古代社会研究》中所引用的为规模,对郭氏关于甲骨文字的诸种著作中所收集的材料,似乎没有尽量去应用,对近年出土的殷代遗物和其考证,著者也似乎还没有留心到。所以仍不免有仅就部分的史料去说明一个时代的嫌疑,而且在应用史料和历史理论的关联这一点上,也还没能深入似的。关于西周及春秋、战国部分,在目前,中国方面本来也有不少和著者同见解的人。我自然不能拿我自己对于这一时期的意见去批评著者。不过著者对西周及春秋时代,只利用一些表现奴隶制象征的材料,去完满其自己的说明,而于另一方面的材料,则完全没有提及,或者把其时代往后拖。同时在有些材料的解释上,也未免勉强一点,例如把"庶人"、"庶民"都解作奴隶;把同一彝器中与"人鬲"并见的"夫"也解作与"人鬲"为同样性质的奴隶;又如把"十千维耦"解作二万个奴隶在一同耕种,不知此在言耕于陇亩的农奴(或者奴隶吧?)之多,并不是机械的人数的确称。关于秦汉,著者认为系中国封建制的成立期，但又认当时已行着现物地租。而在中国历史上是否有劳动地租之一形态存在过呢？著者却认为系存在于由奴隶制到封建制的过渡期，且在过渡期也同时已有现物地租的发现；在春秋甚至西周所表现的劳动地租的现象，著者认为不是地租，而是完全为奴隶主人所得的奴隶劳动。这些都是值得详细研究的。

关于"南北朝"，依著者的叙述，则中国历史的运动似乎在后退了。这完全由于没能正确的从内在与外在的矛盾诸关系上去说明它。关于唐代，依著者的叙述来看，他似乎对于历史上的封建庄园的内容组织欠明了；其次，他没有明白的叙述出官僚、地主、商人、高利贷者之四位一体，更没有叙述到在高利贷领域中之中亚细亚商人的作用及其与中国政府的勾结关系。关于宋朝，他说从"安史"乱后而崩坏的中央集权至宋朝才又复活。实际由秦汉到宋，根本就没有真正统一与集权过，例如秦之封侯，汉之诸侯王，三国之分立，晋之诸王，南北朝之北中国的地方封锁与南中国之权臣专横，唐朝的藩镇，五代的割据，都是极明白的事实。事实上到宋朝，确实是相对的统一与集权了。这由于到宋朝，自由商人这一因素的存在与发展，曾给予以决定的作用。著者没有理解到这一点，同时更没有理解到在商业资本领域中有自由商人的商业资本和官僚、地主、商人三位一体的商业资本的分别。所以著者常把那种独占商人作为商业布尔乔亚去说明。

这也仅就其最主要的几个地方来说的。

我虽然指出本书的这许多弱点，然在目前的中国，犹可谓此胜于彼，仍是值得一读的。不过读者能明白它的缺点，便能受益更多了。我这篇评介的文字，便在想从这方面去帮助读者。

最后，在殖民地化的中国文化界，无论哪一方面，都有一种"洋货胜过土货"的先天观念，所以对宗主国的出版物，总是囫囵吞枣，不问内容如何。这实是一种可耻而又危险的现象。我之要评介这本书，从这一点上来说，也是义不容辞的。

（《中山文化教育馆季刊》1937年第4卷第3期）

评《中国历史教程》

童书业

〔日〕佐野袈裟美著：《中国历史教程》，刘惠之、刘希宁译，上海读书生活出版社，1937年。

研究中国历史，应得以中国史书和中国社会为物件，这是不易的定理！但是现在的一班公式主义者却不是这样，他们可以闭着眼不看中国的社会，停着手不翻中国的史书，仅从几部公式主义的书中寻出中国的历史来，在这种研究方法下产生的著作，怎会摸得着一点中国历史的真正边际？

这种公式主义者，不但中国有，就是日本也很多，我且举出一位"在日本得到了非常的好评"的"支那史研究家"佐野袈裟美的著作作个例子，藉此即可证明"史学先进的国家"研究中国史已到了怎样的程度。

中国的"史的唯物论"专家，某位××大学名教授曾经这样说过：

> 佐野的中国历史读本（即《中国历史教程》），也有了中译本，这本书是根据最新史学知识写成的，当然也发挥着它固有的价值。（《近代中国启蒙运动史》页六一）

这本"根据最新史学知识"所写成的"名著"，最特别的见解，据说是"认定西周是奴隶制，春秋至战国是奴隶制转入封建制的过渡期"。现在我就把这"最有贡献"的见解来剖解一下，看看它的本质究竟有怎样的"价值"？

著者说："殷（商）民族被周民族灭亡以后，殷代诸氏族种族，就成了周民族的集团奴隶。"（页七七）他的证据是《春秋左氏传》上的一段话："分鲁公以……殷民六族，条氏、徐氏、萧氏、索氏、长勺氏、尾勺氏，使帅其宗氏,辑其分族,将其类丑,以法则周公。用即命于周,是使之职事于鲁,以昭周公之明德,分之土田陪敦,祝、宗、卜、史,备物、典策,官司、彝器,因商奄之民,命以《伯禽》,而封于少皞之虚。分康叔以……殷民七族,陶氏、施氏、繁氏、锜氏、樊氏、饥氏、终葵氏……命以《康诰》,而封于殷墟……"(定公四年)著者说:"上面引用的一段《左传》的记事,描写以鲁伯禽为族长和以康叔为族长的两集团周民族,分得了被征服的殷氏族种族共同体而把他们拿来做种族奴隶的情形。"(页七八)案:伯禽、康叔所分的"殷民"都是贵族,他们在征服氏族(殷周只能说是两个氏族而不能说成两个民族)的统治下,是仍维持着贵族的身份的,所以能"帅其宗氏,辑其分族,将其类丑,以法则周公",在周代,只有贵族才有所谓"宗氏"和"分族",才配"法则周公",奴隶是决不能如此的。大家如不信,我可举出一个坚强的证据,同年《左传》又说:"分唐叔以……怀姓九宗,职官五正,命以《唐诰》,而对于夏虚……""怀姓九宗"和"殷民六族""殷民七族"一样是被分的氏族,殷民是殷后,怀姓是鬼方之后(怀即是隗,隗是鬼方狄族的姓),都是被征服者。但隐公六年《左传》却说:"翼九宗五正顷父之嘉父,逆晋侯于随,纳诸鄂,晋人谓之鄂侯。"杜注说:"翼,晋旧都也,唐叔始封,受怀姓九宗,职官五正,遂世为晋强家。"可见怀姓九宗乃是晋国的贵族,决不是什么奴隶,怀姓九宗既不是奴隶,则所谓"殷民六族"、"殷民七族"也不是奴隶,已可断定了。

著者说:"由所谓'百工'表示出:种种的手工业者,成了用种族国家的国有奴隶而从事工作,在《尚书》的《洛诰》上有:'惟以在周工,往新邑,伻乡,即有僚(原注:各各就役),明作有功。'这表示出当周代经营东方的洛邑的新都的时候,从周的旧都运去了种种的手工业者。"(页一一五——一一六)案:《洛诰》所谓"予齐百工,伻从王于周","惟以在周工往新邑,伻乡,即有僚"的"百工"和"工"就是"百官"和"官"的异称,这是极普通的训诂学上的常识,"新史学家"佐野袈裟美竟会不知道,因之产生妙论,真使人佩服无从了。

著者说:"被支配阶级,被榨取阶级,虽然有臣、童仆、小人、群黎、庶民、农夫、人鬲、妾、黎民等不同的名称,但是这些都可以看为是奴隶。"(页一二四)案:"邑人"是奴隶,绝无证明。如果说"都"、"邑"同义,则

《诗经》上说:"彼都人士,狐裘黄黄,其容不改,出言有章,行归于周,万民厥望。"(《都人士》)"都人"分明是指贵族,盖"都人"、"邑人"与"鄙人"、"野人"正相对,"都人"、"邑人"指都邑中的上等人,"鄙人"、"野人"指在郊野的农民,前者是统治者,后者指被统治者,统治者怎会是奴隶呢?至于"小人",在古代,只是指地位低下的人(后来演为道德不好的人),也未必专指奴隶。《左传》上有许多自称"小人"的人分明是贵族,例如隐公元年《传》,郑国的颍谷(地名)封人(官名)颍考叔就对其国君郑庄公自称:"小人有母皆尝小人之食矣。"难道颍考叔是奴隶吗?又宣公十一年《传》,楚大夫申叔时对其国君庄王也曾自称:"吾侪小人。"难道申叔时也是奴隶吗?更妙的是一四八页著者把孔子所说的"小人比而不周"一句话认为"孔子把奴隶团结反抗的运动看为小人的朋比"。至于"庶民"更不是奴隶,《左传》哀公二年晋赵简子的誓师辞道:"克敌者:上大夫受县,下大夫受郡,士田十万,庶人、工、商遂,人臣隶圉免。"这可见"庶民"是下于大夫、士而高于"人臣隶圉"(奴隶)的阶级,即是所谓"齐民"(平民),《国语·周语》王子晋曰:"子孙为隶,不夷于民。"可见"民"(平民)与隶(奴隶)确是不同的(至于说"农夫"等都是奴隶,更是全无理由的胡闹)。这位"新史学大家"的错误,便在硬断周代为奴隶制的社会,硬把当时的社会分成单纯的贵族、奴隶两个阶级,而把中间阶级的平民完全抹杀不提,请大家看看这"新史学"的真面目!

据"新史学家"们的"祖国"的大史学家希尔特的《中国上古史》说:"王(周昭王)把征战这件事看成与和平时候的游猎没有差异,屡次游猎时都使人民的田圃陷于荒芜,因此大大引起了人民的愤怒,于是当王要渡江的时候,人民便以舟板的接缝不完全的船供王乘坐(原注:这是古来行政治暗杀时屡被使用的方法),船刚走到民(?)流便破裂,而王遂陷于水中了。王虽幸免于溺死,可是,这次事变的结果,他不久就死了。"著者根据这段话便说:"在这儿,反抗昭王的人民是属于怎样的阶级,是不大明确,但由于愤慨田圃被毁这一点看来,无疑是一些农民。"(页一二七)案:关于周昭王南征的事,较古的书籍上只有以下的一些记载:"昭王南征而不复。"(《左传》僖公四年)"昭王之时,王道微缺,昭王南巡狩,不返,卒于江上,其卒不赴告,讳之也。"(《史记·周本纪》)"(昭王十六年)伐荆楚,涉汉,遇大兕。""(十九年)丧六师于汉。""王南巡不返。"(《古本竹书纪年》)"周昭王亲将征荆蛮,辛余靡长且多力,为王右,还反,涉汉,梁败,王及祭公殒于汉中,辛余靡振王北济,反振祭公。"(《吕氏春秋·晋赐篇》)"昭王德衰南征济于汉,船人恶王,以胶船进王,王御船至中流胶液船解,王及祭公俱没于水中而崩。其右辛于靡,长臂,且多力,游振得王,周人讳之。"(《帝王世纪》)在古书上绝没有所谓"屡次游猎时都使人民的田圃陷于荒芜,因此大大引起了人民的愤怒"。这件事,"观国"的大史学家杜撰故事,"友邦"的大史学家据为典要,"敝国"的大史学家们便也奉为金科玉律了。

著者说:"由《左传》所载的下面的这段记事,也可以看为是叙述奴隶的反抗罢:齐懿公之为公子也,与邴歜之父争田,弗胜,及即位,乃掘而刖之,而使歜仆。纳阎职之妻,而使职骖乘。夏五月,公游于申池,二人……乃谋弑懿公,纳诸竹中归,舍爵而行。"(文公十八年)案:邴歜、阎职等也都是贵族,所以邴歜的父能与一位公子"争田",并且能使公子"弗胜",骖乘的官也非奴隶所能任。著者所以把二人认为奴隶,大约是误会了"仆"的一个字义,其实这里所谓"仆"是车御的意思,如哀公十一年《左传》:"晋悼公子愁亡在卫,使其女仆而田。"难道他是使他的女儿为奴隶吗?又如《论语》载:"子适卫,冉有仆。"难道孔子会使曾为季氏宰的学生冉有做奴隶吗?像这类训诂,都是极普通的常识,"新史学家"竟不知之,真使人骇异不置。

这部"名著"中的妙论着实不少,我们实在来不及鉴赏,姑且即此为止罢。但"名著"的中心观念已尽被摧毁,请著者原谅我们的鲁莽。呜周代的社会,其实是货真价实的封建社会,一点不必立异鸣高。别创新说的著者所以硬把它说成奴隶社会,一半是公式主义在脑海里作怪(氏族社会之后,封建社会之前必有个奴隶社会,是公式主义的一个一成不变的公式);一半是不肯读书(著者并不曾一读中国的史书,他所引的古书的文句,都从别人的著作中转引得来,所以错误百出,不值一驳)。其实只要是稍读些中国古书的人,便会承认战国以前没有奴隶社会的存在,所有的只是贵族农奴对立的封建社会(指西周至春秋的社会,至周代以前的社会,我们没有公式主义者那样大胆,敢于胡说)。关于这点,非这篇短文中所能评论,欲知其详,可参看顾颉刚先生的《中国封建社会的组织及其动摇》一文。我在这里只提出几条补充的证据,以证明周代的"农民"大部分系指农奴而言,这可以《左传》昭公二十六年:"民不迁,农不移,工贾不变"一节话证明之。这里的"民"是指士民(贵族平民间的中间分子,即低等贵族和自由农等),"农"便是指的农奴,他们是束缚在土地上不能自由移动的(自由农等在这种封建环境中也以"不迁"为原则)。但到春秋时代,他们已渐渐有流亡的事实发生:《诗·魏风·硕鼠》篇说:"硕鼠硕鼠,无食我黍,三岁贯女,莫我肯顾,逝将去女,适彼乐土。"这就是农奴反抗的呼声,但他们决不是什么奴隶,奴隶是没有说这类话的资格的(著者说当时农民没有贡纳谷类的事例,这也是不对的,因为《国语》中就有"其岁:收田一井,出稯禾秉刍缶米,不是过也,先王以为足"的话。其他记载贡纳谷物的文字,在古书上还很多,虽然所说的多是春秋中期以后的情形,或者是学者托古改制的话)。农奴的流亡,就促进了原始封建社会的崩溃。除农奴外,那时确已有自由农,如僖公三十三年《左传》:"臼季使,过冀,见冀缺耨,其妻馌之,敬,相待如宾。与之归,言诸文公……文公以为下军大夫。"襄公十四年:"(季札)弃其室而耕。"昭公二十年《传》:"(伍员)乃见鱄设诸焉,而耕于鄙。"冀缺伍员都是贵族的暂不得志者,公子季札更是一国的贵公子,其从事农耕,必非为农奴可知,当时若无自由农,这类事例便很难解释了。至于耕田的奴隶,当时称为"隶农",《国语·晋语》说:"其犹隶农也,虽获沃田而勤易之,将不克飨。为人而已。"这类"为人而已"的"隶农"才是真正的从事耕作的奴隶,著者不知引用这条可靠的史料,而但凭公式来附会古书的文句,多见其学识的不足和方法的不正当。但古时的有"隶农"虽是事实,而大部分的农民仍是农奴,犹之秦汉时自由农、佃农和耕作的奴隶同时存在,这些无论如何不能说是奴隶社会。

(《正言报·史地》1941年5月22日)

《东洋古代史》

铁 谷

桥本增吉著,日本东京平凡社出版,世界历史大系第三卷,日本昭和八年十月,六四六页。

这是三年前在日本出版的一本书。日本方面所谓"东洋史"的研究,实在讲起来以唐宋时代的研究最盛,自汉以后各朝的历史专攻的人也不少,但对于先秦的历史,研究者既少,著作也不甚多,桥本氏这本东洋古代史实是仅有的一部。此书共六百四十余页,附插图甚多,地图四幅。除去序言占五十余页外,全书的范围较广,包括中国、印度,与中部西部亚细亚。时代也长,自石器时代直叙至西晋。全书分五章:第一章讲中国与印度文明的起源及其通性与特性;第二章讲中国的文化与历史,自殷周至汉武帝时代;第三章讲印度,特别注重宗教思想的历史;第四章题为"亚细亚南北两系统民族的抗争",所谓南指中国,北指长城以北的匈奴等。这一章自汉武的外征叙至后汉中叶;第五章题"为佛教东传的初期",以佛教东传为主眼,自后汉中叶叙至西晋。

作者所以如此划分章节,原基于作者对于东洋古代史的一种特殊的看法。这特殊的看法有三点可以注意的:第一,作者以为中国上古的历史当至汉末魏晋来断代,殷周的历史和秦汉是无法分开的,中国文化到了汉代才是成熟期。[①] 这个意见当然是很正确的,比起一般中国的教科书中把先秦划入古代把汉划入中古较为合理,特别是春秋末叶到汉武帝中间这一段中国历史的大转变期,是无法来截断分述的。本来历史不能分期,但如果为便利强要来分时,以秦断代是最不聪明的

---

① 此意见亦见作者所著《明治以后历史学之发达》一书中一篇题名为《先秦时代史》的短文中。

事；第二，作者以为东洋文化中有两大结晶，一个是中国的儒教，一是印度的佛教。自印度佛教东传，中国承受以后，便在东洋文化史上产生了新局面。这一点当然也是很合理的。晋代一方面正承秦汉大帝国崩溃后一时搭不起台来，一方面正逢五胡的入侵，一方面又正是佛教逐渐普遍的时代，适足以作东洋古代史的结尾。若自政治史上来讲，淝水之战正是一个时代转折的好象征；第三，作者以为东亚古史可以南北两民族的竞争为枢纽。这叫我们联想起一般日本东洋史家，都必要把满蒙和中国作为两个单位看。即便我们躲开现今的政治冷眼来看古史，这一点也很难首肯。我以为，与其说汉代是南北民族的竞争，不如说汉代是中国势力的扩大与中国文化的广播为合理些。譬如罗马的历史，其初年说他是与加太基两民族的竞争还可以说得过去，到后来说他与日耳曼民族是抗争便有些勉强，何况中国古史中没有加太基，而五胡也决不能与日耳曼人作比较。因为日耳曼人是征服了罗马，缓缓地消化着罗马文化；而五胡则渐渐消融在中国的民族与文化的洪炉之中了的。

  至于桥本氏此著的内容，除掉讲印度及小亚细亚一部分我们不谈，在讲中国的部分中，大致说起来，和目下中国的教科书无什差别，简单平庸，无甚可取。第一章中叙述中国石器时代文化的大概，无什新材料，作者的结论也以为中国古代的民族与文化都是中国固有的，间或也受到外来文化的刺激。同章中仔细讨论尧舜及其他神话的问题，虽亦时有独到的见解，然而挽近十年来中国学者们研究的结果，作者一字未提，又似毫未理会，所以往往耗费了许多无需乎再讨论的话。殷代，作者根本怀疑甲骨，结果当然没有了史料可用。叙述周代时，虽然也怀疑文献的不可靠，但亦未能略略描出周代的轮廓来。春秋战国也讲得非常之简单。关于先秦部分（全书皆如此），作者丝毫未照顾中国近年史学界的成绩，所以叙述显然非常的幼稚，而作者自己也丝毫未曾贡献什么自己特殊研究的意见或结论。

  秦、汉、魏、西晋这五百余年的历史，除了对匈奴的战争和西域的交通较详外，其余也只是一个简单的政治史的大纲。题为"东洋古代文化"的一节，专讲中国周秦两汉文化的，连附图只占了二十页，当然仅能略略点描而已。去年岁末日本东京新光社出版的《世界文化史大系》

中，出版了一本《汉魏六朝时代》（大系第六册），是由十几位学者分头写的，此书关于秦汉魏晋部分比较桥本氏之作远胜过十倍了。

桥本氏此著全体看起来，本是东洋上古史的一个简单的概要，除了加入印度及西亚方面的一些叙述外，和我们普通的高中教科书相类似。我们不明白为什么作者不采纳近年中国学者们研究的结果，以致叙述之中很多地方显得腐旧而粗浅。如果这些地方能够修补起来未尝不尚可称为是一本东洋上古史入门的可读的书。至于作者对东洋古史的看法，甚有可取之处，已如上述。

再者，由本书的序言来看，此书仿佛只为日人所写，所以其中鼓励本国人的话似乎非常之多。作者大约认为中国印度的文化的光荣都已成过去，而西洋人的蹂躏世界来到东方，日本不得不作亚细亚民族觉醒的先驱。而世界上能"辐辏集合"东西各种的文明的只有日本一国，因此作者说：

> 如果将来真把东西两洋的各种文化打成一片，要创建真正有意味的世界文化，这种重大的任务，恐怕除了日本民族以外，相信别处是找不到的。这一点我们民族对世界重大的负担，重大的使命，不可不自觉。（原书第十四页）

这类自负的话已经失掉科学的历史家的态度，但今日世界上帝国主义的民族，所自派的任务，自定的使命，虽然不同，不都是这样自负吗？

（《中国社会经济史集刊》1937年第5卷第2期）

饭岛忠夫《支那古代史论》评述

刘朝阳

（Ⅰ）绪　　言

最近日本以研究中国天文学史出名者二人，即新城新藏与饭岛忠夫是也。新城主张中国古代之天文学，自为独立之发展；饭岛则谓中国古代之天文学，曾经大受西方之影响。此二理论互相辩驳，非常起劲。其开始在一九一一年，饭岛在《东洋学报》发表《由汉代历法发现左传为伪作》一文。随后一九一三年，新城亦在《艺文杂志》发表《支那上代之历法》一文。一九一八年冬，新城又作《据岁星记事研究左传国语之制作年代与干支纪年法之发达》，登载《艺文杂志》，以驳饭岛之说。翌年，饭岛又发表《再论左传著作之时代》，试为辩护。一九二〇年由夏至冬，新城作《再论左传国语之制作年代》及《见于汉代诸种历法论》，载《艺文杂志》，欲谋根本推翻饭岛之说。一九二一年饭岛又有《中国上代之希腊文化影响与儒教经典之完成》一文，连载《东洋学报》，益复扩张其说。是年七月十月之间，新城、饭岛皆在帝国学士院各陈意见，新城又在大阪《朝日新闻》发表《东洋文明渊源之论争》一篇，备述两说之梗概而驳饭岛之说。一九二二年，饭岛作《干支五行说与颛顼历》，登载《支那学杂志》，并有《支那古历法余论》一文，登载《东洋学报》，指摘新城之缺点。翌年，饭岛又作《印度之古历与吠陀成立之年代》一文，载《东洋学报》。一九二五年，饭岛作《中国天文学之组织及其起源》，登载《白鸟博士还历纪念东洋史论丛》(《科学》第十一卷第六期有陈啸仙译文)，是年又作《支那古代史论》一书，总汇前此之论文，都二十九章，又附论一篇，共五百四十一页,由东洋文库刊行。此外又有桥本增吉者,亦曾参加论战;桥本初亦主张外来之说,后则变为折衷之谈。此后新城与饭岛仍继续辩驳,似未求出十分明确之结论。

新城与饭岛之辩驳,与吾国前此由顾颉刚发动之古史论战,堪称无独有偶,且就其问题之性质而言,彼此亦有极密切之关系。新城之辩证,略见《东汉以前中国天文学史大纲》一文(陈啸仙有译文),饭岛之议论,将于本篇详论之。观于新城与饭岛论辩之题目,可知二人之目的,皆不仅欲直接解决中国古代天文学史之问题,且欲连带考究中国古代经籍之年代。饭岛忠夫自叙《支那古代史论》谓:

> 支那古代史之资料,最古且亦最重要者,厥为儒教之经典。经典寓理想,而历史则传事实。经典所录,不必尽为事实。故欲阐明支那古代之事实,必须先事批判儒教之经典。
>
> 儒教经典所寓之理想,即为儒教之哲学、伦理学、政治学等。此诸学者皆与天文历法之学互相提携,全体具有占星术之色彩。故以现今之天文学知识,论究支那古代之天文历法,推定其成立之年代,对于儒教经典完成年代之决定,为一最有力之根据。明了儒教经典之完成年代,则支那古代史之批判之第一步工作斯成就矣。

云云,亦可明白其旨趣之所在。案今国内学者,正欲努力辨别古书之真伪,以为研究古史之门径。饭岛专从天文方面,试做此种工作,其所论列,殊多精切之辨证,盖对于某几问题,即无他方面之参证,亦可视为颠扑不灭之定论矣,是诚不可不作一度之详细介绍也。

抑研究中国经籍所含之天文材料,不仅可以辨别经籍之真伪而推测其年代,且可因此得知中国古代与西方诸国果有交通与否,后者亦中国古代史上之一重大问题也。依据饭岛之意见,远在春秋战国之前,中西交通即已开始,西方之天文学历法因即输入中国。此其为说,虽尚不能博得大多数人之同意,然有一事,似殊有注意之价值,即若假定,就古代之天文历法而言,中国与希腊、巴比伦诸国真有互相沟通之形迹,此即谓,中国之天文历法果曾受到西方诸国之影响,如饭岛之所提议,或西方诸国之天文历法曾受中国之影响,如新城之所暗示(参看新城新藏

《二十八宿之起源说》，原文见一九一八年日本《史林》第三卷，《学艺》第九卷第四、五号有沈璿译文；又饭岛忠夫《中国古代天文学成立之研究》，原文登一九二六年《东洋学报》第十五卷第四号，《科学》第十一卷第十二期有陈啸仙译文），则专从此点出发，亦已尽可使人断定，在古代时，中西民族并非完全隔绝，不相往来。惟此问题所牵涉之事甚多，现在似尚未能求得确切之答案，只有待诸将来耳。

总括言之，饭岛忠夫之《支那古代史论》所研究者即为(1)中国古代天文历法，(2)中西古国之交通及(3)中国经籍之成书年代三大问题。此处将先略述此书之主要结论，然后依次讨论其独到之见解，并将可以怀疑之点，略为检举，敬以质之高明。

（Ⅱ）主 要 之 结 论

饭岛忠夫依据现今之天文知识，考究中国古籍所有关于天文方面之记述，因得明白中国古代天文历法之统系，中西天文历法之关系，并得推定各种古籍之成书年代。兹特综汇其结论，取其重要者，以次分述如左。

a. 天文历法之组织

(1) 中国古代之天文学实为一种占星术。其关于宇宙生成之理论，可以《淮南子·天文训》为代表，关于星座之组织，则以《史记·天官书》为代表：此两方面皆受阴阳五行说之控制。历法之成立，乃系先用土圭，测量日晷，求出冬至之日，然后以牵牛初度为冬至点，以回复冬至点之时间为一年，一年凡三百六十五日四分之一，一月凡二十九日九百四十分之四百九十九，十九年置七闰，以十九年之四倍，即七十六年，为日月回复最初位置与最初状态之周期。

(2) 通常所谓黄帝、颛顼、夏、殷、周、鲁六历，计算方法皆与四分法同。颛顼历自秦始皇二十六年，即西纪前二百二十一年开始实行，至汉武帝太初元年，即西纪前一百零四年废止，其历元为西纪前三百六十六年。其余五历皆前汉历家伪托之说。

(3) 十干十二支之名称，与阴阳五行说有密切关系，其出世在阴阳五行说成立之后，其原来之分配，乃自甲寅始，至癸丑终。

（4）刘歆之《三统历》仅在邓平之八十一分术上面加上五星之周期，故不过为太初历之第二回修正，并非刘歆独创。

（5）蚀之周期之知识，司马迁著《史记》时似已存在，惟旋失传，前汉之末，又有月蚀算法成立，后汉之末，日蚀之算法始有成立。

（6）牵牛初度之目标为 β Cipricorni 一星，以冬至点为在此星之年代，大约为西纪前四百五十三年。又从此计算二十八宿与《汉书·律历志》度数相合之年代，大约在西纪前三九六年与三八五年之间。

（7）北极星之一明者即 β Ursae Minoris。当以牵牛初度为冬至点之时，此星为接近北极最明之星，故其年代亦不矛盾。

（8）假定北斗之柄为北斗之第七星，并以初昏为午后七时，而考北斗柄所指方向与古代天文学所言者相合之年代；又就《淮南子·时则训》之招摇而加以考察：所得之年代大致皆与上述测定冬至点之年代相符。

（9）试称颛顼历以前不含阴阳五行说之古代历法为原历，然后由此历法算得西纪前七三二年至西纪前二八年间所有之朔旦冬至，与用现在之天文知识算出此数百年间之真朔旦冬至，互相对照，即知西纪前四四六年以后，西纪前二一八年以前之一时期，彼此最为相合，是可证明，原历在此期间，曾经实测冬至之点。又从他方面可以证明，在此时间之前，原历并未存在，故制定原历之年代，大约在西纪前四世纪顷，与测定冬至点之年代相符。

（10）测定木星之位置之年代，似为西纪前二九四年，或自西纪前三三〇年至二四六年之间。

根据以上之结果，饭岛忠夫断定，中国古代天文学之组织及阴阳五行之说，大约成立于西纪前三百年附近。

b. 中西天文历法之关系

（1）中国古代之宇宙生成论，颇与古希腊相似，希腊以 Zens 为木星之神，Ares 为火星之神，Cronos 为土星之神，Aphrodite 为金星之神，Hermes 为水星之神，与中国五天帝及五行星之关系相同。希腊在西纪前四世纪时，占星术已极发达。其他哲学思想，古代中国与希腊亦有相似之点。

（2）在西纪前四〇八年至三五五年之希腊名哲佑杜萨斯Eadoxus亦以三百六十五日四分一为一年。

（3）生于西纪前三七〇年之加利玻斯Callippus亦于西纪前三三〇年附近，创造七十六年之周期法，自亚力山大帝东征波斯之后，此法颇为通行。又希腊之原历与中国之原历，计算法完全相同，且同以西纪前四二八年之冬至日午前零时为一蔀之起点。

（4）希腊制定七十六年之法，其观察之基础，大约在西纪前四百年附近，与巴比仑测定春分点之年代相同，而后者又与中国测定冬至点之年代相同。

（5）依据Bouche，Lec Lercq，Cumont，Boll诸人之研究，巴比仑与亚叙利亚之占星术传入希腊，当在西纪前四世纪顷，故其成立，当远在此时期之前，而据Bezold之研究，亚叙利亚王Assurbanipal之书库中，有占星术书，其内容与《史记·天官书》颇为相似。又中国之五行说，与亚里斯多德（西纪前三八四至三二二年）之五行说，颇为相似。

（6）中国之二十八宿与巴比仑，印度之二十八宿或二十七宿，分明同出一源。

（7）巴比仑亦有木星纪年法，并曾推测五星之周期，以木星为十二年一周。印度之木星纪年法成立于西纪三〇〇年附近，与中国古代制定木星纪年法之年代相同，而印度此法，分明系自西方输入。

（8）巴比仑计算日蚀之法，有所谓沙罗斯Saros周期者，即以二百二十三个月为一周期。春秋所记三十六个日蚀之中，有二个日蚀，为中国全部所不能见，但假定为用沙罗斯法计算而得，则恰相合。

（9）中国古代所用之仪器，如晷仪、漏刻、浑天仪等，与古代西方诸国，极为相似。

（10）中国古代，乐历二者打成一片，与希腊皮达谷拉斯学派之乐理与天文学互相连络者极为相似。

（11）西纪前三三〇年间，亚力山大帝征服波斯，希腊之文化因此传播于东方各国。此时适当中国战国时代，学术突然发达，或即受其影响。又中国之丝，即于此时传入希腊，故东西交通已经开始，希腊之天文历法,大有传入中国之可能性。

(12) 西比利亚之叶尼塞 Yenisei 河上流,发掘古坟,发见青铜器之遗物,多带希腊文明初期米开内 Mycenae 与伊翁尼亚 Ionia 之美术色彩,又其中有圆形之镜,头部环有小刀,乃与中国古物相似。Minus(著有 *Scythians and Greeks* 一书,一九一三年出版)推测,此乃西纪前七世纪之遗物。据希腊古籍所载,希腊商人在此时期,确曾深入西比利亚之内地。此亦古代东西文化接触之一见证。

根据上述种种,饭岛忠夫断定中国古代之天文历法,乃自西方输入,并非土产。

c. 经籍之成书年代

(1)《史记》关于战国之事实,皆以《秦纪》为依据;今就天文历法而考究之,《秦纪》之记录大部分皆颇可靠,惟其编纂之时期,殆在始皇之朝。

(2)《吕氏春秋》之《序意》篇乃系《淮南子》以后之人所伪造。

(3)《春秋》之编述,大约在西纪前三百年附近以后,与孟轲及其学徒似有密切之关系。

(4) 今之《左传》与司马迁所谓《左氏春秋》不同。后者之成书年代,大约在西纪前三百年附近以后,似与《春秋》紧相联接。《史记》所称《国语》似与《左氏春秋》为同一书。至今所传之《左传》、《国语》,刘逢禄以为,乃系刘歆依据原有之《左氏春秋》修改增加而编成者,今从天文历法方面加以考究,刘逢禄之言,似甚可靠,惟《左传》昭公九年及哀公十七年关于陈亡之记载,似经杜预移改,又非刘歆之旧。

(5)《武成》一篇所有关于武王伐纣之年日及纪事,皆与《国语》符合,故为前汉末之著作。又从此点推定《召诰》、《洛诰》、《多方》、《顾命》、《毕命》、《丰刑》等篇皆与《三统历》相合,又《伊训》亦与《三统历》合。总而言之,所谓真古文《尚书》殆在前汉之末,始得成书。

今文《尚书》二十八篇,系在测定冬至点之后出世,大约为西纪前三百年附近以后之著作。《尧典》所言星象,与测定冬至点之时代相同;有谓此为尧时之星象,因可证明《尧典》之成书,确在尧帝时代者,理由实不充足。

(6)《诗经》所记天象,大部分代表西纪前三四百年间之状态,所记日蚀,与春秋符合。惟其所录民谣及祭祀所用之歌,或为前此传来;然三百篇之编纂完成,要不能远溯《书经》之前。

故据饭岛忠夫之意见,通常所谓中国最古经籍,如《书经》《诗经》、《春秋》《国语》《左传》,皆为西纪前三百年附近以后之著作,又谓严格言之,中国自西纪前七百二十二年以后,始为真正之历史时期,在此时期以前之记事,多为传说,不甚可靠。

至于中国古代之遗物,如鼎、彝、盘、钟等古铜器之铭文,国内学者考定为商、周、春秋之产品者,饭岛忠夫皆不十分信任,谓或为前汉末所伪造;又对于最近殷墟发见之甲骨文字,亦持怀疑态度,谓甲骨文字为用干支之名,而干支之出世,当在阴阳五行说组成之后云。

（Ⅲ）精切之考证

饭岛忠夫以《史记·天官书》与《汉书·律历志》之一部分代表中国古代之天文历法,故即以制定此两书内所载天文历法之年代为中国古代天文学之成立年代。对于此点,似尚有讨论之余地;惟其推定此两内书所载一种天文历法之成立年代,则极可靠。案《汉书·律历志》:

> 斗纲之端,连贯营室,织女之纪,指牵牛之初,以纪日月,故曰星纪,五星起其初,日月起其中。

又:

> 星纪:初,斗十二度,大雪;中,牵牛初,冬至;终于婺女七度。

可见当时通用之历,实以牵牛初度为冬至点。饭岛承认牵牛初度之代表星为 β Capricorni 将牵牛初度译为现在通用之赤经,当为二百七十度。现在天文学家已有极精确之公式,可以计算此种星球每年移易位置之度数。故据此星现在之赤经,从此公式,即可求出前此何时恰在二百七十度之位置,因此可以推测此种历法之制定年代。仿此亦可就《汉书·律历志》所记二十八宿之度数而推算其测定之年代。

《史记·天官书》:"天极星,其一明者太一常居也",又"前列直斗口三星,随北端兑,若见若不,曰阴德,或曰天一"。饭岛以为此处所谓"天一",为 β Ursae Minoris 附近不甚光明之三星,当时即以代表北极者,盖为其最近北极也。北极距黄道之极二十三度半,在其周围回转,凡二万五千九百年而一周。故据现在北极之位置,依其每年移动之度数,可以推定天极星末三星最近北极之年代。

又《史记·天官书》谓"斗为帝车,运于中央,临制四乡,分阴阳,建四时,均五行,移节度,定诸纪,皆系于斗",又"摄提者,直斗杓所指,以建时节"。《淮南子·天文训》亦以斗柄之所指,分别十二月及八节二十四气。饭岛曾考斗柄所指方向合于古代天文学之时期,大致与测定冬至点之时代相合。

饭岛忠夫曾经详细研究,得知汉代及其以前之历法,除三统历外,皆以三百六十五日四分之一为一年之长,十九年合二百三十五月,以其四倍七十六年为一周期。然在实际上,真正之年月,与此稍有差异,年数愈久,相差愈远,故此种历法所定之朔旦冬至,遂与真正之朔旦冬至不合。饭岛根据此历法,算出西纪前七三一年至西纪前二十八年间之朔旦冬至,并用最近之精确历法,算出此期间之真正朔旦冬至,两相比较,可以求出古历最为精确之一周期,即认为制定此种历法之年代。

饭岛又依据《史记·天官书》所谓"十二岁而周天"之木星行度,与木星之真正速度(一一·八六年)比较,求出两者最为适合之时期,因即估计最初测定木星位置之年代。

如此从各方面求出之年代,大致皆相符合,如(Ⅱ)所述。饭岛因此定断迄时通用之历,其创制之年代,大约为西纪前三四百年。此种结论似已毫无怀疑之余地。至于如此推定之年代,究竟是否即为中国最古天文历法之成立年代,则为另一问题,容后当详论之。

前此已言,饭岛忠夫考定《吕氏春秋》之《序意》一篇,并非吕不韦之原著,关于此点之辨证,亦颇值得注意。案《序意》篇谓:

> 维秦八年,岁在涒滩,秋,甲子朔,朔之日,良人请问十二纪。文信侯曰,尝得学黄帝之所以诲颛顼矣,爰有大圜在上,大矩在下,汝能法之,为民父母。盖闻古之清世,是法天地。凡十二纪者,所以纪治乱存亡也,所以知寿夭吉凶也,上揆之天,下验之地,中审之

人，若此则是非可不可无所遁矣。（下略）

世人大都以此为战国末期采用木星纪年法之惟一好例。

饭岛以为，此处之"秦八年"，当即始皇帝八年，查《史记·六国表》，即知此年为西纪前二三九年。又据《尔雅》，太岁"在申曰涒滩"。饭岛根据颛顼历以前之历法，求得此年七月确有甲子朔，此后三十一年之间，皆无秋甲子朔者，故知此处所谓八年，应非错误。然据饭岛详细研究之结果，得知颛顼历以前之历法，本以西纪前四九二六年为元始之年，其最初之日为正月朔旦立春，年月日皆当甲寅，其最初之时刻亦为寅，由此经过一大周期四千五百六十年，至西纪前三六六年，又回复同样之状态。秦始皇时，在此历法中，加入若干新意，将元始之年移至，由此历法算得之西纪前一五〇六年甲寅正月朔旦立春己巳之日，并自秦始皇二十六年（西纪前二二一年），将岁首之仪节，移至冬十月行之，此即颛顼历也，主其事者为吕不韦。吕氏既为改历之主动人物，西纪前二三九年距西纪前二二一年又不长久，书中所用，宣为亲自改定之颛顼历；顾依此历，从西纪前三三六年为甲寅年而计算之，则西纪前二二一年应为辛酉，并非申年。

饭岛忠夫又查《左传》、《国语》、《汉书·律历志》、《王莽传》所用"岁在"二字，皆指岁星之所在，并无指太岁之所在者。例如《王莽传》建国五年之"岁在寿星，苍龙癸酉"，八年之"岁缠星纪"，天凤七年之"岁在大梁，仓龙庚辰"，其明年之"岁在实沈，仓龙辛巳"，皆以苍龙代表太岁。至于"太岁在"连用之例，或以"岁在"指太岁所在者，惟在后汉有之。如《金石萃编》武氏祠石阙之铭：

建和元年，太岁在丁亥，三月庚戌朔。

敦煌长史武班碑：

建和元年，太岁在丁亥，二月辛巳朔。

孔庙礼器碑：

惟永寿二年，青龙在涒叹。

及荡阴令张迁表：

惟中平三年,岁在摄提。

后者乃当公元纪后一八六年。顾《吕氏春秋》之《序意》篇,用法乃与此同,宁非可怪。

又反映木星之神灵,《淮南子》之前似无专称为太岁者,《天文训》亦杂用"青龙"、"太阴"、"天一"等名词。在《淮南子》以前之《吕氏春秋》何得已用"太岁"一专门名词,且省略为"岁在"耶? 根据此等理由,饭岛乃断定《序意》篇为《淮南子》以后之人所伪托,似殊可信。

然饭岛忠夫《支那古代史论》一书所有之最重要且亦最有趣味之辨证,厥为考定《春秋》与《左传》之编纂年代。《春秋》所记之事,自鲁隐公元年,即西纪前七二二年起,至哀公十四年,即西纪前四八一年止,共二百四十二年。数千年来,吾国学者殆皆相信此书由孔子编纂而成。饭岛忠夫根本否认此说。依据彼之意见,《春秋》一书可疑之处约有七点:

(1) 每年必记春夏秋冬,其下接记月次,又次则记日之干支。前此已言,饭岛考定,干支之成为天文学组织之一部,与阴阳五行说有密切关系,而此说乃在战国时代始渐成立。

(2)《春秋》之内容,大有占星术之色彩,对于北斗、大辰似尤特别注意,例如大书特书:

有星孛入于北斗(文公十四年秋七月);

有星孛入于大辰(昭公十七年冬)。

北斗之值得注意,自为其指示时节,大辰之为人注意,则应为制定十二辰后之事,凡此皆在战国中期始有足够之天文知识。

(3) 闰月之配置殊不规则,是可表明历法尚未成立;然从其他方面观之,又似已有历法,故自相矛盾。

(4)《春秋》所记正月,其在春秋初期,大抵为冬至之后一月,中期之后,则又即为冬至之月,故其所取,忽为殷正,忽为周正,殊属可疑。

(5) 朔与朔之间,日数并不一定,求此真日数之方法,称为定朔之法,求出平均之日数者,称为平朔之法。中国自唐以后,始有定朔之法。然《春秋》所记三十七个日蚀,内有二十八个,皆明记朔,尤自西纪前五五三年以后,连续记明朔日。此决非用平朔之法求出者。顾上文已言,其时且尚未有闰法,安得已有定朔之法?

（6）三十七个日蚀之中,除出分明谬误者外（宣公十七年六月,及襄公二十一年十月庚辰,襄公二十四年八月癸巳三个日蚀）,依据平山清次之计算,襄公二十年十月丙辰朔,即西纪前五五三年八月三十一日,与昭公二十四年五月乙未朔,即西纪前五一八年四月九日两个日蚀,非鲁国所能看到,前者自四川之边迤南至西亚细亚诸地,后者在西比利亚西北部接近北极之地,始能见到;又僖公十二年三月庚午朔,即西纪前六四八年四月六日之日蚀,正在日没之时,襄公十五年八月丁巳,即西纪前五五八年五月三十一日之日蚀,正在日出之时,殊不容易看出;又昭公十七年六月甲戌朔,当在前一日癸酉,其真正日蚀,为西纪前五二五年八月廿一日,实合冬十月,故作夏六月者亦误。使谓《春秋》所记,皆据实录,则此数点何以解释?

（7）试检点《春秋》所记各个日蚀之距离,并以该撒历表出之,即知蚀之周期,恰为二百二十三月。假定《春秋》著者已知此种周期,则以彼为计算而得,(6)诸疑点皆可冰释。但若《春秋》已用二百二十三个月之周期,则太初历何又舍此而取百三十五月之周期?

饭岛忠夫即从上述七点出发,断定《春秋》之编述,系在西纪前三百年附近以后,巴比仑之沙罗斯周期已由西方输入之时,其所依据,大部分皆为鲁国实录,惟亦稍稍加入著者当时通行之占星术。此种结论对于上述可疑之点,皆计有相当之说明。案此处(6)(7)两层,最为有力,其他各点,似亦未必可以成为问题也,读者参看新城新藏之《东汉以前中国天文学史大纲》及下述之(Ⅳ),即可明白。

至于《左传》、《国语》,饭岛认为刘歆改窜原有之《左氏春秋》而成今形,其理由如下:

（1）《左传》记僖公五年"春王正月辛亥朔,日南至",又昭公二十年"春王二月己丑,日南至"。试从三统历求得此二年之朔旦冬至,日与干支皆与此同,颛顼历与殷历则与此异。但前者当西纪前六五五年,其真正之朔旦冬至,乃在三日之前,后者当西纪前五二二年,亦须更早二日。

（2）试将《左传》、《国语》所有关于岁星之纪事,依次排列而求岁星之所次,乃得昭公三十二年,居于星纪。惟若依照年数计算,庄公二十九年,岁星在星纪,至昭公三十二年,相隔百五十五年之后,岁星应在析木,相差一次。细检差异之由来,即知自庄公二十九年至昭公十五年,恰为百四十年,故已超过一辰。百四十年超辰之法,乃为刘歆之创见。

(3)《左传》关于闰月日蚀之记载,皆与刘歆之说相照应。例如襄公二十七年"十一月乙亥朔,日有食之,辰在申,司历过也,再失闰矣",细揣其意,乃谓应在是年九月,此与《汉书·五行志》关于此次日蚀之记事,"刘歆以为九月,周楚分",正合符节。但襄公二十七年正当西纪前五四六年,日蚀之月,实在应为十一月,误在《左传》与刘歆也。又如文公元年有"于是闰三月,非礼也"云云,案同年之经,"二月癸亥,日有食之",又"夏四月丁巳葬我君僖公",此次日蚀当二月晦,故三月不必有闰,《汉书·五行志》刘歆以为此次日蚀在正月朔,故有闰三月,实在非是,《左传》竟又与刘歆雷同。

(4)《左传》常有关于汉代之预言的记事,例如昭公十七年郯子来朝之问答,特地衬托炎帝出来,为前汉末五行说所谓汉以火德王者留一埋伏,又如襄公二十四年、文公十三年、昭公二十九年,故意标明刘氏之世系,分明皆为汉人之手笔。

(5)《国语》关于岁星之纪事,皆与三统历合,关于此点,参看《汉书·律历志》所引之言,即可明白。

惟以《左传》为经刘歆之改窜,则有一事,初似不能解释,即《左传》记载哀公十七年秋七月楚师灭陈,而依据刘歆之《三统历》,乃为岁星居于鹑火之年,应为哀公十六年。饭岛忠夫谓《左传》之记载,本与《三统历》相合,但至后来,又经杜预之移置,故遂发生矛盾,杜氏最不满意刘歆之说,(《春秋长历》:"刘子骏造《三统历》,以修《春秋》……历术比诸家既最疏……又并考古今十历,以验《春秋》,知《三统》之最疏也。")故意使彼呈露破绽,以便肆意攻击云。

案胡适与顾颉刚讨论珂罗掘仑 Karlgrun 关于《左传》之可信及其性质之论文,曾经明白宣布,依据珂罗掘仑研究文法之结果,亦可承认《左传》为西汉晚年之作品(见《国立中山大学语言历史学研究所周刊》第一集第一期),如今观于上述饭岛忠夫关于天文历法之研究而益可征信矣。

（Ⅳ）可疑之议论

> 予之研究方针，以中国天文学之专门记述为根据，而参考其中之成说，由此以研究其最古之组织及其以后之发展，再据现今天文学之计算，以考其成立之年代，本此以批判儒教经典及他书所载天文事项之历史的价值。

此为饭岛忠夫在中国天文学成立之研究内所发表之宣言也。然细检其议论之内容，则彼所认为中国最古之天文学组织者，在实际上，并不甚古。例如《支那古代史论》第七章观测之器械起首即云：

> 上古之天文观测所使用之器械为(1)晷仪，(2)漏刻，(3)浑天仪三种。

案前两种皆始见于《周礼》，或谓此书为汉末伪造，要其所载殊不足以征信；至于浑天仪，饭岛亦承认为太初改历之际落下闳所创造，然则安得称为"上古"之天文仪器？又如同书第二十九章结论：

> 最古之历法，一年为三百六十五日四分之一，一月为二十九日九百四十分之四百九十九，十九年置七闰，以其四倍七十六年为日月之位置回复最初之状态。同时加上五星之周期，特别重视其十二年之周期，以此星示岁。

所谓"最古"，亦殊不确。天文历法皆系逐渐进步，尤在历法，必须几经修改，始能渐臻完善，古人并非生而知者，安得一跃而即跻于如此精密之历法。吾人必须承认，此种历法决非中国之原始历法，盖在其前，必有较此更为疏阔者。

又前此已言，饭岛完全以《淮南子·天文训》、《史记·天官书》及《汉书·律历志》之一部分代表中国古代之天文组织，谓"中国古代学术，极为保守"，故《天官书》之大体，乃将上古天文学之原状，依样传述者"云云（见《中国天文学之组织及其起原》，《白鸟博士还历纪念东洋史论丛》，大正十四年东京岩波书店出版；《科学》第十一卷第六期有陈啸仙译文），饭岛之持此说，凡有两种理由：

（1）上文已言，《史记·天官书》似以天极星末不甚光明之诸小星代表北极，然依饭岛之研究，此等小星最近北极之年代，乃在西纪前四百年附近，因此可以断定，《天官书》所记述之星象并非汉代测定者。

（2）《汉书·律历志》以牵牛初度为冬至点，而据今计算，冬至点在牵牛初度之现象，亦为西纪前四百年附近之事。前汉末期，冬至点应在斗二十余度。

案西汉袭用秦之历法，自系事实，故其冬至点，初仍置于牵牛初度。至于《史记·天官书》所谓"天一"或"阴德"者，究竟有否代表北极之意味，已成疑问。即令退一步着想，关于天极星之记述，实为承袭西纪前三四百年之天文知识，并非当时观察之所得，此亦不过证明，古代之天文组织，在汉朝各种天文著作之内，确尚留有雪泥鸿爪而已，要不能就此断定，《史记·天官书》果全依样传述上古之天文学而毫未有丝毫变化也。实则饭岛忠夫之于中国古代天文学之组织，特别注意阴阳五行之说，而此说由战国至西汉中期，更由西汉中期至西汉末期，几经发展，内容已大不相同，即如《史记·天官书》之所记述，大部分皆反映汉武帝朝之思想潮流，拙作《〈史记·天官书〉之研究》与《〈史记·天官书〉大部分为司马迁原作之考证》二文已曾详细加以分析矣。

饭岛忠夫以冬至点在牵牛初度为颛顼历之基础，并承认此种历法为中国最古之历法。依据彼之考证，此历似先规定立春之日，其标准为日月入于营室五度，其见证即为《淮南子·天文训》之：

> 天一元始，正月建寅，日月俱入营室五度。天一以始建七十六岁，日月复以正月入营室五度，无余分，名曰一纪。

及《后汉书·律历志》蔡邕所谓：

> 《颛顼历术》曰："天元正月己巳朔旦立春，俱以日月起于天庙营室五度。"

谓从立春至冬至凡四十五日三十二分之二十一，故此历之冬至点，即营室五度之前四十五度三十二分之二十一之点，约为牵牛五度余，可见古代皆以牵牛初度为冬至点云（参看《支那古代史论》第六章冬至点）。案此处有一要点，须极注意，而饭岛初似未曾注意到者，即依据《汉书·律历志》，二十八宿之分度，牵牛只得八度，故由立春在营室五度，计算得冬至点在牵牛五度余，即不复能以冬至点为在牵牛初度。饭岛忠夫在《中国天文学之组织及其起原》曾言：

> 冬至点在 β Capricorni 之年，大约为西纪前四五三年。然若以此星合于牵牛零度，而计算二十八宿中各宿所占之度数，则与《淮南子》、《汉书·律历志》所言者不符，若谓此星在牵牛零度之后，一度之前，即在尚可称为初度之区域中，再计算各宿度数合于书中之数之年，大约在西纪前三九六年之后，三八五年之前。

"零度之后，一度之前"，固尚可称为初度，今既越过五度，则非为初度也明甚。案据岁差之理，大约每过七十二年，冬至点西移一度，故以冬至点为在牵牛五度余之年代，与以冬至点为在牵牛初度之年代，相去约得三百六十年，换言之，即若假定饭岛所谓测定冬至点在牵牛初度之年代为西纪前四五三年，此言果能成立，则测定冬至点在牵牛五度余之年代，乃在西纪前八一三年，约在春秋前一百年，周宣王之时。此事将何以解释之乎？

查饭岛忠夫本已承认，颛顼历之开始，乃在吕不韦之前，彼即称此前之历法为古颛顼历；彼又承认古颛顼历已含有阴阳五行之说，其前似尚有一种历法，不含阴阳五行之说。故以立春为在营室五度余，即以冬至点为在牵牛五度余者，或即制定此在古颛顼历前，不含阴阳五行说之历法之基础。于是乃可作成下列一表：

第一表

历　名	施　行　时　期	冬至点
？	西纪前八一三年至四五三年	牵牛五度余
古颛顼历	西纪前四五三年至二二一年	牵牛初度
颛顼历	西纪前二二一年至一〇四年	牵牛初度
三统历	西纪前一〇四年至纪元后八五年	牵牛初度
四分历	西历八五年后	斗二十一度四分一

细看此表，即知第一次冬至点（即牵牛五度余）之有效期间为自西

纪前八一三年至四五三年，共三百六十年，依据岁差之理，冬至点恰应差至五度。第二次冬至点（即牵牛初度）之有效期间为自西纪前四五三年至纪元后八五年，共五百三十八年，冬至点本应差至七度以上，而牵牛初度与斗二十一度四分一之差，至多仅为五度余（斗之度数为二十六度），此殆当时之测量不甚精确有以致之。案《汉书·律历志》记述太初改历之事，已云"十一月甲子朔旦冬至，日月在建星"，《后汉书·律历志·贾逵论历》："建星即今斗星也"，可见迩时实已发见，冬至点已由牵牛初度移至斗宿。自最初测定冬至点在牵牛初度之年至太初元年，相去三百四十九年，故与第一次冬至点之有效期间，正自相同，盖过此以往，历法太疏，不甚应验矣，于此可见《春秋保乾图》所谓"三百年斗历改宪者"，实极合于情理。

又若假定冬至点在牵牛五度之历法，实较彼以冬至点为在牵牛初度者为早，则依据冬至点所在之宿度，似亦可以辨别古书之时代及其先后，今试列表如下：

第二表

a. 冬至点在牵牛五度余即立春在营室五度

1. 《国语》——《周语》，周宣王即位之时，虢文公谏王曰："农祥晨正，日月抵于天庙，土乃脉发"，天庙即指营室，《后汉书·律历志》注蔡邕《命论》曰："《颛顼历术》曰：'天元正月己巳朔旦立春，俱以日月起于天庙营室五度。'"

2. 《淮南子》——《天文训》："天一元始，正月建寅，日月俱入营室五度。天一以始建七十六岁，日月复以正月入营室五度，无余分，名曰一纪。"

b. 冬至点在牵牛初度

3. 《逸周书》——《周月解》："惟一月既南至，昏昴毕见，日短极。（中略）日月俱起于牵牛之初。"

4. 《乐纬叶图征》："天元以甲子朔旦冬至，日月起于牵牛之初。"

c. 冬至点在牛初斗末——案《汉书·天文志》既言"冬至于牵牛，远极"，又言"在子曰困敦，十一月出（中略）太初在建星牵牛"；《后汉书·律历志·贾逵论历》既言"太初历，冬至日在牵牛初者，牵牛中星也",《汉书·律历志》之于太初改历,又言"议造汉历,(中略)十一月朔旦冬至,日月在建星",可见太初测定之冬至点,或在牵牛之初,或在斗宿之末,似未十分确定也。参看下述 e 条。

5.《周髀算经》:"日冬至在牵牛",又"日月俱起建星。(中略)于日行天七十六周,月行天千一十六周,及合于建星"。

d. 冬至点在斗二十二度

6.《尚书·考灵曜》:"斗二十二度,无余分,冬至在牵牛所起。"饭岛忠夫以为此处所谓"冬至在牵牛"等于"冬至点"。

e. 冬至在斗二十一度四分一或二十一度——案《后汉书·律历志》:"而候者皆知冬至之日,日在斗二十一度",又贾逵论曰:"案行事史官注,冬夏至日常不及太初历五度,冬至日在斗二十一度四分之一。"(据此,太初历冬至,日在斗二十六度四分之一或牵牛四分之一度。)

7.《石氏星经》:"黄道规,牵牛初,直斗二十度,去极二十五度,于赤道,斗二十一度也。"《后汉书·律历志》所引,此处所谓"牵牛初"即等于"冬至点"。

案《淮南子》所言,分明追述前此之历法,《国语》又不过记录前人之议论,故皆不足为凭。此外据第一表,《逸周书》之成书年代,当在西纪前四五三年至一〇四年之间;《周髀算经》当为西纪前一〇四年至纪元后八五年出世之书;《石氏星经》则在西历八五年,即后汉章帝元和二年之后出世。拙作《中国天文学史之一重大问题——周髀算经之年代》一文,曾考定《周髀算经》为西历九年至八十四年之作品,此次所得之结论,竟又不合而同,实可为此年限真系精确之有力证据。又在拙作《〈史记·天官书〉大部分为司马迁原作之考证》之内,曾疑刘歆之时尚无《甘石星经》一书,今又得一旁证矣。

饭岛忠夫又谓,西纪前三四百年附近,测定木星之位置及其速度之后,乃假设一岁阴者,速度与木星相同,而方向则与之相反,岁阴为最高之神,每年所在,称之为辰,木星十二年而一周,岁星亦以十二辰为一周。十二支原名十二辰,其起原即在于此,至于十干,原名十日,由其语源考之,由文字之构造考之,皆合于水火土金水移行之次序,故十干十二支与阴阳五行说有根本关系,且即就其字义而论,各书之所诠释,莫不具有阴阳五行之色彩者。岁阴所行之顺序,自寅至丑,故十干十二支之原来配合亦始自甲寅,终于癸丑。

依据此种意见,十干十二支之出世,不得在阴阳五行说成立之先,换言之,即不得在西纪前四百年之前。此种结论颇与事实发生冲突。盖据今所知,通常认为最古之中国典籍,记载中国最古之史事者,皆已应用干支以纪日月或年。又自清朝以来,学者检索殷、商、周代之钟鼎彝器,其铭文亦常用到干支如"父乙"、"父癸"、"父丁"、"伯申"(殷器)、"唯八月初吉,辰在乙卯"(商旅鼎)、"唯王九月初吉,辰在乙亥"(周公望铭)等。抑不仅金文如是。最近殷墟出见之甲骨文字,配列干支者亦往往而有,且其组合,似皆始自甲子,终于癸亥,与饭岛之说不合(参看罗振玉关于殷墟书契之著作)。据饭岛谓,古籍之纪干支。并不能证明干支早已出世,盖或为干支纪法发达后之时代所追溯之记述;至于金文与甲骨文字,则又疑为后人伪造,未可遽信。窃以为饭岛对于古书之说明,尚可承认为有相当之理由,若谓中国上古之铜器与其他遗物,因与彼假定干支之年代不符,遂皆诿为伪造,则其为说,过于勉强,不能通过。盖此等遗物之真伪问题,殊关重要,固有加以精密之考察之必要,然此种遗物之被发见,并不仅以一时一地为限,而证明其说之反面,则竟不合而同,岂彼伪造之人,预知饭岛将为此说,故意广为散播埋藏,以便今日难倒其说耶!

(Ⅴ)余 论

上面所述,或已可以说明饭岛忠夫《支那古代史论》之大旨,至其细目,异日有暇,或可再作详细之介绍。上文已言,饭岛忠夫此书,乃为彼与新城新藏互相论辩之结果,故其立论,常与新城之说针锋相对,读者最好互相参看。《支那古代史论》出版之后,饭岛与新城仍旧继续辩论。一九二六年,新城因此问题久不解决,未免焦灼,特在《思想杂志》第五十五号,发表《由天文学上所见中国上代之文化》一文,提出三个问题,以决最后之胜负,此三个问题即:

(1)春秋昭公十七年(纪元前五二五)之日蚀,果承巴比仑之沙罗斯之知识,由后世插入者否?

（2）《吕氏春秋·序意》篇"维秦八年,岁在涒滩"之句,果可认为后世改窜者而抹杀之否?

（3）《左传》阵亡之年,果刘歆以后所改作否?

新城对于此三问题,皆偏于否定方面,饭岛则皆加以肯定,上文已曾详述矣。惟依据饭岛之意见,于此三个问题之外,至少尚有下列三个问题,为此次辩论之要点,非谋解决不可者:

（1）中国最古历法,与希腊之加利玻斯历,有联络否?

（2）中国依木星周期以纪年之法,及木星崇拜等,与印度、巴比仑之木星周期纪年木星崇拜等,有联络否?

（3）十干十二支与五行说有本质的关系否?

对于此三问题,饭岛之答案,亦皆肯定,新城则又皆为否定云（参看饭岛之《中国古代天文学成立之研究》）。

总而言之,新城注意中国天文学之进化步骤,故将古代天文学史分为几个时期而加以详细之分析,结果乃发见各个时期之特色及相互之关系,乃断定中国古代之天文学,为自动之发展;在他方面,饭岛则抹杀中国古代天文学之进化步骤,故自表面观之,初似突然其来者,于是乃谓此种现象为受到西方影响之结果。后来对于此点,饭岛自己似亦觉有缺陷,故曾加以修正,宣言"予非谓中国古天文学中,毫无中国的特色也。亦非谓战国以前,中国人全未注意于天文现象也。战国以前,既有文字,有史官,此史官之职,继续至于后世,专司记录及天文历数之事,战国以前,必有若干天文知识,已不待言;予惟言未能成经典历史上所见之大组织耳"云（《中国天文学成立之研究》）。

饭岛过于注意古代中西天文历法之相似性质,故以中国古代之天文学识为自西方输入。实则天文历法之要素,在于观察天象,天象之变化,各处所见皆为雷同,且因农事等关系,同有观察同此天象之需要,则其结果,所得知识,必须彼此相似,正不必待有交换此种知识之机会也。惟其时代之恰相符合,则为可以特别注意之要点耳。

又社会现象,其成因非常复杂,自古无雷同之史事,亦无任何公律可以追溯既往,故当一事过去之后,若再发生问题,便极不易求出一致之结论。至于自然现象,则对于过去将来,皆有方法可以推测至于极高之精确程度,故其争论较易解决。天文学史本在自然科学之范围内,顾今发生问题,亦竟如此不易求出一致之答案,则又何怪讨论其他历史问题者之终于无从解决也。

案饭岛之说,虽不能必其全能成立,然其所谓,现有中国古籍皆在西纪前三百年附近以后出世之结论,极为可靠,在国内前次所引起之古史论战场上,此结论或可为顾颉刚之一有力帮助。又饭岛固主张战国之前,中西早有交通,新城承认二十八宿之组织,系由中国传入印度、巴比仑,则亦不能否认战国前后之中西交通,此层对于最近胡怀琛所谓墨翟来自印度之说,似亦可以提高其或然度也。

(《国立中山大学语言历史学研究所周刊》1929年第8卷第94、95、96期)

评早川二郎的中国古代社会论

胡瑞梁

作为我们的评述对象的,是早川二郎所著《古代社会史》一书中的第六章——"中国古代社会论"。必要时,我们也会涉及该书中其他各章节里的若干有关论点。

早川的《古代社会史》,刊行于1936年5月,他的有名的"亚细亚生产方法"即"贡纳制"说,就在这书里展开了全面的意见。中译本前年(1942)已由桂林耕耘出版社印行,译者为谢艾群、杨慕冯二先生。

早川二郎对于中国古代社会的见解,一般的说,是模糊不定的,他说:

> 在中国方面,奴隶制度并未像希腊＝罗马那样的发展隆盛,他们须以组织于共同体内的全体农民之农奴化为补足物。其后,奴隶制度之衰退,这种农奴化的农民＝共同体员,即变成"亚细亚的封建制度"之基础。(《古代社会史》中译本 p.149,下均同此)

同一论调,亦见于同书之202页:

> 古代中国方面,奴隶制之发展为共同体的遗存关系所阻止,始终未能展开,并几于未脱家内奴隶制之境域,即间有一二稍较发展的场合,亦常带有农奴的色彩,因而奴隶制度不得不藉一般自由民之农奴化的状态来补足。其后随着生产诸力之发展。这种作为补足物的农奴制度,即逐渐发展为基本的阶级关系。

然而,中国这种"未脱家内奴隶制度境域"且"须以组织于共同体内的全体农民之农奴化为补足的"、"未能展开"的奴隶制,存在于中国历史的什么时代呢？大体上，他认为是在西周（纪元前 1122—770 年），但到西周末便解体了。他说：

> 西周的社会经济构成，即可告分晓，氏族制度这时已渐消灭，他的内部正发展着家内奴隶制度。(p.194)

> 西周时代为氏族制度到奴隶制度的过渡时代。但奴隶大多数是作为家内奴隶而存在，因此未能使氏族制度遭到彻底的驱逐。……西周的奴隶制度在其尚未成熟的时代，周室诸侯及一般人民之间的农奴关系已在着着发展，到了西周末叶，后者已开始压倒奴隶制度了。(p.196)

所以，他便判定"西周时代和春秋战国时代，两者在社会制度上，有显著的不同"(p.173)。因为，中国这种"尚未成熟"的奴隶制度，发展到了西周末以后，"即产生了所谓春秋战国时代的封建制度"(p.203)。

可是，在另一方面，早川又说：

> 同时如《诗经·甫田之什》所见，古典的奴隶制度这时也有相当存在。不过这种古典的奴隶，由于当时中国之历史，经济的条件，显著的带有农奴的色彩。

这，便是早川二郎的"中国古代社会论"的总纲。

在这里，首先给予我们的印象的，是早川对于中国奴隶制度问题的态度，极不肯定。他一时说西周为"氏族制度到奴隶制度的过渡时代"，一时又说是"未成熟的奴隶制"，又说是"古典奴隶制度相当存在"。

但，对于中国历史上的奴隶制的肯定与否的问题，由于中国是世界最大文明古国之一的缘故，使我们就必然会关涉到确认奴隶制度是否为世界历史过程中的一个必经阶段问题。归根结蒂，这又不外是历史方法论上的重要问题。

所以，我们的评述，不得不从较远的地方说起。

原来，在关于奴隶社会问题论战上，早川本是否定论的一员健将，在 1933 年，他曾写过一篇书评，题为《评郭沫若的中国古代社会研究》，很激烈的反对郭沫若主张中国曾存在过奴隶社会，他说：

> 郭先生以为中国古代曾有过奴隶制,可说是完全失败了。我希望他将来作中国古代史的时候,记着这句话。近来听说他正在执笔写一本大著,笔者所指摘的这一点,也许要被采纳也说不定。①

在同年所发表的《日本历史与亚细亚生产方法》(1933年日本《历史科学杂志》三月号)一文中与大约同时写的《日本历史教程》②中,他认为,日本大化革新后的奈良时代由氏族制度分解出来的,不是奴隶制度而是"亚细亚的封建制"③,因此,在他心目中,日本历史中也没有奴隶制度这一阶段。

早川二郎的否定态度的改变,是受了苏联史家科瓦列夫教授的影响。科瓦列夫1934年发表他的《关于奴隶社会的几个问题》,使奴隶社会(特别是东方奴隶制度问题)的研究,进入到一个新阶段。这是一篇很有价值的历史文献,1934年早川从此文中得到启示,于是就写了《所谓东方史缺少了奴隶社会应如何加以说明》及《东方奴隶社会的具体形态》二篇论文。在那里,他曾这样写道:

> 依我的观察,中国史上"缺了"奴隶社会与俄国史上"缺了"民主主义时代;或日本资本主义史上"缺了"产业资本主义时代,可以相提并论。不论俄国史上或日本资本主义史上,所谓"缺如",并不是事实上的"空白",而只是期间的无限缩小。中国史上"缺了"奴隶社会,也可以作期间的无限缩小解释的。④

> 中国、日本等东方国家中的所谓"缺如",并不是事实上的空白,东方各国中的不完全的,未成熟的奴隶制度,实在上是存在的。……

> 要是这话不错,缺了奴隶社会构成而只有奴隶经济制度的"东方史",也经过了奴隶社会阶段。这样看起来,东方史又不是"缺了"奴隶社会的存在。⑤

---

① 引自何著:《中国社会史论战》,p. 97。
② 早川二郎:《日本历史教程》,有中译本,桂林文化供应社发行,张荫桐译。
③ 早川二郎:《日本历史教程》,p. 33—34。
④ 引自上揭何著 p. 122。
⑤ 引自上揭何著 p. 125。

在这里，我们可以看到，早川虽然改变了以前的激烈的否定态度，但对于问题，仍然是模棱两可的，他一忽儿说"缺了"，一忽儿又说不是"空白"，这种不明确的说法，真使人有点迷惘，不知何所适从了。

由是，我们不难明白，早川1935年所写的《古代社会史》中，对于中国奴隶制度那种不肯定的见解，实有历史根源。无疑的，早川在此时是进步了，但可惜未能彻底。

然而，奴隶制度之成为大多数民族国家历史发展中的必经阶段，这个见解在上述科瓦列夫的论文发表后，已经成为公认为正确的结论了。科氏曾根据社会科学的新典籍，指出"奴隶制的出现，如果就是表示社会向榨取阶级与被榨取阶级的最大分裂，那末最初的社会经济形态就是奴隶社会，而不是别的东西"。因此，"以奴隶制为基础的社会——奴隶所有者社会经济形态，和其他社会形态同样，是具有普遍性的，不限于希腊罗马的古代这个狭隘范围之内的"。"即在亚细亚的古代也是阶级统治的形态，即是说，奴隶制为社会经济构成的基础"①。

所以早川二郎对于中国（以至东方）奴隶社会那样不肯定、不彻底的论调，在方法论上，首先就有了错误。

其次，我们可以指出，早川方法论上的错误，乃是由于他对于中国奴制之以"家"为计算单位这一特殊的历史事实完全缺乏了解，因而便得出中国奴隶制度，只发展到未脱家内奴隶境域的尚未成熟阶段这一错误结论。

如果说中国只有家内奴隶，而没有生产奴隶，则中国奴隶制是否发展到成为一个独特的社会经济构成就有问题。因为诚如他自己所说："一般的说，家内奴隶制度，不能成奴隶所有者社会构成之基础。"（p.54）

但据郭沫若、吕振羽诸先生的研究，从卜辞和新文献上，已经"证明中国古代确曾用大规模的奴隶来作生产事业"（郭沫若语）。所以，中国的奴隶制度，也曾取得支配的生态形态，换言之，即形成社会经济构成的基础。

---

① 科瓦列夫：《关于奴隶社会的几个问题》，徐嘉然译，桂林《文化杂志》2卷6号。

实际上，问题的关键是在这里：由于氏族集团奴隶的东方特殊——奴隶以家室计。奴隶个人是氏族的成员，通过家族单位而间接地参加生产劳动，只看到"锡臣几家"（如卜辞："阳亥曰：遣叔休小臣贝二朋，臣三家。"）便以为中国只有家内奴隶，且不参加生产，是极表面的论断。①

另一方面，早川不知道中国古代的生产奴隶，并没有用臣妾、奴婢、隶仆、台舆等字面，而是称为人、庶人、小人、民、庶民、黎民、黎、群黎、鬲、人鬲、民仪、民献等等的。所以，若是只从字面上去找中国古代的奴隶，所得的臣妾以至奴、仆、隶台等等，找来找去，就都只是一些从事服御的家内奴隶了。

早川因为不明白中国奴隶制度这一特殊的历史事实，不明白这是"另一个问题"，所以自然不免要判定，西周时代"奴隶多数是作为家内奴隶而存在"，是"奴隶制度均未成熟的时代"了。

"东方家内奴隶制是另一个问题。在这里，奴隶制度不是直接地而是间接地，以家族成员的资格，形成生产的基础。"（《自然辩证法》）文献上这个指示，诚是牢不可破的真理。

再次，我们要来考察奴隶制度在中国历史中的时间问题。

如上所述，早川二郎模糊的认为，这是在"西周"，而在"西周以前的中国，可认为是在部族同盟时代乃至于贡纳制时代（即氏族制度的末期，形成到奴隶所有者社会的过渡期——梁）"（p.204）。西周的奴隶制，一到春秋战国就进入了封建制。

这个见解，原是郭沫若先生1929年的旧主张。② 在最近，郭先生根据新的研究，认为，"殷周时代确是奴隶社会"。他说：

> 十五年前所得到的一个结论，周代是奴隶社会，经过种种方面的检讨，愈加认明是正确的，只是我把奴隶制度的时期更推广了，上则殷代被划入了范围，下则秦代的统一被认为是最后的结果。③

---

① 请参阅侯外庐：《中国古典社会史论》，重庆五十年代社版，p.17,38,48 等。
② 见郭沫若：《中国古代社会研究》，p.23。
③ 郭沫若：《先秦学说述林》，永安东南出版社版，p.367。

在殷代,农业已成为主要的生产。卜辞中"卜黍年"、"贞我受黍年"、"贞其登黍"以及卜雨求禾等记录很多。从耕稼方面说,见于卜辞的有禾、黍、粟、来(即小麦)、麦、稻、田、畴、井、疆、啬等字。和耕稼相关联的工艺品,则有酒、有鬯(也是一种酒)。从种植一方面说,见于卜辞的,有圃、囿、果、树、桑、栗等,和种植有关的工艺品,则有丝有帛,这些都是农业发达的证据。由出土物推证,主要的劳动工具,是青铜器而不是石器。① 生产劳动的担当者,即是奴隶,郭沫若说:"卜辞里面每见'王令小臣某挈众人黍于某'的辞例。小臣就是管家娃子,'众人'就是所谓'庶人',所谓'黎人',就是从事农耕的生产奴隶了。故尔殷代,至少在其末年,确实是到了大规模的奴隶生产时代。"②奴隶的来源,则以战争俘虏为主。③ 工商业也相当发达,殷墟遗址的发现,证明殷朝已有都市的存在,这种都市,一方面是手工业制造的中心,另一方面也是商业的中心。在工业方面,当时已有版筑建筑的土木工程④、兵器制造工⑤、缝纫工业⑥、皮革工匠⑦、制车工匠⑧、普通木工⑨等,可见殷代工业的种类与分工都很发达。商业则已发展到使用货币的阶段,贝(海贝)便是当时通行的货币,此外还有人造骨贝与玉贝。殷墟出土物中很多非黄河流域产物,⑩可见商业交通地域已很广大,主要的商品是家畜与奴隶,殷代这种农业,工业与商业的发达程度,可以证明,建立在这个经济基础上的,不是奴隶制度是什么?

"周朝继承了殷朝的统治权之后,同时继承殷朝的生产方

---

① 殷墟出土物中,有可容铜液十二三公斤的"将军盔"炼锅。重二十多公斤的炼渣,青铜器的制作品很多,如弋头、矛头、箭镞、针、锥、■(编者注:底稿漫漶难认者以此符号标示,余同)、斧、刀以及很多的祭器食器等,由此可以推知,劳动工具亦当是青铜器,否则,这样发达的冶金文化,将无以说明。
② 郭沫若:《屈原研究》,重庆群益社版,p.112。
③ 卜辞中的"拿奴"、"鄜人"、"羌人"、"人方牧"、"土方牧"、"臣吕方"、"邶人"……冠以族名的奴隶都是由战争俘虏来的。
④ 证之于卜辞中有邑、塞、宫、室、宅、家、门、户等字和在殷墟中曾发现的一座房屋的基地。
⑤ 证之于殷墟出土物中的大量铜制兵器。
⑥ 证之于卜辞中有衣、有裘等字。
⑦ 证之于卜辞中有鼙、革等字。
⑧ 证之于卜辞中有车、轮、辐、舆等字。
⑨ 证之于卜辞中有床、木尼等字。
⑩ 如海贝、玉器、绿松石、珠砂以及卜用的龟,都非黄河流域产物而由他处运来者(吴泽:《中国社会简史》,桂林耕耘社版,p.76)。

式。……殷朝亡国后，其民族，一部分投降周朝，一部分逃往东南方……组织小国。而投降的人民，就任周朝皇帝分给子孙做奴隶，周公儿子伯禽封于鲁，得殷民六族，武王弟康叔封于卫，得殷民七族，成王弟唐叔考封于晋，得怀姓九宗。"①并且，所谓"殷民六族"、"殷民七族"及"怀姓九宗"，很显明，这便是整个民族都沦为奴隶。所以，在当时赐把功臣、贵戚的奴隶，以"家"为单位。如"舍汝臣十家"、"锡汝臣五家"之类的记载，常见于西周的钟鼎铭文中。又当时的土田与臣、仆、民人、庶人等都为赐与的物品，就可证明，大部分的奴隶都是从事生产的，所以奴隶伴同田地作赏物。同时战败的氏族既整族做了奴隶，而奴隶的计算以家为单位，可知奴隶个人是氏族的成员，通过家族单位，而参加生产劳动的。早川只看到周代"奴隶大多数是作为家内奴隶而存在"这一个事实的表面形态，就说西周是未成熟的奴隶制时代，显然是受了中国奴隶制这种特殊的现象形态之骗，事实上，周代生产奴隶的数目，是远超过家内奴隶的。周代的奴隶制，已经发达到相当的高度，发展得非常完备（就其作为社会构成说）。所以，周代是奴隶社会。

然而，早川又说，"西周与春秋战国时代，两者在社会制度上亦有显著的不同"。换言之，西周是未成熟的奴隶制，春秋战国（东周）则是封建制度了。

早川这个说法，更不能成立，因为，西周与春秋战国之间，并没有经过什么革命的战争，更没产生成功的革命。"奴隶制度在西周末年厉王奔彘的那个革命插话上就开始摇动，但它的根蒂就在春秋中叶都依然存在。"②所以说，如果说由西周到春秋战国时代社会制度上又显著的变化，由奴隶制进入了封建制，则除非是应用进化主义的观点的解释外，是不可理解的。

最后，由上面的评述，我们觉得郭沫若十六年前所写下的以次的话，真是一针见血之言。我们且引以结束本文。

---

① 郭沫若：《殷周是奴隶社会考》，重庆，《学习生活》杂志 3 卷 1 期。
② 郭沫若：《屈原研究》，p. 89。

不是说研究中国的学问应该由中国人一手包办。事实是中国的史料,中国的文字,中国人的传统生活,只有中国人自身才能更贴切的接近。①

1945,双十节于永安。

(《社会科学》1945 年第 1 卷第 2、3 期)

---

① 郭沫若:《中国古代社会研究》,序,p.5。

评森谷克己《中国社会经济史》

陈焕益

森谷克己著《中国社会经济史》，出版已久，亦多经前人批判，然在目前关于社会经济史贫乏之状况下，此书还为一般学校采用为教本、参考书，甚至有些教授，无条件的把它为蓝本，编作讲义，讲解于学生。笔者有鉴于此，深知此书内容许多地方是有毒性的，若全国一般人无条件的信读，危害学术思想界及国家民族殊大，长此以往，不加指斥，实为不可思议！笔者仅就愚见，对此书的缺点，亦即歪曲中国历史事实所带有毒性的部分，试作提要之批判，是否有当，有待贤达指正。

首先，就内容方面说：

1. 关于春秋战国铁器的应用误解：

在森谷说来，春秋战国是铁器时代的黎明期：

> 实际上不仅是农具，就是一般的劳动用具——兵器除外——也都知用铁器，而渐次普及。故春秋战国时代可以说是铁器时代的黎明期。（原著第一一五页）

实际上，在春秋战国时代，铁器已经大规模的应用，不仅是农具，即兵器也是以铁为材料，干将、莫邪的制成，我们不但不说是铁制成，而乃是铁器应用再进步到钢的应用，而此干将、莫邪可以信为是钢制的，在《越绝书》中有干将、莫邪二人凿茨山，渫其溪而取铁英，以之铸成铁剑三把。而无疑的此三把铁剑，是以"铁英"所制，此"铁英"当然无疑是钢了。

然而，春秋战国时代铁器的大规模应用，及有炼钢术的出现，显然已经不是黎明期了。吴泽氏说得好："春秋战国时代的冶铁术已改进到

炼钢术。冶铁术的出现,当在春秋战国之前。"(吴泽著《中国历史简编》第九十五页)

即在农具上,他说铁器仅渐次普及,而我们看到在春秋战国时代,吴、越、楚先后参加黄河流域齐、晋的争霸,可知"长江流域与黄河流域,即黄土与非黄土地带经济发展的不平衡性已突破,地理环境作用已消灭,此显然由于铁制工具新生产力的出现"。(吴著《历史简编》第九十六页)若照森谷所说,铁器仅黎明期间,则在黄河、长江流域已能大规模的应用铁制工具,发挥新的生产力之时代,已不可能。当然,也不能说渐次普及,根本的说来,在春秋战国时代,铁器已普遍的应用了,不仅是农具,一切的劳动工具,兵器亦在内,都是用铁为制造质料。此当然不是黎明期了。

2. 春秋战国时代徭役地租的错乱:

> 森谷说:"中国古代在农业生产上所施行的徭役劳动制是与彻法同时——若依据通说,或者是与《春秋》,宣公十五年的'税亩'同时——渐次后退的,这种转变虽可缓和耕种者对于领主的从属关系,但尚未能认为一般的徭役业已减轻,例如军赋一项较前反而加重。"(原著第一二五——一二六页)

春秋时代,由于社会经济发展的原则,公田制已不合时,而领主们当然要把公田分给公社内日增的劳动人口来耕种,在这种情况之下,所谓的劳役地租,也随公田的转变而一并没落。公田既经转变形态,地租的形态是什么呢?即是森谷所用的"彻"的现物地租(注:彻字乃森谷引《孟子》上所云)。当然在春秋时,就有此种转变,而到战国末年,"现物地租便取得了支配形态"(翦伯赞著《中国史纲》)。

但是,森谷把现物地租的应用是为了"缓和耕种者对于领主的关系",此显然没有认清战国的领主对耕种者的关系。

由于现物地租的出现,庄园公社制的破坏,佃耕制得以形成,而"卖庸而耕种者"的雇役佃耕制现象也已出现,在卖佣的过程中,谁能说此种徭役未曾转变呢。

虽然,春秋战国由于连年的战争,对于人民的军赋加重,但军赋的加重不能和地租形态混为一谈。而此等军赋等徭役,显然已在地租之外,重加于农民的一种生命剥夺,若照森谷所说则现今的世界上各国战争,都要抽合格及龄的壮丁,我们是否可以说是徭役地租呢?事实上,当时领主对于公社的农民抽他们为徭役外,现物地租还是要征收的。否则,战国末年,领主们的战争之军费,从那里来呢,领主他们根本不事生产而纯为消费者,而完全是出在出徭役又出彻的公社农民身上。

3. 抹煞中国都市的特色:

森谷说:"中国的都市正是没有政治的,军事的自立性而以商贾,官僚都市为特色。"(原著第一六三页)

都市的兴起,当然由于商业的进展而繁荣,然而,若说没有军事的自立性,乃是大错而特错。

中国的都市,事实上,都是在政治、经济的情况下,由于军事自立性的关系而滋长,若无政法的、军事的自立性,则都市将成为如何形态呢。而即如森谷所说"官僚都市",但官僚是什么呢?

在中国古代,尤其当春秋战国之世,"领主的首邑,政治中心,由于社会经济的发展,一天天的加重,领主、贵族、商人、手工业者都集合日多,更加以交通便利,首邑便成为财富的集合中心,而为了政治、军事、经济的据点,形成中世早期的都市"(吴著《历史简编》第九十七页)。

故事实上,都市的形成,首先还是以领主的政治军事中心为据点而发展起来的。在都市成为首要的条件,是财富集中。而财富之所以集中,由于交通的通畅,但是交通之通畅是由于各国战争所致,此能说都市没有政治、军事性吗?再说,在财富的集合条件下,决定在此都市中,有一良好的政治机构,来管理都市的发展,更要有一个军事的保障来保障商人生命及财产的安全,此更能说都市没有政治、军事的自立性吗?倘若都市没有政治、军事的自立性,根本不能存在,而在世界上,也不会有都市无政治的、军事的自立性的,尤其在古代。

森谷他仅见到都市的商贾及官僚商人就说都市无政治、军事的自立性,实是没有认清都市发生及发展的原则,更是把因果倒置。

4. 误解北朝均田制度的内容:

森谷说:"支配北中国后魏之下实施着均田制,有人认为,从井

田制的崩坏以来。至此才在现实上看见公田制度的再兴。"（原著第一九五页）

公田制度,本质上从事耕种的是农奴,而他把北朝所引的均田制说为是和井田制一样的公田,更为了怕人批判,而加上一个"有人说"字样,但是还不能解脱他的错误点。

北朝之魏所实行的均田制,乃是适合历史的一贯法则而演成,所以能不遭到阻难。

方北朝之世,北中国遭遇大的兵灾,战祸连年,"劳动人口的不断逃散和死亡,招致了农业衰落和田园荒芜"。（吴著《历史简编》）当然,在北朝建国之过程下,要安定社会,复兴生产,可以作他们的军粮等项,故当拓拔入中国后,便大量的圈地,及占夺农民的耕地,分赐给军事集团中的将校左右扈从,造成一批新的贵族大地主。

但是,"有了土地,没有劳动力,是不能继续生产的"（吴著《历史简编》一四一页）。所以新贵的大地主们,便大量的把土地分给无田的农民,而此等农民所纳的还是现物地租,绝不是如公田中的"贡"式的地租。故秦汉以来的"大地主经济,依然存在,继续着佃耕制的佃农生产"（吴著《历史简编》一四一页）。虽然,他们曾把俘虏等编入劳动生产阵营中,从事农业,及强迫为战争流难的难民从事农业,那时称之为奴婢,但在他们的缴纳地租形式上,还是现物地租,不能和公田下的农奴相等类,故此可见井田制的公田再兴,是不合史实的了,因为历史是不会倒退的循环的。

5. 歪曲货币地租成因：

森谷说："宋代在进行这样的转变时（即折色的转变——笔者注）并不见有社会的劳动生产力的发展,货币流通虽比较有显著的发达,可是本位货币,本质上还只是钱币,银是不足论的,无论如何,就当时货币流通的发达水准言,物纳租税的改纳货币是很困难的。"（原著第二六二页）

宋朝承唐汉下来的工商业的单纯协业的手工业,工场之数量大大的增加了,至于技术方面也进步改良了。据史载宋的金、银、铜、铅、锡等矿区冶金所、监督所、矿务所等多达二百余所,在此工商业高度的发展下,"宋代国内商业和对外贸易的发展,差不多达到中世纪末期的全盛期"(吴著《历史简编》第一九〇页)。在此可证明宋代的商业的兴盛,而对于货币之流通水准,也就可以合格了。

在普遍的工商业发展之条件下,所有大地主、官僚、贵族,他们所需的,不再是土地上所产的物品,而要的是城市中所生产的工商业品,作为他们奢华消费的资料。而在此种情形之下,土地的农民,大量的流转到都市,大规模的都市生产化开始,此班都市生产化从事者,他们需要大量的生活资料,及工业品的原料,而交易的形态当然是很繁盛的兴起。由于此故,货币是最好的中介物,而农民以物易新兴的工商业者,得以货币,再把货币缴纳给地主们。再一方面,地主的对于货币企求,高于农产物品的企求,所以在两种社会经济发展的过程中,物纳地租便为随着社会经济发展的规律而转变到货币地租。

如森谷说在当时"货币流通的水准言,物纳租税的改纳货币是困难的"是根本不合历史发展事实,假使在社会经济未发展到一阶段时,要想改变物纳地租,简直是梦想,根本不会为地主和农民所接受。而发展到一定的阶段,不要他改缴,更为地主和农民所不接受,它的改变是适合人类社会经济的发展原则,根本无困难可言。而森谷是忽视了当时宋代的工商业发展的形态,便认为拆变是不可能的了,此等于无知,历史事实清楚的说明了。

其次我们再来看他方法论上的应用错误。

1. 中世封建制度的曲解:

在魏晋南北朝时,随着社会的动荡,军事的割据,而造成郡州的叛乱,而森谷认为:"中国最初为中央集权的、官僚主义的封建国家的解体化的条件,这种中国便在中古重又步入了分散的封建时代。"(原著第一八五页)

照上所说,在中国的中世,又重走回到周代的"分散"封建制度,此显然是方法论上的错误。

事实上,中古封建制度的地方制度是三级的,分州、郡、县,置刺史、太守、县令。是为适应地方叛乱而刺史能掌兵权,但是能掌兵权的封建制度,并非是古代的分散封建制度,因为他们还是属隶于中央,对于一切政治、经济、军事,都要受中央的节制。不过为了刺史的兵权过大,而生出一种叛变的行为,但此不能就为分散的封建制度理由,此即对于历史观念,完全没有弄清楚,而说中国是倒退的。更可笑的他说:"在这时期中国有如返老还童似的,自中世纪作新的出发。"(原著第一八五页)此等于开玩笑,把一个国家的历史社会在当作儿戏。中世纪的历史是否是一贯的继承秦汉发展下来的呢!而尤其中世纪的封建制度,更为继承秦汉封建的特色,而进展,是随着历史发展的规律而发展的,而森谷仅把一点表面的现象,一种州郡刺吏据兵造反的现象,即说为是"如老还童"真使人啼笑皆非,如此恶性的抹煞中国历史的发展,实属可耻。

他更荒谬绝伦的言:"成立了均田制及半徭役制,形成了中世的发达的基点,在这时代,文化的中国人或许也与侵入来的诸蛮族之间实行交婚,因之优秀的头脑也得比而发达了。"(原著第一八五页)

均田制度的半徭役制我们已在上面予以批判过,他所说的半徭役制,根本是一种继承秦汉下来的物纳地租的佃农制度,为了有佃农制,所以能够造成文化发达。而他所说的,此文化发达原因是由于当时分散的封建制度,没有力量,而被外族侵入,和中国人交婚,使之中国人的头脑优秀,再创造中世的发达,变成了一套歪曲事实和理论的公式,好像中国中世的得以重创,完全要靠外族侵入交婚后造成中国人的优秀头脑发达,还应当谢谢外国人似的。

本来,此根本是不值一驳的话,但是我们要明白,他说此句话,是怀着十二万分的用心,要叫中国人迷于他的言论之下。

历史的史实给我们说明,中世的文化程度,是一贯的继承着秦汉的发展而发展,并不是到了中古,中国的文化,就完全变了,改了样了。事实上中国的文化完全没有改样,在中世,不管任何制度都是由于历史的发展,而一贯继承,中世是封建制,根本不是分散的封建制,确如吴泽氏所说:"政权的集中与否,不是征着皇帝的愚或贤,而是决定于地方势力的强或弱。"在中世地方的势力固然是强的,而森谷就以此为据点,歪曲为分散的封建制度,再引出许多的荒谬谣言,简直无耻之极。

所以,我们在他曲解的"分散的封建制度上"来批判他根本不认识历史,没有辩证的历史方法论。

2. 错乱交换形态:

每到时代动乱的时候,交换形态的变态,是经济学说上发展的一定规律,正当汉末、三国、南北朝代,国家连年兵灾、战祸连天、田园荒芜。人民对在乱世的时代,对于生活资料的重视,当然过于平时,故在这种时代,货币价值跌落,物价加高,此是一定的事实。而森谷他不明此中真理而狂言:"在三国、晋、南北朝时代,经济上以蹂躏货币经济的萌芽,还到谷帛经济为其特色之一。"接着又说:"中国从汉末至隋为止,几乎亘四世纪之久,一般地是布帛织物来尽交换手段的职能,而以自然经济之复归为其特色。"(原著第一八六页)

我们认识一个历史的时代,不能单从表面上去看,应当从他的生产手段下着手。在三国、魏、晋南北朝他们的生产手段如何呢,确如吴泽所说:"是一贯继承秦汉以来的封建地主经济关系的雇役佃耕制的生产方法前进的。"(吴著《历史简编》第一四三页)

森谷中世的"自然经济"的"特色"在吴氏的此段文章内,已解答得痛快淋漓了。中国的社会经济史绝对没有"回复"、"后退"、"循环"的情形,中国社会经济历史,是合历史发展规则的,我们不能容忍森谷的曲解。

3. 对于元朝封建制度的曲歪:

异族统治中原,此确是事实,但他们进入中原之后,一个个都学会了中原的文物制度,且都归化到中国的文化范畴里来,此也是事实。

但是,森谷由于元人是野蛮民族,他们没有文化和文字,所以就如此说:"他们(指元人)无论从上节所考察的生产及生活样式方面来看或是没有文字的一点来看,都可说是还高高地在野蛮上段的野蛮族,所以和一般的由蛮族所征服的国家一样,蒙古在中国也树立了未成熟的封建制度把耕作者化为农奴。"(原著第二七二页)

历史告诉我们,蒙古所建的帝国,并非似森谷所说的"未成熟的封建制度"。考元朝的制度:"中央集权制稍见松懈,中央政府把行政财政权合并于中书省,统管政府的财政、经济、行政、军事,权力甚大,故元代有分权制的特色。但,行中书省外,并立御史台,监察一切,如遇战乱,且有行枢密院,专办军事,而行枢密院、行御史台、行中书是直隶中央的枢密院、御史台、中书省,再一统于皇帝,实质上,元代只是宋代中央集权制的继续与发展。"(吴著《历史简编》)

由上段的引证,元朝的封建制度"是宋代的中央集权制的继续与发展",并没有退回到未成熟的封建制度。大概森谷等日人当可记得,元朝的大规模的征讨日本,所用的军舰兵士,若在未成熟的封建制度下,能发挥此种力量吗?虽然,元人征日是失败,但其原因并不在本身的制度,而由于元人不熟当时的地理形势及其他原因而致。

更为了元朝的政治权构是一个"未成熟的封建制度",所以他接着就说"把耕作者化为农奴",又"回复"到古代的农奴制上去了。

元人入居中原,分人为四级,以北中国的汉人受过异族统治的为第三级,南方顽强抵抗的人为第四级,并无情的抢占民田,掳掠良民,为其奴役,但在整个的南北中国,从事生产者,还是承宋以来的货币、物纳二兼行的地租形态,并没有回复到农奴时代的现物地租和徭役地租。更况他们的为奴,其质并不是农奴,而不能以表面的称呼,就称是耕作者是农奴。

就是因为元人的残暴掳掠,以"良人为奴"的过程下,就造成剧烈的农民暴动来反抗元人统治,事实上,森谷所称"农奴"的"奴"并没有为生产的支配形态,而是为了要虐成"奴"的关系,反把他们的王朝颠覆了。

故元朝的封建制度并不是"不成熟"的,根本没有"农奴"从事生产工作,中国历史发展真理原则的巨轮,把这些信口胡说的荒谬言论压碎了。中国元朝还是在历史的发展过程中一贯继往开来的发展,并没有"倒退"、"回复"。

4. 抹煞中国资本主义的孕育因素:

清代的社会经济是继承明代的发展,在所有的经济基础上,加速手工业制造的商品化,使商品的流通扩大,都市繁荣,商业资本随之发达,在清中叶以前,江西的瓷器,北京的景泰蓝,江浙粤蜀的丝绸织物,都是有名的物产。

宋的手工业工场已是部分劳动的分业生产的资本主义形态的工场手工业。在清代,由于工商业的继承宋明的手工工场业的分工发达,已大有可观，而政府的岁入已由田赋转移到商税为大宗，"可见清初商业资本是十分发达了"（吴著《历史简编》）。

"商业资本的发达，是把封建的生产方法推进到资本主义生产方法的一个主要因素。"但是，森谷一笔抹煞了以上我们所述及的中国资本主义内育的因素，而说："促旧中国社会的瓦解化的诸般，决定因素的复合，是可以从两方面来讲的，一方面是欧洲的资本及跟从着来的重炮。另一方面是在中国社会本身的胎内育成的诸矛盾发展。"又："那是无须说的，在作用上，这两方面是相互关联，交相为用的。"

他这就等于说，中国的旧社会瓦解，是由于资本主义及大炮的赐予，若无大炮，则中国的胎内育成矛盾发展，是不会有力量的。

事实是否如此呢？中国的资本主义的胎内育成已由宋明清的商业繁荣，工业手工场分工制的出现，明白告诉我们，就要临盆了。但是在此转变的时候，不幸的是，欧洲先进的资本主义已来到我们的门前，他给我们一个打击，使我们正要临盆的婴孩，窒死了。此是什么，是欧洲资本主义的入侵，阻止了我们走向资本主义的大道。但是，森谷，不顾一切历史发展的客观事实，更不顾一切历史发展真理，一笔的抹煞了中国的现代化的转变。

为了他所说的中国现代化是欧洲资本主义所赐，便造成了如此的一种理论：中国的民族是无知觉的，是不合真理的，一切的建设发展，都要外国来予以帮助，而此帮助，就是外国的枪炮的帝国主义的抢劫，想造成了此种空气，作为一个阴谋。又如其所说："旧日的中国，是以广大地域的农业、牧畜的发达及矿业、工业之异常的来发展为其特色，又交通虽有水运之便，但是一概的交通机关，依然不脱旧态，在跨入现世纪之前，几乎不知铁道为何物。"照他如此说，中国根本没有工商业，而仅是有牧畜业农业的发达。在跨入现世纪之前，除水运外，根本没有交通，若是如此，中国不是在农村的公社时代吗？此种无理性的造谣，实在是可恨，而其作用，更为可怕。

他不但如上所说，且更进一步的说："中国对于近代欧洲资本之染指，不能不说是给与绝好的机会。"（原著第三百二页）他如此说，好像我们中国人现在的一些殖民地的文明，还是资本主义给我们的好机会。

然而日本呢,他也加入了资本主义的阵营,来以资本和大炮赐予中国许多利益。试再看其所说:"中国的铁道,在中日战争开始前,正如上面所说的,不过一百数十哩而已。但在中日战后的西历一九〇六年,全部铁道的延长竟达三千七百四十六哩。"(原著第三八九页)又:"中日战后,在上海相继有德、美、英、日等外国资本的木绵纺织工场出现,因此步入现世纪的一九〇二年工场数是拾柒纺锤数达五十六万五千了!"(原著第三八九)

他所说的"资本主义入侵是给中国的机会",是为了要引证此两段话而来,说中国的铁道和工业,是哪里来的呢?完全是由中日战争,日本的枪炮所打出来的。如此一说,日本的打中国,不但无害,反而能促进中国现代化?

森谷荒谬绝伦的言论,实为无耻之极。他不但不认识中国历史的发展原则,更一笔抹煞了历史的真理,说中国的历史是不合发展原则的,中国的历史是被动的,必需要外族的入侵,方可以促使进步发展,是不是呢?不是的。真如吴泽氏所说:"外国资本主义的侵入,阻塞了中国资本主义因素从封建制社会母体内自发的出生成长的前途。"(吴著《历史简编》第二四五页)

5. 抹煞中国民主革命的自觉性:

在满清王朝的封建腐败的残酷剥削之下,更经资本主义外来的侵略的经济剥削下,全中国的人民,是无法忍耐了,人民的自觉性告诉着自己,满清的王朝,已不能挽救此颓势,唯有自掀的武装革命是无法解除此封建的压迫和资本主义的经济剥削的了,所以在十九世纪后半期,中国民众自觉的民主民族革命,像火山似的爆发了,在鸦片战争之前有平英团的出现,之后有义和团等的出现,此些革命的爆发,本质上都是反帝反封建的资产阶级农民自救性革命。

然而,森谷,他为了要贯彻他的中国不能自主的理论,竟连说太平天国也是由欧美资本之中立乃至支持,他说"太平之乱的所以能发展,是飞速地获得了中国市场内欧美资本之中立乃至支持,为其有力条件",像他这种的造谣还要找一点证据,故他又说:"一望而知叛徒……有基督新教的色彩,这事便使欧美资本感觉到满足。"(原著第三七四页)但是欧美资本既然是支持了太平天国的,为什么后来又会来帮助满清去呢？这完全和史实不符,太平天国的一开始,就是有着反封建反帝的本质。英美的资本主义侵略者他们不知道吗？确是相反,为太平天国的成因,是全国农民的自救的信号,而是给欧美资本主义的一个警诫,说明中国的社会经济发展是不接受他们的所赐"文明"而要谋自己的民族。民主的解放之战争,确如李鼎声氏所说:"太平天国运动之所以发生,是于满清的专制政治与残酷的封建剥削联结起来,使广大的农民与城市贫民做了牺牲,抑制了中国民族资本主义的发展,而国际资本主义的侵入,更在日益破坏中国的农业,激起了中国民族解放的斗争(包括反满清斗争)所有这些成因汇合起来,就酿成了一八五〇——一八六四年代扫横全国的资产阶级性的,农民革命战争——太平天国的革命战争。"(《中国近代史》四八页)

而太平天国怎样灭亡呢？固然他的政治施政纲领有失败之处,而最大关键,还是欧美资本主义的势力和满清封建反革命势力的勾结而平下的。也确如李鼎声氏所说:"帝国主义会竭力的帮助地主、商人资产阶级进攻革命,使革命的根据地受到致命的打击,动摇并摧毁了南京的政权。"(《中国近代史》第六十八页)

本质的来说,资本主义的帝国主义他那能欢迎中国出现一个富强康乐的民主国呢？在此,又可以看到森谷克己把太平天国的铁的事实曲解。好像中国的革命也是由欧美资本主义的中立支持而方得出现,否则,中国是不会有革命的,故每个革命的成功,是要资本主义的支持,所以每个革命的成功,是不应当和资本主义的帝国主义利益相冲突的,否则,帝国主义就要消灭你的。太平天国初是对英美有利,而后来为了"南京(天京)政府的政策却渐渐使他们不得不感觉到失望了"(原著第三七四页),所以才会消灭。他说了此一大的话是什么呢？是想引证到日本帝国主义的对中国的革命有利的支持,若革命和日本有利相冲突,那是忘恩负义。

资本主义的帝国主义,英、美、日他们都是直接的来扑灭中国的民主革命的,过去如此,现在如此,切不要信森谷的谣言。资本主义是破坏中国的民族解放、民主革命的运动的。

最后，我们已差不多完全明白此书的理论观点错误，但是在全书的结构上显出很多前后不一致的矛盾出来，也可说原形表露，试以三点论之。

1. 应用历史法则的矛盾：

森谷在本书绪论开始就说："社会的劳动生产力到了与该社会的经济诸关系相互陷于矛盾的场合时，前者而能突破后者的话，则原社会的经济构筑瓦解，而形成新的经济构筑，这样，社会便见发达，若与上述的场合相反而为维持原社会的经济构筑起见，宁将社会生产诸力加以破坏，那末社会必因之而停滞，甚至衰灭。"（原著第二页）此段话很合历史社会的发展原则，但是他把此真理未曾用到真正的中国历史史实上，而处处以表面的现象，就誉之为"倒退"、"循环"、"返老还童"等等如像上面所批判过的许多错误，都是如此，即使像他绪论开始而言，社会经济制度只能"停滞"而何能合"返老还童"呢？如两晋的谷帛经济的表面现象，森谷就说他如回到"自然经济"的"特色"。此类的事实，真是不胜枚举，此当然是方法论的错误，但是在全书的结构中间前后表现出来，还能不说是前后的矛盾吗？

2. 中世工业停止原因的矛盾：

关于唐代工业进展，已发展到相当高度，而森谷说："在东洋既没有采用以人为的一种手段产出二等者的工业保护主义，且反而采用农业保护主义。"又："换一句话说，水车之工业的利用是有妨碍灌溉的，所以为避免影响，国家的收入及保护农业起见，政府不能不阻止其发达，因此在欧洲工业时代中，负有显著的作用的工业上的机械水车，在中国因为不利于专制国家的缘故，自由发展既被阻止，且又以有'害水田'的理由，实际上屡加破毁……斗争的结果，是国家自己得到了胜利，贯彻了专制主义的要求。"（原著三三一）但是在同页上且明明的写着北魏碾硙工业应用，在"唐宋时代有非常发达的倾向，因为第一，水碾的劳动生产力比较由于人力乃至畜力的陆碾，要高数倍……第二水力之工业的利用，是'无偿的自然诸力'之一，因此从帝室以至王公、商富、寺观等频频设置碾硙"。

如此可见，森谷已在同页之上，显现出矛盾，他虽然竭力的避免此种矛盾现象,已是不可能的了,而把一个东洋的专制主义头衔加在上面,显然不能遮蔽了全部面目的。

本来,在中国的重农抑商的政策之下,商人是无法抬头的,而政府所抑的商人,是中小商人,那些身为官僚而顾兼大地主,大商人的三位一体者,不但没有被仰,反而得藉政治的力量,扶助了他们对商业的独占。再说到工业也是如此,重农抑商的政策下,使中小商人抬不起头,无法成为现代的资产阶级,不能拿资本向工业转化,然而大部分的宫廷贵族的浪费荒奢的工业品而且繁荣的生长着,大规模的手工业工场的出现,不能不说工业的发展,中国的工业保护主义,不是像西欧那样的保护资产阶级的工商业资本发展,而相反的保护了宫廷、贵族的花奢工业上去,造成独占,使中国近代资本主义的出现缓慢。但不能和森谷所说的中国工业停滞,工业本身没有停滞,是发展的,而经抑商的政策使资本停滞了转化的过程速度。

3. 货币理论的矛盾:

对于货币的理论矛盾,他在宋代折色地租过程中间曾如此的说:"货币流通虽比较的有显著的发达,可是本位货币,本质上还只是钱币,银是不定论的,无论如何,就当时货币流通的发达水准而言物纳租税改纳货币是很困难的。"(原著第二六二页)他是说宋代的货币流通数量不够,所以无法把货币地租形成,但是在原著上竟有:"武帝初令三官铸造五铢钱起,至前汉末的平帝时止,七八十年之间铸钱达'二百八十亿万余'。"(原著第一六六页)在汉朝即有如此的货币流通数量到宋朝反而会"流通水准"不够,实为好笑,又关于"本资上只是货币,银是不足论的",然在他书确实写着汉朝上把银金流通为货币的事实,"以白鹿为币,制皮币,更用银及锡的合金铸造白金三品(三种)——法定的价格是三千,五百,及三百三种,上刻龙、马、龟诸文以资识别,黄金也曾通行,每个重一斤,即十六两,盗铸金钱者,是要处死罪的"(原著第一六五页)。在汉时,金银已为交易的媒介,而虽然经历代的钱币名称改换,但是铸造币的质是不会变的,那能到宋朝以后"银就不足论"了呢?难道中国的史实真正"倒退"吗?决不会的,所以森谷的在史实上用尽心思,想把中国的历史拖到、回转到古代去,但是他还不能把整个的史实掩没了,无意之中,就要露出来的,所以在他故意的歪曲事实当中,矛盾是不可避免了的。

我们上面,又略把森谷克己书中所有的错误观点及前后矛盾交三方面的予以披露,更予以正确的解答、批判。

在我们看到此书中,只有一个感觉,就是处处以表面的现象,而作为一种理论的根据,作为一种发挥的条件,把整个的社会经济历史的原则而曲解,例如以魏晋南北朝因连年战祸,人口死亡,田园荒芜,作为社会经济史的倒退根据,说"是井田制的公田再演",回到了西周时代,把中国的历史就无疑的拖上一千年。更因为战乱不已,货物变成了贵重的东西,作为一种暂时的变换形态,而森谷则说复为"自然经济"的"特色",好像中国又回到农奴社会了。又在元朝入居中原的时候,其为了元是蛮族的关系,便说元朝是"未成熟""封建制度",而更说生产工作者是农奴,又把中国的历史回缩转去了。好像成为一种定律,每当中国社会矛盾交错的时候,便认为是倒退,而决定要蛮族来帮助统治以后方才能使复兴,尤其在近代史的应用上面,格外露骨,森谷说鸦片战争对中国是有好处的,"外国资本入侵,是给中国进入现代的一好机会",更讲到中日战争的前后铁路和工业的发展,想来证明中国的铁路和工业是由中日战争打出来的,近百年来的帝国主义入侵,造成了中国的半殖民地文化,也还是资本主义和跟着的"大炮"所赐予。总之,在森谷克己的眼中:"中国在历史上向来为战争内乱、水旱灾、饥馑、外族的侵入,几乎周期般的将社会的诸般生产力破坏,更常常反复着,又再行滋生同样的诸般生产关系,换言之中国历史的辩证,与其说是在较高的阶段中废弃这样的契机,无宁说是被保存的契机异常庞大为其特色,即中国社会是常能充分地保存其旧有的社会诸关系。"(原著第三四七页)但是中国的社会是不是"周期性"更"充分地保存其旧有的社会诸关系"呢？当然不是,此是森谷故意的歪曲,在上面我们对他此种的错误,已严正的指出,但是森谷为什么要如此说呢？

森谷克己为日人,生在日人侵占中国的时代,在日人侵略中国的条件下,要想找到一种历史和理论上的依据,在这方面,把中国的民族,自愿心服的来迎接日人入侵,故此一般日人便受了法西斯帝国主义日人收买下,做了此一步反动的工作,如秋泽修二、森谷克己等一批无聊且无耻的伪学究,便担任了他们法西斯帝国主义所委下的"神圣"职务,以诌讲中国的历史为能事,以破坏中国的民族自立性为最大目标,"中国民族每次在大的变乱后,总要外族来帮忙的",否则,就不能生存的样子,故为了如此,所以要讲北朝的入侵是"中世纪文明的重新建立",鸦片战争的欧美资本主义的经济侵略中国,而是给中国"走上近代的一个好机会",故此行证到最后,即日本人侵略中国,是为了中国的好,你们中国人还不欢迎吗?并把浅显的铁路、工业作例子,作为中日战争对中国的益处,把中国的历史发展因素一概抹煞,极尽引用单纯的现象来作为一种转化的本领。

所以,我开头说此书是有毒性的书,故不厌麻烦,把书中曲解中国的历史事实,一一举出,予以分解,是为了要人们知道此倒底是何种样的书,由此书的内容而和森谷写此书的时代配合起来,那就可以知道了,此是日本开始侵略中国的一种文化准备,森谷克己不过是一个法西斯的侵略宣传员而已。

但是,在目今的国内各学校学生,甚至名流学者,还都在信读此书,为森谷克己的巧伪言词和单纯事实的证明所信服,好像中国的所以不进步,真是为了此缘故。我想,此种想法的人很多,不但如此想的人多,甚至名流们还公开的如此说着,此是多么危险的一种倾向呀,难道他甘愿做亡国奴吗?更愿为日人以及一切帝国主义的侵略者做宣传员吗?

日人虽然是做了一场侵略的恶梦,但是,此有毒的宣传物,还没有被清除,它的功用,现在又要变换着方向,为适合应用于某种的帝国主义的人入驻中国的言论了。

我们再不允许,此毒物仍在我们中国发生其效力,尤其对求知欲强的青年毒化,故竭力的提出此本书,要全国上下的人们清除它!更希望全国学者,努力的创作一部完整的辩证的科学的中国社会经济史,来解救书荒。

(《历史社会季刊》1947 年第 1 卷第 2 期)

读森谷克己《中国社会经济史》

曾永潜

孙怀仁译,中华书局出版。
但就本书,平心而论,实不得不许为真的有点雏形贡献的东西。

（一）

　　本书的译者说:"中国经济通史的所以这样难产,主要可说是由于矛盾的见解太多,无从统一,又没有一个是比较的为多数人公认的意见……"因为空泛的本质论辩及名词与分期的争议颇加非难。愚意则以为当学术的一个新方面研究的开始时,研究方法的殊歧与观点的各异原不足诟病,且自学术史看来反而是一个有价值的值得纪念的阶段,惟有从这种纷乱的歧异的,各有所本的不同的观点研究出来的东西中,才会逐渐形成一个由综合的观点集聚精妙的洞察与透视,于复杂无涯的关系中立定一客观的完整的体系。所可叹息的倒是,彼辈都要在中国经济史研究的初期,仅以自己的认识观点为根本,从偏狭的个人的片面观察来奠定一个新学术的万世不易的基础。在这样薄弱不完全的初期,即便连材料的整集也还贫弱得可怜的时候,要妄想由一二人自己来单独完成这样的功绩,则直接地为维护自己的见解,间接地为维护自己的模型,自然就不免要耽延于本质与方法的论争场中,为几个意象名词的涵义破口相詈起来了。所喜在近年这种宁为鸡口不为牛后的心理已逐渐因为没有什么结果乏得淡了下来,颇有许多人埋头去弄一点即便小点也仍有实在价值的东西出来。开辟新园野的态度原是应得这样,至若整个完成中国经济史知识研究的形式之陶冶,则在今日,恐即便是天才也不能做到完善令人赞服的地步的。

但就本书,平心而论,实不得不许为是在忘形的辩争场合以外,真的有点雏形的贡献的东西,即依了自己搜集的材料,按着自己的意思,迳加以排列使成为总括概观的叙述,完成一个初期中国经济史研究的比较完整些的著述。在辟荒的今日,这一条"未成熟的导路"实在具备有引领初学者参考与观摩的价值。但若取苛责求全的态度来批评,则其唯一的真价值,也仅仅在"完成了一条未成熟的导路"这一点上。

（二）

　　著者于系统的叙述上,即呼应"追逐自然的客体与主体两者的条件之变迁"的意见,而实际本书的叙述仅在排列上面完成了大致的工作,于经济事象变迁之溯源的解释却未曾给予阐述充分的意见,致使本书成为一本片断的经济情状的集合排列,于主要的经济发展与变迁的连续线索反觉晦暗不明,使人读后难于获得一个系统的连续的观念,于分期上既照依生产形式而为方式化的叙述,而于秦汉至清中叶的期间又避用纷争中的诸解说,亦不由社会的构成上来说明当时的社会阶段,却用一个含糊的"官僚主义的封建制"作为总题,其间虽拟作一个由"中国本位"观点而叙述的尝试,实际又仍也只是一个冠名,终不曾详尽地说出个所以然来。但这一点尝试却足以引发研究者对于中国历史上特质的真切注意,因而分别由社会其他诸方面特质的束缚与影响来观看解析这一特殊的冗长的形态,不能说为毫无所益。

　　在叙述上,似乎根据"以农为本"的意念,完全侧重于田制与税法的讲叙,而这方面的材料既经整理者,复因疑古派的盛兴,近期的参考竟较之远期的为少,因之本书的结构也随着呈现头重脚轻的毛病,于宋金元明的情状率皆略而不详,且着意社会的组织轻忽消费分配上颇属重要的商业状况,殊失研究经济史本来的意旨。又认定宋金贸易为宋银的流出,而实际却是金银的流入（加藤繁《宋金贸易论》）。故为丛书小册则嫌太繁晦,为专书或通史又嫌简陋。

　　就序中的意思,著者意在作成一本通史总论之类的东西,但这种东西在作者要在整个研究完了之后才能完成的,倘在仔细的个别研究以前，先自弄一个总论出来，则是失了研究学术的态度，应用了写文章的方法，有类于用织渔网设纲纬的方法来织布匹，繁忙了半日手足也弄不出来像样一点的东西。所以作者也自说"必须先把握住个别的研究作为前题……将个别的诸研究作成总括的叙述，特别是本书的场合，此种困难实无法避免"，"本书自非这样的总括著者自己所有的个别的诸研究的结果而产生的"，但虽即这样说了，却仍然要急急地出版，这其间，自有学术界以外的急需理由，与学术界以外的催促和激励，著者的热心与关切，我们实当深深体会。

（三）

近日关于中国文化史的著述，每皆各自采取所认定的社会阶段解说来附会中国社会，经济史的著说自亦难逃例外，本书亦然。这种情形，在仅有帽子可套的今日，则姑且套套，由旁比较一下两者套来时实质的差异，也未为无益，只是套来套去，结果只斤斤于你我借来的帽子间之差异优劣而呶呶争辩，忘却回顾自己的头颅，那就未免有点滑稽了，一声引用他人的结论做自己的出发点，不免不知不觉地从研究的目的转成卖帽子的目的了。东晋太郎在论史的叙述方法时，对于各种独立的史观也说过"倚用这种单纯的方法，无论如何是不易窥得全豹的"并说"在经济史的立场上应把观察的中心放在社会底经济文化发展上，令之在其他各现象中具有为其基础或背景之资格，以阐明人类文化的进展"云云，这段话，倒足引供今日研究中国经济史者于热辩之余闲加以深思的。

（《公教学生》1942年第2卷第3期）

介绍《支那社会经济史》(附批评)

忆恬

日本森谷克己著,东京章华社出版,定价白金一圆八十钱(尚无中译本)。

在研究中国社会经济史的过程中,有两种事项是最重要的:一是正确理论的指导,一是详细材料的搜集。二者相辅并行,缺一不可。理论指导的方式,一方面是研究者要精通社会经济的理论,他方面是要应用理论先树立起一个社会发展史的规模。依照这种规模去搜集材料,并且时时以史料勘正这种规模。如此研究下去,理论与材料始能尽相辅之效。陶希圣先生将史料搜集譬如开木厂,研究者譬如木匠。并且说:"一,本刊(指《食货》半月刊)是想做一片小木厂的,除了想供给任何理论家以些微的根据外,并没想妨害任何理论家的理论。"(《食货》一卷五期)但我们觉得木匠与木厂的关系,并不仅在木匠依据木厂的材料,更重要的是,木厂方面也要知道木匠所需要的是哪种材料,譬如供给一个做桌子的木匠的材料,至少木厂的人要明白桌子的规模。再好,就是木匠预先给木厂一个样子,按样子预备材料。如此,木匠用材料才能应手。不然,木厂所供给的材料,仍要木匠一一择选,木厂的效用便失去了。研究中国社会史也是这样,必须要先建立一个社会形式发展的大概规模,给搜集材料的人以及初学的人作样子。

这种社会形式发展史规模的树立,一方面要有正确的理论,他方面也要有相当丰富的材料。只有理论而无材料,那仅是图案而不是做实体的桌子。图案人人可以随便画,桌子却有时不能随便做。过去的中国社会史论战,大家都是在争论图案的是非,无一人能做出一个实体的东西让人家参看批评。所以,一部中国社会发展史实为当前史学界所最需要的。

森谷克己先生是京城帝国大学的助教授,对于社会经济的理论有很好的修养,在白扬社出版的《历史科学》上常有论文发表。他这部《支那社会经济史》是去年十二月出版,章华社《各国社会经济史丛书》中的一种。

本书共分六篇。第一篇是"原始时代",此篇从传说时代叙述到殷商。根据莫尔甘的社会分段法,主张殷商尚未脱野蛮时代。但此时一方有氏族组织存在,他方已有国家的萌芽。并且主张殷民族为父权氏族。对于郭沫若等的母权氏族说有所批判。

第二篇是"未成熟封建社会成立时代"。在此篇中最可注意的是田制税法的研究。先将《诗经》、《孟子》及《周礼》中关于田制税法的纪载,很精密的客观的一一加以分析,然后解决了这些史料中的矛盾而成立自己的说法。在他的见解中,主要的是承认井田制及贡、助、彻税法的存在,以为西周的田制是农业共同体式的井田(并不是机械的如"井"形)。税法即是徭役地租的助法。春秋战国以来,公田废除,税法也由徭役地租的"助",改为实物地租的"彻"。根据这种生产关系,便主张西周是未成熟的封建国家。春秋战国是过渡时代。

第三篇是"官僚主义封建制的成立时代"。此篇以后直至第六篇都是以官僚主义的封建制为主体,分述其成立、停滞、发展及其完成与崩溃。在此篇中先叙述秦朝中央集权国家的成立,其次述及两汉农业社会生产力之发展,和工商业的情形。本章第五节中曾提到奴隶社会的问题。他承认汉代奴隶的数目很多,但不主张汉代是奴隶社会。其理由是:"在社会的生产过程中,容纳奴隶最多的是制造业——煮盐、冶铁等manufacture式的事业——及商业。而在中国社会中占决定地位的生产部门,即农业上,其容纳粗笨奴隶劳动的余地,反日益减少。因为农业,如上面所述,是渐次集约化,尤其是随种稻的普遍而来的开耕栽培之发达,实与纯粹的奴隶劳动不相容。"(一八五页)主张所有的奴隶都是家内奴隶及奢侈奴隶。不过,据我们看来,原书作者尚未能根据史料充实他这种理论。这不能不说是一个弱点。从这种勉强的态度上,森谷克己先生总免不掉有因为承认了周朝是封建社会而势不得不反对汉代是奴隶社会的嫌疑。

第四篇是"均田成立时代"。此篇以均田制度的发生为着重点。以为均田制度的形成有两个经济条件,一是社会生产诸力的破坏(如劳动人口的消减等),一是劳动生产力的向上,社会上具备了前进的条件。同时在这种经济条件下,又形成自然经济的回转与豪族的发达。其影响到政治组织上便成为"分散的封建制"。过去"中央集权的、官僚主义的封建制"至此分解。

第五篇是"官僚主义封建制发展时代"。此篇自隋朝统一直说到明朝灭亡。中唐以前是以均田制度的完成及其废弛为主干,叙述当时土地分配的情形,税法以及村落组织。中唐以后直至明末,是以庄园为主干叙述当时地主与农民生活的情形。本篇之末一章则专论中世的都市与商业。但其中只谈到"市制"、"行会"及"外国贸易"三者。

第六篇是"官僚主义封建的完成及其崩溃时代"。此篇由清初叙至民国初年。以工业生产为主干,叙述中国工业的历史发展、基本形态,以及西欧重商主义破坏中国工商业,致使旧社会崩溃的过程。

森谷克己先生的原书概如上述。最后,我们综合批评他的全书,觉得他能于理论及史料上兼顾并重,以洗中国社会史学家只画图案的弊病,这是他的优点,也正是值得我们介绍的一点。不过,我们对此书也有几处不甚满意。第一,本书作者对中国社会形式发展史的见解,是:殷以前为原始社会,西周为未成熟的封建社会,秦汉以后为官僚主义的封建社会。这种分法是否得当,因为问题过大,本文暂置之不论,只是对于他分析封建社会的方法及名词的运用稍有异议。作者在分析封建社会上过于受字义的束缚。所以对封建社会的着眼点,往往由经济关系上移到政治组织上,更进而视政治组织之变换而更改封建社会的名词。如"官僚主义的封建制"、"专制主义、官僚主义的封建制"、"分散封建制"等。这些都可以表示作者着眼点之错误。社会形态的判断,无疑义的是由生产方法及生产关系来决定。封建社会的生产方法的特征是农业与手工业结合的自然经济,生产关系的特征是实物地租,徭役地租或货币地租(占少量)的剥削关系。因为自然经济占优势,所以封建制度的特点当是非中央集权化及土地占有者与土地使用者间的特殊关系。并形成所谓梯形的政治组织。但这些都是次要的标识。这些标识往往因为自然条件、种族关系、外来的历史影响等而发生变化。如马克思所谓："同一经济基础，因为有许多无数量的差异的后人环境——如自然的条件、种族的关系、外来的历史影响等——在它的表现中可以发现出无穷尽的变化和浓淡。"（《资本论》第三卷下册）杜博洛夫斯基也说："无论大小土地私有者，不管私有者是直接管辖农民，或经过国家的官史及警察，不管他是土地私有者，或者只是大领地制度上的土地使用者，不管他是实现他意志的中央集权化的国家系统，或者他自己直接设立法庭去惩治农民，如果农民经营的是自然经济和家庭工业的联合，并在实物地租的形式上，拿出一部分他自己的生产物交给坐在他上面的土地私有者——剥削者，此种关系就是封建关系。"（《亚细亚生产方式、封建制度、农奴制度及商业资本之本质问题》第四章，吴清友译文）因此，我们对于封建社会，只把握住它的经济基础便够了，大可不必拿政治制度的形态来混乱封建社会的意义。况且，事实上，中国的中央集权及官僚制度并不曾移动中国封建社会的本质，在中国社会史中，官僚并不是特殊的阶级，他们自身大都是封建领主，是构成统治阶级的一部分，仅仅是为了管理国家起见，他们又独自形成一种较严密的组织罢了。在各方面，他们都不曾越过封建的关系，所以没有特别提出来加诸"封建社会"之上的必要。

第二，在论中古封建制度的部分中，作者忽略了大族与官僚的封建领主的地位。他所谓"中古的分散封建制"，只是就魏晋的王侯封君而论。事实上，中古封建社会的本质，不在王侯封君，而在大族官僚等大土地所有者。王侯封君为数甚少，并且他们的收入是国税而不是地租。有时他们竟不得直接与农民发生封建关系。而大族官僚的大地主不但所在多有，并且直接向所属的农奴征收地租或力役。土地所有者与土地使用者中间，很显明的保有封建关系。所以论中世纪的封建社会应以大族官僚的大地主为主体。而森谷克己先生竟对此不提一字。

第三，中唐以后，因农业生产力之发展，促使商业、货币资本发达。在此，又形成社会发展的新矛盾，即都市与农村之对立。其表现于社会上的，即如中唐以来的铸币问题，尤可注意的是北宋王安石变法时的诸问题。这些大都是来自都市与农村对立之发展。所以，在中唐以后社会经济史的研究中，必须要把握住都市与农村分离及其发展的过程。但森谷克己先生却忽略了这个要点，甚至于连北宋的王安石变法都不加以考察。

以上三点系读森谷克己先生的原书以后，随手写下来的一些意见。此外，如本书对社会意识形态的发展，毫不言及，也不能不说是一种缺陷。

至于本书所主张的中国社会形式发展的阶段，正确与否，暂置不论，我们只承认它是已树立起来的中国社会发展史规模之一。理论家可以尽量批评、参考。采长补短，务使中国社会发展史的规模日趋正确。搜集史料者也可借此得到一些中国社会发展史的梗概。并且也可以随时用正确材料勘校这种规模的错误。

最后更希望时间精力有余暇的同志，将本书早早翻译出来，以供全部的史学同志来阅读。廿四，九，十二，北平。

(《华北日报·史学周刊》1935 年 10 月 10 日)

《中国社会经济史》

王味辛

森谷克己著,陈昌蔚译,四〇〇页。
商务印书馆印行,二十五年九月初版,实价七角。

　　社会经济史是一切历史的基础。要研究通史或各种专门史,必须先对于社会史经济史有相当的了解,否则研究的结果,难免庸俗的批评。

　　我国对于历史一向非常注重,历代遗留的史料也可谓不少,近年来,历史的研究更大有蓬勃之势。自守旧派改组以至怀疑派、考据派等等,著述如林、成绩可观。尤其是书本史料的整理考证,实物史料的发现考释,有长足的进步,对于新历史的完成,实有不少贡献。至于能正确的认识社会经济史的重要性而从事研究的,也有一部分人正在努力。

　　前几年,对于中国社会史的问题,发生了一次混战。因为参战的对于中国的史料认识不足,又不肯用一番苦功去切实研究,只是大胆的提出主张袭取了舶来的某种公式的皮毛,随便硬套,以致浪费了许多笔墨,没有结果。后来,有许多人仍然迷信公式主义,有许多人幡然改图,很想从充栋的史料里,发现一个中国社会经济史的特殊发展形式。但是从此以后,态度比较沉潜,研究比较精博,却是彼此一致的。

　　因为中国史料的丰富,时代的久远,和研究的刚在萌芽,所以断代或专题的社会经济史的论文或专书,数量还算不少。至于中国社会经济史全史的出版物,则寥寥可数,至多不过十种左右,而且都是单薄的小册,很不足观。森谷克己的这部《中国社会经济史》,已算是内容比较的最丰富的一种。这部书有某某书局出版的王渔邨的编译本,有中华书局出版孙怀仁的译本。我看过的是商务印书馆出版的陈昌蔚的译本。听说不到一年,已经数版,可见这本书很合需要的了。

森谷克己的这本《中国社会经济史》,除绪论外共分六篇。第一篇原始时代,略叙石器时代以至殷末的社会经济,对于各种材料,似未能充分利用,但他的态度却比一般妄作主张的人老实些。他的结语说:"殷代在本质上未脱离野蛮时代",并且引了《论语》上孔子说的殷代文献不足的话作为理由,对于原书一再引出的甲骨文视若无观,故意把中国文明期压迟了几个世纪,这样的日本学术界一贯的态度,使我非常怀疑。作者在本书绪论里引用过莫尔干《古代社会》(*Ancient Society*),说:"所谓文明,是以文字的发明使用及文字记录的制作而开始",森谷克己不能把这句话曲解罢。

第二篇是未成熟的封建社会之成立时代,自周初至春秋战国。第三篇是官僚主义的封建制之成立时代,自秦代至汉末。第四篇是均田制的成立时代,自三国至南北朝。第五篇是官僚主义的封建制发展时代,自隋代至宋明。第六篇是官僚主义的封建制之完成及崩坏时代,自清初至民国。本书译者陈昌蔚君在"译者的话"里说:"许多人主张,在封建社会和资本主义社会两个名词上,各加以'初期'、'末期'、'前'、'后'等帽子,来说明中国社会的特质……这些名词使用在中国社会上时,除了把中国社会看作和欧洲社会一样而外,实在什么也没有说明。著者在本书中,对于周代社会,和自秦至清的社会,都没有沿用这一类名词,而另从其内在的特质上,找寻其适合的名称,这可以说是中国社会史论争上一个重大的转变。"由是据我看来,森谷克己在叙述中国社会史的时候,仍然是以欧洲社会史作为蓝本,而不能断然跳出他的范围。"未成熟"、"成立"、"发展"、"崩坏"等,和"初期"、"末期"、"前"、"后"等,除了字面变换以外,有什么本质的不同?森谷克己认为中国自周初至清末都是封建制,因为和欧洲的封建制情形又不很相同,所以加上"未成熟的"、"官僚主义的"种种的形容词。换句话说,他认为中国的封建制,只是欧洲封建制的变态而已。研究社会经济史,当然很需要比较的方法,但是中国的社会经济的发展,既经认为和欧洲的不相一致,为什么一定要把欧洲的社会发展视为正常,而把中国的社会发展认为变态的呢?正常与变态究竟以什么为标准呢?自然文化背景既各不相同,自然就有不同的发展的社会,无所谓正常,也无谓变态。为什么不在很繁琐的中国社会经济史料里,自行找出一条发展的道路来,而一定要借欧洲社会形式发展的那顶帽子套来套去呢? 我认为这是森谷克己这本书的根本错误!

译名要求正确,本非易事。借用周初的封建两个字,去比附欧洲的那种制度,本是无办法中的办法,含义的不能尽同,自属难免。而森谷克己竟反客为主,说周朝的封建制是"未成熟的",好像周初就不应该用封建那两个字,这是从何说起。秦废封建,改为郡县以后封建制度虽然也曾几时昙花一现,但是秦以后的社会究竟与周代的社会不同,这是不能否认的。因为中国社会自周至秦的变迁和欧洲封建社会的演进,没有走同一的路线,于是一般研究中国社会经济史的人,对于自秦至清二千年来的社会,大为迷惑或认为"变态",或认为"长期停滞",或胡乱加上"商业资本社会"一类名称,各人引了几句话,自己合用的材料,互相争辩,哓哓不休,毫无结果。森谷克己认为这自秦至清二千年来的长期社会"是官僚主义的封建制",但是既经认他是中央集权的了,而且赋税归于中央了,为什么是封建制呢? 我在他这本书的第三篇至第六篇里,始终没有发现为什么仍然是封建制的满意说明,连封建两个字也几乎看不见。为什么呢? 除了森谷克己对于这二千年的社会因没有充分研究而认识不足外,别无其他更好的解释。

森谷克己在所谓官僚主义的封建社会长期中又划出一个不伦不类的"均田制的成立时代"。但是均田制是只行于北朝的,而且只限于官田和无主的田而不及私田的,而且均田法令的实施程度也是可怀疑的。事实上均田制屡被破坏而常有土地所有不均的记载。对于实施范围很狭小,实施时间很短促的均田制过分夸张,而无视其他一切社会经济情形,对于两晋六朝的社会经济全盘形态的认识,当然是不能认为十分正确的。

这本《中国社会经济史》,自三国以后都是谈的田制和农村,只有八页谈到商业,二十页谈到工业,而且没有谈到他的对于社会的作用。全书自周初至汉末,叙述比较周详。自三国以后,可用的史料逐渐多起来,自宋以后,因为印刷事业的发达,书本的材料更加浩如烟海,汗牛充栋的专集、类书、笔记以及小说戏曲里，都有很好的资料，惟其如此，求急功的研究者反而觉得无从下手。所以这本书的后半部，引用的材料逐渐枯窘，叙述逐渐草率，不能顾及社会的全貌。到了鸦片战争以后的近代，正是一个大转变的时期，有各种新变化新事实待详细说明，这本书却匆匆的结束了。至于书内几点小错误，我不想浪费笔墨，再把他指出来。

话又说回来，森谷克己的这本《中国社会经济史》，究竟在有十种左右的这一类书中，要算是内容比较的最丰富的一种，而且森谷克己还是异国人呢！在开始研究中国社会经济史的时候，把这本书作为研究的参考，是不妨一读的。

森谷克己在著者序言里说得好："著者是想使这小册子成为中国社会经济通史概述的。而所谓通史概观之类，一般的说，研究者必须首先把住个别的诸研究作为前提，同时又须通过种种困难，将个别的诸研究作成总括的叙述。特别是在本书的场合，此种困难，实无法避免，本书自非这样的总括著者自己所有的个别的诸研究的结果而产生的。严密的说，中国社会经济通史，究将如何才能出现，于何人之手才能完成，目前均在不可知之数。如本书者，除旧来中国学研究的诸成果，试将研究的基本方位加以确定，俾得为今后个别的诸研究的基点外，宁不存别的任何奢望。"我对于有这样自知之明的一个研究中国社会经济史的外国人森谷克己先生，不能不表示相当的敬意。

(《中央日报》1937年8月1日)

中国社会历史是停滞倒退的么

吴 泽

计算起来，中国历史自从纪元前一一二二年西周初期封建制社会建立起，到一八四〇年的鸦片战争时末期封建制社会崩溃止，其间经过几十百次的大小农民战争，经过多少次王朝的更替，经过多少次蛮族的统治与种族国家兴亡。中国封建制社会历史，差不多前后历时三千年之久，较之日、俄、英、法诸国封建社会历史，确是"长期"得多。为什么中国社会历史如此长期"停滞"在封建制社会的范畴中呢？

其次，鸦片战争后到目前抗战现阶段止，近百年的中国社会历史是半封建半殖民地社会历史。这百年间，由于中国社会内在的资本主义新因素的成长发展和外来的资本主义的入侵所刺激，先后引起种种"自觉"的运动，或是走改良的路线，或是走革命的路线，但至今还在血的艰苦奋斗中，尚未完成"新历史"的转变过程。为什么近百年中国革命如此"难产"呢？

这两个问题，固是中国社会历史上的重要问题，也是目前抗战建国中革命理论的核心问题。例如日寇法西斯侵略主义的宣传员秋泽修二，他说中国社会的根本性格，是"停滞"的，"循环"的，"倒退"的，中国"社会在结局上是停滞的……中国社会的停滞性是社会矛盾的循环，社会过程（社会运动）之反复的形式，是中国社会的根本性格"。日本则不然，它大约是"进步"、"发展"的，"日本社会与印度及中国社会有着不同的性格"，"现代亚细亚的日本之特殊地位与结局，印度的殖民地命运，中国被日寇侵略'征服'（？）的'结局'"是有着历史根据的。并且说："中国社会并未以其自身之力，产生出具有资本主义性质的手工业工场"，

"商人资本在中国社会自身的发展中,没有外部的作用便不能发展成为资本主义的资本"。"中国经济之近代化的过程的转化",便是由"鸦片战争"外来资本主义的入侵所创造出来(否则的话,恐怕今日的中国还"停滞"在典型的封建制社会中呢),因此,"日本皇军的武力"入侵中国,便是打破"中国社会之'亚细亚的'停滞性",推动中国社会前进,完成封建制到资本主义的转变过程的。如此说来,中国这次不特不应对日抗战,而应该感谢日本皇军,欢迎日寇入侵中国(见氏所著《支那社会构成》)。秋泽修二就是以此中国社会"停滞"问题和中国社会的"转变"问题为题材,建立其荒谬无耻的侵略主义的中国史观,以作其法西斯理论宣传的。

抗战深入的现阶段,我们就要加紧打击粉碎日寇法西斯的这种侵略主义的文化理论,早日展开上述两问题的研究与论争以冀得出正确的结论,庶几可肃清敌人和汉奸的侵略主义和投降卖国理论,巩固革命阵营,争取民族解放的胜利。为篇幅所限,本文略论中国社会历史的"停滞"问题。

《辩证唯物论与历史唯物论》的著者说:"发展的过程,不应该了解为转圈子的运动,为过去了的事物的简单的重复;而应该了解为前进的运动,为向上昂涨线的运动……为从简单到复杂,从低级到高级的发展。"(博古译本)从辩证唯物论的论点,研究出的社会历史发展的具体法则,便是历史唯物论。

人类社会发展的一般规律,是由原始公社制到奴隶制、到封建制、到资本主义制,再到社会主义制,由低级到高级,由简单到复杂的向上发展的过程,这正是历史唯物论的科学的指示。中国社会的发展法则,自亦同具此一般规律性。殷前的传说时代是原始公社制社会,殷代是奴隶制社会,西周到清鸦片战争为封建制社会。鸦片战争后,中国社会虽然暂时呈现着半封建半殖民地社会性质,本质上,中国社会历史仍是前进发展,向新历史新社会努力追奔的,尤其是抗战三年来进步得飞速。然而,以撷集进步词句,伪装历史唯物论观点的秋泽修二,他如何隐蔽其法西斯侵略主义的政治阴谋,隐蔽其曲解中国历史以附遂其预定的宣传纲领的呢?他在《支那社会构成》中说:"大体上从春秋——战国到秦汉时代的中国社会是奴隶所有者的构成的社会,从唐到清末是封建构成的社会,而自汉以后至唐的期间是从奴隶所有者构成向封建构成转化的时代,向封建社会构成之明确地确立的时代。"究竟春秋、战国、秦汉社会是不是奴隶制社会,撇开不论。只看他说:"自汉至隋唐的中国社会"由于"奴隶制与农奴制相互制约的关系",使中国社会在"同一社会过程中被反复",大概社会经济破坏衰落了,社会历史就"倒退"、"反复"为奴隶制的反拨"复活",社会经济复兴发达了,社会历史就"前进"、"发展"为封建制的昂扬。自汉至唐千年的中国社会历史,便是一时发展,一时"倒退"、"反复"、"循环"的历史,就是这样的规定了"中国社会的停滞性"。并且,在唐宋到清末的封建制社会中,"至元代,由于元征服的结果,奴隶制再复活",中国社会又一次"倒退"、"反复"、"循环"。入清以后,中国社会还没有资本主义因素出现,中国没有"自生的发展"出到资本主义制的前途,如果没有鸦片战争外来资本主义的入侵,在秋泽看来,恐怕中国现在又要"倒退"到奴隶制社会去了!因为"中国社会在结局上是停滞的"呀!

第一,就从生产力的发展状态考察:试就生产工具的发展状态看,中国社会是不是如秋泽修二等所说是"倒退"、"循环"、"停滞"的?这点我们知道,殷以前的传说时代的劳动工具,由传说中之"有巢氏"的木器工具到"燧人氏"、"伏羲氏"时代的旧石器工具,进到"尧、舜、禹、夏"时代的金石器工具,进到殷代便开始了金属工具(青铜器),而创造出奴隶制的生产方法。由西周到鸦片战争的封建制社会中,殷以来的金属工具制造材料继续改进。西周出现了铁,进到春秋末期,铁的冶炼改进,转变到冶铁风箱,如吴越的莫邪、干将的炼钢术的出现,铁犁也已开始。到汉代,铁犁和织机等便广泛地传布,土壤施肥技术也广泛应用,长安、成都、临淄的纸厂和绸缎厂、酿酒事业亦很发达,故有桑弘羊榷酒酤的发议。到宋代手工业工场发展,如临安一城冶金、织物、兵器诸工场,雇用工人有至数万人者。印刷术亦在此时发明,"团"、"火"称名的手工业"行"也出现,都市经济发展,自由商人也出现,表示生产力的发展,已进入封建制社会末期。经元明至清,手工业工场已成普遍形式,发展到形成资本主义诸关系的封建制崩溃期了。鸦片战争后,虽然手工业生产工具向机器工业转变,但在帝国主义与封建残余的制约下,半殖民地化了。这与《辩证唯物论与历史唯物论》所指示的从古到今的生产力的发展状态,完全一致。是一步步前进发展的。

至于由汉经魏晋南北朝、隋至唐初的千年间的社会历史,秋泽修二说是"回复到自然经济"的"倒退",森谷克己也说三国、晋、南北朝是"以自然经济之复归为其特色"的"倒退"、"循环"时期。其实,如吕振羽先生所说,当时"诸葛亮的木牛流马,南齐祖冲之日行千里船,及唐代李皋之双轮战舰的发明,与铁银铜锡等冶矿的发展,反而正表示着生产力之一步前进"(《理论与现实》二卷一期《中国社会史诸问题》)。本质上,没有"倒退",是一往向前发展的。在元代,秋泽修二说是奴隶制的"复活"期,当然,奴隶制是在封建制的前面,奴隶制的生产力应该比封建制的生产力低下,然而元代社会生产力是否"倒退"没有呢?吕振羽先生说,相反,元代的都市经济是进一步发展了,造船业进步了,"正表示在异族的残暴压制下,生产力仍在前进"。"在中国历史的全程中,虽则每因战争破坏引起劳动人口与劳动家畜的缺乏——被屠杀与移徙——及田园荒芜,入主异族之野蛮残暴的压制与掠夺……而表现着劳动生产性之衰落等现象,但也只是暂时的现象,其在历史的总过程上,在生产力自己运动的过程上,仍是不断上升的。"(同上文)

第二,从经济状况与经济关系考察:殷前传说时代与"有巢氏"时代,是过的巢居生活;"燧人氏"时代,开始捕鱼生活;"伏羲氏"时代,一面捕鱼,同时知道狩猎,完全是采集经济生活。进到"神农氏"时代,便发明种植物;尧舜时代,出现了农业;禹夏时代,畜牧业农业发达,畜牧业旺盛占着主要地位;到夏代,原始公社制社会没落,随着农业的发展,殷代奴隶制社会就代之而起。终于畜牧业没落,农业取得支配地位向上发展,当时商业买卖也相当发达,殷墟便是个十平方里的大都市。进入周代初期封建制社会后,由于铁器生产力的助力,西周末,社会经济发展,春秋时手工业商业发达,许多地方领邑如临淄、咸阳、寿春等,一一成为初期的"中世都市"。战国末,商业资本、高利贷发达,商人用借贷抵押方法,取得领主的土地所有权,成为商人地主。秦汉以后,这种商人地主便取得经济政治的支配地位,地主经济代替了领主经济,专制主义的后期封建制社会代替了初期封建制社会。在商业资本的要求和推动下，汉代便击匈奴通西域，开发西南夷，大辟商路开展国外贸易，冶铁、煮盐、酿酒制造事业发达，因此商业手工业分外繁盛，地主经济昂涨的前进。中经三国、魏晋南北朝的准备，隋唐两朝大地主经济便发达到了高度，最后便趋向于没落，小地主经济确立发展出来。到宋朝，小地主经济便取得支配地位。在小地主经济基础上，农业经济刺激地向前发展，工商业继续发展，手工业工场雇用人数和生产规模较前扩大。经元明至清，手工业工场已成普遍形式，国外贸易繁盛，货币经济发达，原始资本的蓄积扩大，自由商人——布尔乔亚成长发展，资本主义的新因素——萌芽，封建基础动摇，临到了崩溃的前夕。但当资本主义新因素日趋成长，旧的封建结构日趋瓦解的矛盾发展过程中，即中国社会之由封建制到资本主义制的"自发性的转变"过程中，资本主义因素便被欧洲先进资本主义的暴力所摧残（鸦片战争），封建旧势力反被外来资本帝国主义所支持，约束着民族资本的发展。这样中国社会便转向为半殖民地半封建社会了。

由此可知，中国社会经济从古到今，都是一步步地由低级到高级，由简单到复杂，一往直前，向上线地前进发展的。然而秋泽修二和森谷克己等，却说三国、魏晋南北朝时代以及元代中国社会经济是"倒退"、"反复"、"复归为自然经济"，是一个兜圈子，走马灯的、"循环式"的历史。史实是否如秋泽、森谷所说，中国历史是如此反历史唯物论的特殊的历史呢？这我们必须由具体的史实来给他们答复。

（一）不可否认，三国、魏晋南北朝时代，连年战乱，形式上表现着社会经济的极度破灭，如《魏书·食货志》说："晋末天下大乱，生民道尽，或死于干戈，或毙于饥馑，幸而自存者盖十五焉。"汉末以来，战乱水旱灾起，劳动人口死亡不少，据说东汉桓帝时，人口是五〇·〇六六·八五六人，到三国时，便激减为七·六七二·八八一人，晋武帝时，人口略增加为一六·一六三·八六三人，经南北朝长期大战乱，后来宋武帝时便又激减为四·六八五·五〇一人。无疑，社会生产力是因遭受到政治上屡次的风暴而暂现衰落现象。经济状况形式上暂现"回复自然经济"的萧条现象。

然而,社会历史是不是就以此而"倒退"、"循环"呢?换言之,当时的社会经济的构造、经济关系,有没有因此生产力的暂时衰落而破坏,重新"倒退"过去,"复归"于奴隶制社会或初期封建制社会呢?我们的答复是完全否定的。请看王充说的一段话罢:"使今之民也,遭大旱之灾,贫羸无蓄积,扣心思雨。若其富人谷食饶足者,廪囷不空,口腹不饥,何愁之有?天之旱也,山林之间不枯,犹地之水,丘陵之上不湛也。山林之间,富贵之人必有遗脱者矣。"(《论衡·艺增篇》)社会的动乱与灾患,可以暂时破坏生产力的发展,而顽强的生产关系——封建地主经济结构,并未受到重大的破坏。社会战乱和水旱灾中死于干戈,毙于饥馑的是贫人,不是富人——地主们,相反,富人——地主贵族官僚们,确大多是"幸而自存"的。所以钱亦石先生说:"大乱既平,新统治者跳上政治舞台,演了几幕'粉饰太平'的喜剧以后,旧的社会矛盾便又紧张起来,酿成'一治一乱'之局。"(氏所著《中国政治史讲话》)在此"一治一乱"的过程中,封建地主经济并未一时破坏"倒退",一时复兴"前进",走一步,退一步那样徘徊不前地"停滞"或"循环"。正相反,地主经济确是步步前进,向上线的发展着的,请看如下具体的史实罢。

据《晋书·食货志》载,三国曹魏时,"募百姓屯田许下,得谷百万斛。"东吴"孙权从陆逊之请,令诸将各广其田"。就是蜀诸葛亮,也有"薄田十五顷"。(《三国志·诸葛亮传》)晋初,益以人口死亡或流离他乡,许多无主土地便多有被贵族官僚所占有,政府虽令一品官的占田不能达五十顷,佃农(即佃客)不能过五十户,加以限止,其目的只是在防止无税土地太多,影响政府财政而已。然大量新兴官僚地主是产生了。虽武帝颁布"占田法",规定无地农民可以占田耕种(男子七十亩,女子三十亩),其目的只是安抚流亡,以裕租税的榨取而已。何况"占田法"在晋代并未怎样实行,等于具文,本质上,土地是日趋集中过程的。在南北朝时也是一样,社会经济并未"倒退"。北朝继晋之后,劳动人口缺乏,拓跋蛮族以统治者地位,野蛮地用暴力强制,占夺了中原人民的许多土地。为要招集流亡,恢复农业生产,曾行使所谓"均田制"——政府分授给农民一定量的土地和耕牛,令其就地耕种,课以租税,本质上仍是秦汉以来的雇役佃农制。而且所授之田,如夹漈郑氏所说:"所有种者,皆荒闲无主之地,必诸远流配谪,无子孙及户绝者,墟宅桑榆尽为公田,以供授受,则固非尽夺富者之田,以予贫人也。"(《文献通考·田赋门》)根本上,北魏"均田制"只是分配荒闲无主的土地,与原有地主的土地占有无丝毫妨碍。而且地主经济确"有进无已"、一往向前。北齐时,"均田制"便被地主兼并破坏,土地大规模地集中。秋泽修二、森谷克己等认为中国社会经济的"倒退"、"复归"的"南北朝",杜氏《通典》可代我们来反驳,"其时强弱相凌,富者连畛亘陌,贫者无立锥之地。"(《食货二·田制下》)可见大地主经济仍是发展的,并未"倒退"!在北朝如此,南朝则更是一贯着"秦汉以来的社会形势的直接继承与发展",大地主经济继续发展着。《文献通考·田赋门》说:南朝在宋武帝时,"山阴豪族富室,倾亩不少",当系事实。隋唐时代,土地更趋集中,大地主经济发展到了高度。

其次,森谷克己所说:"中国自汉末至隋为止,几乎亘四世纪之久,一般地是以布帛织物来尽交换手段的职能,而以自然经济之复归为其特色。"(《中国社会经济史》)佐野袈裟美、秋泽修二同持此"自然经济"的"复归"、"倒退"论。固然这是事实,如森谷克己所指出:"在三国、晋、南北朝时代,经济上以蹂躏货币经济的萌芽,还到谷帛经济为其特色之一。魏文帝在黄初年间(公历 227—239 年),废钱用谷,久之,人间的巧伪渐多,竞湿谷以求利,因有薄绢以为市的事实。"(同上揭)北朝因有"钱货无所周流"的现象,南朝梁、陈时代,亦曾"兼以粟帛为货","其岭南诸州多以盐米布交易,具不用钱"(《隋书·食货志》)。

这个自然经济的特色,似乎真是表现着社会经济的"倒退"、"复归",但其实,六朝、隋唐之际,商品经济是向前发展的。三国时魏以黄巾乱后,商业确曾暂时衰落,而蜀、吴的商业都市在左太冲的《蜀都赋》、《吴都赋》看来,不特未衰落"倒退",而且在蜀都中便是"市廛所会,万商之渊。列隧百重,罗肆巨千,贿货山积,织丽星繁"。至于商业繁荣的都市吴都更"水浮陆行,方舟结驷,唱櫂转毂,昧旦永日。开市朝而普纳,横阛阓而流溢。"可见商业交通发达情形之一般。商业资本自亦继续发展,他们"货殖之选,乘时射利,财丰巨万"。这些富有的商人官僚们,在都市内"竞其区宇,则并疆兼巷;矜其宴居,则珠服玉馔"(《昭明文选》)。

这种奢侈豪华的都市写景,如无高度的商品经济为前提,是不可想象的。晋继魏后,国内统一,交通四达,国际贸易展开,多少商人地主是通过商业资本和高利贷而富裕百万的。《晋书·食货志》中记述富豪武子、石崇等的豪奢生活说,他们"服鼎俎之盛,连衡帝室;布金埒之泉,粉珊瑚之树。……永宁之初,洛中尚有锦帛四百万,珠宝金银百余斛"。南朝则一贯秦汉以来的商品经济的发展,商业资本大大地发达起来,宋、齐、梁、陈到隋,商业扩展到国外,"梁初交广之域,全以金银为货"。后周时也如此,所谓"六朝金粉",当即此意。故《隋书·食货志》说,当时人民"竞争商贩,不为田业",当非虚语。北朝的商业资本虽稍式微,但发展到隋王朝统一南北的前夕,北朝的商品经济是追上了南朝,并驾齐驱了。

由此可知,自汉末到隋唐的中国社会历史,绝没有"倒退"、"复归"的"反复"、"循环"形迹。

(二)至于元代社会的"倒退"问题:当鞑靼族进行其对宋的军事征服过程中,大量地屠杀汉民,征发马匹,圈夺耕地为牧场,劳动人口役畜,耕地的减少,影响生产力的发展,固属事实。然而这种破坏仅是极短的时候,世祖忽必烈时,便下诏禁止说:"国以民为本,民以衣食为本,衣食以农桑为本。"并且颁发《农桑辑要》,设劝农官,努力于农业生产的恢复,虽然是很少大效。一般地说,元代地主经济和商业资本是向前发展的,尤其在中国南部的"江南",据说蒙古王公将校,分授田地有达八万户,一二万户的为数普遍,一般官吏也给不少的土地。江南方面,商人地主们占农地,"驱使佃户,无爵邑而有封局之贵,无印节而有官府之权,恣纵妄靡所不至"。每岁收二十万石田租的地主,是广泛存在着的。当时都市经济和手工业亦甚发达,繁盛的大城市便有一千二百个,杭州的手工业行会就有十二个,每个行会的房子就占有一万二千所之多。国外贸易也随着军事势力地域的扩大而空前地发展增大,表现着社会经济的一步前进。

在这样的物质基础上,元代社会怎么会"倒退"到或"复活"出奴隶制社会来呢?

蒙古王公官吏占夺的民田,其所化为牧场的数量极小,大部分土地是募召流亡和俘虏及贫困农户为其"部曲"（或叫脚寨），在其占有地内，从事耕种，征收现物地租和徭役，他自己并纳官租。当然，这种榨取关系对于蒙古王公大人是有莫大利益的。同时，一方面在异族横暴、劫夺下的农民，征敛繁苛，不堪压迫，便多自动地"献田投靠"于王公将校富豪门下，荫庇起来，妄求保护，继续其悲惨的生活。一方面蒙古将校官吏亦多强据农户，令其为"部曲户"，擅占赋役，故很多农民转化为"部曲"的农民。我们知道这种"部曲"的农民，虽较一般佃农约束苛刻，在经济关系上，在生产的方法上却与"良民""佃客"——即"佃农"是同性质的。他不是无人格、无自由、无私有财产、无生产工具的一无所有者——奴隶，也不是初期封建制社会中劳役地租榨取关系下的农奴。《元史·张雄飞传》说："前阿尔哈雅行省荆湖，以降民三千八百户役入为家奴，自置吏治之，岁收其租赋，人莫敢问。"这三千八百户的"家奴"，显然不是奴隶，也不是农奴，而是忍受"租赋负担"的"佃农"。同时，元起漠北，中国北部农民为避免蛮族的压迫，便大批逃难江南，据称元初"内地百姓之流移江南避赋役者，已达十五万户"。故江南豪富便乘机利用，把大批流民收为"部曲"，贫弱的佃户亦广为献田"投靠"。《续通考》载武宗时，"江南富室有蔽占王民奴使之者，动辄百千家，有多至万家者，可增其赋税"。到明代，"投靠"之风更甚。这种"掠良民为私户"或"掠良民为奴"的"私户""奴"——即"部曲"户的农民，在数量上毕竟远较"良民"——佃农的总数少得多。贯通全中国社会历史，"部曲"未曾取得任何社会生产的支配地位，何况他本质上不同于奴隶而反同于佃农呢？元代社会是继续唐宋封建制社会而前进发展的，绝未"倒退"、"复归"、"变质"为奴隶制社会。

第三，最后关于资本主义发生问题：如前所说，中国社会经济发展到宋元明时代，已开始以小地主经济为支配的末期封建制社会。当时城市商业繁盛滋长，手工业已发展到"资本主义简单分工的阶段"，私人经营的手工工场有十个以上的工人，并不例外。政府的企业通常有六十户至一百户。自由商人——布尔乔亚——资本主义因素在宋代就出现了。到清代，社会经济继续发展，工场手工业已成普遍的形式。当时，南京、成都、苏州、杭州、广州是丝业中心，江西景德镇是陶业中心，采矿、制盐已成为特种工场手工业,明矾、金属和奢侈用品的生产,其分工已很细微,生产规模亦很宏大。与此相适应的,铜、铁等金属课税条例制定,一般商税如牙帖、商行、当铺、落地税等也制定出来,充分表现着中国社会经济发展到清代前半期,封建经济已临于死亡,资本主义新因素已在形成过程中。经过太平天国革命运动,南中国封建关系被打击,开辟了工场手工业的前途。此后,开平、汉阳机器采矿,上海、武汉、广州机器纺织机械工业接踵而起。三千年来的封建社会虽然发展缓慢,"龟步历史也准备了资本主义的种子"(何干之语)。中国封建制社会内在中孕育出资本主义因素,封建制向资本主义制正常地"自生的发展"着。

这个孕育在封建制母体内的资本主义因素,如果不遭遇到外来资本——帝国主义的袭击(鸦片战争)和压迫(一切经济的政治的不平等条约的束缚),百年来的中国社会,不难完成"新历史的转变"。然而,帝国主义阻滞了中国社会历史的前进——尤其是日寇。秋泽修二的《支那社会构成》的"循环论"、"停滞论"的中国史观,便是从意识上"阻滞"中国社会历史前进的意图。

我们在全部中国历史中,绝对看不见中国社会历史是"停滞"、"循环"、"倒退"或"退化"的。

(《读书月报》1940年第2卷第8期)

评侵略主义者的中国历史观

华 岗

（一）反历史的法西斯侵略主义

法西斯帝国主义的历史哲学是狂暴的反抗历史必然性的哲学，是丧失了立脚基础的帝国主义拼着死命企图阻止历史车轮底前辗，企图阻止它自身的不可避免的命运底到来的一种表现。法西斯蒂的行动主义，就是已经被历史判了死刑的帝国主义的反动挣扎。被历史判处死刑的帝国主义者不能以客观的必然性为凭借，这一必然性跟没落帝国主义的侵略主义，跟它的掠夺利益不但不能并存，而且是完全相抵触的。唯其如此，所以现代帝国主义的代言人，便一方面假装镇静地宣称客观必然性为"幻影"，同时却千方百计地想逃避这一"幻影"，而结局它们是逃避不了的，因为这一"幻影"已使大家都认知其为实在。"在现今历史条件之下，法西斯运动的出现，是证明资本主义底生命业将告终，社会主义的社会改造一切前提，业已成熟"。于是法西斯帝国主义者就狗急跳墙，公然对历史的必然性宣布"神圣的十字军征讨"了！

为着这一反动目的，"法西斯蒂曲解每个民族底整个历史，以便把自己形容成为这民族史上一切高尚英勇事迹底继承者，而对于一切有伤民族观念的耻辱事实，都利用来反对法西斯主义底仇敌"（季米德洛夫）。并且把它们自己的民族史从世界史中孤立出来，作为世界史的创造者，把世界史隶属于其自己民族或国家的历史之下，一切其他民族之历史的发生，都要依照法西斯强盗之暴力主义而被规定。暴力是理性在现阶段之特殊形态，如果以前是"理性支配历史"，那末在现在就应改为"暴力支配历史"了。历史的实践性没有了,除了暴力以外,世界再也没有什么了。"法西斯国家是优秀民族的代表,殖民地是下贱民族,优秀民族应向下贱民族灌输文明,使它们能够接受优秀民族的意志改造自己"。在这种极端无耻的喧嚷之下,阿比西尼亚与阿尔巴尼亚先后被意大利法西斯所占领,奥、捷两国先后被德意志法西斯所并吞,西班牙革命暂时被德、意、英、法列强所剿杀。

日本是军事封建性的帝国主义者,这是因为它的明治维新不是彻底的民主革命,而只是资本家和地主的苟合,所以日本国内至今还残留着半封建的榨取关系。同时,日本帝国主义是靠着军事起家的,正如列宁所说,在日本,军事的独占,一部分已代替了现代最新的金融资本的独占,一部分又补足了它,这种军事独占的基础,显然是建筑在对勤劳大众半奴隶的剥削上面。这使得农工的痛苦愈深,社会基础愈不稳固。如此,日本帝国主义内部矛盾的极度紧张,又只有推它更加向外发展。因此,日本帝国主义的军事封建性质,便决定了它特别富于野蛮的对外侵略的性质。

日本强盗这种对外侵略的具体目的,在《田中奏折》中已经暴露得明明白白:"按明治大帝之遗策,第一期征服台湾,第二期征服朝鲜等,皆既实现。惟第三期之灭亡满蒙以便征服支那全土……尚未能实现。惟欲征服支那,先必征服满、蒙,如欲征服世界,必先征服支那。倘支那完全被我征服,其他如小中亚细亚及印度洋等易服之民族必畏我敬我而降于我。使世界知东亚为我之东亚,永不敢向我侵犯。我对满、蒙之权利如可真实的到手,则以满、蒙为根据,以贸易之假面具,而风靡支那四百余州。再以满、蒙之权利为司令塔,而攫取全支那之利源。以支那之富源而作征服印度与南洋各岛,以及中小亚细亚及欧洲之用"。从这里,显然可以看出日本强盗的对外侵略,真可说是狂妄到了极点。而九一八以来的实际行为,又可表示日本帝国主义者正在执行《田中奏折》的这种侵略计划,表示它正用一切手段和全部力量来阻碍和反抗历史的必然性,这就是日本军部所倡导的"日本主义"的本质。

但是由于我们中国军民的坚强抗战,已使敌寇"不战而胜"、"速战速决"、"速和速结"等许多阴谋诡计,着着归于失败。敌寇最初判断,以为用十几万人的兵力，在三五个月之内，就不难攻破我军主力，以实现其"征服支那全土"的迷梦。结果打了三年，我们固然暂时丧失了若干城市和交通要道，牺牲了数百万抗战健儿，损失了无数的财产资源，千百万人民遭受了敌寇惨痛的蹂躏，但是我们却已愈战愈强，并且已经找到了争取最后胜利的正确道路，而敌寇则徒然消耗了一百五十万人以上的兵力与二百万日圆以上的战费，结果却是愈战愈弱，泥足愈陷愈深。可是敌寇的侵略的野心却依然炽热着，在军事上正继续实施其"扫荡政策"并图乘虚跃进，在政治上则尽量发挥其以华制华的毒计（如搬演汪逆傀儡在南京登台等），在经济上则着着实施以战养战的政策。这正如蒋委员长在参政会五次大会休会词中所说："敌阀始终是不认识时代，更不认识我们中国，它不仅是处心积虑，而且是塞耳蔽目地，只妄想灭亡中国。它只知道我们宋明末季的历史，对于元清两代如何灭亡宋明的方法，研究得特别精详，但它全未研究到最近中华民国成立前后的历史，它更不知道满清是怎样覆亡的，民国是怎样建立的，以至于我们国民革命军如何北伐，如何抗战，这一段最重要的历史，敌阀竟是完全忽略，毫不了解。"不仅如此，敌寇为了适应侵略政策的需要，还故意曲解并伪造中国历史。例如业已摇身变成日本法西斯强盗代言人的秋泽修二，为着要曲说日寇灭亡之中国之历史的必然，最近竟重新把"亚细亚的社会"作为问题提出，并特地杜撰《中国社会构成》等专门书籍，大量发行，想从曲解中国社会历史的发展形式，来无耻辩护它的侵华战争为"圣战"。我们当然看得很清楚，敌寇想用伪造中国历史的方法，来辩护它灭亡中国的毒计，完全是泥足愈陷愈深无法自拔的表现，而这也决不能逃免历史对于它的最后裁判。但是为了增强国人的必胜信心，发挥抗战力量，以便早日达成驱逐日寇出境，收复失地，建设新中国的目的，我们对于敌寇这种曲解并伪造中国历史的无耻勾当，却不能完全置诸不理。因为像秋泽修二这类法西斯走狗当他公开卖身以前，曾挂过新兴历史家的招牌，对日本历史与中国历史，都曾下过一些掘发工夫，在东亚史学界有过相当地位。同时，当他公开做法西斯走狗之后，仍很狡猾地假借新兴科学的名词，以掩饰并实行其政治阴谋。事实上，就是在今天，像秋泽修二那种法西斯主义的中国史论，还依然影响着我们中国的某些历史研究者。何况还有中国自己某些投降主义者的历史观点,去替侵略主义者的中国历史观作内应,这就使得我们更加不应漠然不理。笔者因一时得不到较充分的材料,暂时只能写出这一篇概略的"笔讨",望各同道能继起作更有力的追击,并因此更努力于中国社会信史的建设。

(二)中国社会外铄论和侵略主义

外铄论又称外因论。依据这种观点,社会发展和变动的基因,不是内的运动,而是外力推动的结果。它们不承认只有了解了客观实在性的内的发动力以后,才能理解社会发展的真正本质。外力条件虽然亦可发生作用,但不是决定的作用,而且外力作用要通过已知事物的内在构造,并从这里受到曲折。研究中国社会的外铄论者,如任曙、严灵峰、叶青之流,早就认为中国社会的发展,本身没有内在的规律性,"中国社会的发展是不合规律的"。(叶青语)他们一致认为"中国社会的发展完全是外来的原因决定的,完全是帝国主义的侵略造成的,帝国主义帮助了中国资本主义的发展,肃清了封建势力,所以帝国主义侵略中国,起了进步的作用"。这种中国历史观,恰恰适合了帝国主义侵略中国的需要。所以秋泽修二在他那本《中国社会构成》的新著中,便紧紧抓住这种外铄论来替日本法西斯侵略主义服务。在秋泽的中国史断代的基础上,两种社会制度的交替,根本不需要经过革命的推动,而只须经过外族的侵略即可完成。例如他说由"殷商的氏族制"到周至"秦汉的奴隶制"的转化,是由于周族"征服"商族的结果,可是他又否认周族曾是商的从属,只认为是两个敌对的种族。这里,秋泽真是煞费苦心的,因为如果承认周族曾是商的从属,就有陷入内因的危险,为了维持他的外铄论,当然只有将中国历史事实加以主观的修改。以后的历史,在秋泽任意涂改之下,当然都逃不出同样的命运。于是由奴隶制到封建制的转化,也不是经过革命斗争,而是由于"奴隶所有者国家"的统治者汉元帝之对十万"游嬉"无所事事的"奴隶"下了"免为庶人"的诏令,社会便转入了"过渡期",到"唐代的中期以后",就"成立了封建社会的构成"。同时秋泽又曾暗示着我们,在这"千年"过渡期中,由汉朝的匈奴到北朝的异族侵入,曾有着重大的作用,到这里我们才明白,原来秋泽拼命把中国社会的一奴隶制度拉长,乃是为了配合匈奴等异族入侵时期的缘故。至于事实上,汉唐是否还是奴隶制社会,那倒是无关紧要的。

跟着往后推下去,秋泽又认为在清朝的"官僚统治的中国封建制的动摇、分解,中国社会经济的近代的过程,不是发生于中国社会自体内之资本主义生产方法的自生的发展,而是发生于欧洲资本主义之侵入中国"。"由于欧洲资本主义的侵入,亚细亚的停滞的中国社会经济的特征之农业与手工业的直接结合终被破坏,以农业为中心的旧中国的生产机构终被解体,终创造出中国资本主义发生的条件"。(中略三十余字)从前当任、严之流发表这种荒唐意见的时候,早就有人说他们的目的是在替帝国主义服务,现在事实越发证明这话并没有丝毫过分(下略百余字)。

在这里,有一点必须加以说明,就是我们反对社会发展的外铄论,决不能因此就把中国历史作孤立的研究。事实上,每一个民族的历史发展,都不能脱离其周围各民族之相互浸润相互影响的作用。马克思曾告诉我们:"在一切历史的解释上,第一而且必要的,就是把这根本的事实,在其全体的意义上,和其全体的范围上来观察,而加以正当的评价"。马克思自己对于鸦片战争与太平天国的研究,还给了我们一个具体的范例。他一方面指出英国的鸦片侵略与战争引起中国的革命,同时又进一步追求太平天国运动对于西欧革命运动的影响。恩格斯也说:"如果我们留意考察人类的历史,那我们就可以见到种种联系及交互作用无限错综复杂的画图"。事实上,没有一个民族的历史,能够保持其孤立的发展。世界是整体的,所以每一个民族的历史,都不断要受到其他民族的历史影响,自然它同时也影响其他民族而构成世界史的交互作用。但是这种交互作用,决不能代替某一个民族历史发展之社会内在矛盾的决定作用。这种决定作用,由于历史的必然,是在社会本身内部形成的。每个社会形式的自身,都包含着否定自己的元素,仇视自己的元素,从这个元素中,发展出新的社会形式。在社会发展的过程中,最主要的决定点,是内在对立的斗争,是革命。所以历史科学在说明社会的历史运动时，不是在社会以外，而是在社会本身以内，是在具体的斗争着的社会力量的相互关系中去探求发展的原因。自然，在社会内在矛盾的基础上，并不能否认外在矛盾的影响作用，但后者是从属于前者去发生作用的。例如帝国主义对于弱小国家的侵略，可以引起种种结果，帝国主义的侵略对于美洲印第安人所引起的结果是使他们灭种，对于印度安南是使他们成为完全殖民地，对于日本是使他们成为同样的帝国主义，对于中国却形成了一个半殖民地的国家。这种种的结果，是为什么造成的呢？显然不是单单用帝国主义的侵略可以说明的。其本质的原因，只有从被侵略国本身的社会组织里去探求。以我们中国来说，虽然封建制久滞于亚细亚平原之上，但在鸦片战争以前，在我们中国社会自体内，也已发现了那种为秋泽所否认的资本主义性的工场手工业之萌芽，结果由于半封建社会的束缚与帝国主义侵略的桎梏，得不到独立发展的机会，而陷于帝国主义列强的半殖民地。过去任曙、严灵峰之流，不能把握这一社会本质，错认帝国主义侵略帮助了中国资本主义的发展，因而对帝国主义侵略歌功颂德，早已受到全国人民的驳斥。现在秋泽修二又来叫我们要感谢历史上侵略中国的外族，要感谢外国资本主义侵入中国，其根本用意当然是辩护日寇侵华战争为"圣战"。我们的答复只有坚持抗战到底，争取最后胜利，以便把秋泽修二这班无耻走狗的伪造中国史论，和他的主子法西斯军阀一起打下东洋大海去。

（三）中国历史循环论与所谓"退化性格"

在秋泽的《中国社会构成》的"性格"上，和外铄论并行的，还有中国历史循环论与所谓"退化性格"的胡说。在法西斯历史家看来，"中国社会构成"简直就是"同一的社会矛盾之反复"的"循环"、"运动"，或"王朝"的"同型"与"循环过程"。因此，由于汉元帝把"奴隶""免为庶人"的诏令已经把中国社会推入由"奴隶制转向封建制的过渡期"，经过后汉三国到魏晋的"过渡"，在"北朝的诸王朝"，"奴隶制"又"成了支配的生产方法"；经过唐——五代——宋诸王朝"封建制度"的发展，至元代，

"由于元代征服的结果,奴隶制再复活",不特此也,由汉元帝到唐玄宗这一千年的"过渡期"——由"奴隶制"向"封建制"转化的过渡期中,不但形成"社会过程(社会运动)之反复的形式",而且是"复归"到"自然经济的退化时期"。

原来法西斯的历史学,已经不是记载或解释过去的事变,而是公开的造谣,根据一定的侵略政策来制造历史。秋泽就是根据日本军部的灭华政策,来伪造中国历史。他说中国历史是循环变化的,其目的无非是说,中国曾经几次被外族征服过,如蒙古人、满洲人都曾经征服过中国,统治了几百年;现在日本要来征服中国,也是为着适应中国历史循环律的要求。为什么有这种要求呢？那是因为中国是"退化民族",而日本是"进步民族",日本进攻中国,就是为要帮助中国进步起来,这种侵略主义者的中国历史论,在中国进步人民看来,当然是一种污辱中国民族的胡说,因而更要引起我们的民族愤怒。但是我们不能否认,在中国也有他的同道,陶希圣的中国历史循环论,固然是秋泽观点的中国版。而胡适之类实验主义的中国历史观,在客观上也正适合日寇侵略中国的要求。因为照胡适的观点说来,中国历史实在是一种可以任意摆布的"大钱",可以任意装饰的"百依百顺的女孩子",可以任意雕刻的"大理石",人们可以用主观的观念,任意改变中国历史的形象;中国历史是"一幅未完的草稿",留给人们以"涂改的大权",日本既然是"先进民族",自然可以来创造适合于它脾胃的中国历史。另外在中国投降派里面,我们到现在也还可以听到这样的怪议论:"中国历史上有过无数次被人征服结果都被我们汉族同化的现象,因此,现在日本侵略中国,我们也用不着害怕,因为就算它能征服我们,将来我们也可以把它同化的。"这种观点,也无异容许日寇来涂改中国历史。然而真正的炎黄子孙,却不应该容许它们来涂改。

我们知道,社会现象和自然一样,它永远也不会在长时间内停留在一个地点,而是时时处在变更和发展情况中。同时变更和发展的情况,也决不是循环往复,而是按着螺旋状发展的,虽然历史的发展常常循着曲线,但在基本上总应该了解为前进的运动,上升的运动,由旧的质态进到新的质态,由简单而发展到复杂,由低级而发展到高级。以全世界历史来说,现在所知道的,有五个基本式样的生产关系,即:原始共产制、奴隶占有制、封建制、资本主义制、社会主义制,而且它们都是相续发展的,以中国历史来说,根据现在已经发掘和事实研究的成果,知道中国历史并非从殷代开幕,而是在殷代以前,还有一个很长的时期——原始共产制时期。至殷商进入奴隶制时期;自西周末起迄于鸦片战争,中国都是完全的封建社会;鸦片战争以后,中国社会变成半封建半殖民地社会。只有秋泽修二,陶希圣别有用心的"历史家",才会在封建社会之后,又在北朝两汉插入一个奴隶社会,借以证明他们的中国历史退化说。

秋泽认为"周以前的时代,所谓殷商时代,大体是氏族制的时代"。因为认为这时代"主要的"劳动工具是"石器"、"石锹"、"石犁"等,铜及青铜还没有用作生产工具;"这时主要的生产是牧畜","在周种族征服殷种族以前已有的奴隶——恐系种族奴隶"。事实上,这完全是秋泽的虚构。根据郭沫若、吕振羽从考古学、文字学,从殷墟出土物与其他可靠文献作科学的研究,在殷代,重要的生产工具是金属工具(青铜器),殷墟发现的石器,已证明是前代的残存或业已废弃的遗留物,农业已替代牧畜而成了当时物质财富的生产的主要生产业,牧畜已在步步衰落的过程中,奴隶已广泛地在各部门参加劳动,同时已有脱离直接生产劳动的一个集团存在,这就是人类最初阶级的大分化(请参看郭沫若《卜辞通纂》及吕振羽《殷周时代的中国社会》)。

在历史的时间性上,早于殷墟遗物之在周口店与蒙古等地所发现的旧石器遗物,仰韶、辛店、齐家、沙井、寺洼、城子崖等处所发现的新石器金石器时期等遗物,与殷商以前之传说时代——由所谓有巢氏、燧人氏到夏代——的神话传说,不特能互相适应,且不难考出其彼此结合的形迹,给我们说明了中国史的史前期——由图腾制到氏族制(请参看吕振羽著《史前期中国社会研究》)。

而秋泽为要达到他预定观念的目的起见,却拼命把中国奴隶社会往后拉——由周至秦汉,其主要论点是(一)周种族主要使用青铜器,"在周初或春秋时代"出现了"铁的耕作农具";(二)在"商工业"中和贵族的家内有不少的奴隶,农业上,虽则"在中国秦汉以前确能看见农奴制的关系",但那在"实际上,却不外是特殊形态的农奴制","本质上是奴隶乃至半奴隶的农民","这农奴的形态的奴隶乃至半奴隶这一范畴的存在,是古代中国社会的特征";(三)"春秋战国时代"有像希腊样的"哲学科学的显著发展",其发展的条件,正是"奴隶所有者的商工业的成长"。

在这里,可以说秋泽彻头彻尾是在胡说,因为他所说的并没有丝毫的根据。先说第一点,在春秋战国时代,关于干将、莫邪冶铁的记载,已证明了冶铁风箱的发明。而"金属工具制造材料的继续改进,转变到冶铁风箱,转变到陶器生产,而与此相适应的就是手工业的发展,手工业与农业的分离,独立手工生产以及手工工场生产的发展"。这正是封建制度下生产力状态的特点。这恰恰不能说明秋泽的奴隶制,只能说明封建制经过西周的过渡已经成立。关于第二点,秋泽根据周至秦汉的农夫有被买卖与以之作为赏予的事情,硬说在本质上就是奴隶或半奴隶,他不知道"在封建制度之下,生产关系是封建主对于生产手段的私有及对于生产工作者的不完全的私有——农奴制,封建主已不能杀死农奴,但是仍可以买进卖出"。同时,封建主分赏其土地于左右,并不是单纯概念下的土地,而是连同土地上的农民去赏予的。至于在"商工业"中有奴隶参加以及有大群奴婢在贵族的家内服务,那不过是一种残余,事实上不仅存留到中国的现代,而且存留到历史的资本主义时期——黑奴就是一个显例。不过在希腊罗马而外的其他各国的奴隶制度,由于没有发展到那样典型的程度,社会就转入封建制,所以奴隶制的残余又分外显著,因此秋泽也认为自汉元,以后直至清代,都还有大群奴隶(奴婢)的存在,如果说不是残余,那末,贯通中国的全史乃至世界史的大部分,便都成了奴隶制度史,秋泽也无法把中国的唐宋以后划为封建时期了。虽然秋泽曾说唐宗以后的"大量"奴隶是要较小于过去时代的"大量",但并没有指出一个清晰的界限,那不是诡辩是什么呢!何况在奴隶制和封建制生产中支配的东西是农业,而不是"工商业"。关于第三点,那不仅是最彻底的公式论,而恰恰把首尾倒置,拿现象去决定本质,拿上层形态去决定下层基础。同时,秋泽又把中国史上之统治阶级的哲学,大多都规定为唯物论,而把被统治阶级的哲学,反大都规定为观念论,难怪日本法西斯统治者也有秋泽那样"唯物论"的思想家!

汉至隋唐,是秋泽所断定的千年过渡期。过渡而需要千年,无异说婴孩出胎的经过时间,要长出其母体的年龄,岂不是千古奇闻!秋泽认为这个时期,是中国社会经济倒退的时期,又是封建庄园制出现的时期,也是循回制奴隶制的时期——北朝。总之,经过秋泽观念的"构成",中国历史简直成了"偶然现象的糊涂账"与"荒谬绝伦的错误堆",非由日本"皇军"来加工改制不可的了!

(四) 所谓"亚细亚的停滞性"与暴力史观

秋泽又说:"中国社会"之所以"构成""循环"的"退化"的"性格",亦即特别适用于中国和印度的"亚细亚的停滞性"。最明显不过的:秋泽这一"重大发现",其用意显然是要(一)强调"日本社会与中国社会性格的不同",日本社会之"前进的自立的"特性,"中国社会之特有的停滞性"即所谓"亚细亚的停滞性";(二)在说明"现在不幸的东亚事态"的由来,是"起因"于两国"社会性格的不同",即"前进的自立的日本与停滞的依随欧美之中国的对立","停滞的"中国和"前进的自立的日本之结合",就是意味着"中国真正的自立化",也就是"新东亚秩序建设的条件";(三)在说明"中国社会特有的停滞性"和那业已作了英国殖民地的印度社会(自然,我们认为印度之沦为殖民地,也并不由于社会"性格"之所谓"亚细亚的停滞性")"不同性格"的基础上,"去了解现代亚细亚日本的特殊地位";(四)在说明"此次的中日事变……皇军的武力,把那作为中国社会的'亚细亚的停滞性'的政治支柱,即所谓'军阀统治',从中国广大的主要的区域中扫除了。与中国社会之特有的停滞性以最后的克服,与前进的自立日本结合,开拓其获得真正自立的道路"。这是秋泽自己在《中国社会构成》序文中所说明的"本书的主要课题",也是法西斯侵略主义者篡改中国历史的主要目的。

如果读者怕被秋泽的"科学术语"弄得头昏脑胀,那只要把它译成白话,就可一目了然的:中国和印度一样,是"退化民族",而日本是"先进民族",日本这次攻打中国,是为帮助中国扫除"停滞性";因此,中国民族应该感谢"日本皇军",让日本来建立"东亚新秩序"或"东亚协同体",中国人都应该像汪逆精卫,陈逆公博,周逆佛海等一样,乖乖地去做亡国奴。但是这种白话的作用,却只有引起中国人民的民族愤怒与提高中国人民的民族觉醒,这是秋泽之类所深深害怕的,所以他不得不掉些枪花,搬弄一些"科学术语";企图把日寇侵略中国的强盗面目多少掩饰一下。好,现在暂时遏制一下我们的愤怒,再来看看秋泽所制造的中国历史葫芦——"亚细亚的停滞性"里面,究竟还卖些什么药罢!

所谓"亚细亚的停滞性",在秋泽的观念中"构成"了"三个根本规定的要因",即:"第一个根本规定的要因——农村共同体,父家长制";"第二个根本规定的要因——人工灌溉及与此相关联的中央政府的经济机能";"第三个根本规定的要因——敌对的社会构成"。

就"第一个根本规定的要因"来说,在秋泽看来,"关于中国集权的专制的统治之第一个根本规定的要因,是中国农村社会之根本特征的农村共同体,及与农村共同体的关系相关联的那种父家长制的诸关系"。"父家长制"之"集权的专制的统治",是国家之"集权的专制的统治"的基础;"父家长制的诸关系……是基于中国农村内部之生产的——生理的——诸关系之特质,即父家长制。父家长制的奴隶制的关系——子对父,家族成员对父之奴隶关系";"中国社会经济之一个重要的特征"的"农村共同体",又是"父家长制"存在的基础,从而也就是"中央集权的专制"主义的一个基础。而"此一农村共同体的生活与其他农村共同体间"是缺少联系的,各自孤立的。这种"农村共同体"与那存在其中的"父家长制的关系",在中国又"残存"到"极近代"。拿什么来说明呢?在秋泽,认为南中国的聚族而居,特别是"五世同居"、"九世同居"等,这并且在北中国的威海卫也有发现。所以乡村公有地的存在,以及到处有祠堂、会馆、庙宇,这都能说明农村共同体以及父家长制关系的残存。这种关系支配中国的农业手工业以至商业,即国民经济的全领域和国家政治。在这里,秋泽简直是有意和中国历史来开玩笑,因为他完全不顾时代的条件,把一些已经死灭的过去现象拼命栽植到现代中国身上,或加以毫无根据的夸大和渲染。例如农村共同体虽曾长期残留在中国社会,阻滞了经济的发展,但世界任何事物,决没有万世不变的。事实上在西欧资本主义侵入以前,由于土地的集中,农村共同体早已逐渐衰落,而鸦片战争后西欧资本主义的侵入,更加促成农村共同体的解体:"一向的完全孤立,是维持着旧中国的主要条件。如今这种孤立,已给英国的武力所征服而开始崩溃,这与在紧密的棺里所保存的木乃伊,一旦接触空气,就开始腐烂,是极相类的。"(卡尔:《中国及欧洲的革命》)从此,中国的门户大开,帝国主义的商品大批涌进,而中国穷乡僻壤的农产品,也统统和纽约、伦敦、柏林、巴黎、东京结了不解缘,老死不相往来的时代根本已经过去了。当然,因为半殖民地国家有外敌和内奸的夹攻,生产力不能够独立前进,可是中国社会的经济结构,已起了剧烈变化,中国已进入一个新的时代了。农村共同体就算还没有完全绝迹,但是就连秋泽自己也不能不承认只是"残存"了。不过有趣味的事情也就在这里,照普通逻辑来说,既然是"残存",就不会有决定作用,而在秋泽的特别逻辑,"残存"的东西却竟能给予全社会的经济政治思想以支配和决定的作用,这真可以说是海外奇谈了! 其次,所谓"五世同居"等东西,其实际内容也不过是大土地所有制的一种家族形态,他们和其他封建地主家庭的社会经济生活没有什么两样,而秋泽却把它看成是"共同体"存在的一种证明,大概也是预定观念在作祟罢! 至于所谓乡村土地公有的残存,那也算不了什么奇特的东西,在那典型的西欧封建制的乡村中都有共同森林牧场等公有地的存在。在中国,存在的乡村公有地等东西,只足增强土豪劣绅支配乡村的作用,但土劣却并非由此而产生而存在;土劣之充任中国封建农村的基层统治势力,也非本质地同于所谓"父家长制的集权的专制的统治"。从而所谓父家长制以及子女与家族成员对"父"的"奴隶关系",就不过是一种曲解和夸大,借以暗示中国人的"奴隶根性",并抹煞了中国专制的封建主义时期之土豪劣绅的本质及其存在的社会依据,以掩饰帝国主义勾结中国封建势力来统治中国的反动面目。

就"第二个根本规定的要因"来说,秋泽认为规定中国"中央集权"及"官僚体制"统治的基础是"人工灌溉",这是极端陈腐了的马其亚尔的"水的理论"的抄袭和再版,法西斯历史理论之空虚贫乏,从这里也可得到充分的证明,在十年前争论亚细亚生产方法问题的时候,马其亚尔曾经主张过西方资本主义在中国所遇见的是亚细亚社会,并提出亚细亚生产方法的定义:(一)人工灌溉是耕作的主要条件;(二)阶级社会的发生与人工灌溉,有密切的关系;(三)没有土地的私有;(四)东洋专制主义是国家形态。这种理论当然是毫无根据的胡说,因为他根本否认中国历史发展的规律性,而且否认中国有封建制的存在;另一方面又以土地国有、农村公社、人工灌溉及专制政治等次要的条件来作社会构成的标志。这种观点,不外要拿"水"的理论,拿"社会的机能",拿"技术组织者"等关系,来说明东洋社会。这种见解与干特洛维支根据财政关系,而不根据土地关系,来说明社会的性质,与魏特福格尔根据法律原理,而不根据经济原理,来说明官僚的社会意义,如同一辙,这完全是朴列汉诺夫和波格达诺夫的遗毒,所以经过严重批判之后,马其亚尔在《中国农村经济研究》出改订本的时候,已经把这种错误理论加以修正。现在秋泽以臭腐为神奇,又把这种绝顶错误的理论搬来作侵略主义的护符,也真是无耻之极了!秋泽又说:"一般中央集权制,是以全国经济的统一发展为前提,中国的中央集权则与此相反,而以经济的停滞为基础而成立起来的东西"。这在一方面秋泽把资本主义的国家集权与专制的封建主义的所谓中央集权,故意混淆,另一方面,也正如吕振羽先生所说一样:"停滞的倒不是中国经济,而是法西斯主义支配的秋泽的脑筋"。

就"第三个根本规定的要因"来说,秋泽认为造成"中国社会性格"即"亚细亚的停滞性"的另一原因,是在农村共同体的构造上有着"共同和敌对"、"共有和私有"的"二元性"。在这里,秋泽也是故意混淆事实,来迎合他的预定观点。其实敌对社会发展的历史,根本就包含着辩证的矛盾,一方面保存着共有形态,一方面又发生私有的倾向。结果,共有和私有,必然冲突起来。而在那历史条件之下,私有的倾向,在当时是促进生产力发展的因素,所以私有代替公有,私有社会代替公有社会,这正如卡尔所说:"经过一些时日,二元性的矛盾就变成了分解农村公社的基础了"。这是普遍的历史法则,中国社会虽然有些特殊情形,"奴隶制及封建制的诸关系,没有完全把农村共同体的诸关系彻底破坏";但决不会像秋泽所说:"农村共同体的诸关系,反给予中国奴隶制及封建制的发展以根本的制约",而"构成了中国的奴隶制及封建制——甚至中国社会——的根本特质"。秋泽又说中国的奴隶制和封建制都发展得"不完全",不像日本"典型",中国农村共同体为何"没有完全"被"破坏",因为它有父家长的专制主义作"一个重要基础"。这又是秋泽一心一意想"构成"中国社会的"停滞性",所以翻来覆去都在混淆黑白。其实中国奴隶制度虽然发展得不完全成熟,但是中国的封建制度则发展得相当典型,而秋泽所谓发展得"典型"的日本的奴隶制和封建制,反而由于"大化革新"时接受隋唐制度的强烈影响,镰仓时代开始的封建制,也由于接受中国专制的封建主义的强烈影响,倒有些变态。可见被日本法西斯主义所"根本制约"了的脑筋,与客观事实总是背道而驰的。

总起来说,在上述"一个根本规定的要因"上所砌成的中国"集权的专制的统治",秋泽认为那是决定中国全史发展的最基本的力量,是"中国社会性格"即"亚细亚停滞性"的决定的东西,控制着全部的政治和经济。我们半点也不忽视政治形态对社会经济构造的反作用,不过在秋泽,政治形态却成了决定社会经济构造的东西了。然而在这里,秋泽的历史理论却并非从一般的唯心史观出发,而正是法西斯的暴力史观的阐扬。其目的是想极力夸大地理环境、技术条件和政治形态等等的作用,企图去完成其所谓"在全部历史上可以看出的中国型的停滞性"的反动说教,而达到中国社会之殖民地前途的定命论的结论。

(五)争取反侵略谋解放的中国历史发展前途

从上述对于秋泽中国历史观的批判,可以充分看出法西斯侵略者何等曲解以至伪造中国历史,以适合其侵略中国灭亡中国之卑污目的。同时我们也看出了一切历史外铄论、历史循环论、地理史观与技术决定论以及实验主义的历史理论,对于侵略主义者的胃口是何等适合。同样,如果我们再一次地来清算中国波格达诺夫主义的"商业资本主义社会"的荒谬主张,那我们也立刻可以认识那正是中国买办资本之存在的特性的反映,又与帝国主义统治中国的理论相联结。因为中国波格达诺夫主义者如陶希圣之流,一向以商业资本作为社会历史发展的指标,帝国主义的商业资本的水准高过中国，它的侵入可以推动中国社会的发展（中略五十六字）。同时他们又以为商业资本已经剥蚀了封建势力，所以中国革命已经没有反封建的任务，但是它们这种荒谬主张，早已遭受了全国进步人民的痛斥，现在也不必再加赘述了。

不过，这里还有一点是不能不指出其错误的，那就是佐野袈裟美的《中国历史教程》。这本书虽然有些可取的地方，但在最基本的几个问题，却犯着非常严重的错误。例如他认为由秦至鸦片战争这一长时期的中国封建社会根本没有什么发展！而只是在同一经济基础上循环复归，这和秋泽修二的见解简直没有两样。同时他又认为"鸦片战争不外是英国以开拓工业商品市场为目的的战争，决不是帝国主义战争。"（《中国历史教程》第二九七页）换句话说，一百年前英国对华所进行的鸦片战争，不是侵略战争，而是有着进步的意义，这显然是在公开替帝国主义侵略政策作辩护。此外佐野在方法论上，还犯了一个严重的错误，即关于中国地主阶级借外力压平内乱的历史事实，都很少指明出来。尤其在论及中国近百年史中，关于一九一五年日本帝国主义向袁世凯提出的"二十一条"，他始终没有指明这是日本帝国主义的侵略行为与袁世凯卖国的勾当，反而说："最近中国政府对这些条件并不答覆，交涉完全陷于停顿的状态。日本政府随于五月七日发出最后通牒，中国终于屈服，在五月二十五日得到最初的解决。"（同上书第三二一页）在这里，佐野袈裟美更无异成了日本帝国主义的代言人了。

总之，一切侵略主义者的历史学，一切投降主义者的历史学绝对不能或不愿正确记载和解释过去的事变。他们站在暴力史观的立场，实行狂暴的侵略主义，而且盲目认定自己的民族是最优秀的，它创造了光荣的过去；其他一切民族，则是低劣的，理应处于被压迫的地位。为着适应他们的政治要求，便根据一定的侵略政策来制造历史，甚至不惜公开说谎（中略九十字）。但是历史既没有停止在奴隶所有者与封建贵族的野蛮统治之前，当然更不会停止在帝国主义法西斯指挥刀与棍棒之下，同样，"历史的巨轮也是决不会因帮闲们的不满而停运的"（鲁迅）。

何况中国社会的历史，并没有"变曲"其自身的发展，只是资本主义——帝国主义的侵略，把现代中国社会的发展"变曲了"。鸦片战争固然对现代中国社会的发展有着严重的决定作用,不过它不是使"中国经济之近代化的过程"的"转机";相反地,它绞杀了"中国经济之近代化"的自生的因素。在其影响之下而重新发生的民族资本,也自始便被给予以买办的特性,失去了独立发展的条件。帝国主义的侵略,把中国社会自发的前进过程"变曲了"。特别是日本帝国主义武装进攻中国之甲午中日战争的结局,便完成中国半殖民地半封建的地位,充任国际资本主义共同市场,而成为世界资本主义经济之一环,这自然是秋泽之流所不肯提及的。

帝国主义自是又转而扶植中国封建势力为其御用工具,来奴役中国人民,妨害中国民族之新生力量的成长与发展。因之,以言工业,在其高度化了的资本主义经济势力及其自身和御用的政治军事的束缚下,便只能保持较落后的生产力,在其附属的状态下苟延残喘;同时在外资的压迫下,中国民族工业的生产又转而兼容封建性的生产关系去挣扎,从而便不能获得独立的发展,也不能获得其对国民经济的支配地位。以言金融资本和商业资本,则只是各国资本和商品的经纪,并与国内的封建势力相结合,反而来束缚民族产业资本的发展(中略廿九字)。以言农业,在帝国主义与其御用之封建势力的摧毁与束缚下,旧的生产业已衰落而濒于破灭,不容创造新的生产力与生产关系,仍阻滞在旧的生产关系的基础上,苟延残喘。其间只在第一次世界帝国主义大战中,因为帝国主义国家忙于应付战争而暂时放松了对于中国的侵略,因为中国市场底广大需要,中国民族资本主义得到了比较畅快发展的机会。如纺织工业、面粉工业、丝业、火柴业、水泥业等等在这时期都有相当的发展,银行业亦开始发展了。但这种发展在帝国主义大战结束后的数年中,即是在帝国主义国家对中国又复实行更大规模的侵略中,遭受了极大阻碍,甚而走向停滞与破产。帝国主义底侵略与半封建社会底束缚成了中国民族经济发展的严重桎梏。

因此,倒不是中国社会有什么"特有的停滞性,即亚细亚的停滞性,结局不能不作为欧美帝国主义的附属国,欧美资本的半殖民地"。而实实在在是国际帝国主义,特别是日本帝国主义的侵略,桎梏了中国民族经济的发展。也不是什么"三个根本规定的要因"巩固了中国政治之

"集权的专制的统治",而实实在在是帝国主义强盗在扶植中国的封建落后势力与培植政治买办,阻止中国政治的民主化。更不是"一般中国人"有什么国家的民族的"统一意识的缺乏"的"特征",而是由于帝国主义强盗实施"以华制华"的毒计,不断在破坏中国民族的团结与国内的统一,束缚中国民族"停滞"于半封建半殖民地的生活状态中,遏制中国民族意识的发展。

但是不管人们愿意与否,历史的发展总是辩证的。帝国主义强盗对于中国的侵略和压迫,阻碍了中国社会经济政治文化的发展和进步,加深了中国的民族苦难与饥饿死亡的惨境;同时这也就造成中国人民的革命要求,"这种要求为陈旧的制度所阻挠,不能得到满足。这种要求也许还未被人民普遍地强烈地感觉到,足以保证立即得到胜利,但一切用暴力压迫它的企图,只有使它愈加有力,直到打破它底枷锁为止"。因此,近百年来,中国人民总是百折不挠地进行民族解放与社会解放的革命斗争,这完全不是偶然的。这样,近代中国社会的客观情势是帝国主义的支配与中国民族的解放要求构成矛盾的主导:中国民族解放是"拓开"其社会前进发展的道路,帝国主义支配是"阻滞"中国社会前进的通路。近百年来的中国历史,贯穿着以这两种势力为主导的斗争,即一面是鸦片战争、英法联军之役、甲午中日战争、八国联军之役一直到九一八事变后日寇侵华战争;另一方面是太平天国革命、义和团反帝暴动、辛亥革命、五四运动、十六年大革命一直到最近的抗日民族解放战争。抗战建国是解放中国民族与社会的唯一道路,同时也能给"东亚"乃至世界的进步以巨大的影响,这正符合着中国社会以至人类全史发展的逻辑。而日寇"皇军武力"所导演的"东亚新秩序",与南京汪逆伪政府的登台,其目的是在断绝中国历史的前进路程,在妨害人类历史的飞跃,是基于历史退化主义的大反动。两者在猛烈斗争中,我们的任务在争取前者而克复后者。历史是最公正的审判官,中华民族的解放,是朝着它应走的路径迈进着。

民国二十九年五九国耻纪念作于渝西函谷村

(《理论与现实丛刊》1940年第2卷第2期)

李继煌译述的高桑氏《中国文化史》

吴　晗

上海商务印书馆发行,民国二十年五月四版,五二六页,定价三元。

　　所谓文化史,本来不是一种易写的书。要写中国的文化史,其难处尤甚于他国的文化史。因为,第一,中国的史籍,实在太多:不但是有汗牛充栋的野史,而且还有卷帙浩繁的正史;不但是有名称为史的正史和野史,而且还有那些叫做"志"、"书"、"传"、"纪"……的杂史。其中材料,虽极繁夥,而皆豆饤瓜剖,不成系统。无论是正史、官书、簿章、文牒、私人载记、诗文总集、家系宗谱、小说戏曲、钟鼎彝器、龟文木简……一切有文字无文字的史料,均须经过一番鉴定去取的功夫,把它会通锻铸,而后可以着手作史。第二,前人著述,虽有几部号称为史,而因历史的观念不同,无论其组织或取材都不类似我们今日所需要的文化史。所以我们现在作史,必须另起炉灶,而无蓝本可靠,必须对于每一时代,每一问题,都曾作过深入广搜的研究,方能荟萃精华下笔著书。在未用过这番功夫以前,我们只能够做些局部的片段的研究,集腋成裘,以为后来人写文化史或通史者敷路。因此,很可憾地,我们现在还没有一部出于本国人之手的可读的通史或文化史。

　　写文化史又和别的历史不同。文化史的主要任务是在告诉我们以每一时代每一地域的特殊文化的详切情形。它不但要明白地告诉我们以这一时代文化的特征和内含,并且要告诉我们以它的来踪、去路、空间、时间,和民族的关联,尤其是经济的背景,和构成社会的因素,及其条件。换句话说,文化史的任务不止是告诉我们以那时代那地方的情形是这样,并且要告诉我们以为什么那时代那地方的情形是这样,而别一时代别一地方的情形却又不是这样。

原著者高桑驹吉是日本一位有名的学者。他本多年的研究和讲授经验,提纲挈领,写成本书(《支那文化史讲话》)。十年前,李继煌先生把它译出,列为商务印书馆的"历史丛书"之一。截至民国二十年,译本之四版已出,销数将达五千。社会对于此书之需要,可说是很迫切。

全书共分九章,相当于原著者所划分的九个时期(即周以前、周、两汉及三国、两晋及南北朝、唐、宋、元、明、清)。每章又分两篇:第一篇为"历史概说",把这时期的一般史实,作一鸟瞰式的叙述;第二篇为"文化史",先对几个比较有名的帝王,个别地加以评判,而后依次述及风气、官制、兵制、税制、法制、选举、学制、儒学、文学、史学、科举、佛道、艺术、农业、商业、外国交通和币制等等方面。全书篇幅,不过五百余页,而将五千年来的中国史实,叙述殆遍。从用字的经济上看,原著者之手腕,可以算是很高妙的。至其作品之优点,早经译者指出,我们用不到重加申述。本文所欲指出的是它的缺点。这些缺点,或为原著作中所固有,或为译本上所新添,或为两者所共有的。今就个人见解,贡献意见,虽不敢比高桑先生及其译者之能采及刍荛,以使本书增其价值,而总敢望读者得此,或可得些比观之益。

一般人所公认的旧式史书的缺陷,是依人、事、物、地的分别,硬把史料割裂,以致读者看了以后,对于历史的演化,既不能得完整的概念,而于各时代所光前启后的文化或文明,也不能有深切的认识。本书虽出外国学者手笔,然其编制体例,实无胜于所谓非科学的古之作者。自第一章起,直至书末,每章概分两篇,看像真是划一不二,条理清晰,而若细心推敲,则徒见其前后两篇,截然两橛,谁也不能看出它们的因果和关联,更无从窥见其来踪与去迹。译者好古成癖,却在序言中说:"书中的叙述凡分若干章,章各分二篇,一篇述其时代的波动概况,一篇述其时代的文化,造成此时代的人物,以及关系此人物的评论。我们读者,于不知不觉之中,我们的全视野便明了而清晰"。这似是一种不能代表我们的意见,但亦不妨姑备一说。

历史之形成与进展,虽不一定有其自然的律则,但亦未必就像演剧似的,一切情节都由导演者来自由设计,自由损益。英雄对于历史的贡献,固然是不可否认的,但是一部文化史的性质决不等于一本英雄传之以专门描写英雄们的性格、行动和功业来满足浅薄者的夸大狂。譬如我们叙述十五世纪末年的地理发见,虽然不能不述亨利亲王、伐司哥、达伽马、哥伦布、地亚士、和麦哲伦等等的事迹,但决不能限于描写这些伟大的人物,而把注意力完全集中在"英雄造时势"的偏见上面。除此以外,我们还得知道这时代的经济背景、社会组织、个人主义的勃兴、陆路交通的梗塞、意大利诸城市的垄断商业、中古时代的地理知识,以及马哥孛罗等等所曾给予欧洲的传说……而后才能明白地理的发现毕竟不是一件突如其来的史事。亨利亲王等等,诚然是了不得的,但若没有这些历史的凭藉、社会的背景和经济的条件,试问怎样可以凭空建树他们的伟业?须知"英雄造时势"和"时势造英雄"是两句连带的格言,拆开来是不成功的。从环境论者看来,所谓英雄也者,只不过是时代的幸运儿。依此见解,则在中国的文化史上,几个雄主的优点和劣点,以及黄巢、李自成等的成败与性格,其重要远不如黄河的河道数迁、西北方土壤与气候的改变,乃至汉民族的渐向东南发展。本书中之重视帝王,重视盗贼,而太忽略了一切所谓历史的、社会的与经济的条件,见解未免太偏——即使不是根本错误的。

其次,文化的发扬光大,往往是由于累积。一时一地的文化很少是突然而兴,突然而灭。故在中国史上,文化的发展与消灭,也很少与朝代的兴亡同一起讫。满清以异族入主中国,而在文化方面,犹承明之遗业。举例来说:两朝之官制、法制和学制……差不多是完全相同的。即其学术思想之传受,脉络也是一贯。本书著者太看重了帝王家谱对于文化方面的势力,于是强分明清为两个文化时期,不但重文累义,于理论上毫无根据,且在事实上也只是些灾梨祸枣,浪费了读者的精力。须知文化史家的任务,是在探求历史演化的法则,精密地指出新旧嬗递的痕迹。而在本书中,不论其述宋人的风气,或明代嘉靖初的"大礼议",万历中的"东林党议",都只是凭空叙述,茫无头绪!所谓"历史的继续性",完全被它埋没。这在一部文化史上,不能不算是个严重的缺点。

在别的方面,著者和译者,也常犯着种种疏忽。例如:

(一)原本四〇〇页,引顾炎武《日知录》云:

李继煌译述的高桑氏《中国文化史》　99

经义之文,流俗谓之八股,盖始成化以后。股者,对偶之名也。天顺以前,经义之文,不过敷衍传注。或对或散,初无定格;其单句亦甚少。成化二十三年会试《乐天者保天下》文,起讲先提三句,即讲乐天四股,中间过接四句,复讲保天下四股,复收四句再作大结。弘治九年会试《责难于君谓之恭》文亦然:每四股中,一反一正,一虚一实,一浅一深,其两扇立格,则每扇之中各有四股,其次第之法,亦复如之。故今人相传谓之八股。

著者解释天顺、弘治、成化三个年号说:"成化ハ明ノ宪宗ノ年号,弘治ハ孝宗ノ年号,天顺ハ天启顺治ニッテ天启ハ熹宗ノ年号,顺治ハ清ノ世祖ノ年号デアル"。盖误明英宗之天顺(一四五七——一四六四)为天启(一六二一——一六二七)与顺治(一六四四——一六六一)！译者以误传误,一字不改地照译著说:

成化为明宪宗年号,弘治为孝宗年号,天顺者谓天启、顺治,前者为熹宗年号,后者则清世祖年号。(页三九八)

著者和译者即使不知道明代有过天顺这一年号,不应连顾氏的原文也看不懂。使如著者与译者所说,天顺是天启、顺治,那末,成化以后已有八股之名,弘治中已有八股定则,到天启、顺治前反无定格,少单题了,矛盾之极。

(二)译本第四四七页,安南之一统与法兰西条(原本同,故不录):

安南在阮文岳灭广南时,阮潢的裔孙阮福映遁往暹罗,得其王华亚恰克里的援助,收合旧臣,袭下交阯,然为阮文岳及阮文惠的联军所破,不获逞。及从法兰西宣教师披尼耀之劝,约事成,则割让化南及卜老孔多二岛,乃以其子阮景睿和披尼耀共赴法兰西乞援。援军既到,乃助阮福映据柴棍,屡破"西山党"之军。

按自"援军既到"以下,殊不可靠。依据 H. B. Morse 记载,法国并未遵约,援军并未开到(The International Relations of Chinese Empire, Vol.Ⅱ. P.342)。

(三)译本四二〇页(原本同,故不录):"先是葡萄牙人来广州后,又于宁波、厦门,并设商馆,至西纪一五六六年遂租借澳门"。按据我们所知,葡人(当时被称为佛郎机)于嘉靖十四年(一五三五)勾通指挥黄庆,纳贿请于上官，由电白移壕镜（即澳门，西人称为Macco），岁输课二万金（《明史》卷三二五《佛郎机传》），但仍只许停船贸易，不许上岸居住。到嘉靖三十二年（一五五三年），葡人乃托言舟触风涛，借地暴诸水渍贡物，乘机上岸占住（《澳门纪略》卷上页二三）。Morse 以为中国之许葡人居住澳门，始于一五五七年(The International Relations, Vol. I , P.43)，高桑之说，不知何据。

（四）译本三八五页东林党议条说："帝宠邹贵妃，欲以妃所生幼子常洵为太子"(原本同，不录)。按《明史》卷一一四《郑贵妃传》："恭恪贵妃郑氏，大兴人，万历初入宫，封贵妃：生皇三子，进皇贵妃，帝宠之。外廷疑妃有立己子谋"。卷三〇〇《郑成宪传》："廷臣疑贵妃谋夺嫡，群以为言"。是则，邹贵妃当为郑贵妃之误。

（五）同页："已而有长差者入太子宫梃击门者。世人以为此乃邹(亦应作郑)贵妃所嗾使"(原本同，不录)。按张差梃击一案，为明末党争要题之一。其详细情形见《明史》卷二四四《王之寀传》。此作"长差"，大误。

（六）译本三九三页："右都御史汪镕曾昌言佛郎机炮的便利"(原本同，不录)。按《明史》无汪镕其人。进佛郎机炮的是汪鋐。《明史·佛郎机传》：

> 嘉靖二年，佛郎机寇新会之西草湾，败遁。官军得其炮，副使汪鋐请之朝。九年秋，鋐累官右都御史，上言请用佛郎机炮，施之边塞。（节录）

（七）译本四〇二页，记王守仁门人中有王幾与王良。按《明史》卷二八三有《王畿传》，《王艮传》附。是幾为畿之误，良为艮之误。

（八）同节说钱德洪字洪南。按《明史·儒林传》和《明儒学案》卷十一姚江学案浙中一，皆云德洪字洪甫，非洪南。

（九）译本四〇一页："李梦阳……与何景明、徐祯卿、边贡、朱应唐、陈沂、郑善夫、康海、王九思等结诗社，号十才子。"译本在朱应唐下，漏原本所有顾璘名字，把十才子减成九才子。按这一样的来源是《明史·文苑传·李梦阳传》。但考《明史》所载十才子中，并无朱应唐，只有朱应登。应登字升之，事迹附见《明史·顾璘传》。

（十）译本四〇八页："陶仲文进少保礼部尚书，后封恭城伯，死谥荣康仲肃。"(原本同,不录)按《明史》卷一〇八《外戚表》及《佞幸传·陶仲文传》,并作"恭诚伯"。且仲文曾进少傅少师,仍兼少保,阶特进光禄大夫柱国,以一人而兼领三孤。其谥为"荣康惠肃";且"仲"亦非谥。

(十一) 译本四一一页之"象眼仪"(原本同),《明史》卷二十五《天文志》作"象限仪"。

(十二) 译本四一三页所记桂王朝臣丁魅楚(原本同),应作丁魁楚。魁楚传附《明史》卷二六〇《丁启睿传》。

(十三) 译本四二八页之额尔古纳阿(原本同),系额尔古纳河之误。

(十四) 译本四三七页记"《南京条约》要项为(一) 清廷赔偿军费一千二百万美金,赔偿英吉利商家三百万美金,赔偿鸦片六百万美金,总计须交付二千一百万美金"。按原本四三九页,"美金"作弗,即圆。中西原约,亦皆作圆。

(十五) 译本五一二页之《万寿成典》(原本同),应作《万寿盛典》。

又如西文专名之中译,自来纷歧不一,人名尤繁错不易辨识,但在习惯上,总以采用公私纪载最普遍的为宜,不应自创奇名,使读者茫然不知其为何人。本书中如页四一四,改称凡蒂冈为巴其坎;页四三六,改称义律或懿律(Elliot)为叶利阿;页四三九,改称璞鼎查为波丁遮,巴夏礼为拔克思;页四四〇,改称额尔金为叶尔桢,葛罗斯为格娄,布恬廷为卜家珍;页四二〇,改译克拉维局为克拉维,且拼 Clavijo 为 Clairjo;页四四三,改译摩拉未也夫(Muravief)为武拉维夫;页四四四,改译海参威为弗拉第福司透克(日译浦潮斯德);页四四六,称西贡为柴棍;页四四七,称孤拔为枯鲁卑;页四五一,译威妥玛为威德;页四五九,译瓦德西为瓦德;页四六八,译威特为尉迭,罗善为漏浅等,——皆使读者不便。又如西方传教士到中国来的,大都因音立义,命有华式名字,如利玛窦、汤若望、艾儒略、安文思等,皆为学者所熟知。译者在纪明清的基督教两节中,又为全译其音,别立新名而仍附原来华名于括弧中,实亦多事。

最后应该声明的是: 本书译者虽然是将错就错,但也有几处补正了原文中的缺误。例如:"清ノ初メ画サ以テ著ハレタルモノニハ王时敏(烟客)、王鉴(廉州)、王翚(石谷)、王原祁(麓台)、恽恪(南田)ガアリ,之サ四王吴恽ト称シテ居ル"(页五一〇),这段原文,明说四王吴恽并称,而在

主文中落去了吴历的名字。中译本在恽恪之下,便补入了"吴历(墨井)"四字(页五一二)。但按这段文气,吴之名次,应在恽上。又恽恪应作恽格,原本及译本均误。

(《图书评论》1934年第2卷第5期)

评《中国文化史》

寿 彝

日本高桑驹吉原著，李继煌译述，商务印书馆出版。

一国底或一民族底文化，不是突然造成的，是经过悠久的岁月逐渐演变而来的。我们随便抓住文化底任何方面，在它的脊背上，随时都可发现历史的重载。所以，我们想了解现在的文化，我们不能不追溯他的历史，有了文化史的眼光，再来解剖现在的文化，正如庖丁解牛，要游刃有余哩。

国人自著的中国文化史简直没有，李继煌把高桑驹吉底这本《中国文化史》介绍过来，实在是中国学术界很需要的事，在这里，我愿意把我对于本书的观感写来，算是给大家的一个告。

本书底材料很丰富，关于政治的有各代政治底治乱和变动、政治领袖底性格、官制、兵制、法制、币制、赋税制、田制、选举制、学制、地方制之概况；关于经济的，有农业、工业、内地商业、国际贸易等；关于学术的，有经学、子学、史学、文字音韵学、文学书画、雕刻、建筑、天文算术等；关于宗教的，有佛教、道教、回教、摩尼教、喇嘛教、基督教等；余如结婚丧葬之礼，衣服冠冕之饰，饮食居住之始，各时各地风气之异，以及固有华人与异族间之冲突与同化，均有相当的叙述。大体上说，本书有如上的各方面的取材，总算很难得了。不过还有一个缺陷，就是本书对于家族制的忽略。中国整个的文化是建筑在家族制上面的：在政治方面，君主政体之组成是由于族长制度底放大；君主政体底生命能延长到数千年，也是依赖着一种伦理的视君如父的家族观念所维持；更看每代创业之君大封兄弟同姓，也颇足窥其视国如家的心理；在经济方面，惟农业为最适合于家族制的宗法社会，故历代提倡之者颇不乏人；工业极其幼稚，工人直到现在还为一般人所卑视；商业历代均受压迫，商品所受的课税较农业品为重，商人阶级居于四民之末；在学术方面，二千年来儒学实为帝王，思想界固在其权威支配之下，史家亦以儒者之眼光修史，文学■■■完全脱其色彩，儒学特别注重君父之尊与男女之别的家族思想是无可疑的。在宗教方面，各宗教多来自国外，其最初传道时——如基督教——多假儒家之一言半语以为护符，并不敢攻击中国旧有的家族思想以冀其教义底广布。我们应当晓得家族制度在中国文化上的权威是这样地强大，《中国文化史》底著者是应当充分注意而加以解说的。本书只在六十一页说到尊卑男女之别，一百三十四页说到奴婢制，未免太简单了。

本书著者底态度，是：

（一）客观的　这种客观的态度在批评历代创业的人物时，最为显著。如不把焚书坑儒一事专归罪于秦始皇，视汉初学术之不振为时代的关系，承认隋炀帝在文化史上的功绩等，都是就事实立论，不像中国底一般史论家之囿于成见。

（二）世界的　在本书底开始说"中国乃亚细亚东方的一块大平原，其东南面太平洋，西南有喜马拉亚山脉，西则葱岭，西北则阿尔泰山脉限之"，这一开口就是一种世界的口吻了。此后如述儒学而说到它对于朝鲜、日本的影响，述汉与大秦的交通而说到当时罗马的情形，述唐底官制而说到朝鲜、日本底律令，述唐底养蚕术而说到它在欧洲传布的情形等等，都是在一种世界的态度下写出的结果。至于近代，中国和世界的关系，本书自更为注意了。译者说："我国关于历史的著述，每忽略我国和世界的关系，今此书却光炯炯地放其世界的眼光，而后来叙述此一国的历史，便觉此数千年中我过去的祖先曾无一息与世界相隔离，处处血脉流转，声气贯通。"这是一段老实话，并非恭维。我觉得这种世界的态度和客观的态度真是本书最可赞美的地方。

本书底编纂方法，是以朝代为纲，文化之各方面为目。这种方法，我却极不满意。因为：

（一）时代底分划太零碎，不能显明地表出时代底精神，不容易看出文化演进底姿势。而且，以一个朝代作一时代，未免把一姓底兴亡看得太重了;文化底各方面那里真会跟着一姓底兴亡而兴亡呢?

(二)既以朝代为纲,叙述每一方面的文化时便不得不暂限于这一个时代,这一方面文化底演进之流便横被阻止,实使人有不痛快不自然之感。有时,述某方面的文化时,又不得不述其前因后果,于是就不免有复述前章预述后章的累赘。这完全由于著者采取横断式的编纂法所致,实为本书最大的缺憾。如采取纵剖式的编纂法,以文化之每一重要方面为一专章,另述文化全体演进之姿势,自为一章冠于卷首,则上述的两种缺憾都可避免了。

总之,本书自有其缺点,在现在的中国却仍不失其为一本好书。译笔很流利。印刷上,错字是有的,可并不多。各代地名底注释,著者还沿用清时州府名称,译者不妨改译今名。

我如本书译者一样热诚,希望有比本书更见完善的中国文化史,出于本国学者之手!

(《民国日报》1929年2月3日)

评日人泷川龟太郎《史记会注考证》

钱　穆[1]

　　自清代学者分治经之力以治史，而《史》、《汉》尤为其精力之所凑。长沙王氏荟萃群说，著《前汉书补注》、《后汉书集解》，学者称便。龙门《史记》，绵历既长，采摭尤富，为治古史者惟一津梁，其重要更在两《汉》之上。而子长之闳识孤怀，奇辞奥旨，亦非班、范所及。前人探讨研寻，所积已多，尚无继王氏之后，为之整理部勒，汇成一帙，以备学人之比观，良为憾事。近知日邦学者泷川龟太郎方有《史记会注考证》之作。如此伟业，竟让异国学人先我著鞭，更足增惭。

　　泷川书尚未全出，余最近得阅首册（自《五帝本纪》至《秦本纪》凡五卷）。书前并无作者序例，及引用书目，无从窥得其要领。兹就翻检所及，略举一二，聊备商榷，此下各册，俟诸将来。

　　原书于文字对勘有所谓古钞本、枫山本、三条本、博士家本、南化本、庆长本诸种，盖皆彼邦所有。至于本文依据何本，书前并未述及，其所校异同，亦无足资考订者。

　　于三家注文，据彼邦有古钞本，补今本删落《正义》千余条，多者二三百字，少亦一二十字，皆我王刊本所无。《索隐》则与此注大同。其古钞本所录《正义》本标栏外，今已散入行中，匆匆未及对读，暂置勿论。

　　兹论其书用力所在，自以《考证》一部为尤。前人对此成书单篇，散札零条，为量已巨。今欲一一包罗，其势实难。然比辑之体义贵兼陈。必求肤辞尽删，异义具列，提要钩玄，赅备众歧，作者即有己见，谊列最后。而去取从违，则一待读者之自为抉择，遇有省削，以节篇幅，则认为

---

[1] 原文以笔名"梁隐"发表。

然者应稍详，认为否者可稍略。而灭没不载，尤当审慎，否则宁两详而并著，勿偏信而孤守。余观泷川氏此书，颇不能然，粗举瞽及，聊以示例。

卷一，《五帝本纪》六六页，"总之不离古文者近是"。

《考证》引沈涛说，谓古文即是《尚书》近二百字。又曰：

> 愚按古文谓以古文书者，不止《尚书》一经，而是主斥《尚书》，今按沈说以古文为《尚书》，极无理据。

泷川氏既谓古文不止《尚书》一经，又谓是主斥《尚书》，徘徊两可，徒见辞费，何不节引王国维氏《观堂集林·史记所谓古文说》中数十字，以备此观？

卷四《周本纪》五六、五七页，"召公、周公二相行政，号曰共和"。

《考证》凡近千字，首引崔述比论《史记》、《竹书纪年》语，崔说本不足守，而泷川氏又自谓《庄子·让王》篇许由、共和皆子虚乌有，则更属无据轻断。

又曰：

> 按《正义》所引《鲁连子》，卫盖指卫州共城县而言，《正义》误认作卫国，遂引《卫世家》世子共伯事以证之，无论年岁不相当，且合共、卫为一国，又并共伯、武侯和为一人，乖谬最甚。洪氏《四史发伏》论之详矣。

今按《考证》辨《正义》五十余字，全钞洪氏《四史发伏》原文，只自加"乖谬最甚"四字。何不径作"洪氏《四史发伏》曰云云"，而省去"洪氏论之详矣"一语，读者可免再检洪书之劳。至云"乖谬最甚"，则实未见其必然。姚文田《邃雅堂集》有《史记共和考》一篇，正据《竹书纪年》证共和即卫武公。作《考证》者纵所不信，亦应称引，或节要提纲，或举名书篇，以待读者之并观。今单引崔说（即梁氏《志疑》亦有详说，亦不引)，轻加断语。又改洪说为己语，而横增"乖谬最甚"之文，似与著书体例及态度均有未合。

卷四，《周本纪》，五九页，"宣王不修籍于千亩"。

今按此事有《竹书纪年》、《左传》、《后汉书·西羌传》诸书,足资互证。《考证》全不提及,只取阎若璩说一条。阎说极疏强,何以独有取?

卷四,《周本纪》,六五页,"《集解》:《汲冢纪年》曰:自武王灭殷以至幽王,凡二百五十七年也"。

按此条《集解》语可疑,朱右曾《汲冢纪年存真》有详说。《考证》一字不及,而引崔述空论百数十字。

卷五,《秦本纪》,四八页,"献公二十三年,与魏晋战少梁,虏其将公孙痤"。

《考证》引黄式三说而驳之,谓是役所虏乃太子与公孙痤。又谓公孙痤与公叔痤乃别人,太子非申,申太子见虏代立也。

今按此条梁玉绳《史记志疑》有百余字之考订,极详审,而《考证》一字不录。其自谓公叔痤与公孙痤为别人,证据何在?至太子申乃此太子被虏代立,更误。考是年乃梁惠成王九年,惠王即位尚年幼,不出二十左右。至是不过三十上下,岂已有太子见虏之事?又魏源《古微堂外集·孟子年表》论此事亦与梁氏《志疑》说合,皆在黄氏前。

卷五,《秦本纪》,五一页,"孝公十年,卫鞅为大良造,将兵围魏安邑,降之"。

《考证》,此及《商君传》皆言伐魏降安邑,安邑魏都也。《魏世家》惠王三十一年自安邑徙大梁,此时岂有安邑降秦之事。《通鉴》删之,胡注辨之,审矣。此下引梁氏、黄氏说。

今按《魏世家》惠王三十一年徙大梁之说,清儒辨之者非一家,此乃治六国史极大节目,泷川氏不之知,则此下考证《六国世家年表》及关于此时期之诸列传,疏谬必多,可以预想。且泷川氏不引顾氏《日知录》、阎氏《孟子生卒年月考》,而阒然陈说,俨若独解,抑又何也。

卷五,《秦本纪》,七五—八一,"十月宣太后薨"。

《考证》,古钞,南本,十月作七月,此本讹。今按何以知此本讹而古钞本不讹?且以下十月、正月、其十月又何说?至少应引梁氏《志疑》文以见意。七七页其十月攻赵邯郸,《考证》又引张文虎说百许字,而曰姚范

《援鹑堂笔记》亦以十月、正月,其十月为俱讹,张氏未审考之。今按张氏有说,姚氏无说,遂成否者详而然者略,非注书之例。八一页孝文王除丧一节,《考证》引梁氏说四百许字,阎氏说一字不及。不知阎氏固有误,梁氏亦未是(张、姚说亦误)。作者不能自出一说,以解前纷,则应两引以待读者之自穷。

上述诸例,皆极关史实。泷川氏既不能详列诸家之异议,而又好为无据之率断,颇失集注体裁。又如:

卷三,《商本纪》,三页,"冥卒,子振立,《索隐》系本作核"。

何不节引王国维《观堂集林·殷卜辞中所见先公先王考》论王亥者数十百字以相发明,而顾不著一字耶?

余观其书疏漏处极多,而亦颇有可删者,如:

卷四,《周本纪》,四二,"康王卒"。

《考证》据古钞本"卒"作"崩",又引梁氏《志疑》论书"卒"字失义例百数十字,可删,其他应增应删者不胜举。又如:

卷一,《五帝本纪》,二一页,论帝挚崩,帝尧立,引吴裕垂说百许字。

又二三页论百姓昭明合和万国,自发议论二百字。

卷三,《殷本纪》,一一页,论汤武革命引洪迈、崔述说凡六七百字。又三四页,论武庚作乱引俞鸿渐说逾四百字。

卷四,《周本纪》,六六页,论平王东迁,引《通鉴辑览》说百数十字。

凡此之类,与校勘、音义、考释均无关。论史事之得失,评人物之高下,辨义理之是非,从知彼邦学者治史,其态度尚有与我宋明相近者。若出之于国人,则必见为迂儒腐生,且群起而哗之矣。此亦彼我风习相异之可资考镜者也。

上文写毕后,又抽暇将此书第五第六两册,涉猎一过。书共三十卷,均属世家之部。自第三十一卷《吴世家》起迄第四十七卷《孔子世家》止,时起西周以抵先秦。自第四十八卷《陈涉世家》以下至第六十卷《三王世家》,则秦末以逮汉武也。

其间西周一段，茫昧难详。春秋与汉初，较为明备，而战国一期，最号难理。不徒为《左传》、《汉书》从事者多，易于借力也。史公著《六国表》，自称秦烧诸侯《史记》皆灭，独有《秦纪》，又不载日月，其文略不具。此其艰难缔构之况可想。自晋太康中得汲冢古籍，有魏人《纪年》，当时荀勖、和峤、杜预诸人，即据以校《史记》之误。下逮张氏《集解》、司马氏《索隐》，于《史记》、《纪年》异同，备复列次，清儒继续对校，而后史公所收种种材料，自相冲突不可解处，渐有条贯可寻。今泷川书于此似未注意，不仅不能续有发明，且于前人成绩，亦欠领解，卤莽灭裂，不胜觊缕。姑举其一二大者言之。

如《史记·魏世家》惠王、襄王、哀王三世，据《纪年》实仅惠、襄两世，泷川氏书亦已采纳（卷四，页四，页二十五）。然于惠王迁都一节仍循《史》误，辨此者有魏源（《孟子年表》）、周广业（《孟子四考》）、雷学淇（《介庵经说》）、朱右曾（《汲冢纪年存真》）诸家，证据凿凿，无可否认。惟梁玉绳《史记志疑》，误以今本伪《纪年》为晋太康时原物，故不加信肯。泷川氏于此事独取梁说，又采陈仁锡一条，凡一百许字，更于此事痛痒绝不相关（卷四十四，页二十一）。此其一。

自惠成推而上之，魏文侯、武侯年，《史记》亦与《纪年》不同。《纪年》魏史，自较《史记》为信。泷川氏不辨之，其注魏文侯受经子夏一节，引洪迈、梁玉绳、陈仁锡说凡二百字（卷四十四，页八），尽不得要领。若依《纪年》魏文侯年移前，则此二百许字尽可省。此事在彼邦亦有知者。武内义雄著《六国年表订误》（刊高濑氏《还历纪念》）已论及，泷川氏纵不信，何不节引二三十字备一说乎？此其二。

魏国世系年代之误尚易理，田齐则尤纠纷难治。《史记》载齐湣王伐燕，当据《孟子》、《国策》作宣王，此层泷川氏书亦知之。历引顾炎武、赵翼说，至七百余字，并谓其确不可易（卷三十四，页十四）。然于湣王元年仍遵梁玉绳说，袭用《通鉴大事记》（卷四十六，页三十二）。不知《通鉴》臆定，未惬事实，《日知录》已辨之。盖《史记》之误，在其前误漏齐君两世二十余年。《庄子》、《鬼谷子》，皆足为《纪年》旁证。清儒办此者甚众。崔述《孟子事实录》有一条论此事，文长七百余字，颇已明洽。泷川氏极爱引崔书，浮辞虚文，累累满幅，独于此一字不及，而顾引俞樾寥寥二十字,欲以抹杀一切(卷四十六,页十四),可谓不知别择之甚矣。此其三。

又如《越世家》楚威王伐徐州,适当齐威王时。叶大庆《考古质疑》据此以证《史记》之误,崔述取之,梁玉绳非之。泷川书独取梁氏数十字(卷四十一,页十七),又其偏守无识之一证也。此其四。

此特举其荦荦大者。继此以往,牵连引伸,凡《纪年》、《史记》异同得失,所争益微而实甚要,所辨益密而实甚大,在清儒自崔述、雷学淇、朱右曾诸家,尚未能通体澄澈,我于泷川氏之书,可无责也。然而泷川氏此书,其偏守一说,无据轻断之病,则随在而发现,请再更端以论。

《燕世家》燕人立太子平是为燕昭王,《考证》引梁氏《志疑》一条,凡三百余字(卷三十四,页十七),谓昭王名平,太子不名平。然《志疑》原文(见卷九)尚有小注"孙侍御疑昭王即公子职"十字。泷川氏纵不检孙书具引,即不必将此十字删去。洪氏《四史发伏》亦主从《纪年》及《赵世家》燕王为公子职。挽近北燕戈兵出土,正有"郾王职"名,乃为孙、洪说作证。此见《考证》孤主一家往往而失也。

言其无据轻断,则如《鲁世家》炀公六年卒,《考证》引钱大昕、洪亮吉、洪颐煊说,谓当从《汉书·律历志》,六年作六十年。谓梁玉绳驳之非也(卷三十三,页二十一)。然此二说,特举《史》、《汉》异同,未详从违之意,则孰是而孰非,何由而判。别有江永《群经补义》、林春溥《古史纪年》、魏源《孟子年表》、朱右曾《纪年存真》,亦论此事,皆举旁证,而同梁说。泷川氏何据而见为非?

又如孔子生年,有一年之差,国人争论二千年不决,泷川氏独取俞樾一说,录其文逾五百字,既见于《孔子世家》(卷四十七,页七),又著于《鲁世家》(卷三十三,页四十一),不厌重出。而俞氏说何以独是,泷川别无一言,然则泷川氏此书,其意固不欲为比辑,以网罗群说备人比观,而实欲坐堂上进退堂下判归一是,自成一家之言,而惜乎其识之不足以副也。

又有两引而病其错杂者,如《燕世家》剧辛往燕,引梁玉绳说谓其来不在此时(卷三十四,页一八),此已得之。其下又引张照说疑当有两剧辛(卷三十四,页二十三),则错杂矣。

又有疏漏当补者，如《楚世家》居丹阳，宋翔凤《过庭录》有《楚鬻熊居丹阳武王徙郢考》，文长四千字，足以摧破旧说，而《考证》一仍宿谊，只字不提（卷四十，页六）。

又有见解太旧者，如《吴世家》季札论乐，谓晋政将在三家，泷川引崔适说而加驳辩（卷三十一，页二十）。其意似不信《左传》有战国人语，彼邦有狩野直喜为《左氏》（亦见高濑《还历纪念》），何不节引？又《齐世家》言分野（卷三十二，页四十），《宋世家》言分野（卷三十八，页四十），《考证》皆引《周官》分星，似非徒不认《左氏》有战国人语，亦并不认《周官》为战国时书也。又《赵世家》赵武灵王变法，《考证》谓其议论全袭商鞅（卷四十三，页五十九），是若认《商君书》乃鞅手笔，《赵世家》语乃武灵王口述也。

其关于考办史迹者，略举如上，兹再拈其训释字义者。

卷四十九，《外戚世家》，页四：
甚哉妃匹之爱，君不能得之于臣，父不能得之于子，况卑下乎。
《索隐》：以言夫妇亲爱之情，虽君父之尊而不夺臣子所好爱，使移其本意，是不能得也。
《正义》：言臣子有亲爱之情，君父虽尊，犹不能夺。
《考证》：沈钦韩曰：秦策，父之于子也，曰去贵妻，卖爱妾，此令必行者也。因曰毋敢思也，此令必不行者也。
愚按（泷川自称）言君父不能使臣子爱己如其妃匹，诸说未得（此自为说）。

卷五十七，《绛侯周勃世家》页十：
尚公主，不相中。
《集解》，如淳曰：犹言不相合当。
《考证》：中井积德曰：不中谓不和（此引彼邦人说）。

亦有与考辨、史迹、训释、字义全无关者。如《孔子世家》题下引廖登廷（按即四川廖平）论一篇（似是书院课艺，未暇检证）。文长千字（卷四十七，页十二），《赵世家》引俞樾论《屈原传》叙事之中间以议论之文法，逾百字，又自加发挥亦三百字，此类殊不胜举。

然泷川氏书非无可取，即其用力之勤，已足使吾人惭汗无地。又如其《孔子世家》(卷四十七)题前长文凡千三百字(页二,页三),论孔子《序》书二百余字(页六十八),辨孔子删《诗》历引诸家千五百字(页六九、七十、七一、七二),辨《易传》后起之说八百字(页七十四),据鲁亲周故宋之义历引诸家殿以已见长四百字(页八十三),论孔子作《春秋》亦四百字(页八十五),记孔子泗上墓引孙嘉淦《南游记》三百字(页八十八),又记曲阜孔庙引孙氏文又二百余字(页八九),又记历代祀典引陈宏谟说又五百许字(页八九至九〇),总《孔子世家》一篇考证之,详占篇幅之多,与《晋》、《赵世家》等。其考论内容暂勿问,其殷殷崇仰之意,溢于辞外。异国学者对我先哲,如此向往,其情可感。较之国内学人,因鄙薄孔子之故,遂斥其书不读,屏其事不问,拒其思想言论不屑一究,意量相去为何如！又其书于《春秋》一段,逐事逐节注其出处。何者本《左传》,何者本《国语》,何者本《国语》与《左传》异,何者本《左传》与《国语》异,何者兼采《左传》、《国语》而致自相违异。此固比观三书即得,然国内学人,方好扬南海康氏之余波,以左氏为刘歆由《国语》中析出,在太史公时尚无《左氏》。则泷川氏此书,已足为之箴膏肓而起废疾矣。又其书颇注意古今地望,每一地名必注其今称,绝无一漏。又好引顾栋高书,发明其疆理形势之大要。异国人治吾古籍,用心在此,亦足促吾人之深长思也。

(《图书季刊》1934年第1卷第1期)

评冈崎文夫著《魏晋南北朝通史》

周一良

日本昭和五年九月弘文堂出版，定价五圆。

此书分内外两编，内编第一章魏晋时代，第二章东晋五胡时代，第三章南北朝时代——南朝，第四章南北朝时代——北朝。外编第一章魏晋之文明，第二章南朝之文明，第三章北朝之文明。每章分若干节，每节内又有子目。自序说："内编主于究权力之移动，外编专记人文化成之迹。"换话说，就是内编是政治史，外篇是文化史。这样分割本是很勉强的，但为叙述或驾驭材料的方便起见，也不必厚非。全书断始于东汉宦者之害，终于北周之亡。内编第四章末尾说："李延寿《北史》中包括隋朝事迹，我却认为隋朝乃扬大唐帝国之先声者，隋唐的历史自当另起炉灶。"这是很合理的断限。从政治上讲，隋朝统一了南北，不能单把它归到北朝。再说文化方面，如隋朝的开始融合南北派经学，如因炀帝的武功而输入东北、西北方外族的文物，都与北朝迥异其趣，而开唐之先河。自然该留着与唐代相提并论，不能包含在魏晋南北朝史中。

此书内外编所叙述的对象不同，著者所根据的资料亦复不同。内篇注重政治方面，以《资治通鉴》为骨干，间或参考"八书"、"二史"，采掇比附。书中常常也著明某段的叙述全本于《通鉴》。《通鉴》本是一部极好的政治史，去取之间既然经过考证，可以信据，而文字也明畅生动，当得起"上下通达，臭味相依"八字。所以此书的内篇大致无可评骘。冈崎氏的文笔很流畅，征引文字简短的照录原文，如果冗长或稍稍费解，他便用日文意译。既然是普通的叙述，而非考证，这办法对于东邦的读者反倒相宜吧。外篇注重制度文物和学术思想。前者虽然有《通典》、《通考》和各史的志，但并不能完全抄录，许多地方还待整理和补充，至于学术思想,更没有成书可以依据了。因此,外篇大抵是著者综合旧有史料研究的结果,也许可以说是此书精彩所在。这三章之中,以第一章魏晋之文明,第二章南朝之文明为佳,而其中尤以第一章后汉之经术主义第三节,与第二章江域被化小记等三节最好,曾在《支那学》上发表过。

今略读全书一过,将个人认为可以商榷者,试举几点于下:内篇第四章第三节——北魏之全盛——说:"魏世祖统一北方,对高车、柔然大加压迫,伸长其威力于北狄。同时为完固北边的边防,而试设六镇。六镇是怀朔、武川、抚冥、怀荒、柔玄、御夷。从杨图看来,大体散在察哈尔、绥远境内。"(页三五一)案清沈垚有《六镇释》,载《落帆楼文集》卷一,考定北魏六镇为沃野、怀朔、武州、抚冥、柔玄、怀荒。除了抚冥镇之外,都指实后代地望,其说精湛不易。不知著者何以未曾参考?其所据或是杨守敬《历代舆地沿革险要图》的《北魏地形志图》,但杨图兼引顾氏《方舆纪要》和《元和郡县志》两说,并未决定六镇的镇名,著者之言未免失于武断。同节又说:"但是六镇何时成立,史无明文。太宗时始在北边筑长城,想象起来,那时大约已经驻军于要害地带。世祖初伐柔然,大多数的降人都配置在六镇,当时六镇想已存在。"(页三五二)北魏设镇始于何时史书虽无明文,但《魏书・太武五王传》广阳王深上书说:"昔皇始以移防为重,盛简亲贤,拥麾作镇。""皇始"是太祖道武皇帝的年号。北魏重要的镇都在北边和西北边,广阳王深所谓"皇始"时的"作镇"虽然没有说明方向,但六镇定在其中。《周书・杨忠传》说:"高祖元寿,魏初为武川镇司马。"武川是六镇之一,所谓魏初,自是皇始前后了。至于"六镇"这两字,则最早见于《魏书》显祖太安五年纪,自然不能据以推断六镇的成立时代。总之,六镇是北魏诸镇中较先成立的,可无疑问,而北魏的设镇在太祖皇始时,下距太宗即位约十二三年。虽然不能积极地证明六镇成立的年代,消极地却可以推翻著者"起于太宗或世祖时"毫无根据的判断。

外篇第二章第三节——南朝治下的江南一般经济状况和中央政府的财政政策——叙述乡里制度和赋税的关系,追溯到汉代的乡里制。在引用《续汉书・百官志》以后,著者便说:

> 依照它的本注以五家为伍的组织为单位,进而为什,为里,里

是由百户所组成。沈约《宋书·百官志》记载汉制,以为里是百家的组合,十里为亭,亭千家,乡万家。《后汉书》不像沈约所述那样明了,但推本注之意,当和沈氏相同。以户数为根据的乡村制度本是《周礼》《管子》等书所主张,我的意思,至少前汉的制度与此大异其趣。自然,十里一亭,十亭一乡的组织也见于《前汉书·百官公卿表》,(原文作"见于《前汉书》志",误)此处所谓里和亭,其中并不含有一定数目的户口。据《汉官仪》,十里一亭,五里一邮,以里为里数之里。……亭是聚集十个里,而主其治安诉讼的机关,里的意思等于部落。总统这十个部落的亭的配置,大约是依里数来定。所以一个里内,它的户数固没有一律的必要。汉朝大体以自然发生的部落为基础,更统括以亭乡的制度。……自治制度崩溃以后,乡官的权力渐微。所以《通典》所载晋制每县五百户以上为乡,率百户置里吏。这是以户数为标准的乡村新组织,《续汉书·百官志》(原文作《后汉书》,误)本注百家为里的话,恐怕是以晋制拟汉而言。沈约根据百家为里的单位,算出乡亭的户数,认作汉制,于是更推广司马彪(原文作范晔,误)的错误了。(页五七九至五八一)

今案冈崎氏主张汉代不以百家为里,这话是对的。班固的《百官公卿表》上说:"大率十里一亭,亭有长。十亭一乡,乡有三老,有秩、啬夫、游徼。"并不曾说明若干户为一里。晋司马彪《续汉书·百官志》说:"里有里魁,民有什伍,善恶以告。本注曰:里魁掌一里百家,什主十家,伍主五家,以相监察。"据《百官志》总序:"世祖节约之制,宜为常宪,故依其官簿,粗注职分,以为《百官志》。"刘昭注云:"故凡是旧注,通为大书,称'本注曰'。"一里百家之说见于本注,可见是司马彪的话,而不是后汉官簿所旧有。梁沈约《宋书·百官志》里说:"汉制……五家为伍,伍长主之;二伍为什,什长主之;十什为里,里魁主之;十里为亭,亭长主之;十亭为乡。"这才把《百官公卿表》与《百官志》混合,认定司马彪本注所说为汉制。杜氏《通典》、马氏《通考》同,顾炎武《日知录》卷八"乡亭之职"条正文引《汉书·百官表》,而自注中引《宋书·百官志》作注脚。以为汉代每百家为一里。然而我们看《百官公卿表》:"县……万户以上为令……减万户为长。"应劭《汉官仪》、卫宏《汉旧仪》(孙星衍校集《汉官六种》)都有同样的记载。一县户数最多到若何程度,现在不可考,《续汉志》刘昭注引应劭《汉官仪》说:"三边始孝武皇帝所开,县户数百,而或为令。荆扬江南七郡惟有临湘、南昌、吴三令尔,及南阳穰中,土沃民稠,四五万户,而为长。"知道大县户数能达四五万,小县只有数百。再拿《汉书·地理志》、《续汉书·郡国志》所记每郡县数(《续志》称城,与县同)和户数平均分配一下,每县户数大抵远在万户以下。如果依照司马彪、沈约的说法,百家为里,千家为亭,万家为乡。那么,十分之八的县都已经不能统乡,而乡本身却足以独立为县。即使说只有大县才统乡,但汉代这种乡里制度本意在求"风教易周,家至日见;以大督小,从近及远,如身之使手,干之总条"(魏孝文帝立三长诏语)。一乡的户数如果这样多,早已有尾大不掉之患,全失去"身之使手,干之总条"的意义了。《周礼》、《管子》等书所载乡官制度都是理想,未必见于实行,姑且不论。但晋以后的乡里自治制度怎样呢?据《通典·职官典》"乡官"门所载,晋县五百户以上置一乡,三千户以上置二乡,五千户以上置三乡,万户以上置四乡,乡置啬夫一人。试取《晋书·地理志》每郡下所记县数和户数平均分配,每县户数十九在一万之下。万户以上的县既不多,县置四乡,每乡所统户虽在二千五百以外,但必不能超过很多。唐朝则百户为一里,五里为一乡,一乡也只五百户。北魏的三长制据《魏书·食货志》说:"五家立一邻长,五邻立一里长,五里立一党长。"一党所统仅仅一百二十五家。可见后代凡是实行过的乡里自治制度——且不论实行的久暂,因为没关系——都在县的管辖之下,最大的单位也绝对没有到万户的!沈约在《百官志》中记载他所谓的汉制之后,便说:"其余众职,或此县有而彼县无,各有旧俗,无定制也。"《南齐书·百官志》和《隋书·百官志》所载梁陈制度,都没有乡官,可见南朝乡里自治制度本极废弛。因为东晋时中原人士渡江,侨置州郡县,地方制度呈一种变态,于是不能行承平时代的乡里制度。桓温行土断而不成,宋高祖再行土断,虽然成功,但积习难反,两汉西晋的乡里制终不能恢复了。沈约也许受了司马彪的骗,相信汉代确有百户为里的制度存在;但他还知道,刘宋时代这制度绝不曾施行。他之所以组织司马彪的话记在《百官志》中者,不过是以备一格,自己已经声明"无定制"了。所以,我认为

《续汉书·百官志》本注和《宋书·百官志》百户为里的解释,不但绝非两汉的制度,刘宋时也未尝实行,止是一种以讹传讹的理想而已。冈崎氏也反对汉制之说,但没有举出证据,故为推论补充之如此。但他还相信百户为里那一套乡里自治制度实行于刘宋时代,便错误了。

冈崎氏既不从《续汉志》和《宋书》的说法,于是有一个新意见。他主张《百官公卿表》所谓里和亭其中并不含有一定数目的户口,将十里一亭的里字解作距离的里,以为亭的配置是依照里数来决定。据我的意见,里和亭中不含有一定数目的户口是对的,而解十里一亭的里为距离则难成立。第一,两汉以前理想的乡里自治制度和两汉以后实施的乡里自治制度,无一不是用户数作单位,从无用地域距离来划分的。乡官的制度所以求由小至大,由近达远。假如亭的分配按照里数远近,同一县境内户口的分配自有疏密,也许第一个十里地中有几百户,而第二个十里地中,只有几十户,这就太不平均了,怎样能实现自治的功效呢?第二,一县所统土地往往犬牙相错,参差不齐,绝非一律地长方形或正方形。即使《百官表》十里一亭的里指距离而言,必须说大率方十里一亭,如同后面说县大率方百里一样,才可以计算。现在《百官志》既不说方若干里,又没有其他限制,若把这里字解成距离的里,便无从计算和分配了。冈崎氏唯一的根据是应劭《汉官仪》:"设十里一亭,亭长亭候。五里一邮,邮间相去二里半。"卫宏《汉旧仪》文同(孙星衍校集《汉官六种》),文义不甚可解,《史记·留侯世家》索隐引《汉旧仪》"邮间"作"邮人居间",意义也不可晓。我认为《汉官仪》十里一亭的亭,与在《百官表》十里一亭的亭是截然两事。《百官表》的亭是乡里制度的单位之一,亭长和有秩、三老、啬夫、游徼等相同,是掌地方教化与治安的。《后汉书·刘玄传》:"资亭长贼捕(疑当作捕贼)之用。"章怀注:"汉法十里一亭,亭置一长,捕贼掾,专捕盗贼也。"《虞延传》:"少为户牖亭长,时王莽贵人魏氏宾客放纵,延率吏卒突入其家捕之。"《逸民传·逢萌传》:"家贫,给事县为亭长,时尉行过亭,萌候迎拜谒。既而掷楯叹曰:'大丈夫安能为人役哉!'"《汉官仪》:"亭长课射,游徼徼循。尉,游徼,亭长皆习设备五兵。"(《汉旧仪》文同)都指乡官的亭长而言。它的职守不但是治安,还兼及教化,《后汉书·循吏列传·仇览传》"选为蒲亭长。……览初到,亭人有陈元者独与母居,而母诣览告元不孝。……因为陈人伦孝行,譬以祸福之言,元卒成孝子"是一个好例。至于《汉官仪》的十里一亭,里字确指距离而言。但这里所谓的亭是交通制度上的亭,大约设在交通要道上,五里一邮,十里一亭,和置于县治的传舍相联络,所以方便行旅。《汉书·高祖纪》:"为泗上亭长。"师古注:"秦法十里一亭,亭长者主亭之吏也。亭谓停留行旅宿食之馆。"其余如《项羽传》:"欲渡乌江,乌江亭长檥船待。"《后汉书·赵孝传》:"尝从长安还,欲止邮亭。亭长先时闻孝当过,以有长者客,扫洒待之。孝既至,不自名,长不肯内。"《独行列传·王忳传》:"到官,至鳌亭,亭长曰:'亭有鬼,数杀行客,不可宿也。'忳……即入亭止宿。……女子乃前诉曰:'妾夫为涪令,之官,过宿此亭,亭长无状,杀妾家十余口,埋在楼下。'……忳问亭长姓名,女子曰:'即今门下游徼者也。'"《说文》:"亭,民所安足也,亭有楼。"与《王忳传》合。《释名》也说:"亭,停也,人所集也。"郑康成注《周礼》三十里有宿云:"宿,可止宿,若今亭有室矣。"都是说交通制度上的亭。还有几段更有力的证据,《后汉书·卫飒传》:"飒乃凿山通道,五百余里,列亭传,置邮驿。"《魏志·张鲁传》:"诸祭酒皆作义舍,如今之亭传。又置义米肉,悬于义舍,行路者量腹取足。"以亭和传舍,又以亭传和邮驿对举,可是一系统中的不同单位,与乡里制度的亭迥异。《汉书·循吏列传·黄霸传》:"使邮亭乡官皆畜鸡豚。"师古注:"邮亭,书舍;谓传送文书所止处,亦如今之驿馆矣。乡官者,乡所治处也。"明明邮亭和乡官两事,邮亭不在乡官制度中,而乡里制度中又自有其亭也。颜师古分辨得很清楚,冈崎氏徒然因为都是十里一亭,于是勉强牵合了。其实汉代亭字的用途非常泛滥,乡亭、邮亭之外,又引申为边塞烽候要地之称,如《史记·大宛传》:"于是酒泉列亭障至玉门矣。"《汉书·食货志》:"新秦中或千里无亭徼。"《匈奴传》:"行攻塞外亭障。"而《汉书·王霸传》:"筑起亭障,自代至平城,三百余里。"而卫宏《汉旧仪》:"长安城……十二城门……百二十亭。"应劭《汉官仪》:"洛阳……十二门皆有亭。"蔡质《汉官典职仪式选用》:"洛阳二十四街,街二亭;十一城门,门一亭。"(俱见孙星衍校集本)这又与乡亭、邮亭、亭障不同了。

复次,我为什么主张里和亭中不含有一定数目的户口呢?有两个理由。第一,《百官表》和《续汉书·百官志》——即后汉官簿——都不曾明说若干户为一里。《百官表》记乡官组织清晰,里是乡里制度的最低单位,如果有一定的户数,绝不容忽略不言。再看两汉以前书中,除去《周礼》《管子》一类后人伪托以表现其政治思想者外,凡是讲到里的,都仅有邑或居的意思,看不出一里中有一定户数的痕迹。汉人如毛公传《诗》、康成注《礼》,以及刘熙《释名》、应劭《风俗通》等,解释一里的户数互不相同。许君《说文》每用当代制度说字,并非尽是本义,但里字下也只说"居也"而已。古时的里犹之后代的街或巷,一条巷里自然不能限制它有一定的户数。不但先秦为然,汉代亦复如是。所以诸家注经不一其说,都不外是猜测之词,而《百官表》中因为没有定数,也就不提了。还有第二个证据,《百官表》:"县大率方百里,其民稠则减,稀则旷。乡亭亦如之。"我以为这一段的意思是:一县土地大抵方百里,但也有出入。如果这地方人口密,方百里内却远超万户以上——即大县的户数,便分割其土地,使它的户数不至超过一县所应有。于是变成方九十里、八十里,甚至于六七十里了。如果这县户口稀少,它的属地顶多也只方百里,听它旷着,而不扩充此县的土地。这是兼顾户口和土地两方面,折衷调和而定的制度。所谓"乡亭亦如之"者,每里户口本不相同,大率是十里一亭,假如五里的户数已经相当于普通的十里时,这五里便成为一亭。同样,五亭或六亭的户数相当普通十亭时,这五亭或六亭便为一乡,所以《百官表》说"县大率方百里","大率十里一亭","大率"者,可上可下之词也。前人注《汉书》,对于这一切似乎都忽略过去,我觉得字面虽简单,若不注意"大率"二字,便很费解。除了上述的解释外,不易有更适当的说法,而上面的解释恰恰能支持里亭无一定户数之说。《续汉书·百官志》上载乡有秩、三老、游徼;亭有亭长,里有里魁;并不说若干里为亭,若干亭为乡;也足以做一个消极的证据——里中无一定户数,因之亭不统一定里数,乡也不统一定亭数。《宋书》删去"大率"二字,一律十进,便谬以千里了。至于里、亭、乡普通所包括的户数究竟若干,不可得知。刘昭《续汉志》注引《汉官》:"乡户五千,则置有秩。"依此数推算,每亭当五百户,每里当五十户,也许这就是汉代里亭乡所统的"大率"么?

以上仅就本书内容所摘出的几点加以商榷,至于著者在史料的认识和解读方面,有些地方似乎也不完全正确。例如上举外编第二章第三节引司马彪《续汉书·百官志》径称为《后汉书·百官志》;页五七九、五八〇、五八一凡四次提到这段记载,竟称范晔以为如何(页五八一作班晔,班字乃误植);页四四一,引《五行志》,也称《后汉书》以及范晔的解释云云。其实后人取司马彪《续汉书》的志羼入范书纪传后面,自从明监本把志置于纪之后传之前,并不载司马氏姓名,于是有人误会为范氏原书了。然而这是普通常识,著者何以如此疏忽?误解史料的地方更多。例如页三五五:"又依照高闾的意见,使太宗时所计划筑长城之说复活,亘六镇全体施以种种防御工事,于是北边防备次第完成。"《魏书》五十四载:"高闾上表陈边备,孝文帝:诏曰:览表,具卿安边之策,比当与卿面论一二。"并不曾说用了他的建议筑长城。《本纪》中也未载其事。页三六八:韩显宗对高祖说:"从来中书监,中(此字误衍)秘书监等掌诏命的职分都用膏腴子弟,那么,现在作中书、监秘书监的人的子息将来果能堪其任么?"高祖说:"如有特别人材,自当不拘门第来拔擢!"韩显宗的两句问话逻辑上没有因果关系,似乎第一句可以不说,再检原文,便知由于著者的误解,《魏书》六十《韩显宗传》:"显宗进曰:'不审中、秘书监令之子,必为秘书郎,顷来为监、令者'子皆可为不? 高祖曰:'卿何不论当世膏腴为监、令者?'显宗曰:'陛下以物不可类,不应以贵承贵,以贱袭贱!'高祖曰:'若有高明卓尔、才具俊出者,朕亦不拘此例!'"韩显宗意在反对高祖只用膏腴子弟,所以说:"如果一定要中书秘书的监和令的儿子才能作秘书郎,那么,试看近来作监令的人们的儿子能够胜任么?"意思是用眼前的事实——中秘书监、令的儿子之不成材,来喻膏腴子弟之不尽可用。著者误会譬喻为事实,而对显宗所举的几个官名似乎也不甚了然,结果所引证的这段史料便不可解。页四一三至四一四记北齐后主纬的昏乱,说是据北齐史,其实《北史》无其文,乃是根据《北齐书》八《后主纪》。页四一三说他:"然而锐于感情,发怒的时节,虽朝廷大官也不得仰视。"但《北齐书》原文是:"性懦不堪,人视者即有忿责。其奏事者虽三公令录,莫得仰视。"后主纬的性情固然很乖奇,著者用"锐于感情"四个字来概括这一段,真有点莫知所云了!页四三五迳译王符《潜夫论·浮侈篇》："作一具棺木要费千万人的劳力,棺重万斤,还从洛阳远远搬运到满洲、甘肃敦煌地方,用费莫大。"试看原文："重且万斤,非大众不能举,非大车不能挽。东至乐浪,西至敦煌,万里之中,相竞用之。"两者相去何其太远？页六六四："《魏书·赵柔传》记他从甘肃的金城赴代都,有人赠以金铢(珠之误植)一贯,其值数百缣。"按《魏书》五十二《赵柔传》："柔尝在路得人所遗金珠一贯,价值数百缣。"著者误遗失的遗为赠遗。页六七三说北魏高祖太和二年有悉使工商杂伎赴农,令诸州课民种菜之诏,据《魏书·本纪》,此诏之下在延兴二年。

地图是读历史所不可少的,尤其十六国与南北朝时代,各种族和各国家势力的兴灭,疆域的伸缩,如果想了解得清楚,非有地图不可。即使是极简单的,也胜似没有,而此书竟付缺如,外编中有许多地方也嫌疏略,譬如页五七二讲南朝的经济和交通,拈出"埭"与"桁"两个字,仅仅引其端绪,未能尽量阐发。页六六一至六七九讲北魏的政术,抽象的议论太多,对于北魏法制几种特别当注意的,如刑法和刑官、均田制、三长制等,所述说都嫌不足。至于魏晋南北朝的文学和艺术,是这个时代的精神所由表见,更不容不提一字。

校对太不精密,也是此书一大遗憾。普通的字尚不要紧,历史上的专名若有误植,往往遗误不小。苻秦的苻字都从竹作符,賨人李氏的賨都误为宾。页一三二陇西误作胧;页一八七江统的江误作王;页二〇二姚弋仲都误为戈冲;页三四四姑臧都误作藏;页三五三和三五四北魏显祖都误作显宗;页四二〇、四二一尉迟迥都误作回;页四六八、四七一、四七三鱼豢都误作拳;页五六七丹阳都误作杨。以上大抵全书皆错,偶尔印错的益发更仆难数。页六六四记赵郡当葛荣乱时"米栗之价至数缣",检《魏书》五十七《崔挺传》,才知米栗是"斗粟"之误。尤其可怪者,除页五、页三十五等仅有的几处外,全书十多处引赵翼的话都误作张翼,著者自序页二亦然,这怕不是手民所当负责的了。

1935 年 11 月 20 日写竟于燕京大学图书馆

(《大公报·图书副刊》1936 年 4 月 23 日)

关于《中国近世史》

李季谷

关于中国近世史的史料自然很多，尤其是最近七八年来故宫文献馆及中央研究院历史语言研究所给我们整理出来不少有兴味的新史料，这是值得愉悦的。关于中国近世史的著述，亦自不在少；但要具有统一性、关联性的大作，则还是不多。如《东华录》、《清史稿》……之类，那还是史料，那还只能当作史料看；《圣武记》、《碑传集》、《国（清）朝先正事略》等，也都偏于某一方面，也是当不起"有统一的、综合的历史"的名词。北大第一期《国学季刊》宣言中，胡适先生说过："清朝的学者只是天天一针一针的学绣，始终不肯绣鸳鸯。"这虽然是指清朝一般的考证风气而言，但就中国近世史说，则绣好的整个的鸳鸯实在太少。

在历史学上说，整理史料、批评史料及考证某一种问题，都同样要紧，但其终极的目的，究竟不是那些断片的刺绣，而是要组成"有系统的、综合的、与各方相关联的、立体的历史"。当然，现在类似这样的著作，不是完全没有，如刘法曾氏的《清史纂要》，陈怀氏的《清史要略》，金兆丰氏的《清史大纲》，也都能提纲挈领给与读者一个明白的概念，然究竟分量太少，想稍微多晓得一点的，就不满足了。日本稻叶君山氏的《清朝全史》（已有但焘君的苦心汉译）颇有些新看法，提出了几个要点，终算是一善本，然偏见太深，而分量亦仍不多。至于萧一山先生之《清代通史》，虽近来报章杂志上，屡有诟病之者，然平心而论，材料丰富，规模宏大，以独力为此，颇足折服。惟深望萧先生能继续完其下册，并改正上、中二册之错误处，则可裨益史学或不在鲜。

但余今日作此短文之目的，不在批评任何著作，只欲介绍一册新出版的中国近世界的佳作。

　　日本平凡社出版之《世界历史大系》第八本《东洋近世史》第一册,浦廉一编,执笔者除浦廉一外,有川久保悌郎、佐野利一、铃木朝英、中山八郎、沼田鞉雄、桥本勇、藤野彪、增井经夫、宫崎其二、百濑弘、山内静夫等十一人,民国二十五年(日本昭和十一年)三月二十四日发行,定价二圆八十钱。

　　本书内容分二篇,第一篇包含总论及(一)清朝统治汉人之诸种相,(二)清代领土之扩大与中国文化之扩充,(三)西力东渐与中国。第二篇包含(一)初期之东洋贸易,(二)鸦片战争,(三)初期外国贸易及于中国封建社会之影响,(四)清代农村经济之特质,(五)中国资本主义之发达,(六)清朝之学术思想及文学,(七)清初之西洋科学,(八)中国之满州移住并开发,(九)俄国之东进及清俄关系,(十)英领印度之成立过程。

　　我何以要把这册书特别来介绍一下呢?因为我觉得他能把史料活用而联贯起来,复现史事之力量很强,组成上述的有系统的、综合的、立体的历史。例如:"清朝统治汉人之诸种相"的题目下,他阐明了何以文化低而人数少的满人竟能统治文化高而人数多的汉人?把他简单说来是:满人如何利用汉人制汉人?满人如何重视汉文化以适应环境,而另一方面又如何保持自族本有的特征及长处?满人如何巧妙的施用高压?满人如何握持并扩充"统治要素的武力"?清初康雍二帝如何撙节?如何自励?康乾二代如何笼络文人?如何提倡学术,又如何钳制反满的思想?……就上述各观点中,一一以事实来证,一一有数目来说明,把来因去迹,都说得明明白白;把过去的事实,很活泼的复现起来,绝无分裂生硬之弊!

　　乘便,把列为《世界历史大系》第九本的《东洋近世史》第二册也介绍在这里。本册编者为松井等,执笔者有佐藤正志、吉田金一、百濑弘、野原四郎、铃木朝英、佐野利一等,内容有(一)东洋近世史概要(内分十二章,由鸦片战争起至九一八事变止,又加上一章革命中之印度。此时期,中日交涉繁复,中日人民,立场不同,用语颇多偏见,读者自不可拘泥之,但看其活用史料之方法可也),(二)十九世纪中叶之中英关系,(三)太平天国之役、中国革命之发展,(四)铁道权利及外国借款,(五)近世为中国朝鲜而惹起之日俄关系,(六)蒙古及西藏问题,(七)直辖后之英领印度与革命行程之动向,(八)后印度问题。

本册出版日期较第一册为早,民国廿三年(昭和九年)七月发行,定价亦二圆八十钱。

一九三六,四,一〇,北平。

(《逸经》1936年第5期)

矢野仁一：《近世支那外交史》

蒋廷黻

昭和五年东京弘文堂出版，九百四十六页。

矢野仁一先生是西京帝大的教授。《近世支那外交史》未出版以前，他对于近代的中国已发表了多种的著作，如：《近代支那史》、《近代蒙古史研究》、《现代支那研究》等。

此书以葡萄牙人来华为起点，前二十二章叙述鸦片战争前的中西关系，二十三至二十八章论鸦片战争及其结束，二十九至三十章论道末咸初中外和平时期的冲突，三十一至四十五章论咸丰六年至十年的中外战争与交涉，四十六及四十七章讨论几个特别问题，四十八至五十四章论传教事业，五十五至七十二章（末章）由中俄通商论到东北边界及西北边界，复及缅甸及西藏诸问题。中法安南问题及中日高丽问题不在此书范围之内。闻著者有续编出版，故最近五十年的中国外交，除缅甸、西藏问题外，不及讨论。

本人的日文知识有限，故对于本书的内容不敢妄加批评。就叙事方面言，著者似有严正的史家态度，但稍过于死板。就史料方面言，著者中外材料参用，这一点已为以前学者所不及。Morse 及 Cordier 对于中国内政的了解均在矢野先生之下，其故即在矢野先生的熟识中国材料。虽然，史料似乎次料居多，原料居少。此书的撰著必在《夷务始末》出版以前，故未多用中国方面的原料，尚有可原。但西洋的原料为著者所利用者似乎不多。此书既自十六世纪起，包括几乎四百年，其不能完全以原料为根据殆亦自然。

此书最有益于中国学者的，在前面的二十二章及末后的十八章。关于鸦片战争前的中西关系，国内尚无一部有价值的著作，关于中国的边界亦少有系统的著作。此书且附有数幅地图。关于道咸二朝的外交,此书似尚欠彻底的了解,其故在于矢野先生不明中国人对于林则徐的崇拜,及此崇拜对于中国外交的影响。著者若了解郭嵩焘痛斥"南宋士大夫"派的外交的理由,则道咸二朝的外交不解自解了。

本人极望精通日文者能将此书译成中文。

(《政治学报》1931年第1期)

《陆奥外交：日清战争之外交史的研究》

王信忠

信夫清三郎著，日本昭和十年十一月，东京丛文阁出版，定价叁圆五拾钱。

这本书叙述中日甲午战争时日本外务大臣陆奥宗光的外交政策，自东学党之乱起，至中日宣战止，事实上叙述甲午战前的一段外交，所以严格地说，书名改为中日战争之战前外交，或中日战争之近因，或者比较更为明显确切些。中日战争在两国的盛衰史上，都是极重要的关键。就中国说，外侮之来，弱点之暴露，当然并不始自甲午之战。不过在甲午之前，中国还相当的保存着些微大国的威严，所以当甲午战前，欧美各国还认为日本未必能操左券。战后弱点暴露，天朝大国的纸老虎完全拆穿，于是外国的侵略也由通商权利的攫取，进到势力范围的划分，边疆藩属的攘夺，进到中国本部要港的割让，几至酿成瓜分之祸。终于激起康梁立宪及孙中山之革命运动，清朝因此而覆亡。就日本方面说，从明治元年到明治二十七年的中日战争，其间维新工作已经推行了二十七年，强盛之因当然也不是始自中日之战。不过日本资本主义基础的确立，立宪政治的实际实现，不平等条约的废除，国际地位的平等，都是战胜的结果所促成的。所以这次战争无论在日本的政治、经济、外交等方面，都是极关重要的。但过去因为种种关系，迄今还没有见到一部比较详细而可令人满意的中日外交史的学术著作。现在离开明治时代渐渐远了，说话大概可以比较自由些，日本的学者对于明治时代的外交，开始作学术的研究。关于中日战争方面，就我所知，最近出版了两本学术著作，一本是京城帝国大学教授田保桥洁所著的《近代日支鲜关系之研究》，一本便是这里所说的《陆奥外交》，两本书都是叙述中日战前日本的外交政策。《近代日支鲜关系之研究》一书记得已经有人译成中文，书名改为《甲午战前日本挑战史》，译者和出版书局恕我已经忘记了，《陆奥外交》出版在后，似乎还没人翻译，或介绍过，所以聊草数行，以介绍留心中日外交史者。

这本书的叙事范围，自明治二十七年五、六月间朝鲜东学党之乱起，至二十七年八月一日中日宣战止，就时间说，仅仅三个月，就事实说，大抵限于这期间日本应付战事的外交策略及过程，而全书篇幅将近六百页，叙述得不能不算比较详尽的了。材料方面日文参考书和西文参考书搜集得很多，不过西文书籍，大都比较普通而不甚重要，这也许是根本重要的西文史料比较少或难得的原故。中文方面史料最少，仅《李文忠公全集》、《清季外交史料》、《清光绪朝中日交涉史料》、《中东战纪本末》及《续编》及《六十年来中国与日本》等数书而已，这几部书虽然都是极重要的，但此外零星的史料尚多，作者疏于搜集，未免美中不足，虽然这本书的主要点是在叙述日本的外交政策，不过究竟问题的主角是中日两国，中文方面的史料也有同等的重要。

本书的主要目的是着重在日本方面，而日文史料又搜集甚为丰富，所以关于甲午战前以日本为主体的一段外交，叙述得非常详细。不但如一般的外交史学者仅重政治、外交、方面的叙述，作者并且加以经济的分析，想从政治、外交、经济三方面解释日本的对韩、对华政策。作者对于唯物史观的历史研究法似曾下过相当工夫，并且对于既成史学方法感觉缺点。据作者自己在序里说，想综合二者之长，以完成一部比较满意的日清战争史，本书仅是他的计划中的一部。不过就笔者观察，日本排华侵韩的动机和目的，虽然含有经济的成份，但大部还是属于政治的原因，因为当明治二十六七年顷，日本的产业革命虽已开始，但尚未发达，经济的向外发展，尚不成为主要目的。所以如若过重经济的解释，未免有牵强附会之处。本书的第二章和第四章中讨论陆奥外交政策的基础，就稍有这种毛病。

本书共分十三章：第一章叙述东学党之乱；第二章叙述日本对于东学党之乱的舆论；第三章叙述中国之出兵；第四章叙述陆奥之外交政策；第五章虽名为日清战争之发生，实际内容为日本之军事准备与出兵；第六章叙述中日共同撤兵交涉；第七章叙日本所提议之朝鲜内政改革案;第八章叙述俄英美等国之干涉;第九章仍叙朝鲜内政改革案之交涉;第十章叙中日交涉决裂;第十一章叙述日本决意作战;第十二章叙述七月二十三日事变;第十三章叙述中日宣战。全书将战前的日本外交划分为三个阶段,第二章至第六章的五章叙述第一阶段,自日廷讨论应付东学党之乱起,至六月十四日日本内阁会议议决向中国政府提议中日共同改革韩政及共同讨伐东学党之乱止。在这期间,日本政府的政策不能一致。大致说,军部方面态度激烈,主张利用机会,向华挑战,驱逐中国在朝鲜的势力,所以参谋本部非常活跃,极力想导引至中日冲突,六月二日参谋本部提议派遣保护朝鲜侨民的军队,达七八千人之惊人数字,海军亦奉命积极出动,六月五日复设置大本营,如临大战。政治当局外务大臣陆奥宗光和元老等的意见,缓急虽稍有不同,惟大体和军部当局的挑战政策完全不同,比较急进的陆奥宗光也顾虑欧美各国的干涉,不敢赞同军部主张,缓和的元老等更觉师出无名,恐将引起外交纠纷,甚至有主张罢免当时掌握军事实权的参谋次长川上操六。驻韩的日本公使大鸟圭介也体会政府的顾虑,在六月十一、十二、十三数日间,和中国驻韩大臣袁世凯商议共同撤兵。所以这时日本内部还没有一个固定的一致的外交政策。第七章至第九章的三章叙述第二阶段,从六月十四日日廷决议提议中日共同改革韩政案起,至七月十二日对华发第二次绝交书止。在这期间,据作者谓日本当局一方面仍希望与中国政府共同改革朝鲜内政,以求中日在韩权力的平等,一方面又感到日本已成骑虎之势,战争将不可避免。关于这点,我认为解释得欠明显,与其说这期间日本当局有两种希望,不如说仅有后一种较为确当。因为日本的提出中日共同改革案,不过是一种转移外交情势的策略而已,并没诚意希望实行,陆奥宗光在其秘录《蹇蹇录》中已经说得很明白:

>以此次事件论之,毕竟朝鲜内政之改革云者,不过为调停中日两国间难局所筹出之一政策。事局一变,究不能不以我国之独力担当此事。故余自始对于朝鲜内政之改革,并不特别注重。且怀疑如朝鲜之国家,果能行满足之改革否耶?然朝鲜内政之改革,今已为外交上一种活问题,我国政府总不能不试行。故我国朝野之

> 议论,对于事情原因如何,已不问矣。总之有此协同一致,对于内外,颇为便利。余借此好题目,非欲调和已破裂之中日两国关系,乃欲因此以促其破裂之机,一变阴天,使降暴雨,或得快晴耳。

所以这时日本当局鉴于大兵既已赴韩,不能毫无所为而撤回,并且军部方面更积极准备增派,政府也无法阻止,实际这时政治当局已为军部的主张所挟制,有了挑战的决心,不过对欧美各国仍有所顾忌,尤其是当李鸿章请俄国和英国积极调停的时候。所以这期间日本的政策已经决定用武力驱逐中国在韩的势力,外交方面着重俄、英等第三国,极力设法缓和排斥它们的干涉,对华则愈来愈强硬,迫中国向战争的途上走(详情可参阅拙著《中日甲午战争之外交背景》,国立清华大学出版)。第十章至第十三章的四章叙述第三阶段,自七月十二日第二次绝交书起,至八月一日中日宣战止。在这期间,俄国知难而退,英国亦感失望,第三国的干涉既去,日本乃决向中国作战,七月二十三日计划政变,改组朝鲜政府,同时海陆双方同时出动,攻击中国军队,八月一日两国同时宣战。这一段的叙述,态度尚称公允,并不过分掩饰,但有几段叙述过略,稍有隐饰之嫌。

简单地说,全书关于中日战前的日本外交政策,搜材丰富,叙述详细,立论尚谨,态度亦公平,可称佳作。

据作者在序里说,本书的初版在昭和十年十月出版,发卖仅一周,即被当局禁止,勒令删削改订,更增新材料,复行付梓,即成本书。读者对于增加新材料,当然感觉满意。不过被删改的部分是出自当局命令,并非作者所愿,问题当然不在被削部份本身的好坏,必定含有其他理由。学术研究应该绝对自由,日本当局的干涉,不得不认为遗憾。所以我很想能得到初版本看一看,也许被削删的部分,正是研究结果的精彩处。

(《中国社会经济史集刊》1939年第6卷第1期)

《甲午战前日本挑战史》

问 渔

一册,王仲廉译,南京书店出版,价银八角。

此书为朝鲜京城帝国大学法文学部教授日人田保桥洁氏所著,原名《天津条约以后中日开战以前近代日华鲜关系之研究》,列为法文部研究调查册子第三辑。非卖品,得之颇不易。译者王仲廉君曾费若干手续,得而读之,以其持论尚公正,确能将中日订立天津条约以后,中日开战以前,所有日本在朝鲜种种挑衅,以导引开战之阴谋诡计,及一切卑劣无赖的不正当行为,证以中日两国现有之官文书及两国当局之记录或秘稿,悉数阐发无遗,并可证明三十余年后之今日,彼对于我东三省之侵占,与伪组织之造成,其行径殆如出一辙,诚为国人不可不读之书。不仅国人应读也,即世界稍有公理正义观念之文明人类,亦不可不一读之,藉以明其真相,因迻译以国文,易其名曰《甲午战前日本挑战史》,盖纯为核实计也。王君诚可谓爱国之有心人哉!

原书共分七章:一曰天津条约后之日鲜关系,首叙论天津条约之因果,次详述金玉均、朴泳孝事件。二曰东学党变乱及中日之干涉,内分四节,叙东学道的沿革,东学党的变乱,以及中日两国之出兵。三曰以朝鲜为中心之中日交涉。四曰朝鲜国内政改革问题,详述中日共同改革之失败,及日本之单独改革要求,以及内政改革与中日势力之消长。五曰朝鲜国政府改造,叙述日鲜交涉之停顿及大院君之第三次执政。六曰列强之干涉,先述俄国,次述英美。七曰中日开战。此其大略也。

在彼日本人,谈日本事,并非供给异国人之阅读,当然不忌不讳,直吐衷曲,兹试摘录最要各点,以见一斑:

《甲午战前日本挑战史》 133

其述一八八四年，即清光绪十年，朝鲜李太王二十一年，日本明治十七年，朴泳孝、洪英植、金玉均等之作乱于汉城之邮政局也，曰："驻扎京城日本国办理公使竹添进一郎，并不待确知本国政府之决心，即参与此阴谋，"此固日本人所不欲自承者，而著者却明言之无隐焉（二页）。

述金玉均等亡命日本，日人阴助其资财，竟抉发自家人之心曲，谓"有寓'供他日之用'之意义"。至金玉均遭暗杀后，日人举行盛大葬仪，则谓"此未必仅为追悼金玉均而已，可目为日本国民对于韩、清两国一大示威。"（三○页）

叙朝鲜东学道崔时亨等伏阙上疏一节，有"京城人心汹汹，加以日本国侨民以护身为名，白昼带刀横行，更酿物议"之语（四三页）。

叙朝鲜东学党变乱，日本出兵始末，其于日本军阀骄横情形，可谓描写尽致。论派兵设置大本营之理由，则谓"以为'基于军部欲自内阁收取对清、鲜大方针决定之权，极力以引导开战之阴谋'，最为适当"云（七七页）。

在第三章，叙述"以朝鲜为中心之中日交涉"，说明日本驻鲜公使大鸟圭介其初并未存有多派军队至京城之主张，以为鲜乱既平，中国军队已约定撤回，若日本屯驻京城，殊无以对朝鲜政府及各国代表者质问，且惧易起外交上重大纠纷，因有电请政府将派遣军队原船归国。此本是合理合法之举。乃日本政府另具侵略野心，其主张完全与之相反，竟主张改革朝鲜内政提案，作为挑衅之资。其在第四章叙述日本强迫朝鲜内政之始末，真可暗无天日矣。录书内所述各要点如次：

（一）日外相陆奥宗光之决策，自称"帝国政府已达到外交上不得不移入于权变行动时机"（九四页）。

（二）六月十五日日阁议结果，日本国政府决定以朝鲜内政改革之大方针进行，并以实行之际，有绝对留优势军队于京城之必要，故训令大鸟，"无论何种名义，勿撤退驻屯军队"。其训令电文，并详告以种种步骤，应付各方（九五页）。

（三）日本政府于六月二十三日，交由外部加藤书记官，赍付大鸟公使之秘令，竟有"阁下可设法以之展示各国公使，以表示日本政府处置正当于世上"之语。盖明知强迫朝鲜改革内政为不正当，故使之"设法"以图掩饰之焉(一〇〇页)。

(四)大鸟原为主张公道之人,乃经过政府训令,乃与本野参事官、福岛中佐等,数次磋商,竟昧尽天良,甘心与政府取一致行动,因主张"提出清韩宗属问题,作为口实,用以威逼韩王",其对彼国外务大臣陈述一文,主张各点,极为酷辣。盖已决心主战矣(一〇九页)。

(五)既由大鸟亲向韩王提出改革案,同时即进行第二步,威迫韩王声明脱离中国宗属关系,以期促成速战之机会。而日外部一二三号秘令,其骇人听闻之阴谋与惨酷无人道之语句,尤为令人读之骇怪(一二四页)!

作者于日本政府及大鸟氏此等举动,在书中并有次列的各种议论:

(1)事实上改革朝鲜国内政之不能实行,为陆奥外相所充分知悉者,但该外相以内政改革之名颇美,决心先行尝试,提此题目,至少可迫朝鲜政府施行有利于日本方面一类之改革,或即利用之于中日关系之决裂。(一〇八页)

(2)日本国公使之强压的态度,极招韩廷之反感,不仅诸闵,即当时比较的立于公正的地位之前议政府左议政金宏集,亦高唱不可承认改革案。(一二二页)

(3)大鸟公使、杉木书记官之最为忧虑者,如迁延时日,则陷于韩廷之术中,必至陷于不能不无条件承认撤兵。为避此不利起见,以寻求若何口实而出于直接行动为得策。一月前唱和平解决论,而受陆外务大臣近于谴责之训令之大鸟公使,今日亦成骑虎之势,而为主战论者之急先锋。(一二四页)

(4)政府接得本野参事官等报告,似以为事件进展至豫期以上,出乎意料之外。尤以大鸟公使所主张之要点,以兵力包围朝鲜王宫,使之不得不承日本国政府之要求,以及以"清国政府以保护属邦名义,驻屯于朝鲜,系违反日韩条约第一条之明文"为理由,使朝鲜国政府向之要求等事,为外交上非常中之非常手段,故政府部内异论不鲜。(一二六页)

在伊藤首相及元老阁员对于大鸟所主张之非常手段,亦曾有所顾虑,在顾虑中最要各点,有如作者所述:

(1) 日本国有使欧美列强怀有挑发无名战争之感情之虑,尤因其违反外务大臣曾向俄国特命全权公使希德洛夫所声言,日本定不挑战之语。

(2) 清国政府除输送属于当初派遣部队之补充兵若干外,毫无增兵之事实,尤以清国军队驻屯于牙山一带未敢向京城进发之时,优势之日本国军队如攻击劣势之清国军队,不独开战之责任,归诸日本方面,并有"曝露我怯懦"之嫌。

(3) 日本国军队假令攻击清国军队时,须经朝鲜国王之请托。"然使韩廷为此委托以前,我不得不先以强力迫韩廷。使其屈从我意,酷言之,不可不先将朝鲜国王置于我手中。"但此种行动与日本国政府所再三声明之朝鲜国自主独立之语相反,有失却第三国同情之虞。(一二六—一二七页)

这未尝不是发于理性之言,但日本外相陆奥竟置之不顾,决然行之,盖虽冒天下之大不韪,而亦无所忌惮矣。

再看叙到第五章,"朝鲜国政府改造",作者有次列一段文字:

七月二十二日至七月二十三日夜间……乃着手准备,对于断绝清韩宗属关系,则取以兵力占领王宫之手段,关于内政改革,则使李太王生父兴宣大院君李昰应再起,以当其冲。(一四五页)

已足令人咋舌矣,至释放罪囚郑云鹏于狱,使之向李昰应劝进一段,则更有下列的记述:

大鸟公使焦躁不堪,复与冈本等协议,其结果决定利用著名为大院君腹心之策士郑云鹏。然郑云鹏随大院君自保定归还之际,为李太王命令逮捕,囚禁于捕监厅中。公使至此,亦曾踌躇一时,但因无其他方法,决用非常手段,释放郑云鹏。(一四七页)

这皆是很坦白的把事实明晰的叙述了出来。而以堂堂国家,且自称文明国家,行动下流,竟到了这样地步,试问还有颜面和文明人类相见么?

最后叙到中日开战,复有一段,说得更奇了:

开战之责任,在于日本舰队。当时日本因政府称济远首先发炮而启战端,努力将开战责任转嫁于清国政府者,大概欲努力将"日本国起于被动的"之概念,传布于各国之故欤?

统观以上所叙述,则当时日人对于朝鲜之种种情形,已可知其大概,其心计之毒辣,手段之卑劣,行为之无赖,当然不言而可喻。彼今日施于我东三省者,几几与三十年前,同一途径。不顾公约,强行占领,与围朝鲜王宫无异也;挟溥仪以造成傀儡组织,与扶李昰应出而执政无异也。而其残暴横逆,殆尤甚焉。世界苟尚有公理,人类苟尚有正义,则此种心计、此种手段、此种行为,谓可以永立而不败乎?吾未敢信也。虽然,"人必自侮,然后人侮,国必自伐,然后人伐"。朝鲜之所以亡国,则朝鲜人自作孽之结果也。内政不修,党争无已,外侮乘之,致有今日。呜乎,吾国民,其速醒,其奋起,亡国之祸,今已迫于眉睫矣!

(《人文月刊》1932年第3卷第9期)

评《东洋历史大辞典》

梁容若[①]

全书八卷,索引补遗一卷,定价共五十六元,昭和十二年,东京平凡社出版。

辞典百科全书等,便检查而利初学,其出版数量,内容良窳,常足为一国文化水平之代表。盖从编者言之,有切实努力之专门学者,乃能为有计划之合作,深入浅出,为人手一编之书。从应用者言之,有良好之工具书,则初学之功力省,一般社会之常识富,其为专题研究者,亦易于为功。日本近年百科及专科辞典之编纂,风起云涌,盛极一时。百科辞典著名者,有平凡社之《大百科事典》五十八册,富山房之《国民百科大辞典》十五册,三省堂之《日本百科大辞典》十册,玉川学园之《儿童百科大辞典》三十册,皆卷帙庞大,内容丰富。其各种专科辞典,如国史、经济、政治、教育等,亦应有尽有。乃至于神祇有辞典,骨董、陶瓷有辞典,民俗有辞典,而其书皆灿然成篇,每一披检,辄不胜艳羡之感。

关于东洋史,则久保得二、西山荣久等于明治三十八年编有《东洋历史大辞典》,凡千三百余页,收地名、人名、典章、技艺等,卷首附录东洋各国文字,卷尾附录帝王系谱、年号、插图、音序、笔画、欧文等索引。插图丰富,印刷精美,实已斐然可观。其后有目黑祢一之《最新东洋历史辞典》(昭和七年东京大同馆书店刊),中山久四郎之《东洋史辞典》(昭和十年三月东京雄山阁刊)等,内容较为简陋。然其它与东洋史研究有关之辞书,如龙谷大学之《佛教大辞典》(六卷,富山房刊),望月信亨之《佛教大辞典》(东京佛教大辞典发行所刊),难波常雄之《中国人名辞书》等,则固洋洋巨著也。

[①] 原文以曾用名"梁盛志"发表。

本篇所论,为平凡社近刊行之《东洋历史大辞典》,全八卷,卷百三十余万言。全书约千万言。所收历史语汇,涉及亚洲全域。自中国而外,朝鲜、满洲、西伯利亚、交阯支那半岛、印度、兰印、中央亚细亚、阿富汗斯坦、伊兰诸国,无不涉及。各条排列以五十音图为序。监修者为东京帝大教授池内宏博士、庆应大学桥本增吉教授、故东京帝大教授滨田耕作博士、京都帝大名誉教授矢野仁一博士四人。参与执笔者为东大教授和田清博士、加藤繁博士、东方文化研究所评议员仁井田升博士、早稻田大学清水泰次教授、国学院大学秋山谦藏教授、松田寿男教授、东京文理科大学有高岩博士、东京大学铃木俊教授、立正大学志田不动麿教授等百十二人,可谓集日本东洋史学界之总动员。平凡社自举此书之八大特色云:一、合学界诸权威协力编纂。二、网罗最新研究,揭示日本东洋史学之最高水平;三、视线于亚洲全域,一无疏落,关于朝鲜、满蒙之各项特详;四、解说明示出处,附参考文献,各项均由作者署名,以明责任;五、记述有一定形式,解说务期简明,要项特分子目,以便翻检;六、采录人名及于现代,地名、书名亦尽量收入;七、中国满洲地名,中华民国以后人名,附以罗马字中国音;八、关于东洋史研究机关杂志,著名研究者,均列入专项。日本史学界名宿,对于此书亦多极口称许。以西域史名满世界之故白鸟库吉博士谓:"由我等东洋史学徒一方观之,殆不能不谓为我国学界对世界之夸示。"又谓:"观本书内容,其采择项目之广,凌驾固有辞书。执笔者均网罗专门家,为可据之解说,注明出处,举参考文献以便读者利用,且执笔者均署名以明责任等等,均表示本书之学术品质。于关系东洋史诸研究机关杂志,泰西著名学者之传记,均采为专项,使本书之价值益高。总之本书之刊行,于统整日本东洋史业绩,以资将来发展之点,实极有意义。"博论老寿之《东洋史统》著者市村瓒次郎博士,亦誉为"其结果殆可为比较完全者"。东京帝大名誉教授村川坚固博士评谓:"苟关于东洋历史,即比较不知名之西人事迹,西洋各国活动,均收录无遗。故东洋自身之地名人名不必论,即欧美专门辞典不能检出之西洋人,亦可由本书以明。本书真可谓世界无比之专门大辞典。其出现不惟于日本,即于世界文运向上,亦殆将划一新阶段。"佛教专门学者宇井伯寿博士评谓:"网罗东洋史一切事项,一一附以详细说明，并补以丰富之图表，为庞大八卷大册，宛然为东洋史一大索引。各项一检即得，其便甚大，可以满足予等久所要望……诚最近出版界最可庆贺事业之一。"观此种种礼赞，可知本书在日本东洋史学界之地位与其重要性。盖所谓金字塔著作也。两年来余于此书不时翻检，时有启示。于其得失，略有所知。兹录出一二，以就正于明达云。

本书计划之宏伟，收罗之丰富，集百余人为有机体之分工合作，诚为难能。即文体、标点、译名之统一，插入图表之繁富精美，各种索引之完备，检查之便利，均非吾国现有此类书所能企及。统观内容，于涉及中国边疆、外交、军事、政治关系，及宗教、美术、工艺、音乐者，大率精核。而于关系中朝典章、社会演变得失者，则略疏。此殆亦隐示日本东洋史研究轩轾水准之所在。其中有究悉幽隐，于吾国史家所忽视之传说，所屏弃之道书，为郑重证引者，如第八卷四九〇页"吕洞宾"条云：

> 吕洞宾（798— ）唐代道士，陕西蒲坂永乐镇人。讳嵒（岩），号纯阳子，洞宾其字。传生时有异香满室，天上闻妙乐，一白鹤飞入帐中。形貌异常，资性敏悟，见者辄想其羽化登仙。会昌中两举进士不第。年弱冠，遂弃儒冠。一日寻胜迹于庐山，遇火龙真人，授以天遁剑法及龙虎金丹秘文，遂专思学道。嗣于长安酒肆晤汉仙人钟离权，从入终南山。经十度试练后，授以金丹大道。益专心修道，遂得道。其后出现于两浙、江淮及其他各地，题诗壁间，人莫知其隐显。由金末至元，全真教盛行，尊钟离权、刘海蟾与洞宾为三祖，得信徒之绝大信仰。因而元代于其故乡蒲坂永乐镇建有纯阳万寿宫。元世祖追赠纯阳演正警化真君，武宗赠为纯阳演正警化孚佑帝君。胡元瑞疑彼非唐而为五代人。其著作收于道藏中者凡二十种。樗栎道人《金莲正宗记》一，刘天素、谢西蟾《金莲正宗仙源像传》道藏洞真部谱录类，参考赵道一《历代真仙体道通鉴》四五、苗善时《纯阳帝君神化妙通纪》、陈葆光《三洞群仙录》五、《逍遥墟经》二（以上道藏本）、王圻《续文献通考》二四二、胡元瑞《少室山房笔丛》四二。

案吕洞宾为吾国极流行之传说，有祠遍天下，世俗流衍，深入人心。《宋史·陈抟传》记："关西逸人吕洞宾有剑术，百余岁而童颜，步履轻疾，顷刻数百里，世以为神仙，数来陈抟斋中。"本条屏史文而据道书，盖以吕喦本道教传说中人物，其传说之本体，虽未必可信，而道教徒为如是传说，则固史实。《宋史》所述，盖亦本之道教传说。则直接引道书，固亦可谓别有会心矣。《中国人名大辞典》、《辞源》、《辞海》等书之记吕洞宾，均简略，出入于事实、传说、神仙、凡人之间，而皆不举出处，则反不如本条之有用矣。

复有论究名物，博总中外文献，为详密比勘考订者，如第二卷三四四页"箜篌"条云：

箜篌，中国、朝鲜俗乐及日本雅乐所用乐器。在中国或书作空侯、坎侯，日本或书作箜机、箪籚、箜篗、弩篗等。ワゴ为日本最通行之训读读法，而百济琴训读为ワダラント，盖因其为由中国经百济以传至之故。有"竖箜篌"（《隋书·音乐志》作"竖头箜篌"）"卧箜篌"、"凤头箜篌"三种。与琵琶均起源于西亚细亚，经西域以入中国，更传至日本，为胡乐器中之代表，正仓院藏有遗物。近为日本好古家所注目，成考古学研究之的。欧美人亦据为乐器学的研究，惟中国尚未充分研讨。箜篌之名见于汉武帝时（《史记·封禅书》、《汉书·郊祀志》；刘熙《释名》、应劭《风俗通》），字亦作空侯（坎侯），普通所指为由西域传来者。另一种乃"依琴作坎坎之乐"，因与瑟之成立同时，故为琴瑟及筝之变形。《通典》卷一四四以竖箜篌与前述之箜篌并举。《宋书·乐志》以为古用于郊庙雅乐，近代专用于楚声。《宋书》"箜篌"条复谓吴兴人作似箜篌之乐器，名曰绕梁，并举楚庄王之琴名绕梁。陈氏《乐书》一四四（非光绪刊本）有南之图，以与上举文献总合观之，此种箜篌，乃琴瑟之类，为华绕梁特有乐器。及胡乐竖箜篌出现，以形别之，名曰卧箜篌。隋唐时代专用于中国固有俗乐、清乐（汉之清商）中。明王圻《三才图会》，日本丰原统秋之《体源抄》（见《日本古典全集》）卷八上，均有其图，而互相歧异，难以考信。

竖箜篌为箜篌中之代表，斯坦因（Stein）以为三世纪时传入新疆于阗古都Khotan。《通典》卷一四四以为汉灵帝时传入中国，至南北朝以后胡乐全盛时代，始大流行。对卧箜篌称为竖箜篌。隋九部伎、唐十部伎之西凉、高昌、龟兹、疏勒、安国、高丽伎用之（见《隋志》、《通典》一四二、一四六），与琵琶（四弦及五弦）均为胡乐之权舆。唐代工此名人为张小子、李齐、皇先、徐相姬（见段安节《乐府杂录》，《守山阁丛书》收之）隋唐时代与琵琶同传至日本。奈良正仓院存有实物。在宋燕乐（教坊乐）属于法曲部。元明以后，因戏剧中不用，渐次衰退。辽散乐、元宴乐、明丹陛乐等宫廷乐中用之，制有大小（据《续文献通考》一一〇、《元史·礼乐志》、《明会典》大乐制度）。又民间今日亦有遗存者（明仇氏《女乐图》，泷氏论文），小箜篌亦称手箜篌，竖箜篌属于 Harp 类乐器之中规矩形（Winkel harfe），以上部弯曲之粗棒状共鸣体与桿直交而成。在中国以二十三弦为原则，共鸣体中空，有反形之共鸣孔五对。奏法虽有坐奏、立奏、马上奏等，而均为竖抱共鸣体于怀，以两手拨弦而鸣，故曰擘箜篌。

凤头箜篌为箜篌中之东传最迟者。起源于印度，南朝时随天竺伎传来。隋唐十部伎中仅天竺伎专用之（据《隋志》《通典》一六二，陈氏《乐书》一二八图）。乃见于一至七世纪印度雕刻及犍陀罗雕刻之弓形 Vina 经西域而传入者。印度支那半岛及爪哇均有传布之迹。缅甸今日犹存之。唐以后西域无之，唐代以特殊乐器而流行。在日本不入雅乐，仅见于佛画中，属于 Harp 之第二种 Bogen-Harp 形，或弓之一部扩大为共鸣筐，或附共鸣筐于弓之一端，或兼两形式，为比较保留原始形态之 Harp。

箜篌名称之起源，《风俗通》以为中国所固有，亦有以为与琵琶同为胡语之音译者。伯希和以为在突厥语名为 Aubuz 之乐器。但 Aubuz 为 Lute 类乐器，华译"火不思"。参见"火不思"项，非属箜篌。箜篌乃原始民族由弓而发明，为增音量，共鸣体演进为种种形式。今日成为欧洲最进步之竖琴（Harp），此外有各种形式，存于非洲、缅甸、西伯利亚等未开化民族间。西元前三至五世纪时，美索不达米亚已有之，埃及曾发现与人身等大者（以上弓形 Harp）。此外亚述存有公元前三世纪时之规矩形 Harp，与日本正仓院所有者类。中国之竖箜篌乃亚述之规矩形 Harp，经波斯入土耳其斯坦，三世纪入于阗古都，四至八世纪入龟兹古都，后复流入禹域者。凤头箜篌发生于印度，经犍陀罗以入龟兹，南北朝时入中国。南北朝至唐初，经朝鲜百济以入日本。朝鲜高丽朝以后，形迹无存。百济时代使用与否不明。参考下村三四吉《箜篌について》（《考古界》1—12，2—1，6），志水文雄《箜篌略考》（《考古界》6—10），田边尚雄《南倉階上にある箜篌に就て》（《帝室博特馆学报》第二册《正仓院乐器の调查报告》），后藤守一《箜篌について》（《考古学杂志》20—5，7），冈本彰《箜篌杂考》、《宁乐》十五，续正仓院论），筒井英俊《佛教音乐ヒ箜篌》（同上），泽口刚雄《箜篌の一考察》（《支那哲文雜志》一），泷辽一《音乐资料の调查》（《东方学报》东京第五辑），林谦三《鲍琴考》（《支那学》8—3），岸边成雄《琵琶の渊源》（《考古学杂志》26—10，12），P. Pelliot，《Le 箜篌 Kongheou et le qobuz》（《内藤博士还历祝贺纪念支那学论丛》Cort Sachs，《Die Musik instrumente Indiens und Indonesiens》1921，Geist und werden：《den musik instrumete》1929（岸边）。（原文插图四，一为正仓院藏天平时代之竖箜篌，二为龟兹、希泡坎木洞壁上之弓形箜篌，三为龟兹壁画上之竖形箜篌，四为印度之箜篌。）

本条文字虽稍拖沓，而取材之博洽，考订之精密，搜求实物为图，鸟瞰全局立论，异于硁硁然守一家言或一国文字者所为矣。复有熔裁近人研究结果，提要钩玄，易得要领者，如第八卷五三六页"老子化胡经"条云：

《老子化胡经》传西晋惠帝时王符（或作浮）作，道教经典之一。谓老子出关中入西域，教化胡人，释尊为老子再诞，此为道家对佛教论之最早出现者。始记其事者为梁慧皎之《高僧传》，谓西晋时沙门白法祖与道士王浮常为佛道二教之争论。王浮说绌，乃伪作本经以求胜。原仅一卷，其徒渐增为二卷（《大唐内典录》等）、十卷（《日本国见在书目录》道家部）、十一卷（《佛祖统记》）等。然现存本经无完者。《佛祖统记》卷三十六有初五卷目录，即：1，说化罽宾胡王；2，俱萨罗国降服外道；3，化维卫胡王；4，化罽宾王兄弟七人；5，化胡王经十二年。其记事皆窃佛经文句以成者，非但卷数，内容亦随时变化。初谓老子自教释迦,又谓老子弟子尹喜变生为释迦。说有种种。敦煌出土唐抄本《老子化胡经》第十有"老君十六变词",说老君之十六变,其中第一变至第十变出世于东、西、南、北、乾坤等诸方,第十一变至第十五变生于印度,十六变生于蒲林。元祥迈之《辨伪录》并记老君之八十一化说。故化胡经名虽一,其作者异,年代亦不同,内容更分为种种。关于经名亦有《明威化胡经》、《化胡消冰经》、《老子西升化胡经》、《老子化胡玄要经》等名。如敦煌出土本卷末单题《老子化胡经》,第一首则作《老子西升化胡经》,第十首题《老子化胡玄要经》,并有题作《太上灵宝化胡经》者。元魏孝明时使佛道二教徒论其先后,道士姜斌引老子《开天经》,谓"老子西入化胡,佛时以充侍者"(见佛道论衡甲《广弘明集》一)。

《开天经》似亦《化胡经》之一,想系以化胡为通名,辑此等文字,遂有十卷、十一卷。隋法经等之《众经目录》卷二疑惑中有《正化内外经》二卷(一名《老子化胡经》,传录云晋时王浮作),是《化胡经》在隋以前已为二卷,其余似皆成于隋唐之间。《老子化胡经》之出现,使佛教徒大起恐慌,热烈辩其真伪,《化胡经》之真伪论,自南北朝至唐代为佛道二教抗争之主要题目。唐高宗总章元年(668),会僧道于宫中,论决《化胡经》之真伪,僧法明折之,佛徒胜利,命焚弃一切《化胡经》,然未能充分实行。则天武后万岁通天元年(696),僧慧澄又请焚《化胡经》,武后因命八学士论定其真伪。复奏谓非尽属捏造,道士因复得势。佛道二教之争益烈。中宗不堪其弊,神龙元年(705),再诏除之。其后道佛二教关于《化胡经》之争,史不复见。元代《化胡经》再出,二教之争亦烈。参考柴田宣胜《老子化胡经伪作者について》(《史学杂志》44—1,2),桑原骘藏《老子化胡经》(《东洋史说苑》),名畑应顺《老子化胡经之由来》(《佛教研究》5—3,4,6)福井康顺《老子化胡经成立と其の敦煌の残卷》(早稻田大学文学部编《哲学年志》4),王维城《老子化胡经考证》(《国学季刊》4—2)(内藤定)。

观上举诸条,取材既渊贯古今,论据亦横通东西。撷最近学者研究之精华,为通俗易解之说明,殆辞书之极致也。

惟全书作者既逾百人，工力自难悉敌。全文近千万言，为《史记》之二十倍，《汉书》之十二倍，而成书迅速，则监修者恐亦审核难周，疏失可议之处，往往有之。以详略去取言之，第八册三九八页记李成梁三十行，四〇一页记李续宾二十一行，而唐代功业煊赫，地位重要之英国公李勣，仅得十六行（卷八，三九六页）。以历史上重要性言之，分配实为未允。清人修《四库全书总目提要》，考著者里居事历，简于煊赫闻人，详于隐僻。但辞书似不能采此种体例。且以本书证之，记孔子至八十四行，记宋李纲至六十三行，则亦显未采此体例。然李勣之记述，非嫌太略欤。李勣事固有见于他项之处，但李成梁、李续宾等又何独不然。又如宋代李清照为中国第一女诗人，名篇隽语，倾动人寰。与其夫赵明诚共著《金石录》，为吾国金石学开山。本书第八卷，三九八页记其事云：

李清照，宋诗人，济南人，号易安居士。著作佐郎李格非女，工诗文，尤以词名。嫁赵挺之子明诚。《苕溪渔隐丛话》谓其再嫁张汝舟，《云麓漫钞》记其与后夫构讼事。其确否不明。（《宋史》四四四）

案此条与臧励龢等之《中国人名大辞典》四二〇页所记略同，编者非惟未见李文裿所辑之《漱玉集》，并不曾读俞正燮之《易安居士事辑》（《癸巳类稿》卷十五），或并《金石录》后序一文，亦未寓目，而率然下笔矣。又如第一卷，二一四页"乌孙公主"条，记江都王建女细君事颇详。然细君虽先嫁昆莫，后从岑陬，惟抑郁怀乡，未久即世，徒为文士所惋惜，实少史实之可言。而与当时国际外交军事有重大关系者，实为继细君下嫁乌孙之楚王戊女解忧。解忧先婚岑陬，嗣配翁归靡，生三男二女。长男曰元贵靡，次曰万年，为莎车王，次曰大乐，为大将，长女弟史为龟兹王绛宾妻，小女素光为若呼翎侯妻。宣帝本始三年（前71年），汉与乌孙夹击匈奴，联军大捷，获四万级，虏马、牛、驼七十余万头，实出解忧之谋。盖汉武与西域共灭胡之雄图，张骞断匈奴右臂之奇策，得解忧而实现。解忧后从狂王泥靡，夫妇龃龉，引起种种纠纷，甘露三年（前51年）迎归长安，时年且七十。赐以公主田宅奴婢，奉养甚厚。后二年卒，三孙因留守坟墓。盖强毅老寿，波澜万丈之生涯也。本条记细君而遗解忧，以史实之重要性言之，可谓察毫末而不见丘山。查商务印书馆出版之《中国人名大辞典》八一九页,中华书局出版之《辞海》已集一九六页,均有"乌孙公主"条,记细君事而不及解忧。编者是否受此等书影响,未敢断言。惟如能卒读《汉书·西域乌孙传》之文,并考虑史学专科辞典与普通辞典性质之差异,则决不至轻为去取如此矣。

复就本书之正确性言之,第一卷四六七页"虢国夫人"条文云:

> 虢国夫人,后唐庄宗妾,姓夏氏,世号虢国夫人。庄宗遇弑,后嫁河阳节度使夏鲁奇。夫人性不喜杀人,夏氏惧,离婚为尼以终。

案虢国夫人之最著者为唐玄宗杨贵妃之三姊。其事附见于《旧唐书》及《新唐书·杨贵妃传》中,非但素面朝天,别具丰韵,诗人歌咏,沁人心脾。即陈仓遇难时之勇决坦荡,亦有足传者。置此不录,而搜求及于无足重轻之唐庄宗妾。已有采燕石而偶遗美玉之感,而其文又甚误。据《五代史·唐家人传》云:

> 庄宗遇弑,后宫皆散走。朱守殷入宫,选得三十余人。虢国夫人夏氏以尝幸于庄宗,守殷不敢留。明宗立,悉放庄宗时宫人还其家,独夏氏无所归,乃以河阳节度使夏鲁奇同姓也,因以归之。后嫁契丹突厥李赞华。赞华性酷毒,喜杀人,婢妾微过常加刲灼。夏氏惧,求离婚,乃削发为尼以卒。

《旧五代史》卷四十九《后妃传》注引《北梦琐言》云:

> 夫人夏氏后嫁李赞华,所谓东丹王,即安巴坚长子,性酷毒,侍婢微过,即以刀割火灼。夏氏少长宫掖,不忍其凶。求离婚,归河阳节度使夏鲁奇家,后为尼也。

此所言与欧史微异。要其所嫁为李赞华而非夏鲁奇,《辞典》所记,不知所据。疑未能卒读《五代史》传文,或读而未解,轻事删节,其事误,其文意亦不甚贯穿,疏误至此,诚为意外。又本书各条以举出处为原则,而此条则不注所据。又普通臣民以标本名为常,如臣瓒等姓氏难以确指者,自属例外;然"越王勾践臣文种"之标题,不曰"文种"而作"大夫种"(霍光、诸葛亮之条则不以"大将军光"、"丞相亮"为语)。是于体例为不纯,检查亦因之增加困难。

更就校勘言之,昔人谓"校书如扫落叶",欲其绝对无误,殆不可能。

然辞书而校勘不精，则其作用锐减。因"思误书亦是一适"，不能期之于一般读者也。本书形式堂皇，而校勘则甚疏。如第三卷一三九页教士 Antoine Gaubil 一条，既误其汉名"宋君荣"为"宋明荣"，复误其所译《书经》为《诗经》。初学仅用本书者，势必以讹传讹。即雠以他籍，以辞典载誉之盛，恐亦骤难决其纷歧。又如第四卷六四页记中国火药之发明，引宋丁度等《武经总要》之文，述此书之罕见，复自诩在日本为载其制法全文之始，而误字丛出，索解困难，未见《四库》原书，或影印《四库》珍本者，亦究难据此为引用。而其舛误之最甚者，则为第一册五十四页记法教士"钱德明"一条：

> Amiot 汉名钱德明，一名王若琵，法国耶稣会士，康熙十五年被派至澳门，翌年奉乾隆帝命入北京，得帝之殊宠，终身留北京不去。康熙五十八年客死……主要著书：1770 年译乾隆御制《盛京赋》为法文。

吾人不以想象编者荒谬至此，故归其咎于校勘。然如排印之跳字，组版之乱行，可以一望而知，因其不复成文，不足乱人意也。如此条则文法上初无错误，而内容颠乱，时代舛违，使人读之，如入五里雾中，诚不禁为此巨著惜也。

昔人评陆放翁诗，以为"作至万首，瑕瑜互见。譬之深山大泽，包含者多，不瑕剪除荡涤，非如守半亩之宫，一木一石，可屈指计"。皇皇巨著如本书，草莱不剪，初何足病。且日本所谓东洋史者，以中国史为中心之研究也。吾国之治国史者，较之东瀛治东洋史者，其人数何止百倍。然迄今尚未有适用之工具书，可与本书较短长。则吾人复何颜，亦何暇论邻人之是非。惟国人治国史者之于外籍，或则深闭固绝，熟视如无睹。抱残守缺，周章于他人业已解决之问题，长虚骄而滞进步，斯固失矣。亦或过为尊信，震动于书贾之广告，悚息于名流之夸饰，束置故国典策，以为今日除稗贩外无所事事，则亦可以贼性灵而败学术。本篇窃自附于是是非非之林，其所论列得失，而其用心期为君子所共谅也。

(《国立华北编译馆馆刊》1942 年第 1 卷第 2 期)

《东洋历史参考图谱》

滋 圃

共十五辑,石田干之助编,东洋历史参考图谱刊行会发行,定价日金五十元。

近代史家之作通史,大都书中间以图谱。盖通史之目的在要删历代史籍,提纲挈领,与一般曾受普通教育者以国史之常识。使能体认其先民生活之实况,与夫其民族之特殊精神,因而感觉国家、社会与个人之深切关系,而鼓动其继往开来之志趣。是故通史之为作,当以搜辑最翔实之史迹,而出之以最生动之文笔,然后能收事半功倍之效。若韦尔思之《世界史纲》及房龙之《人类的故事》其著者也。日本之历史科学,近年来长足进步,若往日那珂通世之《支那通史》、桑原骘藏之《东洋历史教科书》、久保天随之《东洋通史》,已不足以为当代之表率。虽最新之东洋通史尚未有闻,而石田氏此书名曰《东洋历史参考图谱》,皇皇十五巨辑,其资助于东洋历史教学者滋大,实最新东洋通史之雏形也。石田氏此书既以东洋史为范围,故凡远东诸国若印度、朝鲜、暹罗之古代史,皆包罗其中,不仅限于中国而已也。范围既广,材料尤丰,苟非淹通东西洋史学者决不敢率尔为之。且通史之作,其借助于古史考证及古物发掘之业至多。最近五十年来东西洋考古学者于远东古史肆意探讨,若斯坦因、斯文海定诸氏之考古西域;鸟居龙藏、滨田耕作二氏之考古辽东、朝鲜;他如伯希和氏诸人之于敦煌石室;罗振玉氏发现洹水殷虚;安特生氏发现中国新石器时代,搜罗闳博各有专著。于当地风景及所得古物,或存墨本,或留照片,以为汲古存真之资,若此之类东西洋学者之著作不下数百种。石田氏熟于西人治东洋史者之掌故,又生当日本东洋史学正发达之际,故其所采辑资料,大都最新而最有价值之作。是以十五辑中琳琅满目,巨细靡遗,非偶然也。书中第一、二两辑自太古至秦;第三、四两辑前后汉及古代朝鲜、古代印度;第五辑三国、两晋、六朝;第六、七、八、九共四辑隋唐、五代,而唐代占四分之三;第十辑宋、辽、金、西夏;第十一辑元代;第十二、十三两辑明代及清初;第十四、十五两辑专收清代。是十五辑中时代皆以中国为主,而旁及东洋诸国。所辑之图上起甲骨、铜器、石刻、碑版,乃至法书、绘画、雕刻、陶磁,以及古迹胜境、名人画像、历史图绘,皆入于册。收罗虽多因草创之难,亦不能无疏忽之处。例如:第一辑采用盂鼎及毛公鼎二器,而录取刘心源《奇觚室吉金文述》之本。刘书每采翻刻拓本,即就二器而论,亦割裂片段,不存原器形制,自当采用原拓本或用《窓斋集古录》本为佳。吾国近年考古学亦日渐发达,河北易州前岁发现燕都之墟,所有瓦当皆作饕餮纹,与秦陇所出者迥殊,而本书亦未采用。周代乐器及古玺印实重要文物,亦应补入。本书于周秦以来钱币皆示例以明,独缺六朝,亦属不合。洛阳白马寺为佛教传入中国之最初寺宇,本书亦未留图谱,使言中国佛教史者难于说明。朝鲜古刻若毋丘俭丸都山纪功碑在三国末年,高勾丽好大王碑在晋义熙十年,真兴王巡狩碑在陈光大二年,以本书之年代分配,三刻皆应在第五辑,而本书列入隋唐时代,亦属不合。本书第七辑于景教及摩尼教之史料示例甚多,独于犹太教未举一例以明。现存开封之一赐乐业教碑虽明代物,实犹太教之最好物证也。本书亦未采用。元代文物戏曲实称重要,且现存元刻本戏曲尚可得,当略举一二以明之。阳明之学在明代学术史上甚占重要,本书举其画像及传习录刻本为例,甚为得体。而朱晦庵在中国学术史上之地位,较之阳明既大且久,自应特别留意,而本书忽不之及,亦一大缺点也。总之本书之特长在收罗唐代文物及明清之际西学东渐之史料为最多。盖因唐代文物有敦煌石室之密宝,而明清之际,西学东渐之史,西洋学者治之者较多,故易为其功也。

(《大公报·图书副刊》1934年5月19日)

《东洋读史地图》

禾　子

日本箭内亘编，大正十四年订正增补版，东京富山房发行，定价金七圆。

　　自清季以来，中国与日本两方所出版之东洋或中国舆地沿革图，不下二十余种。其中考证详博推杨守敬氏之《历代舆地图》，而失之于绘法陈旧，卷帙沉繁，检阅不易。其绘法新颖，印刷精良，简要明晰者当推箭内亘氏之《东洋读史地图》，而失之于疏谬脱漏太甚。箭内氏图以合于普通读史者之需求，故销行颇广，以大正元年初版发行，至十四年已为第四次订正增补后之第三版矣。虽迭经订补，然疏漏处犹指不胜屈。兹就浏览所及，依图之次，略举数则如左，用备读此图者之参阅焉。

　　第一图，禹贡九州图。彭蠡扬州之泽也，误入荆州。

　　第二图，春秋时代要地图。息国在淮水之南，误在淮北。邗沟误作刊沟。

　　第三图，战国时代亚细亚形势图。楼烦在河套之东，误在套内。又图之上端既标明以周显王三十六年（公历纪元前三三三年）为准，则此时亚历山大方破波斯王大流士三世之兵于 Issus，其东抵印度斯河、北抵药杀水之大帝国犹未告成，不应以之入图也。

　　第五图，上半页秦一统图，一仍《晋书·地理志》以来四十郡之谬说。按关于秦郡之考证，近世以来甚盛，虽多未定之说，然如鄣之非秦郡，秦郡之当有广阳、东海等，早已成为不移之论，编者似不应并此而不采也。又图中以临洮为郡，当系印刷之误。下半页汉初封建图。既曰汉初封建图，则栎阳系西楚所封之塞王都，南郑系西楚所封之汉王都，不应入图。图中所示诸国系高祖末年之同姓九国，然同时异姓之长沙国实犹存在，亦不应不以绘入也。图中附载文帝时所封胶东、胶西、菑

川、济北、济南五国；考同时齐地又建有城阳一国，不知何以独遗弃之。又淮南分国之庐江、衡山，赵分国之河间，皆文帝时置也，亦不知何以不与载入。

第六图，前汉十三部一百七郡国图。按西汉郡国见于《汉书·地理志》者凡一百三，盖以平帝时之疆理为准也；此图以武帝时代为准，故与《汉志》异。图末所附之解说云："武帝时灭朝鲜，于乐浪、玄菟之外置有临屯、真番二郡；灭南越，于南海等七郡外置有珠崖、儋耳二郡；合之《汉志》所载百三，凡一百七。"今考武帝时所置郡而为后世所废者，又有灭西南夷后所置之沈黎、文山二郡，解说漏，然检图中实不漏（此图目录标一百五郡国，图之上端及解说为一百七郡国，而图中实有一百九郡国，一书之中，三异其说，亦可谓滑稽也已）。金城郡昭帝时始置，既以武帝为准，则此郡不应入图。武帝时郡国实为一百八，非一百七，亦非一百九也。十三部列入司隶而无朔方，系仍从来之误解，此图亦未能与以更正。

第七图，前汉武帝时代亚细亚形势图。大夏都城之监氏，《后汉书》作蓝氏，《魏书》作卢监氏，《北史》作媵监氏，按即 Serekhs 也，图作 Bactra，误。

第八图，后汉时代亚细亚形势图。后汉以属国比郡，时在安帝世，此图既以和帝永元中为准，则不应绘入属国也。司隶校尉治洛阳城中，图作治长安，误。

第九图，三国时代亚细亚形势图。《宋书·州郡志》、《晋书·武帝纪》皆言秦州晋武所置，是三国时魏无秦州也；此图有之，系因《晋书·地理志》之误而误。乌桓自魏武时已破灭，其余种入居中国，号三郡乌丸；此图以文帝黄初中为准，是塞外不应仍有乌桓也。

第十图，晋初亚细亚形势图。所标时代为纪元后三百年顷，当晋惠帝之永康年；按其前元康中已置江州，此图缺。

第十二图，南北朝时代亚细亚形势图。所标时代为宋文帝元嘉十六年，即北魏太武帝太延五年。今按此时宋有冀州，治历城，图以冀州一号印入魏境中，误。郢州孝武孝建元年始立，则此图不应载有。雍州至元嘉二十六年始割荆州之襄阳等郡为辖境，十六年时犹为侨州也。

梁秦并治汉中南郑,图中于南郑外复有南郑以为秦州治,荒谬可怪。南豫州永初治历阳,元加徙治姑孰,泰始中还治历阳,则此图应作治于姑孰,不应治于历阳也。南徐州治京口,在江南今镇江县境;图中南徐、京口二符号并误在江北。北魏封域中以洛阳为郡,是误以东魏孝静世所置为太武帝时之制也。金墉,城名,图亦误以为郡。而陇东安定固郡名也,又误以为邑。

第十三图,隋代亚细亚形势图。南诏本为六诏之一,唐开元中始并五诏,徙都太和城;则此隋代图中应标曰六诏,未可以但称南诏也。唐代图以高宗时代为准,亦不应称南诏,亦不应以太和城为都。

第十四图,唐代亚细亚形势图。图例以六都护府为太宗时之制;今按安南都护府、安东都护府高宗时始置,北庭都护府武后时始置,太宗时不得有六都护也。高昌之故地在西州,至北庭都护所治之庭州则为西突厥之故地;此图误以高昌一符号标在北庭之上。

第十五图,唐代之满洲及朝鲜图。于平壤、辽东城,并标曰安东都护府,下注治于该城之年代,考新城亦曾为安东都护府治,时在六七七年至七一四年,不知何以独遗弃之。

第十六图,五代时代亚细亚形势图。图以周世宗时代为准。今按融、郴、连、昭等广右十三州自汉以后属南汉,图以属楚境,误也。福州自晋以后属吴越,图又误以属南唐。南平国土只荆、峡、归三州,据今湖北省江域上游;此图误以汉水下流入江处画入,其地值安、郢、复三州,自梁以来皆中朝所有。辽之中京大定府圣宗统和二十五年所建,于中国为宋真宗景德四年,则周世宗时不能有。甘、凉、瓜、沙非中国职方所掌,甘州乃回鹘牙所在,凉、瓜、沙乃唐戍人后裔所居,虽常自通于中国,然政由己出,究不应迳与中国绘成一色也。

第十七图,宋金对立时代亚细亚形势图。南宋共有路十六,图中漏一江西。衡、永皆州也,图误以为邑。所标年代为宋高宗绍兴十一年,即金熙宗皇统元年。按是时析津府、大定府犹因辽之旧称曰燕京、中京,至贞元元年(绍兴二十三年)始更曰中都、北京,则图中已有中都、北京者误也。

第十八图,元初亚细亚形势图。图于元之版图上黄色,则高丽为征

东行省,系十一行中书省之一,不应另上绿色。旧吐蕃地元没有吐蕃、脱思麻路、乌斯藏三宣慰司,松潘、碉门、渔通二宣抚司,直隶宣政院,不应另上茶色。◎号图例为首都,则上都开平府只为陵寝所在,不应用此号。拔都之西征也,顿河(R. Don)下流为其主要屯驻地,一二三七年之进伐北俄,一二三九年之进伐南俄,皆由此出发;图中所绘拔都西征行军路迳自亚洲画一直线至莫斯科,又自莫斯科画一直线至基辅(Kiev),竟与顿河全域无涉,最为疏误。

第二十图,明初亚细亚形势图。图以成祖永乐十三年为准。今按永乐元年建北京于顺天府称行在,十九年始改北京为京师,则此图以顺天为京师者误也。大宁都司永乐元年即侨治于保定府,故地遂虚,则此图亦不应仍以大宁都司绘在塞外。考明代无开原卫,治于今开原地者曰三万卫;而此图作开原卫,误以今地名为历史地名也。奴儿干都司及朵颜建州哈密等卫系羁縻卫所,不应与辽东、陕西等卫所用同样符号;而乌斯藏、朵甘卫皆系羁縻都司,亦不应另上红色与鞑靼、瓦剌相比拟也。

第二十四图,清初亚细亚形势图。朝鲜系藩属国,与安南、缅甸同,不应与中国土地之满洲不分国界,亦用黄色。

第三十图,清末支那全图。齐齐哈尔曰龙江,图误作嫩江。宁古塔与绥芬无涉,图误以为一地。东昌府在黄河之北,图误在河之南。定海在杭州湾口外,图误在长江口外。沂州误作忻州。吉安误作吉州。桂林误作桂州。

全书只三十图,亦嫌过于简略。如东晋南北朝二百七十年间,地理变革至繁,今但有宋魏对立时代一图,上不能接汉晋,下不能连隋唐。有宋一代北宋与南宋形势绝然不同,今但有南宋一图,而北宋全盛时代与辽夏相鼎立之图,反付缺如。又图中只有历史地名疆界,而无现今地名疆界,亦不若杨守敬氏图及欧阳氏《历代疆域战争合图》等用古今对照法之为清楚明显,便于读者也。

(《大公报·图书副刊》1934 年 2 月 24 日)

日本内藤湖南先生在中国史学上之贡献
——《研几小录》及《读史丛录》提要

周一良

日本文学博士内藤湖南先生以昭和九年（1934）六月二十六日病殁京都，享年六十有九。先生为彼邦汉学耆宿，治中国史卓然有所建树，新进学子多出其门下。先生尝自言，早年颇热心于政治，又尝有志研究日本文学及艺术，三十岁后志趣犹未集中于史学。故虽早膺"支那通"之号，其初期著述乃偏重于论列中国时事，富有宣传性质。如《清朝衰亡论》、《支那论》、《新支那论》诸书，固不无箴贬得当处；然究其用意，则在导谕日本人士以常识，作来华之基础，迥不足与言学术。迨弃新闻记者生活后，始专力于学问。举凡史学、文学、金石、目录、书画无不涉及，皆有所成就，而以史学为中心。其方面之广，精力之强，遑论日本，即我国近代学者中亦不数觏焉。盖先生汉文根柢极深湛，复与中国学者罗叔言、王静安诸先生相友善，故治中国史学，于资料之搜集，文义之解读，均无甚困难。而其目光之犀利，资料之运用，则多少亦受西洋学风之影响。先生曾谓早年业新闻记者，故涉猎广博，迨晚年专治史学，向所究心者，亦皆足资利用。盖自博返约，先生得之矣。其于史学最致力中国上古史及清初史地，重要论文皆载《研几小录》、《读史丛录》二书；而史学方法及中国史学史亦曾三致意焉，惟发明较少耳。考其所以致意清初史地之由来，仍不外日人经营我东三省政策之一面，观"满蒙丛书"所收东北史地诸书之解题，强半出先生手，斯可以窥其意向所在。先生于中国史学家最服膺唐之杜君卿及清之钱竹汀、章实斋。窃谓先生趣味之博大，成就之精深似竹汀；其注意于修史方法及中国史学史乃承受实斋衣钵；而探讨我东北史地，不遗余力者，斯又君卿述作之征诸人事,施于有政,以经邦致用为根柢之意欤。

先生名虎次郎,字炳卿,号湖南。庆应二年(1866)七月十八日生于日本秋田县。明治十六年(1883)三月,入秋田县师范学校。十八年(1885)七月,卒业于高等师范科。九月,任秋田县秋田郡缀子小学训导。二十年(1887)八月,辞职赴东京,编辑《明教新志》,兼从英人森玛司及美人伊司德雷基(皆从日文译音转译)学英文。二十三年(1890)九月入三河国冈崎町《三河新闻》社为记者,郁郁不得志,凡三月即退出。自十二月至二十六年(1893)十一月,居东京,编辑《日本人》及《亚细亚》两杂志。二十七年(1894)再入新闻界,为大阪《朝日新闻》社记者,凡三年。二十九年(1896)娶同县田口郁子,居东京从事著述。三十年(1897)入《台湾日报》社,留台湾凡八阅月,于经营台地多所规画。三十一年(1898)返东京,为《万朝报》主笔。三十二年(1899)八月,旅行中国。三十三年(1900)再入大阪《朝日新闻》社,任撰论说。三十五年(1902)十月,被新闻社派遣视察中国北部东三省各地。三十八年(1905)七月,受外务省命调查日俄战后状况,再入东三省。十一月,以全权大使小村寿太郎招,赴北京。翌年(1906)一月,返国。脱离新闻社,复以外务省命旅行东三省各地。四十年(1907)七月,偕稻叶岩吉视察朝鲜及东三省。十月,被命为京都帝国大学文科讲师,任东洋史讲座。四十二年(1909)升任教授。四十三年(1910)获文学博士位。是年七月,与小川琢治、狩野直喜、富冈谦藏、滨田耕作诸氏同被遣来中国,调查敦煌遗书。大正元年(1912)二月,奉命来中国,与富冈谦藏、羽田亨同至奉天采访史料。六年(1917)十月,复被命来中国,与稻叶岩吉、高桥本吉旅行南北部凡二月。七年(1918)九月,又入东三省。十三年(1924)七月,奉命视察英、法、德、意各国,长子乾吉及石滨纯太郎偕行,翌年二月返国。十五年(1926)八月,辞京都帝国大学教授。九月,叙正四位。昭和二年(1927)四月,为帝大文学部嘱托讲师。七月,受京都帝国大学名誉教授称号。五年(1930)罢讲帝大,居京都相乐郡瓶原村之恭仁山庄,专心著述,以讫于殁。

一良以见闻所限,未能遍读散见之遗著。故仅就先生最精粹之论文结集《研几小录》、《读史丛录》二书中国史方面论文分类撮取,作为提要,以当介绍。非敢谓先生之成就止于是,姑窥其荦荦大者,且志末学景仰之意云尔。至诸篇结论,自今观之,容有待商榷者,然先生治学之途径与态度,则永足为吾人楷模也。《支那学》七月号载先生著述目录,今附于篇末,以供稽考探索。闻先生罢讲帝大后,即以全力撰《中国古代史》、《中国史学史》二书,弘文堂书店张之于豫告中亦历有年所。先生《研几小录》凡例谓二书稿已成,甚望日本学子能早整理刊布之。

甲　中国古代史

一　《尚书稽疑》

先秦诸子书多为后世弟子所窜乱,而此窜乱即表示其学派之发展,儒家之书亦然。伏生而后,《尚书》文字固屡有更动,然伏生以前《尚书》必已有不同之本,《论》、《孟》所载史实及《墨子》所引《尚书》之不见于今本可证。故先生谓古书中之史实,亦因之长在变化中,试取《左传》、《国语》与其他先秦古书所载史实较,或详或简,甚且全异。盖以当时思想为根本,因其思想之发展而挠曲事实,变化以生。与其考古书中事实之变化,无宁蹠迹使事实变化之根本思想。先生即以此法探讨《尚书》之编制。

《孟子》称仲尼之徒无道桓文之事者,《荀子》谓仲尼之门五尺竖子羞称五霸。则《尚书》之收《蔡仲之命》、《费誓》、《吕刑》、《文侯之命》、《秦誓》显与儒家主张矛盾,刘逢禄《书序述闻》,宋翔凤《尚书谱》、魏源书《古微》皆曲为之解。先生以为孔子以后,战国时儒生各仕一国,自然而生曲学阿世之风。聚为数集团,枉己以求用。如魏文侯、武侯时子夏门徒聚于西河;齐宣王、湣王时学者多集于稷下,后为吕不韦招入秦。今日之《尚书》出伏生,伏生乃秦博士,而今本《尚书》终《秦誓》,其间消息可窥。《甫刑》盖以齐之势力,《文侯之命》盖以晋之势力而加入者。《甫刑》以禹、稷、伯夷为三后,即代表稷下儒家之思想。当时齐虽田氏,而犹举姜氏之伯夷者,盖仍尊崇桓公、管仲致然,秦国之儒则以禹、稷、皋陶为三后矣。《尚书》本来面目当终于《费誓》,《费誓》记伯禽征淮夷,所以寓膺惩夷狄之意,犹《诗》之次《鲁颂》于《周颂》后也。及后儒生用于魏,于齐,于秦,遂渐加而成今日之《尚书》。

先生于《尧典》至《洪范》诸篇亦致疑焉。以为最初儒家盖置《洪范》于首,寓箕子传道统之意。司马迁《史记》用今文《尚书》,然《汉书·儒林传》谓迁受古文《尚书》于孔安国,《史记》所载《尧典》、《禹贡》、《洪范》、《微子》、《金縢》诸篇多古文说,是迁当时盖未以今文说此数篇也。此数篇非如《周书》之记一时一事,乃编次长时间史事之颠末。试察其内容,则一篇中皆混有不同之材料,乃长时间思想上之变化致然,要为儒家编纂书籍之技巧成熟后之产品。又如《汤誓》、《甘誓》盖春秋战国时背诵流传之韵文,《洪范》以前诸篇与以后以五诰为中心之诸篇体裁迥乎不同也。

先生之意孔子及其门徒乃以周之全盛为理想,由是而生以鲁承周统之思想,更降而有以孔子为素王而尊殷之思想。然以墨家尊禹,于是又祖述尧舜以与之竞。六国时更产生崇奉黄帝、神农之学派,至于六艺中发达较晚之《易·系辞》乃上溯至伏羲。《尚书》中关于殷代诸篇或尚是去孔子及其弟子殁后不远之时所加入,关于尧舜暨禹者则编入更后矣。《尚书》最初固以五诰为中心,然经儒者传授,不免以今语代古语,此诸篇之所以较毛公鼎等金文为易读。因儒家思想之发展,遂有前后诸篇之增加,是皆行之于伏生之前。当时不惟儒墨两家所传《尚书》不同,既儒家各派所传亦各异,汉以后遂为伏生《尚书》所统一矣。

二 《易疑》

宋欧阳修已疑《十翼》不出一手,先生谓虽较早之《彖传》、《象传》即失经文本意。如《大畜》卦九三爻有"良马"语;六四爻有"童牛之牿"语;六五爻有"豮豕之牙"语,则此卦原指兽类。《大象》乃云"君子以多识前言往行,以畜其德",是解畜为养矣。又如《系辞》之述太一及其与天地阴阳四时之关系,其思想与《吕氏春秋》、《礼运》皆有连锁关系,故先生以《系辞》为汉初制作也。

更进而考卦词爻词之成立。《蛊》卦:"不事王侯,高尚其事。""王侯"连文见《史记·始皇本纪》、《陈涉世家》,非春秋以前语。《泰》、《归妹》两卦皆有"帝乙归妹"语。先生解"帝"字原义为天帝,战国时七国各称其君为王,王之称号渐轻,于是秦昭王、齐湣王称东西帝,盖"帝"字用于实际君主之始。"帝乙"之词当不能出此前,《尚书·尧典》用"帝"字亦斯意,当亦此时作品也。《左传》、《国语》引《易》皆只谓以卦占之,无九六字样。惟《左传》一处言《艮》之八;《国语》一处言《泰》之八;又云:"得贞屯悔豫皆八也。"自来说者讫无恰当之解释,要之,《左传》、《国语》所载卜筮法中犹未充分表现与数相关之思想。

先生于《易》所最怀疑者,厥为各卦之组成。以为大抵各卦之爻词中每分卦名为几种,如《蒙》卦即包含发蒙包、蒙困、蒙童、蒙击、蒙五种,又有只含三种抑四种者。各卦虽由六爻组成,然除《困》、《艮》、《井》三卦外,爻词中所含爻名绝无六种者。意者《易》卦本非以六爻组织乎?又如《坤》卦,虽亦五种,而爻词中绝不包含卦名,是今日各卦之名,果系原有否,亦不可必也。

三 《禹贡之制作时代》

《禹贡》、《尔雅》、《周礼》、《职方》皆有九州。《尔雅》较《禹贡》少青梁而多幽营;《周礼》少徐梁而多幽并。自来谓《禹贡》九州为夏制;《尔雅》为殷制;《职方》为周制。考梁州今云南、四川地,殷周之时,无此州名;而夏时之《禹贡》中有之,是可疑也。更考之他书,四川、云南地方之地名,初见于《尚书·牧誓》,至春秋战国时代,楚乃占巴濮之地,秦昭襄王又取蜀地。在此以前之详细地理叙述,自不可能。先生以为战国至汉间之风气,每喜区别时代以说明问题,如《尔雅》论《孟》屡举夏殷周三代一事之异名,汉儒遇冲突不合者即分为殷周之制。当时地理思想突然发达,加以喜用数字说明之倾向,于是各种九州传说以出,而十二州之说,则更晚矣。

《禹贡》、《吕氏春秋·求人篇》、《淮南子·主术训》、《史记·五帝本纪》及《大戴礼》,皆记四至,而或以为禹时,或以为神农、黄帝、颛顼时。《管子·小匡篇》记齐桓公事而缺东至,以齐东滨海也。《国语·齐语》亦有类似之记载。《尔雅》则不言时代,只记四极。综而观之,东至海西至流沙两点同。诸说发生时代略有早晚,而无大差,皆记当时人之地理知识耳,固非真历史事实也。

《山海经》与《禹贡》所记山脉,详略过殊,不能比较。至于《禹贡》水脉,则与《孟子·滕文公》篇、《墨子·兼爱》篇所记不尽符合。编《孟子》《墨子》者当已见《尚书》,而绝无依据《禹贡》之迹。盖各家所传禹治水事各不同,《禹贡》止其一耳。《禹贡》利用战国末最发达之地理学知识,故与《汉书·地理志》最近。

禹时已有田赋,且等级分明,如《禹贡》所载,先生谓大有可疑。考之载籍,多归农业之兴于周始祖,殊无令人联想禹时农业发达之材料。且田字本意为狩猎,由田抽赋之意义发达固甚晚也。至于贡篚包甀之内容,大抵系射猎时代产物,故先生谓《禹贡》之基础或筑于古代,然现在之体裁则是农业发达后始具。《周礼·职方》及《逸周书·王会解》,亦记各州产物,而组织严整,其编成或更在《禹贡》之后。关于土色等,则完成于战国至汉初间之《管子》诸书中,有近似之记载,亦是当时地理记载之一部分也。

要之,先生意《禹贡》中之材料非《禹贡》所独有,与之类似共通者多战国时产品。是以《禹贡》中虽含有早于战国之材料,而其大部分及组成之时代则不能在战国之前。

四 《关于中国古籍之研究法》

先生主张古经籍之窜乱处,可依晚出书判断之。苟取前汉末后汉初之著述如刘向、歆父子书,《汉书·艺文志》,扬雄《方言》《法言》,王充《论衡》等为标准,可以考知此以前古书所包含较此标准为古之成分若何,窜乱至何程度。更进以《史记》为中心,暨同时之董仲舒书,稍前之《淮南子》、贾谊《新书》等为标准,据以较以前之书,考其窜乱程度,然后上溯至战国著述。以《吕氏春秋》为中心,暨《韩非子》,稍早之《荀子》,更早之《孟子》《墨子》,及《管子》《晏子》《春秋》《国语》《国策》等为标准,判断以前古书,然后稍稍可知讫战国时存在之经典为何如。至其更早之本来面目,则有待于金文。今传世金文之可信者,周初成、康时物近于《尚书》之《周书》,西周末夷、厉、宣、幽时者近于《诗》,治此二经,不得不用金文为标准也。殷墟遗迹发现后,乃得一更高标准,考《虞夏书》及《洪范》等之真伪窜乱舍此莫由焉。

以上四篇皆载《研几小录》。其中虽罕积极之结论,然所持治古史之态度方法至为周密合理,与我国近年学风颇有不谋而合者。先生尝自言,其致疑于古史亦为晚清公羊学家所促成也。《读史丛录》有《王亥》、《续王亥》二篇,大抵因王国维氏说略加补苴商兑。文后附先生昭和三年十二月题记,谓两文中所论颇有不足意处,当俟《中国古代史》出版时再为更订,故不录焉。

乙 清初史地

一 《明东北疆域辨误附奴儿干永宁寺碑记》、《奴儿干永宁寺二碑补考》

自来说明东北疆域多据清官书,而《满洲源流考》最以精确见称,谓明初疆圉东尽开原铁岭辽沈海盖,其东北境全属清室及乌拉、哈达、叶赫等诸部,明人未尝涉其境。永乐二年(1404)设尼噜罕卫,七年(1409)设都司。以后陆续设卫所空名,疆域山川多在疑似间。芜杂重复,明人亦无由悉之。先生夷考明人关于女直境之记载,而知其不然。

《大明一统志》女直条下谓元设府五,分领混同江南北水达达及女直人;明因开原迤北其部族所居地建都司一,卫百八十四,千户所二十。官其酋长,各统其属,以时朝贡,是奴儿干都司地固在明疆域内也。《殊域周咨录》女真条下言永乐元年(1403)行人邢枢偕知县张斌往谕奴儿干,于是海西、建州、野人女直诸酋长悉境来附。诏自开原东北至松花江西置卫一百八十四,所二十。寻复建奴儿干都司于黑龙江地,与各卫所不相统辖。《使职文献通编》卷七《使范》篇有邢枢传,其《外编东北夷女直》篇之记载与《殊域周咨录》同。《东夷考略》亦云:"永乐元年遣行人邢枢招谕奴儿干诸部野人酋长来朝,因悉境附。九年(1411)春,遣中使治巨舰,勒水军江上。……于是康旺、佟答刺哈、王肇州、琐胜哥四酋率众降,始设奴儿干都司。自开原东北至松花江以西,先后置建州、毛怜、塔山等卫一百八十四,兀者等所二十。……复置站地面各七,寨一,不领于卫所。"明太宗、宣宗两朝实录亦详记奴儿干都司之建设及亦失哈事。《大明一统志》引《开原新志》记女真诸部风俗綦详。则谓明人未涉其境之妄不待辨矣。

庙尔（在黑龙江附近）之上二百五十余里混同江东岸特林地方有明碑二，一刻敕建永宁寺记，永乐十一年（1413）立；一刻宣德六年重建永宁寺记，宣德八年（1433）立，皆记太监亦失哈征服奴儿干及海中苦夷（苦兀，即库叶）事。据二碑及《实录》知辽东都司自都指挥使以下皆以女真著姓任之，礼遇颇优，康、佟、王三氏且世袭其职。《满洲源流考》之论明东北疆域盖迫于忌讳，故多饰词也。

二 《清朝姓氏考》

《清太祖实录》谓清姓爱新觉罗，自天女佛古伦所生始祖已称之，实可疑。《八旗满洲氏族通谱》载满洲姓觉罗者甚多，不及诸觉罗与国姓之关系。居满洲之旗人有一俗语曰"觉罗姓赵"，而不知其由来。考满洲人称汉姓之事甚古，《金史·国语解》已举金人姓与汉姓之对照表。至明代称李、杨等诸汉姓，见《东夷考略》。似清先祖称汉姓赵氏矣，然反面之证据又复不少。

《太祖实录》记发祥史事前后错乱，先生以《皇明实录》、《东夷考略》、《吾学编》、《名山藏》诸明代载记及《西征录》、《东国舆地胜览》、《国朝宝鉴》、《燃藜室记述》等朝鲜载记考之，始了然。《实录》都督孟特穆子充善，褚宴，充善子妥罗。妥罗生都督福满，为努尔哈齐曾祖。朝鲜载记则童孟可帖木儿生童仓、董山。董山生脱罗，而无福满一世，故与奴儿哈赤世系不相连属。童、董通用，当以示姓者，《金史国语解》止有董姓，谓"尤虎曰董"，乃纯粹女真姓，童孟可帖木儿（即《实录》之孟特穆）当姓董也。

《氏族通谱》谓满洲有大族董鄂氏，其部长和和哩太祖时尚长公主。《啸亭杂录》亦载此事，作何和理，以兵马五万余降太祖。《通谱》谓其居董鄂地方，因地名为氏。

至明代记载中乃谓太祖姓佟氏，佟亦辽东名族。据《通谱》佟养正原居佟佳江沿岸，后归降太祖。辽阳之佟卜年至因被与太祖及佟养性（养正弟）同族之嫌而为明所诛，知佟氏蕃衍之盛。然太祖与佟养性、佟卜年实非一族，先生以《通谱》托佟氏大部分居马察雅尔湖及佟佳江地方,谓太祖与此佟氏之有渊源甚早;然可疑者,董鄂氏乃拥有五万兵马之大族,何以止居董鄂地方。董鄂之地介在佟氏所居佟佳江、马察雅尔湖中间,故先生疑董氏、佟氏原为一姓。《金史国语解》有董氏无佟氏,盖由董氏分出。佟氏自佟答剌哈以来从顺明室,而董山则殊为明所恶,此太祖之所以以董山子孙而对明称佟氏也。

嘉庆时有满洲人名铁保,字冶亭。《啸亭杂录》谓:"近日董鄂冶亭制府考其宗谱,乃知其先为宋英宗、越王之裔(先生原注据《宋史·宗室列传》越王偲乃神宗第十二子)。后为金人所迁处,居董鄂,以地为氏。"先生由是定董鄂乃赵宋之后。盛昱编《八旗文经》,杨钟羲作《作者考》,谓:"铁保……旧谱姓觉罗氏,自称赵宋之裔,后改栋鄂。"此觉罗当是散布满洲诸种之一,与"觉罗姓赵"语符合,而与董氏之关系亦证明矣。

太祖始建国时称国号曰金国 Aisin gurun,盖改满洲诸觉罗之一而成。或者《金史国语解》:"斡准曰赵。"金代称赵姓之斡准音变而为爱新,居满洲之旗人乃传谓爱新觉罗氏即赵氏也。

董鄂与觉罗虽有同族关系,然太祖时则尚分别,太祖家属觉罗而不属董鄂也。先生推测太祖盖迎取其长女婿何和理,为结好而并入己族。号称太祖祖先之童孟可帖木儿、董山等乃董氏,是董鄂名族何和理家祖先。《啸亭杂录》言何和理家自浑春瓦儿喀迁来董鄂,亦与童孟哥帖木儿、董山父子事实符合。《东夷考略》固只谓太祖为建州枝部,未尝书为建州左卫都督正统之董氏也。

三 《都尔鼻考》

清太祖《实录》天命十年(1625)三月己酉太祖欲迁都沈阳,谓:"沈阳乃形胜之地,若征明,可由都尔鼻渡辽河,路直且近。若北征蒙古,二三日可至。"箭内亘氏尝考之,谓此文及太宗《实录》天聪元年(1627)六月七日条皆误以都尔鼻在辽河东。太宗《实录》天聪八年(1634)五月"戊申大兵渡辽河,抵阳石木河(即养息牧河),沿河立三十营。……己酉大兵至都尔鼻地方。"当以在河西为正。《大清一统志》(卷四百九之一)养息牧牧厂山川条举杜尔笔山,注:"牧厂即设其下。"又古迹条举:"杜尔笔城在牧厂东南五里,周一里一百七十步有奇,高三丈,东西门各一。"《开国方略》崇德二年(1637)太宗命筑都尔弼城，改城名为屏城。都尔鼻、杜尔笔、都尔弼同地。

先生复获一二资料以补箭内氏说。清宣统三年(1911)所编《东三省政略·民政》篇、吴廷燮之《奉天郡邑志》彰武县条举山之著者，中有"杜尔笔山，县西北九十里"。可据以定都尔鼻之位置。清初朝鲜世子质于沈阳，其随员著《沈阳日记》，更集送致本国之状奏为《沈阳状启》，其中记豆乙非(即都尔鼻)距沈阳辽河里数，然当时测算未精，故矛盾不可信。

然先生考都尔鼻之意不单在其城址，乃在自奉天出辽西之路线，自来史家所未留意也。《清实录》天聪五年(1631)八月癸未："兵分两路并进，谕德格额类，岳托，阿济格三贝勒曰：尔等率兵二万，由义州进发，屯于锦州、大凌河之间以俟。朕将大兵由白土场入趋广宁大道，初六日会于大凌河。"知乃由奉天渡辽河后先出边门外，再由白土厂门(即白土场)及义州路(盖由清河门)入辽西。顺治元年(1644)八月世祖迁都北京，《实录》记其行程，知亦由土厂门入，然所经地名不可考者甚多。幸《沈阳日记》、《沈阳状启》中记崇德六年(1641)八月、顺治元年四月之行程，乃渡辽河西北出彰武台边门，由都尔鼻附近西南向，自清河门入边，经义州达锦州，此义州路线之大概也。朝鲜麟坪大君《松濮集》中《燕途纪行》顺治十三年(1656)九月初五条谓："自沈阳抵此城(广宁)有三路。……一路从豆乙非城历新城，暨班齐塔达于此。"此所谓第三路亦即崇德及顺治初年之都尔鼻路。

都尔鼻路之废盖在康熙时，康熙时编《盛京通志》所记已是今日经新民屯之路线，高士奇康熙二十一年(1682)扈从圣祖东巡，其《扈从东巡日录》所纪行程亦取今日之新民路线。

四 《清初之继嗣问题》

此文所谓清初指自太祖至世祖之立。太祖妻妾数人：福金佟甲氏生褚燕、代善；继福金富察氏生莽古尔泰、德格类；高慈考皇后叶赫纳喇氏生皇太极；大福金吴喇纳喇氏生阿济格、多尔衮、多铎；此外侧妃生子六。褚燕以谋叛诛，而代善、阿敏、莽古尔泰、皇太极为四大贝勒，轮直视政,阿敏太祖侄也。《实录》记太祖崩后诸贝勒坚请大福金从死,大福金托二幼子多尔衮、多铎于诸贝勒而殉。《燃藜室记述》(卷廿七)引《日月录》:"或曰:奴儿赤临死,谓贵永介(古英之对音,清官书称代善为古英巴图鲁)曰,九王子(多尔衮)当立而年幼,汝可摄位,后传于九王。贵永介以为嫌逼,遂立洪太氏(皇太极)云。"盖蒙古满洲俗以最后之嫡妻子为嗣,太祖当有遗命。而诸贝勒之势力及当时国情不允立幼子,故大福金被强殉死,更定继嗣者。《太宗实录》谓其立为诸贝勒大臣在廷所推,实文饰之词。《燃藜室记述》引《丙子录》:"丙寅五月,建州奴酋奴儿赤疽发背死,临死命立世子贵荣介。贵荣介让弟弘他时曰,汝智勇胜于我,汝须代立。弘他时略不辞让而立。"朝鲜传说或得其实也。

太宗崇德元年(1636)受皇帝尊号,国号大清。多尔衮在太宗时特被宠遇,《实录》记之甚明。奉天崇谟阁藏旧档中有《朝鲜国来书簿》,即天聪崇德间朝鲜国书钞本。其中有上皇太子笺及进物单,《书簿》存者讫崇德六年(1641),每岁朝贡皆有上皇太子笺及贡单。只据书簿固不知皇太子为何人,《实录》亦无之,先生考定即多尔衮也。旧档中又有天聪四年(1630)与刘兴祚余党誓书及岛中刘府来书,所列"金国汗黄太吉"下皆有"阿革朵儿红"之名。阿革即阿格,后世作阿哥,满洲语王子之义,朵儿红即多尔衮。《清文汇》解阿格为受册封有王子资格之少子,然册封之义本满洲所无,只王子之义殆已为储君矣。《太宗实录》天聪九年(1635)正月始定制以后太祖庶子皆称阿格,阿格之称始汎及宗室,可知以前此称之尊贵,朵尔红(多尔衮)之称阿革当以其居储贰之位也。至崇德时太宗称皇帝,遂改称皇太子,即朝鲜表文所见者矣。

至太宗之崩,继嗣问题复生纠纷。《世祖实录》(第一)谓崇德八年(1643)八月乙亥诸贝勒大臣会议立太宗第九子,然会议之经过固不若是之单简。朝鲜奎章阁藏当时朝鲜使臣报告本国之《沈阳状启》,其中记会议情形綦详。盖太宗长子豪格知大统当归多尔衮,不顾代善之推己而避去。太宗旧日将领佩剑而前,请立太宗子。代善、阿济格亦引退,多铎默无言。于是多尔衮临机措应,定立世祖,时年六岁,而己与济尔哈朗分掌八旗,为辅政。据《状启》及《世祖实录》崇德八年八月丁丑条,则当事后欲拥立多尔衮正大位者犹大有人在焉。

丙 其他时代

一 《关于高昌国之纪年》

罗振玉氏据高昌国墓表十种,作《高昌麹氏年表》,谓麹氏建号始于延昌(周保定元年辛巳,陈天嘉二年,561)。先生考之本愿寺野村氏所得卷子中,有与高昌年号残卷同出吐峪沟之写本《维摩义记》卷四残卷,其跋中有"建昌二年丙子"数字,定为高昌年号。高昌田地公茂之立为王在西魏恭帝二年乙亥(后梁天成元年,555),二年当是丙子,前于延昌元年者五年,是高昌之始建年号当在麹茂立之年也。新疆有高昌麹斌造寺铭碑,其阴载高昌王麹宝茂名,石立于宝茂元年乙亥,元年上泐二字。宝茂即田地公茂,元年上所泐当是建昌二字。

罗氏又谓《北史》、《隋书》皆不载伯雅嗣位之年,但书于开皇十年以后,盖仿汉制新君即位逾年始改元,延和元年乃伯雅之纪元也。先生据野村氏所获《仁王经》卷上跋中"延昌三十三年癸丑岁八月十五日白衣弟子高昌王麹卧"语,定卧为伯之别字,即伯雅。则麹伯雅之嗣位在延昌三十三年即隋开皇十三年(593)前,延昌三十年即开皇十年(590)之后,与延和之改元无关。由是推定高昌王麹茂以西魏恭帝二年乙亥嗣立,建号建昌,其治世讫延昌三十年凡三十六年(555—590);麹伯雅之治世自延昌三十一年至延和二十二年,凡三十三年(591—623)。

二 《宋乐与朝鲜乐之关系》

《高丽史·乐志》分雅乐、唐乐、俗乐三种,且记叡宗九年(1114)宋徽宗赐新乐,并乐器及所用冠服。然多数学者皆漫谓唐乐乃唐教坊梨园诸乐之流入高丽者,误也。《高丽史》称高丽时代之唐乐有"献仙桃"等五曲,又举唐乐基础之小曲"惜奴娇"等四十三种,且录其歌词。《乐学·轨范》谓李朝更加"金尺"等诸乐曲,其中所含小曲亦有出上四十三种外者。先生取此形成朝鲜乐基本之四十三小曲及高丽、李朝两代大乐曲中所含小曲,与宋曾慥《乐府雅词》及《拾遗》,赵闻礼《阳春白雪》、无名氏《草堂诗余》、金元好问《中州乐府》,及宋欧阳修《近体乐府》、晁补之《情趣外篇》、晁元礼《闲斋情趣外篇》、陈允平《日湖余唱》诸书较，知此四十三种小曲中，有三十一种全为根据宋金时代之词者。终宴所歌之"风入松"亦载《草堂诗余》；又"风中柳"见于宋末元初之《刘因集》中，"转花机"见《辍耕录》院本名目中。其见于宋元词者，各曲之平仄大体亦同。又如"倾杯乐"等词《高丽史·乐志》即袭用柳耆卿等作品也。《高丽史》及《乐学轨范》所载乐曲中所含小曲名，见于宋词者，亦有"金盏子"等。

至于朝鲜乐之演奏次第，以《乐学轨范》所载与宋王灼《碧鸡漫志》卷三，《乐府雅词》所辑董颖之"薄媚"（西子词）相较，大体相同，沈括《梦溪笔谈》卷五记宋乐之构成与王灼异，盖宋之大曲固有不同之构成法也。

朝鲜乐有所谓"奉竹竿子"，用于乐曲始终，以导舞妓。宋乐亦有"竹竿子"，见史浩《鄮峰真隐漫录》卷四十六，孟元老《东京梦华录》卷九，吴自牧《梦粱录》卷三。朝鲜乐有抛球乐、设门、上作风流眼。分舞妓为二班，且舞且投彩球，乃游戏而兼音乐。宋代盛行所谓圆社，乃蹴球，亦有门及风流眼。陈元靓《事林广记》戊集卷二言之甚详，与朝鲜之抛球乐甚相似。盖自宋徽宗时至高丽末元鲁国大长公主之下嫁高丽也，通宋元二代中国音乐逐渐输入高丽王。

三代两汉之音乐固不可晓，六朝及唐乐曲则略可由流传日本之唐乐推想之。日本之唐乐一部分乃唐之雅部，多少尚存前代遗音，至少汉之"房中乐"等当在其中。唐之胡部俗部乐则传西域诸国乐曲，保存者较完全。传入日本后乐律不无迁移，然据此研究唐代中国及他国之音乐固已足矣。元明以后之乐曲多少犹存于今日，惟宋代音乐只以王国维诸氏之研究文献方面略明，其遗音及演奏状态，殆不可晓。若自现存朝鲜乐获研究之端绪，唐至元明以来之连络始完，然后可着手于一贯之中国音乐史，此先生研究朝鲜乐之所以重要也。

三 《蒙古开国之传说》

蒙古人始祖之传说有狼鹿相偶生子及阿阑豁阿无夫生子两种，《元朝秘史》并采二者，而分系于前后。拉施特之波斯文《蒙古史》谓蒙古族尝战败，止余男女二人，即由是蕃衍。所载男女之名乃蒙古语狼与鹿之名，是犹一源也。《元史·太祖本纪》则略其上世，自十世祖孛端义儿叙起。

突厥开国传说谓牝狼偶人，见《北周书》、《隋书》、《北史》；高车开国传说谓老狼偶少女，见《北史》。《后汉书·西羌传》言武都羌参狼种，而语焉不详。要与蒙古狼鹿相偶之说相似。

至于感灵异无夫生子之说与夫余、高句丽、百济等通有之东明说颇相类。此种传说最早见王充《论衡》之《吉验》篇。《三国志·夫余传》引《魏略》及《后汉书·夫余传》皆略同。《魏书》以此为高句丽开国传说，改东明为朱蒙。《隋书》以东明说为百济开国传说。《北史》于《高句丽传》袭《魏书》，《百济传》袭《隋书》，于是同源之二说乃成两国之传说。然百济开国传说之如是非必史家杜撰，《魏书》载百济国王余庆上魏王表有"臣与高句丽源出夫余"语，归化日本之百济人亦自言之，见《续日本纪》。《古事记》载有与此类似之新罗开国传说。日本亦有此种感生传说，《辽史》之记阿保机诞生亦复近似。《蒙古源流》记土伯特（西藏）博啰咱感生传说，可见其传播之广。

先生据以上诸例，谓传说最相近者种族关系当亦最密接，故蒙古与夫余、高句丽、百济当较与他种族为近。此诸族皆系无父感生之传说于其始祖，故先生谓蒙古族固有之最初开国传说定是孛端察儿之感灵降诞。孛端察儿以前之狼鹿相偶说乃与突厥族接触后袭取者，宋濂修《元史》删去孛端察儿以前十余世不为无见矣。

四　学者之年谱传记

先生于考订史实外，表彰前代学者，亦不遗余力，如《章实斋先生年谱》其最著也。胡适、姚名达两氏之从事于斯皆为先生所兴起，又有《读胡适之新著章实斋年谱》一篇，于胡氏书有所商兑，且记先生谱成后续获之资料。《盛伯羲祭酒》、《盛伯羲遗事》二文阐明盛昱在清末士林之地位，及对学术界之影响。《地理学家朱思本》考证朱氏生平，及其所著《广舆图》。知思本之图原名《舆地图》，成于元至大四年至延祐七年间（1311—1320），讫明中叶犹为人所依据，崇祯八九年间（1635—1636）

陈组绶之著《皇明职方图》多少尚因袭朱氏。《再记秦边纪略》、《三记秦边纪略》两文考订《秦边纪略》作者梁份,为作年谱。自徐松、缪荃孙已留意质人著书及身世,至先生此文穷搜博考,梁氏身世学术始大白于世。此外更有《贾魏公年谱》、《孔冲远年谱》等,皆审慎翔实,则二书所未收也。

丁 史料之介绍

史料之提示亦先生对史学贡献之重要部分。虽或零星片段,然每获一新史料,必先考订其本身原委,再取以证相关连之旧籍,务尽其用而后已。《研几小录》、《读史丛录》中所载,《乐浪出土漆器之铭文》、《再记乐浪出土漆器之铭文》两文以漆器文字证汉及新莽工官之制度,与器用之规模。《拉萨之唐蕃会盟碑》文谓碑今虽不存,实建于拉萨;更以汉藏碑文证《新》、《旧唐书》记吐蕃事之可信。在《近获之二三史料》题下,"阿什哈达磨崖字"条据拓本订《吉林通志·金石志》释文之脱误;"大唐故光禄大夫行太常卿使持节熊津都督带方郡王扶余君墓志"条据墓志所记扶余隆晚年事以补《新》、《旧唐书》、《册府元龟》、《资治通鉴》等之未备;"扶余隆与新罗王之盟文"条据前田侯爵家藏《天地瑞祥志》订《旧唐书》、《册府元龟》所载盟文之误;"泉男生泉男产墓志"、"高慈墓志"二条取二志与中国高丽、日本载记互证,并考三志所见之高丽职官及则天制字;"高昌主客长史阴尚□造寺碑"条据碑订证中国旧籍所传阴氏事迹。《宪台通纪考证》据先生自藏之《永乐大典》考定此书本二十四卷,《大典》所收不完,盖止第一卷。续集亦止存一卷。明《文渊阁书目》卷第十四《政书部》有:"《宪台通纪》一部二册",知《大典》即由此采录。明时书已不完,故焦竑《国史经籍志》以及钱大昕《补元史艺文志》、章学诚《文史通义》等或误载撰人名氏,或误载卷数也。《礼部志稿解题》阐扬《四库全书》所收《礼部志稿》之价值,谓为明代外交掌故之大观,不惟可补《星槎胜览西域行程录》之阙,其中重要材料即《殊域周咨录》、《五边典则》、《西洋朝贡典录》、《使职文献通编》等最精详之掌故书中犹未尝见。《清朝开国期之史料》列举入关以前清人自撰之史料。考定流传日本之传钞本太祖、太宗、世祖三朝《实录》乃康熙时纂修者,未经改易,最为可信;《东华录》所据《实录》则乾隆以后重修本。奉天崇谟阁又藏所谓《满洲实录》者,具汉满蒙文,且有图画,亦未经改窜者,可以考太祖一代事迹,其价值与日本传钞本同。崇谟阁藏汉文旧档,多与奉天各地所存石刻及明、朝鲜之记载符合,可以考入关前政治外交之真相。先生于明治三十八年(1905)亲往阅览盛京宫殿所藏史料,乃发现此项汉文旧档之第一人,曾全部摄影以归,金梁之编辑《崇谟旧档》远在先生后也。先生更指出崇谟阁满文老档为开国期最重要之史料,乃兼有用新旧满洲字所书之日记体记录,起天命纪元前九年迄崇德元年(1607—1636)。其中间有残缺,然记事殊详细,如崇德元年一年间竟达三十八册,余可知矣。《秦边记略之嘎尔旦传》以通行刊本《纪略》无此传,而先生所藏钞本有之,因取《朔汉方略》、《藩部要略》相较,知二书多可信据。然梁书尤致意于嘎尔旦初年事,其后与清圣祖争衡,以多忌讳,未能详尽。《大英博物馆所藏太平天国史料》文中列举诸史料,大抵中国已移写印行,惟中兴诸将致戈登信札七十余通,多文集所未载,先生谆谆道其价值,而国人传写史料者似尚未遑注意焉。

廿三年八月四日写竟于天津

(《史学年报》1934年第2卷第1期)

对于日本青山定男《中国历史地理研究的变迁》之辨正

张宏叔

《禹贡半月刊》创刊不久,日本的同道东方文化学院青山定男先生即发表《中国历史地理研究的变迁》一文,而以禹贡学会为论述之终结。该文将中国历史地理的研究,划分为三个时期,即南北朝以前受训诂主义影响时代,以两宋为中心的合理说勃兴时代,与清代考证学发达时代。前二期为概括的叙述,而清代以迄最近,则有详细的论断,似为该文重心所在。

青山先生编有《方舆纪要索引》,是日本的中国历史地理学的专家,该文显现他对于中国历史地理学的把握的深度。其全部理论体系之正确性如何,读过该文的人自会明白,这里不必加以批评;但其近代部分的源流的考索,则显与事实相反,我们是要加以辨正的。

一、王国维与藤田、内藤、狩野诸博士的关系何在

青山先生以为清代历史地理学之能及于边疆而独辟新境地者,惟民初丁谦、王国维二人,而以王氏的贡献为最大。这种片段的观察,我们不能赞同。姑退一步承认其论王氏部分,而指出其谬误之所在。

王氏之死,国内外学术界均出纪念号以追悼之。[①] 其生平行迹,其

---

① 国内如清华大学《国学论丛》第一卷第三号、《中华图书馆协会会报》第二卷第五号、《国学月报》第二卷第八九十合刊专号,散篇如《东方杂志》第二十四卷第十三号十九号,以及《文字同盟》第四期等。国外如日本《艺文杂志》第十八年第五号。

友朋及其门弟子,记载甚详;其在学术上的贡献及其地位,亦已盖棺论定。尸骨甫寒,其友朋及其门弟子犹未忘怀。但是今天读到青山先生的论文,对于王氏不惜颠倒事实,造成一种假系统,这非但使我们觉得遗憾,也实使王氏所不能瞑目于地下的。

青山先生的话道:

> 王国维……他在光绪二十四年入日本东文学社,受该校教师藤田丰八、罗振玉两氏的熏陶。宣统元年出版《静安诗文集》①,其时尚未从事史学的研究。辛亥革命时,与罗振玉氏同避难于日本京都,逗留三年。在这个期间,得受教于日本中国史学大家狩野直喜博士、内藤湖南博士、藤田丰八博士等,依其指导,埋头于史学的研究。其后与本国的沈乙庵、柯蓼园两氏及西人伯希和氏等结交。

在青山先生心目中,藤田诸博士之于王氏既有此等教导的关系,所以王氏的伟大贡献自然是"由日本史学培养成功的",于是"想到这一件事,痛感两国学界因缘不浅"。我们决不否认学术的国际性,但我们也决不能接受违背事实的师承系统。

按东文学社是罗振玉氏成立于上海,而聘藤田博士为教授的。这一点最粗简的事实,尚为青山先生所弄乱,其他可知。王氏和藤田诸博士之关系如何,在罗氏撰的《海宁王忠悫公传》中说得极透彻详明:

> 公讳国维……光绪丙申……明年,予与吴县蒋伯斧学部(黼)结农学社于上海,迻译东西各国书报,以乏译才,遂以戊戌夏立东文学社造就之,聘日本藤田博士(丰八)为教授。公来受学……

又罗氏《藤田丰八墓表》:

> 明治三十年,值我光绪丁酉,予主农学社,聘君译农书,君遂至上海。明年予以西力东渐,非中日敦睦,不克御务(按疑为侮之误)。顾语文隔阂,意志不通,拟创东文学社以沟通之。质之君,君欣赞许,自任教授,此予与君订交之始。

---

① 王氏在宣统元年出版的是《静安文集》,无诗在内。此或系青山先生疏忽致误,尚有可原。

又王氏《三十自序》：

> 是时社中教师为日本文学士藤田丰八，田冈佐代治二君，二君故治哲学。余一日见田冈君文有引康德（Kant）、叔本华（Schopenhauer）之哲学者，心甚喜之，顾文字睽隔，自以为终身无读二氏之书矣。次年而社中兼授数学、物理、化学及英文，其时担任数学者即藤田君，以文学者而授数学，未尝不自笑也。

又云：

> 留东京四五月而病作，遂以是夏归国。自是以后，遂为独学之时代矣。体素羸弱，性复忧郁，人生之问题日往复于吾前，自是始决从事于哲学，而此时为余读书之指导者，亦即藤田君也。

据此，知在辛亥革命以前，王氏确曾受教于藤田者，但限于日文、英文及其他自然科学的修习而止，他藉英文以读康德、叔本华的哲学，只为解救他内心的苦痛。但王氏反复三次硬起头皮读康德的哲学，终于因读不通而放弃。叔本华的悲观论，正合着他的脾胃，于是有《红楼梦评论》的写成。这一个阶段，王氏秉着第三阶级的意识，不落人后，一样的努力"西学"，走上"维新"的路，以解除当前民族的巨创。《静安文集》的出版，结束了这一个阶段。《静安文集》中的思想是不成熟的，他没有激起时代的波澜。藤田就是这样在王氏的前阶段中，做了一位教英文、物理的启蒙之师。这不是史学指导，青山先生也承认的。

羸弱的体格与忧郁的性情，为猛烈的革命运动所震慑，他没奈何的退到复古阵线了。于是又向三百年来发展的经史之学寻找最后的归宿。果然，拉了戴震、钱大昕、段玉裁、王念孙这一班古圣贤做了台基，竖起他的大厦了。请看罗氏怎样说明他这一起一伏：

> 及辛亥冬，国变作，予挂冠神武，避地东渡，公携家相从，寓日本京都。是时予交公十四年矣。初公治古文辞，自以所学根柢未深，读江子屏《国朝汉学师承记》，欲于此来修学途径。予谓江氏说多偏驳，国朝学术，实导源于顾亭林处士，厥后作者辈出，而造诣最精者为戴氏（震）、钱氏（大昕）、汪氏（中）、段氏（玉裁）及高邮二王，因以诸家书赠之。公虽加流览，然方治东西洋学术，未遑专力于

此。课余复从藤田博士治欧文,及西洋哲学、文学、美术,尤喜韩图、叔本华、尼采诸家之书,发挥其旨趣为《静安文集》,在吴刻所为诗词,在都门攻治戏曲,著书甚多,并为艺林所推重。

这是王氏前阶段虽曾致力古文辞,而经史之学却不屑致力,他要治东西洋学术,从事于新文化运动,但革命的巨浪,又把他压回去了,他只得帖然听顺罗氏的劝告。

> 至是予乃劝公专研国学,而先于小学训诂植其基,并与论学得失,谓"尼山之学在信古,今人则信今而疑古。国朝学者疑《古文尚书》孔注,疑《家语》,所疑固未尝不当,及大名崔氏著《考信录》,则多疑所不必疑,变本加厉,至于诸经,皆出伪造。……方今世论益歧,三千年之教泽不绝如线,非矫枉不能反经,士生今日,万事无可为,欲拯此横流,舍反经信古末由也。公年方壮,予亦未至衰暮,守先待后,期与子共勉之"。公闻而悚然,自慰以前所学未醇,乃取行箧《静安文集》百余册尽摧烧之,欲北面称弟子焉。予以东原之于茂堂者谢之,其迁善徙义之勇如此。

终于幡然改辙,重理旧日的炉灶。

> 公居海东,既尽弃所学,乃寝馈于往岁予所赠诸家之书,予复出大云书库藏书五十万卷,古器物铭识拓本数千通,古彝器及他古器物千余品,恣其搜讨。复与海内外学者移书论学,国内则沈乙庵尚书、柯蓼园学士,欧洲则沙畹及伯希和博士,海东则内藤湖南、狩野子温、藤田剑峰诸博士及东西两京大学教授。每著一书,必就予商体例,衡得失,如是者数年,所造乃益深且醇。公先予三年返国,予割藏书十之一赠之,送神户,执公手曰:"以君进德之勇,异日以亭林期矣。"

又罗氏《观堂集林序》[①]说此尤核:

> 辛亥之变,君复与余航居日本,自是始尽弃前学,专治经史,日读注疏尽数卷,又旁治古文字声韵之学。甲寅,君与余共考释《流

---

① 《观堂集林序》传为王氏自撰,而署罗氏之名者。

沙坠简》，余考殷虚文字，亦颇采君说。

王氏在日本三年转向于史学的研究，归国后在上海为哈同编《学术丛编》，并遍观乌程蒋氏藏书，为编书目，进步更速。发表《殷周制度论》等伟大作品，奠定了王氏在学术上的地位。罗氏与王氏有二十六年结交的历史，自称于王氏"学问之变化，知之为最深"。从上引的话看来，王氏到日本后受了罗氏的劝告是有的。他早期已从《国朝汉学师承记》知道三百年中学术的演变、分派、进步，而识得治学的门径，到此就老老实实向旧路迈进，日读注疏数卷，又凭藉罗氏丰富的藏书，新史料的发现，西洋哲学的研究，使他获得了很大的成绩。这是王氏治学的第二阶段，也就是青山先生所说史学的研究的阶段，藤田诸博士的师承关系何在？青山先生凿空之迹，是昭昭然的。至于狩野、内藤，与王氏更无甚深的学问的关系。先是辛亥革命罗氏避难日本，乃由藤田绍介而认识。《藤田丰八墓表》：

> 辛亥国变，君劝予避地海东，与京都帝国大学教授内藤湖南、狩野子温诸博士，谋所以安远人者周且挚。

王氏也就从此认识。狩野则多属经义之学，内藤则专攻清史，藤田之学在西域与南海交通，与王氏的古文字学、戏曲、西北史地学都渺不相通。他们的关系，不能超友谊以上。指导云乎哉！指导云乎哉！[①]

二、王国维的历史地理学批判

王氏归国以后史学的努力，其在历史地理学方面，青山先生认定的代表作，有：

(1)《周葬京考》

(2)《秦都邑考》

(3)《秦郡考》上下

[①] 实在说起来，藤田是受罗氏指导的。罗氏《藤田丰八墓表》说"君授课之暇，辄就予论学，恒至午夜，如是者十六年"。小柳司气太博士作《藤田略传》，引罗氏上文后，故说"博士受罗氏学问上的启发甚多"。市村瓒次郎序《东西交涉史研究》则说藤田之学，得"罗、王二氏切磋琢磨之效"。这算公允之论，青山先生岂不知之。

(4)《浙江考》

(5)《汉会稽东部都尉治所考》

(6)《后汉会稽郡东部候官考》

(7)《鬼方、昆夷、猃狁考》

(8)《西胡考》上下

(9)《西胡续考》

(10)《西域井渠考》

(11)《黑车子室韦考》

(12)《西辽都城虎思斡耳朵考》

(13)《鞑靼考》

(14)《辽金时蒙古考》

(15)《金界壕考》

等十五篇。归纳一下,约得三类:

甲、古代地理(1)(7)。

乙、秦汉地理(2)(3)(4)(5)(6)。

丙、西北地理(8)(9)(10)(11)(12)(13)(14)(15)。

这三类中以丙类贡献为最大,其对于历史地理学之贡献,亦即在此,这是大家公认的事实。秦汉郡治之研究,由于王氏烂熟《史记》《汉书》,出入于全谢山、钱竹汀诸人考订地理之范围,而有以折衷补正,所得并不很多。① 古代地理则全为考证古器物古文字之旁支,②亦非确论。③ 这两类如青山先生所举,虽仅七篇,已尽《观堂集林》中所有之目,现在我们欲讨论者,即王氏之西北地理学,怎样出发,成绩何若二事,以判明青山先生论证之当否。

---

① 钱宾四(穆)先生《秦三十六郡考》有云:"裴骃注《史记》,已不列桂林、南海、象郡,而钱竹汀力非之,实为一歧。谢山退九原,补广阳,所获远超前人,真所谓博而笃者。王静安《观堂集林·秦郡考》主驳竹汀之说。其退九原,补广阳,皆本谢山,而不全遵信,又转生歧,遂有四十二郡四十八郡之拟议,钱王两家精思博识,大略相似,而与此竟俱失之,良可憾也。"

② 《鬼方、昆夷、猃狁考》中有云:"……此族,春秋以降之事。载籍稍具,而远古之事,则颇茫然,学者但知其名而已。今由古器物与古文字之助,始得言其崖略,倘亦史学家所乐闻欤。"他篇亦当如是。

③ 唐立庵(兰)先生以王氏《周葬京考》所考未安,作《葬京新考》辨之,见《北京大学史学论丛》第一期。

关于第一事,即诱发王氏走向西北地理研究的因子,可以这样说:

(一)自一八四〇年鸦片战争,西欧资本主义先进国家开始掠夺中国市场,中国便沦落在殖民地的万丈深渊,这在知识阶级的脑海里,是从未有过的刺激。本来,晚明混乱的空虚的思想界已促成清初的"致用经世"之学,顾亭林的《天下郡国利病书》即在这场合下产生的。乾嘉的学者更切实的专力经史。加以帝国主义者的侵略有加无已,民族意识也跟着一步步的提高。那时一方面眷念元代大版图和扩张的光荣,另一方面旧帝俄的得寸进尺,屡启边衅,西北地理学运动遂站在学术界最前线。嘉道以还,徐松、张穆、何秋涛、魏源、龚自珍、李光廷、张鉴、施国祁、沈垚、李文田、洪钧、江标以至屠寄、沈曾植、柯劭忞、丁谦等,也就在这大运动里各造成不可磨灭的功绩。这一点,王氏认识得最清楚的。《沈乙庵先生七十寿序》[①]上说:

> 我朝三百年间,学术三变:国初一变也,乾嘉一变也,道咸以降一变也。……道咸以降,涂辙稍变,言经者及今文,致史者兼辽、金、元,治地理者逮四裔,务为前人所不为,虽承乾嘉专门之学,然亦逆睹世变,有国初诸老经世之志。

又《圣武亲征录校注》序[②]也说:

> 道光以后,学者颇治辽、金、元三史,及西北地理。

自然,他也就浸染在这时代的学风里了。

(二)当时敦煌新史料的发现,也是诱发王氏研究西北地理的一个有力的因素。一九一八年,他作《西胡考》,即其明证。赵萬云先生(万里)在所撰王氏《年谱》(《王静安先生年谱》)于是年加按语云:"按先生是年得见敦煌所出诸史料,因详考中古西陲及高昌回鹘之史实。又《化胡经》摩尼教等之关于古代宗教者,亦有所论述。而《西胡考》之作,尤有极重要之结论。"

(三)我们已经知道西北地理学运动的发动是紧跟着帝国主义对华的侵略,那么这个运动至少已有一百年的历史。民族的危机愈深,运

---

① 《观堂集林》二三。
② 《观堂集林》二三。

动的力量愈大,这是当然的事。一八九四年中日战争,割去了台湾与辽东,一九〇〇年八国联军攻破北京,一九一五年日本压迫袁世凯二十一条,攻取青岛,及夺取南满、东蒙、山东的权利,这个大变局又撼动了学术界。王氏一九一八年作《沈乙庵先生七十寿序》,就愤慨的说道:

> 今者时势又剧变矣,学术之必变,盖不待言。

而认沈乙庵为这必变的学术界的巨子,

> 世之言学者,辄伥伥无所归,顾莫不推嘉兴沈先生,以为亭林、东原、竹汀者传也。先生少年固已尽通国初及乾嘉诸家之说,中年治辽、金、元三史,治四裔地理,又为道咸以降之学。

这话是很确切的。沈氏既为王氏所推服,而其关系也最密切。王氏辛亥避居日本,转向史学,已与沈氏通书论学。《尔雅草木虫鱼鸟兽名释例自序》上说:

> 甲寅岁(1914),余侨居日本,为上虞罗叔参事作《殷虚书契考释后序》,略述三百年来小学盛衰,嘉兴沈子培方伯见之,以为可与言古音韵之学也。①

这是王氏古文字学得诸沈氏启导的一证。一九一五年,王氏回到上海,就与沈结交,过从甚密。《年谱》云:"先生自海外归国后,与沈先生过从最密。沈先生寓居新闸路,与先生寓所相距甚近。沈先生每见一书画或金石墨本,必招先生往,相与商榷。沈先生笃老不著书,惟以吟咏自娱,故常与先生相唱酬。先生每成一文,必先以质沈先生。后先生治西北地理及元史学,似受沈先生相当之影响也"。《年谱》的断语是正确的。王氏西北地理之研究,始于归国后与沈氏之缔交,而大成于一九二五年入清华研究院以后。②《蒙古史料校注四种》,实完成沈氏之遗业。所以我们可以说,沈氏的魂灵化作了王氏的骨肉。

王氏在这三种的诱因下,就进了西北地理研究的领域。至于他对

---

① 时王、沈往还书信,发见《年谱》。
② 上揭西北地理论文,(8)(9)(10)三篇为己未(1919)秋日四十三岁时作,其二月作《沈乙庵先生七十寿序》。(11)(15)两篇为丁卯(1927)五十一岁时作。(12)(13)(14)三篇为乙丑(1925)四十九岁时作。

日本学者之成绩,则未加以若何注意,而路径亦不相同。这可证之于他所撰《元朝秘史之主因亦儿坚考》之题注:

> 十数年来,日本箭内(亘)、羽田(亨)、藤田(丰八)三博士及松井(等)、鸟山(喜一)二学士各就辽、金二史之乣军,发表其新说。

而王氏仅看到箭内、鸟山、藤田三人的论文三篇。

> 余于契丹、女真、蒙古文字,瞢无所知,对此问题自不能赞一辞。然近读《元朝秘史》,就史实上发现与金末乣军相当之名称,此名称与自来乣军之音读略有不同,于史实之同一及言语之歧互,殊不能得其解。

又所附《致藤田博士师书》的第二通道:

> 国维近岁稍治辽、金、元三朝事,然对于此类书,无论国内国外,甚感不备。去岁读羽田博士拙著《鞑靼考》之批评。又承东京大学见赠《满鲜历史地理研究报告》第十一册,后有前十册报告总目,始知故箭内博士及松井学士并有《鞑靼考》,乃购诸东京书肆,绝不可得。顷始由友人展转借得数册,得读箭内博士之文,考证精密,钦佩无已。

这是很明白的一件事。我们怎么可以说他曾受日本学者的严密指导?

王氏贡献学术界最大的是金文甲骨之学,是宋元戏曲之学,而西北地理,不过踵承前人而已,并非独创。我们可以引两个人的批评,作为他的估价。一个是和他同在研究院作导师的梁任公先生,他序《国学论丛》王氏纪念号道:

> 先生贡献于学界之伟绩……若精校《水经注》,于赵、全、戴外,别有发明。若校注蒙古史料,于漠北及西域史实多所悬解。此则续前贤之绪,卓然能自成一家言。

一个是他的门人吴其昌先生,在《王观堂先生学述》中道:

> 如西北地理之学,自徐、何、魏、李……以下,以至于沈、柯诸老,浚源既长,衍流亦广,先生不过继承而发挥,且其功绩,视戚同大老究竟如何,尚未敢质言。

他死后留给学术界的影响,也就是甲骨金文与宋元戏曲二领域之日益扩大。他的门人大都在此二领域中活动,没有继承他的西北地理学的。

我们明了了王氏学术的贡献与源流,就可以看出最近中国史学的发达。是一种必然的趋势,而不能归功于某一二人。有如燕京大学的史学研究,和王氏实没有很深的关涉,而禹贡学会的成立,从它两年来的工作和成绩所昭示,也就知道它是怎样一个科学研究机关了。

要之,藤山丰八初嗜文学、哲学,后至上海,罗振玉延聘入农学报馆译述关于日本之农学书籍,暇则就学罗氏,其后罗氏组织东文学社,以藤田为日语教师,原无所谓学术的研究。是时王国维虽肄业斯社,而其兴趣则不在历史地理,更无所谓受藤田氏的熏陶。取小柳博士的《文学博士藤田丰八君略传》,笹川博士的《追忆》,币原博士的《藤田博士の想び出》,市村博士的《东西交涉史の研究·西域篇》序文,罗振玉的《藤田丰八墓表》等文观之,不但王国维没受藤田的影响而藤田本人对汉学的成就反赖罗振玉的诱导。

就藤田与王氏二人治学的方法及所研究的范围而论,亦自不同:藤田注意在西域南海,王氏则在内地与蒙古。藤田与白鸟库吉相似,好用语言学比对;王氏则多举实例。假使把藤田《东西交涉史の研究》上的各文和王氏《王忠悫公遗书》里的各文一篇一篇读过后自知。至于狩野的著述都是关于经传的,颇带乾嘉学者的意味,与地理之研究毫无关系;内藤则以研究清史著名。不知青山氏何以说王氏的地理研究是受上述三人的影响?

我以为中国学者研究地理的趋向有两条:一条我叫作正系,是着重于《禹贡》、《汉志》、《水经注》;一条我叫作旁系,是着重于《山海经》、《穆天子传》及正史《四夷传》。这两系到了清代都是盛极一时:正系自顾祖禹以下至杨守敬给了个结束;旁系自钱大昕、厉鹗以下经道光、咸丰至丁谦也给了个结束。王国维上承这两系的余绪,下因挽近地下的发掘及西人的影响,开拓将来的路径。王先生对于地理沿革的研究正待有所贡献,可惜天不假年,其成绩并没像其他方面之伟大。

(《禹贡》1936 年第 5 卷第 10 期)

评三宅俊成《中国风俗史略》

张荫麟[1]

旅华日人三宅俊成（日本关东厅在支研究员）顷著中日文合璧之《中国风俗史略》一书，由北京西长安街二十一号文字同盟社印行，定价一圆。此书内容殊啬，中文部分不过二万三千余言而已。其叙述大体上按朝代分期，惟周以前为一期，秦合于汉，三国至隋合为一期，五代为一期。每期所述项目，时有增减，然大要不出服装、建筑、饮食、器用、仪礼、宗教、祭祀、舞乐、玩器、医疗、生业、货币等等。其资料以《初学记》、《太平御览》、《玉海》、《渊鉴类函》等类书为主，而参以他籍。以偌大题目，而取材如此其简陋，篇幅如此其薄小，其不能有多大价值明矣。

然作者却以筚路蓝缕之功自居。其绪言之末云："现在各国均有风俗（志）及风俗史之编，而中国之旧邦未闻有此种科学的研究系统的著述。今不揣菲才，乃拟为之尝试著述。"不知数年以前，胡朴安氏已有《中国风俗志》之编纂，张亮采氏已有《中国风俗史》之撰著（商务印书馆出版），且其书皆不如三宅俊成君此编之简陋。而三宅君乃未之知，遂至后来居下，劳而鲜功，亦可惜矣。

三宅氏此书以供通俗之浏览，已嫌其多不正确；若从学术上观之，则直无价值可言。盖其引据皆不注明出处，即每章之末亦不列参考之书，使人无从考核。此种缺略，施于通俗之书犹可，惟决不容施于专门之著作。而日人于支那学之专门著作亦每每如是，深望其能及早变革也。

作者于周以前之资料，毫无批评精神，故三皇五帝创物之神话采掇无遗，此章直拉杂摧烧之可也。周以后各章亦时有谬误。如云"后汉明

---

[1] 原署名"素痴"。

帝时佛教西来"(三十七页),不知西汉末年佛教已入中国,而汉明求佛之说不足信。如云"秦以后平民如有买卖奴婢"(三十七页),不知战国时已有之,见《史记·货殖列传》。如云唐代武器有枪炮(五十六页),不知火药之用为战具始于宋末,唐以前之所谓炮乃指发石击敌之机械耳。

　　除讹误外,尚有两大病。(一)叙述笼统。例如其叙秦汉建筑,只此数语:"秦汉之建筑极盛,秦筑阿房宫,汉有种种室阁之建筑,庭园营造亦颇有雅趣。"试问读者于秦汉之建筑能得丝毫印象否耶?(二)叙述不明晰。古代器物后世已绝用或不恒见者,若但举其名称,读者必不能索解,等于废语。书中即多犯此病。例如言汉代杂器有"七轮扇等",按此乃据《西京杂记》记言长安巧工丁缓,连七齿轮,上置风扇,一人运之,满室生风,但据字面,曷能揣知其意?又如言汉代玩戏,但云"有格五……摊钱影戏等",亦犯同病。

　　然此书亦有一点可取,亟宜加以表彰。书中影印历朝明器中偶人,以表示其时代之衣装。此种新史料及其新应用,中国史家盖未有注意及者,惜书中图象极模糊耳。吾人由此暗示,广搜历代明器(或其精细之影片),并佐以文字上之证据,以研究古代之服装,亦史学上极饶兴趣而极有贡献之事业也。

(《大公报·文学副刊》1928年4月16日)

《中国秘密社会史》

罗尔纲

平山周著,上海商务印书馆出版,史地小丛书之一,民国二十三年八月国难后第一版。

此书初版大约刊于民国初年。著者曾以古研氏的笔名将此书节略写为《中国之秘密结社》一文登在民国初年的《东方杂志》上(现此文收在《东方杂志》二十周年纪念的《东方文库》第十二种《世界之秘密结社》中)。中国民间秘密结社,是中国史上一件大事。假如中国自汉以后的整部政治史,可以分做异族入侵与士大夫的争权夺利及平民的骚动三方面来看,则为民变重要分子之一的秘密结社实在值得史家探讨。不过,关于这方面的研究,我们的史家却很忽略,除了陶成章的《教会源流考》外,我们不曾看见有第二种著作曾把中国史上的教门与会党加以检讨过。所以平山周这部书,虽然出版了二十多年,但是到今天还是一部重要而新鲜的著作。

此书著者平山周是个帮助中国倒清革命运动的日本志士。孙中山先生的自传(《建国方略·孙文学说》"有志竟成")及冯自由先生的《中华民国开国前革命史》上编(《革命党与日本志士之关系》)都有关于他的记载。在本书中,著者也屡次叙到他自己与中国洪门各会党交结的事迹。章太炎先生给他作序称他说:"日本平山周游中国久,数与会党往复,于中国之秘密结社汇而志之,盖其情伪纤悉尽知之矣。"这话并不是过誉。

此书共分六章,第一章白莲会,专叙述白莲教自元代至清末各教门流派的活动,在这一章第一段中并考叙中国秘密结社的起源。第二章天地会,第三章三合会,第四章哥老会,这三章都是对于洪门会党的叙述。天地会这一章实即等于贵县修志局发现的天地会秘密文件钞本中的引文那一部分(贵县修志局本天地会文件将刊于《国立北平图书馆馆刊》上,请参看)。这只是对于天地会起源的根由的叙述,不应自成一章。又三合会乃是天地会的异称,也不应与天地会对立而另成一章。故本书第二章与第三章应合为一章,则天地会的缘起,活动及其组织才叙述得首尾分明,而不致使读者误会以为是两个不同的会。至于第四章哥老会,虽源自洪门,但已另具组织,自应别立一章。第五章兴中会及同盟会,专叙述孙中山先生的革命运动。第六章光复公会,则叙述清末贵州的革命党。

此书定名为《中国秘密社会史》,但严格说来,只能够算作一部史料而不能称作史。我们要研究中国秘密社会史,应该对于各个秘密结社的信仰与组织加以探讨,再进一步去寻求他们之间的共通性,然后中国秘密社会的起因在那里,他们的要求在那里才可以明白。例如道教之与太平道五斗米道以至宋代方腊的吃菜事魔的结社,佛教弥勒佛之与白莲教,耶苏教之与上帝会,在这里我们可以知道宗教对于秘密结社的关系。如宝卷文学之与白莲教(请参看向觉明先生《明清之际之宝卷文学与白莲教》,见《文学》第二卷第六号《中国文学研究专号》),《水浒传》之与天地会(请参看拙文《水浒传与天地会》,见《大公报·史地周刊》第九期),以至《三国演义》、《封神传》之与各教会,在这里我们可以知道文学对于秘密结社的影响。如五斗米道对于会众有"作义舍,以米肉置其中,以止行人"的办法(《魏志》卷八注引《典略》),方腊吃菜事魔的结社有"凡出入经过,不必相识,党人皆馆谷焉,凡物用之无间,论为一家"的说法(洪迈《青溪寇轨书后》),天地会三十六誓中会众有通财的义务(请看本书第三章第三节),上帝会有圣库的制度(程演生先生《太平天国史料》第一集),在这里我们可以知道每次秘密结社的发难所以能够掀动广大群众的原因。如白莲教的兴起在于驱逐胡元,天地会的创立则在于灭清复明,上帝会的起事也以驱逐满族做口号。就是义和团的排洋也为的是忍不着西洋的侵略而起来反抗的,他们的手段虽然愚昧可怜,但他们的动机也正和白莲教、天地会等的民族主义一线相传的,在这里我们又可以看出我们民族实具有不屈不挠的民族性。凡此,著者都不曾加以探讨及解释。著者的用力只在于叙述各教会的活动及汇录会党的秘密文件。所以此书我们只能称他为史料,而不能称为一部历史的著作。

如果我们以史料来批评这部书,则这部书便是一部难得的史料集子。此书除了第一章白莲教是钩稽旧史的叙述(仅保留有一封革命党连络满洲在理教的信),没有什么史料的价值外,其他五章都是很好的史料。第二至第四章是洪门的文献,第五章是修国民党史的必要的参考资料,第六章记贵州的光复公会也可以备一方的掌故,尤其是汇录洪门文献这三章最值得我们的宝贵。

这三章,在全书中占三分之二有奇的篇幅(全书一八〇页,这三章共占一三四页),其中十分之九是汇录洪门文献(但著者当在原文件中间插入他自己的解释,或在首尾加以提要,这种地方,读者须留意),著者的叙述仅十分之一。如天地会一章,著者仅在首尾略加叙述,及在中间插入他的说明,此外,完全是原文件。在三合会一章中,自三二页的"公所"一节以至七五页的"茶碗阵",都是原文件,仅由著者略加说明。哥老会则差不多都是原文件,著者叙述的地方更少。我们试把天地会与三合会两章来与贵县修志局发现的天地会文件相比较,如果以保存原文件的面目来论,自以贵县修志局本好得多,但是,倘使以内容来论,则此书所收实远胜于贵县修志局本。此书有可以与贵县修志局本互相参定的,如天地会一章便可与贵县修志局本引文那部分比看,三合会一章的"入会式"一节便可与贵县修志局本拜会互答那一部分对勘(但贵县修志局本有一〇八首洪门诗篇,此书则无,这点却是贵县修志局本内容胜于此书处)。此书有可以补充贵县修志局本的不足者,如"公所及会员"、"誓词及诸律法"、"会员证书"诸节,凡可以考天地会的组织的地方,都为贵县修志局本所无。又三合会一章,共插图十三幅,与贵县修志局本洪门纪念图合并来看,则天地会的起源、宗旨、分布地域,以及证章年号等,都可以一望而知。作者这三章书,实在是一部重要的洪门文献。今年夏天,我做天地会考证的时候,不曾得读此书,以为徐珂先生的《清稗类钞》中的天地会及三合会两节是中国今日惟一刊行的天地会史料,现在将两书来互相对勘,才知道《清稗类钞》原是节录此书又加以窜改者。则此书的价值可知了。

最后，我还要提出两点意见：第一点是此书把上帝会列在三合会一章中，这是不对的，因为上帝会的信仰源自耶稣教，与以佛道杂糅来结社的洪门并不同源，虽然上帝会也有袭取洪门的地方，但他的信仰究以耶苏教为主，与洪门的面目完全不同。第二点是此书把兴中会及同盟会并拟于白莲洪门一流的结社，这也是不对的。这点我们并不是因为今日国民党是个开明的政党而这样说，其实，在兴中会时代便已是一个开明的组织而与前代的秘密结社借神道以设教的路线绝不相同，其会章便可证明（请看本书第五章），后有作者，这两点须要注意的。

总之，这部书顾名思义来批评，实在不能称为一部历史的著作。但以史料来说，尤其是关于洪门三章，却是一部最可宝贵的史料。我们做此类史实探讨的人，实不能不向这位异邦的著作者深表敬意。

(《图书季刊》1934 年第 1 卷第 4 期)

《大英博物馆所藏太平天国史料》考

谢兴尧

日本《史林》杂志第十卷(大正十四年出版),载有内藤虎次郎撰《大英博物馆所藏太平天国史料》一文,详述太平天国史料遗流于海外者之目录及其价值,足为吾人研究近代史之重要参考资料。其文发表距今已数年,然吾国留学于欧西者,虽陆续抄回若干篇,而大部分则仍为国人所未见,且即此宝贵史料之目录,亦无从知,斯诚吾国史学界之耻辱,兹特译之,并详为考订于后:

一、内藤虎次郎原文

大正十三年十二月,余在巴黎时,法人波尔伯黎氏问于余曰:"前游伦敦,除敦煌石室古籍外,更睹何书?"余答以太平天国史料,及戈登将军文书,曾遍阅一过,并已节录其十之七八,是所极感兴趣之事。波尔云:"此诚盛事。现欧洲所保存之支那史料,在支那亦未经发见者有二:一为巴黎杰斯伊多宣教师之报告文件;一即大英博物馆所藏之太平天国史料及戈登文书。君既抄得其一种,则至足欣幸。"余亦以为大英博物馆之太平天国史料,彼国亦重视珍藏。在余日本最初着手抄录此史料者,当首推故法学博士田中萃一郎君,其所抄目录,承现在留学巴黎博士门人松本信广君之赐予。又烦幸田成友及宫岛贞亮两君抄录之劳,乃得知其史料之概略。又有久保要藏君充任南满铁道要职,驻于伦敦,临行时,朝鲜总督修史官稻叶岩吉君,亦嘱托其就便于大英博物馆抄录此种史料。其所录之部,曾一度借阅,惜未睹全豹,现在与彼接洽借阅。盖欲将此三种抄本,加以校勘检察,而制成一完全底本,公诸学界。兹将余所录之大要,先发表之。

前所举太平天国史料,及戈登文书,按其史料之性质,及其流入大英博物馆之原委,分为两部,以便研究。夫搜集太平天国史料者,虽不能详知其姓氏,然大概将太平天国当时所颁诏敕,及制度之印刷物或传抄文件,及太平天国灭亡后,由两江总督曾国藩陈奏清廷之太平天国印刷文书,与忠王李秀成口供,而陆续纳入于大英博物馆者,实大有人在。至戈登文书之来源,乃因戈登将军,当其统率常胜军讨伐太平天国时,李鸿章、程学启以下各将帅,及苏州等处之守将,对于彼之咨行文件,加以保存,迨戈登归国后,将其全部,寄赠于大英博物馆者也。

太平天国之印刷诏书,往往于其册首,标题有"旨准颁行诏书总目"等字。惟"总目"中所列书目之多寡,亦有不同。今依其时间之先后,有标题于太平天国壬子二年之"奉天诛妖救世安民"册首者十四部;标题于癸好(即癸丑)三年之"建天京于金陵论"册首者二十八部;标题于同年之"贬妖穴为罪隶论"册首者二十九部;标题于乙荣(即乙卯)五年之"行军总目"册首者二十四部。兹将最多者二十九部之目录,录之于次:

旨准颁行诏书总目。

《天父上帝言题皇诏》、《天父下凡诏书》二部、《天命诏旨书》、《旧遗诏圣书》、《新遗诏圣书》、《天条书》、《太平诏书》、《太平礼制》、《太平军目》、《太平条规》、《颁行诏书》、《颁行历书》、《三字经》、《幼学诗》、《太平救世诏》、《建天京于金陵论》、《贬妖穴为罪隶论》、《诏书盖玺颁行论》、《天朝田亩制度》、《天理要论》、《天情道理书》、《御制千字诏》、《行军总要》、《天父诗》、《钦定制度则例集论》、《武略书》、《醒世文》、《王长次兄亲目亲耳共证福音书》。

旨准颁行,共有二十九部。

以上所举,内如:《天命诏旨书》、《太平诏书》、《太平礼制》、《太平条规》、《颁行诏书》、《三字经》、《天朝田亩制度》七种,已全部录出。如《旧遗诏圣书》、《新遗书圣书》、《建天京于金陵论》、《贬妖穴为罪隶论》、《诏书盖玺颁行论》、《天情道理书》、《御制千字诏》、《行军总要》、《天父诗》、《武略书》、《王长次兄亲目亲耳共证福音书》,及《颁行历书》各种,则仅录其一部分,至足窥其内容之大概。而其中《旧遗诏圣书》,即《旧约全书·创世纪》之译本;《新遗诏圣书》,即《新约全书·马太福音书》之译本。又《武略书》一种,即汇辑孙、吴二子与《司马法》等古兵书,刻印颁行者也。

太平天国忠王李秀成亲笔口供之印本一册,大概为曾国藩附于平定发逆奏疏,献诸清廷之物,以视近年中国近世秘史所载,较为详尽。其为转录于该档案之底本,不问可知。又《钦定士阶条例》,为太平天国十一年辛酉所颁行,乃关于科举制度之新规定,此篇只录出足明其内容大意之序文一则,其余条例二十四条则略之。又有标题为《幼主诏书》一册,详考之后,仍似《天王诏书》,如"朕命幼主写诏书,须增万姓脱迷途,遵此十救诏习炼,上帝常生福长悠。钦哉"云云,并于板心题"十救诗"三字,此诗似用广西土语联缀成文,颇不易解。又有辑录之天王诏旨幼主诏旨一册,及当时钤印颁布之天王诏旨五通,救世真圣幼主诏旨一通,干王赞王贰天将喧谕一通,朝天朝主图一通等实物,均已全部录出。

余所以仅录出一部分者,盖因有田中博士全录之本可考,即余丝毫未曾抄录者,如《天父上帝言题皇诏》、《天父下凡诏书》、《太平军目》等,亦可依据田中博士所录本,以补抄之。此外可依据稻叶氏写本补录者,亦复不少。

至于戈登将军往来文书,其内容为:

张遇春一通、程学启二十四通、零残四通、周兴隆二通、黄芳一通、郭松林四通、李恒嵩六通、李鹤章十二通、贾益谦一通、李鸿章四通、又批五、札一、告示一。罗荣光一通、又移一、慕王谭诏洗一通、丁日昌二通、钱德承一通、杨鼎勳一通、崇厚三通、章服单一通、抄录伪忠王书二件、恭亲王札覆一、附给英国照会一。

上列各种,如程学启文牍,恐系由其幕僚代拟,其他则大抵出于本人之手。只关于李鸿章之文书,有"自撰"与"代撰"两种,如自撰者,只将其批一则拍照。此处所藏李鸿章之函牍批札,概为《李文忠公全集》所无,而程学启及其他诸将之函件,亦均为世人所罕见,其在史料上价值之巨,不问可知。试举一例:如李鸿章之告示一件,当其招降苏州太平天国降王时，戈登以不诛戮为条件而担保，乃李氏忽从程学启之谋，遽将降王等诱杀。戈登于是大愤，辞去清廷赏金一万两，声言将讨杀李氏。该告示即足为李氏对于戈登谢罪之凭证，今其实物幸犹保存，实为有意味之事也。

以上即太平天国史料之概要，详细发表，须俟诸异日。关于抄录一事，尚须感谢文学博士今西龙、文学士石滨纯太郎，及鸳渊一诸君之协助。

兹尚有附带记述者，余自欧洲东归后，前年见有上海文明书局出版凌善清所编之《太平天国野史》。其书内容，亦多依据太平天国之内部材料。从来支那本国内，未闻有此种材料之遗存，书中如某某史料，间亦与大英博物馆所藏者相同，其他各种，大概亦可信。但其卷首，印有忠王李秀成发给英人哈唎之凭照一件，乃采自哈唎自撰之英文《太平天国》一书之原本，由此推测，则《太平天国野史》之来源，究系出于太平天国当时之直接材料与否？不无怀疑；然而以如斯逼近真实之史料，于当今出现，要为庆幸之事，较之满清末年，革命党人，全凭臆想所编成之《太平天国史》，则诚正确多多矣。特于此一并介绍于世，以便研究清史者之参考焉。

二、书　后

太平天国为吾国近百年史中之重要部分，其革命精神，又为古今建国者所未有，惟因其反抗清廷，被清视为叛逆，及灭亡后，其事迹悉为清廷销毁，故距今未及百年，而经过历史，几至渺不可稽。所幸其本身所遗之史料，尚有保留于海外者，不可谓非不幸中之幸事。民国以来，扫除忌讳，渐为人所注意，然此仅存海外之史料，至今尚未完全抄回，甚至以本国历史，而赖外国学者之提倡研究，吾国学术不振，于此可见。考太平天国史料流存于海外者，以伦敦、巴黎两处所藏为最多，巴黎存于"国立东方语言学校图书馆"，伦敦则藏于"大英博物馆"，即内藤君上文所述者也。盖太平天国之政制、宗教、社会等之改建，其条文或政策，在当时皆曾刊印成册，颁发境内，往来循环，皆此数十种，而每单行册之前页,均有"旨准颁行诏书总目"等字,而书目之多寡,则彼此互异,如少者七部、九部,多者至二十九部,顾此首页书目所列之多寡,与其本书之内容,毫无关系。大英博物馆所藏,有二十九部之多,诚为太平天国诏书中最完备者。故今日只将此部数最多者,按其总目,索其专册,则太平朝举凡一切政制、礼制、宗教、社会等设施,即可得其大概,上文内藤君注重此问题,吾人研究太平天国历史,固亦注重此问题也。

吾国旧日所存太平天国本身史料,有《贼情汇纂》一书,乃咸丰初年曾国藩属吏张某,因刺探太平天国军情所辑,故名为《贼情汇纂》,国藩颁发各军,以为参考。惟止于咸丰四年(即太平天国甲寅四年),后无名氏即本此书,编为《洪杨类纂史略》十二卷,于是太平朝开国制度,粲然略备。中有伪书名目十九种,盖即太平天国文书中之"旨准颁行诏书总目"是也。惟《洪杨史略》虽载有诏书十九种,仅多摘录大略,其录全文者惟五种:曰《天父上帝言题皇诏》、曰《太平礼制》、曰《太平军目》、曰《太平条规》、曰《颁行诏书》。至民国十二年,吴兴凌善清君辑《太平天国野史》二十卷,凌君于书后自跋云"乃据姚氏所藏《洪杨纪事》抄本,增辑而成",而姚氏抄本,亦止于太平天国四年,盖与《史略》实为一书,故凌氏所辑《太平野史》,十之七八,全与《史略》相同,如凌氏《野史》之宗教篇,所录诏书,多本《史略》,惟补录一二种而已。他如《史略》中之《太平礼制》、《颁行历书》,则入《野史》之"礼制门";《太平军目》、《太平条规》,则入《野史》之"军制门"。故《贼情汇纂》,乃《洪杨类纂史略》之前身,而《洪杨类纂史略》(或凌氏称为《洪杨纪事》),又为《太平天国野史》之前身,此三书实渐次递变增润而成,其所取材与内容则一也。

至由海外抄回之太平天国史料,巴黎方面,民国十四年,程演生君由彼处抄回太平天国史料十种,名《太平天国史料》第一集(北京大学出版),十种为:《天父下凡诏书》一、《天父下凡诏书》二、《天父诏旨书》、《颁行诏书》、《天朝田亩制度》、《建天京于金陵论》、《贬妖穴为罪隶论》、《原道救世歌》(即《太平救世歌》)、《原道醒世训》、《原道觉世训》。伦敦方面,十余年前,刘复君由大英博物馆抄回太平天国史料若干,名为《太平天国有趣文件十六种》(北新书局印行),中十四种,录自大英博物馆,为:《太平条规》、《行营规矩》、《旨准颁行诏书总目》、《太平天辛酉十一年新历封面式样并造历人衔名》、《请颁新历奏》、《天王诏旨》一、《天王诏旨》二、《辛酉十年正月分历书》、《庚申十年正月萌芽月令》、《忠王致护王书》、《忠王致潮王书》、《俚歌一首》（原注：从《天情道理书》中录出）、《和硕亲王致戈登札》、《张遇春致戈登书》，其余二种：《干王福字碑拓本》，及《干王印》，乃采自英人 Thomas Jenner 所著 *The Nanking Monument of the Beatitudes* 一书，故录自英博物馆者，仅十四种，惜刘君所录，多琐碎小品，无一种为诏书总目中之重要文件者。综合今日吾国之"旨准颁行诏书总目"内之太平天国各种史料，或由海外新自抄归，或由域内旧日保存，以与内藤所见大英博物馆所藏者相较，其大部分国内虽有，而其他未抄部分，则尚待吾人之努力也。

　　上文已述大英博物馆所藏诏书总目，最多者为二十九种，或者太平天国当时所刻一切诏书，实仅此数。此二十九部目录，已见于上，由"总目"中之各种，以检察今日吾人之所有，其中见于《洪杨类纂史略》者，有：《天父上帝言题皇诏》、《太平礼制》、《太平军目》、《太平条规》、《颁行历书》五种。见于《太平天国野史》者，有：《天父下凡诏书》二部、《天命诏旨书》、《旧遗诏圣书》、《新遗诏圣书》、《三字经》、《幼学诗》、《太平救世歌》、《天条书》、《武略书》、《行军总要》十种。见于程君由巴黎抄回者，有：《天朝田亩制度》、《建天京于金陵论》、《贬妖穴为罪隶论》、《原道醒世训》、《颁行诏书》五种。又刘君所抄十六种中，有《俚歌一首》，谓从《天情道理书》中录出。惜刘君未将全文抄出，是二十九部中，今日吾国得见者，已二十一部有余，其余仅有：《太平诏书》、《诏书盖玺颁行论》、《天理要论》、《天情道理书》、《御制千字诏》、《天父诗》、《钦定制度则例集论》、《王长次兄亲目亲耳共证福音书》八种，尚未抄回。至大英博物馆所藏戈登将军往来文书，共计七十七件，抄回者，仅忠王致护王书、忠王致潮王书二件（原文内为抄录伪忠王书二件）、恭亲王致戈登札一件、张遇春致戈登书一件，共抄回四件。惟此等史料，内藤虽标名为"戈登往来文书"，实则戈登乃清廷"客将"，凡太平方面之文书，皆与戈登无关系，名之为"戈登往来文书"，似有未当。又内藤称英伦馆中所藏，尚有忠王李秀成口供印本一册，及《钦定士阶条例》三十四条，又天王诏旨五通，救世真圣幼主诏旨一通、干王赞王贰天将喧谕一通、朝天朝主图一通。此数文中,除李秀成供词外,国内余皆无有。

由内藤文中,即可知伦敦博物馆所藏太平天国史料之大概,惟其价值如何,殊值吾人之批评。内藤于上文中,曾极力称誉此史料,拟以为敦煌石室所发见之经典;然反观吾国,太平改革,既若斯之重要,而其史料,又如此之缺乏,则内藤之言,诚非虚誉,盖英伦之太平天国史料,虽中国亦无有,则孤本存留,弥足珍贵。不过其中亦有轩轾之分,如二十九部中,最要者,为《天朝田亩制度》,乃太平天国史料精华之所聚,亦即太平天国立国精神之所萃,为共产制度之先驱,为社会革命之首倡。其次则为《钦定制度则例集论》,乃太平朝制度之总集。其次则如《太平礼制》、《太平军目》、《太平历书》,皆为重要之资料。其他多属于宗教,终不出耶教之范围。所幸重要诸篇之中,仅《钦定制度则例集论》一文,尚未抄回;所谓戈登往来文牍,大多关于军事,如张遇春书及恭王札,直与太平天国毫无关系。内藤谓中有李鸿章告示一件,因为杀降,乃对于戈登谢罪之凭据,实为有意味之事。此文件确亦重要,盖当时戈登所领"常胜军",名义虽隶属鸿章,实则听命于英国公使,鸿章对之,一面利用其器械以制敌,一面则羁縻备至,鸿章致曾国荃书(同治二年十一月十五日)有云:"常胜军终无结局,外间不知者,以为好帮手,其知者,以为磨难星也。"当苏州太平军八王之降,乃清副将郑国材为介,戈登作保,故李杀降后,戈登愤极,欲杀李而后决,然后来戈登仍隶李部,而此事之如何解决,中国书籍,未有记载,只言鸿章避之而亡。若博物馆所藏此文告,真鸿章谢罪之书,则实解决此问题之唯一资料。关于此事,鸿章与曾国藩书(同治二年十一月十四日)有云:"伯郎(英公使)初二来苏,怒不可遏,谓其代英国君主与官商众人,与我说理,要鸿章备文认错,方有办法,鸿章笑对云:此我国军政,与外国无干,不能为汝认错,一怒而去。总理衙门无力了此公案,故愿受朝廷之罚,不欲开岛人之衅。"因此时适当英法联军之役之后(英法联军之役,乃一八六〇,咸丰十年,同治二年为一八六四年),朝野上下,无论对于任何外交,皆极畏恐。故观鸿章上函文意,或者如伯郎之要求,结果备文认错,亦未可知。又内藤谓李秀成口供印本一册,乃曾国藩于平定发逆后,附随奏疏纳之清廷者,较《近世中国秘史》所载略为详尽,此供吾国坊间,亦多刻本,惟国藩所奏秀成口供,确亦刻本,世人以为今日故宫档案内,即不能发见秀成之亲笔供,亦必发见当时之抄录,决无以酋犯口供,而用刻本者。不知当时曾国藩因种种苦衷,故先将原文删去五分之二,及已奏报,又将口供追回,再加删改,最后用刻本,以敷衍故事,报奏清廷,此皆证据昭然,不能讳饰(见拙著《李秀成被杀情形与其口供关系考》一文)。又太平天国之文章,皆鄙俚不文,其诏书总目二十九部中,有《建天京于金陵论》、《贬妖穴为罪隶论》,此二文皆当时科举试士之题目,其意盖谓因南京为天国京城,故改金陵为天京,因北京为满清都会,故贬直隶为罪隶,当时改直隶省名为罪隶省时,尚有诏旨颁布,诏曰:"有功当封,有罪当贬,今朕既贬北燕地为妖穴,是因妖现秽其地,妖有罪,地亦因之有罪,故贬直隶省为罪隶省。天下万国,朕无二,京亦无二,天京而外,皆不得僭称京,故特诏清胞(东王杨秀清)速行告谕守城出京所有兵将,共知朕现贬北燕为妖穴,俟灭妖后,方复其名为北燕。并知朕现贬直隶省为罪隶省,俟此省知悔罪,敬拜上帝,然后更罪隶省之名为迁善省。庶俾天下万国,同知妖胡为天父上帝所深谴,所必诛之罪人。钦此。"此诏亦为太平天国重要史料,因不习见,故附注于此。至总目中其他若干篇,则均普通之文。前数日闻教育界有人提议,由各文化机关合资影印英伦所藏中国书籍,并已得英政府之允许,征闻注意目标,在印回敦煌古典,此事若果举行,甚望执其事者,将此大批珍贵史料——太平天国史料——全部印回,无令邻邦学者,笑我无识也。

(《大公报·图书副刊》1934年6月16日)

读陈啸仙译新城新藏《东洋天文学史大纲》

钱宝琮

读《科学杂志》十一卷六期陈啸仙译新城新藏《东洋天文学史大纲》
(《科学杂志》以《东汉以前中国天文学史大纲》为题目)

新城新藏君《东洋天文学史大纲》不为因袭的见解所束缚,纯粹立于自由的地位,选取中国古籍中正确的史料,以研究古代天文学发达史,简明审慎,洵为晚近不可多得之作品。其推"辰"字之多种意义,因知中国古代诸民族观象授时,所取对象之不同,而有变迁;解释"朔"字有逆推月之方位之意,因知月朔之测定当始于周初;研究春秋长历,因知三正论为春秋时托古改制者所造;研究干支纪年法,因知颛顼历之制定,当在战国中期;诸条立说,皆甚新颖。余于天文历法,素鲜研究。近年因读中国古代算学作品,拟修中国算学之发达史,乃稍稍涉猎中国古籍中天算史料,辄于"三王之正若循环,穷则反本","幽、厉之后,周室微,陪臣执政,史不记时,君不告朔,故畴人子弟分散,或在诸夏,或在夷狄"(《史记·历书》)等语,心知其好为崇古之谈,徒事夸大,而不能校正其误。今读新城新藏君之作品,素所怀疑者,得以涣然冰释,诚可引以为乐也。因再检经史诸子中天算史料,征引近人撰著,参以己见,得中国东汉以前时月日纪法意见数条,以补新城新藏君所未暇论及者。参考未能广博,不敢信为定论也,是希博雅君子匡正之。

十六年四月四日嘉兴钱宝琮识于天津南开大学

殷周二代纪月日法

春秋以前,纪月皆以一二三四等数字,与后世相同,有晚近出土之殷虚书契，及《尚书》《诗经》等经籍，可资考证，惟"正月"及"闰月"之称谓，略与后世稍异，述论如后。

罗振玉《殷墟书契考释》云（第一〇二页）："一月为正月，亦称一月。""卜辞中'正月'凡三见，'一月'凡四见，是商或称正月，或称一月也。"按《诗经·小雅·正月》篇："正月繁霜，我心忧伤。"《毛传》云："正月，夏之四月。"夏四月当为周历六月。《春秋》庄二十五年："夏六月辛未朔，日有食之。"《左传》云："唯正月之朔，慝未作。"昭十七年："夏六月甲戌朔，日有食之。"《左传》："平子曰：唯正月朔，慝未作，日有食之，于是有伐鼓用币，礼也。其余则否。太史曰：在此月也，日过分而未至。……当夏四月，谓之孟夏。"《汉书·五行志》引古左氏说："正月谓周六月，夏四月，正阳纯乾之月也。"西周时似称六月为"正月"。殷墟卜辞中之"正月"，或非与一月同月也。春秋时"春王正月"则显系一月，后世多沿用之，而一月之称，用者甚多矣。

《殷墟书契考释》又云："有闰之年，则称其末月曰十三月。""卜辞中书十三月者凡四见，殆皆有闰之年也。古时遇闰称闰月，不若后世之称闰几月，至商有十三月，则并无闰月之名，可征古今称闰之不同矣。"叶玉森《殷契钩沈》（《学衡》第二十四期）则谓"十三月"之"三"字在甲骨上，契刻较浅，笔画较细，非纪月之数字。卜辞中十月、十一月可误认为十三月、十四月。罗、叶两家考证，不知孰是。唯罗氏言古今称闰不同，则系确论。春秋以前，置闰大抵皆于岁终，故单称闰月，已甚明了，不必有闰十二月之称也。

以甲子纪日之法，当导源甚古。殷墟卜辞中日名都称甲子可证也。惟仅以甲子纪日，其日在某月中之迟早不能清楚，不如近代以数纪日之简明。欲知某日在某月中之迟早，当先知其月之朔望为何日，某日距朔望若干远。此种纪法行于西周之初，述论如后。

《尚书》大抵作于姬周（余友竺可桢君以岁差考《尧典》所载时令，与四仲中星部位，云是西周初叶测验之结果。《尧典》之编纂或更在其后）。虞、夏、商三书，古文固多可疑，即今文亦不尽可信。盖文献不足，殊难征信也。《周书》之编纂，距周初未远，当时或尚有实录可稽。且今日传诵之周书，多伏生所传今文，所含史料，宜较可信。惟传本《武成》

篇,非今文,非真古文,为东晋时伪古文。《汉书·律历志》尚存刘歆所引《武成》篇语三段,似非伪书(钱大昕《三统术衍》)。兹录传本《周书》,及刘歆《三统历谱》所引殷周之际纪月法数条如后:

篇名	今文或古文	刘歆《三统历谱》引古文
武成	惟一月壬辰旁死魄,越翼日癸巳。	惟一月壬辰旁死霸,若翌日癸巳。
	厥四月哉生明。	粤若来二月既死霸,粤五日甲子。
	既生魄。(东晋伪古文)	惟四月既旁生霸,粤六日庚戌。
康诰	惟三月哉生魄。(今文)	
召诰	惟二月既望,越六日乙未。	惟二月既望,粤六日乙未。
	越若来三月,惟丙午朏,越三日戊申。(今文)	惟三月丙午朏。
顾命	惟四月哉生魄。(今文)	惟四月哉生霸。
毕命	六月庚午朏,越三日壬申。(古文)	六月庚午朏。

"朏"字从月从出,意义自明。刘歆《三统历谱》引古文《月采》篇曰:"三日曰朏。"《召诰·正义》则引《周书·月令》云:"三日粤朏。"《月采》、《月令》疑只是一篇,今既无传,不可考矣。古文"霸"今文作"魄",谓月之无光处也。《三统历谱》又云"死霸,朔也;生霸,望也",且释旁生霸为月之十六日,旁死霸为月之二日。王应麟《六经天文篇》则云:"初三日明始生谓之哉生明,又谓之朏,又谓之死魄,故初二日谓之旁死魄,旁,近也;十六日谓之哉生魄。"以三日为死魄,十六日为生魄,与刘歆异,不知何据。既望谓望后,指十六日也。今文言越几日,古文作粤几日,粤,于也(《尔雅·释诂》),犹今人言于是也(王念孙《经传释辞》)。二月既望,越六日乙未,谓二月二十二日乙未也。

综观《周书》所载纪日法,得通例三则:(一)纪月以数,纪日以甲子。(二)仅以甲子纪日,不能推知其在某月中之迟早,故于上半月先记朏日,于下半月先记既望,以表明之。印度古代历法,望前曰白博义,望后曰黑博义(《新唐书·历志》),分一月为两半截。回教国阴历,以朏日为初一日,皆与中国殷周之际纪日法,用意相似。(三)自朏至既望,约计十三日,自既望至朏,则有十六七日,相距不等,故又以望日为生魄,望后一日为旁生魄,朏前二日为死魄,朏前一日为旁死魄,使一月之前后两半截,大约相等。

逆推朏前二日为一月之初,则望日适在月中,纪法自属较善。故周人钟鼎文字,多采用旁死霸、哉生明、旁生霸,等纪日法(参考《古籀篇》二十四卷《霸字》下及《明字》下)。而"朏"及"既望"等名词引用渐少。西周时又知应用二十八宿宫度以定月之位置,死魄之日,虽不见月,而其位置则可以逆推,故周人又以死魄之日为朔。"朔"字从"月"从"屰",大约即取逆推而得之意,盖朏可直接观察,朔须间接测定也。"溯"、"遡"、"愬"皆从朔,咸有追溯之意,沿黄河逆流而上所达之地,周人称之曰朔方,亦取斯意。新城新藏氏解释朔字有上溯之意,当为应用二十八宿法后之纪日法,其说甚是。然若谓朔方之称较先,月朔之称较后,则是与朔字从月之义未合。《尚书》:《尧典》、《大禹谟》、《胤征》、《太甲》、《太誓》、《洛诰》诸篇所含朔字,均为编纂《尚书》时所采用之文字,西周以前,疑不能有朔字也。

以朔字作月朔解,见诸实录者,以《诗经·小雅·十月》篇为最早。《诗》云:"十月之交,朔月辛卯,日有食之。"考据家以为周幽王六年时事,"朔月辛卯"谓十月辛卯朔也。自朔字引用以后,生魄、死魄等名词渐废矣。《春秋》三十七日食,书朔者二十八,其不书朔者或谓当时日食,不在朔日也。然《春秋》凡非日食之日,皆仅书甲子,不纪朔望先后;书朔者只二节,僖十六年"春王正月戊申朔,陨石于宋五",僖二十二年"冬十有一月己巳朔,宋公及楚人战于泓,宋师败绩"。他日虽经研究春秋长历者,审为朔日,亦未书朔。文六年闰月不告朔,经文作"闰月不告月",大约当时以日食与月朔有连带之关系,非日食则例不书朔也。后世记事详密者,书几月某某朔,几日某某("几"为数字,"某某"为干支字);简略者仅书几月几日,日名干支可省,即朔字亦可省书也。此种纪法,较三代纪日法为简明,然不知其始于何时,参考未周,不敢臆测。

三　正　辩

一年分十二月,自一月始,至十二月终,约以一、二、三月为春,四、

五、六月为夏,七、八、九月为秋,十、十一、十二月为冬;复以地支纪月,称一月为子月,二月为丑月,三月为寅月等。虽不能确定其始于何代,然当其始行此项纪法时,上述分配方法,皆属自然之顺序,则无可怀疑也。然而后世乃有"夏历建寅"、"殷历建丑"、"周历建子"之三正论,以为古代王者统业,须改正朔,为历史上实现之事。或以为夏正月不为子月而为寅月,殷正月不为子月而为丑月;或以为夏以正月为一年之始,殷以十二月为一年之始,周以十一月为一年之始,聚论纷纭,莫衷一是。案三正交替说之古典,有《史记》、《尚书大传》、《逸周书》等书,皆秦以后所出,不足据以证实三统互建之论。《史记·封禅书》云:"自齐威、宣之时,驺子之徒论著终始五德之运,及秦帝而齐人奏之。"始皇统一中国,乃改正朔,以十月为岁首,建亥。汉武时颁太初历,改从建寅,以正月为岁首。秦汉时人持三正论,往往与终始五德说并提,秦皇汉武之改历,亦自以为颇推五胜;伪古文《尚书·甘誓》亦有"威侮五行,怠弃三正"之语,皆属五行相胜说盛行以后之学说。自战国时驺衍之徒创之,秦汉皇帝始实行之,三统互建之事,似非夏、殷、周三代之史实也。夏、殷一月,究在何时?日短至究在何月?书缺有间,难以深考。叶玉森《殷契钩沈》(《学衡》第二十四期)谓古人造春、夏、秋、冬四时之字,并取象于某时最著之事物,夏字象形与蝉逼肖。蝉为最著之夏虫也;春字状枝条初生;秋字状禾谷成熟;冬字象枝垂叶落,或余一二枯叶硕果之形。据此则古代纪时,似与今之所谓夏历者甚近(夏历冬至在十一月)。《夏小正》相传以为虞夏之书,然据其所载中星时令,其著作时代当在春秋之后,决非周以前书也。《夏小正》以正月、二月、三月等十二月为纲,记四时令为目,据其中星地位所言时令,与所谓夏历甚近,而所载物候则往往较今夏历为早。岂古今气候有变迁欤(以上均学友竺可桢先生说)。《夏小正》一书,顾名思义,当为周代人实行夏历者之时令书。周代人所实行之夏历,与夏代实行之历,有以异否?则不可得而详矣。其他时令书,若《小戴记·月令》、《逸周书·时训解》、《易纬·通卦验》等所记,亦均属夏历。然诸书皆与《吕氏春秋·十二月纪》、《淮南子·时则训》所言,大同小异,为东汉人所编纂(罗以智《七十二候表》),不足以资考证也。

周之月历,据《诗经》、《春秋》所载日食,及事物之关于月令者,多与夏历相差两月。《诗经·豳风·七月》八章,章十一句,所取诗料,几皆与月令有关,可为周人实行所谓周历(冬至在二月)之证。其最显著者如"一之日觱发,二之日栗烈,无衣无褐,何以卒岁?三之日于耜,四之日举趾";"七月鸣鵙,八月载绩";"七月在野,八月在宇,九月在户,十月蟋蟀入我床下";"曰为改岁,入此室处";"八月剥枣,十月获稻,为此春酒,以介眉寿";"七月食瓜,八月断壶";"二之日凿冰冲冲,三之日纳于凌阴"数段,所言时令,皆较夏历迟两月,是周历日短至在一月也。今乡人于夏历八月,获稻酿酒,十一月酒醇,在周历十月获稻,明年一月酒醇,故称春酒也。然《毛氏传》以为周代改历未改月,疑周以十一月为岁首,乃以一之日为十一月,二之日为十二月,而于三之日四之日置诸不解,岂周历有十三月十四月欤?其时令之不能附会者则以"豳土晚寒"四字解之,亦殊属未妥。其他诗篇如《唐风·蟋蟀》云"蟋蟀在堂,岁聿其暮",与《七月》篇第五章用意相同。《小雅·十月》篇云:"十月之交,朔月辛卯,日有食之。"后世历家都推定此次日食在周幽王六年,周历十月,辛卯朔,日入食限,西洋学者亦云《诗经》所记月日,当为公元前 776 年 8 月 29 日,中国北部可见日蚀,胡适因以证明《诗经》为中国古代可靠之史料(《中国哲学史大纲》卷上第二十四页),亦可作周人取用周历之证。

但周代幅员既广,年代又长,各时各地所用月历,未能始终一致。故经传所载月日,有参差一、二月,不尽确遵周历者。考其参差之原由,不出下列三种。(1)周代正朔未必颁示天下,行政上虽行周正,而民间对于时令之旧观念,或未尽除。如《小雅·小明》篇:"二月初吉,载离寒暑……昔我往矣,日月方除,曷云其还,岁聿云暮……"《周颂·臣工》篇云:"维莫之春,亦又何求。如何新畬,于皇来牟。"(2)周不颁历,列国自行推步,有用夏历者。如《小雅·四月》篇云:"四月维夏,六月徂暑。……秋日凄凄,百卉俱腓。……冬日烈烈,飘风发发。"《夏小正》所记时令,及《左传》所载,秦晋月日,与经差两月,尤为明证。(3)周代历法,未臻完善,多闰失闰,往往有之,名虽周历,实则或因多闰而与夏历相近,或因少闰而与夏历差至三月之多,研究春秋长历者,类能言之(说见下节)。

综观上述诸证,可知所谓夏历时令,与民国以前阴历相同,日短至在十一月,周历日短至则在一月,故时令月日,相差两月。周以前历法,难以深考。据周人传说(如《夏小正》、《左传》等书),或与所谓夏历相近。至周代则行政上实行周历,民间各历杂用,未能统一也。考其改历之程,大约由当时历家失闰两次,积久不事补正,反成习惯而然,周初未必有诏改正朔之举也。周以前由夏历因失闰而变成周历,其间应有相当时期,实行今之所谓殷历。惟殷历实行之时期,究在何代? 其时间约有几年? 则不可考矣。夏历既由失闰而变为周历,其以一二三月为春,依次为夏秋冬四时。以一月为子月,依次列丑、寅、卯、辰、巳、午、未、申、酉、戌、亥十二月,则未因失闰而稍变也。周历以一月为子月,为一年之第一月,为春季之第一月,当与前代相同也。所异者,周历以日短至之月为一月,夏历以日短至之月为十一月耳。《史记·历书》谓:"自在古历,建正作于孟春……抚十二节,卒于丑。"又谓"夏正以正月,殷正以十二月,周正以十一月"等语,似皆有语病。惟昭十七年《左氏传》云"火出于夏为三月,于商为四月,于周为五月",述三代时令渐改之迹,或能近于事实也。

新城新藏君以为春秋以前,观象授时所取之对象有大火、参伐、北辰等大辰。商民族以火为夏历五月初昏之中星,故辰为商星。当制定十二支时,第五字为辰。后世又以龙配辰,故辰星又称龙。(襄二十八年《传》云:"龙、宋、郑之星也。")夏民族以参为夏历十一月初昏见于东方之中星,故参为晋星。参星又称参伐,又名戌。在殷墟文字中,"伐"、"戊"、"戌"三字相同,无差异。是以参星为十一月之星也。"岁"字《说文》从"步","戌"声。合步、戌二字以成"岁"字,必取由戌月至戌月为一"岁"之意。若新城新藏君所考皆为有据,则可以证明二事:(1)周以前都从夏历,商民族与夏民族固无以异也。(2)周以前之夏历五月称辰月,十一月称戌月,与周历相同,而建寅建丑之说,并非三代时史实,彰彰明矣。

春 秋 历 术

《春秋》为鲁隐公元年,至哀公十四年,十二公,二百四十二年之鲁国编年史,其年以鲁公即位之年为元年;每年分春、夏、秋、冬四时;其月由正月起,至十有二月终;其日以甲子为日名。书朔日日名者二十九次(内二十七次为日食);记日食三十七次(内有两次连月比食)。《左氏春秋传》记南至二次,记闰月八次,月朔书日名者,为数较经为尤多。故研究古代历法者,莫不以《春秋》经传为绝好史料。自汉以来,考据《春秋》经传历法之文字,汗牛充栋。或以经传考证历法(如汉刘歆、后秦姜岌、唐一行、宋卫朴、元郭守敬、明朱载堉等),或以历法校读经传(如汉郑玄、晋杜预、宋沈括、清陈厚耀、江永、顾栋高、姚文田等)。惟经传笔法,原无达例,春秋时历法,亦未臻精密。且《春秋古经》,多有错落,左丘传记,尝为刘歆改窜增益,早非原本(清刘逢禄《左氏春秋考证》、康有为《新学伪经考》)。以历明经者,复往往不明历理(王韬《与西儒湛约翰先生书》),以经证历者,尤多附会经文,清中叶后,经学昌盛,历算渐明,考据家知以日食考春秋时历法之疏密,而定其是非(施彦士《春秋算法题目·自序》)。施彦士始以西法历算,求全经之交食,撰《春秋算法题目》一卷(嘉庆丙子)。光绪初年,王韬旅英,与英天文学家湛约翰(*John Chalmers*)共研春秋长历。韬撰《春秋左氏传集释》二十卷、《春秋朔闰至日考》三卷、《春秋日食辩正》一卷、《春秋朔至表》一卷。新城新藏君又重订春秋长历,自谓于考订之初,未设何等假设,惟忠实研究《春秋》经传内容而得之,因撰《东洋天文学史大纲》。其所得结果,与王韬《朔闰至日考》诸论,大同小异,洵近代研究春秋历法者之宝筏也。

王韬《校勘春秋朔至日月与湛约翰先生书》云:

> 大抵春秋时,鲁史官不精于历,故二百四十二年间,自僖公以前,所书"春王正月"多系建丑,其中惟庄公元年、七年、九年、二十年、二十三年、二十六年、三十一年、闵公二年,实为建子之月,可称绝无仅有。……僖公元年,亦建丑,岁中又多置一闰,遂至二年正月,变为夏正,建寅,于天正历法,渐差渐远。当时史官亦悟其谬,故于僖五年正月,特书辛亥日南至以纠正之,而于三年、四年,不复置闰,至七年方有"闰月,惠王崩"之见于传,以后如僖十年、十二年、十四年、十五年、十八年、二十年、二十一年、二十六年,文四年、七年、宣十六年,为建丑。余皆建子,适符周正。特其后又有当闰

而不闰者,则遂至以建亥之月为岁首。……昭公以来,史官亦渐知失闰,故于昭二十年特书"春王二月己丑日南至"以纠正之。左氏两书"日南至"所以正历之差。然既减旋差,终无救其失,则在当时历法之疏也。

春秋时历官置闰,大抵多不合于十九年一章之古法。文公七年以前,不当闰而闰,冬至多在闰月,其弊在多闰;七年以后,当闰而不闰,冬至在二月者约二十有余,其弊在失闰。

新城新藏君云:

据予所作之长历,知春秋之历,由隐公至僖公时,每年正月约在冬至后一个月(近于殷正)。自宣公以后,正月与冬至同时,而文公宣公时代,适当过渡时期。

按新城新藏君所得结论,虽与王韬略异,而言春秋初期弊在多闰,后期弊在少闰,则所见同也。春秋时鲁历,名虽周正,实则建丑,建寅,建亥之年,层见叠出。盖十九年七闰之法,尚未发明(王韬以十九年一章为古法,恐未必是)。当时历家,权宜置闰,未能其宜也。惟当时历家,已知用土圭测日影,确知日南至所在,务使日南至之月,常为春王正月,于置闰之事,已甚注意,余以为西周以前,由夏正因历家失闰而变为周正,为无心之过失。僖公初年少置一闰,由殷正而改从周正,为有意之纠正,测验有新法,历术有进步也。

据王韬《朔闰至日考》,鲁历闰月在岁终者,占多数,然亦有置闰岁中者。春秋时一岁节候不以二十四气分配,汉太初元年以后,以无中气之月为闰月,其术在春秋时不能有也。春秋时置闰岁中之疏密,不可以汉以后历术推算而评论之也。鲁历家权宜置闰,当时颇招非议。文公元年《左传》云:"于是闰三月,非礼也。先王之正时也,履端于始,举正于中,归余于终。履端于始,序则不愆;举正于中,民则不惑;归余于终,事则不悖。"此左氏习见当时置闰,常在岁终,故以此言也(江永说)。

按文公元年,鲁历本无闰三月,左氏以是年二月癸亥日食在朔,而四月有丁巳,故以为其间当有闰月,且讥闰三月为非礼(王韬文公元年无闰三月说)。自汉以来,经学家治《春秋》、《左传》者,解释文元年传文,则异说甚多,聚讼二千余年,未得达诂。刘歆《三统历谱》以启闭为节,分至为中,"节不必在其月,故时中必在正数之月"。是据左氏举正于中为说,谓当以无中气之月为闰也。《左传》讥闰三月者,讥是年置闰不当其时,非以当在岁终而讥之也(刘歆而后,杜预注、孔颖达疏,清儒钱大昕、梁玉绳、沈彤、顾栋高皆持此说)。清初顾炎武、万斯大等则以为春秋历法,闰在岁终,故但曰"闰月",而不曰"闰几月"。文元年闰在三月即为非礼,是据左氏归余于终为说也。按之近人审定之春秋长历,则二说似皆有未合。余以为春秋时鲁历,置闰不必在岁终,然亦不能有以无中气之月为闰月之术。左氏所述者,明系先王正时置闰之规律,非当时历家所实行之历术也。第一说以后世之历术,解《左传》,固属附会。第二说以春秋以前历术,证春秋时鲁历,亦未为得也。传文"始"、"中"、"终"三字,相继并称,似皆指一岁而言。周代春秋以前,尝称六月为正月。春秋时虽以一月为正月,而术家犹有以六月为正月者(说见前)。《左传》言履端于始者,以日南至之月为一岁之始也;举正于中者,以正月为一岁之中也;归余于终者,置闰月于一岁之终也。

又考春秋时,天子不颁正朔,列国自为推步,故经传日月,常有参差(江永说)。盖经用鲁历,传则杂采列国之史,用历各异也。昭二十年传所记日月,多与经不符,而较迟一月。王韬以为鲁历是年置闰在四月。传是年记载,多系周事,周历闰在岁终,经之"十二月",即传之"闰月"也。是周术鲁术,置闰有不同也。卫历哀十五年末有闰,而鲁历则无闰,故蒯聩入卫,传在闰月,而经书明年正月(王韬《周不颁朔列国之历各异说》)。全经所书晋事,往往与传差两月:有经书春而传记之以冬者(僖九年);有经书十一月,而传言九月者(僖十五年),亦有经传相同者(僖五年),则经用周正,晋用夏正也,其有经传相同者,传追而正之也(王韬《晋用夏正考》)。

周正以日南至之月,为正月,所谓履端于始,于理论上最为自然。但春、夏、秋、冬四时,皆较周以前古历,提早两月,与春、夏、秋、冬四字原意,稍有未合。故秦、晋等国,不用周正而用夏正;鲁用周正,而《春秋》经书"春王正月"以尊王室,盖鲁历从周历之春正月,以别于秦、晋之夏正也。孔子曰"我欲观夏道,是故之杞,而不足征也,吾得夏时焉"(《礼记·礼运》篇)。答颜渊问为邦,亦云"行夏之时"(《论语·卫灵公》下)。孔子鲁人,犹拳拳于施行夏正,亦不以周正为便也。战国以后,迄于今日,皆实行夏时,中间虽有嬴秦建亥,新莽建丑之年,然但改正朔,不改岁时,犹行夏时也。

历法制定时代

春秋时历法之渐有进步,新城新藏君以为用土圭法测日南至后,当然之结果。按《左传》记两次日南至,一次在僖五年正月辛亥朔,一次在昭二十年二月己丑,其间相去一百三十三年,实闰四十八次,计失闰一次,故应闰为四十九次。战国时知用十九年七闰之法,或即据此比例而得也。又辛亥至己丑三十八日,一百三十三年冬至相去,当有八百零九甲子而有余。以三十八日加入八百零九甲子,得四八五七八日。以一百三十三除之,得每岁冬至至冬至为三百六十五日又一百三十三分日之三十三,其余分略小于四分之一。岁实三百六十五日又四分日之一,朔实二十九日又九百四十分日之四百九十九,亦可据此推得矣。《春秋》僖五年、昭二十年两次日南至之测定,虽不能十分准确(王韬《朔闰至日考》以西法推两次日南至,所记皆为周正,然皆先天二、三日),然以一百三十三年平均之,则每年所差无几,较《尧典》所载"期三百有六旬有六日"已精密多矣。

战国时楚人甘公,魏人石申,测定有关系之许多恒星位置,而定其名称。新城新藏君据《汉书·天文志》考之,谓甘、石二氏之测候,当属公元前 360 年时,《甘石星经》为世界最古之恒星表也。后世历家,多言冬至日、月所起,及五星位置,又为甘、石二氏撰著《星经》后当然之结果。自有恒星位置之观测法,每岁冬至之测定及岁实朔实之推算,当更易着手。故《孟子》曰:"天之高也,星辰之远也,苟求其故,千岁之日至,可坐而致也。"当时天文历算之进步,可见一斑矣。

战国初秦地扩大,晋地则分为韩、赵、魏三国,七国中遵行夏历之国,已占其四。然《孟子·见梁襄王》上云:"七八月之间旱,则苗槁矣。"

《离娄》下又云："十一月徒杠成,十二月舆梁成。"又云："七八月之间雨集。"注者均言是周正,非夏正。然则孟子尚从周正也。《管子·幼官》篇、《管子·轻重己》篇所言则又属夏时。战国时实行之历,究属何历,颇难考证。大概在战国初期,夏正、周正俱有遵行,末期则夏正之区域较广,周正渐废矣。遵行夏正者不复以日南至之月为正月,而以立春为一岁之始,但仍称日南至之月为子月,其次为丑月、寅月等。故有周正建子,夏正建寅之说,盖当时以夏正正月至十二月为一年,去年日南至至今年日南至为一岁,一岁之十二月以子丑寅卯等十二辰名呼之,而子月始于冬至之月也。

战国中期,阴阳家言甚盛。近人梁启超依据《史记》谓创自齐威、宣时驺衍之徒(《东方杂志》第二十卷十号《阴阳五行说之来历》)。余友吕思勉则谓阴阳五行说之远源甚古,为上古时明堂之遗教(《东方杂志》第二十卷二十号《辩梁任公阴阳五行说之来历》)。新城新藏君谓战国中期知五行星,乃有五行说,以《春秋繁露》"天有五行",《史记·天官书》"天有五星,地有五行"二说为证。诸说孰是孰非,殊难究诘。明堂阴阳说之原本,春秋以前,书缺有间,不可深考,其说之见于经传诸子者,多在春秋后。兹将阴阳五行说之远源,存而不论。谓阴阳五行说至战国中期而始盛,则当无甚语病也。《管子·幼官》篇始以阴阳家言论四时行政,《吕氏春秋·十二月纪》、《淮南子》:《天文训》、《时则训》、《小戴记·月令》篇等继之,其说转甚。西汉时知天文历法者,大都以阴阳五行说附会其说。刘歆《三统历谱》竟以阴阳五行,阐明历法之所以然,使极有科学价值之历理,受荒诞之迷信所支配,而真理遂暗而不彰,未始非中国科学进步迟滞之一因也。

秦统一后,所用历法称颛顼历,纪时纪月,皆从夏正,以冬至为十一月中,立春为正月节,以十月朔为一年之第一日,其月自十月始至九月终(《史记·秦本纪》始皇三十七年书十月癸丑,始皇出游,十一月行至云梦。继书七月丙寅始皇崩,九月葬郦山)。其四时,自冬始,至秋终(《史记·项羽本纪》汉高二年先记冬后记春),与前代以春正月为一年之始者,迥异。《史记·历书》云:"秦灭六国,兵戎极烦……而亦颇推五胜,而自以为获水德之瑞,正以十月,色尚黑,然历度闰余,未睹其真也。"

汉兴,袭秦正朔服色。"《汉书·律历志》云:"汉兴……袭秦正朔,以北平侯张苍言用颛顼历,比于六历,疏阔中最为微近。然正朔服色,未睹其真,而朔、晦、月见、弦、望、满、亏,多非是。"据此知秦汉之际,民间用历除颛顼历外,尚有其他五种。后人考究六术,为黄帝、颛顼、夏、殷、周、鲁,六种,俱以三百六十五日以四分日之一为一岁日数,十九年七闰,皆战国中期以后人所造,假托古帝王名义者也(参观《畴人传·祖冲之传》)。颛顼历置闰,皆在年终,称"后九月"则又与春秋以前古术相合。

汉武帝时颛顼历渐非,乃改用太初历。太初历术以二十九日八十一分日之四十三为一月日数,仍以十九年七闰为闰法,故一岁日数为三百六十五日千五百三十九分日之三百八十五,以建寅之月为一年之始,其历术具见刘歆《三统历谱》。惟汉武时未行太初历法之前,先发表一种历法,以三百六十五日四分日之一为一岁日数,十九年七闰,与六种古术相同。诏改正朔,以太初元年为甲寅年,是年冬至之月为甲子月,冬至合朔之日为甲子日,再以建子之月为正月,以当时人反对,乃收回成命,增加委员,再附调查,终采用邓平之八十一分法焉。

中国古法历法,至汉武时邓平太初历实行,始称改定。东汉时复行四分历,岁实朔实虽同于古术,而历术精审,不可与古之六术同日语矣。新城新藏君谓中国春秋中期以后,为历法准备时代,秦汉之际为历法制定时代,太初以后,为历法时代,诚知言之选也。

二十四气之来历

二十四气,古无其名。《尚书·尧典》称"日中"、"日永"、"宵中"、"日短",即今所谓春分、夏至、秋分、冬至也。《易·复卦》曰:"至日闭关。"《左传》曰:"土功日至而毕。"《孟子》曰:"千岁之日至。"皆泛言日至而不系之以冬、夏也。《左传》又称冬至为日南至(僖五年及昭二十年),又言"二至二分"(昭二十一年)。六月日食,则云"日过分而未至"(昭十七年);五月日食,则云"过分"(昭二十四年)。《礼记·杂记》下云:"孟献子曰:正月日至,可以有事于上帝;七月日至,可以有事于祖。"是古历分至,皆不系时,就日之长短极至而言,则曰长至短至;就日行南陆北陆之极至而言，则短至曰日南至，其曰日至者，则二义兼之（王韬《春秋朔闰日至考·论古历分至不系时》）。案周历既以日短至之月为一月，则日短至乃在春初，日长至在秋初，二分则在夏初冬初，当时二至二分，若系以四时之名，宜云春至、秋至、夏分、冬分矣。

桓五年传云"凡祀启蛰而郊，龙见而雩，始杀而尝，闭蛰而烝"，似言四时节候及其祭名。《夏小正》第一句云"正月启蛰"，是当时以启蛰为夏历正月物候，夏正月，则周暮春三月也。昭十七年传云："元鸟氏司分者也，伯赵氏，司至者也，青鸟氏，司启者也，丹鸟氏，司闭者也。"僖五年传亦言"分至启闭"。启闭与分至并称，注释者皆以为分、至、启、闭并为四时节候，且以立春、立夏为启，立秋、立冬为闭，与桓五年传启蛰闭蛰之义，又稍有不同。余以为《夏小正》言"正月启蛰"似属太早，故太初历以惊蛰为正月中，东汉四分历以惊蛰为二月节，俱在立春之后。以立春释启蛰，已属勉强，况又以启字兼释立春、立夏二节乎。启、闭二字泛言四时气候之迭运，本非节候之名也。刘歆《三统历谱》以分、至、启、闭为一岁之八节，以应八卦之位，非传文本义也。刘逢禄以为《左传》论述古历之文，皆刘歆伪造，非左氏原文，此说若为有据，则春秋时未必有分、至、启、闭之称，"启"、"闭"二字应作何解，更不必辩矣。

战国时既弃周正而履行夏历，不复以日南至之月为一月，以日南至之后约四十五日为孟夏正月之始，即以日南至之后第四十六日为立春节。《吕氏春秋·十二月纪》孟春云："以立春。"孟夏云："以立夏。"孟秋云："以立秋。"孟冬云："以立冬。"仲夏云："日长至。"仲冬云："日短至。"仲春、仲秋并云："日夜分。"盖当时以立春、立夏、立秋、立冬为四时之始，二至二分为四时之中也。《管子·轻重己》言有春至、夏至、秋至、冬至，而四时之始则尚无专名。《淮南子·天文训》称二至二分，各系四时之名，又言四时之风，随季变异：立春有条风，春分有明庶风，立夏有清明风，夏至有景风，立秋有凉风，秋分有阊阖风，立冬有不周风，冬至有广莫风，谓之八风。

《淮南子·天文训》又言冬至之后，每隔十五日，有小寒、大寒、立春、雨水、惊蛰、春分、清明、谷雨、立夏、小满、芒种、夏至、小暑、大暑、立秋、处暑、白露、秋分、寒露、霜降、立冬、小雪、大雪、冬至，二十四气，以一岁之二十四分之一为气,已尽如今制矣。惟汉武帝太初元年以后之三统历,据《汉书·律历志》、刘歆《三统历谱》所载,立春之后,先惊蛰而后雨水;春分之后,先谷雨而后清明,与《淮南子·天文训》稍异。案《淮南子·时则训》"孟春之月"云"蛰虫始振苏","仲春之月"云"始雨水",《天文训》言清明风为立夏前后之风,可见《淮南子》二十四气序次当与《三统历谱》相同。后汉四分历始置雨水于惊蛰之前,清明于谷雨之前,历代历家沿用之。《淮南子·天文训》殆经后人据当时历术改窜者也。

《周髀算经》之著作时代,在《吕氏春秋》后,而所载星象历法,则与秦汉间六种古历相同,殆为西汉初期之作品。所载二十四气次序,亦与东汉四分术同,而与西汉时实行之三统历异。惟二月节不作惊蛰,而作"启蛰"。案启蛰本为孟春节候,汉人避景帝讳改为惊蛰,东汉以后历法,都以惊蛰为二月节。唐初麟德历复以启蛰为二月节。开元以后大衍历又改称惊蛰。《周髀算经》以启蛰为二月节,可有两种解释:1.《算经》原文,本与三统历术气候次序相异,东汉四分历即据周髀术定气候次序,不过因景帝讳改启字为惊字耳。2. 原文或与《淮南子·天文训》、刘歆《三统历谱》皆同,惊蛰在雨水前,谷雨在清明前,唐初李淳风等校注《算经》,据麟德历,将其次序移易也。二说未敢决其孰是。

《吕氏春秋·十二月纪》以孟春、仲春、季春、孟夏、仲夏、季夏、孟秋、仲秋、季秋、孟冬、仲冬、季冬为篇名,各述其月之气候与天文、地理、生物现象,及人事行政之有关于时令者。较《夏小正》尤为详备,然每月所记物候,详略不同,先后次序,亦未经厘定,无所谓二十四气,亦无所谓七十二候也。《淮南子·时则训》亦纪十二月物候,与十二月纪大同小异,叙次亦同。《小戴记·月令》、《逸周书·时训解》、《易纬通卦验》等皆时令书,则东汉人取《吕氏春秋》、《淮南子》所载物候语,伪造者也。当时月令之学,属明堂阴阳说,为东汉谶纬学之一支。《素问》:"五日谓之候,三候谓之气。"《易乾凿度》:"三微而成一著,三著而成一体。"注:"五日为一微,十五日为一著。"《素问》及《易乾凿度》皆秦汉间伪书,《逸周书·时训解》本《素问》、《易乾凿度》之说,以五日为一候,三候为一气,一年七十二候,每候录物候一句,每月六句,较前此之时令书,尤为整齐,后世历家,多袭用之。

干 支 考

　　表示年月日时之先后次序,吾国用十干十二支。按干支之称,不见于西汉以前文字中。见于《史记·律书》者称十母十二子。见于《三统历谱》者,称十日十二辰。干支并用,联成六十数,如甲子、乙丑等,上古用以纪日,故称曰"日名",或竟称"甲子"。《史记·五帝本纪》"索隐"引《世本》云:"大桡作甲子。"大桡为黄帝时人,《世本》语似不可尽信。数以十进,故有十干,一年有十二月,故有十二支,以十干记日,以十二支记月,此十日十二辰名称之由来也。其制当导源甚古。殷代帝王都以生日之干命名,如汤名天乙,纣即帝辛。殷墟卜辞,已以六十甲子纪日。殷墟文字中,有六十甲子表,始于甲子而终于癸亥,是以甲子为纪序数,在殷代已甚完备矣。战国中期以后,始以甲子纪年,甲子纪月(说文见后)。西汉初始以十二支记一日夜间之十二时。汉以前记一日夜间时刻。用"夜半"、"鸡鸣"、"平旦"、"日出"、"日中"、"日昳"、"下晡"等语,不言十二支也。后世记时亦有用六十甲子者,不知始于何时,大约为星相家所创,非关历术也。

　　周代谓日月交会之点曰辰,故周天有十二辰,亦称十二次,即以子丑寅卯等十二月名名之。《公羊传》言闰月"天无是月,非常月也"(文六年),故不列于十二辰之数。月始于子,故周天十二辰亦始于子。

　　春秋战国时测岁星在周天之宿度,分周天为十二次,依二十八宿名义,称曰:星纪、玄枵、娵訾、降娄、大梁、实沈、鹑首、鹑火、鹑尾、寿星、大火、析木,实与丑子亥戌等十二辰宫度相当(饭岛忠夫《中国天文学之组织及其起源》)。战国时因岁星之一周天为十二年(实11.86年)始用岁星之位置以纪年,惟岁星运行之次序,与十二辰方向相反,故假想有与岁星速度相同,而方向相反者,名之曰岁阴,又避寅卯等字,而用摄提格、单阏等名。《吕氏春秋·序意》篇曰"维秦八年,岁在涒滩"(申年),即从此纪法也。

《尔雅·释天》言："太岁在甲曰阏逢,在乙曰旃蒙……"谓之岁阳;"太岁在寅曰摄提格,在卯曰单阏……"谓之岁名;"月在甲曰毕,在乙曰橘……"谓之月阳;"正月为陬,二月为如……"谓之月名。秦汉之际,当有以之纪岁月以替干支者。《史记·历书》云"太初元年,年名焉逢摄提格,月名毕聚,日得甲子,夜半朔,旦冬至",即实行此种纪法也。《史记》"焉逢"当即《尔雅》之"阏逢",《淮南子·天文训》之"阏蓬"。太岁在乙,《尔雅》、《淮南子》俱作"旃蒙",《史记》作"端蒙"。《尔雅》正月名陬,《史记》作聚,或作陬(《历书》云"孟陬殄灭")。其他岁阳、岁名亦多同音异字,似属译自他国语言。案印度古代亦有十二月及十二辰名目,且有六十周年名称。然据十一世纪阿拉伯人阿尔·比鲁尼(Al Biruni)所撰书(Sachan 译本 Al Biruni's India),其所载印度月名、辰名,及六十年名,拼音均与中国岁阳、岁名、月阳,月名之读音,不甚相近,参考未周,不敢决其同出一源也。又《尔雅》以正月为陬,十月为阳,后世注释者都以陬为夏历正月建寅之月,《史记》月名毕聚,注者以为甲寅月。然推"日得甲子,夜半朔,旦冬至"三句之义,则冬至在孟陬月甲统子朔之平旦时,《汉书·律历志》引作"中冬十一月,甲子朔,旦冬至",当是甲寅年甲子月甲子日寅时。盖《史记》所载之历,实与周历相近,与前此之夏历,及后此三历均不同也。

岁星周期实非十二年。刘歆《历谱》言有超辰法,每一百四十四年当超一辰,虽仍不能十分准确,然可纠正战国以来太岁纪年之误。至东汉四分历颁行,乃决然不凭岁星,径以甲子顺序纪年,即现行之干支纪年法也。

十干十二支二十二字之形声,本无意义,或为中国西方民族之字母之传入中国者,中国人取以为纪序次之符号(马眉叔曾有此说,见梁启超《饮冰室丛书》第五种《国文语源考》),如今人之用罗马字母 A、B、C,希腊字母 α、β、γ,等,输入中国之时代当属甚古。故形体书法,已早为中国字之一部,其最初形声,不可考矣。岁阳岁名二十二字,月阳月名二十二字,似亦借用他民族语言,惟时期较晚,故多译音,不能以汉字形声解其原意也。然西汉时五行阴阳说盛行,《淮南子·天文训》、《史记·律书》、《汉书·律历志》等,皆于干支二十二字之声义,有所解释。

诸书解释，虽有参差（如《史记》"申者言阴用事，申贼万物"；《淮南子》"申者，呻之也"；《汉书》"申坚为申"），而俱以阴阳五行附会其义，则一也。东汉时，许慎《说文解字》以二十二字为象形字。近人考据殷契文字者，都知其非，此与三国六朝人以汉字音义，解释佛经中之译音字（如浮屠、菩萨等），同是穿凿附会之训诂，不值识者一笑也。饭岛忠夫氏乃深信汉人训诂，竟谓十干十二支之起源，因五星运行之知识而生，离开阴阳五行，则二十二字全不可解，因疑及殷契、《尚书》中干支文字，谓非公元前十八世纪时所当产生，而于殷王以十干命名，则以为难解之事实。博学如饭岛氏，何以愚妄至此！饭岛氏又以为西汉以前，六十干支不始甲子，而始于甲寅，其所述证据亦甚薄弱。

（《国立中山大学语言历史学研究所周刊》1929年第8卷第94、95、96期合刊）

《支那法制史研究》

王世杰

东川德治著，日本东京有斐阁发行，一九二四年出版，共四三九页，价日金四圆五拾钱。

日本学者中，对于中国历来法制，颇不乏富于研究兴趣之人，织田万、浅井虎夫诸人，俱曾做过一番整理的工作。[1] 吾国学术界，对于自国政治、经济、法制诸史，迄今尚无任何有统系的著作出现，对于东瀛学者，应感惭愧。

这部《支那法制史研究》的著者东川德治氏，对于汉学及吾国法制，亦已做过相当的探讨工夫。这部书亦足供吾国治历史与治法学者之参考。书中所载是著者曾经发表于日本《法学志林》《法学论丛》等期刊的二十几篇论文。一部论文丛刊自亦不能构成一部有系统的中国法制史，但是这二十几篇论文足使我们窥见吾国历来法制上大部分的特点。不过这些论文所讨论的几乎纯是民、刑法的问题，行政法一方面的问题则几完全阙略耳。就中陈述得最有条理的，当推支那法与复仇、支那法与法官之责任、支那法与刑之执行犹豫、支那法与伤害罪、犯奸、支那法与自首、支那家族制度之一斑、支那法与孝道、支那法与养子、支那古代之婚姻、支那法与婚姻豫约、离婚、妾之制度、支那法与奴婢、商鞅与法律及经济诸篇。

在这些论文中，有两项见解，东川氏曾一再郑重的申说，这也许是东川氏的特见。

第一项见解是，东川氏以为《尚书·舜典》所谓"眚灾肆赦，怙终贼

---

[1] 织田万著有《清国行政法》（有汉译本），浅井虎夫著有《支那二于ケル法典编纂的沿革》（有汉译，参看本刊第三卷一号书评）及《支那法制史》等书。

刑"二语,足以表示中国历来刑典上之根本原则,而为中国历朝刑典之所本。东川氏以为按照中国注疏家的解释,眚即过误之谓;灾即不幸(程注谓为非人所致),盖即今人之所谓不可抗力;怙谓有所恃,盖即今人之所谓故意;终谓再犯;肆谓缓刑;赦谓全免;贼者死刑之称;刑者指墨、劓、刖宫诸刑而言。换句话说,即凡因过失而犯罪,或因不可抗力而犯罪,则适用缓刑或赦免之法;凡故意犯及累犯,则处以死刑或其他刑罚(本书第三页及第二一四至二一五页)。此种解释,无论是否确切,其为吾国历来一般经学家所承认之解释,却无疑义。果尔,则舜典时代之刑法思想,与近代国家之刑法,已多吻合。惟吾国历朝刑律,虽如东川氏所说,系以"罚故意犯而宥过失犯"为原则,而这个原则,究不无重大的制限:凡卑幼之于尊亲属,奴婢、部曲之于其主人,臣民之于君上或官府,便皆不能以过失为刑事责任解除之原因。其因过失所受之刑,并且异常苛刻:如清律规定子孙过失杀祖父母、父母者,拟绞立决;唐明清诸律规定奴婢过失杀主者绞;历朝刑律俱列"封题错误"与"造御膳误犯食禁"等事,各为"十恶"中"大不敬"之一;皆是。且所谓过失,俱系指"耳目所不及、思虑所不到"之行为而言,苛刻之度,益可想见。

东川氏认为陪审制度曾经行于中国古代,这是东川氏的另一种特见。关于此点,东川氏曾详细申论,而其根据,则不外《周礼·秋官》的两项记载。第一项记载,见于《秋官·小司寇》篇,系一种关于裁判狱讼的规定,其文云:

> 以三刺断民狱讼之中:一曰讯群臣,二曰讯群吏,三曰讯万民,听民之所刺宥,以定上服、下服之刑。

第二项记载见《司刺》篇,文云:

> 司刺掌三刺、三宥、三赦之法,以赞司寇听狱讼:壹刺曰讯群臣,再刺曰讯群吏,三刺曰讯万民;壹宥曰不识,再宥曰过失,三宥曰遗忘;壹赦曰幼弱,再赦曰老旄,三赦曰蠢愚。以此三法者求民情、断民中、而施上服、下服之罪,然后刑杀。

东川氏援引中国许多注疏家的解释,断定以上两项记载足以证明陪审制度曾经行于周代,不过此制只适用于特别重大案件之终审程度而已

(第一三六页)。

研究比较法的人,在初民社会中,往往发现陪审制度或"人民法庭"(Popular Court)制度,或其他相类似的裁判制度。以是,有些学者相信人民参加裁判,为初民社会的一种共通政俗。这也许是一种正确的观察。不过上述《周礼》记载能否证明陪审制度曾经行于周代,尚不无讨论的余地,何则?吾国唐虞三代之所谓"王道",虽如东川氏所说,是一个民本主义(第三四页),而吾国民本主义似乎从未采取选举、投票、或其他参政的形式,给予普通人民以今人之所谓公权。当时民本主义,似乎只是承认君主的行为,必须尊重民意,其刺探民意的方法,似乎只在设置特种官吏,向民间探听舆论。如令大师(采诗官)采民间歌谣,上诸君主;或令遒人(宣令官)以木铎徇于道路,使官师相规,工艺执事以谏,等等皆是。孟子告齐宣王亦有"国人皆曰可杀然后察之,见可杀焉,然后杀之"等语,其义当亦不外如此。《秋官》之所谓"讯万民",又安见非仅令小司寇、司刺等官,依相似之方式,刺探舆论?果尔,则当时所行之裁判制度,固尚不能加以陪审之名,因为陪审制度虽亦可有种种形式,而要以有普通人民参列狱讼之裁判为其根本条件。但对于此层意见,《秋官·小司寇》另有次列一条记载,似又构成一个有力的反证:

> 小司寇之职,掌外朝之政,以致万民而询焉:一曰询国危,二曰询国迁,三曰询立君。其位,王南乡,三公及州长,百姓北面,群臣西面,群吏东面。小司寇摈以叙进而问焉,以众辅志而弊谋。

从这段记载看去,人民与君主及大小官吏,固俨然共集一地,共定内乱、外侮、迁都、立君等大政,俨与行使公权无异。由此以推,其以狱讼事件"讯万民",亦或系采取相同之形式,而东川氏之承认"三刺"为一种陪审制度,似乎很可成立。然《周礼》为伪书,已为一般学者公认之事实,书中所载,就令有一部分是周代的制度,而其虚伪的或理想的成分,亦或超过真实的成分。《小司寇》及《司刺》诸篇所记的裁判制度,既无其他记载足资左证,其真实之程度如何,仍属疑问。

东川氏论述各项法制,大都从经传探其本原,从历代刑律明其流变。但东川氏议论,有时过为经传或经传注疏家的权威所宰制,而不免流于浮夸与附会,譬如他的《易与制度》一篇,便显然如此。东川氏论述各项法制的流变,仅称引唐明清诸律,宋元诸律概阙而不论。实则宋律虽多因袭唐律,元律则颇多特点,未容抹煞。此层阙略,或者是因为东瀛或著者缺乏《宋刑统》、《元典章》诸书的缘故。

(《国立北京大学社会科学季刊》1925—1926年第4卷第1—2期)

《中国建筑史》

仲

日本伊东忠太原著，陈清泉译，民国二十六年八月商务出版中国文化史丛书本，定价二元五角。

伊东忠太博士，与关野贞博士，均为日本著名之建筑学家。二氏对于中国建筑，造诣极深。按日本建筑，一向模仿中国，及庆应、明治之间，即多西洋工程师，于东京等都市，承办建筑。维新以后，大学校虽创设建筑专科，然尚不为社会所重视。嗣经伊东博士之努力，始获学术上之根据，而为一般人所注意。博士乃更从事研治中国建筑，其方法则于文献之外，尤注重于遗迹之调查。是以凡六游中土，最初以北京为中心，并调查其附近一带之遗迹。次自北京历河北、山西、河南、陕西、四川、湖北、湖南、贵州、云南而入缅甸。次探查奉天各处。次游江苏、浙江、安徽、江西诸省，嗣更至广东等处。最后至山东。所获成绩虽夥，然以中国幅员辽阔，其未经发现之蕴藏，仍不知凡几，故犹未满足其欲望也。

博士当游历中国之际，尝修函致国内诸同好，其友辄为之披露于建筑学会发行之《建筑杂志》中。其平日所著之论文，除《建筑杂志》外，分载于国内各专门学志。是书即本其生平研究所得，集其大成，发为宏论，昭和六年三月，东京雄山阁书店辑刊《东洋史讲座》，遂列此为第十一卷。

中国建筑，为汉民族所创，以中国本部为中心，南及安南交趾，北及蒙古，西及新疆，东及日本，其土地之广，约达五千万平方市用里（合四千万平方营造里），人口近五亿，约为世界总人口百分之三十。其艺术渊源之古，殆难推测。惟伊古以来，连绵迄今，其间虽受外力之影响，然均系吸收而同化，故犹能保持古代之面貌，而于世界建筑界中，特放异彩,实为可惊异之现象。然国人于此,向不关心,以为匠作之事,非士君子之所为,且亦不屑为,拘墟之见,一何可憾。近岁以来,卓识之士,起而提倡,于是董理钩稽,以期发扬光大。顾建筑史之著,仍有待而未尝问世也。博士竭半生之力,以如炬之史眼,凭经历所得,用潇洒之笔调以出之。虽为未竟之作,已极难能而可贵,且于学术晦蒙之今日,则是编匪特为中国文化史之光荣,实东方文化史之大幸也。

原书首为绪言,次分三章,章析若干节,用笔流畅,极富条理。其绪言略释中国古代对于艺术之认识,并艺术之范围,及建筑学与金石学、绘画学、考古学之关系。第一章为总论,言中国建筑之位置,及欧人对于中国建筑认识之谬误。余如研究中国建筑之方法,以及地理、历史、中国建筑之史的分类、特质等,均为扼要之叙述。第二章为前期建筑史,自有史以前至两汉。第三章为后期建筑史,自三国至隋。隋以后者,尚未完成。

博士此作,乃以艺术方面为主体,非以材料、构造、土木各方为研究之对象,此为本书之重要前提,故凡所论述,悉遵此旨。其论中国人对于建筑之态度及对中国建筑术书之批评曰:"古今中外,对于中国建筑之研究,甚不完全,此殆数千年来中国人蔑视建筑之结果。故此类书籍甚少,其他涉及建筑之文献,亦感阙乏,余所知者,仅宋代编有《营造法式》,明代著有《夺天工》,及现行之数种书籍而已,顾此类书籍,术语艰深,解释困难,其内容亦未与今日科学的组织一致,每有隔靴搔痒之憾。"(见原著《东洋史讲座》本页八)博士此论,虽颇中肯,似仍未甚精到。盖所谓"术语艰深,解释困难"者,或对《营造法式》而言。夫《营造法式》既著于宋代,自应多求宋代遗物,审慎推索,以寻诠释之证,不难迎刃而解。若据清代建筑以例《营造法式》之制度,则张冠李戴,岂但"隔靴搔痒"而已哉。矧博士之言,仍因游历之地虽广,而一切环境均不若中国人之便利。故博士于调查山东遗物后之感想曰:"山东为古齐鲁之地,古迹丰富当为中国各省之冠。若三代遗物如齐桓、孔、孟诸墓,泰山则有秦之遗迹,汉有武梁祠诸石刻,而六朝隋唐之遗物,如青州云门山、驼山,与济南附近之佛迹,及曲阜文庙诸碑,几不能一一举。夫欲调查山东一省,其困难已出预想之外,况于中国全国乎?"(见原著页十七)

良以中国幅员广大，遗迹星散各地，指难胜屈，如欲踏查周遍，自非易易。故博士曰："日人探查中亚著作，仅大谷光瑞等所著之《西域考古图谱》一书而已。其他关于中国内地探查之报告，多断片而乏统一。方之欧西诸国，洵蹇涩不可同日语。惟日人调查中国军事、政事、商业、科学、艺术之范围，固极泛博，而私人专门之探险尤众，惜规模较狭，孤立而乏联络，且无系统之研究，故成绩亦不显著，更因谨慎而犹豫，每不敢大胆发表其报告。呜世界之巨著，成于日人手者殊鲜，非无故也。"（见原著页十四）诚明识之言也。

西洋学者对中国建筑之认识，殆自鸦片战争以后。惟初亦颇幼稚，未得要领，其有长足之进步，实自民国以后。然以其不能畅读中国典籍，不明历史国情，不知变迁之途径，故所撰述，强半悖谬。如英之发嘎逊（James Fergusson）所著《印度及东方建筑史》(*History of Indian and Eastern Architecture*)谓中国建筑不过工业之一种，毫无艺术价值，并訾论反宇为不合理，斥兽吻走兽为儿戏。又如英福勒卡（Banister Fletcher）之《世界建筑史》(*A History of Architecture on Comperative Method*)以中国建筑与墨西哥、秘鲁二国为伍，而置于"非历史的建筑"一章中。德人闵思帖尔堡（Oskar Münsterberg）之《中国艺术史》(*Chienäsische Kunstgeschichte*)虽较前二者所论，稍为进步，惜所揭之例，选择失当，年代之判断亦欠精确，故往往未获正当之结论。博士于此诸点，均一一为之辩明，语极精当，如谓彼辈为"未识中国之建筑者"及"实表示对于中国建筑观察之浅薄"诸语，非过抑之辞也。

关于研究中国建筑之方法，博士则以文献与实物并重，而文献方面，尤重于训诂，以为"中国文字，虽系专门之学，非一般人所能深究，然文字之成立，不啻为实物之写生，即所谓象形文字是也。试由此象形文字加以精密之研讨，则实物之形体与性质，均不难窥见，实含有极丰富之趣味也"（见原著本页十八）。盖以为训诂学可为研究建筑史之基础，实则凡治中国文化史者，胥当循是以求。

建筑之起源，基于辟风雨，御寒暑，庇护人类躯体，固人所夙知，然草昧之世，交通阻塞，先民创物，必求其适于环境。气候材料之外，又因风俗习惯之影响，每使建筑式样结构，有空间之区别。洎后文化日趋进步,各民族间之交通亦日就发达,商贾之贸易,人口之迁徙,文化之传播,政权之兴衰,宗教之隆替,乃使建筑式样,又有时间之不同。博士对此二点,均有概略之论述。于建筑史之分期,广采诸家之说,以汉末为界,分为二大期。前期为汉族固有之艺术发达时代。后期又分为(一)三国至隋时代,为西域艺术摄取时代。(二)唐为极盛时代。(三)宋。(四)元为衰颓时代。(五)明。(六)清为复兴时代。如此判断,稍有可议,盖自太古至西汉,视为固有艺术之发达时代,自无不协,惟自汉武交通西域以后,西域艺术已逐渐东来,至于明帝,洛西乃有白马寺之说,汉末笮融,复营浮屠于徐州,三国以迄六朝,兵革相寻,人民厌乱,于是佛氏清寂之说乃兴,而宗教建筑乃盛,故博士所谓西域艺术摄取时代,固应自东汉始也。至于称明清为复兴时代,"因无较善名辞,姑且用之",与其如此,勿宁并入衰颓时代为较佳也。

至于中国建筑之特质,分为宫室本位、平面、外观、装修、装饰花样、色彩、材料与结构七节。所论均极精密,将中国建筑之特点,发挥无遗。就中材料与结构一节,阐明材料与结构样式之关系,尤中肯要。

第二章为前期建筑史,分有史以前者为第一节,周为第二节。第二节析为总说、坛庙、都城及宫室、陵墓、建筑装饰及花样五目。所论多根据经典,而参以遗物遗迹,附图以为之说明。第三节为秦,析为总说与遗迹二目。于秦之长城、阿房宫、始皇陵、瓦当等,皆略为说明。然对于宋聂崇义《三礼图》所载秦明堂之制,既谓不得要领,第于聂氏"城门各开三拱"之说,又度"其不为真圆弧而稍椭圆,或似抛物线之曲线者,殆与今日诸城门之拱形相类"(见原著页一二○)。似又过信之也。第四节为两汉,仍析为总说、宫室、陵墓、庙祠及道观、佛寺等五目。是节多以实物为基本资料,而以文献为辅,并以科学之见地,认为"此时代之艺术,犹为周秦之继承者,仍为汉族固有之式样,其与周代不同之点有四,一为因周代之古劲进于庄丽,二为随国力之发展而趋于雄伟,三因西域诸国文物之输入而增加新趣味,四由于佛教之传入而伽蓝建筑因之勃兴,亦即佛教艺术之发端萌芽时期也"(见原著本第一二五、一二六页)。

第三章为后期建筑史,仅成六朝时代一节。节分序说、宫室、佛寺、道观、陵墓、装饰花样,六朝建筑之性质等七目而佛寺一目又列总说、实例二子目,实例中复取敦煌石窟寺以下至神通寺之塔等,列为八细目。其六朝建筑之性质,又分为总说、中部及西部亚细亚之艺术、六朝建筑之分析、六朝建筑之东渐等四细目。夷考中国建筑史,以此时代为最复杂。其时佛教势力,已深入中国,帝王以福善之说慰百姓,而民众厌乱苦役,亦以祝发出家为避徭之径,故石窟寺塔之建筑,盛极一时,其影响于中国固有建筑之式样,至深且巨。迨隋文帝统一海内,重建长安,远师周制,近法汉京,宫阙楷模,趋于复古,建筑手法,又为之一变。博士于此诸点,均不厌其繁,并佐以调查实例,一一为之诠释,条理井然,洵艺林之鸿宝。惜全文未竟,实不胜一篑之憾也。

陈氏译本,未尽允当,地名译误及略去者甚多。其第一章第二节原文之"明代に著はきれた《夺天工》",应译为"明代所著之《夺天工》",是书今日本内阁文库藏有钞本,为明计成撰,乃陈氏译《夺天工》为《天工开物》,实大误。本文所引,胥自原著《东洋史讲座》本,未遑与陈译本一一校勘,仅举其大端于上。惟陈氏于本书之末,补录《营造法式》所载各作制度,约一百四十余条,颇便读者,于中国建筑史尚未完成之今日,亦足为治斯学者之一助也。

(《中和月刊》1940年第1卷第4期)

中国伦理学史

石 岑

日本三浦藤作著,张宗元、林科棠译,哲学丛书之一,商务印书馆发行,布面四八九页,定价二元四角。

本书原著者三浦籐作是一个很努力的青年,他曾编有《西洋伦理学史》、《日本伦理学史》合本书共三种,为著者所自诩为"系统的大伦理学史之完成"。三书以《西洋伦理学史》(我国亦有译本)为较善,余皆平平。因著者本以专攻西洋学术为职志,如所编《挽近心理学大集成》、《近代伦理学大集成》、《哲学概论大集成》等皆大体介绍西洋最新学理之文字。著者关于中国哲学的著作,实以本书为始,恐怕是想完成他的系统的伦理学史,勉强辑成此书,所以本书原著的内容,毫不足称道。

中国伦理学史和中国哲学史本来就不容易分开,若是作者不特别辨明两种学科的领域,更容易闹到淆混不清的地步。本书原著就犯有这种弊病。可说是中国伦理学史,也可说是中国哲学史。因为原著论究的范围,与哲学史论究的范围,完全没有区别。这也许是作者任意抄袭不加选择的缘故。日人所编的《中国伦理学史》在近几年内出版的,几乎都没有翻译的价值。蔡子民先生的《中国伦理学史》系根据早年木村、久保二氏的原本辑译而成,里面附加自己的意见很不少,尚有一读的价值。若日人近几年内所编的各种伦理学史,尤其是本书,一味抄袭,既无主张,又无创见,似乎更没有翻译的必要。在同类的著作当中,我以为比较的有翻译的价值的是渡边秀方新著的《中国哲学史》。虽然不是中国伦理学史,却有许多关于伦理学史上的意见。反正日本人做的中国伦理学史与中国哲学史是不大分明的。渡边氏的《中国哲学史》,尚有许多地方是出于自己的见解的,关于史料的选择与整理,也比别种著作稍为谨严。可惜国人见不及此。像本书原著对于史料的选择与整理是毫不讲究的,任如何努力的介绍,结果只有使国人对于国学的知识愈加混沌而已。这样看来,我们作翻译事业,在开始翻译的时候,不可不先对于原著加一番审慎的考察。原著不佳,任如何尽翻译之能事,结果只是时间与精力之浪费。

本书原著无足称道,既如上述。不过里面有一种工作是原著的特色。便是每段后面都撰有一种表解,以便初学者之记忆与辨识,且可利用西洋治学的方法以作,整理国故的根基,这却是比较的有益于学者之事,著者作《西洋伦理学史》、《日本伦理学史》也是用这种方法,足见著者别具一番匠心。

原著行文,浅近通顺,最易迻译,本书译笔尚可,但疏忽牵强之处仍不少,惜无暇一一摘出以就商于译者。

(《一般》1926 年第 1 卷第 1 期)

评田崎仁义著《古代支那经济史》

石决明

一 我们的"自愧"

我们觉得惭愧而自悲！中国的学术界，到了现在还没有产生足称为"中国经济史"的著作，而邻邦日本，却已替我们写了好几部的经济史——虽则内容的好坏又为另一问题。

大概十多年了吧，当日本田中忠夫著《支那经济史研究》出版的时候，他在序文里曾有一段俏皮的话，说："挽近日本经济史的研究渐见盛行，而关于这类的著作也稍见增加了。这是自维新以来只以欧化为事殆无宁日的日本，打破心醉欧化的痴梦而醒觉了自我的存在之当然的一个结果，实可算是可贺可喜的现象。不过如果欲理解日本经济史或日本经济思想史的真髓，则非待诸与其关系最为深切的中国经济史或中国经济思想史的研究不可。然而在现在，这种研究，即说还极衰微不振，确也不是什么夸大之语。这样，现在欧洲和日本之间，还有经济史上黑暗的亚细亚大陆横隔着。这不是日本帝国的一大奇耻而是什么？"唉！缺乏中国经济史或经济思想史的研究，算是他们"日本帝国的一大奇耻"，这真使"大中华民国"的我们觉得"啼笑皆非"了！

现在，田崎仁义著的《古代支那经济史》，又在一种轻蔑的口调里产生出来了。他在该书书末"参考书"一段里说："关于古代中国经济史，现在还没有可算完整的参考书。……现在中国人的著书中，虽有简单的商业史等，但却还没有看到足视为经济史者。"(原书一五四——一五六页)"这不是大中华民国的奇耻而是什么？"

然而这种"奇耻",不是"对外"而是"对内"的。我们并不是说研究中国的学问应该要由中国人一手来包办,对于他们这种"越俎代陈"之举,我们不但不能埋怨而应当感谢。然而"事实中国的史料,中国的文字,中国人的传统生活,只有中国人自身才能更贴切的接近。"处在这种地位的我们,对于自己应该填的文化史,不能自己来填而竟让了他人"越俎代陈",这确是我们所该"自愧"的。当然,中国的史料浩如烟海,要从这古纸堆般的旧书古籍里整理出一部完备的《中国经济史》,决不是短期间中所做得到的。所以我们在一方面应该努力于最近的将来能够自己产生出一部较完整的《中国经济史》。另一方面,对于目前外国学者已经替我们开辟了的路径,却不能不详细检讨一下,才不会步了他们的后尘而走入迷途:这就是草了这篇批评的动机之一。

本书著者经济学博士田崎仁义氏,系日本大阪商科大学的教授,对于中国古代社会的研究,在日本可算是有数的。除了此书而外,还有《支那古代经济思想及制度》、《王道天下之研究》等庞大的著作。此《古代支那经济史》,为改造社《经济学全集》第二十八卷《世界经济史》中之一部分,全书一五七页,约十万言,共分三章:

第一章　序论
第二章　封建制度成立以前的社会及经济状态
第三章　封建组织的特质与其土地制度

据著者所说,春秋战国时代,内容极其复杂,因篇幅关系,只叙述西周及西周以前(九——〇页),故虽名曰《古代支那经济史》,实不过只古代经济史之一部分而已。

然而在实际上,春秋战国时代,在中国古代经济史上,占有最重要之地位,无论如何,叙述中国古代经济史之际,决不能将其付诸等闲。然而今田崎氏之著书,竟以篇幅为词,将其完全付于缺如,此实不无"避重就轻"、"弃难取巧"之嫌,盖亦此书之最大致命伤也!

此外,该《世界经济史》末尚有一篇较短的东京帝国大学教授加藤繁博士著《支那经济史》副题"以秦汉以后为主"者。日后有机会,当另作文评之。

二　关于"序论"的批评

田崎博士首先把先秦时代分划为三个时期(七一九页):

第一期　封建制度成立以前

这个时期,由太古迄于尧舜,年数很长而不可确知,系以血缘为主之氏族部落多数分散于北部中国,而营着狩猎、牧畜及低度的农业生活的。

第二期　封建时代

指夏殷周三代而言,无论是政治或经济,均以土地大所有者的诸侯为基础,其地位由血统而世袭,经济则以农耕为本,行井田之法,田崎氏特称之曰"王道经济"。

第三期　春秋战国时代

因人口之增加,欲望之增进,交通之发达,诸侯之争霸,人民之相凌,而封建解体,王道衰废,遂成为列国对峙,互相攻伐之势。故政治上可谓之"霸道政治时代"。其精神一与重商主义(Mercantile System)相同,在经济上则为货殖的、营利的,而重金重商的倾向甚为显著,如齐之管仲,郑之子产等之政策,即其代表者。

对于田崎博士此种分期及其叙述,我们觉得颇有商榷的余地:

一　太古至尧舜时是否已营着所谓"低度的农业生活"?

田崎氏谓尧舜及尧舜以前已营着"低度的农业生活",甚么叫做"低度的农业生活",他虽没有具体的说明,但若就他在第二章里叙述当时所营着的"农本的定住生活"的情形(见原书第二章第三、四、八诸节)观之,则其所谓"低度的农业"者,决非如波格达诺夫(A. Bogdanow)所说那种仅以补助狩猎之一时的短期的植物之种植,而是直接以人类为对象之谷物的种植,至少亦系进步到相当的程度,已与牧畜相结合,而采取了定住的生活形态之农业。[①] 但这是否有可能?

---

① "农业,最初对于野蛮种族之游牧的生活方法,几乎不曾给与什么影响。它在当时,只不过用为补助狩猎而已。种族适应狩猎底必要,普通总是从这一地方到别一地方,继续移住的,在一个地方,至多只能停住自播种结实以至收获时所需的时间。牧畜最初就造出游牧的生活。家畜要有牧场,一地方底牧草吃尽时,就要迁移到别一场所。渐渐人口增加了,人类就得结合农业与牧畜,采取定住的生活状态。"(波格达诺夫著,施存统译《经济科学大纲》,三九页)

（一）据最近数十年来古物之发掘，仰韶文化里面还没有铜器之发现，殷墟中始有铜制矢镞等物，①商族盛大的时代还是新石器时代（Neolithic Age）的末期，那时虽已兼用铜器，但其耕具还是石器、木器、蜃器等。且就历史的记载传说而言，尧舜及其前，"有虞氏尚陶"，"有虞氏瓦棺"，明明表示是还用着土石器的新石器时代。据巴基德（M. C. Burkitt）博士之所说，新石器时代文化的共通要素有五：（1）农耕，（2）动物之饲养，（3）土器之制造，（4）石器之研磨，（5）金属之发见。②在中国，如最近法人德日进及桑志华在热河林西地方获得许多新石器，其中有的与从前安特生（J. G. Anderson）在宣化所得的同样。据专家研究的结果，断定是使用于农耕的。安特生等在河南仰韶所得石器，有的颇似耨锄，还有与现在北方几省割高粱所用的镰相似的石镰。③ 所以我们固然不能像郭沫若氏那样把农业解释得很狭义，以为中国古代的农业至殷末周初始发见，④而须承认其前并不是完全看不到农业（更正确言之，即耕种农）之遗迹的。但我们却要知道农业，在其初期的手锄农（Ha khan）时代，不但仅处于补助地位，而且连与其有最密接的发生关系之牧畜，也还没有生出任何"内的关系"，因之营此种农业的民族，实亦尚未完全脱出漂泊的游牧生活，虽则有些学者，不承认中国古代农业之曾经过锄耕农的阶段。⑤ 由此推之，尧舜及其前，何从会有已采取了定住的生活形态之农业发现？

（二）商代末年，还是以牧畜为主要的生产，卜辞中用牲之数每多至三百、四百以上，即其证明。商代末年的生产既然还以牧畜为主，那末尧舜及其前，决不能有如田崎氏所说那种定住的农业之存在。

（三）普通多以为在食物采集时代（Age of Foodgathering）后之食物生产时代（Age of Food Producing），是先经过牧畜时代，而后进入农

---

① 详见卫聚贤编《中国考古小史》，三三页，及翁文灏著《近十年来中国史前时代之新发见》一文。（载科学第十一卷第六期）
② 详见 M. C. Burkitt, *Prehistory*.
③ 见程憬著《商民族的民族社会》。（载《国立中山大学语言历史学研究所周刊》第四集第四十二期）
④ 见郭沫若著《中国古代社会研究》。
⑤ 沙发诺夫不赞成此种之说，他说："无论如何，都不能同意那种观点，说中国人从来就不知道锄耕农业，而且一下就跳过去那时农业国所'选用'的一种犁头上来。"（沙发诺夫著，李俚人译《中国社会发展史》，一〇页）按此说见 Berthald Laufer: *jade* 一书。

耕时代的。其理由即为原始人的主要食物,既系野兽,那末后来必会进而饲养动物以供食。然而实际上曾不一定都这样。如潘伯里(Raphael Pumpelly)博士所发掘的土耳其斯坦(Turkestan)阿闹(Anau)遗迹,已证明有的是农业先于牧畜。① 又如斯沙(Susa)的古坟里,亦只发见有耨器而没有家畜的遗迹,②所以牧畜并不一定先于农耕。不过在中国古代,农业的发展是和牧畜相关联的。起初,农业是处于牧畜的补助地位而以种植牧畜的刍秣的,商代中叶的农业就是这样。卜辞上虽有不少的"田"的记载,但这均为供刍牧狩猎的田而不是现在耕种谷物的田,如"土方牧我田十人","壬子卜,贞王田于斿,往来亡灾,丝御,获鹿十一"等是。到了殷代中末叶,农业始渐进而变成直接以人为对象的禾黍的种植,故禾黍的种植在殷末已很被所重视,不但如"庚午卜,贞禾之及雨,三月","贞今其雨不佳稿"等,卜风雨时有时竟是特别为禾稿而卜的,而且殷室的帝王也有"观黍"、"相田"之举了。③ 商代中叶的农业,既尚处于牧畜的补助地位,那末尧舜及其前,决不会有如田崎氏所说那种已发达到相当程度而采取了定住的生活形态之农业存在。

(四)从甲骨文上看来,商族的农耕方法似乎是火耕。甲骨文有"贞焚"、"卜焚"等文字。焚,《说文》与《公羊传》解释为"火田"或"烧田",然而火耕法,是在一块土地上,用火烧草,以石锸扶土,而后播种。这种方法,既不能深耕,又没有比草灰更好的肥料,所以用这种耕法的农夫,必须每年更易耕地。商族之不因农业的发生而停止转徙,就是这个缘故。④ 如《史记·殷本纪》言商之先人,"自契至汤八迁",自汤至盘庚又迁徙过五次。《商书·盘庚》系盘庚迁殷时的训告,那里也说:"兹犹不常宁,不常厥邑,于今五迁。"盘庚以后在《殷本纪》中尚屡见迁移,然张守节《正义》引真本《竹书纪年》云,"自盘庚徙殷至纣之灭七百七十三年,更不徙都"。这正是表明商族在盘庚以前还是迁移无定的游牧民族,到盘庚时才渐有定住的倾向。所以采取了定住的生活形态之农业,不存于尧舜及其前,而开始于殷的中叶。

---

① 见 R. Pumpelly, *Explorations in Turkestan*, *Expedition of* 1904.
② 见 H. J. Fleure. *Primitive Community and Origin of Race.*
③ 详见郭沫若著《中国古代社会研究》,二四七页。
④ 陶希圣著《西汉经济史》,六页。

由此，我们以为尧舜及其前决不会有如田崎氏所说那种"低度的"（事实，若就他所说而言，并不能算是"低度"而是已进到相当程度的了），即"定住的"农业存在过。

二 夏、殷、周三代是否同为封建时代？

这确是很值得讨论的，因为封建制度起于何时这个问题，在中国古代史上确占有很重要的地位。田崎氏以为尧舜以前已有定住的农业之发生，至夏殷周而甚是发达，其社会完全以农业为基础。这种结论，必然使他进而推定夏殷周都是封建社会。然而这显然是很大的错误：

（一）已采取了定住的生活形态之农业之发生，事实不在尧舜及尧舜以前而在商代中叶以后。就是商代中叶，生产也还以牧畜为主而农业则居于副，卜辞中直接关于农耕的贞卜甚少而关于牧畜狩猎的贞卜非常之多者，即其一证。商代中叶生产既然尚以牧畜为主，那末夏商何从发生如田崎氏所说的"以土地大所有者的诸侯为基础"之封建制度？

（二）夏代虽不是以前的原始共产社会，但也不能说是封建社会。原始共产制在夏禹时已开始崩溃，而社会已走入族长宗法社会。在夏以前，如尧舜禹，都是由众人公选出来的，后儒把它加上了一套虎皮，说这是传贤禅让的美德。可是到了夏禹，便不传贤而传子了。这种"家天下"的开始，正是表示原始氏族社会内的军事酋长之贯彻了废弃氏族遗传与原始民主制此种要求，而原始共产社会之转到族长宗法社会的关键。夏初原始共产制既才开始崩溃，那末夏代何从说它是封建社会？

（三）商代初期尚为迁移无定的游牧民族，到了盘庚时才渐有定住的倾向，而直接以人为对象之谷物的种植又远在殷之中末叶始发现，则商代很显明的不能说全是"以土地大所有者的诸侯为基础"之封建社会。不过当时已有私有财产观念之发生，剥削之萌芽，奴隶之出现，阶级之对立，故商代中叶已是很成熟的族长宗法社会，而商末或已有封建制度之萌芽。《左传》成十一年刘子、单子述传说以为："昔周克商，使诸侯抚封。"所以商末或者已有封建领主之存在。但并不能因此而说商代全是封建社会。

在实际上，西周时社会始完全转入封建时代。盖"族长宗法社会底发生,是那保证人类生活资料的新生产方法发生底结果。封建社会底发生,又是这些生产方法更发达底结果"。"封建时代底技术条件,大要如此:以农业为主要产业,牧畜处于从属的地位,在一定地域中营定住生活。"①族长宗法社会的商代,它的生产方法,虽由渔猎而进化为牧畜,并再由牧畜而发明出了农业,但当时的农业是和牧畜相结合的,就大体上说,还是以牧畜为主农业为副。到了西周,因耕器的进步,而农业亦即呈出了长足的进展。我们在卜辞或《易经》里,很不容易找出关于农业的许多记载,然而周代初期的作品《周书》、《诗经》中,却差不多篇篇都说及农业,当时农业的盛旺发达,可想而知。在政治上,武王克殷灭纣以后,大封功臣谋士,"封尚父于营丘,曰齐;封弟周公旦于曲阜,曰鲁;封召公奭于燕;封弟叔鲜于管;弟叔度于蔡。余,各以次受封"(《史记·周本纪》)。《左传》上也说周公及成王之世,大封姬姓:"兄弟之国,十有五人;姬姓之国,四十人。"又据《史记·周本纪》上所说:"武王即位,太公望为师……东观兵,至于盟津……遂兴师……是时,诸侯不期而会盟津者,八百诸侯。"可见其武王伐商以前,其所谓诸侯者,实不过部落的族长,武王伐商以后,乃大封诸侯。至是,无论在经济上在政治上,才走进真正的封建制。

对于夏商非封建社会之说,田崎氏亦有驳论,他说:

> 学者中有以为封建制度之行,只在周代盛旺之时,而夏殷则尚不能谓此制度已见确立者。对于此说,单就封建制之在周时最为成熟确立一点,我们亦同持其见;不过尧舜时既然已有元后群后等而封建的要素已渐在萌芽,那末夏殷二代反没有向封建制进展而入了周代乃突见封建组织成立,这实在不能以为是可能的。(八—九页)

他这种驳论的错误在于:

(一)把尧舜及其前之极幼稚的植物的种植,误为已采取了定住的生活形态之农业;把夏商时以牧畜为主的生产误为是以农业为主的。

(二)把尧舜及其前的社会发展阶段看得太高,致以把那不过是氏

---

① 波格达诺夫著,施存统译《经济科学大纲》,六三页。

族社会里部落(Stamm)及氏族(Gens)等的酋长军长等之元后群后当做是后世封建制的天子诸侯的萌芽,何况所谓元后群后者早已经了后儒的粉饰。事实,封建制的萌芽不在尧舜之时而在殷代中叶以后。①

（三）把夏商周当做完全是一线相承的。据王国维之所研究,夏商周三朝实为三个不同的种族或部落,其发展的途径是平行的,但旧史每视为同种族之三个朝代的更迭,而误为一直线的继承。② 王氏此说,虽未成定论,但大概是事实。不过所谓平行者,并不一定须同时出发。大概夏的存在较早,商是稍后才出现而与其处于平行的。《诗经》的《商颂》里说商在玄王时已经很兴盛了,到相土时更兴旺,到汤时国势如火之烈,伐灭了韦、顾二国之后,再打昆吾和夏桀。可见商在汤以前本是一个很大的国,和夏是并立的。后来人说汤是桀的臣子,以臣伐君,这不过是用了后世的事实推想古代吧了。《大雅·民生》篇里也很明白地告诉我们说他们的祖先起初还没有营着农业,而且是母系中心社会,所以姜嫄生后稷之后,便将其弃于陋巷,弃于平林而不死,乃收养之,后来乃发明了农业。商代中叶已有发展到相当程度的农业存在,而周的祖先起初还没有农业,他们之非一线相承也可知。事实,单是商族的生活,已包含由狩猎到牧畜及由牧畜到农业的过渡的特征,所以商的氏族组织必定经过了多少的变迁。虽则若据最近在安阳所发见的甲骨文字,我们只知道从牧畜到农业期的族长宗法组织的概略。田崎氏既然把夏商周三代误为一直线的继承,那末也就不能不以为封建制在夏商时已进行到相当的程度而到了周代始大盛旺起来了。

三 春秋战国时变革的根本原因是什么?

春秋战国时代,确是中国历史上的一大变革时期,封建制度是在这时代开始解体的。然而对于其变革的原因,田崎氏却只列举了:人口的增加,欲望的增进,交通的发达,诸侯的争霸,人民的相凌等(九页),而

---

① 学者中亦有怀疑元后制之为后人所假造者。如陶希圣说:"春秋前后,中国有许多封建诸侯。但是周以前,又不能说是封建社会,那个时期之牧伯,不过是氏族长。这许多氏族长——'群后'之上冠戴着一个'元后'——或许元后制是后人假定的也未可知。"(陶著《中国社会之史的分析》,二七页)
② 详见王国维著《观堂集林》卷十《殷周制度论》。

把生产方法生产力的发展完全置之不问，这确是弃其大而取其小，弃根本而取枝节者。其实，春秋战国时代的变革，其根本的原因，不外是当时物质的生产力发展到相当的阶段而与在来的生产关系相冲突的缘故。盖在春秋战国时，铁器的使用较西周为普遍，灌溉的技术也较西周为发达，并且有犁与牛的使用。故农业能由浅耕而进到深耕，深耕使苗易长难摧，能增进耕地的生产力；兽力的使用能节省耕种所必需的劳动力；灌溉技术的发达，不但能直接增进耕地的生产力，且因灌溉的普及而使缺乏水分的平原能得到适当的水分，因之又可使耕地面积非常扩大。"在这种情形之下，贵族以分配耕地于农民，使他们以较少的劳动力耕种较在面积的耕地而交纳较多的地租，为较有利。于是耕地从庄园分散为独立农场，分属于独立的农民或地主，耕地私有制于此有其根源，逐渐发达。"①铁器使农业进步，也使手工业进步。社会生产力益见发达，而社会分工乃益见显明。在春秋时代，手工业已有渐从农业中分离出来成为专门的部门的倾向了。《左传》上常有工商并列的记载，在卫文公曾"通商惠工"，在齐管仲曾免工业者的兵役。农业手工业发达，商业亦即随之而发达。于是，封建贵族没落下去，新兴地主与商人阶级代之而起。总之，春秋战国时代社会变革之最根本的原因，乃在于生产工具生产技术的进步，及因此而起之生产力的发展，终至于与在来的生产关系相冲突。是的，绝对人口过多，不但对于族长宗法社会，即对于封建社会，也确是社会变革的原动力。因为在封建社会，生产力的进展速率不能解决过剩人口的问题，过剩的贵族只有向外掠夺新庄园，过剩的农奴也只有新领土才可以安置。因此，封建领主对于熟地的竞争及对于生地的开辟，不得不加紧努力。于是，封建社会的周代，到了春秋战国时便沉没于战乱底下了。封建战争，虽会促进封建集团间的连结，帮助生产纽带的发达，引起交换的进展，然而就大体上而言，它不但不能解决人口问题，而反给予农业以绝大的障碍，所以单只是绝对人口的过多，决不会直接在封建社会里引起如此迅速而激烈的变革。

---

① 陶希圣著《中国政治思想史》第一册，六七页。

四 春秋战国时是否有重商主义的倾向？

春秋战国时代，如上所述，生产力发达与分化的结果，遂使了交换扩大，而引起商人阶级的抬头与商业资本的发达，但就大体上说，政权却始终没有落到商人阶级手中。在春秋末战国初，政权在于执政贵族手中而新兴地主阶级则处于从政的地位。在战国末年，政权便渐次移到新兴地主之手，至少，在政治上，新兴地主的势力是和执政的小贵族相等的。然而无论是贵族或新兴地主，决不会采取重商主义的政策。为什么呢？因为在交换社会里，社会分工发达生产部门分化的结果，单只农业生产物不能满足农民的需要，他们的农具及种种用品多须仰给于市场。因此，农民常不得不出卖农产物以购买农具及其余用品。在农民则"为购买而出卖"，其过程是 W—G—W（商品——货币——他种商品）；在商人则"为出卖而购买"，其过程是 G—W—G（货币——商品——更多的货币）。所以商人必须从中买贱卖贵以取利润。这样一来，农民便逃不出商业资本的剥削，换言之，商业资本能侵蚀农业经济。所以无论如何，地主决不会采取重商主义。不过在交换社会里，单纯的农业不能单独的发达，而必须待诸商业流通的助力，故若"经常的"商业流通被所阻碍，则地主必反受其害。因此，孟子虽把商人目为"贱丈夫"，但却不能不和荀子一样主张"关讥而不征"，不过他们并不是要积极使商业发达而是只欲维持交换社会所必需的经常的商业流通的。商君、韩非等更甚，已积极的取了重农抑商的态度。管子虽比较的注重商业，但他所欲振兴者，不是商人阶级操纵下的商业而是政府势力下的商业。他之所以欲振兴商业者，根本上是要使交换扩大以促进或维持农业的发达之缘故。故曰："市也者观也，观者所以起本。"（梁启超注：本谓农也，言有商然后可以劝农也。）（《管子·侈靡篇》）然因恐商人之剥削农民，故欲将其改置于政府势力之下。依此足见春秋战国的统治阶级，不取重商主义而取重农主义，即使间略有重商的倾向，亦完全出于重农之本旨者，重农的结果，必至于重谷而不重金，如商君曰：

> 金生而粟死，粟死而金生。本物贱，事者众，买者少，农因而奸劝，其兵弱，国必削至亡。金一两生于竟内，粟十二石死于竟外；粟

十二石生于竟内,金一两死于竟外。国好生金于竟内,则金粟两死,仓府两虚,国弱,国好生粟于竟内,则金粟两生,仓府两实。(《商君书·去强》篇)

事实,当时金属货币虽已出现,但势力还不十分大,常以谷物等为货币商品,故不容易生出重金的倾向。

不过在实际上,春秋战国时,商业迅速的发展,商人阶级因之而抬头,商业资本甚见发达,贵族地主有时甚至不得不低头于商人巨厚财富之前。如孔子之徒,赐最饶富,结驷连骑,束帛之币,以聘享诸侯,所至国君,无不分庭与之抗礼;郑国商人弦高,竟能干预军国大事;越王勾践之臣范蠡,之陶治产积居而致巨富,称陶朱公;吕不韦以阳翟大商,而起用于秦……战国时商人势力之浩大与商业资本之发达,可想而知。田崎氏便错觉地把这种现象误解为当时的精神是与重商主义共通而统治阶级之重金重商的倾向甚为显著。这不能不说是一种皮相的见解。

三　关于"封建制度成立以前的社会及经济状态"之批评

一　没有捉住了重心的叙述

第二章虽题曰"封建制度成立以前的社会及经济状态",但在实际上,除根据《易传》的《系辞》,引了:

古者庖羲氏之王天下也……作结绳而为网罟,以佃以渔。庖羲氏没,神农氏作,斫木为耜,揉木为耒。

日中为市,致天下之民,聚天下之货,交易而退,各得其所。神农氏没,黄帝尧舜氏作……垂衣裳而天下治。

等,而加了一些浅薄的解说而外,对于当时私有财产制之成立与否,剥削之轻重,阶级关系之如何,其所谓元后与群后间之关系究竟若何……等等,均未言及,在其数万言叙述之中,究竟曾捉住了当时经济基础与社会结构之重心一些儿?

二　中国古代农耕与牧畜的发生之孰先孰后,及田崎氏之自相矛盾

关于中国古代农耕与牧畜的发生之孰先孰后,田崎氏却有自相矛盾之说。他首先主张先有农业而后有牧畜(或起初就以农业为主牧畜为副)之说:

> 无论就传说的意义上着想,或从历史上的事实推测,或由气候风土的状况观察,(中国古代)并不是先有以牧畜为主要的时代而后农耕乃起而代之的,反之,大概是耕占着一般的主体的地位,而于其间或于其余暇行着牧畜的。他们并没有像汉北地方的狄戎那样逐水草而行游牧之形迹。(一三页)

另一方面却又主张先有牧畜而后有农业之说:

> 虽是很断片的传说的记述,然我们依此约略可以窥出其系由幼稚的狩猎渔业部落渐次推进于农业生活而交通范围亦渐随之扩大者。(三三—三四页)

> 照这样,由狩猎牧畜而进于低度的农业一点,在文献上虽未免半为传统的者,(按:恐系"传说的"之误刊)然若从北中国的风土与经济进步一般的倾向观之,亦决非不合理之事。(三五页)

这种前后之自相矛盾,实不能不说是很大的疏忽!

其实,关于中国古代的经济生活,其发展的过程是先以牧畜而后以农业为主,这已如上所述,由甲骨文的研究等而很显明之事。不过在其初发生的时候,牧畜农业,与渔猎混合在一块儿的时间很长久,"牧畜与农业,不是发生在渔猎完结之后,而是渔猎渐渐变为生存之不需,因此便变为次一等的工作"。[①]

三　浅薄的见解

田崎氏不但过于信赖旧史籍,并且非常拘泥于旧史籍的文字,致以常加以咬文嚼字的见解而闹出不少的笑话。现在姑举一二于下:

---

① Jacques de morgan, *Prehistoric man*, P. 162.

(甲)"垂衣裳而天下治"的解释

田崎氏引《系辞》传之"神农氏没,黄帝尧舜氏作……垂衣裳而天下治",说"垂衣裳而天下治"者,乃居于许多部落上面以统辖群后的地位之元后黄帝尧舜等,当然无须亲自佃渔农耕,得以垂着宽阔的衣裳,过着悠悠的生活,而天下自治之意,由此我们可以推知其所处之贵族地位与保有相当的财富(三三页)。然而《易传》虽相传是孔子之所作,但也许是他的门人们所记录的。今田崎氏无条件地引春秋战国时人之作以论证黄帝尧舜时的事情,已不能算是十分妥当,并且一一就文字上加以咬文嚼字的解释,这实未免过于"胶柱而鼓瑟"了。如果这样,那末"白发三千丈"那一类的诗词不是也要成为后世生理学上医学上之一大研究题目吗?事实,周代的先王如大王、王季、文王等,都常要亲自下田,《周书·无逸》篇里说:

> 呜呼,厥亦惟我周太王、王季克自抑畏。文王卑服即康功田功……自朝至于日中昃,不遑暇食。

这虽未免含有几分吹牛的口气和鼓吹重农的思想,并且具有"恤民"的意义,但特权阶级剥削之轻微与农业之还未十分发达也可知。后来剩余生产物渐渐增加了,封建贵族可以如田崎氏之所说,著着宽阔的衣裳而完全从劳动——农耕——游离了,所以《无逸》篇上有周公规劝当时统治者之话:

> 昔在殷王中宗,严恭寅畏,天命自度,治民祗惧,不敢荒宁,肆中宗之享国七十有五年。其在高宗,时旧劳于外,爰暨小人,作其在位,乃或亮阴,三年不言,不惟不言,言乃雍。不敢荒宁,嘉靖殷邦。至于小大,无时或怨,肆高宗之享国五十有九年。其在祖甲,不义惟王,旧为小人。作其即位,爰知小人之依,能保惠于庶民,不敢侮鳏寡。肆祖甲之享国有三十有三年。自时厥后立王,生则逸。生则逸,不知稼穑之艰难。不闻小人之劳,惟耽乐之从。自时厥后,亦罔或克寿。或十年,或七八年,或五六年,或三四年。

这就是说知稼穑之难及敬慎临民与否乃统治者寿夭的原因者。此种迷信之言虽不足取,但周初殷时既尚如此,则黄帝尧舜时可想而知!

(乙) 轩辕氏即车战民族

田崎氏又再从文字的构造与意义上，推定黄帝轩辕氏是活动于黄土地带之惯用车辆的民族或车战民族，因之又推定古代中国的交通，一定很早开通(一二页，三四页)。黄帝轩辕氏之为惯用车辆或车战的民族这种推定虽不错，然其只以文字的构造与意义为根据，却未免有些过于浅薄。

本来在古代，各种族都有保护神的信仰，稍后，因氏族组织发达，尊祖教亦即随之而起，于是，族人所尊的祖遂与保护神相合，而以保护神为一族之祖。黄帝即其一例。黄帝，本来是秦的保护神之一，但秦除黄帝而外，还祀有白帝、青帝、炎帝乃至黄蛇和野鸡；齐有八神，而兵神乃是蚩尤。及重耳游秦的时候，随员司空季子便把黄帝和炎帝编派为周齐之祖。他说：

> 黄帝以姬水成，炎帝以姜水成，成而异德。故黄帝为姬，炎帝为姜，二帝用师以相济也。(《国语·晋语》)

这东方与西方两种族斗争的事迹，除衍为黄帝、炎帝用兵的传说之外，更反映为黄帝与蚩尤作战的神话。据《史记》所载，黄帝、炎帝相斗的故事是这样：

> 黄帝教熊罴貔貅䝙虎，以与炎帝战于阪泉之野，三战然后得其志。(《五帝本纪》)

黄帝与蚩尤相斗的故事是：

> 蚩尤不用命，于是黄帝征诸侯与蚩尤战于涿鹿之野，遂禽杀蚩尤。(《五帝本纪》)

其实我们刚才说过，蚩尤乃是东方的兵主之神，而黄帝则为西方种族所崇拜的一帝。蚩尤没落了，黄帝却成为十二姓的共祖。司空季子又说道：

> 黄帝之子二十五人，……其得姓者十四人，为十二姓：姬、酉、祁、巳、滕、箴、任、荀、僖、姞、儇、依是也。(《国语·晋语》)

这里我们所要注意的，司空季子的时代正是秦以称霸西戎的威力扶助重耳入晋的时代,黄帝乃随秦的威力入为中原诸神之主神。在黄帝为主神以前,最古的神是禹;在战国时代,则尧舜的权威勃起。① 由上所述,我们知道诸族保护神成为诸族之祖,而诸族之祖又随诸侯的争战结合及兴衰而发生种种的关系。

再就另一方面来说吧。黄帝之名,始见于《山海经》,②如云:"黄帝生骆明,骆明生白马,白马是为鲧。"(《海内经》)而鲧乃禹之父,故大约夏民族的传说是以黄帝为其祖先。而此以黄帝为祖先之夏,据郭沫若所考,即《商颂》里之"洪水茫茫,禹敷下土方"的"土方",此"土方"系卜辞中所常见之敌国名,其地约在殷之西北或正北,即今山西北部或包头附近。③ 胡适也抱有同样的见解,说夏民族是以山西为中心的。④

总之,无论从任何一说,都可以得到一样的结论说:黄帝轩辕氏,是古代西方民族的祖先。

至于战车的起源又如何呢?战车,在西周及春秋时,确占有很重要的地位,每个诸侯的大小与强弱,每按照他所有的战车的多寡来决定。然而"当战车还未成为严格的正式的军事组织单位以前,这种车子所起的作用有些不同——较独立的和较普遍的作用,它是宗法氏族游牧生活的需用品。宗法氏族,坐着这些'车子',带着整批的自己的家具和武装,由一个游牧区跑走到另一个游牧区。他们的一切财富就是牲畜,并且这些'车子'和行屋,几乎是当时'人工'文明的唯一产物"。⑤ 黄帝既为西方种族之祖,而西方乃山地原野,水利不若东方之便,交通多须靠陆上,秦之以前又必定有一游牧的时期,在此游牧民族的生活上,车子确占有极重要的地位,那是无庸赘言的。

我们如果要推定黄帝轩辕氏之为车子较发达的民族或车战民族("车战民族"一个名词,似乎未免有些过于夸大),至少亦须从这种见地来推论才合理,若像田崎氏之单就文字上来推定,那就未免有些过于浅

---

① 对于这层,清人崔述已曾注意到,他说:"孔子断自唐虞,司马迁乃始于黄帝,近世乃始于庖牺氏。"(《考信录提要》)近人顾颉刚论之更详,而谓"周代人目中最古的是禹,到孔子时有尧舜,到战国时有黄帝神农。"(详见《古史辨》第一册)陶希圣著《中国政治思想史》第一册第一编第一章第一节及第二册第三篇第一章第二节里亦论之甚详。
② 《山海经》的作期,据卫聚贤所考,当在《晋语》前,详见卫著《古史研究》第二辑五四页。
③ 见郭沫若著《中国古代社会研究》,二六〇页,及"三版书后"之"夏禹的问题"。
④ 详见顾颉刚编《古史辨》第一册,九八页。
⑤ 沙发诺夫著,李俚人译《中国社会发展史》,一八页。

薄了；——尤其是在此经济史的研究上。

四 "邦"与"国"之别

田崎氏又从文字学的见地，加一些经济史社会史的材料，来证明古代"邦"与"国"相异之点。他说古代"邦"与"国"不同，和平的先占之领域谓之"邦"，武力的占领之领域叫做"国"，盖据《蕃族惯习调查报告书》之所载，台湾蕃族赛栖德族之宗族公有地先占获得法，系于其境界上的树木加伤以为占领的记号；亚弥士族土地所有权之发生，亦系先于所欲开垦地域之四隅，将茅草等数根相结合，以表示先占与设定所有权，若系山林，则将四隅的树皮削伤或于四隅植立木标或于四隅围掘小沟，以表示域内之所有。中国太古民族之和平的先占之土地，其法当亦略与此相同。"邦"字，就古文之形体上观之，有：（1）❇ 毛公鼎古籀补（2）❇ 诅楚文拓本（3）❇ 师袁敦筠清（4）❇ 大夫如鼎画堂等。其偏"丰"，《说文》解谓："草盛丰丰也"，表示草繁茂之状，但事实并不一定只限于草，即以为树木亦无不可。盖单就"丰"观之，如（1）之 ❇，（3）之 ❇，可视为特地树立的树林或曾削掉了皮的树立；（4）之 ❇ 则为倒立之树。另一部之"阝"，即"邑"，盖独立之部落也，详言之，"口"无疑是表示地域之记号，"巴"与"节"字或"命"字之"卩"同，系符节或命令之记号，盖即表示公的权威也。总之，"邦"字，一方面表示该地有权威之存在，另一方面又立木结草或削除树皮以示其范围，此实与台湾蕃族之地域先占法相同。就是后世天子之赐土与诸侯之曰"封建"者，其"封"字亦与"邦"字有相关联之点。第一，邦与封之发音均为"❇"声；第二，其字形封字小篆虽为❇，然其较古的钟鼎及古币文则作 ❇❇ 或 ❇，其主要封与邦字具有共通之要素。由是观之，封字大概是邦字之所转化者。至于"国"字，若从其文字成立的原因上解剖之，即不难于明白其为武力占领之土地。现在所用之国字，故附有"口"，然鼎钟龟骨的古文则为 ❇❇，亦作 ❇❇ ❇❇ 等，其最重要的要素乃 ❇，有时亦附有土字或邑字，其最近似者，即如域字等。《说文》说："以戈守一，一地也。"足见"国"字实由一定地域的表象"口"与武力表象之"戈"字相合而成，很明白地表示以武力占有之领域。

田崎氏此说,虽非全无见地,但却未免过于牵强,评者本非文字学专家,固不欲多言,不过由下列诸点论之,实颇足见田崎氏此说之不确:

(一)在古代游牧民族,有树林草木之处即可以供他们的畜牧与居住;换言之,古代民重狩猎牧畜,聚合之地,必于林木丛生之区或青草繁茂之地。故《尔雅·释言》训林为众,众必有长,故《释诂》及《毛传》又训林为君;后世之人,以人君所居之所,曰官禁,亦曰禁苑,禁字从林,犹之汉以天子之苑为上林也,此亦林字训君之旁证。故"邦"字鼎钟龟骨的古文作有形似草木者,并不一定即为如台湾生蕃之植木结草削树皮以表示先占之地,实因其地有草木丛生可供畜牧与民众之聚居而能成国之义。

(二)再就国字言之,其具有武力的表象也固甚显明,然而此武力,并不一定须解释为积极侵占他人的土地,当亦可解释为消极防御他人之侵入己土;盖在游牧民族里,争夺牧场之斗争至为激烈,他们不仅要积极的侵占他人的牧场,并且须消极的防卫自己牧场之不为人所侵略。故《说文》之所谓"以戈守一,一地也"者,明明是指所当用武力加以防卫之地域而言,并非以戈夺占而来之地之意。

(三)再就殷代的甲骨文而言,更足以证田崎氏之说之无稽。殷人称敌国即他国族为某方,而本国则只称方。如"土方征于我东鄙,二邑;吕方亦牧我西鄙田"(《殷虚书契菁华》二叶)。"平多臣伐吕方"(《殷虚书契》前编四卷三一叶)。"贞我弗其土方口正"(《铁云藏龟》一六七)等,为数甚多,不胜一一列举。此外,如殷金中乙亥父丁鼎有"佳王正井方",《逸周书·世俘》解说"百韦命伐宣方……百韦至告,以禽宣方",《易·既济》亦称"高宗伐鬼方,三年克之"。故某方,实为殷人之称他国。又如"贞方不大出"(《书契》前编五卷二十八叶),"丙戌卜今春方其大出"(前编一卷四十六叶)(按此盖卜本国大出兵之事也)等,可知殷人于本国则单称方。然在《诗》、《书》中则多称邦而不曰方,如《书·盘庚》"兹犹不常宁,不常厥居,于今五邦";又曰"邦之臧惟汝";《诗·商颂·玄鸟》曰"邦畿千里,惟民所止"等是。不过古代,方与邦通。盖古者有重唇而无轻唇音,故方与邦虽系两字,若以音论之,实为一字。如《书·大诰》"王曰猷大诰尔多邦",《多方》"王若曰猷告尔四国多方",辞意相同，而一则称邦，一则称方。又甲骨文中有"王方其享大邑"（《殷虚书契》前编八卷十三叶）。王方即王邦，盖殷人自称以与"多方"（即诸邦）相对而言也。依此足见殷人之称他国及己国皆用"方"，而方与邦同。至于"国"，古时多指诸侯所封之域，如《孟子》上有"大国地方百里，次国七十里，小国五十里"者，盖言之甚明，故曰：大曰邦，小曰国，大约殷时已有封建制之萌芽，故其于国族则用方（即邦），而于诸侯之邦则称国。如卜辞有"甲午卜㲋贞在㦰国㣠乎"（《书契》前编二卷六叶），"缺贞缺井缺从㐅国"（后编下三十九叶）等；《诗·商颂·长发》亦有"受小国是达"，"为下国缀旒"，《殷武》有"命于下国，封建厥福"等。依此足见在文字还在形成过程中之殷代，"方"（即"邦"）与"国"之分别，并不如田崎氏之所主张那样。

由上列诸点观之，田崎氏谓邦乃和平的先占之土地而国系武力的占领之领域此说，实未免过于牵强！

  按：邦与国之别，与经济史上本无重大的关系，惟田崎氏在此经济史及其大著《支那古代经济思想及制度》上论之特详，且对于其经济史方法论的批判上亦颇有用处，故虽属枝节之事，但不能不略加批判。

四　关于"封建组织的特质与其土地制度"之批评

关于最后一章"封建组织的特质与其土地制度"，我们不想多说什么。因为这一章的史料，田崎氏一以《禹贡》、《周礼》、《王制》等为依据，而这些书又都是后世的伪作，里面所述，究竟可信到什么程度，实为一大疑问。今田崎氏完全无条件的采为史料，则根本上已成一大问题，决非区区数千字所能论完的。且如周代井田制之有无，五服九畿五等六瑞制之真伪，以及贡助彻与阡陌的解说等，国内学者已另有详细的讨论，这里均不重提。不过关于这一章，还有几点不能不指摘者：

一　缺少关于夏殷"封建制"之叙述

田崎氏既谓夏殷周三代都同是封建社会，但未卜如何在这一章里对于夏殷二代的封建制多付缺不述,除引用一些《尚书》而外,十中八九多只论西周的封建制,其内容之空虚也可知。事实,关于夏殷的史料,若如田崎氏之仅注目于书本而未能转眼兼顾到近年考古学的研究所给予我们的史料,则除一些后世伪作占大部分之空虚的根据而外,实在毫无所得!我国许多学者,已很明白地告诉我们,从殷虚书契及古金中,虽还不能算是充分,但可以看到许多殷商之经济的现象、事实、生活,以及正在萌芽的封建制度等。可惜田崎氏连这一点都未能注意到!

二 对于"封建的阶级关系"叙述之含糊

在封建社会里,阶级制度的严格,社会等级的重重累积,这是很显明的事实,正如芋尹无宇之所说:

> 天有十日,人有十等。……王臣公,公臣大夫,大夫臣士,士臣皂,皂臣舆,舆臣隶,隶臣僚,僚臣仆,仆臣台。(《左传》昭十年)

不料对于这种显明而重要的事情,田崎氏却说得很暧昧。他把封建的阶级关系要约如下:

(王)……国君(诸侯)——人民(七八页)

然而在实际上,封建的阶级关系并不如是的简单。在封建庄园时期,政权的基础是在土地与人民的领有。天子有最大的领地;诸侯分封次大的领地;卿大夫从诸侯受取庄园;士又从诸侯或卿大夫受取耕地。士以耕地所得,置办武装,从诸侯出征,并对诸侯服役;卿大夫以庄园所得置办兵车武器,并以庄园耕作者农奴供兵役,以从诸侯的指挥;诸侯以此诸庄园所置办的兵力拱卫天子。所以从政治经济上看来,这是说耕地与庄园构成国,而多数之国合成天子的天下。从兵制上说,这是卿大夫家兵合成诸侯的国军,诸侯的国军合成天子的军队,而天子自己也有军队。田崎氏对于这种层层累积之封建的阶级乃至等级关系,毫未详细论及,而单就天子、诸侯、人民之三者来说明,这实在未免过于含糊而容易引起误会了。不但如此,他对于天子与诸侯间之关系,也有错误之处。在封建社会里,贵族是与后世的官吏不同的,他的势力是以独立的庄园领地为基础的。在形式上,虽是卿大夫隶属于诸侯,而诸侯又隶属于天子,然而在实际上,天子不能随意剥夺诸侯的身分,诸侯亦不能随意剥夺卿大夫的庄园。赵盾的奴隶弑晋公,除了史官写一笔账说"赵盾弑其君"而外,没有看见法律的制裁;季孙氏驱逐昭公出鲁而居于乾侯,也没有人说话。如果要制裁的话,便只有兵戎相见。就是周室天子的势力正盛大的成王时,管叔、蔡叔和武庚等"作乱畔周",也不能直接加以制裁而须烦了周公东征得"既破我斧,又缺我斨!"田崎氏一面虽知道引用《周礼·大司马》"九伐之法"中的"贼贤害民,则伐之"。另一方面却又说天子有随意加增或削减或褫夺诸侯领土之权。(原书六五页)这不仅是含糊,简直是疏忽!

三 所谓"王道经济"者之本质

田崎氏称夏殷周三代之封建制为"王道经济",甚至专著一本王道天下之研究以论之。最近日帝国主义者之手造伪国,也玩着这一套把戏,拉出了"王道政治"以资号召。田崎氏说:"中国古代所行的封建制度,其一般的性质,如以世袭的土地大所有者为基础,而组成政治上经济上社会上各种秩序与组织者,固与日本、欧洲等的封建制无甚差异,然其根柢里的思想和观念,则颇有独特之性质。我们之所谓王道者,就是这个。因之中国古代的封建制度,亦可称之'为王道的封建制度'。"(六三页)依田崎氏的意见而言,所谓王道经济者,乃本着"为民父母,以为天下之王"此种精神,以养民为目的,用农耕为基本,取利民厚生为主义,行井田之法,使民无兼并之弊而能安分知足忠信友孝之法(八页)。故其最主要基础,不用着说是"井田"与"重农"。然而井田制的本质是什么? 陶希圣氏说:

> 井田制度的精神在:公田的耕作出自农家,而农家的土地不能私有。公田的出产归于公家,作为"设官分职"的俸禄。贵族据俸禄所得以立宗,于宗法组织之中,巩固其势力以君临于没有经济基础的劳动农民之上。换句话说:整个的贵族阶级剥削整个的庶人阶级,而使庶人不得据有土地以树立其经济基础,这便是井田制度的精神。井田制度不是土地私有制而是土地的阶级独占制。[①]

[①] 陶希圣著《中国社会之史的分析》,五六页。

至于"重农"与"利民厚生"的本质怎么样？再引一些陶希圣氏的话吧：

> 贵族对农民有两种相反的态度。贵族是寄生阶级，他们离开农业生产过程。他们常常为了目前的享受而过度剥削农奴家族，使农奴没有剩余的劳动与生产物支持农本。甚至于牺牲农奴的健康和生殖能力，以满足贵族一时的物质冲动。这是一种"贼民"的态度。取这种态度的贵族只顾神权而不恤民困。如商王受到西伯三分天下有其二的时候还说"我生不有命在天"（《书·西伯戡黎》）。又如春秋时代的随侯自恃"牲牷肥腯，粢盛丰备"，以为可以信于神（《左传》桓六年），便是这种态度的实例。与这种态度相反的便是所谓"恤民"的态度（《左传》庄十一年臧文仲称御说以为"是宜为君，有恤民之心"）。本来贵族是依赖农业生产以为生的。破坏农业生产即是破坏贵族生存的基础但贵族自己并不从事于农业生产劳动或经营，农业生产须由农民努力始可资贵族的生计。农民所提供贵族的，乃是地租。贵族要收夺而且永久收夺地租，必须维持农民家族的存在及延续，必须保存农民的纳租能力。于是贵族为全身分阶级的存在计，有取"恤民"的态度的必要。①

田崎氏不明此种历史性与阶级性，而单就其皮毛上来称赞"王道经济"，并且以为此王道经济乃中国封建制与欧洲日本封建制相异之点，这实在浅薄得不可以言喻（至于日帝国主义者对伪国之藉"王道政治"的口号以号召者，不消说是要用封建的糖衣来麻醉欺骗民众的）。

五　田崎氏中国经济史方法论批判

对于田崎博士这部中国古代经济史，其部分的诸问题，虽然很零碎，但已经约略批评过了（因为田崎氏之叙述多属枝节而没有捉住了中心，所以对其批判也不能不变成零碎而流于枝节）。不过现在还剩下一个更须加以严重批判的问题，那就是其所以为根据的经济史方法论。事实，我们如果能够对其方法论加以严重的批判，便不难于明白其著作

---

① 陶希圣著《中国政治思想史》第一册，五一页。

之所以错误百出者，盖非无因也。现在以批判田崎氏的方法论为中心，来作个中国经济史方法论之商榷。

一 经济史上社会的经济基础与其上层建筑间的关系之倒错

经济史的研究对象是什么？简言之，即对于人类所营着之经济生活及人类生存条件的"财"之生产，分配等经济现象，就其发展过程上来研究，并以社会结构的基础之诸经济关系为中心，来观察其与他社会要素（如法律、政治等事实或理论以及像哲学、宗教、文艺等观念）间之相互关系（Wechselwirkung）者。因此，在经济史研究上，对于诸上层建筑之叙述，也很有必要，然而我们却不该因此而演出主客颠倒的错误。我们要知道，一切社会结构之诸要素，是以经济关系为基础的，经济结构一变动，一切上层建筑亦即随之而变动。诚然，上层建筑亦能反而影响作用于经济基础，然而其决定的原因却在于经济结构。所以我们在经济史研究上，对于社会结构的基础之经济诸关系之进化过程，就其与他社会要素之相互作用上来考察固然很有必要，然而此种考察，须以经济结构为基础才有意义。田崎氏之中国古代经济史，便犯了这种主客颠倒的毛病。他对于经济史之研究，固然很知道注意及其上层建筑（尤其是政治方面）之叙述，然而他之考察上层建筑，却不以经济关系为基础，而对于氏族、祭祀、政治等上层建筑之在与经济基础间的相互关系上，加以过大的评价。有时候甚至以为中国古代的封建社会，系由"王道观念"而运营的！（原书六四页）

二 对于社会的经济结构认识之不足

经济史研究上之中心对象，既系社会的经济结构，那末对此经济结构，我们当然不能不有充分的认识。社会的经济结构是什么？"人类，在其生活之社会的生产上，缔结一定的必然的不依据于他们意志的关系。这种关系，就是适应于他们的物质的生产力的某一定发展阶段之生产关系。这些生产关系的总和，形成社会之经济的结构；这个结构，就是法律的及政治的上层建筑所以树立之真实的基础，也就是一定之社会的意识形态与之相适应着之真实的基础。物质的生活资料之生产方法,规定社会的,政治的,及精神的生活过程之一般。"朴列哈诺夫对于此社会的经济结构与上层建筑间之关系,曾作一个很简明的公式:

（一）生产力的状态；

（二）由生产力所规定的经济关系(此经济关系的总和即形成社会之经济的结构)；

（三）树立于一定的经济基础上的社会政治制度；

（四）一部分直接由经济基础,一部分由那树立于经济基础上的社会政治制度所规定之社会人的心理；

（五）反映这心理的种种意识形态。

由此,我们可知道社会的经济结构乃生产关系之总和,而生产关系又与一定的物质的生产力相适应。人类,在一方面,固须向自然加以作用,以供他们自身之生存；然而另一方面,欲行生产,则他们相互间又必须结定一定的连络和关系。所以物质的生产力与生产关系,是互相关联不能分开的；生产关系须与一定的生产力相适应,而生产力亦须受生产关系之所规定。不过两者虽互相规制,但其决定的动因乃在"生产力"；正如"随着火器（枪炮）的新武器的发明,军队内部的组织必然会全部变更,而由各个人所组成的并能共同行动的军队之关系既改,则各军队相互间的关系也要发生相当的变化。""这样看来,各个人所用以从事生产的社会关系即社会的生产关系,随着物质的生产工具——即生产力的变化和发展,而变形。此等生产关系的总和,构成我们所称为社会的那个社会关系,又实实在在构成那在一定历史发展的阶段中的一个社会,即构成特种有特定性质的一个社会。"

那末所谓物质的生产力者是什么？生产力,约有三要素：

（一）劳动力——这是生产力最重要的要素；

（二）劳动对象——如土地原料等；

（三）劳动工具——这是人类假其帮助而劳动的一切东西,换言之,即人类置于其自身的劳动与劳动对象间之一切东西,如器具机械等。

但假使把这三个要素孤立的个别的互相分离的来处置时,那便不是生产力的要素,也就不能形成生产力。这三个要素,只有在统一中,在动的结合中,在生产过程的互相制约中来把握,才能成为生产力。换言之,生产力只有在运动中在生产过程中存在着。

因此,我们在经济史研究上,决不能把各阶段之物质的生产力付诸等闲,我们必须就其各要素之流动的整个的结合上来把握。可是田崎氏对于这点,完全没有做到。他不但把生产力诸要素分开而孤立的静态的来考察,而且对于三要素中之劳动工具甚是忽视。这种缺陷,可说是因于对社会的经济结构与物质的生产力之认识不足的缘故。

三 对于剥削关系之忽视

田崎氏在经济史上不但对于物质的生产力之认识不充分,而且对于生产关系也没有正确的把握,自然对于剥削关系亦未能注意到。我们要知道,生产关系中之基本关系,不消说是生产手段所有者与直接劳动者间的关系,所以我们在经济史研究上,必须把阶级的社会结构当作问题,因之又必须把在生产上支配的阶级之借生产过程以从直接生产者剥削剩余劳动或剩余生产此种关系——换言之,即剥削关系——放在念头。盖"单只依剩余劳动从直接的生产者之劳动者剥削之形式也有种种。并且仅依此形式上的差异,在各种之经济的社会形态间就起了区别。例如奴隶制社会与工资劳动制社会之区别是"。所以我们在经济史研究上,必须对于阶级的剥削关系加以解剖。然而田崎氏对于此点,并没有完全做到。在夏商周——即他之所谓"封建社会"——以前之剥削关系究竟如何既丝毫没有提及,而对于封建的剥削关系也没有正确和充分的认识。

四 在经济史研究上对于"自然的侧面"之过大评价

我们人类,是在两个世界里生存着的:一是自然,另一是社会。社会与自然,虽是对立着的;然而在某意义上,社会却须受其所处自然之所规定制约。事实,我们人类之一切社会的活动,须受一定之物质的基础——究言之,须受那规定着他的生存条件之外部自然界——之所制约。朴列哈诺夫曾这样的说"总之,规定着一切社会关系的发展之生产力的发展,它本身又须为地理的自然条件之性质所规定",因此,在经济史研究上，对于其自然的基础，我们当然不能不深加注意。然而对于在人类经济发展上自然的基础所处地位与所具重要性，我们应如何评价，此实为经济史研究上之一重要题目。

对于经济史上之自然的原因，在来学者所取态度，就有各走极端之两种相异的态度：其一，是所谓地理的唯物论者（如孟德斯鸠（Montesquieu）及地理的政治学地理的社会学者（如拉最尔 Ratzel 李希霍芬 Richthofen 格拉夫 Graf 等）之主张，他们不但对于自然加以过大评价，而且把自然和社会完全孤立来把握。其他，便是如梅林格 Mehring 拉发尔格 Lafargue 等之把此自然方面极端轻视者。① 后者之把自然方面完全轻视不顾，固然系很大的错误，然而前者之不把自然和物质的生产相关联的来把握而将其孤立的来理解，当然也是不对的。我们当然不能否认自然对于人类社会所给予的影响，然而我们须把自然当做系以劳动过程为媒介才作用于人类社会生活的，决不能将地理的自然的环境看成一个绝对的直接因子。对于人类的社会生活之社会的侧面与自然的侧面，威霍格尔（K. A. Wittfogel）氏曾作一简明的说明如下：②

劳动过程上基本的三要素之分析

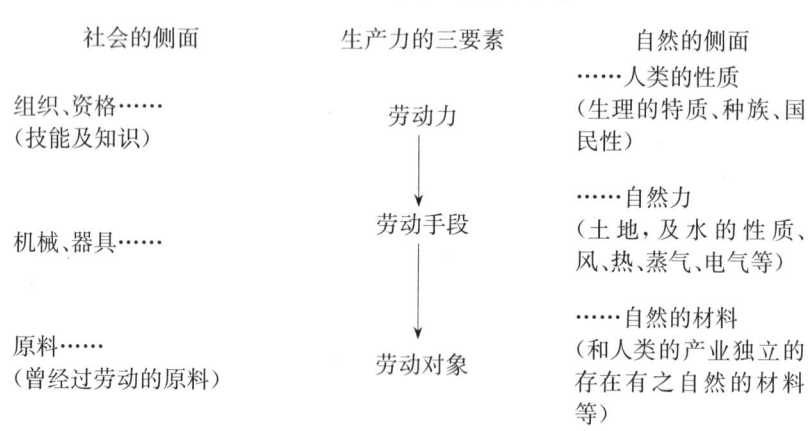

社会的侧面	生产力的三要素	自然的侧面
组织、资格……（技能及知识）	劳动力	……人类的性质（生理的特质、种族、国民性）
机械、器具……	劳动手段	……自然力（土地，及水的性质、风、热、蒸气、电气等）
原料……（曾经过劳动的原料）	劳动对象	……自然的材料（和人类的产业独立的存在有之自然的材料等）

由此，我们可知在人类的社会生产上，把其自然的侧面完全弃而不

---

① 详见 F. mehring 著 *Die Lessing-Legende* 之附录"Uber hist orischen materialismus"。
② 见详 K. A. Wittfogel 著"Die naturlichen Ursachen der Wir tschoftsgeschichte"一文。该论文连载于 *Archiv für Sozialwissensch aft und Sozialpolitik*，Bd. 67，Heft 4，5，6，Juli—Sept. 1932.

顾或加以极其微小的评价固然是不适当,然而对此自然的侧面,必须就其与社会的侧面之关联上来把握才有意义,决不能将其孤立的来理解。

然则田崎氏在经济史上对此自然的侧面又如何评价呢？他虽不若地理的唯物论者及地理的政治学者之甚,但却具有同样的错误。他不但把经济史上之自然原因过大评价了,而且和地理的唯物论者一样,不将其与物质的生产之关联上来把握,而单把它孤立的来理解。譬如他以为尧舜及其前已营着采取了定住的生活形态之农业,其理由全因于黄河流域之土质与气候,而完全忘却了当时生产力上之社会的侧面。

(《中国经济》1934年第2卷第10期)

读田崎仁义著《先秦经济史》后

张国柱

从历史学的方法应用到经济学的研究,和史学家渐知注意于历史中的经济因素以后,经济史已发展成为一种独立的科学。近年来欧美各国关于经济史的著作,已是汗牛充栋,其中且有不少的权威杰作,但在我国出版界中,关于这种科学的译述,尤其是关于中国经济史的著作,甚感缺乏,不仅由原始的采集经济一脉相承以至近代的完整的经济史籍,少的可怜,即限于某一时期或某一阶段中经济生活史的研究作品,亦很罕见,这不能不说是我国现在学术上的一大憾事。周咸堂译田崎仁义所著《先秦经济史》于民国三十一年十一月由商务印书馆出版,最近阅读一遍,察觉著者的态度,似在客观的究明经济因素,对于其他社会制度的影响;既不采记叙式的纯粹叙述方法,也不像经济决定主义者,囿于主观的抽象的法则,论断历史中的决定因素唯属经济。他的这种态度,在经济史的研究中,是相当正确而很必要的外,同时于本书内容里的瑕瑜互见部分,也发觉了不少值得研究之点。

本书将先秦时代分为(一)封建制度成立以前,(二)封建时期(三)春秋战国时期三个阶段,为了研究上的便利,这样的划分,似很妥洽。全书内容,只在前两个时期的社会经济形态上着眼,尤于氏族社会和封建社会的形成经过,封建组织的特质及其土地制度,以综合的笔法注意剖陈,极尽描绘的能事。但春秋建国时期,列国竞争,文物灿烂,盛极一时,表现于经济上的货殖营利,重金重商等等倾向,甚为显著,社会情形,相当的复杂,可为此一时代中最值得研究者(如老庄的绝欲无为,墨子的节用、节葬、非乐、非攻,以及子产、管子的国家经济政策等,均是时代的反映),这在研究中国历史的人们谁也不能否认的。而本书竟于此期置之不提,实为甚大的缺陷。

著者从神话和考古的知识上证明了中国在封建制度成立以前的社会性质,很久就是氏族社会,并且由氏族社会一直迈进了封建社会,好像是说中间没有经过奴隶社会的阶段。如果古典所谓夏五十而贡,殷七十而助的受田征赋制度,是确实可靠的话,我们知道封建制度成立以前的夏殷两代,被统治阶级的人民,对于统治阶级的土地领主之物质义务,一向就是缴纳定量的谷赋,也可以说是带租税性质的地租,再服以少许的劳役,这与奴主和奴隶的关系,截然不同,很显明的绝非奴隶制度。这种论断,自是十分正确。复次,他说(一)统治阶级的行政权和财政权是由宗庙的祭祀而起;(二)族外婚制的理由,是在避免不伦和生理上的弊害,也有其独到的见地。惟谓汉族的农本定居生活,自黄帝以前已经开始,这样说法,未免囿于传统观念,佐证不确,不足认为信史。黄帝有无其人,既成问题,观于殷商一代屡次移都(商汤以前移都八次,以后又移六次),似乎还有游牧部落的习惯,又甲骨文内关于渔猎的纪录,如"射、御、狩、毕、网、窜"等字发见不少,根据郭沫若著《中国古代社会研究》,关于商代经济生活方面所说:"当时畜牧发达的程度,真真有可令人惊愕的地方……最令人惊愕的,便是用作牺牲,罗释卜祭的五百三十八条,差不多每条都有用牲的纪录,有时竟用至三百四百之多者,这不是牧畜最盛的时代是决难办到……"可知殷代尚未脱离畜牧生活,至少畜牧在当时的经济生活中,仍有其重要地位,其时似属畜牧而兼粗约的农耕。殷代以前,更不待言,《诗经·閟宫》章说:"……是生后稷,降之百福,黍稷重穋……奄有下土,缵禹之绪",以见我国务农之始,似在禹平水土以后。

查商业经济在殷代,至迟于周初,即占相当重要的地位,《尚书·皋陶谟》谓"懋迁有无化居",《酒诰》篇"肇牵车牛,远服贾,用孝厥父母",《诗经·谷风》章"贾用不售",《赡卬》章"如贾三倍,君子是识",《氓》章"氓之蚩蚩,抱布贸丝,来即我谋……"《周礼·九职》之中,有商贾之官,《九赋》之中,有关市之赋、币余之赋,都足为证。殷末周初的工艺,也有相当可观的程度,我们试观殷墟发现的铜器(有尊、彝、壶、罍、盉、卤、觚、解、角、斝、觥、戈、矛、镞、针、锥、钩等)、骨器(有笄、矢、锥等)、陶器(有杯、碗、盘等)和甲骨文文字的灼刻有很细致的纹划,以及《周官》的《考工记》等等,可以证明。本书只述农业经济一端,难免挂一漏万之诮。

货币为经济事物中的重要部分,我国货币来源很早,其有文献足资考证的,例如甲骨文中屡有宝赎、贮等从贝的文字,《尚书·洪范》八政,其二曰货,《周礼》太府掌货贿,货贿两字,亦均从贝。古代曾以贝壳为交易的媒介,实为货币的鼻祖,《尚书》谓"兹予有乱政同位具及贝玉",《诗经》"既见君子,锡我百朋",太公立九府圜法,钱圜函方,轻重以铢,《管子》谓"先王以珠玉为上币,黄金为中币,刀布为下币",是周代以前,已经有了货币的行使,本书亦竟忽略,真是美中不足。

总观本书的特点,是以中国封建制度成立以前和封建时期(也可说是春秋战国以前)的经济生活为对象,而以土地制度为其主干,加以概略的论述,其他多未涉及,顾名思义,大有商榷的必要,管窥之感,未识以为然否?

最后关于本书的翻译技术方面,译者以流畅通俗的词句,比照原文,一气呵成,深合乎所谓"信雅达"的原则,其精慎的工夫和认真态度,在近今翻译界里是很值得称赞的。

民国卅二年二月二十七日于重庆

(《察省青年》1943 年第 3 卷第 1 期)

日本稻叶君山牙侩史补正

陈汉章

今人有考牙行及牙税之历史者,谓中国学者,向无详细之解说;惟日本稻叶君山氏,著《支那社会史研究》,有《驵侩、牙侩及牙行》一文,至为详尽。以余所闻,侩始于质人,驵侩始于马质。由市平而变为市牙。稻叶君山氏,概未之及。而泛引正牙、南牙、牙门、牙帐,与市牙何涉乎?夫治国闻而借重外国人,非物耻,直国耻也。爰为补正如下,以质国人。

曷言乎侩始于质人也?《周礼·地官·叙官》质人注:"质,平也。主平定物贾(古字贾与价通)。"其职云掌成市之货贿,注:"成,平也。会者平物贾而来,主成其平也。"贾公彦疏:"此质人若今市平准(此今字指唐,详后),故掌成平市之货贿以下之事。"注会谓"市人会聚买卖,止为平物而来。质人主为平定之,则有常估,不得妄为贵贱也"。汉章案注会者,即《后汉书·逸民传》"侩牛自隐"之侩。今本《说文》新附,侩云"合市也"。《太平御览》卷八二八,引《说文》有侩字,古字止作会。《史记·货殖列传》集解,引《汉书音义》曰:"会亦是侩也。"汉章又案《汉书·货殖列传》虽作侩,而《赵敬肃王彭祖传》云:"王使使即县为贾人榷会,人多于国租税。"以是赵王家多金钱。注章昭曰:"平会两家买卖之贾者,榷禁他家,独王家得为之。"师古曰:"即,就也。就诸县而专权贾人之会,若今和市矣。"师古注,不如韦昭。榷会实后世牙税之始。盖《周官》质人,止有质布。廛人掌敛市之质布,入于泉府。注谓:"质布,为质人所罚犯质剂者之泉。"(凡泉布并即钱,详《汉书·食货志》)则不犯质剂者,固不出泉。如后世牙行之仲钱(仲俗字作佣），秦官无质人。物价不由官定，听贾人自相会。权会正如牙税。今人谓此项变迁，于经济史上，甚为重要。而仅从稻叶氏说，不考《汉书》，亦语焉弗详矣。

曷言乎驵侩始于马质也？稻叶氏引《吕氏春秋·尊师篇》之大驵，与《史记·货殖列传》之驵会，以证驵会之即牙侩，是矣。然未得其朔也。《周礼·夏官·叙官》马质注："质平也。主买马平其大小之贾值。"其职云："掌质马，马量三物。一曰戎马，二曰田马，三曰驽马，皆有物贾。"郑司农注："皆有物色及贾值。"《说文》："驵，牡马也。一曰马蹲驵也。"汉魏以降，凡言马者，必尚言驵。如左太冲《魏都赋》云："冀马填厩面驵骏。"颜延年《赭白马赋》云："于时驵骏充阶街兮。"王元长《三月三日曲水诗序》云："驵骏函列。"刘孝标《广绝交论》云："附驵骥之旄端。"《文选》注于《魏都赋》、《广绝交论》，并引《说文》曰："驵，壮马也。"校《说文》注《说文》者，类以今本牡马为壮马之误。其实马以牡为尚。马质质马，亦有驽马。驽马物色其牡，故诗必言四牡，至汉犹然。《史记·平准书》："汉兴七十余年之间……众庶街巷有马，阡陌之间成群。而乘字牡者，摈而不得聚会。"《汉书·武帝纪》："元狩五年，天下马少，平牡马匹二十万。"注如淳曰："贵平牡马贾，欲使人竞畜马。"又《景武功臣侯表》："梁期侯任当千，太始四年，坐卖马一匹，贾钱十五万。过平，臧五百以上免。"是可见汉承秦官，虽无马质，而亦有马平，平马之牡牝贾值者。周谓之质，秦汉谓之驵。《广韵·上声》三十七荡部："驵，会马市人也，子朗切。"《史记·货殖传》集解："驵音祖朗反，马侩也。"此为驵由牡马而引申之初义。《淮南子·氾论训》："段干木，晋国之大驵也。"高诱注："驵，市侩也。"市侩即《吕氏春秋·尊师》注之侩人。《后汉书·左原传》（或引作《郭太傅》误）："段干木，晋国之大驵。"章怀注："《说文》曰：'驵，会也。'谓合两家之卖买，如今之度市也。"此为驵由马侩而引申之旁义。然则驵侩之始于马质。源流秩如，近儒说《说文》者，并不证以《周礼》。疏《周礼》者，又不证以《汉书》。何怪稻叶氏之失厥源流乎？

曷言乎市平之变为市牙也？《周官》质人、马质，皆以中士为长官。至秦汉以后，驵侩如庶人之在官者。《广韵·去声》十四泰部："侩，合市也。《晋令》侩卖者,皆当著巾,白帖额,言所侩卖及姓名,一足白履,一足黑履。"(近人为《九朝律考》者,《晋令》下失引此文当补入)又晋李登《声类》:"侩,合市人也。"(引见唐释玄应《一切经音义》卷六)是晋代别异驵侩章服,而名以合市人。唐初,章怀注《后汉书》,谓驵侩"如今之度市"。惠栋补注,引《淮南子》注:"度市之魁。"钮树玉《说文校录》,引顾野王《玉篇》,亦谓驵"如今之度市",度市亦自汉至唐驵侩别名。而贾公彦于唐初,谓"若今市平准",市平准即市平也。扬雄《法言·学行》篇:"一哄之市,不胜异意焉。一哄之市,必立之平。"李轨注云:"卖者欲贵,买者欲贱。非异如何。市无平必失贵贱之正。"《汉书·食货志》王莽诏五均"诸司市常以四时中月,实定所掌,为物上中下之贾,各自用为其市平"。众民卖买之物,周于民用而不雠者,均官用其本贾取之。"万物卬贵,过平一钱,则以平贾卖与民。其贾氏贱,减平者,听民自相与市。"此月平之法,至后汉未改。《周礼·天官·小宰》八成:"七曰听卖买以质剂。"注郑司农云:"质剂谓市中平贾,今时月平是也。"又《地官·司市》:"以质剂结信而止讼。"注郑司农云:"质剂,月平。"又质人注郑司农云:"质剂,月平贾也。质大贾,剂小贾。"盖郑众当后汉初,说《周礼》质剂为月平(后汉许邵,移平物贾之法,以平人伦,亦称月旦平)。虽为后郑所不从,正可以证《法言》及贾疏之市平。(宋王应麟《汉制考》未详考,孔广森《经学卮言》,引《汉书·沟洫志》如淳注曰"《律》说,平贾一月得钱二千",以证先郑月平说。今案此志注,即《昭帝本纪》元凤四年如淳注所云:"践更月二千。"亦即《晋书·刑法志》所云:"汉科有平庸。"《唐律·名例》所云:"平功庸,与市平无涉,故不录。")《唐书·百官志》:金部郎中、员外郎掌两京市、互市、和市之事。都督府及县令注,但详市令,不及市平。惟太府寺下云:两京诸市署,有果毅平货物为三等之直。是特品官果毅都尉兼职,并无如贾疏所说市平,以其卑贱也(《文献通考·职官考》,已言市令卑贱)。《食货志》:建中四年,户部侍郎赵赞,请税市牙。稻叶氏但考证市牙,不知为市平之变名也。

若夫《通鉴·唐纪》考异,引《肃宗实录》曰:安禄山与史窣干,皆为互市牙郎。胡三省注云:"牙郎,驵侩也。"稻叶氏疑驵侩何以即是牙郎,憾胡注未有旁证。则更证以《周礼·地官·司市》,不云凡市入"上旌于思次以令市乎"。郑注:"上旌者,以为众望。见旌则知当市,思次若今市亭也。"又引郑司农云:"次,市中候楼。"又《遗人》职:"五十里有市,市有候馆。"注云:"候馆,楼可以观望者也。"一市之间,有三庐一宿。宿可止宿,若今亭有室矣。合二注观之,凡市有候楼有亭。《史记·李将军传》:霸陵尉呵止广宿亭下,此亭之证,亭有旗曰旗亭,如周时上旌于次。《史记·三代世表》"褚先生曰:臣为郎时与方士考功,会旗亭下",此旗亭之证。《文选》张平子《西京赋》曰:"廓开九市,通阛带阓。旗亭五重,俯察百隧。"薛综注:"旗亭,市楼也。"《史记索隐》,引此注而申之云:"立旗于上,故取名焉。"张平子《东京赋》又曰:"牙旗缤纷。"薛综注引兵书:"牙旗者,将军之旗。"然则唐代中外互市处,市楼必建立将车牙旗。安史于旗下为市平,如秦汉驵侩,故名牙郎,非胡注之证乎?且旗亭之名,历南北朝至唐。其名犹存。南朝如梁简文帝移市教曰:"旗亭旧体,自有常处。不容近违孔奋,远逐曹参。"北朝如羊衒之《洛阳伽蓝记》曰:"龙华寺有土台,是中朝旗亭。上有二层楼,悬鼓击之以罢市。"唐如薛用弱《集异记》曰:"开元中,诗人王昌龄、高适、王之涣,共诣旗亭贳酒。"是旗亭不独边亭,凡市亭皆有旗。即皆有市平。市平之名,至宋犹存。释文莹《湘山野录》曰石曼卿以"馆俸清薄,不得痛饮"。语释秘演,秘演"不数日,引一纳粟牛监簿者。高赀好义……为薪炭市评……置官醪十担为贽"。评字《说文》所无,市评即市平。由市平而变为市牙,变为牙郎。正犹质人、马质之变为驵侩,故市牙亦曰牙侩人(见《元史·世祖纪》),又曰牙侩(见《唐书·张又新传》,及《明律·户律》、《清会典》)。牙侩别名曰牙人、市牙人(见《通考·征榷》)。牙郎之别曰牙嫂(见宋吴自牧《梦梁录》)。稻叶氏眩于名实之异同遽出,未为之沿流溯源,故疑正牙、牙门、牙前等,率易为衙。而牙侩之牙,依然不改。仅据陶宗仪《辍耕录》曰"今人谓驵侩为牙郎,本谓之互郎",主互易市物者。以证《通鉴》唐纪注,汉章案牙字隶或作牙,与互形近。《汉书·刘向传》曰:"宗族磐互。"师古注"互字或作牙"(其下云谓若犬牙相交入则非)。古音牙声、互声与且声之字,同属鱼语御部。以证从马且声之驵,转为互为牙,亦备一义。故《辍耕录》说,朱骏声《说文·通训补遗》亦用之。但治史与治经异,史事繁颐,有未可以声音文字之学,径易之者。如《肃宗实录》谓安史为互市牙郎,易之曰互市互郎,则文不成义。且中间有侩卖者、合市人、度市、市平等异名,又有牙嫂、牙人、主人等异名。岂能一概以互字说之哉。

(《国立中央大学半月刊》1929 年第 1 卷第 4 期)

《唐宋时代金银之研究》

陈仲麓

日本加藤繁著,中国联合准备银行调查室译并印行,民国三十三年六月一日出版,上下两册,定价三十元。

东坡《仇池笔记》尝曰:"王莽败时省中黄金六十万斤,陈平四万斤间楚,董卓郿坞金亦多,其余赐三五十斤者不可胜数,近世金不以斤计,虽人主未有以百金与人者,何古多而今少也,凿山披沙无虚日,金为何往哉,颇疑宝货神变不可知,复归山泽邪。"是知金货之少,自宋代已然。后之论者,或谓中土产金之地,已发掘净尽,而自佛教入中国后,塑像涂金,大而通都大邑,小而穷乡僻壤,无不有佛寺,即无不用金涂,以天下计之,无虑几千万万,此最为耗金之蠹。加以风俗侈靡,泥金写经,贴金作榜,积少成多,日消月耗,故老言黄金作器,虽变坏而金自在,一至泥金涂金,则不复还本,此所以日少一日也(见赵翼《廿二史札记》卷三)。

至于白银,当汉武帝与王莽时,曾一度铸造为币,其后于唐宋载籍中,乃见银铤之名,自是以迄于民国二十年间,银货常为交易之媒介物,至其时金银流通状况,率皆琐碎支离,殊无系统纪述。日本加藤繁氏,精于考史,汇粹群书,采撷有关金银之资料,整理排比,《唐宋时代金银之研究》一书,由中联银行调查室迻译印行,于是金银货在唐宋时代通行情形,始得有所考镜。

是书凡十二章,曰绪言、唐代金银货币的用途、宋代金银货币的用途、唐宋时代金银之种类及其形制、唐宋时代之金银钱、唐宋时代之金银器饰、唐宋时代之金银价格、唐宋时代之金银出产地及其输出输入、唐宋时代之金银铺、金时代之银、隋以前及元以后的金银、结论。每章或析若干节目,提纲挈领,颇具条理。

是书主旨,纯以金银之货币机能为中心,兼及于有关金银之各事项。至其所以选择唐宋为研究对象者，良以此时代乃吾国金银货币发达史上重要时期，且此时代之文献亦较丰富，于研究上既可获得巩固之基础，而由此上溯先秦，下启元明，胥可探讨其源流痕迹（见本书第一章绪言译本上册第八页），盖此时代乃金银货币之承前启后一大转变期，故此书之作，未可以等闲视之也。

金银之用途，大别之可分为二，一为充工艺美术品等之原料，一则为价值之代表物。本书于第二第三章，即关于唐宋两代金银货币用途之研究。然中国行文习惯，凡言财货，尝以金字代表，如若干银若干钱以至今日习用之若干元，每曰若干金，此例于古文尤难分辨。加藤氏于此亦曰："金字包含三种意义，有时指黄金，有时指黄金与银，有时单指银而言，金帛作为熟语用的时候，亦与金字同称……因为金是指黄金而言，所以在唐宋文献中所看到的金字，除少数例外，不妨仍解作黄金为是。"（见第二章，译本上册一三页）按金之为物，吾国自来即属罕见，故每借为珍贵或尊贵之比喻，而文士舞笔，尤喜铺张，如千金之子、千金一刻、一字千金等是也，至若金帛、金钱、悬金、携金等辞（本书译本上册第一一至六八及一二二至一九二页所引甚多），虽言金而实未必悉为黄金也，盖此等"金"字，其含义在金银钱三者之间，质言之，即财货之代名辞，如悉作黄金解，似涉牵强，在未获充分证据以前，殊不敢强同。

至于金银在唐代是否已成为货币，本书于第二章第五节曾融合英国钱冯斯、德国顾业史及日本内田银藏氏之说，定货币之机能为支给的方便、交换的媒介、价值的尺度、价值的保藏、价值的送达五种（见译本上册第八四页）。复本此学理探求金银在唐代已发挥货币机能之全体（见译本上册八六页）。并本此推及绢帛为货币之使用，在唐代且驾乎金银之上，谓唐代之货币流通，最广的是钱，其次是绢，银与金又次之（见译本上册第九二至一一四页）。此说则相当新颖。

第四章论唐宋时代金银的种类及其形制，关于金银之种类，引宋人著作别金有七种，曰马蹄金、沙金、橄榄金、苽子金、麸子金、胯子金、叶子金。且谓："据形制条所志，马蹄金是人工铸造成的金块，惟在此地恐怕是指近于马蹄形的一种自然金（native gold），因在上例中沙金以下，殆皆为自然金。"（见译本上册二一三页）此后并引明方以智《通雅》，清谷应泰《博物要览》、屈大均《广东新语》诸书以为证。又分金之品位有上中下三等,加藤氏以为"精金略相当于上金,淡金相当于下金。"然以所引用之事例皆宋代文献,故以为"上中下金,精金淡金等语不必全起自宋代,恐在唐代以来已经存在了吧。"(见译本上册二一九页)宋人对银之种类有金漆花、浓调花、茶色、大胡花、薄花、薄花细渗、纸灰花、细渗、粗渗、断渗、无渗等十一种,盖皆以纹样色泽为名,与金之以自然分类者不同,且在每类上悉注明其成分,足证银之货币用途,较金为盛,于经济界之地位则在金之上,观察甚正确(见译本上册第二二二页)。

唐宋时代金银形制,尝以铤为单位,加藤氏引《说文》六书故诸书谓铤之意义:"当有长而且正直的意思,古代中国人的习惯凡是长而且正直的东西都称曰挺,如木之用梃字,竹之用筳字,即其例证。"(见译本上册第二二八页)至于后人称金银曰"锭",据清郝懿行《晋宋书故》谓锭字起于北朝,而加藤氏检阅汲古阁本、殿本《北齐书》及《北史》等,互有异同,则郝氏之说,显而近于武断,疑锭字为宋元以后之事(见译本上册第二二九页),颇有见地。惟唐宋人又尝称银为笏、为板,加藤氏谓:"所称为笏的一种银铤,似乎是指银铤中比较长大者言。在唐宋时代礼器用的笏的大小,在中国本土的记录中已经找不出证据,惟在日本正仓院尚有几种实物遗传到现在……唐宋时代笏的大小,大体相同,其长短约在一尺二寸左右,用笏来计数银铤,纵然没像真的笏形那样大,可是也可使人联想到其有相当程度的大。又笏的用语是对银所使用的名称,在金的一方面差不多不用。这因为金大概是铸有小形,银铸有大形,故银有用笏的称呼。"又曰:"笏有时亦称版……笏(礼器)或称手版……在唐代银笏一称曰版,银一笏亦称银一版,又韩滉与担夫银一版使佩之于腰,从其佩腰一事来看亦可推知其为相当重量的大形银块,由此我们可确定银版银笏都是一种大形的银铤。"(见译本上册二三〇至二三四页)此种解释,似未允当,盖中国于汉时对金即有版之称,即所谓饼金者见《尔雅·释器》。惟加藤氏对此乃曰:"我个人对于尔雅之饼为饼之讹(按此为段玉裁《说文》注),未敢同意,惟物扁曰饼之说是很有见识的,用饼的文字实在不妥当,还是用丙字的声音可以包含其意义。盖古代中国习惯凡物之扁平者皆呼之曰丙,所以用麦粉做的糕粘与祭上帝时用的金板,因其皆扁平故皆曰丙,为易于识别计并将前者作饼字,后者作鉼字,鉼与饼可说是从同一语源所分化出来的言语。鉼的形状不是因为像饼所以称鉼,因此除出鉼平一点之外,鉼与饼不必互相类似。在唐宋时代所看到的文献,金银饼皆用饼字,全没有看到用鉼字者,金银饼因为是金属,理应当从金字,然而在我们所看到的只有用饼字而没有用鉼字,这大概是因为在当时此二字完全不同的缘故罢。即金银饼之呼饼,不但因为是扁平而已,并且其圆与扁平亦恰如食物之饼,故呼为饼,与祭上帝时所用的金版无涉。"(见译本上册二四九页)据此乃知加藤之意,其所辩之鉼与饼,只就形式上言之,殊不知《尔雅》所云鉼金者,系经炼冶而成之鉼,虽属祭器,而后世称金为饼,实导源于鉼,故鉼之与饼,乃假借之字,不必拘于饼之形式而强之为鉼也。惟此章搜辑金银形制达二十余种,制图拊解,足广见闻。

第五章论唐宋时代之金银钱,首举唐宋时代宫掖洗儿及公主下嫁、皇后归宁,以及赐百官、纳贿、馈遗、礼仪、游戏,等用金银钱之例甚多(见译本下册一至一六页),虽无系统,亦可谓尽采辑之能事。次对铸造及流通形制诸问题加以讨论,此外并述及金银钱与纸钱之关系,且更涉及以金银钱命名之花草,推论金银钱在社会上之价值,以见爱玩金钱之风习。最后复上溯至南北朝时代,是为金银钱兴起时期(见译本下册二一至三〇页)。

第六章为唐宋时代之金银器饰,盖在唐宋时代,金银之用途,一方为货币之使用,一方亦尝充作工艺或艺术品等原料之用,此亦为考究货币金银时所不可忽略之事实,故本章专对此问题加以论述。据加藤氏所考,以金银作为器饰者,计有钗、栉、篦、臂钏、镮、锭、帔坠、金缕衣、孔雀、麒麟、襦幪、壶瓶、瓮、榼、杓、盂、椀、杯、筯、匙、盘、盆、茶器、炉、镬、匣、衾、砚、管、障、屏、鞍、床、装车、勒、甲、刀、涂饰建筑、宗教铸像(见译本下册三一至六〇页)等,足以窥见当时社会奢靡之风尚。

第七章推求唐宋时代之金银价格,即关于用钱计数之金银价格,惟唐代关于此项资料,尚不多见,只引赵璘因话录一则,金一两约八千文。至于宋代金银价,加藤氏引用诸书所记甚多(见译本下册六二至七二页)。惟于宋金之际,靖康元年,因金军强制献纳金银,致金银价大涨,加藤氏只引丁特起《靖康纪闻》谓当时金价每两至三十五千，银每两至二千五百，实则当时金银价格之暴涨，不止此数。据毕沅《续资治通鉴》载：

> （靖康元年十二月癸亥）帝至自青城，士庶及太学生迎谒，帝掩面大哭曰"宰相误我父子"，观者无不流涕。金遣使来索金一千万锭，银二千万锭，帛一千万匹，于是大括金银，金价至五十千，银至三千五百，金又索京城骡马，括得七千余匹，悉归之。

加藤氏未及详择，故补录如上。此外并推论及于金银质之标准与钱之省陌问题。次就宋代一般物价，以研讨宋代金银价格腾贵之原因，而认为是"被一般物价腾贵的大势所支配"（见译本下册六二至八三页）。

第八章为唐宋时代之金银出产地及其输出，与输入，其考述唐宋二代产金银地区，系根据《唐六典》、《通典》、《元和郡县志》、《新唐书·地理志》、《太平寰宇记》、《元丰九域志》、《宋史·地理志》诸书，为叙述便利计，故列表以明之（见译本下册第八五至一一六页）。更因诸书所记互有异同，均详加考订，极中肯綮。至如金银坑冶制度、课税，以及输出入、朝贡赐与岁币等，皆有详细之讨论，惟对宋金之际，金人强宋献纳金银事，如毕沅《续资治通鉴》载：

> （靖康元年正月）金游骑四出抄掠……郑望之等在金营，宗望约见之……需金五百万两，银五千万两。……丙子诏括借私家金银，有敢隐庇转藏者，并行军法，倡优则籍其财，得金二十万两，银四百万两，民间已空。

又如"同年十二月癸亥索金一千万锭，银二千万锭"（见前引）等记事，未经采入，岂以毕氏之书，著于清季，遂屏弃不取欤？殊不知毕氏此作，乃汇粹群籍，集其大成，折衷众议，而后著述，虽非直接史料，然字字悉有来源也。

金银于唐宋时代因种种之发展，故经营此业之商店，亦极发达，占社会经济上重要之地位，本书第九章即对此问题加以申述者。除金银钱钞交易外，如金银器饰的卖买、金银地金、金银的鉴定、金银器饰与地金的铸造、钞引的卖买等，推阐极为详赅，如云："唐宋时代的金银铺，其银行业务似在掌管兑换及金银地金之铸造、鉴定等。金银铺不仅在唐宋时代社会经济上占重要的活动地位,即在后来的中国银行业,亦由此为中心而发展来的,所以其在中国经济史上的地位,是不能轻视的。"(见译本下册第一五二至一七七页)可谓思精衍奥者矣。

至于金代,以其崛起东北,侵入中国内地,即灭北宋,奄有黄河南北,与南宋成对峙之局,其领土内公私各方面对金银之使用,与北宋无甚差异,可视为北宋时代之延长,故第十章专为研究金代金银使用问题。第十一章则上溯隋以前及元以后之金银,推阐始末,足可取资。第十二章则综括以前各章所述,分条罗列,提要钩玄,了如指掌,最称菁华。

综观全书,引用载籍,至为繁夥,且有不经见者数种,足证用力之勤。然正因其征引浩博,恰如行云流水,初无定质,似是摘类抄掇,信情纵放。但经详览,则知其随事发挥,折中当理,不必拘窘于法度也。

(《中联银行月刊》1944 年第 8 卷第 4 期)

读《元代奴隶考》
——奴隶解放九项原因之批评

鞠清远

日人有高岩,在《小川博士还历纪念史学地理学论丛》中,有一篇《元代奴隶考》。这篇文字,似乎曾引起了国人的注意。于是国人便有两种译本。一种是光华书局出版的贺杨灵的译本。一种是黄现璠的译本。黄译本序文称该文"材料详实,考据精密"。

他对于元代奴隶解放的原因,归纳为九项:

一、由于朝廷命令

二、由于官吏将军等个人的意思

三、自官厅赎身("自"字不妥按他举的例证应为官厅代为赎身——作者)

四、官奴以高龄废疾得免

五、奴婢自己赎身

六、本主自行解放之

七、因朝廷或主家灭亡及本主受刑

八、由于僧道还俗及兄弟析居

九、逃亡之成亡

上节系抄自黄译本。据黄序称译文曾经"原著人校阅,故译笔意义,均与原义吻合"。

他所举的九项原因,有几项似乎有些不妥当。例如第八项,《元史》卷一〇三《刑法志·户婚》是说:"诸僧道还俗,兄弟析居,奴放为良,未入于籍者,应诸王诸子公主驸马毋拘藏之,民有敢隐藏者罪之。"还俗、析居、改良,是元代三种平列的户名。绝不是因为僧道还俗、兄弟析居,而奴放为良。实际上,是还俗的僧道,析居的兄弟,放良的奴婢,常不在旧的"户籍"里，国家无从征发差役。所以官府一方禁止诸王公主驸马等人拘藏，在另一方面又特别收系当差（见《元典章》卷一七，《户口条画》）或则设局招集这种人户，习匠艺。例如：

>中统五年命招集析居、放良、还俗僧道等户，习诸色匠艺，立怯怜口总管府，以司其造作。（见《元史》八九，《百官志》随路诸色人匠总官府条下）

>至元七年，招析居、放良、还俗僧道，漏籍人户为怯怜口……十四年以所隶人口善造作，属中宫。（同书同卷，管领诸路怯怜口民匠都总管府条下）

>至元八年置，九年以招收析居、放良、还俗僧道为工匠，二百八十有二户，教习织造之事。（同书同卷，诏功万户都总使司属下之绫锦局条下）

>至元十五年招收析居放良等户教习人匠，织造纳失失。于弘州荨麻林二处置局。（同前，弘州荨麻纳失失局条下）

《元典章》卷十七，《户口条画》里，明明分举"放良民户"，与"析民户"二者。可见放良户，自成一词。《元典章》中奴隶放良的例子不少，不过却不见过因僧道还俗、兄弟析居而奴放为良的记事。由于上引四条，使我们相信还俗、析居、放良、是三种平列的形容词。有高岩的见解，是误解《元史·刑法志》的本文。大概他误解原因，是由于他只注意到上半，而未注意到下半。同时，也未注意《元史》他处尚有提及这三种户计的。

关于他所举出的第四项，"官奴以高龄废疾得免"，似乎也不大妥当。这一项里，他所讨论的，多半是匠户，他相信 Batuta 的记载，同时又误解了《元史》上"匠还为民"、"放为民"的意义。元代的户口，是分为四大类的，即军、民、站、匠。放军为匠，放匠为民，民户投充军户、站户、匠户的例子，在《元典章》中很多。"放匠为民"，只是在匠户户籍中除名，而在民户户籍中加一名字而已，这只是类别的更换，无放奴为良的意义。有高岩引《张惠传》所说的事，在本纪中也有：

>阿鲁忽奴言，曩于江南民户中拨匠户三十万，其无艺业者多。今已选定诸色工匠。余十九万九百余户，宜纵令为民，从之。（《世祖纪》至元廿一年《元史》卷一二）

这样拨的匠户,绝不是"工匠俘奴"。实际上,有高岩不大明了元代官工场中的匠户,是什么样的人物。误信 Batuta 的匠人都是大汗的奴隶的话,而推论元代官工场中,应用若干奴隶,①其实 Batuta 的记叙,只是根据蒙古人的说明。不见得有什么实在证据,假如我们只相信字面的意义,则清代满大臣,对清帝,例自称奴才,而认为满大臣是清帝的奴隶,岂不有些笑话。关于元代杭州系官工匠的地位,《辍耕录》十二《匠官仁慈》,似亦可指明一二。《元文类》卷四十二、《经世大典・工典总叙》诸匠条更说明"国家初定中夏,制作有差。凡鸠天下之工,聚之京师,分类置局,以考其程度,而给之食,复其户,使得以专其艺"。"复其户"与《元典章》之"除差"相差不多。这个似乎更可指明元代工匠,不是奴隶。同时,《元文类》四十五《工狱》一文,也说明工匠在官局中的组织,与私生活。有高岩是搜集过《元文类》中的材料的,我们不知道他为什么未注意到这几点,而竟然相信在中国居住很短的 Batuta 的记叙。我相信假如他注意到《工狱》一文的记述,则对于 Batuta 所说的"带镣"的奴匠,他或者也许发生怀疑而不至于相信。虽然有高岩又说元代工部属下各局中,"有许多奴隶,参杂其间",作退一步的修正,但他在推论时,总是认定籍拨的匠户,是俘虏的奴匠,总认为元代战争中俘虏的工匠,是奴隶,其实这都错了。最近似的有奴役工匠的例子,是弘州的童男童女,及逃奴,②但是只有例外,多数工匠,并不是这样。张惠籍拨的匠户,杭州织造局的匠户,都不是奴匠。元代官工场中,也决没有三十万奴匠。实际上,就是匠户,也不过三四十万。

关于元代的匠户,将来当另为文论之。此处不多说,我们只是想说,元代官工场中,奴匠是很少的。大部分是匠户。匠户受蒙古人的特别优待。得支衣服、米粮、盐钞与军人待遇相同。官民为影避差役,常有投充匠户的事。放匠为民,只是户籍分类,有些更换,并无奴放为良的意义,所以他说的"高龄废疾之官奴,得免为良",也不见得有事实可资证明。

---

① Batuta 所说的工匠带镣的话,似亦不然。《元史・刑法志・盗贼》说"犯徒罪者,带镣居役"。关于工匠带镣工作的事,也很少见。
② 《元典章》三十四,拘刷在逃军驱提及的在局院佣工的逃奴,又当别论。因这种逃奴,是冒充良人,而局院亦当作良人而雇佣之也。

关于其余七项,除第一二项外,余尚妥当。第一二项中,他举出的例子,有许多,只是在战后的处置,似乎说是放奴为良,也不甚妥切。我们想,元代朝廷,所以时将战争之俘虏放为良民,是有一种与各军人军将争户口的意义的。我们知道元朝,时时刻刻在设法减削各投下的户口,尽量削减私人的奴隶,以增加国家的户口。这似乎可指明元代的奴隶制度,已不是正常的现象。此外有高岩说过,他是根据《元史》与《元典章》来作《元代奴隶考》的,可惜关于元代奴隶解放,他并未利用《元典章》的材料。《元典章》中有几种奴隶解放的原因,形式与解放后的地位,他都遗漏了,例如:

一、在政府与各投下,军民、富户争夺户口时,因此而得到解放的奴隶(奴隶在元代,多称驱户):

(1) 在宅外住坐,又另附籍的奴隶,得以解放:

> 照得甲午年钦奉合罕皇帝圣旨,不论达达、回回、契丹、女直、汉儿人等如是军前虏到人口,在家住坐做驱口,因而在外住坐,于随处附籍,便系皇帝民户,应当随处差发。主人见更不得识认。(《元典章》十七,《户口条画》驱良项下)

> 乙未年,另籍驱户,钦依合罕皇帝圣旨,便是係官民户,如壬子年却不曾抄上,仰依漏籍户,收系当差。(同前)

> 乙未壬子二年本使户下附籍,因而在外另籍或不曾攒报,并仰收系当差。(同前)

> 本使户下附籍驱口,因而在外另作驱口,或寄留种口等附籍,依例收系科差。仰于本使户下除重籍人丁差役。(同前诸色户驱良)

(2) 户籍中漏报的驱口,得改为良:

> 乙未壬子二年本使户下漏籍人口,因各年军籍内,不曾附籍。在后本使却于军籍内作驱攒报之人,即仰为良,充贴军户计。(同前驱良项下)

> 乙未年附籍民户,壬子年却于他人户作驱抄上,或漏籍仰以改正为民,收系当差。(同前诸色驱良条)

> 乙未年本使户下,附籍驱口,乙未年户下,不曾抄上,仰作漏籍户,收系当差,主人更不得识认。(同前)

本使户下,不曾附籍,其驱口在外抄过者,仰依例收系科差。(同前)

军躯谓乙未壬子二年,本主户下漏籍驱口,因而在外口籍,或不曾附籍,在后本主却(原作"部",作者)于军籍内攒报过,人口为良,作贴户。乙未壬子二年,本主户下附籍驱口,军籍内漏报姓名,除至元六年终已有省断文凭者,依已断为定,不经省断,及至元七年已后收留差役,已未到官者,为本主漏报上,为良,作贴户。(《元典章》三四,《军户》分拣军户)

二、放良与放良后的奴婢地位:

放良有良书。有直接写明任便住坐或为良者:

诸良书,该写任便住坐或为良者,仰依良书收系当差。(《元典章》十七《户口条画》良民户)

有附带规定年限满年限后,或赎良钱满额,方放为良者。

诸放良户年限未满,或赎身钱未足者,仰合属官司,籍记收户。俟限满钱足,至日科差。(同前)

有时既与奴婢以良书,复另文规定津贴钱物或分当差役者。

诸良书已放为良,任便住坐。其本使再立津贴钱物,或分当差役等文字,并不准,使仰依原放良书为民,收系当差。

各投下的放良书,常规定不许投别管官司。

诸投下放良户良书上该写不得投属别管官司户计,仰作本投下人户,收系当差。(同前)

军户的驱口,解放后,有时规定仍需为军户服役。

驱口放良,从良的,赎身出去了的,根脚里百户牌子头不当身役。自意的趁着好处隐藏着住的也有。可怜见的放了从良的。赎身出去的奴婢每。别枝儿里不交入者,只教根脚里百户牌子头里行呵做军的气力也者。(同前三四探马赤军驱当役)

驱户放良,驱户的驱户。(《元典章》称为重驱,《辍耕录》称为重台)也因而放良。

诸人驱口,虽与财物同。若驱口宅外另居,自行置到重驱,元置人出放为良者,并从为良,本主的使长,不得争理。(《元典章》十七

《户口条画》放良民户)

三、驱户,婚生的子女,因父母一方是良民即得为良,而不像有高岩所说的那样从父身份。非婚生的子女,例从母身份。《元史·刑法志》的"诸良家女愿与人奴为婚者,即为奴婢"只是说明当事者的地位,而不是说明他们的子女的地位。

> 诸奴婢嫁娶招召良人,至元六年正月中书省行下户部遍行随路,不得嫁娶招召良人,如委自愿者,各主婚书,许听为婚,已行禁约来,今拟照依前例成婚,如正驱已死,仰令良人所生男女,另立户名,收系为民。如军籍内有姓名者,为良作贴户。(《元典章》十七,《户口条画》说)

"嫁娶招召",当然是说的男女两方的。这样,可以看出元代官府实在利用奴良婚姻中之各种机会,来摧毁奴隶制度。

有高岩将婚生与非婚生的子女身份混合在一起,固不妥当。而认为《元史·刑法志》的规定,使奴男良女婚生的子女,也是奴隶,尤为差误。他只引《元典章》中禁止奴良婚的法令,而未看到政府正在利用这种机会,以增加国家户口!

(《食货》1935年第1卷第7期)

《中国经学史概说》

晞

泷熊之助撰，陈清泉译，三十年八月初版，商务印书馆印行。
平装一册，四二四页，定价二元。

  中国经学史之作，其最早者为清代皮锡瑞之《经学历史》，其后作者颇不乏人。其断代者，则有江藩之《汉学师承记》。日本则有本田成之之《中国经学史论》。断代者，又有森本竹城之《清朝儒学史概说》。本书作者，大抵根据上列数书而成，观其第一章第四节经学史之参考书，可概见已（一九页注二十）。

  本书对于经学派别，则重古文而轻今文。其言曰：

    现今日本经学之倾向，乃由古文的立场，成为考证学风。本书之态度，亦立于古文学的见地，但不流于极端，竭力保持稳健之见解。（第一章第四节经学史条）

又曰：

    皮锡瑞有《经学历史》、《经学通论》，此皆由公羊家之立场而作者，不免有若干僻论。（第八章第一节公羊学派皮锡瑞条）

此则立场正当，不若中国今日，滔滔者皆是今文学家之末流，多流于新奇僻论，言经学而抹煞经籍也。

  本书第二章第二节言经学之成立及内容，亦颇多持平之论，不采清代今文家怪僻之言。其怀疑之说，仅采宋人言论而止，如论《易》之《十翼》云。

  《十翼》为孔子所作之说，始于《史记》，《汉书》及《周易正义》等

对之亦无异议。至宋之欧阳修始疑之，其后学者多从之，故今日对于《十翼》非孔子所作之说，已无疑义。（三〇页）

《十翼》中有子曰等语，故欧阳修疑为非孔子所撰，此属正当疑问。然孔子学《易》，见于《论语》，《史记·仲尼弟子列传》，商瞿，鲁人，孔子传《易》于瞿。然则《十翼》安知非其弟子所记孔子之言与？此与《论语》所称子曰何异？虽非孔子自撰，然谓与孔子极无关系，亦属过当之论。盖《十翼》中多儒家言，反与《易》之原义有不合也。

其论《尚书》云：

夏商周三代之书，诚如《汉书》所云，可以肯定为各时代史官之笔；但尧舜二帝之书，则毫无疑义，似为后世所作。（页三一）

案所谓后世者，不过谓非尧舜时所作，而夏代所记，亦可谓之后世，《左传》、《墨子》等书所引《尧典》，皆称夏书，可证也。故此所谓后世，下笔亦颇得宜。其不采皮锡瑞说，谓《尧典》为孔子伪撰，以文饰其新制三年之丧者，亦有卓见。

其论《周礼》，则采宋朱熹之说。其言曰：

《周礼》未必是周公自作，恐是当时如今日编修官之类为之。（三九页）

此疑亦颇正当，其不采康有为"《周礼》，为刘歆伪造"之说，亦是卓识。

此书自元明以前，尚少谬误，可以为初学之参考。虽经学家传记及历代经学通论，似觉太略，然拘于体例，未足深责。惟其经学造诣不深，不特玉石混淆，不能发其晶光，抑且漫无限制，有失裁断。盖经学史必限于经学，然有时叙及各家之史学、哲学、文学作品，已属费辞。至若宋之郑樵著《通志》，以史学见长，晋之裴頠著《崇有论》，以哲学见长，梁之刘勰著《文心雕龙》，钟嵘著《诗品》；昭明太子辑《文选》，陈之徐陵集《玉台新咏》，皆以文学见长，而皆阑入于经学家。而吴之步骘等，仅能读书，毫无著述，亦列于经学家专传，此则真所谓泛滥而无所归矣。此例甚多，不胜枚举，其著书不知体例如此。

至于清代，谬误更多。举其大者，一为时代失于断限；一为派别失于凌乱。

以时代言,既云清代经学,则凡卒于清亡之后者,皆不应入于清代。如公羊学派中之康有为、梁启超,清末正统派中之章炳麟、王国维,清朝经学家表中之王仁俊至廖平等十五人皆是。其间虽有著作成于清代者,然若章炳麟、刘师培、王国维、梁启超等,其重要著作,皆成于民国。至若胡适、陈独秀、罗振玉等且其人现在著作亦然。何可入于清代经学史中? 当另辟民国初期经学一章以容纳之。方不悖于"逻辑"。

以派别言,则清代经学,强分为浙西、浙东两大派。浙西派以顾炎武为主,其下又分三派:一为浙西吴派,以惠栋为主;二为浙西皖派,以江永戴震为主;二派以外,又强分一扬州学派,则以汪中为主。浙东学派,以黄宗羲为主(三八四—三八六页)。其他又有常州学派,又名为公羊学派,则即所谓今文学派也。以庄存与、刘逢禄为主(四〇八—四一七页)。案清代自惠栋、戴震以前,无所谓派别也,汉宋不分,今古不分。自惠栋、戴震出,始主汉学。而反对宋学。故惠栋之弟子江藩,始有《汉学师承记》之作。惠、戴虽同主汉学,而一主墨守,一主裁断,故又有吴派、皖派之分,然今古文未尝严分也。此书所谓扬州学派,实多以皖派为宗,作者以其注重文学而强分之,此何关于经学宏旨耶! 浙东学派,以史学为主,万斯同、章学诚,皆以史学名;即以黄宗羲而论,其所著述,如《明史案》、《弘光实录》、《行朝录》、《明儒学案》等,亦多属于史学,邵晋涵、全祖望之著作,亦偏重于史学,其于经学,皆无特别发明,何能自成一派? 而此派中列入刘宝楠、陈立、陈乔枞三人,作者皆指为今文家,所谓常州学派也,已见于公羊学派中(四一三页),未知何以又列入此? 至于马国翰之列入浙东派,更觉不伦,马氏仅以《玉函山房丛书》表见,皆为辑佚之作,其书或言章宗源撰,姑不必深究;而其所辑佚书,经史子集均有,与黄奭《汉学堂丛书》相类,不应入经学家。即欲滥入,亦应入于吴派,不应入于浙东派,盖辑佚之业,在清代则倡于吴派也。惠栋之《九经古义》,余萧客之《古经解钩沉》是已。且马氏既已列于浙东学派,而清末正统派中,何以又列入之(四二一页)? 其凌乱可谓甚矣。至于排斥古文学派,而以今文学相标榜者,始于刘逢禄,即所谓常州学派也,其末流至康有为而止,谭嗣同、梁启超辈,对于经学,实未尝有著作,不应列入经学家。而与今文家对立者,则有章炳麟,盖章与康同时,康主今文，又主保皇，章为俞樾弟子，俞始为皖派，晚年亦参公羊学。故章氏之学，始与康氏不相忤也。其后章氏反对保皇，主革命，乃始反对今文，主古文。故至清末，又有古文一派，其弟子中亦有专主古文学者。此则著者所不知也，故其所分清代经学派别，乃强不知以为知者也。

又浙西学派中有纪昀、胡适，纪昀为目录学家兼小说家，纪昀既滥入经学家，故张之洞、叶德辉、林纾等亦可滥入焉。胡适之学，与梁启超相若，既无经学著述，不应列入经学家。若其治学之法，则亦属于今文学派，乃为常州派，而非皖派。梁胡皆偏于政治，彼二人既滥入经学家，故陈独秀、郑孝胥亦可滥入焉。

原夫作者致病之处，首在乎不知著书体裁及学术范围，盖彼自言中列经学史参考书有五种。其中两种，实非专言经学，即梁启超之《清代学术概论》、森本竹城之《清朝儒学史概说》。此书益多剿袭其说，故多佚出范围，而牵入哲学史学文学等人。不知彼以学术或儒学标题，故其范围可广，此则以经学标题，则其范围宜隘也。又左右弋获，故不觉两说矛盾，如刘宝楠、陈立、陈乔枞既入于浙东派，又入于常州派；马国翰既列于清末正统派，又入于浙东派，是也。其对于经学著作，又多未尝涉猎，如言"刘宝楠著《论语正义》二十六卷，乃由公羊家之立场，解释论语"（四一三页）。故列刘宝楠为公羊学派，不知以公羊家之立场解释论语者，乃德清戴望。而刘宝楠实近吴派，其《论语正义》仅二十四卷，其时未成，其子恭冕足成之。恭冕后序云："先君子不为专己之学，亦不欲分汉宋门户之见。"则其不为今古门户之分明矣。观其《正义》，采辑众长，不主一家，何尝以公羊家之立场以为解释■？嗟呼，不精读书，而粗著书，中国学者，比比皆是，又何尤乎外人哉。

（《图书月刊》1942年第2卷第2期）

读武内义雄《诸子概说》

赵幼文

癸未伏中,友人赠余以日人武内义雄之《诸子概说》译本,炎暑方滋,偃息犹汗,爰读是编,期以逃暑。见其说多谬误,叙无友纪,大抵钞撮排比,未能究宣其谊,不揣浅陋,刺取旧说,聊箴其失,人事牵率,未遑悉尽,姑陈五说,余期隅反。

一 纂述之失伦也

先秦诸子,其书具存于今者,惟管、墨、老、庄、荀、韩而已,余多依托,或失本真。杨朱、宋荣子之属,其说散见于群书,片鳞只爪,无以意度其全,欲加论述,必多皮傅之谈,难违愚诬之讥也。夫概论之作,非求淹洽深邃也,苟能辨其源流,阐其学理,示学人以梗概则得已。是故其书具存者宜详之,略可征者则附见之,庶详略攸宜,铨次无爽。今《诸子概说》,不别佚存,莫识真伪,俱分章论述,靡有重轻,致存者不备,佚者多诬,乃欲以启庸来学,平章学术,宁异南辕而北辙者乎,徒滋学人之眩惑耳。

子夏传经于西河,孔门弟子,最为老寿,六经传授,莫不由之。虽其著书不尽传于世,而传者或有附会之嫌,然汉儒经说,似可窥其崖略也。今《概说》取《周礼·大宗伯·大司乐》章,以明子夏之学,其言曰,考《史记》孔子殁后,子夏适西河,为魏文侯师,文侯任之,故魏之教化学术,必蒙子夏之影响,而《汉志》亦云六国之君,魏文侯最为好古,孝文时,得其乐人窦公,献其书,乃《周官·大宗伯》之《大司乐》章也。故欲知魏文侯之教化，《大司乐》实为其有力之资料，由此以推论子夏之学风，庶几近之，细绎此论，非至言也。魏文侯虽师子夏，而所臣友者，征诸史传，犹有田子方、段干木、李克、吴起之伦，则文侯教化，安可必其不受诸人之影响者耶？假令武内氏之说可信，又岂鹰《周礼》一书而已哉，矧乐人献《大司乐》章，固其世业之籍，似与子夏之学无涉也。蔡邕《明堂月令论》引魏文侯《孝经传》，何不引之以明子夏之学，不犹愈于彼说乎？夫欲甄明诸子道术，必以其著述言论为依归，妄据他书，强相比附，诚未见其得也。

子游之学，莫可考见，《概说》引《礼运》以论之，恐未当也，何则？《礼运》所纪乃孔子自述其政治思想以告子游，非子游于此有所阐述其学也，援引失真，无宁删剔。

子思之著述，存者有《中庸》、《表记》、《缁衣》、《坊记》四篇，《概说》独取《中庸》为之说，于其三篇之理，不少概见，岂《中庸》一篇足概子思学术之全耶，似可易章名《子思子》为《中庸》，则近实矣。

荀子之学，以《天论》之理为之基，《性恶》、《礼论》、《乐论》、《非相》诸说所由出也。今《概说》于天论之理，略不一及，则《性恶》诸说将何以释之哉，是应详而反略也。

公孙尼子，《概说》列于荀子之前，《隋书·音乐志》引沈约奏答谓《乐记》取公孙尼子，按《乐记》剿袭《荀子》、《吕览》、《易系》诸书，其议论皆出荀后，则公孙尼子殆荀氏门人，李斯、韩非之流亚耶？沈钦韩曰，《荀子·强国》篇称公孙子语，则其为荀氏门人信矣，则公孙尼子一章，似应列荀子之后也。

二　袭取吾国先儒之说而乾没为己也

《概说》征引我国先儒之说，或书其名，然详加考索，而乾没实多，征验的然，固难为讳也，今并列之，期昭其非。

　　《概说》云："然《吕氏春秋·察微篇》，明引《孝经》，则其为秦以前之书无疑。"

按丁晏《孝经》征文序曰："引《孝经》者莫先于吕不韦书，《吕览》在未焚书已前,已明著其篇目,据是二者,益可证《孝经》之由来古矣。"

《概说》云:"以之比照《孟子》七篇,则《孝经》备言先王之法服法言德行,而《孟子》亦云:'服尧之服,诵尧之言,行尧之行。'《孝经》于《天子章》言刑于四海,《诸侯章》言保其社稷,《卿大夫章》言守其宗庙,《庶人章》言谨身节用。《孟子》则云:'天子不仁,不保四海;诸侯不仁,不保社稷;卿大夫不仁,不保宗庙;庶人不仁,不保四体。'由此可知《孟子》与《孝经》之关系矣。"

按《东塾读书记》曰:"《孟子》七篇中多与《孝经》相发明者。《孝经》曰:'非先王之法服不敢服,非先王之法言不敢道,非先王之德行不敢行。'《孟子》曰:'子服尧之服,诵尧之言,行尧之行。'亦以服言行三者并言之。《孝经·天子章》曰:'刑于四海。'《诸侯章》曰:'保其社稷。'《卿大夫章》曰:'守其宗庙。'《庶人章》曰:'谨身。'(《概说》于身字下增"节用"二字,虽为《孝经》本文,然与所引《孟子》不相关连,增之殊赘,何也?)《孟子》曰:'天子不仁,不保四海;诸侯不仁,不保社稷;卿大夫不仁,不保宗庙;士庶人不仁,不保四体。'亦似本于《孝经》也。"

《概说》云:"《隋书·音乐志》引梁沈约云:'今《礼记》中《中庸》、《表记》、《坊记》、《缁衣》四篇,皆取《子思子》。'《史记·平津侯传》,《索隐》引子思'天下之通道五,所以行之者三'云云,见今《中庸》。《意林》所引十条之内,一在《表记》,一在《缁衣》,又《文选注》、《太平御览》所引子思之言,亦与存于四篇者合。然则沈约之说,非无据也。"

按《子思子章句序》曰:"《中庸》之为《子思子》,尚已;而《坊》、《表》、《缁衣》与焉。有征乎?曰:有。《隋书·音乐志》载沈约之言曰:'《礼记·月令》取《吕氏春秋》,《缁衣》、《中庸》、《表记》、《坊记》取《子思子》,《乐记》取《公孙尼子》。'一也。《御览》引《子思子》曰:'天下有道,则行有枝叶,天下无道,则言有枝叶。'今见《表记》,二也。《文选注》引《子思子》曰:'昔吾有先正,其言明且清,国家以宁,都邑以成。'今见《缁衣》,三也。"而《潜研堂集·论子思子》曰:"沈休文云:'《中庸》、《表记》、《坊记》、《缁衣》皆取《子思子》,《乐记》取《公孙尼子》。'休文去古未远,其说当有所自。宋儒以《中庸》出《子思子》,特表章之,而不知《表记》、《坊记》、《缁衣》三篇,亦子思氏之言也。或谓《缁衣》公孙尼子作,按《文选注》引《子思子》曰:'民以君为心,君以民为体。'又引《子思子》曰:'诗云昔吾有先正,其言明且清。'今其文皆在《缁衣》篇,则休文之说信矣。"

《概说》曰:"巨子者于墨家为道理成就之称,如儒家之称硕儒。"

按《释文》引向秀曰:"墨家号道理成者为巨子,若儒家之硕儒。"

《概说》曰:"自第二卷《尚贤》至第九卷《非儒》,各有上、中、下三篇,文字大同小异,盖墨氏一派,各有传授,而并存之者欤。"

按俞樾《墨子闲诂》序曰:"墨子死,而墨分为三,有相里氏之墨,有相夫氏之墨,有邓陵氏之墨。今观《尚贤》、《尚同》、《兼爱》、《非攻》、《节用》、《节葬》、《天志》、《明鬼》、《非乐》、《非命》皆分上、中、下三篇,字句小异而大旨无殊,意者此乃相里、相夫、邓陵三家相传之本不同,后人合以成书。故一篇而有三乎。"

《概说》云:"又《汉志》道家《管子》八十五篇,后世目录列于法家,按其书所道,盖非一类之言,归之杂家,庶乎近之。"

按《铁桥漫稿·书管子后》曰:"《七略》、《管子》在法家,引见《管晏列传》正义。隋唐《志》以下著录皆同,惟《汉志》在道家。今观《内业篇》盖《参同契》所自出,实是道家。余篇如儒家、阴阳家、法家、名家、农家、兵家无所不赅,今若改入杂家,尚为允当,不然宁从《汉志》。"

《概说》云:"然《鬼谷》佚文,引见于《说苑》,又难可断此书之必伪也。"

按汪中《经义知新记》曰:"《说苑·善说》篇引《鬼谷子》,然则《鬼谷子》非伪书也。"

三　安下己意说无参验也

《概说》所述诸子源流学术,意必之言实多,偶有考证,罔不疏舛,遍事驳诘,殊嫌词费,惟录数条,用彰厥违。

《概说》云:"楚在周初,僻在南方蛮夷之国也,至春秋时始大,于是张其国力,侵偪中原,每不礼于周室。昭公十二年《左传》记楚右尹子革之言曰:'我先君熊绎,僻在荆山,筚路蓝缕,以处草莽;跋涉山林,以事天子。惟是桃弧、棘矢,以共御王事。齐,王舅也。晋及鲁、卫,王母弟也。楚是以无分,而彼皆有。'明夫楚之素不慊于周也,则楚之容受道家思想,宜其甚易。盖道家学说,对于儒家宗周,含有反抗之意也。"

按《概说》谓道家之学兴于南国,其说不足信也。柳诒徵《中国文化史》曰:"老子生于陈而仕于周,并非楚人。世之论者,以《史记》有'楚苦县人'一语,遂以老子为楚人。因以其文学思想,为春秋时南方学者之首领,并谓与孔子之在北方者对峙。实则苦县故属陈,老子生时,尚未属楚,《史记索隐》、《正义》言之甚明。……借令其地属楚,亦在淮水流域,距中夏诸国甚迩,未可以南北判之也。"而日人渡边秀方亦谓是说为非,于其《中国哲学史概论》曾予非难,其言曰:"第二因地理的影响而生的说,是约三十年前我国山路爱山氏所倡的(爱山著《支那思想史·日汉文明异同论》南北思想之别),形式上这个似乎把支那学者及西洋学者的所说折衷下来了,但究竟也非常暧昧。盖西洋学者看着老子无为自然及瞑想的思想,以为这无论如何,不是地土很丰饶,气候很和暖的南国,决发生不来。但其为说之无据,自不待论。我们学者不精查老子的生住地,如何也就一味附和他们,把老子当作南方人看,真是很无责任的态度。其实老子他何曾生住在南方,他也是生住在支那文化发祥地北方圈内的,并且那时候的文化,并无所谓南北,要以黄河为中心而止。"如二氏说,则道家学术起于南国,说无明证,安可信耶?夫道家之学,盖睹人世之险巇,政理之荒败,乃绝巧伪,屏仁义而企慕太古淳朴之世。原其掊击仁义者,见元恶大憝常借仁义以饰其行也。儒家称述仁义,故道家遂并儒家而斥之,非徒于宗周有所反抗也,则楚以不慊于周,易受道家思想之说,真臆论耳。

《概说》云:"荀子名况,赵人,齐王建初年,年五十,始游稷下。"

按《概说》,谓荀子始游稷下,当齐王建初年,殊无据也。《史记·孟荀列传》:"荀卿,赵人,年五十,始来游学于齐。……齐襄王时,而荀卿最为老师。"《儒林传》:"威、宣之际,孟子荀卿之列,咸遵夫子之业而润色之,以学显于当时。"刘向《别录》:"方威王、宣王之时,聚天下贤士于稷下,尊宠之。……是时孙卿有秀才,年五十,始来游学至齐。襄王时,孙卿最为老师。"应劭《风俗通·穷通》篇:"齐威、宣之时,孙卿有秀才,年十五,始来游学,至襄王时,孙卿最为老师。"据诸书所述,则荀子初至齐,必在威、宣之际也。《盐铁论》:"及齐湣王、奋二世之余烈,南举楚、淮,北并巨宋,苞十二国,西摧三晋,却强秦,五国宾从,邹、鲁之君,泗上诸侯皆入臣。矜功不休,百姓不堪,诸儒谏不从,各分散,慎到、捷子亡去,田骈如薛,而孙卿适楚。内无良臣,故诸侯合谋而伐之。"汪中《荀子年表》:"荀书《强国》篇,荀子说齐相国曰:今巨楚县吾前,大燕鳅吾后,劲魏钩吾右,西壤之不绝如绳,楚人则乃有襄贲开阳以临吾左,是一国作谋,三国必起而乘我,如是则齐必断而为四,三国若假城耳。"其言正当说王之世,湣王再攻破燕魏,留楚太子横以割下东国,故荀卿为是言,其后五国伐齐,燕入临淄,楚魏共取淮北,卒如荀卿言。是湣王之世,荀卿犹在齐国也。今《概说》谓荀卿齐王建时初来齐,征诸旧说则多牾,证以荀书则难通,孟浪言之,只见疏也。

《概说》云:"或以为受《易》之馯臂子弓,而荀子未尝以《易》名家也。"

按汪中《荀卿子通论》:"刘向又称荀卿善为《易》,其义亦见《非相》、《大略》二篇。盖荀卿于诸经无所不通,而古籍阙之,其授受不可尽知矣。"如汪说,荀亦通《易》,虽传受无征,究不能此以疑荀卿未尝以《易》名家也。

《概说》云:"或以为其人即仲弓,然仲弓之言行除《论语》数章外,无可考见,愚就其学说内容之相类似讨究其意,子弓为子游之误,游古作斿,缺右旁则为方,而误为弓,荀子盖承子游之学欤。"

王先谦《荀子集解》曰:"郇卿之师子弓,韩昌黎以为馯臂子弓,此说不起自昌黎。张守节作《史记正义》,所据本作'子弘',辨之曰:'《荀子》作子弓。'杨倞注《非相》篇云：'馯臂子弓，受《易》者也，传《易》之外，别无闻，非馯臂也。'杨注力辨非馯臂子弓，则唐以前之说皆以郯子之子弓即馯臂矣，古说相传，信而有征者也。应劭曰：'子弓，子夏之门人'，盖子弓学无常师，学业必有异人者，故郯卿比之孔子，不得以典籍无传而疑之也。"且荀子善《易》，自受子弓之传，又何疑乎？窃案子游之学，传者不明，今武内氏以子弓为子游之误，虽简册残夺，何知独脱字而遗方且误为弓耶？强加附会，令人骇笑。武内氏以子游礼学之达人，而荀子隆礼，故谓荀子受其影响，考子夏亦传《礼》者（《史记·仲尼弟子列传》索隐："又孔子以《春秋》属商，又传《礼》，著在《礼志》"）。荀子于《诗》曾受其传，安知《礼》不亦受其传耶？窥索武内氏之有是言也。其本《非十二子》篇以为仲尼子游为兹厚于后世（郭嵩焘曰："荀子屡言仲尼、子弓，不及子游，本篇后云子游氏之贱儒，与子张、子夏同讥，则此子游必子弓之误。"）之说而反之，遂使有斯误乎。

  《概说》云："上述宋钘尹文盖承墨家之绪论，参合己见，以成一家之言，特宋尹从精神分析，更以别囿为知之始。别囿云者，辨囿之义，分别言语所示概念之范围也。"

按"囿"字之义，见于《吕氏春秋·去宥》篇，毕沅曰："宥与囿同，谓有所拘碍而识不广也，以下文观之，犹言'蔽'耳。"马叙伦《庄子义证》曰："囿有所蔽，别囿谓解蔽也。"《概说》以分别言语所示概念之范围释之，窃所未喻。

四　籀绎粗疏论多佚误也

  《概说》所述诸子之学，于常人尽知者，竟云无之，或有所论，而语焉不详，诵读鲁莽，于兹可见。欲其探赜索隐钩深而致之显，不亦难乎？今补其疏略，辨其违牾。

  《概说》云："《论语》不载孔子言性。"

按《论语·阳货》："子曰：性相近也，习相远也。又曰：唯上智与下愚不移。"岂非孔子言性之语见于《论语》者耶？《经传考证》曰："相近指性之善者言,相远指性之恶者言,孔子未尝明言性善,圣人之言,无所不包,而浑然无迹。后儒言性究不能出其范围,性善之旨直至孟子始发之。"窃谓上智与下愚不移,即后儒性三品之说所由出也,因是若云孔子未畅述性理,庶乎可?而云《论语》不载孔子言性之语,则《阳货》篇所纪者,将何以释之哉?是能不谓之籀绎粗略者乎。

《概说》曰:"其后墨家消息尠闻,纪载失传,故遭秦皇禁抑,学术遂失其再兴之机会矣。"

按墨学式微,其来有自,非纯由秦皇之禁抑而灭绝,实自取之也。《庄子·天下》篇曰:"虽然,歌而非歌,哭而非哭,乐而非乐,是果类乎?其生也勤,其死也薄,其道大觳,使人忧,使人悲,其行难为也。恐其不可以为圣人之道,反天下之心,天下不堪。墨子虽能独任,奈天下何!"《论衡·薄葬》篇曰:"夫论不留精澄意,苟以外效立事是非,信闻见于外,不诠订于内,是用耳目论,不以心意议也。夫以耳目论,则以虚象为言,虚象效,则以实事为非。是故是非者,不徒耳目,必开心意。墨议不以心而原物,苟信闻见,则虽效验章明,犹为失实,失实之议难以教,虽得愚民之欲,不合知者之心。丧物索用,无益于世,此盖墨术所以不传也。"《案书》篇曰:"儒家之宗孔子也,墨家之祖墨翟也,且案儒道传而墨法废者,儒之道义可为,而墨之法议难从也。(中略)废而不传,盖有以也。"秦皇虽焚书坑儒,诸子之学,未尽泯绝,考《汉书·艺文志》可以知之。则墨家之不传,岂由始皇禁抑乎?虽然,墨学秦世而后,士大夫诚有所不习,惟其重义轻生之行,兼爱尚贤之旨,汉代游侠之徒实承其风烈而播扬之,名亡实存,安可骤谓其无再兴之机会者乎?

《概说》曰:"阴阳家亦蒙儒家之影响者也。"

按《概说》所云,实不详悉,阴阳家蒙儒家之影响,非廑仁义节俭之道而已,其五行之说,盖本诸子思、孟子而阐之,《荀子·非十二子》篇之讥子思、孟子曰:"案往旧造说,谓之五行。"孟子五行之说,今不可考。至于子思固有明征者矣,表记子思之所作也,曰:"水尊而不亲,土亲而不尊,天尊而不亲,命亲而不尊,鬼尊而不亲。"章太炎先生云:"子思五行之说,殆指此。"《中庸》曰:"天命之谓性。"郑玄注:"木神则仁,金神则义,火神则礼,水神则信,土神则智。"此以五行释五常,盖本诸子思,邹衍承之而立五德之说,《概说》泛言儒家,而不指的,何哉?

　　《概说》曰:"惟欲张四维,必先足衣食,盖以经济条件为重,斯则微异于儒家者耳。"

案《论语·子路》篇曰:"子适卫,冉有仆。子曰:'庶矣哉!'冉有曰:'既庶矣,又何加焉?'曰:'富之。'曰:'既富矣,又何加焉?'曰:'教之。'"《说苑·建本》篇曰:"子贡问政,孔子曰:'富之,既富乃教之也。'"是孔子论治民,亦以富民为本也。不惟孔子如是,孟、荀二家,亦陈是义。《孟子》曰:"是故明君制民之产也,必使仰足以事父母,俯足以畜妻子,乐岁终身饱,凶年免于死亡,然后驱而之善,故民之从之也轻。"《荀子·大略》篇曰:"不富无以养民情,不教无以理民性,故家五亩宅,百亩田,务其业而勿夺其时,所以富之也。立大学,设庠序,修六礼,行十教,所以教之也。"《诗》曰:"饮之食之,教之诲之,王事具矣。"据上所陈,儒家为政,何尝不以经济条件为重哉,微异儒家,究何谓也?

　　《概说》曰:"《汉志》又录公梼生《终始》十四篇,传邹奭《终始》书。然则奭之后,尚有继承其学者也。"

案《汉志·邹子终始》五十六篇,颜师古曰:"亦邹衍所说。"故钱大昭曰:"作《终始》者邹衍,非邹奭也。"今《概说》以公梼生承奭之学,盖以作《终始》者为邹奭,何读书孟浪若是耶?

五　强不知以为知妄加皮傅也

　　去治学征验未明,宁丘盖不言,传疑传信,庶无尤过。安可妄事牵引,强加皮傅,是以理邻虚妄,语涉曼衍,斯韩非所谓愚诬之学也已。

　　杨朱之说,散见诸子书,其详不可得而闻也。《概说》引《列子·杨朱》篇以明其术,虑有未得,何则? 今存《列子》,固伪书也,其《杨朱》篇所纪者,与《淮南》所论杨子之学不相应,案《淮南·氾论训》曰:"全性保真,不以物累形,杨子之所立也,而孟子非之。"全性保真,不以物累形,则当屏绝嗜欲,以保其真。若肥肉厚酒,靡曼皓齿,郑卫之音,斯乃烂肠之食,伐性之斧也。乃《杨朱》篇载杨朱语曰:"丰屋美服,厚味姣色,有此四者,何求于外?有此而求外者,无厌之性。无厌之性,阴阳之蠹也。"且篇中引管子之言,述公孙朝及穆之行,直纵恣情欲,淫湎酒色,实乖全性保真之术,而形为物累矣。且张湛阐斯篇之旨曰:"夫生者一气之暂聚,一物之暂灵,暂聚者终散,暂灵者归虚。而好逸恶劳,物之常性,故当生之所乐者,厚味美服,好色声音而已耳。而复不能肆性情之所安,耳目之所娱,以仁义为关键,用礼教为衿带,自枯槁于当年,求余名于后世者,是不达乎生生之趣也。"持是以校杨子之学,不亦大相径庭乎,乃犹引证,岂非徒滋舛驳者哉。

《概说》曰:"邓析与子产同时作竹刑,何得与惠施同论,盖嫌不类,邓析有二,其说略近之。"

案邓析、惠施,时代诚不相及,而其学术固近也。《荀子·杨倞》《不苟》篇注引《刘向别录》曰:"邓析操两可之说,设无穷之辞。"《庄子·天下》篇论惠施曰:"南方有倚人焉,曰黄缭,问天地所以不坠不陷,风雨雷霆之故。惠施不辞而应,不虑而对,遍为万物说。说而不休,多而无已,犹以为寡,益之以怪,以反人为实,而欲以胜人为名,是以众不适也。"故《荀子·非十二子》篇曰:"不法先王,不是礼义,而好治怪说,玩琦辞,甚察而不惠,辩而无用。"是惠施、邓析也,据是二子俱辩慧之士,故《荀子》以之同论,乌见其不类者哉。且《汉志》邓、惠二子俱列名家,尤足见其学之相近也。《概说》又谓邓析有二一说无依据,若引邓析制竹刑以证之,则析固习名法之学者(见晁氏《读书志》)或以今存《邓析子》以证之,则今存之书,固有依托之嫌矣,盖不可从。

《概说》曰:"宋尹承墨家非攻而为说。"

案宋尹之非攻,似与墨家有异也。一、宋尹专以人心之不乐战斗为主,不似墨之归本于天志也(说详柳翼谋先生《中国文化史》第二十八章)。二、宋尹非攻,以利为言。《孟子·告子》章曰:"宋牼将之楚,孟子遇于石丘,曰先生将何之?曰:'吾闻秦楚构兵,我将见楚王说而罢之。楚王不悦,我将见秦王说而罢之。二王我将有所遇焉。'曰:'轲也请无问其详,愿闻其指。说之将何如?'曰:'我将言其不利也。'"《墨子·非攻》虽亦以利为言,犹有义意存焉,《墨子·非攻》上曰:"今至大为不义,攻国则弗知非,从而誉之,谓之义。此可谓知义与不义之别乎?"是故《墨子》之非攻,与宋尹所持者,微有异也。

《概说》曰:"关尹之贵静,即谓之为去欲,亦无不可也。"

按《庄子·达生》篇:"子列子问关尹曰:'至人潜行不窒,蹈火不热,行乎万物之上而不栗,请问何以至于此?'关尹曰:'是纯气之守也,非知巧果敢之列。居,予语女。凡有貌象声色者,皆物也。物与物何以相远?夫奚足以至乎先?是色而已。则物之造乎不形,而止乎无所化,夫得是而穷之者,物焉得而止焉。彼将处乎不淫之度,而藏乎无端之纪,游乎万物之所终始,壹其性,养其气,合其德,以通乎物之所造。夫若是者,其天守全,其神无郤,物奚自入焉。夫醉者之坠车,虽疾不死。骨节与人同,而犯害与人异,其神全也。乘亦不知也,坠亦不知也,死生惊惧,不入乎其胸中,是故遻物而不慑。彼得全于酒而犹若是,而况得全于天乎?圣人藏于天,故莫之能伤也。'"则关尹之贵清(静),非专谓去欲也,盖泯喜怒之情,守自然之分,保纯和之气,达至道之源,则物莫能害,而得全于天。《概说》辄以去欲释之,是犹浅言之也。

戴君有言,由声音以求训故,由训故以寻义理,则声音训故之学,若涉大江之有舟楫也,舍是以求,惧有空泛之失矣。今读《概说》,其于释义也,曰同音通用,曰阴阳对转,一若通清儒治学条例者,偶加寻绎,靡不差谬。则武内氏之于治学也,诚未得其途径者矣,驳诘数条,用明其诬。

《概说》曰:"'易'与'夷'同音通用,《列子》之太易,特标举《老子》之夷以为道之代名耳。"

按"夷"在脂韵为舒舌,"易"读去声在真韵,入声昔在韵,俱翘舌,非同音。《尔雅·释诂》:"夷,易也。"双声相通耳。张湛《天瑞》篇注曰:"《老子》曰:'视之不见名曰希。'而此曰易,易亦希简之别称也。太易之义如此而已。"则《列子》之太易,如张说,乃希简之别称,非以夷代之耳。

《概说》曰:"身与真同音通用。"

按身在审纽,真在照纽,非同音,身、真不见通用之证。

《概说》曰:"神与治阴阳对转,神农氏即治农氏。"

按神床纽真韵,治澄纽之韵,之之对转为蒸,真之对转为脂,脂真是舒舌,之蒸是翘舌,脂之真蒸,无相通之证,则神农氏安可云为治农氏乎?

老氏曰:"大道甚夷,而民好径。"故妄庸则曲学以徇人,高才或鸣异以求宠,趋侧诡之途,扇虚骄之风,遂有怪旧蓺而善野言,是末师而非往古者矣。欲求尊信旧闻而不穿凿,阐明道术能违诬妄者,譬诸晓星之于太空也。自我一二旧刊,逸在东倭,倭人之笃实者,略明吾土校雠条例,利赖众本,亦能谊正文字。我硕儒老师,嘉其墨守朴学,无吊诡之言,偶录其说,以资参证,非谓其学之尽得也。比及近世,倭之学者,喜为皮傅,矜奇嗜异,莫究根柢,凿空杜撰,充牣篇章,昧于学术之全,古人之大体,斯王充所谓蕞残者矣,乃耳食之徒,无胸中之造,利不根之说,反庋阁经史,图象鬼,魅以猎取声闻而弋世资。今欲期之平章真伪,宏宣微言,是何异断港积潦而蕲至江海也,不宜诬乎?夫唯救其失,拯其弊,必持之以精勤,守之以专一,不祈于速成,无诱于势利,展卷览诵,深造自得,何必利人残膏剩馥以自润泽哉?抑又闻之,治学犹树蓺也,我有田畴,不自耕耨,而以畀他人,终乃乞丐其余粒,用瘳饥馁,宁非辱耶?甚者不察当否,又从而赞誉之,惊嗟精审,以教后昆,窃恐倭人嗤笑于侧,而讥我国学人之寡识也。且倭人曾云:二十载后,世之欲究经史者,必将从之问学矣。浅陋如彼,而扬诩若此,是非国人蔑视尊闻致之乎?抑可唏矣!今江海沦失,典籍被掠,佚毁之巨,不啻焚书。则匡拾坠绪,校理旧文,虽戎事纷拏,丧乱未靖,岂容自逸。若仍因循是务,苟且为心,不能留精用心,滑习诬妄,虚说传而不绝,大道隐而不彰,坐令他族淆乱道术,是诚国家之深耻,岂于国下土分崩之患乎?

(《文学集刊》1943年第1期)

评《先秦经籍考》

张季同

《先秦经籍考》，江侠庵编译，商务印书馆刊行，民国二十年二月初版，三厚册，定价三元。

此书系江侠庵君就近年日人关于先秦旧籍之考证文字选译纂集而成，共选三十八篇，又附载关于汉人著作之考证三篇，总合四十一篇。大部系选自《支那学》、《艺文》、《支那学文薮》等杂志，而如《老子原始》、《穆天子传考》等，则系从单行本译出收入者。大部属内藤虎次郎、狩野直喜、武内义雄、本田成之、小川琢治、小岛祐马等之作，而选武内义雄之作品尤多，达十八篇，几占全书之二分一矣。各篇大体皆颇精粹，而尤以《作易年代考》、《尚书编次考》、《禹贡制作年代考》、《两戴记考》、《礼运考》、《左传引经考证》、《大学制成年代考》、《中庸考》、《尔雅之新研究》、《老子原始》、《庄子考》、《穆天子传考》等篇，最为佳构。其怀疑之精神，客观之态度，精严之方法，锐敏之眼光，令人读之不得不敬佩；而其搜讨之勤，征引之博，举证坚实，下断审慎，尤为不可及，确属曾下真实工夫之作。

但其中亦有不甚佳者，如《曾子考》、《列子冤词》、《墨子笺注考》等篇，文字既短内容复弱。而如《唐钞古本尚书释文考》、《旧钞本老子河上注跋》、《校论语义疏杂识》，皆非直接考证先秦古籍者，同纳之先秦经籍考一名之下，似属不伦。又书末载《四部丛刊述》一篇，更为怪特，系述新刊丛书之文，缘何亦入于先秦书考中，且置之于附录前邪？故此书所选文字虽多精粹，而选择纳取上，究未完全妥当。

目次上分《总论》类、《周易》类、《尚书》类、《毛诗》类，两《戴记》类、《春秋》三传类、《四书》类、《孝经》、《尔雅》类，诸子类，地理及传记类，杂考类。亦多未当。如《诗》类而必曰《毛诗》，既排三家《诗》于不论，亦违先秦旧典之本名；有两《戴记》类而无《周官》及《士礼》，尤为大失公允。《春秋》三传中不纳关于《春秋》经之考论。四书类一名，更不宜复用于今，致将《大学》、《中庸》与《戴记》隔判，失之殊深。

而关于《墨子》，但选一不重要之短篇，关于荀子、公孙龙及管商申韩之书，都无所论，或曰人未有此项文字邪？

吾人读近年来国人所作考证文字，每每未读竟而已发见错误累累，驳之良易；证据之无力，推断之急躁，误解之屡见，是其通病。而读此书中所录日人之文，则读后每不觉为所折服，虽本存反对之见，有时竟不能不放弃，而首肯彼说。盖确系潜精积虑之作，内容坚实丰允，非浅薄之人率尔操觚者比也。

所选各篇中，其论八卦非文字之祖，《易传》成于孟子以后；《尚书》编次，在伏生前已经多次变化；《礼运》、《大学》皆为汉人之作；公羊家之学说乃董仲舒之思想，非公羊传之本旨；《庄子》篇章文句皆有分合省增，具见不肯轻信实地审考之精神。而论定《诗经·文王之什》、《穆天子传》为西周最确实之史料，又见不肯乱疑之态度。

至于方法之精审细密，在在可见。试举一例，如《庄子考》中，从陆氏《音义》中引崔向本否以考郭象本与古本之异同，证明今本各篇有分合处，《天下》篇末"惠施多方"一章，实为《惠施》篇文，着眼处可谓极细微，而所断则甚切允。又从《淮南子》与《庄子》同文及高诱注所引，证明今本内篇中杂有淮南解说之文。皆精细之极。

其论《中庸》时代，定今《中庸》前半为子思旧作，而其首章及后半则成于秦代，分一篇而二之，不以偏断全，以确实证据分别断论部分，尤见科学分析客观之态度。

然其方法有一部系得自清代先儒者，如《子思子考》中，说实衍自黄以周；《庄子考》，论郭注、向注之关系，法系得自《四库提要》而扩充精讨之。吾国学者不知用古人此等方法，而日人反知用之，亦足怪已。

各篇中亦有不能满意之处，如论《曾子》十篇为乐正氏派所作，未见允确，认今本《老子》五千言中数段为纵横家、兵家之言，实由误解，论《列子》为西汉旧本，尤未为之当，认《山海经》之价值在《禹贡》上（古则较古,价值高下颇难言),似存偏见,如此者亦颇多。又所选诸篇中,似未有对孔子与《春秋》之关系加以怀疑加以确实研讨者,亦不足之点。

前年师范大学毕业生渡日参观,日某教授语一行云:再俟十年。贵国人研究古籍,亦必须来此留学矣。其对于吾国国学界可谓尽蔑视取笑之极致,但实际情形多足以证明此言,亦复奈何?综观二十年来,足以抗衡日本学者,或且驾而上之者,惟有王国维及郭沫若之于甲骨(郭于质实方面稍不及王,于创见方面过之),陈寅恪、陈垣之于中亚语言历史,胡适、冯友兰之于哲学史(冯著尤为精湛,允称宏构)。傅增湘之于目录,杨树达、奚侗之于释注(奚之《庄子补注》、《老子集解》,卷帙不多而内容之佳,罕其俦匹),数人而已。此外则顾颉刚之疑古精神,唐钺之谨严方法,亦皆足称,而顾先生每太信任自己,对于客观证据之尊重不足,故所撰著或欠固实;唐氏则心理学者本非国学者,故于材料丰富方面稍不足也(冯芝生氏亦非国学者,但著作则出国学者之上。——又章太炎、柯凤荪之书夙为日人敬佩,此但论近年之书,故不及之)。

而如《读子卮言》之书,竟有人称之为瑰宝,又有人采之于国学必读中。顾惕生所著,亦能风行一时(顾著《汉志讲疏》颇佳,其余如《文学史》、《老子解诂》、《杨朱哲学》、《文字学》、《天下篇讲疏》等,颇不足观,而竟连售三四版)。或又唱墨子印人之说,或述《左传》子夏作之论,近今所谓国学界之盲目与杂乱,妄人之多,真令人兴慨而莫可如何也!

有清一代,学者便分两派,一派能疑古而欠坚实,如崔述、姚际恒,一派极其坚实精密而乏怀疑精神,如惠、王、俞、孙,时至现在,所谓国学界仍分两派而罕有兼备二者之长者。但日人不特兼备二者之长,且更进一步,其所撰著真有一部可称以"科学的"。吾人宁得不愧?

且今之所谓国学家,又每有一奇癖,即不肯撰著。如钱玄同先生,大名震天下,而除七八年前一本旧讲义外,直无所述。钱先生讲学诸大学,妙辞滔滔如瀑布,而竟不稍以笔代口,钱氏又名疑古,今则令人不得不"疑疑古"矣。又如徐鸿宝先生,博闻强识,冠绝一时,而亦无著述,直所谓怀其宝而迷其邦矣。

所谓国学家之中,又有一派,更有一特癖,其癖过甚,与其谓之癖,不如谓之沉疾。非清代以前之书不读,非冷典古字不用,对于《古史辨》

等书,不一阅而迳訾骂之,或更谓天下之文除彼一二人外无一通者,诚皆已进爵夜郎国王矣。彼等固不恤国人之讥评,独亦不顾日人之哂笑耶?

近数年来,后出之秀颇不乏,若能效清代朴学之谨严方法,而益之以怀疑精神,于西洋之科学方法与辩证法所有素养,不矜奇务怪,不求速得结论,只认证据不认人,毫钱之差不放松,肯切实下工夫,强记博览,不以临时翻帑了事,则或能雪此最小之国耻亦最甚之国耻乎?

日本为中国国故之整理立一专名曰支那学,使与西洋所谓埃及学巴比仑学等并立,亦藐视吾国之表现也。

江氏所选概皆三四年前之文,近一二年,日人当又有若干新成就应介绍者,深望江先生继续此种工作,实为对于吾国国学界之有大益之刺激与滋养料也。

至于译笔方面,大体极忠实通顺可诵,但亦屡见不能通之处,谬于中文文法之处亦颇伙。错误之处亦间见,如《老子原始》篇中引老子圣人如何句,皆作吾人如何。但自大体言之,实属不常见之佳译也。

七月三十一日

(《大公报·文学副刊》1931年8月17日)

江侠庵编译《先秦经籍考》底胡译

慧　先

《先秦经籍考》，江侠庵编译，商务印书馆发行，
民国二十年二月初版，上、中、下三册，定价三元。

当这书出版的时候，在杭州与友人钟敬文兄闲谈神话底研究，讲到日本小川琢治底《穆天子传考》，因而讲到江侠庵先生编译《先秦经籍考》(《穆天子传考》一文，也收入此书中)。敬文兄说江先生译文错误甚多。后在复旦大学与友人叶德均兄等闲谈，谈到了《先秦经籍考》，德均兄说，听人说译者江先生是不懂日文的。

读黄眉云先生辑著《古今伪书考补证》，《序》中有"属稿甫竣，吾友陈伯瀛先生以江侠庵君所编译之日人《先秦经籍考》示余，受而读之，其中如本田成论之《作易年代考》等，与本书持论颇有不同。然以专家成专著，甚有讨之价值。本书不暇采择，姑附其篇目于此，以志景仰"的话(页五)，对此书推崇备至。

因此，我感到有检阅此书底译文的必要。

这书底原文，如江先生所说，"他日于整理国故前途，或有多少影响"(《序》页三)——但是，不幸得很，我检阅的结果，这部"介绍此四十一篇，提供于海内同志，俾作他山，又幸蒙商务印书馆王云五所长，赞助印行"(同上)的编译本底译文，竟是"胡译"！

此书共收四十一篇，一半以上译自《支那学》杂志，其余译自《艺文》杂志、《支那学文薮》、《研几小录》等。

其中第三十八篇武内义雄著《四部丛刊述》，当然是带了学术的面具，为那"蒙""赞助印行"的商务印书馆，作报纸上的评前广告的。为什么"当然"呢？因为武内义雄底《四部丛刊述》，登在《支那学》第一卷第

四号——而便在这篇文章底下面的神田喜一郎底《关于四部丛刊底本之选择》，我们江先生忘却"编译"了。

以下，随手找几篇，摘述其"胡译"。

（一）内藤虎次郎著《尔雅新研究》（编译本中册页一六二起），第一段译文。

> 关于《尔雅》之研究。余尝从两方面讨论之。其一。从新的言语学。以为研究方法。即《尔雅》是如何成立之书。又含于其中之言语。是如何时代者。及某地方者。搜集中国古之言语。比较之于其近傍种族之国语。考究其有无共通之语根。而明其关系。但此方法。尚必要有东亚诸国言语之智识。方能从事。余尝主张。从东北塞外种族之言语。即大体举乌拉阿尔泰尔之言语。在《尔雅》中。检查其两者间。是否为一致之言语。关于此事。曾在京都大学言语学会。发表一回。当时余未留稿本。以留代他日研究之机会。并请学界之批判焉。其二。研究方法。以《尔雅》为普通相传的诸经之辞书。今须考《尔雅》之成立，同时考其与诸经发展之互相关系。其中言语。属于如何时代。及属于如何地方。其间可考得者。至于如何程度。从编纂之次序及意义等而推之。则含有某时某地方之言语。以及至某时代。在某地方而被窜改。可以判断焉。就于后一方法。余以为比前一方法。较有兴味。故近日依此方法。而稍有研究。虽未完全。兹先发表其所得。以请吾党诸君之批判。

这一段译文，除了错误之外，这种"中国文"也很难了解。试翻译于后：

> 关于《尔雅》底研究，我曾经从两方面来考察。一，是依据新的语言学来研究的方法。不论《尔雅》是如何地成立的书籍，又不论其中所包含的语言是如何的时代或地方的东西，一定要对于这些事情毫不穿凿，单纯地把它当作搜集中国古代语言的书籍，与其邻近的种族底国语相比较，推究有无共同的语根，以阐明其关系。这个方法，关于东亚各国底语言的智识，是必要的。我曾经以东北

塞外种族底语言(即大体上属于乌拉阿尔泰语系的语言)为主来推究,检阅《尔雅》中有与这些语言相一致的语言否,曾经将其一端,在京都大学底言语学会中发表一次过。当时我并不另留底稿;关于这一点,将来会有作为一种的研究,请学界批判的机会的吧。还有一个研究方法,是把《尔雅》,如普通所传述,作为对于群经的辞书,研究《尔雅》本身底成立,同时,与群经底发展连系着来考查;其中的语言是如何的时代或地方的东西,到某程度为止,是可以考察的;所以,从其编纂的次序及意义等来推察。可以作为断定那包含某时代某地方的语言的经籍,在某时代的某地方被窜改了资料。关于这个方法,我很久以前便有兴趣了;近来,依据这个方法,稍作研究,虽则不完全,试发表其所得,请诸位批判了!

(二) 本田成之著《作易年代考》(编译本上册页三十九起)。第一句便"胡译"。

　　五经之传统系谱。莫不以为由于孔子。此因汉立五经博士。故一般人莫不信之。此为不可争之事实。(江译,页三十九)

　　五经都传述孔子以来的传统系谱,是因为就汉时博士所传以博信的,这是无可争论的事实。(慧先译)

　　大抵经书由子夏所传。以及荀卿。至《易》则云由商瞿子木。而其传于弟子。则有一奇事。由鲁人商瞿。而传于楚。楚传于江东。江东传于燕。此一派皆边鄙人物。最后则于齐尤为盛行。此极当注意之点也。殊作《史记》司马迁之父谈。受《易》于杨何之事实。尤不可轻易放过。(江译,页四十一)

　　大多的经书,由子夏传承,及于荀卿。至于《易》,由叫商瞿子木这么一位不大听到的弟子传承的,这是一件奇事;其所传的,是或楚或江东或燕的边鄙的人物,最后,似最盛行于齐,这是可注意的一点。尤其是,《史记》底作者司马迁底父亲谈,受《易》于杨何这件事,是不可忽略的。(慧先译)

　　"以为《易》是早已有了的",译成"从《易》之最古一部考之"。(江译,页四十二)"这些,并不成为很有力的证据,这已成了学界底定论。"译成"前人以为极有力之证据。学界中似以为定论矣。"(江

译,页四十二)

以下再随手指摘一段,以结束本文。
如内藤虎次郎《尚书编次考》(江先生编译本上册页七十九起)。

> 然则对于古书观察之方法。其不误者几希。从来之考证家。多根据含于古书中之史实。虽然。史实皆从频频变化中而流传者也。即如《左传》、《国语》,为多含古代史实之书。若以其史实。与其他先秦古书所载之事实相比较。则或觉为详密。或觉为简略。或有全然相反之意味。实际因其时之思想。在根本上。有急激之发展。由是渐次发生事实之变化。所以批评先秦古书之方法。须从探索古书中之事实始。欲采索其事实。尤须探索其事实之变化之由来。而欲探索其事之变化所由来。须从探索其思想之根本上变化始。否则徒劳而无功焉。(江译,页八十三—八十四)

> 所以,对于古书,不使观察的方法错误,这是很重要的事情。历来的考证家,大多以包含在古书中的史实为根据。但是,史实却是常常在变化着的,所以不适合的。以《左传》、《国语》为始,其中包含着许多史实,其史实,如其与别的先秦古书中所见的事实相比较,或者详密,或者简略,有时其意义全然不同。这是因为以当时的思想为根本,随着其思想底发展,事实便歪曲了,这其间,事实便渐次变化了。因此,在实际上,批评先秦古书的方法,与其探索古书中的事实,不如探索那使事实发生变化的根本的思想之变化,此外便别无方法了。(慧先译)

我在这里敬告商务印书馆——敬告"王云五先生",这种"胡译"的东西,不要再"印行"了——不要再"赞助印行"了,免得播毒社会!

(《现代》1935年第6卷第2期)

本田成之君《作易年代考》辨正及作易年代重考

靳德峻

本田成之先生之《作易年代考》，已为古经学上之一大发现，而国立女师学院教授靳德峻先生《本田成之君〈作易年代考〉辨正及作易年代重考》一文，复多窥见，拆穿古经之神密锁钥，与专信古注，浮光掠影，迥乎不同。《易经》为东方民族共有之瑰宝，今得中日两大学者共研求之，是分担发扬东方文化责任之先声也。

——编辑部

《易经》是什么时候产生的？

关于这个问题，在十几年前的我们中国，是不大成为问题的，因为谁都可以回答着说：伏羲画卦，神农重卦，文王作《卦辞》和《爻辞》，孔子作《彖》、《象》、《文言》、《说卦》、《序卦》、《杂卦》、《系辞》、《十翼》。虽然前人不无异辞（比如马叙伦说八卦是用土作的，不是画的。这是对于八卦作法上的异议。王弼说卦是伏羲自己画的，孙盛说卦是夏禹画的，司马迁说卦是文王画的，这是对于画卦者的异议。马融说《卦辞》文王作，《爻辞》周公作，这是对于《卦辞》和《爻辞》作者的异议）。然而《易》与伏羲、文王、孔子有关系，是毫无异议的，《易》产生于伏羲，增丽于文王，完成于孔子，是毫无异议的。所以《汉书·艺文志》要说它"人更三圣"了。至于要问他们的根据，他们又可很确凿的说，《系辞传》曰：

古者包犧氏之王天下也，仰则观象于天，俯则观法于地，观鸟兽之文，与地之宜，近取诸身，远取诸物，于是始作八卦……

这就是伏羲画卦的根据。《系辞传》又说：

《易》之兴也，其当殷之末世，周之盛德邪？当文王与纣之事邪？是故其辞危。

这就是文王作《卦辞》和《爻辞》的证据。至于《易》与孔子的关系，他们认为证据更多了，比如《文言》中凡有六"子曰"，如：

子曰：龙德而隐者也，不易乎世……

子曰：龙德而正中者也……

子曰：君子进德修业……

《系辞》中凡有二十三"子曰"，如：

子曰：《易》其至矣乎！

子曰：君子居其室，出其言，善则千里之外应之……

子曰：君子之道，或出或处，或默或语，二人同心，其利断金……

子曰：苟错诸地而可矣……

《论语》称孔子之言为"子曰"，则此"子曰"当亦必指孔子。这是孔子作《文言》《系辞》的证据。《彖》、《象》、《说卦》、《序卦》、《杂卦》虽然全没有"子曰"，可是这几个是与《文言》、《系辞》合称《十翼》的，《文言》、《系辞》既有"子曰"，可断为孔子作，那么这几个当然也不会成问题。这就是孔子作《十翼》的证据。

至于怀疑这种说法的人，也不是没有，比如宋欧阳修的《易童子问》，赵汝谈《辩孔子作十翼》，清姚际恒作《易传通论》等俱是。赵、姚之书俱亡，欧阳修则仅局部的怀疑，谓"《系辞》而下，非圣人作"，"《说卦》、《杂卦》者，筮人之占书也"。至于《易经》的成于伏羲、文王、孔子，也未持异议。所以《周易》的产生，大体说来，是不大成为问题的。

也许是旁观者清的原故吧，《周易》的产生年代，在日本竟有人怀疑它了，其移译为中文者有内藤虎次郎君的《易疑》，及本田成之君的《作易年代考》。因为这两篇文章的发表，于是我们中国也开始有人注意它了。顾颉刚的《古史辨》第三册，冯友兰的《中国哲学史》第十五章等是。

这真不能不让我们对此二君加以万分的崇敬和感谢,同时自己觉得愧怍异常。我记得前几年有一位赴日参观的国文系的学生,回来向我说:"我们参观帝大图书馆时,极惊异其中国古书收藏之富。一日人笑向我等曰:贵国现在研究理科,须要到我们日本来留学,恐怕将来就是研究贵国的文学,也许还得到我们日本来留学呢!我们听了非常难受。"这些话到现在我执笔时一想起来,脸上还觉得热辣辣的呢,同胞们警醒吧!我们早已需要如此作了!

幸而他们因为语言文字隔阂的原故,只能打开研究的路子,告给我们研究的方法,而却不能给我们完全满意的结论。现在我就要先收起崇敬和愧怍的心理,对本田君《作易年代考》一文,进一步的加以讨论了(本田之作,较后内藤,所以内藤《易疑》中之所论,《作易年代考》中,类能包括之)。

本田君是篇有二译本,一为商务印书馆江侠庵君所编译的《先秦经籍考》,一为中华书局孙俍工君所译的《中国经学史》。本篇即依据是二译本而作。然所引文则江君之译本,是篇文极长,概一万余言,其中大胆论断处极多,其有关于《易经》产生年代者,可列为下几项:

一、"八卦"之产生,附会于古帝王,不啻自白其新。

二、"八卦"绝不是古已有者,实比"易"之名为尤后。换言之,则先有"易"名,而后有"八卦"。今试举《周礼》、《易传》谶纬之书除外,在汉以前之经,只有"易"之名,而所谓"八卦"之名,实未之见。

三、《易》是在与荆楚以南,交通已开之后始出来者。

四、《易》与儒家思想,根本不合。

五、《易》之思想,多取之《老子》,其产生当在《老子》后。

六、《左传》与《周易》关系密切,有二书为一人作之假设。

第一、二两项,不但说"八卦"不是起始于伏羲,并且说其名还后于"易"名,且竟怀疑其名产生于汉代。这种勇于疑古的勇气,真不能不让我们惊异和钦佩,不过可惜的很,这两项全错了。

一、附会"八卦"于伏羲者。不是"八卦"本身,也不是与"八卦"相比附之《卦辞》和《爻辞》,而是另为一部分的《系辞传》,如此,谓《系辞传》"自白其新"则可,谓"八卦"《卦辞》、《爻辞》"自白其新"则不可,谓

《易经》部分的"自白其新"则可,谓《易经》全部"自白其新"则不可。如某甲谓一美人为英人,吾人谓某甲错误则可,因而兼疑及于某美人的国籍,则绝对不可也。

二、六十四卦的名字在《左传》、《国语》中凡二十八见。那么本田君说"在汉以前之经只有《易》之名,而所谓'八卦'"之名实未之见,这种话当然不能成立了。

以后四项牵涉较多,就是前所论第一项,也有同样的复杂牵涉,所以在此要先总论一下所牵涉的诸问题。原来本田君这篇文章,有一个根本的错误,就是没有注意到《易经》之成为今本,有许多变迁在,又今本《易经》中实包有不同时代、不同人物、不同派别的作品在,若据一端以论全部,执一证以证全书,实必抵触横生,而不能产生良确的结论。因为《周易》这部书,最低限度,该分为两部分,一是经,一是传。经部包括《卦》,及《卦辞》和《爻辞》,传部包括《彖》、《象》、《文言》、《说卦》、《序卦》、《杂卦》、《系辞》等《十翼》。《易经》古本,就是这样经传分开的。所以《汉书·艺文志》载:"《易经》十二篇施、孟、梁丘三家。"师古注曰:"上下经及《十翼》故十二篇。"足知经传分篇,而经分上下二篇,传分十篇,(《汲冢易经》仅两篇,即今《周易》的上下经,没有《十翼》)。原来经与传,完全是两种不同性质的书,不能互相比附的一同研究。而且经产生的极早,传产生的极晚,该分开来考订,不能混而一之。兹分论之:

一、经与传是两种不同的书。

甲、经 《卦辞》和《爻辞》,完全是筮问吉凶的书。

1. 证之以古书 《易经》到底是一部讲什么的书,有的以它求圣道,有的以它言灾异,有时参之以老、庄,有时混之以神化,有的以演天图,有的以究义理……所以人们要说它包万象,所以人们要奉它为万宝全书。然而这全是汉后人对《易经》的看法,先秦则不然,先秦则仅仅拿它作筮问吉凶之书。所以《左传》说"以《周易》筮之"。(按《左传》记筮处凡十数见,明谓以《周易》筮之者凡三见,(一) 庄公二十三年:"周史有以《周易》见陈侯者,陈侯使筮之。"(二) 昭公五年:"庄叔以《周易》筮之。"(三) 哀公九年:"阳虎以《周易》筮之。")《左传》中一提《周易》,只有"筮之",除筮以外,概未见以《周易》作任何方面用,则《周易》在先秦之仅为筮问书,可断言。《国语》中二引之,《吕氏春秋》一引之,也全是"以《周易》筮之"。

2. 证之以《卦辞》本身 《卦辞》应当作如何解释,这也是时异其说,人异其辞,然而汉后解释之无一合于先秦,则可断言。盖《易经》既为筮问之书,那么《卦辞》为说明吉凶之辞,当为断然之事。这种断论,《卦辞》本身,就可为铁证。总计六十四卦《卦辞》之所示于人者,不外下列数项:

(1) 利——《卦辞》中的"利"可分三种:

利——《卦辞》中言利者,计有《乾》、《坤》、《屯》、《随》、《临》、《革》、《蒙》、《需》、《讼》、《同人》、《豫》、《噬嗑》、《复》、《大畜》、《大过》、《离》、《咸》、《恒》、《大壮》、《明夷》、《家人》、《蹇》、《解》、《损》、《益》、《夬》、《萃》、《巽》、《兑》、《涣》、《中孚》、《小过》,凡三十二见。

不利——《卦辞》中言不利者,计有《讼》、《否》、《剥》、《无妄》、《夬》,凡五见。

小利——《卦辞》中言"小利"者,计有《贲》、《遁》、《既济》三处。

(2) 亨——《卦辞》中的"亨"可分三种:

亨——《卦辞》中言"亨"者,计有《蒙》、《需》、《小畜》、《履》、《泰》、《同人》、《谦》、《噬嗑》、《贲》、《复》、《坎》、《离》、《咸》、《恒》、《遁》、《萃》、《困》、《鼎》、《震》、《丰》、《兑》、《涣》、《节》、《小过》、《既济》、《未济》,凡二十六见。

元亨——《卦辞》中言"元亨"者,计有《乾》、《坤》、《屯》、《随》、《临》、《革》、《大有》、《蛊》、《无妄》、《升》,凡十见。

小亨——《卦辞》中言"小亨"者,计有《旅》、《巽》二处。

(3) 吉——《卦辞》中的"吉"可分二类:

吉——《卦辞》中言"吉"者,计有《坤》、《需》、《讼》、《师》、《比》、《泰》、《大畜》、《颐》、《离》、《咸》、《睽》、《蹇》、《解》、《萃》、《升》、《困》、《中孚》、《既济》,凡十八见。

元吉——《卦辞》中言"元吉"者,计有《损》、《鼎》二处。

(4) 无咎、无疾、无丧、无得、不丧:

无咎——凡见于《师》、《比》、《随》、《复》、《恒》、《损》、《困》、《艮》

八处。

无疾——见于《复》卦。

无得无丧——见于《井》卦。

不丧——见于《震》卦。

（5）宜：

宜——见于《丰》、《小过》二处。

不宜——见于《小过》。

（6）……

由上面的统计，我们很清楚的可以知道《卦辞》的内容，不外乎告人以亨、利、吉、宜、无咎……那么《卦辞》本身是筮问吉凶之书，当可断言。

3. 证之以《爻辞》本身　《爻辞》同《卦辞》一样，被后人解释得一塌糊涂，可是我们看看三百八十四爻的内容呢，我们就不能不肯定的说，《爻辞》同《卦辞》一样，是筮问吉凶的书了。原来三百八十四爻的内容，不外下列数十项：

勿用、利见大人、无咎、有悔、吉、克、无不利、无成有终、无咎无誉、元吉、利永贞、利居贞、利建侯、无虞、吝、利用刑人、有言、无眚、无成、有孚、富、厉、亨、否、喜、害、有得、不死、有功、失、获、勿药有喜、小得、损、益、勿恤、小吝、大吉、不快、灾、丧、有赏……吉、元吉、大吉三项，凡一百零三见，无咎凡七十一见。如此，《爻辞》也是筮问吉凶之书，当可断言。

且尤有进者，我们要去问《卦辞》和《爻辞》的所谓利与不利、吉和凶的理论何在，那我们就简直找不到解答，所以《周易》的《卦辞》和《爻辞》，仅仅是示人以某也吉，某也凶，某也利，某也不利，而不是讲道理的书籍，而不是讲如何才吉，如何才利的学理的书籍，是筮问的书籍，而不是哲学或伦理学的书籍。反之，我们再看看《传》呢，可就大大的不然了。

乙、传　《十翼》虽然被称为《易传》，虽然被称为是解《易》之作，可是骨子里与经却大大的不同。因为经的本质就是筮，就是卦，经的目的就是示人以吉凶悔吝。可是传的解释就不然了，它完全脱离了兆数的卦筮，完全摒弃了吉凶悔吝，它所说的是人事，是修身立德，是育民治国，所取的是仁义，是道德，所以完全是两种不同性质的书籍。就看：

《文言》：君子进德修业，忠信所以进德也，修词立其诚，所以修业也。……是故居上位而不骄，在下位而不忧……君子以成德为行……君子学以聚之，问以辨之，宽以居之，仁以行之……夫大人者，与天地合其德，与日月合其明，与四时合其序，与鬼神合其吉凶，先天而天弗违，后天而奉天时……知进而不知退，知存而不知亡，知得而不知丧，其唯圣人乎？知进退存亡，而不失其正者，其唯圣人乎？

我们再看《大象》：

天行健，君子以自强不息——《乾》

地势坤，君子以厚德载物——《坤》

云雷屯，君子以经纶——《屯》

地上有水比，先王以建万国亲诸侯——比天地交泰，后以财成天地之道，辅相天地之宜，以左右民——《泰》

风行地上观，先王以省方观民设教——《观》

……

够了，不必多举了。就看这儿哪里有筮卦，哪里有吉凶，岂不满是人事么？岂不满是伦理哲学么？所称的是先王，是圣人，是君子，所重视的是立德，是修业，是教民，是治国，完全与经的主旨不同。这完全是儒家思想的修身齐家治国平天下。其中牵强附会，无所不用其极，很清楚的可以看出来，是主观的以儒家思想为根据，而解释《卦辞》和《爻辞》的作品。经和传是两类不同人的著作；经和传是两类不同性质的书籍。不是无据之言吧！

因此段的证实，本田君"《易》与儒家思想根本不合"条，根本不能成立了。原来是如此：《卦辞》和《爻辞》，根本是示人吉凶的卦的解说辞，其性质与伦理的儒家根本不同，当然彼此不相合，其不合是当然的。但《文言》和《大象》却是以儒家思想为依据的，对《易》的解释，全部为儒家思想。至于本田君所指的那《系辞传》，则又为道家、儒家、阴阳家的混合作品，且多部分属之于道家思想，其不合于《卦辞》和《爻辞》，与《文言》、《大象》不合于《卦辞》和《爻辞》，为同一理由，其不合于《文言》和

《大象》，不合于儒家思想，亦为当然之事实，与《文言》、《大象》不合于《卦辞》、《爻辞》，亦为同一理由（本文主要目的，在考《易经》之产生年代，关于《系辞传》思想之研究当另文论之）。

二、经产生极早，传产生极晚——这部书，不是一人作的，不是一时作的，因为前儒之通言，可早把它分为两部分来讨论，还是近几年的事。兹先论经的产生年代。

在考订经的产生年代以先，我们有一首先当注意者，就是卦、《卦辞》、《爻辞》这三种东西必同时产生。因为卦是筮吉凶之物，要是仅仅八个，必不能周于用，要仅仅六十四个，也不足应于变，所以八卦、六十四卦、三百八十四爻，必同时为人所用，必同时完成。不过三百八十四爻可归纳为六十四卦，六十四卦可归纳为八卦，所以用八卦一名总之。又《卦辞》和《爻辞》也必同时产生（其词当然不能与今尽同），不然，所筮得的卦，将何以为断呢？吾国先儒谓八卦，为一人所作，六十四卦又为另一人所重，其辞又为另一所撰，真不知在运用上，要作如何解释？此为研究《易经》者所最当注意，更为考究《易》之产生年代者所必先知。现在让我们考订它的产生吧！

古代各民族，全各有其卜问吉凶的方法。这种方法，彼此不同，名称亦异，并且彼此之间，绝不必有因仍抄袭的关系。因为他们全是彼此独立，老死不相往来的呀，证之以卜法与筮法，此说更为可信，原来据我考证的结果，我断定甲骨原来是殷民族的占卜法，八卦是周民族的占卜法。殷民族代夏有中国，领中土，于是他们这种甲骨卜法，也随之而至中国，而通行于中土（殷前中土的占卜法是什么，已不可知，《连山》、《归藏》等俱附会之言，不足信）。以后周民族又代殷有中国，领中土，于是周民族的八卦筮法，也随其势力而俱来，通行于中土。至于这两种方法的产生孰先孰后，则实无可考，然其传至中国通行中土，则八卦后于甲骨可断言。证据：

（一）甲骨中没有八卦的痕迹　甲骨是殷人的卜法，这是没问题的。可是据人们考究的结果，其中一点也没有八卦的痕迹，没有筮、蓍、卦等文字，因此可知：

（1）殷时在中土没有八卦。

(2)殷前中土没有八卦。——据此伏羲等画卦重卦之说,当然不攻自破。八卦为原始文字等说,当亦绝对不能成立。

(二)甲骨、八卦二者毫无相似处　甲骨卜法就是以龟甲兽骨卜问吉凶的方法。甲骨这种东西,绝不是任何时地全容易得到的东西,并且消耗很大,手续也很繁杂。八卦筮法则与此不同,它用的是蓍草,其物易得,其用至便,且消耗极少,手续也很简易,所以二者相较,八卦实远优于甲骨。殷商以后,甲骨卜法亡,八卦筮法兴,也正是它们优胜劣败,自然淘汰的结果。因此很足以证明,殷前殷时中土绝对没有八卦这东西,不然,已经有了便利简易的八卦筮法,殷人又何必创制远不如八卦便利简易的甲骨卜法呢?并且这两种东西,没有一点相同之处,没有一点因袭之迹。因可断定八卦绝不能产生于甲骨盛行的中土,或它的产生由甲骨孕脱而出。不然不能不受甲骨的影响,而有因袭之迹,而有相似之处。所以这一条,我们可断定:

殷时殷前中土没有八卦,八卦绝不是产生于中土。

(三)《周书》及《诗经》中才有筮的记载(《商书》中无之):

《尚书·周书·君奭》篇:"若卜筮罔不是孚。"《洪范》篇:"立卜筮人。""龟从筮从龟从筮逆"。

《诗经·小雅·杕杜》:"卜筮偕止,会言近止,征夫迩止。"《卫风·氓》:"尔卜尔筮,体无咎言。"

因此我们可以知道,在周朝的时候,筮法才通行了。因而它的产生,不外下列三种情形:

1. 周入中土后,筮法才产生。

2. 周入中土后,筮法才由另一民族传入。

3. 筮是周民族的用物,早已在西方原地通行,周民族入中土,这种方法也随之而俱来。

第一项因八卦与甲骨没有相似的地方,可断言其不能成立,说见前。第二项虽然可能,可是没有任何旁证,所以也不能成立(本由君谓易产生于南方,虽有一二证据,然反证更为有力,所以也不能成立)。至于第三项,则成分极大,最显明的内证,就是《爻辞》中有"王用享于岐山"(《升》六四),"王用享于西山"(《随》上六)二句。因为他们既然到岐山去祭祀,可见他们必住在岐山左近,岐山左近的民族,那当然非周莫属了。

(四)《左传》中对于八卦筮法之记载:

    陈侯使(使周史)筮之。(庄公二十二年《传》)——陈(周)

    毕万筮仕于晋。(闵公九年《传》)——晋

    成季之将生也……又筮之。(闵公二年《传》)——鲁

    秦伯伐晋,卜徒父筮之吉。(僖公十五年《传》)——秦

    晋献公筮嫁伯姬于秦。(僖公十年《传》)——晋

    秦伯师于河上,筮之遇大有。(僖公二十五年《传》)——秦

    晋侯将伐郑,楚子救郑,公筮之。(成公十六年《传》)——晋

    穆姜薨于东宫。始往而筮之。(襄公九年《传》)——鲁

    齐棠公死,偃御崔武子以吊焉。见棠姜而美之,使偃娶之,筮之。(襄公二十五年《传》)——齐

    初穆子之生也,庄叔以《周易》筮之。(昭公五年《传》)——鲁

    卫襄公夫人姜氏无子……孔成子筮之。(昭公七年《传》)——卫

    南蒯之将叛也,枚筮之。(昭公十二年《传》)——鲁

    宋皇瑗围郑师……阳虎以《周易》筮之。(哀公九年《传》)——鲁

由上可知,信筮法的国家,计有陈、晋、秦、齐、鲁、卫等国。于此有一极当注意者,就是通行此第一法的国家,为周(陈侯使周史筮之,是陈无掌筮法之史,而筮法也未必通行于陈。然由此可知周有掌筮法之专史)、鲁、齐、秦、晋、卫等国。而这些国家,不是周的同姓,就是周的封国。因此可证筮法与周民族实有密切的关系,反之,南方诸侯,如楚、郑、陈、蔡、吴越及殷之后裔的宋国,则全无用此信此的记载。则筮法为周民族所专有,似可推知——据此本田君第三条谓《易》产于荆楚以南之假设,当不攻自破矣。

因以上数节的推论,我敢断言,八卦是产生于周民族的筮法。周与殷在文武之前,与其他的民族相同,没有彼此往来的关系,所以甲骨八卦各行其是,所以甲骨中没有八卦的痕迹,而八卦中也没有受甲骨的影

响之处。并且这两种方法，彼此间也绝对没有相似及衍变的关系。及周民族入中土代殷为政，他们的筮法也于此时传来中土，并且随其势力之延展，而扩大其通行区域。因而当时的中土，遂同时有了"卜"、"筮"二法。因而这两种方法，才有了比较优劣的机会，因而才令人有了或优或劣的认识，因而才有了优者兴、劣者衰的结果。质言之，就是最早先是卜筮并用，其次是或重卜或重筮，最后是卜法衰而甲骨亡，筮法盛而《周易》传。筮法是周民族的产物，可算得是定而不可疑的断案了吧！

又，这种方法，到底产生于周朝的什么时候呢？《系辞传》说"当文王与纣之事"可信么？不，这种主观的无据之言，绝不能令我们满意，我们须要重新考订，重新找有力的证据，证据中最有力的，当然莫过于该件事务之本身，现在就让我们用《卦辞》、《爻辞》本身，来考定《卦辞》、《爻辞》产生的时代吧。

第一，《卦辞》和《爻辞》上的史事，足证《卦辞》和《爻辞》的产生时代

《卦辞》和《爻辞》是解说卦和爻，以示人吉凶的，为解说的明白，及使人注意起见，有时也常常采取些前人或时人的实事，以为例证，这就是我们现在所说的史事了，这上面所取的史事，有一要件，就是史事必为一般人所周知所注意，流行的很普遍，像一个故事一样的才成，不然，那岂不更令人莫名其妙了么？如现在的签诀中常用什么"伍子胥吴市吹箫"、"姜太公八十遇文王"、"韩信登坛拜将"、"关云长秉烛达旦"……就是此理，因而我们知道：

1. 《卦》、《爻辞》上所采用的史事，都是当时世人所周知的事故。

2. 凡《卦》、《爻辞》制作时，世人所周知的事故，都有被采用的可能。

根据这两项，我们又可有两个推断：

1. 因《卦》、《爻辞》中采有某种事故，足知某种史事，在作《卦》、《爻辞》时，已经很流行，因而足知《卦》、《爻辞》必产生于某种史事产生之后。

2. 某几种极流行不容人不知的事故，没有被《卦》、《爻辞》采用，足知《卦》、《爻辞》必产生于某几种事故产生之前。

我们根据这几项，来看《卦》、《爻辞》上所采用的史事吧！《卦》、《爻

辞》上采用有哪几件史事呢？据王国维和顾颉刚两先生的考证，有下列五件：

1. 殷王亥丧牛羊于有易。
2. 殷高宗伐鬼方。
3. 殷晚年帝乙归妹于文王。
4. 殷晚年箕子明夷。
5. 周初年卫康叔锡马蕃庶。

这些故事的详情，请看顾颉刚《古史辨》第三册《周易卦爻辞中的故事》一文。这五件事，有两件是商的，有三件是商末周初的，因此我们可推知《卦辞》和《爻辞》的产生时代，必在西周初年左近。

《卦》、《爻辞》上没有采用哪几件极流行不容人不知的事故呢？顾颉刚列了四项：

1. 没有尧舜禅让的故事。
2. 没有圣道的汤武革命的故事。
3. 没有封禅的故事。
4. 没有观象制器的故事。

这一项最容易有流弊，因为要不是不容人不知的事故，固不够入这一项的资格，就是不容人不知的事故，而《卦》、《爻》中没采用它的机会，也不够入这一项的资格，顾先生列的这四项，确乎都是不容人不知的事故，第二都有被用的机会，比方《乾卦》初爻的"潜龙勿用"到二爻的"见龙在田"，到五爻的"飞龙在天"，恰合舜一生的从"往于田"，到"明明扬侧陋"，到"格于文祖"，然而《卦》、《爻辞》中就没露出个舜字来，可见没有采用这件故事。又《卦》、《爻辞》中说到战争的凡八十余处，如《谦》如《豫》如《晋》如《泰》如《离》如《渐》等，《卦》、《爻辞》都曾说到，可是汤武征伐的事，却没被用过一次，再如《革》卦，那更是该用了，然而也没有。又《爻辞》中说到享祀，与后来封禅相近的有三处，如《益》六三"王用享于帝"，《升》六四"王用享于岐山"，《随》上六"王用享于西山"等是，可是封禅两个字，却绝未提及。又《系辞》说"《易》有圣人之道四焉……以制器者尚其象"，又说"神农氏作，斫木为耜，揉木为耒……盖取诸《益》"，这是说神农观象而有悟，故制耒耜。"刳木为舟，剡木为楫……盖取诸

《涣》",这是说圣人某观《涣》象而有悟,遂制舟楫。"断木为杵,掘地为臼……盖取诸《小过》",这是说后人观《小过》之象而有悟,遂制杵臼。《系辞》中所论者尚多,由此可知《益》、《涣》、《小过》等卦,就是制器之所本,然而《益》、《涣》、《小过》等,《卦》、《爻辞》关于制器观象的话,却一点也没有。

这几项事故,是什么时候产生的呢?原来尧舜禅让的故事,创始于儒家,盛传于战国。汤武征伐,也同后世一样,是争夺战,而不是仁义师,所以《诗·大明》、《书·多士》全没有这种称赞语。到儒家的忠君爱国的思想大盛,才另给了他们一个好听的解释,说他们是行王道,诛独夫,吊民伐罪,是圣王的行为,所以"圣道的"汤武革命之说,也是战国时代才盛传着的事。封禅之说,《史记·封禅书》上,虽盛载着,说无怀氏、虙戏氏、神农氏、炎武、黄帝……都曾行过这个大典,其实封禅之说,到战国秦汉间的齐鲁方士和儒者们才创出来的,所以在战国以后才盛传着。观象制器之说,虽然《系辞传》上盛载着,可是《卦》、《爻辞》中连个"象"字都没有。以八卦象征八物,那是《易》的"象派"家的解释,那是属之于后人的,与《易经》毫无关系。象派可以《易·象传》为代表,《象传》是完全儒家的思想,其产生最早在战国秦汉间,《易·系辞传》恐怕还产生在它的以后呢?所以观象制器之说,也是秦汉以来才创有的学说。

这几项事故,全是不容人不知的,《卦》、《爻辞》中当采而不采,因可推之《卦》、《爻辞》之制作,必早于这几项事故之产生,必早于战国之前。

第二,《卦》、《爻辞》上所载的风俗制度足证《卦》、《爻辞》的产生时代。一时代有一时代的风俗制度,人是脱离不了时代的,所以在他们的著作里,会自然的表现出他们的时代来,会自然的表现出当时的风俗制度来。《卦》、《爻辞》也不能例外,它们所表现出来的风俗制度,可归纳为下几项:

1. 掠婚　掠婚也是原始民族婚姻制度之一,现在吾国西南部的苗、瑶、獞等民族,还有着这种遗风。《卦》、《爻辞》上也有这种记载,比方:

　　屯如邅如,乘马班如,匪寇婚媾,女子贞不字,十年乃字。
(《屯》六二爻辞)

乘马班如,求婚媾,往吉无不利。(《屯》六四爻辞)

乘马班如,泣血涟如。(《屯》上六爻辞)

贲如皤如,白马翰如,匪寇婚媾。(《贲》六四爻辞)

睽孤,见豕负涂,载鬼一车,先张之弧,后说之弧,匪寇婚媾。(《睽》上九爻辞)

婚媾与寇相类,其为掠婚无疑。

2. 畜臣妾 中国的统一,始自嬴秦,周时尚为割据时期,尤其西周初年以前,那更是酋长的部落时代。就是商周两民族,也不过其中的强有力者而已,所以当时部落必极繁多,所谓"万国",所谓"八百诸侯",虽不定必足其数,然而部落繁多概可想知。当时他们的战争,胜则雄长,败为奴隶,所以《商书·微子》篇说:"今殷其沦丧,我罔为臣仆。"《诗·小雅·正月》篇说"民之无辜,并其臣仆"可证。《礼记·少仪》"臣则左之",注谓"臣为囚俘",就是此意。据《左传》僖十七年说:"男为人臣,女为人妾。"足证臣妾是一种意思,不过有男女之分罢了。甲骨中臣妾二字,也全是奴隶的意思,尤可证。又或竟谓臣字甲骨中作 B ,正像人匍匐归附之形。并且甲骨中就记有这种奴隶制度的情形。证之甲骨《商书·小雅》足知,商周之间,这种制度是依然盛行着的。《卦》、《爻辞》上,也有它的痕迹,《遁》九三爻辞"畜臣妾",《损》上九爻辞"得臣无家"(这句的意思就是所虏得的臣没有家室)。足证《卦》、《爻辞》的制作时代,奴隶制度还正行着。

3. 钱币用贝 贝是最古的货币中的一种,周初以来还盛用着,所以《商书·盘庚》篇有"贝乃贝玉"的记载,《公中彝》有"贝五朋",《抚叔敦盖》有"贝十朋"的金文,《震》六二爻辞"震来厉,亿!丧贝,跻于九陵,勿逐,七日得",就是指贝而言。《损》六五爻辞及《益》六二爻辞两处全有:"或益之十朋之龟"一句,也用"十朋"这个名词,则"十朋"、"五朋"两名词,一定是表示贝的数目或量的词,《卦》、《爻辞》中既然用着它,足知《卦》、《爻辞》的制作时,当在西周初年以前(《坤》卦辞"东北丧朋",《复》卦辞"朋来无咎"两朋字,似亦可作如是解)。

4. 信天 我们中国古时,是把天解为人格神的,说它是万能的,是能听、能说、能吃东西、能喜怒赏罚,并且还能生儿子的,所以《诗·大雅·生民》篇说:"天生烝民",《大明》篇说"天命玄鸟,降而生商",《皇矣》篇说"皇天上帝,临下有赫,监观四方,求民之莫",《周书·梓材》篇说"皇天既付中国民",《大诰》篇说"予造天役"等,俱可为证。《易·爻辞》中也记有这种思想,如《大有》上九爻辞"自天佑之,吉无不利",足证《卦》、《爻辞》的制作时,这种信天的习俗,是还在盛行着的。

由上四项,可推知《卦》、《爻辞》的制作时代,一定在西周初年以前。

第三,《卦》、《爻辞》上所筮问的事情足证《卦》、《爻辞》的产生时代。《易经》是筮问吉凶的书,《卦》、《爻辞》就是答筮问的词,那么《卦》、《爻辞》上所筮问的事情尽是些个什么呢?据统计的结果,所筮问的事情,依其明白易晓者,可分为行旅、战争、享祀、渔牧、饮食、婚媾、居处,及妇女孕育、疾病、赏罚、讼狱等项,而其次数之多寡则如下(此统计参用李镜池先生说,李说见《古史辨》第三册《周易筮辞考》):

行旅不下二百余条,
战争八九十条,
享祀二十余条,
渔猎十九条,牧畜十七条,合计三十六条,
饮食三十余条,
婚媾十八条,
居处及家庭生活约二十条,
妇女孕育三条,
疾病七条,
农业只有可疑的三条,
……

在这个统计里,我们所最当注意的,就是行旅、战争、渔牧、享祀四项次数最多,因而推知产生这种方法的时代,必是周民族还在迁徙游牧生活的时期(并且《卦》、《爻辞》中极少农业的记载,尤可为此言有力之旁证)。这种时期,据史考之,必在周民族迁岐山的前后,必在周民族还没有与殷发生关系的时代(这是就《卦》、《爻辞》的最大部分立论,然《周易》的成书,则远在此后,《卦》、《爻辞》中为后人所增补改易者,当然亦所在多有,其时事错误者,概皆此类)。所以《爻辞》中能有"享于岐山"、"享于西山"这类的话。

除去第一、第二、第三这三类证据外,我们在《卦》、《爻辞》的词句上,也能找到同样有力的证据,比如《蒙》上六爻辞说:

> 不利为寇,利御寇。

由这句话我们可以知道,作这个《爻辞》的周民族,绝不是在富有一国的时代,而是尚在部落争夺生活的时期,所以还要"为寇"。这与周民族在岐山时代正相合。"为寇"大概指的寇商,"御寇"大概指的御犬戎(《夬》卦辞有"即戎利"句,概即指犬戎)。又《师》上六爻辞说:

> 大君有命,开国承家,小人勿用。

由这句话足以证明,这个《爻辞》的制作时期,一定在周民族得国不久的时期,所以兢兢业业的讲着"开国承家,小人勿用",这与西周初年的情形,正相吻合。《爻辞》上又说:

> 拘系之,乃从维之,王用享于西山——(《随》上六爻辞)
> 王用享于岐山,吉,无咎——(《升》六四爻辞)
> 樽酒,簋贰,用缶,纳约自牖,终无咎——(《坎》六三爻辞)
> 日昃之离,不鼓缶而歌,则大耋之嗟凶——(《离》九三爻辞)

西山也是岐山,是我国西方的地方,足证这两个《爻辞》的制作,必在岐山左近,又"缶"是秦地的乐器,李斯《上秦王书》说:"系瓮扣缶,弹筝搏髀而歌呼呜呜,快耳目者,真秦之声也。"杨恽《报孙会宗书》说"家本秦也,能为秦声……酒酣耳热,仰天抚缶而呼呜呜"可证。因而可知缶是西方的乐器,这条产生地是在西方,当亦无问题。由这两项亦可以证明,《卦》、《爻辞》的制作时代,是在西周初年以前。

至于说《卦》、《爻辞》的制作者是谁,那真是无法考知了,但其出于那时卜筮官之手,是无疑义的,不过不能得其主名罢了。

根据以上的种种证据,我们可以断定:
1. 筮法是周民族的专有物。
2. 这种方法产生于岐山左近。
3. 《卦》、《爻辞》是周民族的制作品。

4.《卦》、《爻辞》的制作时代,是自周民族迁岐山前后开始,至西周初年完成。

《卦辞》和《爻辞》是《易经》的最主要的部分,所谓《经》就是指的这两部分。《易经》的制作年代,作到此处本来就算完了。不过为与前文呼应起见,我把传——《十翼》的制作年代也略说一说(其详留待另文)。

《十翼》是解释经的,当然其产生必在经以后。《十翼》中的思想包有儒、道、阴阳、方士诸家的思想,所以它们的产生,无论如何,也得在这几家之后,所以最早不能早到战国初年。又《易》与儒家本无关系,本不是儒家的书籍,到西汉搜书时,儒家才硬把它拉入儒书里边,与《诗》、《书》、《礼》、《乐》、《春秋》合称六经,才又给它以新的解释,给它以合于儒家思想的解释,而制作诸传,或拚合诸传,所以传的制作,大部分必在西汉,提倡经书的武宣之世,才全部完成。

由上所论,经与传是两种不同性质的书,及经产生极早,传产生极晚两问题,总算证实了吧!既然如此,则前所列本田君的那几项,当然全不能成立了:

1. 经与传是两种不同性质的书,是不同时代不同作者的书,何能因传之"八卦之产生,附会于古帝王",而谓经亦"自白其新"呢?所以第一项绝不能成立。

2. 经之制作者是周民族,经之制作时代是西周初年以前,经之制作地带,是中国的西方,是岐山左近,本田君谓《易》是于荆楚以南,交通已开始之后,始出来者",当然完全错误。

3. 与儒家思想不合者是《卦》、《爻辞》,是《传》中《系辞》的一部分,而传中大部如《象》、《彖》、《文言》则全为儒家思想,所以本田君谓"易与儒家思想根本不合"之说,亦有语病而不能成立。

4. "《易》之思想多取之老子"是《易传》中的《系辞》,并不是《易经》,因《系辞》内多取老子思想,而遂谓经亦产生老子之后,当亦不能成立。

5. 《易》之制作者既为周民族,既为周之掌卜筮官,则本田君谓《左传》与《周易》为一人作之假设,当亦不能成立。

一九四〇,一,七。

本篇重要参考书：

江侠庵编译：《先秦经籍考》——内中全为日学者著作。

孙俍工翻译：《中国经学历史》——日学者本田成之君原著。

岛田翰著：《古文旧书考》。

顾颉刚编著：《古史辨》第三册——内中尤要者为李镜池、余永梁二君作品。

冯友兰著：《中国哲学史》。

吕思勉著：《经子解题》。

钱基博著：《周易解题及其读法》。

范文澜著：《经学概论》。

蒙文通著：《经学抉原》。

郭沫若著：《中国古代社会研究》。

商承祚著：《殷墟文字类编》。

罗振玉著：《殷墟书契考释》。

王国维著：《殷卜辞所见先公先王考》。

毛奇龄著：《春秋占筮书》。

惠栋著：《易汉学》。

(《新东方》1940年第1卷第1期)

《中国文学发凡》

张泽甫

日本青本正儿著,郭虚中译,定价三角五分,商务印书馆出版。

青本正儿为日本现代研究中国文学的专家,他对于中国文学研究的著作出版已经很多,尤其是戏曲方面,有特殊的成就。我现在不说他的别的著作,单就《中国文学发凡》一书来介绍给读者。

这书原名《中国文学概说》,由译者郭君易名《发凡》,这是与本书内容并无关系的。我意易为发凡,更可以见到这是一本通俗的读物,使一般均能阅读,尤其是爱好中国文学的青年,这本书很能给他一个简明的常识。

中国文学的范围是很复杂的,但就文体来说,若赋,若骈文,若词,这在外国恐怕没有这样一个独立的文体。中国从前的学者对于文学大多专从诗、文两方面着想,而于小说、戏曲则不屑为,所以即有论述,无非是诗、文方面的论述而已。近来的学者,虽已着重于小说与戏曲,但如批评学,与文学出发点的语学,也多不叙及。所以一般所出版的中国文学概论一类的著述,很少能够顾到各方面的门类。这书对于这方面可说都顾到了的,所以由此可以窥见中国文学全部的大概,这不能不说是这书的特点,也就是我所以要介绍给一般读者的缘故。

现在先略说这书的内容:全书共分七章,为首《语学大要》,据作者的意思,以为"文学的研究,须从语言文字的研究出发……然于其学术的研究是属于一种专门的学问,这里仅介绍其大要"。这是他所以首列本章的原因。文学根本组织是文字,文字于文学的关系,不消说是最关紧切的。本书于这点大略叙述"六书"、"训诂"、"高音"三者。训诂方面,并附说文法研究。

第二章为《文学序说》，一述"文学思想的发展"，二述"文学诸体的发达"。这一章是把中国文学作一个整个的叙述，可说中国文学的总论。而前一节对于中国文学思想直分为儒家与道家二系，而说明这二系，文学思想支配了中国历代的文学，这是说明得最清晰而最有见解的。作者原尚有《中国文学思想史》一书，听说已由汪馥泉君翻译，亦商务印书馆出版。

第三章为《诗学》，自此以下即分说中国文学的各方面。诗在中国原为极重视的文学，由《诗经》而转变为词为曲，也直支配了中国数千年来的文学史。本书分《诗经》、"古体诗"、"今体诗"、"诗曲"四节来叙述。在这里他不但说到各方面的内容而已，更说明它的形式，与作法略例。《诗经》一书，本来在国内众说纷纭，很难下以断语，但作者所说，颇能取其折衷办法，不求过分武断。古体诗则包括乐府一部分的。今体诗中对于沈约八病之说与律诗的平仄，则有极明确的解说，这实足为一般读者的参考。词曲方面则说到词与散曲，而散曲又分说南曲与北曲的分别，这实在也是精细之至的。

第四章的《文章学》，这是包括"辞赋"、"骈文"、"古文"三方面的。文章两字，在中国似即可谓文学，这里只在区别诗与戏曲、小说，虽不无可议。但确实欲包括此三方面，名称上是很难称谓的。这里作者是混合了《文选》与《古文辞类纂》的分类，而同时不得不把《文选》中的诗，划了出去。辞赋部分便是由《楚辞》说起，骈文则由对偶法而至四六句调，古文则直从唐、宋说起而至清之桐城派。

第五章为《戏曲学》，则分"杂剧"与"戏文"两部分。杂戏虽以元曲为主，但上及宋之杂戏与金之院本。他于元曲的作家，分为豪放激越、敦朴自然、温润明丽、绮黎纤浓、清奇轻优五派，并说及曲文读法。戏文则由宋之南戏而说到明、清的传奇，以至清末所谓皮黄。而于戏文与杂剧的不同，分说亦极明显。末更附诸宫调一节。

第六章的《小说学》，分"文言小说"、"白话小说"两部分。文言小说指汉、魏、六朝的神怪小说以至唐之传奇。而于宋以后亦有余波的叙及。白话小说则由宋之话本而至明清的章回小说，于章回略分神怪、人情、社会。

末一章为《评论学》,即论述文学批评,在中国,这是最繁细的一门,因为整部的文学批评书倒很少,大多什么诗话、词话以及笔记之类可是说不胜数的。本书则用时代分述自胚胎时代的周,以至于清。再就文体,分文章论、词论、曲论与小说批评。大多以诗论较详,而其他较略。这由于中国文学批评者多是谈诗性质的作品较多,而其他戏曲小说产生较晚,所以谈者较少。

全书内容,大约已如上述。其中以论诗最详,文章、戏曲相仿,小说较略。这因为作者的叙述,目的多在演变与性质,诗可说在中国最常演变的,由《诗经》而古体,由古体而今体,再由今体而词而曲。小说自白话兴起后,章回体一贯了五六百年,直到近来方有一个转变。所以在分量上,这样分配也极其妥当的。

再就叙述方面说来,作者可说用极简练的笔,分叙各方面,却见其十分周到。而且前后比较,具有系统,较之读什么文学问答一类的书籍,是更顾到一切的。如果真欲说作者编著的缺点,到中国的通俗文学未曾述及,别的可说是完美的。

还有在每章后面,附有"本章选读书目",所举均极为切要,又是供读者的参考。至郭君译文,亦极通顺,能保存原书的本色,读来纯无勉强的地方。

(《华年》1937 年第 6 卷第 12 期)

《中国文学概论讲话》评介

王 岑

记得有位朋友向我说过,他说:"若问'汉学'何处在?胡适遥指在西京。"并且当时他还给我下了一个注脚,说此地之所谓西京,原系指日本的京都而言,姑无论胡博士之曾否发表过这样言论,可是友邦人士对于汉学之精心钻研,却由此可见一斑了。

固然,他们以异国人而来研究中国的"汉学",有时自难免隔靴搔痒之憾,可是有的却也诚然是独具只眼,别有见地。譬如说,盐谷温先生所著的《中国文学概论讲话》,就是一个很好的例子。

《中国文学概论讲话》,在中国有两种译本,一种是北京朴社出版的,译者的姓名已经是不复记忆了,另一种是上海开明书店出版的,系孙俍工所译。而我所看到的,也就是后面这一种。

这本书乃是从横的方面,来叙述中国文学的,别的先不用提,就只这一点,也就觉得难能可贵了。内田泉之助说得好:

> 在当时的学界,叙述文学的发展变迁的文学史出版的虽不少,然而说明中国文学底种类与特质的这种著述,还未曾得见。(语见孙俍工译本内田新序)

的确,这几句话不仅适合于日本的学术界,就是在中国文坛上,也正好犯着同样的弊病。这并非信口乱道,不信,您不妨到书摊上去看看,所谓中国文学史一类的著作,简直"汗牛充栋",而中国文学概论一类的书籍,却正是"凤毛麟角",这还不是一个强有力的证明吗?故此仅就本书的宗旨而论,这已是难能可贵的著作了。

平心而论,这本书的确不错。如果读者不肯相信,则我不妨把它的好处——指示于下：

（一）编制得体——这本书一共分为上下两编：

上编的内容是：

1．音韵

2．文体

3．诗式

4．乐府及填词

下编的内容是：

1．戏曲（按即原书第五章）

2．小说（按即原书第六章）

此外，还有两篇附论：一是论明之小说《三言》及其他；一是宋明通俗小说流传表。这两篇附录，本非原书所有，乃是后来翻译此书时，附带加入的。所以谈到该书的本文，也就只有上述六章而已。然而，虽则该书就只有这短短的六章文字，倒正好把中国文学的性质与种类叙述得面面俱到，毫无遗漏。而且叙述得非常清楚，决没有混淆重复之弊，这是作者第一个成功的地方。

（二）取材简当——作者在本书中，虽然把各方面都叙述得非常周到。然而他决不像中国的学者那样，专意在那里卖弄聪明，强把一些文学定义之类的东西成语，拿来乱堆乱引，好向读者夸耀自己的博闻多识。在这里，他有一个原则，便是言简而意明，语略而旨当。他一方面运用了简明的叙述，指示我们以概略的理论，同时却恐怕我们不明白，所以另一方面，又附加了许多例子，给我们以实际的榜样。这样，使我们读了这本书后，对于中国文学的横的分析，自然会得到一个简明的概念。这种取材的简当，也正是作者第二个成功的地方。

（三）解释巧妙——在这本书里，有时会发觉到一种巧妙的解释。而这些地方，往往使中国人得到一种意外的欣悦。譬如作者对于四声及平仄的解释："平声是平坦的发声，以英语为例来说。是没有 Accent 的，上声是尾上的音，在语尾有 Accent 的，去声是尾下的音，在语头有 Accent 的。例如吃惊的时候发出'啊呀'底喊声近于上声，在愁叹的时候所发出啊呀是近于去声的。入声是促音，即是忍着音的尾的，在声音学上说来是含 K、P、T 底语尾的一种发音。以上四声之中,唯平声是平平的发音,因没有 Accent 故叫作平声。以外的上去入三声,因语头语尾都有 Accent,所以叫作仄声,仄是倾仄之意,为平的反对,现在诗里所用的平仄即是这个。"(见孙译本第十四页)这种解释,不仅是新颖而奇特,而且是正确明白,在已往的人,大都把它看作可以意会而不可言传的神秘,经盐谷温先生这样一说,却立即道破,了若指掌,较之"平声平道莫低昂"等,自高一筹!这一点,也许读者不会否认的。这种巧妙的解释,可说是作者第三个成功的地方。

自然,这本书也不是没有一点缺欠。俗语说得好:"尺有所长,寸有所短。"何况一个人来研究别国文学,其中自然难免有一些差误。

大体说来,"墨守成说",要是一弊。举例来说,譬如第二章第二节中有这样的话:

> 故十五《国风》中找不到楚风,其有文学实始于战国之时诗星屈原。

这种说法,虽是古人的成见,然事实却非如此,所谓周召二《南》正乃是盐氏所说的楚风,理由是:

(甲)二《南》中有许多描写江水、汉水、汝水的地方,譬如"汉之广矣"、"江之永矣"、"遵彼汝坟",以及"江有氾"、"江有渚"之类是。而江水、汉水、汝水皆系当日楚国旧地,则二《南》诗篇,当为楚国所产无疑。

(乙)《周南·关雎》中有"参差"一词,而《九歌》中亦有之,但同时之北方文学作品中,却不曾引用这个术语。这正好证明二《南》与《九歌》为同一系统。

(丙)从风俗上说,则二《南》中所表现之两性生活,也和《楚辞》中所说的"士女杂坐,乱而不分些"(《招魂》)一类之江汉之俗完全相类。

因此,近来的学者如胡适、陆侃如等主张二《南》即是楚风,这几乎已成定论。不消说,所谓屈原首创的《楚辞》,便是承续了这二《南》的系统下来的。否则,在屈原以来,楚国连一点儿文学的萌芽也没有,及至屈原降生以后,楚国却突然变成了灿烂文学的中心,这未免与历史进化的原则,太不相合了吧?盐氏不察,一味承袭着昔人的旧说,从此足见盐氏之"墨守成说"。若就全书而论,如此种种,的是美中不足!

总之,此书编制取材,两方面都很好;尤其是简略明白,使人一目了然,这都是该书的好处。只不过作者有时墨守成说,不无小疵。因此,拿它作为研究中国文学的入门,则可,拿它作为高深的探讨则不可了。

至于附录二章,则考订详尽,所见甚是,固不失为考证文字的上品,所以最近更有人把其中的一部分割下来,居然在某报的文艺版上发表了。因为它们是本书的附录,所以此地也附带一提。

(《中国公论》1939 年第 1 卷第 2 期)

介绍日人盐谷温著《中国文学概论讲话》

王栋岑

诚如作者所说,这本书写作的宗旨,乃是从横的方面来说明中国文学底性质与种类的。别的先不用提,只就这一点来说,已经很值得我们注意了。内田泉之助说得好:

> 在当时的学界,叙述文学底发达变迁的文学史出版的虽不少,然说明中国文学底种类与特质的这种著述还未曾得见。(语见孙俍工译本内田新序)

的确,这几句话不仅适合于日本的学术界,就是在中国文坛上也正正犯着这同样的毛病。这决不是信口乱道,不信,你不妨到书摊上去瞧瞧;所谓中国文学史一类的著作,简直是"汗牛充栋",而所谓中国文学概论一类的书籍,却正是"凤毛麟角",这还不是一个强有力的证明吗?所以仅就这本书的宗旨而论,这已经是一本难能可贵的著作了。

凭心而论,这本书的确不错。如果读者不肯相信,那么我不妨把它的好处一一的指示出来:

(一)编制得体——这本书总共分作上下两编:

(A)上编的内容是:

(甲)音韵、(乙)文体、(丙)诗式、(丁)乐府及填词。

(B)下编的内容是:

(甲)戏曲(按即原书第五章)、(乙)小说(按即原书第六章)。

此外,还有两篇附论:一篇是论明之小说、三言及其他;一篇是宋明通俗小说流传表。这两篇附录,本非原书所有,乃是后来翻译此书的时候,附带加入的。所以,谈到该书的本文,也就只有上述的六章而已。

然而,虽则该书就只有这短短的六章文字,却正好把中国文学的性质与种类,叙述得面面俱到,毫无遗漏。而且叙述得非常清楚,决没有混淆重复之弊,这是作者第一个成功的地方。

(二)取材简当——作者在这本书里,虽然把各方面都叙述得非常周到;然而他决不像中国的学者那样,专意在那里卖弄聪明,强把一些文学定义之类的东西成语,拿来乱堆乱引,好向读者夸耀自己的博闻多识。在这里,他有一个原则,便是言简而意明,语略而旨当。他一方面运用了简明的叙述,指示我们以概略的理论;同时却惟恐我们不明白,所以另一方面又附加了许多例子,给我们以实在的榜样。这样,使我们读了这本书以后,对于中国文学的横的分析,自然会得到一个简明的概念。这种取材的简当,也正是作者第二个成功的地方。

(三)解释巧妙——在这本书里,有时会发觉到一种巧妙的解释。而这些地方往往使我们中国人得到一种意外的欣喜。譬如作者对于四声及平仄的解释:

> 平声是平坦的发声,以英语为例来说,是没有 Accent 的。上声是尾上的音,在语尾有 Accent 的。去声是尾下的音,在语头有 Accent 的。例如"吃惊"的时候所发出"啊呀"底喊声近于上声,在"愁叹"的时候所发出"啊呀"是近于去声的。入声是促音,即是忍着音的尾的,在声音学上说来是含着 K、P、T 底语尾的一种发音。以上四声之中,唯平声是平平的发音,因没有 Accent,故叫做平声。以外的上去入三声,因语头语尾都有 Accent,所以叫做仄声,仄是倾仄之义,为平的反对。现在在诗里所用的平仄即是这个。

(见孙俍工译本第十四页)

这种解释,不仅是新颖奇特,而且是正确明白。在已往的人们都把它看作"可以会意而不可以言传"的神秘,经他这样一说,却立刻道破而变作略加指掌了。这一点,想来谁也不会否认他的高明吧?这种巧妙的解释,可说是作者第三个成功的地方。

自然,这本书也并不是没有一点儿毛病。俗语说得好:"尺有所长,寸有所短。"何况一个人来研究外国的文学,其中自难免一点错误都没有。

大体说来,"墨守成说"、"鲜有创见",这要算本书的最大毛病。举

例来说,譬如第二章第二节中有过这样的话:

> 故十五《国风》之中找不到楚风,其有文学实始于战国之时诗星屈原。

这种说法,虽然是古人大多数的见解,然而事实上这种见解却是完全错误,所谓《周南》、《召南》正正是盐氏所说的楚风,理由是:

(一)二《南》中有许多描写江水、汉水、汝水的地方,譬如"汉之广矣"、"江之永矣"、"遵彼汝坟",以及"江有氾"、"江有渚"、"江有沱"之类便是。而江水、汉水、汝水皆为当日楚国旧地,则二《南》之诗篇,当为楚国之所产无疑。

(二)《周南·关雎》中有"参差"一词,而《九歌》中亦有之,但同时之北方文学却不曾引用这个熟语。这正好证明二《南》与《九歌》为同一系统。

(三)从风俗上说,则二《南》中所表现之两性生活,也和《楚辞》中所说的"士女杂坐,乱而不分些"(《招魂》)一类的"江汉之俗"完全相类。

因此,近来的学者如胡适、陆侃如、郑宾于等主张二《南》即是楚风,这差不多已经成为定论了。不消说所谓屈原首倡的《楚辞》,便是承续了这二《南》的系统来的。否则,在屈原以前,楚国连一点儿文学的萌芽都没有,及至屈原降生以后,楚国却突然变成了灿烂文坛的中心,这未免与历史进化的原则太不相合了吧? 盐氏不曾想到这一点,却只是冒昧的承袭了前人的旧说。从这里我们可以看到盐氏仅仅是"墨守成说",而自己却绝对没有打破传统观念的智力与决心。这就该书而论,不能不说是"美中不足"了!

总之:盐氏的书,编制取材,两方面都得好;尤其是简略明白,教人看了一目了然,这都是该书的好处。只不过作者墨守成说,鲜有创见;因此,拿它作为研究中国文学的入门书籍则可,拿它作为高深的研究则不可了。

这本书开明书店有中译本,译者是孙俍工先生,现在已经出售到第五版了。此外,朴社还有一种译本,不过译者的姓名却早已忘记了。

一九三六,三,二十七,脱稿。

(《北平晨报》1936 年 4 月 14 日)

《中国文学论集》

默 之

铃木虎雄著,神州国光社出版。

中国文艺界是十二分的贫弱,专论中国文学的有系统的书籍真是寥寥无几,然而关于这等论著,大都出于日本研究汉学专家的手笔,尤其以科学的方法来作考据的一类,如铃木虎雄的《支那文学研究》、《支那诗论史》,以及盐谷温《支那文艺概论讲话》(这书都已由孙俍工先生译出。前两者仅从原书中译出第一、第二两篇,改题为《中国古代文艺论史》)等。其它关于此项中国文学研究的论文,大都是罕见的重要作品,当然还有许多。而且这些论著,很可以使我们得到研究中国文学的参助,虽然是属于古代的,但是我们要精湛的研究一种文学,最先一定要明白文艺思潮的发展,那时代的文学,即有那时代的民族性与社会环境等等形态渗注在内。文学本来就与社会发生联系,如果不探讨文化的过程是怎样,那么研究文学是异常的空虚。所以我们要晓得,研究古代文学并不能认为是开倒车,而且是研究文学必经的一种过程,中国一般学者,关于这方面来研究的当然也有,但所采取的方法不善很易使它流到复古运动的一面。有的探讨的结果终不能有一种新的发现贡献出来,在这种情形之下,铃木虎雄著的《中国文学论集》一书,却很值得我们底重视了。

全书计有重要的论文五篇:(一)《论骚赋底生成》,(二)《对于五言诗发生时期的疑问》,(三)《绝句溯源》,(四)《词源》,(五)《关于词格底长短句发展底原因》。"所谓骚赋,是指战国末屈原、宋玉等所作的韵文,是和后来汉代枚乘、司马相如等所作的辞赋相对待的名辞。"第一章论《骚赋为工诵之遗风》,是解说歌咏和朗读——赋诵、诵箴谏的实例,诗之诵、工诵及工诵以外之诵,最后释明诵与赋底关系,尤为详尽。第二章骚赋形式论,是作进一步的探求,如"骚赋为工诵之遗风"底事实与推论,骚以前近骚的句法,骚与赋——骚体中底类别,理论地推定的句型,骚特有的句法底生成的径路,以及骚与巫底关系等,每节所述,都具有独到的见解,对于原底《九歌》底形式已近于《离骚》来推论,实为确凿。第三章论赋底生成,详论荀子底赋及其它韵文,屈原底《卜居》、《渔父》与赋体,给赋以影响的旁系文学,楚之修辞家,屈原、宋玉等底问对等,均作精密的推论和解释。第四章余言,是作楚骚、汉赋底比较,本论底系统的图示,和骚赋底文学上的位置。尤其是最后两节,给我们一种系统的概念,可以明白本论底旨趣,和那文辞诸体底变迁及展开的关系,骚赋对于它前代后代的文学所占的位置,作者采用这种归纳的方法来研究,委实值得我们推许的。

《对于五言诗发生时期的疑问》,是将中国底五言诗加以系统的叙述,即以作者研究的心得依照顺序的说明,并列举其理由约分为三:第一,当作最早的五言诗底发生的本原不确凿;第二,五言诗发达底径路不明;第三,当作最早的五言诗,及其他关于五言诗的记载,不见于史传。关于这一文,我们很有一读之必要,因为他将中国古代的《国风》,有详细的考述,同时,都是属于新的见解;其次,将这"疑问底"推广研究,以求其正确的真理。所以,在最末"概括"的一节里,是这样的明白的写着:"总之,完备的五言诗,说在前汉初期已存在,这可疑处甚多。我以为:五言诗,在后汉章和之际成立,入后便渐兴盛,这不是事实吗?"

作者这样的述法,是具有精密的论断,全书征引前人之说很多,作比较的研究,这亦为各论中所具的特点。《绝句溯源》,是述唐代许多杰出的诗人,他们有这样的声誉,当然经历了种种的过程,在此,作者是探出它底源流。《词源》,是述"词"起于何时,将词底性质决定了之后加以说明,合于后世所谓词底形式的,这不能不说中唐以来才有。作者根据此点来研求,当然是可以得到精密而正确的结论的。《关于词格底长短句发达底原因》一文,与《词源》是有相当的关联,我们如果把它合并在一起读,更可明白唐代的文学是怎样的一个梗概。

这五篇关于中国文学的重要论著,研究文学的人看了之后,至少可以得到相当有关文学史方面的新见地,而且在国内像这样的以科学方法来考据的论文却不多见。译者汪馥泉先生的文笔又极流畅,很少使我们发现生硬之处,当然,原文所有的优点,都仍保全在这译文里了。

(《当代文艺》1931 年第 3 期)

日人代庖的《中国文学论集》

一 岳

汪馥泉译,神州国光社版。

我们要研究文学,必定先要研究文艺思潮的发展,某一时代有某一时代的社会环境与民族性,因此某一时代的文学,也有某一时代的社会环境与民族性做他的背景。文学与社会的关联,既然有这样的深切,所以我们要研究文艺思潮的发展,非明了某一时代的社会进化和文化的过程不可。

以前中国文人大多数都犯着"述而不作"的毛病。所以中国文艺界贫弱得怪可怜,要想找出一部专论中国文学较有系统的书籍,几寥若晨星,反于日本出版界中,时有所发现,岂国人真自甘沦落,一事一物都需请人庖代,而毫无感觉乎?

这本《中国文学论集》,就是日本人替我们代做的,著者铃木虎雄氏系日本研究汉学专家,他能以科学的方法,旁征曲引,考据周详,来写成这部书,真值得我们的重视!

本书计有论文五篇:

第一是《论骚赋底生成》 本篇所论骚赋者,不是指汉代枚乘、司马相如等所作的辞赋,是指战国时屈原、宋玉做的韵文,在这篇里,我们就能明了"体倒既别于《诗经》,又异于辞赋"的骚赋,怎样的生成及其价值。

第二是《对于五言诗发生时期的疑问》 五言诗发生的时期,通常都认为肇始于枚乘、李陵、苏武诸人,其实不无多少的可疑。作者对于枚乘,乃引《玉壶》和《昭明文选》互相比较,证其异同。对于李陵,以《汉书·艺文志》并无记载他的作品,仅仅在《隋书·经籍志》中发现有:

"《汉骑都尉李陵集》二卷"的一句,可见也有疑问的地方。关于苏武呢,那更靠不住了,《玉壶》所收集的,只有一首《苏武留别妻诗》;《文选》所收集的,亦仅有四首。虽《文选》所录,第三首与《玉壶》相同,实未可深信。至于其他可证明有疑问之处,亦多列举例证。他还说:"……完备的五言诗,说在前汉初期已存在,这可疑处甚多。我以为五言诗在后汉章和之际成立,入后便兴盛,这不是事实吗?"

第三是《绝句溯源》 讲到绝句,大家似乎只限于唐代。因为绝句盛行于唐代。作者独具只眼探源溯流,他说:"绝句这东西,是发源于《乐府》歌谣,渐渐构成了它底体式的,那叫作绝句。似乎由断绝《乐府》底一部分的形式而产生的。"

第四是《词源》 关于词的起源,清毛延龄曾说:"六朝宋鲍照所做的《梅花落》,又可叫作古词。"但是这只能算近于或似于,其能合于后世所谓词底形式的,这是中唐以来才有的。他用科学的方法寻源追始,把历代词的演进都说出来。他曾说:"词起于中唐,晚唐之际,到五代十国词更兴盛……其中在蜀及南唐,有了空前绝后的隆盛,宋词又承其后。"

第五是《关于词格底长短句发达底原因》 长短句有词底格调,到中唐才渐渐地发现。作者用精审的推论和解释,以研究它发达的原因;但是这篇文章与第四篇之《词源》有相互的关联。两篇如果并起来读,对于唐代文学有更深一层的认识。

综上所述,这五篇的论文,研究文学的人读过一遍,至少可得关于文学方面的新见识。

(《中国新书月报》1931年第1卷第6、7号)

《南北戏曲源流考》

毓

日本青木正儿著,江侠庵译,二十七年十月商务印书馆初版,平装一册一〇五面,价四角,国学小丛书本。

本书分上下两篇,篇各四章,上篇《南北戏曲的起源》,下篇《南北戏曲的消长》。著者专研中国戏曲二十余年,是书为庆祝其师狩野氏六十寿辰论文。

著者以南北曲之分歧,以南宋杂剧与金院本为出发点。首章《宋代杂剧所用底乐曲》,考宋杂剧所用乐曲不外曲破(舞)、断送(独立奏乐),及小曲(座兴歌曲)。论曲破与大曲源流关系颇详。次章《南宋杂剧和金的院本》,考院本所用乐曲,与杂剧同,俱从北宋杂剧导源而分南北;既分南北,在音乐及风俗上,不免染入地方色彩。又论杂剧及院本形式上相同之点,如段数、脚色、戏目。相异之点则杂剧采用古乐府如法曲、大曲、曲破,较院本所采为多,较院本偏于保守;院本中剧的进步较杂剧为多。三章《元代杂剧的改进》,论元杂剧与金院本南宋杂剧之异点,在结构方面,虽一本四折,制袭南宋杂剧,但四段一贯,脚色增加,主脚重要性亦增加。乐曲方面,元杂剧兼用众曲,一折之中,有由大曲、词调、时调、小曲构成者,而无复唱合唱,著者谓元杂剧颇受唱赚及诸宫调刺戟之力,而受胡乐蕃乐之影响则微。内容方面,元杂剧渐渐复杂,一本悉演事件始末。四章《南戏发达的径路》。明人以及王国维氏皆主南戏于两宋之际起源于浙之永嘉,著者则谓明以后传奇式之南戏,实起于元末(又辨戏文即为杂剧)。谓元以后之南戏源于南宋杂剧,犹元之北剧源于金院本。然元初北剧突然革新,而南戏遂被北剧势力所压倒。迨元末高明出,南戏又突然猛进。高氏之《琵琶记》较元北剧保存古式尤多,其特色如开场用词二阕表明作者之序言及所作大意,用曲破,存舞于演剧科段之外,用复唱合唱。又异于前之戏剧者,为注重长篇,乐曲编成法类于诸宫调,及以唱开演。

五章《元代北曲的盛行和南曲的下沉》,论元北曲之勃兴及其超轶南曲之故,大略为:文士之不遇,隐于声歌;北环境新兴而南较保守;北文化低,故需要俗文学;及蒙古人承金代好词曲之遗风。又考元代北曲随政治势力而有迁移南向之势,然南宋杂剧仍流行未绝。六章《南曲的兴隆和其余势》。论《琵琶记》在南曲中之地位,为使南曲兴起之首功,追踪者有《荆刘拜杀》(著者谓《拜月亭》之作,决不能前于《琵琶》)。又述昆腔之兴起。昆腔之前有海盐、余姚、弋阳诸腔,而昆腔乐器尤为美备。昆腔万历之末,已行于燕,入清初更盛,嘉庆以后渐趋衰境。余亦亡绝,仅弋阳腔保存其统绪于北方之高阳云。七章《北曲的就衰和其末路》,考北曲势力明初尚存,中叶以后寖益式微。清初文士虽有作者,不能广行,然在昆曲中北曲仍未绝流。末章《南北曲的音乐底差异》,据明王世贞《艺苑卮言》所举六端而阐说之。王氏之言曰:

> 大抵北主劲切雄丽,南主清峭柔远。凡曲,北字多而调促,促处见筋;南字少而调缓,缓处见眼。北则辞情多而声情少,南则辞情少而声情多。北力在弦,南力在板。北宜和歌,南宜独奏。北气易粗,南气易弱。

是书卷首附参考书目,颇便读者。

著者别有《自昆曲向皮黄调推移》一文,可视为此书之续。

是书译文文字稍嫌滞涩。又书中引证前人文字,多作语体,不审是否为著者或译者所改,惜未得引用各书一校焉。

是书原著脱稿于日本昭和二年(民十六),译文成于民十七(见译者叙),而出版则迟在民二十七年,未审何故。

(《图书季刊》1939年第3期)

评盐谷温《元曲概说》

卢　前

　　词曲之研究，约有四端：一曰体，二曰调，三曰料，四曰窍。体云者，明此种文体产生之由，与夫所别于其他文体者，此历史的研究也；调云者，明句式字法以至腔格，举凡音乐、文学，兼而治之，此词曲本身的研究法也；料云者，为材料之搜集。本事之考证，并留意于本子与文字之异同，此校勘的研究法也；窍云者，谓文字之技巧——非勤于习作不能知前人之甘苦，亦非能作，不能知前人之心力所在，练手眼以从事研究者，此又一途也。轶近文士，率偏于体、料二者，而忽视调与窍。于是文学历史与考证之学日盛，而文字本身之研究日益微，无论于习作矣。

　　自海宁王静安先生撰《宋元戏曲史》后，海内外声学同志治戏曲者甚多，大都根据近年新发见之材料，补苴增益，鲜有发明。其在日本，盐谷温氏卓然称雄，为当世有名汉学家。案盐谷氏生于明治十一年，明治三十五年毕业于东京帝国大学文科。三十九年任原校助教授。后留学德意志及中国。在中国从王国维、叶德辉治曲学。大正元年归国，九年以《元曲研究》论文，受文学博士学位，升帝国大学教授。至昭和十四年六十周甲，依例休致为名誉教授。尝于昭和五六七八年入宫进讲。其治元曲已三十年，昭和十五年四月开始刊行其所译《元曲选》，冠以《元曲概说》自述其心得（此书为目黑书店发行），并有二绝句云：

　　　　昨是今非思慨然，回头六十岁频缠。半生心血倾元曲，三复藏家百种篇。——《周甲自述》

　　　　究史研经道自通，词章诗赋夺天工。茫茫禹域文明迹，浑在元人百曲中。——《题元曲选》

《元曲概说》凡九章：一、《歌曲之沿革》，二、《唐之歌舞戏》，三、《宋之杂剧》，四、《金之院本》，五、《元曲选》，六、《元曲之作家》，七、《北曲之体制》，八、《南北曲之比较》，九、《元曲选》之解题。

余读其书，颇觉有可议之处，兹逐章为论列于次：其述戏曲之沿革，自诗、骚、乐府、绝句、而词、而曲。谓"词起于中晚唐，发达于五代，自北宋南宋而极盛"，此言甚是。然称"词出绝句"之说，既未从音乐上立论，亦未从文字形式上立论，又不知并小令慢词为一谈，似作者尚不知有六朝小乐府者，抑可怪也！至"宋代之词，一变即成元代之曲"，此一变二字，终嫌突兀！词如何流入北朝，蒙古歌体给与曲之影响，如何？（此点余近年有说）以及唱赚诸宫调在曲乐上有何关系？作者概未言及，何也？惟"曲实为杂剧骨子"一语尚中肯，可以证明余早岁与青木正儿君之讨论，主"散曲先于戏曲"说之未谬。其下谓词与诗所用之韵相同，则大误；刘渊平水韵分平为上下，亦与阴阳平无关，谓元曲以大都音为主，不知是何根据？（举《太和正音谱》以仙侣点绛唇为例，亦可笑。）周德清《中原音韵》外尚有卓从之《北腔韵类》（见余所刻《饮虹簃丛书》），周书入声分配作阳声，与卓书之阴阳相假例，为曲韵上最大关键，皆作者所未知，宜其一谬至此也！试以戈载《词林正韵》比勘诗韵，即知诗词韵异，兹不详。

《唐之歌舞戏》、《宋之杂剧》、《金之院本》三章，与《宋元戏曲史》取材略同。《院本》章中谓："董解元，大金章宗时人，解元乃乡试第一，于此可知其才学。"此亦一误。案此处所用解元，系读书人之通称，非发解乡试之谓也。近广安贺公符先生家藏玉茗堂钞本《弦索西厢》谓："董解元名朗，泰和时人，隐居不仕。"余尝作《天净沙》云：

> 董生只道无名，原来朗朗分明。不是临川写本，柳村为证，解元相称。

以未见原书，余不敢确定之耳。其第五章《论元曲之勃兴》，首论北曲之名，因流行北方，以大都为中心之故，亦颇可疑。案元曲之作，始于上都，若谓流行于大都，又何尝不流行于江浙？西湖亦曲人聚集之所，何以不名西曲耶！盖南曲既作，以北为别，南曲与北曲为相对之名词，非北曲有本名也。至"元人以曲取士"，亦非确指曲为科场之文。犹云：

今日之青年以白话定其国文程度之优劣,不必以白话文为考试之标准,自来考证皆属辞费。虽然明代八股文之体式颇取资于戏曲者(见拙著《八股文小史》)与此主题无关,兹不再详。所谓十二科,犹言十二类,或取情节(如隐居乐道、风花雪月),或取脚色(如忠臣烈士、逐臣孤子),或取场面(如拨刀赶棒),或取结构(如悲欢离合),以见戏曲内容之富,本无绝对界限可分。言戏曲史者每重视之,诚有张茂先我所不解者矣。又作者列举臧晋叔《元曲选》以外之《元人杂剧选》(北平图书馆藏本),不知吾人有"脉望馆抄本古今杂剧"之发现,计共二百四十二种,新发见之元曲即有二十九种之多,固在作者此书出版前二年也(《元曲概说》刊于民国二十九年,而吾人于二十七年四月得此曲中珍宝)。

第六章《元曲之作家》,所附二表(年代别表与地方别)甚明晰,为此概说全书生色不少。惜乎作者廑见钟嗣成《录鬼簿》,未采贾仲名《录鬼簿续编》(天一阁藏本),不无尚有缺漏!第七章《北曲之体制》计共六则。一、一本由四折而成。案,折,摺也。一本折而为四,以供场上之用者;二、一折限一调一韵,此处一调应作一宫调,此钢琴三弦,不当!又于套式解说甚幼稚,盖未熟习曲谱,徒取形式比勘而已;三、论四折之外用楔子;四、论一人独唱。五、论题目正品,皆尚平实。

第八章《南北曲之比较》。谓:"南曲在明代勃兴,大成,名之为传奇。"此语甚可议。南曲不必尽传奇,传奇不必尽南曲,传奇乃文体之名。南曲乃乐调之称,不可一以贯之。《琵琶记》以前已有南曲,不然何以沈和以南北合套也!自来言南北曲比较者,皆未知南北曲之不可比较者也。作者所述,乃传奇杂剧之比较,复不言配搭,不言粗细曲之别,不言短戏之运用,所述有隔靴搔痒之叹!谈昆曲部分,尤为疏落,此全书最无足取之一章也。至第九章《元曲选之解题》,本森槐南"史剧、风俗剧、风情剧、道释剧"分为四类,此与十二科同为假设的分类法,未足为据。试问其间果无相通之处否乎?不敢信也。

要之,全书本系概说,除间有谬误,尚能提纲挈领举其要点。以异国之人治我国之文学至此造诣,立可钦羡。至原书末章作者忽牵涉王道与所谓"东亚新秩序",令人可哂！此非学者应有之态度也！再者,我国来学之治词曲者,应不限于考证,不然徒拾牙慧,语少深至,此又予评盐谷氏此书之本意。

三十年三月十日

(《说文月刊》1941年第2卷第11期)

批评与介绍：
青木正儿的《支那近世戏曲史》

陈子展

自王国维氏酷好元曲，以为可与楚骚、汉赋、六代骈语、唐诗、宋词相继，皆为一代文学，后世莫能及，元曲的价值算由他重新予以相当之估定了。王氏更就元曲而考索它的渊源变化，上溯至唐宋辽金文学，写成《宋元戏曲史》一书。他以为"世之为此学者自余始。其所贡于此学者，亦以此书为多。非吾辈才力过于古人，实以古人未尝为此学"。他这话并非夸大，因为中国之有戏曲史，实以他这部书为嚆矢。他这部书论元曲一部分，自然有它的不可磨灭之价值；即论宋之杂剧、金之院本，也费了相当的工力。不过关于古初至五代之戏剧一部分，他虽于第一章即从此开端，还嫌写的太略。比如他虽已说出戏剧起源于巫优，而巫又远在优前，可是他并不曾说明何以巫的发生会早于优？何以宗教的艺术（巫舞），会早于世俗的艺术（俳优）？而且，何以前者是民众的，后者是贵族的？再，他于巫优的关系、优人与乐人的关系、戏曲与音乐与礼仪的关系，都欠说明。还有，从汉魏到隋唐之间的戏那一大段历史，他也没有详细论列。至于中国戏剧的发展曾受了四夷之乐、胡人奇幻之戏先后输入的影响，他更不曾提到了。总之，他这部书恰如其书名所示，只是宋元戏曲史而已。从古初到五代那一部分，是须再有人写成一部古代戏曲史的。明清以迄现代，是须再有人写成一部近代戏曲史的。这样，整部的完善的一部《中国戏曲史》才有出现的一天罢。

《中国古代戏曲史》，吾友黄衍仁先生有志把它写成，可是他又常常忙着别的事要做，仅只写了两三章，曾在《南国月刊》上发表，我们倘要看到他这部书的完成,就须耐烦地等着他了。

《中国近代戏曲史》,还没有看到或听到有人专力从事这项工作。虽然,郑振铎的《文学大纲》里面,于明清两代的传奇也曾论及一些,但他似为全书体例所限,也只能论及这些。好了,日本东北帝国大学教授青木正儿先生的《支那近世戏曲史》于今年出版了。算由邻国的一个学者暂时代替我们弥补了这个缺憾。

青木正儿的这部书,据他自己说,有志继王国维的《宋元戏曲史》而作的。他想题为《明清戏曲史》,为着易入他本国人的耳目,乃题今名。所以称为近世者,他以为中国戏曲唐以前无足论,至宋而稍发达,至元而勃兴,至明清而益盛。又以为元明之间也有差异可以分划,即元代北曲杂剧盛,明以后则南曲传奇全盛。且以为王氏之书,划宋以前为古剧,以与元剧区别,他就想以元代当戏曲史上之中世,而把明代以来称为近世。

他为了要研究中国近代戏曲,曾一度至北京考察皮黄戏之王都。他虽不曾听到古典的昆曲之遗响,而有昆曲衰亡之叹,可是他已饱聆所谓皮黄梆子的激越俚鄙之音了。他又曾两游上海,有暇辄至徐园,去听苏州昆剧传习所的僮伶演习之昆曲。他以为中国专演昆剧者,现在唯此一处,虽所演以属于南曲者为主,间亦存有北曲之遗音。

当他游北京的时候,曾访王国维氏于清华园。王氏问他游学北京的目的,他说:"想考察戏剧。《宋元戏曲史》有了先生的名著,已完备了;惟明以后,还没有人动手,想于此尽其微力。"王氏冷然答道:"明以后无足取,元曲活文学,明清之曲死文学。"他在当时,默然无以答,可是王氏之说并不能沮他研究之心。他以为明清之曲虽为王氏所唾弃,然谈戏曲者要不可缺。况在今之歌场,元曲久已死灭,明清之曲尚有存者,那末,元曲倒是死剧,明清之曲为活剧了。所以他还是要著成这本书。他以为倘能起王氏于九原,得见这本书,未必不破颜一笑哩!

他这本书的内容目次,略如下述:第一编南戏北剧之由来:第一章宋以前戏剧发达之概略,第二章南北曲之起源,第三章南北曲之分歧;第二篇——南戏复兴期(元之中叶至明之正德):第四章南戏之复兴,第五章复兴期之南戏,第六章保有元曲余势之杂剧;第三篇——昆曲昌盛期（明之嘉靖至清之乾隆）；第七章昆曲之兴隆与北曲之衰亡，第八章昆曲勃兴时代之戏曲（嘉靖至万历初年），第九章昆曲极盛时代（前期）之戏曲（万历年间），第十章昆曲极盛时代（后期）之戏曲（明之天启至清之康熙初年），第十一章昆曲余势时代之戏曲（康熙中叶至乾隆末叶）；第四篇——花部勃兴期（乾隆末至清朝末）：第十二章花部之勃兴与昆曲之衰颓，第十三章昆曲衰落时代之戏曲；第五篇——余论：第十四章南北曲之比较，第十五章戏场之构造及南戏之脚色，第十六章沈璟之《南九宫十三调曲谱》与蒋孝之《九宫》、《十三调》二谱。此外有附录两种，一为《明清戏曲作者地方分布表》，一为《曲学书目举要》，都很重要。其书首《自序》叙述作书的本旨，和研究戏曲的经过，也很有趣。

　　他这部书是由他的两篇论文，一《南北曲源流考》，一《从昆曲到皮黄调之推移》，扩大组织而成。所以它的精彩所在，也只在这两部分。他虽时引王国维、吴瞿安、欧阳予倩诸氏之说，究有他自己新得的材料和新的见解。不过，青木正儿也如我国文人一样，易犯贵古贱今之见，这在他的书中可以常常遇到的。南北曲在文学上自有其相当的价值，至今不泯，但在艺术上它已走入没落之途，而不能恢复其原有的地位。那是必然的。皮黄调代昆曲而兴，虽缺乏文学上的价值，但在艺术上至今尚能保其余势，而未至于销歇。青木正儿认它为"活剧"，那是不错的。倘若仅用文学的眼光来鄙视皮黄，那便错了。青木正儿以为乾隆末期后之戏剧史，实即雅部（昆曲）花部（昆曲以外之曲，如高腔、梆子、西皮、二黄之类）。二者之兴亡史，也即是雅部、花部二者之王霸迭兴史。从明之万历到乾隆中叶，其间好比西周时代，昆腔恰如周室，君临剧界，能保其尊严。到了乾隆末期，就像春秋之世，昆曲的威令渐渐不行，大权落于西秦南弋之手。不过还知道昆曲之可尊。道光以还，就像战国之世，花部诸腔，各树一帜，互争雄长，昆曲虽有若无。到了咸丰、同治之间，皮黄一统之业已告成功，差不多有子孙万世为剧界王之势焰了。青木正儿叙述这一时期的戏曲变迁之迹，即昆曲皮黄盛衰变迁之迹，总算很为详尽精当。至于皮黄何以会代昆曲而兴，他的说明是：一厌旧喜新的倾向，二观众趣味的低落，三北京人听不惯昆曲。这样的说明自然不够。这当然要推究当时的社会背景了。总之，他这部书虽还有些缺点,但在目前就不能不算为叙述中国近代戏曲之变迁的第一部好书。

(原书正价日金七圆,又禁汉译。东京弘文堂发卖。)

一九三〇,九,二五。

(《现代文学》第 1 卷第 6 期)

《中国近世戏曲史》述略

王世瑄

青木正儿著,王古鲁译,商务印书馆出版,定价三元。

关于我国戏曲史的著作,最早要推王国维氏《宋元戏曲史》,但王氏论列,只限宋元,而明清尚付阙如。日本青木正儿的《中国近世戏曲史》,可说弥补了这个缺憾。而取材丰富,则较前书为尤过之,这真是给予研究中国戏曲史的一个绝大的资助。在他序里的开始说:"本书之作,出于欲继王忠愨先生应着《宋元戏曲史》之志,故原欲题为《明清戏曲史》,以易入日人耳目之故,乃以《中国近世戏曲史》为名也。"可知他编著此书,原欲继王氏《宋元戏曲史》而来。译者王古鲁氏,不但译笔忠实,而且把原著有错误和急待补证的地方,一一为之改正和补充,因此使原著格外生色不少。现在我把它的内容,略为介绍如下:

本书共分为五篇。第一篇为《南戏北剧之由来》。他把南戏北剧的起源、发达,以至分歧,说得很周到。他以为唐代以前,简直无所谓戏,仅名之为歌舞,所谓戏,即是少不了一种结构,歌舞是随兴而起,戏曲是有着艺术上更重要的联络性。

其论南戏之发达,辟明人传说起源于温州(即王国维亦承认此说),因而论之云:"盖王氏之说,拘泥于南戏别称之'戏文'一语,遂以为戏文与杂剧为全然别种之剧。……以余考之,戏文一语,当为元代人初呼南宋旧杂剧之语,决非与杂剧为别种之戏。"并有不少的证明,殊见其识别力的高超。更引杂剧与戏文之体例作比较,以南戏至元代而下沉为止。这是第一篇的梗概。

第二篇为《南戏复兴期》,其时期为自元中叶起至明正德止。首论元代杂剧下沉后南剧之复兴,引《录鬼簿》之记载,以范居中、沈和、萧德祥三人于作北剧之余而纵笔于南戏。又引王世贞《艺苑卮言》，以说明南戏复兴之一线曙光。集《永乐大典》本《官门子弟错立身》戏文之辞曲中称传奇者，明沈璟之《南九宫谱》中"刷子序"，《永乐大典》所收之戏文目录，明徐渭之《南词叙录》称"宋元旧篇"者，及《南九宫谱》引用之传奇等，别一古南戏目对照表，至为清晰，并附有参考。他以为现在所发见的《永乐大典》本戏文三种——《小孙屠》、《张协状元》，及《官门子弟错立身》——为元代的作品，而较前于《琵琶记》与《拜月亭》，关于此多所引证。惟这些戏曲，并不高明，至《琵琶记》、《拜月亭》出，南戏于是乎抬头了。其次叙《荆钗记》、《白兔记》、《杀狗记》、《金印记》、《赵氏孤儿》及《牧羊记》等，也都出于元人的手。再次又论成化、弘治、正德间的南戏：《五伦全备》、《香囊记》、《精忠记》、《连环记》、《千金记》、《绣襦记》、《三元记》等。这些南戏，都系有作者的姓名考证及戏情的梗概。在这个时候，所谓杂剧，也有一部分的余势，如《误入桃源》、《城南柳》、《金童玉女》，及《娇红记》等。并列作者谷子敬、贾仲名、杨文奎、刘东生诸人。又周宪王（朱有敦）所作杂剧分为"道释剧"、"妓女剧"、"牡丹剧"、"节义剧"、"水浒剧"及其他六种，都是以剧中的故事为之分类的。末后，叙王九思、康海、陈铎、杨慎诸人之作北曲杂剧以结第二篇。

自明嘉靖至清乾隆间，为昆曲的昌盛时期，因此作者把"昆曲昌盛期"特列一篇，是为第三篇。详叙北曲衰亡后的昆曲兴隆，分为四个时期：第一时期说到昆曲之勃兴，详论李开先、郑若庸、徐渭、陆采、冯惟敏、王世贞、汪道昆诸人，举《玉玦记》、《玉禅师》、《明珠记》、《不伏老》、《鸣凤记》、《东郭记》等为诸人之代表作。第二时期为昆曲前期之极盛时代。首引先进作家张凤翼、梁辰鱼、屠隆三人，举《红拂记》、《灌园记》、《祝发记》、《浣纱记》、《红线女》、《彩毫记》及《云花记》等曲之梗概。次叙吴江一派之沈璟、顾大典、叶宪祖、卜世臣、吕天成、王骥德等六人。这几个人的作品非常多，本书都有记载其梗概与考证，并特提沈璟之《南九宫十三调曲谱》，视为最大的功迹。再次，叙南曲宗匠汤显祖，较以上诸人为尤详。

第三时期则述昆曲后期之极盛时代。关于这一时期的作者，大致承沈璟及汤显祖诸前辈之余绪而更为之提倡写作。沈璟诸人称为"吴江派",其后有冯梦龙之《双雄记》、《万事足》,范文若之《花筵赚》、《鸳鸯棒》,袁于令之《西楼记》、《金锁记》,沈自晋之《望湖亭》、《翠屏山》等,皆属于这一派。至第四期是昆曲将就衰亡的时代了,但还有它的余势。康熙时期的洪昇之《长生殿》,孔尚任之《桃花扇》,万树之《拥双艳》三种(《风流棒》、《念八翻》、《空青石》),周稚廉之《元宝媒》,以及乾隆时期的《内廷七种》、《玉燕堂四种》,夏纶《新曲六种》以及蒋士铨《藏国九种》等,循而至于杨观潮、桂馥、沈起凤、黄振之诸人,率皆依从旧作,未有特创。所谓"雅部"的昆曲便渐渐被"花部"占优势了。

"花部"勃兴,为本书之第四篇,其时期约自乾隆至清末,也就是中国近世戏曲史之最后的一个阶段。南戏至明末,已分有"雅"和"花"两部,昆曲属于雅部,其他杂腔则属于花部,至乾隆时,杂腔如弋阳腔、京腔、高腔、秦腔等均渐兴盛。而其最主要者则为二黄调。引《偶忆录》云:"戏曲二黄调,始自湖北,谓黄岗、黄陂二县也。"其后延至安徽。徽伶至京演唱,便有徽班的组织,同时他们又吸取了秦腔而为"西皮",盖西指西秦,而皮则以湖北称皮为唱之意。但花部的剧情,大都仍取材于南戏北曲,很少自编的,而且文藻、音乐,都不及雅部。不过花部能以排场科白胜之,程长庚、谭鑫培等,遂以演员而出名。直至现在,我国剧界固仍维持这个势力。

本书写至第四篇,已把中国近世的戏曲史完了,在第五篇中,他提出了南北曲之比较,剧场之构造及南戏之脚色等,分别考证而列论,极为详尽。又详论沈璟之《南九宫十三调曲谱》与蒋孝之《九宫》、《十三调》二谱,可说是无微不至。译者也把他自己所见到的和自己的意见作为附录。此外为曲学书目举要,及作者戏曲事项三种索引,更便于检查。统计全书凡五篇十六章,约三十万言,可谓尽论戏曲之能事了。

(《华年》1936 年第 5 卷第 46 期)

关于《中国近世戏曲史》

郑　震

　　足足费去了一星期的光阴，我才把这部书日文的《中国近世戏曲史》读完。
　　书中的编制大概是这样的：全部分为五篇，第一篇是写南北曲的由来——这里面先叙述宋以前的戏曲发达的概略，继而写南北曲的起源和南北曲的分歧，一直到元朝的中末叶为止。第二篇是写南戏复兴期——这虽从元之中叶说起，可是明以前的南戏，除《永乐大典》本戏文三种——《小孙屠》、《张协状元》、《宦门子弟错立身》外，其余只列有书名，并未叙其内容。本书中详叙其关目的，当以《琵琶记》和《拜月亭》为始。然后更逐一的叙述现在尚留存着的当时所作的著名的南戏。在这篇中，并述及明代的杂剧，而且非常详细。第三篇是写昆曲的昌盛期，先叙述以昆曲为代表的南曲压倒北曲的原因，再详细的写这时期昆曲的作家及作品，自明嘉靖起至清朝的乾隆止，分为三个时期——前期，中期，后期——在三个时期中，逐一的将其流传的作品，加以考证，叙述其梗概，并附以历来批评者的批评。前前后后，足足写了四百余页，可以说是全书的最精彩处，也是作者的最得意之作。第四篇是写从昆剧到皮黄戏的推移，内中详叙皮黄戏的勃兴和昆曲的衰落。更将没落期的昆曲和皮黄戏逐一的列举出来，间或并叙其梗概。或加以考证，使读者能够明了那戏的来源。第五篇是余论，也可以说是补遗，另碎的写南北曲的比较，中国剧场的构造及南戏的脚色，并说及沈璟的《南九宫十三调曲谱》和蒋孝的《九宫》、《十三调》二谱。最后以曲学书目举要作殿军。

我们仅就这简单的目录看来，即可以知道那是怎样的一部巨著。以一个异邦的人，能够做这样有系统的研究，实在不是一件容易的事。难怪乎作者前前后后要费二十年的工夫（据作者自序里所说），才完成这部作品。

我现在来说一说这部书的特点：第一，全书的收材丰富。除去未经人道及的戏曲之外，现在还有流传的戏曲，也一一叙载其梗概——这一种工作，是中国人从来都没有做过的。第二，编法按照年代，有很整齐的系统。其中或按照作家的先后，或按照作品的先后，叙述时有条不紊。虽然有许多未见全然真确，但亦不至于相差很远。第三，本书名是《近世戏曲史》，而于明以前的戏曲，也有相当的论述。更追溯到宋以前的戏曲的远源，使读者对于中国全般的戏曲史有相当的了解。所以读了这一部戏曲史，即不读宋元戏曲史，对于中国历来戏曲界的全般情形，也可得着一个概念。第四，书中各处部分的考证——如关于戏剧作者的正误，戏剧本事的出处等，有许多都相当的有意义。第五，关于乐曲之逐代的变革，有相当的说明，可以使读者约略知道古来舞台上演奏的大概。这一点于给读者的意义方面说，这部书不特要使读者明了静的剧情，更要使读者明了当时的动的表现。这价值比之历来文人徒以赏赞曲词为能事的，似乎又不同得多了。第六，全部书的结构，繁简适中，犯着"得此失彼"之病处殊少。

上述的六点，不过我个人所感觉着的就其一般的优点而言，顺手写来，当然有许多遗漏的地方。例如宋之杂剧和金之院本，极少有文学上的价值可言。一跃到了元曲，却在文坛上大放光彩——这理由，古人都没有很真确的说明，或归功于乐器，或归功于个人的天才，这纯是偏一的理论。青木先生（即本《戏曲史》的作者）归功于诸宫调的发达，虽然还不免偏于一面，可是已有他的独到之处。

本书叙述关于戏剧的起源，出自歌舞，而歌舞的起源，则始于原始集团的歌舞，这种论法，自然是真确的。可是青木先生对于原始集团歌舞的由来，并未叙及，这或者是作者的疏忽处。我们应该说原始集团的歌舞的由来，是起于原始人类的"自然崇拜"和"生殖器崇拜"——这是很明显的，原始人类起于"自然之谜"——即现在中国对于这"自然之谜",大多数人还是不能明了——始终不能打破,于是不能不加以种种的空想,可是空想仍旧不能解决,这样乃加以种种的神怪附会,神怪附会的结果,就不能不采取一种献媚的手段。原始集团的歌舞,即是献媚于"自然"——即俗名为"神"的手段的一种。同时所谓"生殖器的崇拜"最明显的就是男女间用跳舞以为择配偶的法则,如《诗经》的《陈风·东门之枌》说:"东门之枌,宛丘之栩(即男女择配之地),子仲之子,婆娑其下。"这不是明白的形容着一个女子跳舞以引起对方注意的神情吗,哪里还有别的什么深奥的哲理在内?

从一般人的表现歌舞发展到专门人员的表现,即是说由非职业的变成职业的,这历史的过程,显然由于私有财产发达的缘故。换句话说:人类因为私有财产制的形成,不能不致力于个人的生活问题,对于那"崇拜自然"的玩意儿,不得不逐渐的疏忽了,于是就把这件事交给于几个专门的人身上,而这几个专门的人,更以此作为他们生活的手段——这是"巫"之所由来,也就是"巫舞"之所由来。由"巫之歌舞"变成"倡优的歌舞",其间自然也有它的一段因果史,即是说自私有财产发达后,社会遂有阶级形成,占优越地位的支配阶级,得驱使一班被支配阶级供给自己的生活资料,自己遂得终日的养尊处优,因为养尊处优的结果,所以专门的追求种种的消遣品。这儿是"巫之歌舞"变成"倡优之歌舞"的关键。

原著以"巫之舞"和"倡优之舞"并列,认为是平行的两个系统,我以为这是错误的地方,当然自"倡优之舞"发达后,"巫之舞"到现在还存在,然而这仅可以说是历史的陈迹,或者说人类对于"自然之谜"还没有打破的证据。这两种东西本来是可以并存的,譬如说人类本来由猿类变化出来的,可是猿类至今还存在着——这即是一件事实的证明。

自"倡优之歌舞"发达后,随着支配阶级——上自帝王,下至士大夫——的变迁,歌舞的形式也逐渐的改变,由歌舞而到戏曲,这其间自然也有它的因果律在(这些材料,将来当于另文述之,兹不详)。

作者青木先生,是一个资产阶级的学者,一切的资产阶级学者对于历史嬗变的法则,都是盲目的,作者自然也不能例外。所以在这一点上作者没有说明,我们也不必对于作者加以怎样的苛责。

本书于叙述每篇作品的梗概之后,并附以历来批评者的评语——这一点在我认为是丝毫都没有附加的必要。因为中国历来批评者的批评文章,纯粹是用主观的感情,并不包含客观的真理在内。这一种批评,最容易导人入错误的门径。

历代中国的戏曲,以我们现在还能够看到的来讲,那末,它的内容,就不外乎下列的几项:

一,是写忠孝节义这等等玩意儿的——其中尤其是着重于忠君。这完全是替支配阶级辩护,而使支配阶级得永远维持他的支配权。戏剧中应推《琵琶记》为这一类作品的代表。

二,是写男女间的爱情的。大抵书中男的主人翁,总是秀才书生,女的主人翁都是千金小姐或妓女。两方面只要一逢见就可以定情,进一步便是偷偷摸摸作生殖器的接触,然后乃谈到婚姻的事。或者说得比较文一点的,那就于一次见面之后,两人马上交换物品作媒介,再由一方托人议婚,中间经过许多曲折,最后仍得完聚。中国的戏曲,以这一种为最普遍。

三,是写家庭的问题的,如争产、争继、争宠等。

四,是写文人的浪漫和壮士的武勇的,而于壮士的武勇中,更分义侠的行为和战争的行为等等。

五,是宗教剧,这一种剧便是使被支配阶级永远莫去反抗支配阶级的说教。他以虚无缥渺的死后的享乐,来代替现实的痛苦。使被支配阶级能将现实的痛苦忍受下去,换句话说,即是让支配阶级榨取到你的生命终结为止。

以上五种剧的列举,当然不是绝对的。每一种剧中往往有好几个问题包含在内,它的界限并不明了。

我们要知道,中国的戏剧,它自有史以来,都是支配阶级的娱乐品。它的存在,它的发达,都和支配阶级息息相关。所以要找一部积极反抗支配阶级到底的作品,绝对是不会发见的。而且中国戏剧的结构,无论它中间怎样的曲折,到了最后总是团圆,不团圆的戏剧,实在不容易看见。便是说教剧的以成佛得道为终结,也是一种团圆。这一点就好像和现在所演的美国电影一样,千篇一律的到末了两个男女主脚拥抱着接吻完事,实在使人看着觉得非常乏味。我想这或者刚好适合一班吃饱饭没事做的男女的胃口吧,否则,还有什么意义,像我这样的蠢物,简直想不出来。

最后我要说的便是中国过去的戏剧,究竟是一个民族意识上的一种遗留品,虽然它是那样的乏味,而用历史的眼光看来,却自有它文艺上的价值。

(《现代文学评论》1931年第1卷第2期)

读日本仓石武四郎的《目连救母行孝戏文研究》

钱南扬

我着实为我们中国人惭愧,放着材料不去工作,尤其是关于民俗的东西,可是别人家看不过,便替我们做了。仓石武四郎的这篇文章虽研究不出什么来,而且错误之处很多,然而比袖手不做的总强些罢。

现在为经济篇幅起见,把我要说的话拉杂写下,和原文有关系的地方也不再摘录了。好在这篇文章有汪馥泉君的译本,登在《小说月报》的中国文学研究号外上,读者可以参看。

目连的传说,自然不是中国固有的,乃是从印度传进来的,目连的名字,或作"目犍连",实在是"没特伽罗"的缩音。唐释玄应《一切经音义》卷六"目犍"条下云:

上莫鹿反,下巨焉反。或言"目伽略子"者,讹也。则正言"没特伽罗子",或云"毛驮伽罗子",此乃从母为名。"没特加",此云"绿豆";"罗",此云"执取",或云"挽取"。本名"俱利伽",或言"拘隶多",此从父名也。旧云"俱律陀",不正也。

又《翻译名义集选》云:

"目犍连",正云"没特伽罗",此云"采菽氏",姓也。字"拘律陀",树名也,其父母祷树神得之,因以为名。神通第一。

两书解释微有异同。至于目连的事实,仓石氏以为《佛说盂兰盆经》与《佛说报恩奉公瓦经》中所载是很简单的,到成为戏剧,就有一百零二折那么长。其实他还没有看见《慈悲道场目连报本忏法》中洋洋万言左右的记载!

现在这本戏剧的事迹,大致和这本《忏法》相合,虽则多少有些中国化,然总不若他书——如民间流行的四五种《目连宝卷》——之甚,我还记得《湖南通志》上说目连是澧州人呢!

至于增饰附会的节目,当然也不在少数,这是因为戏剧排场须穿插变换,才能使看戏的不生厌倦,串戏的劳逸平均。所增加的节目的最大部分,自然要算目连妻曹赛英的事情了,因为一本戏的主角是一生一旦,现在已经以生饰目连,不得不插入曹氏的情节替旦角谋一相当地位。

仓石氏考定这本戏剧是吴承恩《西游记》以后的创作。因为中间采用了许多《西游记》的情节。不过以我的推测,至迟是明中叶之前的作品。仓石氏也知道"原本《西游记》自身,也是自宋代以来不绝地在发展的"。为什么?拿剧本里所采用的《西游记》的情节来估量估量,究竟采用的是宋代以来的《西游记》,还是吴氏的《西游记》?

考剧本中称孙悟空为"白猿精",称流沙河为"烂沙河",都与吴书不合。白猿精或者是由宋《大唐三藏取经诗话》中的"白衣秀才"来的。这只就名称的不同而言,现在再举个事实的例,如《过火焰山》的那一折,剧本上是说观音洒了法水,灭了火焰而过去的,并无向铁扇公主借扇的事情。而在《十友行路》①的那一折里,却有铁扇公主扇开火焰山,云桥道人架桥于寒冰池,猪百介开烂沙河等的事情,也与吴书不合,可见非采用吴书甚明!

盖吴书未出以前,《西游记》的事迹异说纷纷,自吴氏以后,始有一致的传说。正似未有施耐庵《水浒》以前,李逵可讲做会作诗的文士。倘此剧果作于吴书之后,那时《西游记》已有一致的传说,则情节就应与吴书相同了。试看清初张照等所编的《劝善金科》②就明白了。现在我知道吴氏是明中叶嘉隆间的人,所以我说这个剧本至迟是明中叶之前的作品,再轻一步说,无论如何不能后于吴氏。

仓石氏只知道剧名用"戏文"二字的可注意,而没有什么解释。考"戏文"二字,是指宋元的南戏。元周德清《中原音韵》谓南宋有《乐昌分

---

① 《十友行路》,是目连的十个结义弟兄同往西方的事情。
② 《劝善金科》虽有几处采《目连戏文》的曲文,而此外的事迹大都和吴氏《西游记》合。

镜》戏文,刘一清《钱塘遗事》谓宋度宗时,有《王焕》戏文盛行都下,而钟嗣成《录鬼簿》亦谓萧德祥有南曲戏文。"南曲戏文"四字连称,意义更明白了。现在此剧不称"记"而称"戏文",我们可以断定他一定不是北曲而是南曲。而且说不定是元朝人的作品呢!

这种南曲,和普通的明人的南曲,如《荆钗浣纱》之类,他的曲牌套数,都不与普通南曲相同。明徐渭《南词叙录》,谓南戏出于村坊小曲,本无格律可言,后来渐渐改变而有普通的南曲,则此种南曲或者竟是宋元南戏的本来面目,也未可知(现在剧场上很流行的《思凡》是梆子腔,仓石氏既误以《思凡》为昆腔,而又误以梆子腔为秦腔,那是不熟悉中国戏剧的原故)。

仓石氏又说富春堂是明末南京姓唐的书肆,又有世德堂书肆也是姓唐。不过据吴瞿安先生告诉我说,富春堂即世德堂,在明朝中叶已经开设了。现在吴先生藏有富春堂原刻的《目连戏文》,是此剧最早的刻本了。

目连戏发生很早,唐王定保《摭言》[①]卷十三云:

> 张处士祜《忆柘枝》诗曰:"鸳鸯钿带抛何处?孔翠罗衫属阿谁?"白乐天呼为"问头"。祜矛楯之曰:"鄙薄问头之诮,所不敢逃,然明公亦有'目连变'。《长恨词》云:'上穷碧落下黄泉,两处茫茫皆不见。'岂非目连访母耶!"

又,宋俞文豹《吹剑录》亦云:

> 《长恨歌》"上穷碧落下黄泉,两处茫茫都不见",人谓是目连救母。

案,唐朝有一种通俗的文体,叫做变文,体例和后世的宝卷相仿佛。这种"目连变",乃是《大目犍连救母变文》的省称,已在敦煌石室里发现了他的写本了。由此看来,可见在唐朝已经有人说唱了。

明朝人所做的传奇当中也有此种戏剧,明吕天成《曲品》卷下,有朱从龙《妙相记》一本,下注云:"全然造出,俗称为'赛目连',哄动乡社。"高弈《传奇品》也云《妙相记》演目连事,不过以为是金怀玉作的。无论

[①] 《太平广记》卷二百五十一引《摭言》,较原文为详。"问头"作"款头"。

是谁作的,他们俩都是明末人,总在《目连戏文》之后了。此外清黄文旸《曲海总目提要》卷四,有王翔千《龙华会》一本,情节是脱胎于《目连戏文》的。

到了清朝,有张照的《劝善金科》,昭梿《啸亭续录》卷一云:

> 乾隆初,纯皇帝以海内升平,命张文敏制诸院本进呈,以备乐部演习。……又演目犍连尊者救母事,析为十本,谓之《劝善金科》。于岁暮奏之,以其鬼魅杂出,以代古人傩祓之意……

仓石氏据叶焕彬《郋园北游文存》,说《劝善金科》的曲就是采用《目连救母》的,引了《九宫大成》卷四仙吕《桂花遍南枝》的两句曲文:"礼世尊为法更亡身,救母氏采幽远历恐"来证明叶氏之说。《劝善金科》固然传本很少,然《九宫大成》所征引的却很多,计凡曲子八十支,套数四套,我们从这里可以约略知道一些《劝善金科》的内容。《劝善金科》不但采取《目连救母》的情节,有几处竟直录其曲文的。如《大成》卷三十一引正宫《划锹儿》与《议逐僧道》折的曲义同。又卷二十四引越调《豹子令》与《招财买货》折的《金蟾歌》,卷五十八引商调《公子皂袍》与《刘氏自叹》折的《四犯黄莺儿》也都大略相同。仓石氏仅仅引了两句,未免太忽略了。

至于演剧时的情形,仓石氏只引了清董含《莼乡赘笔》的一段,却没有说到明朝。案张岱《陶庵梦忆》卷六云:

> 余蕴叔演武场搭一大台,选徽州、旌阳戏子,剽轻精悍,能相扑跌打者三四十人,搬演目连,凡三日三夜。四围女台百十坐。戏子献技台上,如度索、舞■、翻桌、翻梯、筋斗、蜻蜓、蹬坛、蹬臼、跳索、跳圈、窜火、窜剑之类,大非情理。凡天神、地祇、牛头、马面、鬼母、丧门、夜叉、罗刹、锯磨、鼎镬、刀山、寒冰、剑树、森罗、铁城、血澥,一似吴道子《地狱变相》,为之费纸札者万钱。人心惴惴,灯下面皆鬼色。戏中套数,如《招五方恶鬼》、《刘氏逃棚》等剧,万余人齐声呐喊,熊太守谓是海寇卒至,惊起差衙官侦问,余叔自往复之,乃安……

这一段真记得详尽极了。而且还有二点很重要,一是说安徽旌阳,我们知道做剧本的郑之珍也是安徽人——新安；二是说凡三日三夜，正与此剧本合，当时所演的大概就是郑氏的本子。据《莼乡赘笔》所说，则在清初已经流传到北平了。

我知道现在浙江的宁绍一带也有目连班，是专做目连戏的，不知是否就是用郑氏的剧本？又不知怎样的流传到浙江来的？希望大家来研究罢！

(《松江县立中学月刊》1930年创刊号)

森泰次郎的《作诗法讲话》

赵景深

张铭慈译,商务印书馆出版。

为了想知道一点中国诗学,怀着热望,找到这本书来看,结果除了几个小地方以外,大部分是使我失望的。

这本日本人的遗著本非亲笔,只是他的门人所记的讲演稿,讲者已死,当未纠正,由门人记录已经隔了一层。现在再由"疗治白话诗之单调寡味"的张铭慈君的妙文一翻译,那就更加玄之又玄了。

说实话,像张君这样的选择和译笔,想要"引起青年研究古诗词之兴趣……且疗治白话诗之单调寡味",实在还嫌不够。还是先把自己的散文弄弄通再说吧。

一翻开这本书,就会有一条凡例使你莫名其妙:

> 书中第一章平仄之原理,系由先生所著《唐诗选评释》中五七言绝句之解释等项摘出,以附其尾。

请问这样的话有谁能看得懂!既说第一章平仄之原理是从《唐诗选评释》里摘出来的,那不就行了么?怎么还要"以附其尾"呢?这明明是第一章呀!附尾附到什么地方去呢?原来他是这样的意思:平仄之原理是口头的演讲,不过另外后面所附的几大段是从《唐诗选评释》里摘出来的。那末这几句话似乎应该像这样翻译:

> 书中第一章平仄之原理章末所附,系由先生所著《唐诗选评释》中五七言绝句之解释等项摘出。

连主词和它的叙述语都看不清楚,所译的书又怎能"流畅"呢!何况还是第二次改稿的"意译"呢!全书中连词转接的生硬,不必要的字

的增加,简直不胜枚举。为节省篇幅计,此处只略举名句,以供欣赏:

1. 诗至绝句,则无用一毫之才气,半点之魄力,然顾其风趣比兴为如何耳!(面三〇)
2. 自唐代以来,凡诗家所未发表之心怀,而渔洋独能启微窥隐。(面四六)
3. 则悉皆用平。(面五三)
4. 故七言古体之模范,当从何而说明之。(面六三)
5. 一字有一字之义意……故"枝"字亦有枝字之义意。(面九三)

够了,仅只上列五例,已可窥见一斑。一、五两例,为什么不用"视"而用"顾";不用"意义",而用"义意",也许是照日文直抄。第三例"悉"即"皆",此乃"关门闭户掩柴扉","天地乃宇宙之乾坤"之类。第二例的"而"字和第四例的"何"字也都用得很奇怪;我以为"而"字可删,而"何"字或可改为"此"字。

以上所说,都只是吹毛求疵(Fault-finding)的批评,读者只须稍一留心,即可自行改正,只是枉废一些宝贵的光阴罢了,尚无大碍。至于其中的错误,却是不能不纠正的。究竟这些错误是森泰次郎的,还是速记者荒浪烟崖的,还是张铭慈的,我就不甚清楚了。现在依次列举如次:

第五面论反切,不曾说出所以然来——我们如看何仲英的《中国文字学大纲》中论反切的一节,比本书要清楚得多。本书说了等于未说,且很玄妙,谨恭录如下:"反切之法如何?盖因由二字之连续,从反切之结果而产出一字之音,以作表示该音之方法。"这样的解释,你明白么?

译者连声母和韵母都不懂,所以译到双声叠韵的解释时,又有妙文出现:"'参差'二字即互相同韵,因其字母为同音,遂成'参差'之双声;此外尚有'窈窕'二字,其声亦同,故属于同韵。"(面九)其实"参差"是双声,"窈窕"是叠韵。这句话应该这样写:"'参差'二字声母相同,故为双声;'窈窕'二字韵母相同,故为叠韵。"

面三三解释乐府里的双关语,以为"油"是代"忧"字的,也觉未妥。

陈望道《修辞学发凡》以之代"由"，较当。因为油、由同音，忧字与油字在声音上是有一些差别的。

面二九以"近"字为上声，很是奇怪，谁都知道这字是去声。而三八以契丹的"契"字为入声，也是一个错误。据一般的字典，应作平声，另外的意义，如"契阔"之类，则作去声，然而也不是入声。书中曾说起日本人辨别四声很困难，这也许是实情，可是不懂四声，谈平仄的原理也就容易引人走入歧途了。

面三九行五："除二句第五字外"应作"除第二句第一字外"，这大约是汉译的错误。

面一○四说到西江月，"其韵含有平上入三声"，其实只有平声韵湖、徐、扶葭以及上声韵雨、浦、吐、古，并无一个入声韵在内。

面一○五说小令最少十六字，当是指周晴川的《苍梧谣》而言，不知皇甫松的竹枝，仅十四字，字数更少。

面一○六云："词中之最长者，辄多至二百四十字，每附以《莺啼序》之名。"这个每字用得很奇特。

面一一三说元曲著录者五百四十九种，"所残余者不能超过五分之一"。所谓五分之一为一百十种，他的根据就是《元人百种曲》，以为即此可代表现存元曲的全部，当然这一百种的数目是不能超过五分之一的。不知实际上《元曲选》内真能称得起元曲的只有九十四种，其中有六种是明初贾仲名等的著作。此外则《元刊古今杂剧三十种》中，除去与《元曲选》重复的，尚得十七种，《元明杂剧》中又有五种是上两种所未收的，《西游记》六本和《西厢记》五本就都算一种。杨梓《不伏老》也是一种。以上已有一百十九种，超出五分之一的数目，北平图书馆所藏的孤本还不曾计入。自然，森泰次郎当时不曾看见这些材料；但张铭慈在一九二八年译这书时似乎不能不有一个附注。

面一二五说："南曲之资料，多取于唐人之小说，故名为传奇。"这也是大家都知道的错误。因为取材于唐人小说的，不仅南曲，杂剧亦然。以此为南曲独有的特征，实在不容易使人看出南曲与杂剧的分别来。

面一二七说："清代北曲之作者更稀，如凤毛麟角，不过尤西堂一人而已。"这也是抹杀事实的话。郑振铎所编的《清人杂剧》初二集中就有好多种是北曲。

面一二九说《牡丹亭》传奇中,启棺复活等事也是见于《游园》、《惊梦》这两折里的,也极滑稽。

以上随便列举,就已经有了十几条的错误。再加上奇妙的译文,这本书的可读的程度就可想而知了。像这样一本初学的入门书,似乎应该有这样严正批评的必要。

这本书名为《作诗法讲话》,实际上只有前三章是讲诗的,此外第四章讲词,第五章讲杂剧和传奇,都不是这样的书名所应当提到的。因此一本一百三十余面的书,倒有五分之二文不对题,这对于读者也是一个损失。但即使这本书改名为《中国文学讲话》似乎也不见怎样出色,我看还不及盐谷温的《中国文学概论讲话》。盐谷温能够很扼要地说出杂剧与传奇的分别,但森泰次郎却不能,他只能说些不着边际的话。

不过,这本书也不是全然无用的,有两点值得特别提出:一、他证明苏轼的《阳关曲》所用平仄与王维的原曲相同;二、他提出张志和的《渔歌子》是减少一字或偷声的七绝。

(《青年界》1935年第7卷第4期)

金泽博士还历纪念《东洋语学之研究》

赦

日本昭和七年十二月出版,定价四圆。

近年以来,颂寿论文集之风尚,在日本至为发达。除国人所熟知之内藤、狩野、三宅、桑原诸集,皆以支那学、史学为中心而外,其他哲学、美学、法学方面,亦皆有结集;而前年岁抄所出之《金泽纪念东洋语学之研究》,专以语言学为中心,则在彼邦尚为第一次也。

金泽之名,以其为《广辞林》编者之故,为一般人士所熟知,而在学术界反少讲述。以作者所知,金泽之学,决不能以《广辞林》为代表,其人实为一比较语言学者。其重要之贡献,在于朝鲜语、爱依语与日语之比较。《日韩两国语同系论》为其博士论文,今虽内容已多成过去,而以其曾有英文本之故,至今尚间为欧人所称引(英名为 The Common Origin of the Japanese and Korean Languages, S. Etisseev 在 Les langues du monde 中即引及之)。外此更有《日鲜古代地名之研究》、《言语之研究与古代文化》两种,亦皆有德文本。而在三者之前者,更有 Uber den Einfiuss des Sankrits auf das Japanische und Koreanische Schriftsystem 一种,则刊于明治四十年。此国者亦颇为西方学者所知。盖其在国外之声望,实不亚于其三内也。

此集所收,凡文二十四篇,共分六组。第一组自吉泽义则起至岩桥小弥太止凡五篇(篇名从略,下同),皆讨论日本语法者。第二组自丰田八千代起至高桥龙雄止凡六篇,皆讨论日本古语上之问题者。第三组自东条操起至宫良当壮止凡四篇,皆讨论方言问题者。第四组自金田一京助起至小川尚义止凡三篇,皆讨论朝鲜、(中国)台湾等他族语者。第五组自小柳司气太起至竹田铁仙止凡五篇,皆讨论我国语文及其相涉之问题。最后第六组仅加藤玄智一篇,则讨论所谓"言灵"问题者也。全书之内容,大抵若此。

今若对于各组一为简略之批判,则关于第一组者,我人所知过少,不愿妄论。第二组中诸问题,亦颇有同样之感觉。然如生田耕一《安宁天皇御陵名义私考》之冗杂,则一望而知其为尚未成熟之作。高桥龙雄在明治末年,颇为几种肤廓之概论书。今之所作浅薄如故。此二十年来,殆并无若何进步也。第三组中诸作较可观。尤以伊波普猷之《语言翻译释义》,为值得称道之力作。第四组亦不弱。金田一京助之《北奥地名考》,可与伊波之文抗行,或更胜之。第五组最劣。小柳关于我国思想之研究,其肤浅早已为国人所领教。今谈小学,弥觉无聊。后藤朝太郎之《由文字所见之支那古代文化》,更一味胡闹。此君往年所作,散见于《史学杂志》及《东洋学报》者,似尚有一种朝气,且每作亦必相当尽其搜弋之力。近年以来,文品日恶。即偶为文字语言上之文章,亦不过将其旧意,为甘蔗渣之一嚼,而浅薄则益甚,如此文所推冒之古形,则更邻于荒谬矣。其他尾川敬二、竹田铁仙两文,亦无足观。

要之此集中诸作者,其人实不尽为言语之专攻者。尚有数人,则方在开始攻究之中,去成熟期尚远。其论文之不能尽餍人望,亦固宜然。至若小仓进平之于朝鲜语,小川尚义之于台湾语,金田一京助之于爱依语,伊波普猷之于琉球语,固皆专门从事,且有相当成就者,小仓之成绩,更在诸人之上。除此数人而外,求其专攻语学,能为正式的专门论文者,亦已无多,则彼邦言语学之寥落,可以想见也。

与此集同时出版者,尚有《新罗之片假字》一薄册,乃金泽所自撰,而由祝贺会中印以赠赞助人者。文旨在推证日本片假字之源于朝鲜,为说简炼而精湛,颇足以代表金泽之学风。盖日本治言语最博者,莫过于白鸟库吉。金泽之博,虽或稍逊于白鸟,而精炼则过之。又白鸟本为史地学者,其言语之研究,不过用以为手段,而金泽则为纯粹之言语学者。故论语学上创见之多,金泽实过于白鸟。徒以白鸟久主东大讲席,近年知名之士,多出其门下,故声施烂然,而金泽之名,遂为所掩。此则学术命运之有亨陀,而非其本身之有高下也。

抑吾人于此,更有不能已于言者。金泽之为人若何,作者虽不与相识，莫知其详。然就其文事观之，其人在学术上殆有相当节操之人也。在其《言语中映见之原人思想》之末章，既深慨学界之竞尚浮华，而于未开语之研究，几乎无人过问。又在《日鲜同祖论》之引言中，以粗制滥造为憾，而不愿草率成书（原书不在手头，仅忆其大意若此）。此以上述彼邦语学界人才之不多证之，宜其不能无慨。然返视吾国则何如。不特西南未开语之研究，几全为法人所包办。即以最浅近之印欧语学常识言，亦迄未有正当之输入。并金泽在明治末年博文馆《帝国百科全书》中所介绍缪拉之通俗书，亦尚无人知之。而 Schleicher 等形态上最陈腐之旧说，在欧洲早已为人所忘却者，乃沾沾称引（且亦决非自原书称引而来），自命为新，叩以 Meillet、Jerpersen 之书，则瞠目结舌，并其名而亦未之知焉。使金泽见之，不知其慨叹又将奚若也。

（《图书季刊》1934 年第 1 卷第 3 期）

介绍一本语学的著作：《汉音吴音之研究》（附表）

林春晖

无论什么学问，要随便谈谈是容易的。如果要用历史的眼光和科学的方法来研究，那就决不是容易的事。近来研究日语的人越发多了，但对于日本语音的变迁作有系统和历史的研究，以余寡闻，在中国还没有专书出现。

近来我读过一本文学博士大岛正健氏所著的《汉音吴音之研究》（昭和十七年五月三十日第二刷发行，东京第一书房出版）觉得颇有趣味。刚巧新学生的编者来信要我写篇日本语音辨微，我想与其自己挖空心思，不如借此机会把它介绍一下。这是我掇译本书的缘故。

1.《汉音吴音之研究》的内容

《汉音吴音之研究》一书，共分五章，每章又各分成几部。第一章，汉音吴音之由来（音之部）。第二章，汉音吴音之由来（韵之部）。第三章，汉音吴音之踪迹（包括音之部与韵之部）。第四章，汉音吴音之还元。第五章，日本古书之假名与汉魏六朝之古音（共分四部）。末附附记。

2. 何谓吴音？

大抵传入日本的汉字音，有汉音与吴音二大类别。但什么叫汉音，什么叫吴音，试一探其本源，是会发生许多问题的。

所谓汉音与吴音,双方的由来都各有问题。照《日本书纪》的记载:应神天皇时代,阿直岐与王仁赴日传授经典,菟道稚郎子就此两师受教。所以日本学者,以当时汉字的音为吴音传入日本之始,大概是一致的。因为当时在中国的南方与朝鲜东部之间,航路已开,宁波与百济(朝鲜南部)交通颇便,则百济人所用的音,自可以推断为一种南音。现在要知道当时朝鲜的汉音为如何类的音,其证迹既灭,而且文献亦无足征。不过当时在与南方的百济相对的北方高丽,既建设学校教授汉学,而其所用的音为北音,且为后来汉音传入日本之始——也有人这样论定的。

汉魏文化所及的地方,汉魏音既占优势,则在南方吴越之地,先住民族的土音,如必受其压迫。加之至晋的时代,五胡乱起,十六国割据北方,汉族衣冠,多迁移江左,所以行于江南吴地——即今日上海、苏州、杭州方面的江南音,便留下汉魏音的系统。这就是古音的流派,比较北方更多存在南方的理由。

当六朝末期,佛教经百济传入日本。因与南朝直接交通所传入的文字之音,所以可称之为真的吴音。这种吴音不能不认为是汉魏音与吴地固有的音相混合的东西。

3. 何谓汉音?

自日本与隋唐之间的交通开始,那时的北音便传入日本。因唐代文化大受日本朝野欢迎,所以无论政治、文学、宗教,都模仿唐代的形式。因遣唐使和入唐僧归国,传其见闻和所学的知识,于是成为传播文化工具的新来的北音,便为日本全国所尊重。随着时间的迁移,北音多敬重洛阳、长安的都音,南音则渐渐疏远吴地的乡音。到了平安朝的初期,便有汉音吴音的名称出现,称北音为汉音,称南音为吴音。而在吴音之中,则完全包括着《古事记》、《万叶集》等古书所见从来所使用的字音。

4.《韵镜》与七音三十六字母

要知道唐代的音韵,无过于根据《韵镜》。传入日本的《韵镜》,是南宋张麟之所作的《指微韵镜》,日本于享禄年间抄之付印,称为享禄本,其后多数的《韵镜》,便是以此为原本而出世的。在张麟之著作之前,有郑樵的《七音略韵鉴》,即编入于《通志略》之中的东西。此书像《指微韵镜》一样,宋音混入极少,近于抄录唐代的音韵,是最可靠的书。郑樵是跨于北宋至南宋时代的人物,他大概是从什么地方找到《韵镜》的古书而秘藏起来的。

《韵镜》是以音 Consonants 为横,以韵 Vowels 为纵,组合音与韵,一见便知所要的字音 Pronunciation 的一种图式的书。音有七音三十六字母,韵通平、上、去、入四声,有二百六韵。三十六字母是晚唐人所作,将前人所作的四十字母加以省略的。二百六韵,乃根据继承隋陆法言所作的《切韵》的唐的《唐韵》和宋的《广韵》的东西。

七音三十六字母表

唇音				舌音				牙音				齿音						喉音				半舌音	半齿音
清	次清	浊	清浊	清	次清	浊	清浊	清	次清	浊	清浊	清	次清	浊	清	浊		清	次清	浊	清浊	清浊	清浊
帮	滂	并	明	端	透	定	泥	见	溪	群	疑	精	清	从	心	邪		影	晓	匣	喻	来	日
非	敷	奉	微	知	彻	澄	娘					照	穿	床	审	禅							

帮、滂、并、明,当于 P、P、B、M,称之为重唇音。非、敷、奉、微,当于 F、F、V、M,称之为轻唇音。端、透、定、泥,当于 T、T、D、N,称之为舌头音。知、彻、澄、娘,当于 T、T、D、N,称之为舌上音。见、溪、群、疑,当于 K、K、G、NG。

精、清、从,当于 ts、ts、Dz,称之为齿头音。

心、邪,当于 S、Z,称之为细齿头音。

照、穿、床,当于 TS、TS、DZ,称之为正齿音。

审、禅,当于 S、Z,称之为细正齿音。

影,当于 AEIOU。

晓,当于 H。

匣,当于 AEIOU。

喻,当于 Y。影,匣,在 Consonant 无可当之字音。

来,当于 L。

曰,当于 J 或 N。

5. 汉音果为洛阳长安之音吗?

所谓汉音和吴音,其称呼可说起于延历时代(七八二——)。汉音即北音,乃代表洛阳长安的都音,在日本正被当为传入唐代隆盛文化的工具而大受欢迎,其结果遂使南音被当为吴地的蛮者而受摈斥了。自遣唐使入唐僧等归国,虽大鼓吹新音,但要学会它至能利用其音,则颇需相当时日与劳苦,所以新来音既不能全加利用,而吴音当时又已广行,世人赖之以生活,由之以通意,皆感其利便之际,自不能突然以法令之力加以废止。因此遂任其自然,准许汉音与吴音之并存,官厅用汉音,民间用吴音,上流操汉音,下流操吴音,汉籍读汉音,佛经读吴音。其用途遂受自然之规定。如此汉音吴音之混用,在日本文学历史上,乃不可避免的事实。

新来的音既不免亦有错误,于是朝廷遂下令矫正之。《汉字三音考》曾如此记载:"持统天皇之世(当我唐中宗时代,六九〇),有名为音博士之唐续守言萨弘者出,其后常各置此职二人,使掌教字音。又养老四年(七二〇)诏云:比者僧尼妄作别音,宜依汉沙门道荣,学问僧胜晓等,转经唱礼,余音停之。神护景云之顷(七六七),大学寮又有音博士唐人袁晋卿者出现。延历十一年(七九二)之敕云:明经之徒,不习正音,发声诵读,既致讹谬,宜熟习汉音。又同十二年(七九三)之制:自今以后,年分度者,非习汉音,勿令得度。"日本朝廷既设大学寮,聘音博士教授汉音,于是所谓汉音,可以说是唐代的原音了。如此教授原音,乃欲以试定日本使用汉音之根柢。但从僧尼作别音或诵读时致讹谬的记载看来,则读经似乎也是用过汉音的了。朝廷的奖励虽如以上之笃,而原音之教授终归于失败,至未留其痕迹于后世,所以失去了研究汉音的由来的一种切要的材料。

试举一例：哀迭尔氏的《梵汉字汇》将提婆达多写为 Devadatta 即デバダッタ的音。这音若是当时的北音，则与汉音的清音所读的ティハタッタ，便立直起了正面的冲突。虽然日本的汉音已被断定为用北音所写的《书纪》音的一种同系音，但其断论似尚未能确定。所以汉音果否为洛阳、长安的音所写，是还有疑问的。

6. 吴音汉音与苏州音厦门音

大岛博士曾将日本的汉字音与现代中国音加以比较，试探其互相关系，又将汉音吴音与南北两官话试行对照，但以官话已失浊音，失去其不可缺的要素，遂求之于其他各州，结果认为苏州音与厦门音，乃最显著的浊音所行的方音。

苏州音和上海音无大差别，日本吴音与之同系，乃人们所预期的。厦门音的发音近于汉音，但它有读书音，有口头音。读书音虽能叶于字音，但口头音则转变很多，没有一定的法则。福州音和漳州音，本是闽越、南越的音，受中华势力所压迫，变成了混合音，所以其土音之难以写在文字上是不足怪的。

7. 苏州音与厦门音头音之对照

这里根据《韵镜》，作苏州音与厦门音的对照，用表加以比较。关于表上记载的罗马字的用法，稍为说明一下。

一、在厦门音的唇音清，将轻唇音之相当于 f 的音，以 h 表之。

二、在厦门音的舌音浊，将相当于 d 的音，以 l 表之。这是厦门音的特殊变化。

三、在苏州音牙音清浊，将相当于 ngy 的音，以 ny 表之者，因其中间之 g 脱落也。

四、在厦门音齿音清，将相当于 ts 的音，以 ch 表之。于是便与日本吴音相适合。苏州音为 ny，厦门音为 j。

	唇		音			
	苏州音	厦门音		苏州音	厦门音
	浊	清		清浊	浊
蓬	bong	pong	蒙	mong	bong
伏	voh	hok	目	moh	bok
皮	bi	pi	眉	mi	bi
分	ven	hun	模	mo	bo
	舌		音			
同	dong	tong	农	nong	long
题	di	te	尼	nyi	li
陈	djen	tin	女	nyü	lu
道	dau	to	男	nön	lam
	牙		音			
穷	gyong	kiong	玉	nyoh	gioh
局	gyoh	kiok	岳	ngok	gak
棋	gyi	ki	宜	nyi	gi
狂	gwang	kông	五	ngö	go
	齿 音			半 齿 音		
熟	zhoh	siok	肉	nyoh	jiok
族	djoh	chok	二	nyi	ji
松	zong	siong	如	nyü	ju
常	ziang	siong	任	nyin	jino

比较了以上的头音，从其结果看来，则苏州音与厦门音之对于《韵镜》，与吴音和汉音之对于《韵镜》之相叶可谓若合符节。

本文限于篇幅，仅掇录其中关于汉音吴音之一部分，未能详细介绍，幸读者谅之。作者附白。

(《新学生》1943年第3卷第4、5期)

《支那书籍解题(书目书志之部)》

何多源

〔日〕长泽规矩也编,昭和十五年十一月,东京文求堂书店铅印本,三九一页,十九公分,二元八十钱。

编者系日本著名目录学者,现主编《书志学》杂志,对于中国目录学之研究,尤有心得。

此目收中文书目及书目学之图书约五百种,所收之书以日本收藏书目最富之静嘉堂文库所藏者为主,而以东京帝大及编者与其友人所藏者补充之。

每书著录其书名、卷数、撰者,并详载书之版本,罕见者则注明藏家。每书将其内容撮要,间附以简单之评语,并载有撰者略传,但传略为长泽氏所不知者即行从阙。如有关于该书之参考论文亦附注其出处。各书分下列十八类排列:

一、史志(附现存目)

二、郡邑志

三、官藏

四、图书馆,学校

五、家藏

六、劝学

七、读书题跋

八、专科目

九、著述目

十、版刻

十一、禁毁目

十二、征访征刻

十三、丛书目

十四、引书目

十五、书志学

十六、丛刻

十七、杂书

十八、附载

书前有分类目录及书名索引,书后附录有中文新刊书目学书目,日人编印之汉籍目录等。

此目收罗书目约五百种,可称丰富,各书均为编者所亲自过目者,著录自必正确,解题简明,详注书之各种刻本,均为是书之优点。但此书亦有可议之处,兹列举如下:

(一)遗漏 此目收书目约五百种,为数不为不多,但其中有许多不甚重要者,其中重要者而反被遗漏,有:

(1)平心编之《全国总书目》。此目收书二万余种,几千余页,为近年编制颇完善而内容甚富之书目。

(2)《国立北平图书馆排印卡片目录》。此目已出五册,以编制完善,查检利便,为其特色。

(3)《国立中山大学图书馆中文目录》。凡二巨册,收书二十余万册。

(4)多纪元胤编之《医籍考》(中文本)。此为中国医学目录之巨著。

(5)马奉琛《清代行政制度参考书目》。北京大学铅印本。此为有解题之书目,内容颇富。

此外漏收者颇多,不遑尽举。

(二)不收佛经目录 查佛家经录在中国目录学上所占位置,极为重要,梁启超先生尝论之,梁氏略云:"其所用方法,有优胜于普通目录之书者数事:一曰历史观念,甚为发达,凡一书之传译渊源、译人小传、译时、译地靡不详叙。二曰辨别真伪极严,凡可疑之书,皆详审考证,别存其目。三曰比较甚审,凡一书而同时或先后异译者,辄详为序列,勘其异同得失……四曰搜采遗逸甚勤,虽已佚之书,亦必存其目,以俟采访,令学者按照某时代之录而知其书佚于何时。五曰分类极复杂而周备……"(论《佛家经录在中国目录学之位置》载《饮冰室合集等集》十五)佛家目录之重要既如上述,而现存重要目录如僧祐之《出三藏记集》、道宣之《大唐内典录》、王古之《大藏圣教法宝标目》、智升之《开元释教录》、惟白之《大藏经纲目指要录》、智旭之《阅藏知津》……等此书目均未著录,亦为是目缺点之一。

(三)不收论文索引　查杂志、文集、论文索引,与书目虽微有不同,但其性质用途与书目无异。其重要者如《国学论文索引》、《文学论文索引》、《清代文集篇目分类索引》、《中文杂志索引》,其价值远在其他不甚重要书目之上。此种索引年来出版甚多,贡献于学术界至宏,今不收此种索引,是书为之减色不少。

(四)分类不甚精密　此目将许多专科书目如《故宫方志目》、《史部书目稿》、《中国医学大成总目》、《北平各图书馆所藏中国算学书联合目录》等分入官藏书目,图书馆目录,丛书目录之内,颇犯分类重形式而不重内容之弊。且一书可入二类者有一部分采用"见例",大部分仍未被采用。专科书目之被分入别类者在科目下多未采用"见例"。又编目法中"见"与"互见"分别至严。此目时有误用。又史志书目之分类以时代为次,极为合理。但史志汇刻如《中国历代艺文志》、《八史经籍志》等,似应排在《艺文志二十种综合引得》之前,不应排在《清史·艺文志》之后。

(五)未编著者索引　此目为利便查检起见,已编有书名索引,但尚缺去著者索引,未免美中不足。

(六)此目对于各书版本纪载甚详,至为可喜,惜因编者未能尽见各种刻本,其有异同之处,间有不能加以说明。如《郑堂读书记》,民十七年刘氏嘉业堂刊本系七十一卷本。商务印书馆《国学基本丛书》本多《补逸》三十卷,此目未有说明。

总而言之,此书目虽有小疵,仍不掩其为佳著。我国国内现下尚无此类有解题的书目之书目专著出版,竟烦外人代为编著,是亦可慨也!

(《岭南学报》1937年第6卷第4期)

《中西文化之交流》

维

石田干之助撰,张宏英译,三十年二月初版,商务印书馆印行,平装一册,一五七面,定价七角,史地小丛书。

吾国学术,日人研究,最为努力。发为论著,虽瑕瑜互见,亦颇可供参考。是书冠以绪言,述其作意,而以参考论著略表,附焉。正文九章:一、述太古中西文化;二、述周末先秦中西文化交涉;三、述汉魏六朝中西文化交流;四、五述隋唐时代伊兰文化东来与中国文化西渐;六、述宋元时代中西文化交涉;七、述明末西方文化东传;八、九述十七八世纪西人对于中国学术之研究,中国学术之西渐,及十八世纪中国文物之西传。至若各时代印度文化之输入,则置而不论(见八面、十九面)。其绪言云:"……因此本稿的不满足、不完全,是著者自己最知道的地方。"书末又云:"……虽然某一部分已经有了相当周到的研究,但是因为作者的微力,所以不能充分利用那些研究。……尤其量繁简不得其宜,脉络不一贯的东西很多,是作者最为遗憾之处!"今考其书,分朝叙事,脉络不贯处颇多,此本为编年史通病,不足深责,兹姑以其阙漏、谬误,及简繁失中之大者摘述之。

观于绪言之后,第一篇简述太古中国文化与西方文化。其中所记,要属依约指揣,所据乃一二西洋学者尚未圆成之学说,犹可归咎于材料过寡。然论其时代,在纪年前尚有一千年至一千五百年,属新石器时代,随于第二篇述春秋战国时代中西文化之交涉。其间经历一段并非无史可征之时代,至少二千四百年,了无一语道及,其昧于古代文化史实,于兹可见。如谓史家要义,在略于古而详于今,则以下记事,断至十八世纪,以后即阙而不书,亦昧史旨。十七八世纪以来,西人每以搜集中国文物相尚，如私人之收藏，公家博物馆之搜罗，量多品精，且皆能影响学术。更自一八九八年俄国学士院首派克里门慈 D. Klementz 考查队探检吾国新疆吐鲁番以后，英、法、德、日、美、瑞典，相继而至西北者，不下七八十次，皆攫取大批文物，文化上大事，不可不纪，今并缺之。八、九二章述十七八世纪中国学术文物之西传，独无专篇以述西方思想之东渐，殊失中西文化交流之义。宋代版刻印刷术之西传，大事也，今竟不载。考蓝浦《景德镇陶录》曰："欧土重华瓷，我商人投其所好，乃于景德镇烧造白器，运至粤垣，另雇工匠，仿照西洋画法，加以彩绘，于珠江南岸之河南，开炉烘染，制成彩瓷，然后售之西商。……此种瓷品，始于乾隆，盛于嘉道。"□是亦华瓷西传之一大事，而第九章不书。寂园叟《陶雅》曰："洋瓷种类不一，康乾以来，输入良多，大抵为粤海关监督所定制，精细绝伦。"唐英《陶成纪事碑》亦载仿洋瓷器皿九事，则欧化瓷器，且以供御矣。而今不录。十七世纪以来，意、法、英、德文物，力摹华风，而俄国亦然。若建筑、家具、陈设，亦仿效中国，相习成风，本书并未述及。意大利人郎世宁 Giuseppe Castiglione 二十七岁来华，供奉内廷画院，高宗不喜欧画，郎氏因大加变更。又高宗命郎氏于圆明园为西式喷水池。凡此皆艺术作风相互影响之处，亦失于考据。蹂兽毛而造之毡，毛织之罽，出大秦，东海诸国，元时其法始传中国，中统三年，工部且于和林置局造之。又有大食窑者，一曰佛郎嵌，以铜为骨，嵌以珐琅，烧成文彩。大食在阿拉伯，元时始传其法。此为工艺直接之流传，今皆不详。叶尼塞河流域，尝发见北魏铜造像，座刻汉文铭，两侧刻异族古文，是西元四六世纪间，佛教已经中国传至西伯利亚矣，在文化史上，此事何等重要，而此书不见称引。凡此之类，皆其荦荦大者，其他细微阙漏之处，尚不暇枚举。

　　进观是书谬误之大者，亦有数端：（一）按人类进化之历史，天文之学，发达最早，以天时民生，关系至切也。《史记正义》谓黄帝时"大挠造甲子，容成造历"。《尚书·尧典》云："乃命羲和，钦若昊天，历象日月星辰，敬授民时。"更观《夏小正》、《月令》、《吕氏春秋·十二纪》，则吾国天文占候之精，发达之早，可以概见。《续汉书·律历志》云："记称大挠作甲子，隶首作教。二者既立，以此日表，以管万事。"是日晷创自黄帝之说也。《尧典》正义引马融之言曰："古制刻漏，昼夜百刻。"《周礼·夏官》有挈壶氏，是漏刻自古已有之矣。东西之有晷漏，殆社会进化共同现象。本书第八面谓"晷漏老早传到中国"，不攻自破。本面所述，以及后来述及亚历山大东征以后，西方文化传入中国之痕迹，皆凿空无据。强谓邹衍五行之说为"原来的中国自然哲学交织西方要素之体系"，亦属无稽。尤可怪者，目春秋战国时代"文化的飞跃"，为外来文化感化之结果，亦毫无证据也。（二）大秦出琉璃十种，见《汉书·西域传》。然其物在公元前十四世纪，即已传至中土。近世河南发见嵌有琉璃之殷商陶器（一九三六年中国艺术英伦展览会出品）可证也。本书十七面谓西汉东传，非是。（三）本书三十七面称："唐初尉迟、拔质那父子作凹凸画，显属伊兰风。"案南朝张僧繇于建康一乘寺寺门，以朱青丝为画，极逼真，时人称凹凸寺。是隋唐之前，吾国已有衬托阴影之法也。

本书系概论之作，作者再三言之（见二、二十四、二十五、四十诸面）。而五十六面备列《元秘书监志》书名廿三种，七十七至八十八面所载本不完备之书目表，均属支蔓。唐时内地之所谓西京有三：开元间指河南府（洛阳）。天宝初及上元间皆指长安，至德间指凤翔府。今廿三面以长安、洛阳、西京并举，未免含混。第三面谓"中央研究院于殷墟发见一个彩陶破片"，按此项发见，数虽不多，实亦不只一片也。此外小小错误，尚不能免。如第三面山西省西荫村，应作山西夏县西阴村。第七面东突厥斯单从西译应作东土耳其斯坦，站在国民立场则应作新疆。第十九面饮器，观上下文义，此处若书酒器，则少误解。第五十一面神明器用之明器，明非朝代名，字左——符号应删。第六十四面河北临青，应作山东临清。第七十七至八十八面表中图籍栏之那坡里，应如其下列，简称为意。第一百廿面明朝邵袁平，应作清朝邵远平。第一百廿五面粉末，应作瓷土或高岭土。否则"粉末"当为"粉本"之误（而第一三一面所谓"东方的粉末"云者，似又有当于"雰围"或"空气"之意）。同面及以后诸面磁器，均应作瓷器，而 Screen（三面）、Acanthus（一三四面）诸字，皆存不翻，实皆无奥义也。

总之，此书良不完备，其所能详之处，则皆西人研究之成果，亦不过采集众说，了无所发明。译文多从直译，每艰涩难晓，如第九面"阿提喀丘上花卉的芬香,也敢无可异。"第十九面"汲取那种绥远式青铜器之流的小器具类"。第廿一面"敢不待西伦氏的提说"。第一四二面"他的辱知交友"等等,皆颇乖谬。至若西文名词附注,拉丁、法、意、德诸文参杂迭见,错字不少,学人如或以为依据,则非另自加以考订不可。然其书亦有可取处:第十二面谓中国得自西方之主要文化,精神文明居多,由北方传入者,为物品。第五十三面以为宋元与其说是反动时代,毋宁目为国民文化的酿成时代,因"灼光耀耀之隋唐的上层文化,渐次为人所咀嚼,所消化,降至民间,扩之于大众"。第五十六面论"宋以前所受西域文化,为波斯式文化。元朝以后,始接受富于阿拉伯色彩的回教文化"。大体论之,尚属正确。第一百廿四面论十八世纪中国文物西渐之潮流、趋势、路径、历程,亦甚恰当。盖是书于研究东西文化,不无可供参考。

(《图书月刊》1942 年第 2 卷第 4 期)

《日支交涉史话》

钱稻孙

秋山谦藏撰，昭和十年一月，内外书籍株式会社刊行。

作者专研中日交往的史迹，于兹十年，为后藤肃堂、木宫泰彦以来的斯学专家。后藤氏的研究重心在倭寇，木宫氏在唐宋交通，作者却全般地多所阐发，尤擅明清间的海上关系。自来讲交通，多只罗列些人名、年次，将带的物品、经过的路线；讲倭寇，也只叙述些攻掠剿伐的情形、寇中的人物；作者却一一着眼到史实的意义，要看出个全东亚的动向来。此书结集其四五年来的精撰三十二篇，加以修订编次，略示其研究的体系。现在录其篇目，略释其内容，以为介绍。若说评论，则吾岂敢。

（1）古代之日支交涉（昭和九年六月稿九月修）

此篇取材于我先唐诸史传而参以《日本书纪》。以为《魏志》传其氏族集团的分立，《宋书》传其统一时期，而蹈袭《隋书》的《北史》见其传入各种文化。

（2）佛教之传入与《金光明经》（七年二月稿九年二月修）

（3）《金光明经》与国分寺之创建（七年二月稿九年二月修）

此二篇所阐发：由圣德太子的宪法十七条而致大化二年的改新（贞观二十年），以底于奈良朝之盛，这一番大事业，全在打破向所立足于神道的阀族政治，而以弘兴佛法，用《金光明经》，尤其是义净译《金光明最胜王经》为指导原理，在佛教基础上重新组织为中央集权的国家。国分寺是各国分建之寺，是改组事业的成就纪念。所以用《金光明经》者，取其为护国安民的要法，投合当时的现实要求，也正是那时的东亚潮流。义净译尤以唐威的远播而还入于西藏、西域，东及于朝鲜、日本。

纂修《书纪》时已在奈良，所以竟用了其中文句来记佛法的初传，还替百济王做了一篇表文。至于国分寺制度，是仿的北魏文成帝"制诸州郡县于众居之所各听建佛图一区"，并非仿的大云经寺。

（4）日唐贸易与《竹取物语》(九年四月稿七月修)

（5）大食商品与平安贵族(八年四月稿九年五月修)

《竹取物语》是日本小说的鼻祖，唐末时作品。说竹中玉女赫耶姬为举世所想慕，而谁都不得见一面。有王孙公子五人来求娉，传命各觅一宝，而各自排难冒险觅来，总不真。结果玉女还是上了天。五宝之一是唐土所有，见火不毁的火鼠裘。受命的公子便修书赍金托唐船上的王卿去觅购，王卿说非唐土所有，且去天竺看有没有。后来听说唐船回来，派人快马去筑紫迎问，居然有了，找补了黄金五十两买了来。谁知拿去赫耶姬家一试，竟成了灰。这原也取材传说，却备见平安时代的贵族生活，唐船贸易的情景。禄山乱后，大食波斯人从南海来的越发多了，中土商贾便贩其所携珍奇到日本，以致贵族无庸更以国家之力派使中土。这是遣唐使废止的重要原因，也是唐宋钱之所以流通于日本。其时贸易，以贵族为顾客，而所谓唐物，无非绫锦、香料、药材、宝石，多半不是中国产。即此火鼠裘，也就是斯调国的火浣布。

（6）日宋贸易与鹦鹉之传入(九年三月稿)

（7）西域游戏之东渐与武士阶级(九年一月稿)

（8）《徒然草》与支那钱之流通(八年十二月稿九年八月修)

此三篇阐发平安末期以至镰仓时代，因宋钱的大流入而货币经济发展。镰仓时代并非因武家统一而公卿没落，其实以土地为基础的武士，也为钱所逼迫；一般地因钱而不安。《徒然草》撰人兼好法师，咸以为超世遁俗的人，其实他的书里很见得当时的世相与"钱"的势力。

（9）朝鲜使节所见中世日本之商业与海贼(六年八月稿九年七月修)

自镰仓末历南北朝、室町时代、战国时代，以至织田、丰臣的统一，正是战争、商业、海盗三位一体的时代。南北朝爆发了全国动乱，米谷农民，两皆匮乏，所以倭寇朝鲜，掠米掠人。室町苟安一时，略具贸易之体，志在得明钱。因是而货币经济愈发展，封建基础动摇，复为战国，倭渐南寇闽浙，财货是掠。此时倭寇，是中日合帮的。织田统一开端，"御朱印船"向南海往来了。这其间的社会经济情形，颇见于朝鲜聘使宋希璟的《老松堂日本行录》，而《李朝世宗实录》所录朴瑞生的复命书，言之尤详。

(10) 日明贸易与日本国王（九年六月稿八月修）

以今日之观念去责备足利将军的受封"日本国王"，是蔑视历史之真的话。贸易实左右于商人，而博多与堺两地实相对峙。对峙的尖锐化，遂开了嘉靖之寇。

(11) 琉球王国之勃兴与佛教（七年六月稿九年三月修）

此篇考论中山王室自与中国交往而农收增富，盛与海上各地交通而商利增富，遂勃兴于元明之际。迨尚真王(1479 即位)，尤以"移中华之风，易此土之俗"为第一目标，以佛教为统一全琉球民族的方策。其佛教，寺院传自中国经典请自朝鲜，而僧侣多来自日本。

(12) 爪哇船之渡来与象之传入（六年四月稿九年二月修）

应永十五年（永乐六年）有南蛮船到若狭国今富庄地方，由其国王亚烈进卿送了日本国王一匹活象。这事但见于其地领主家的旧文书。参证以《爪哇史》、《李朝实录》，知此南蛮是指爪哇；亚烈是大食语 Ali 的对音，头目之谓；而进卿大概是三佛齐之后的旧港的副头目施进卿。爪哇那时与中国、琉球、朝鲜、印度，都很有商舶往来。

(13)《呗双纸》与《万叶集》（二年一月稿九年三月修）

"呗(omoro)"是琉球的神歌，嘉靖、万历、天启间三次结集，共二十二卷，谓之《呗双纸》。《万叶集》是日本的古诗，奈良时结集。此篇取二书比较，言其极相类似。

(14) 朝鲜王国之勃兴与贸易（六年七月稿九年五月修）

(15) 朝鲜史料中之应永外寇（六年七月稿九年五月修）

应永外寇者，应永二十六年朝鲜寇对马事。此二篇俱以《李朝实录》为主材。

(16) 葡萄牙人之满剌加占据与 Gores（二年八月稿九年五月修）

(17) 琉球人之南海发展与 Gores（二年七月稿九年六月修）

(18) Gores 与琉球人（二年八月稿三年九月修九年五月再修）

十六世纪初年，葡萄牙的印度总督 Albuquerque 占领满剌加时，说其地有各国人来贸易，中有种 Gores，其本国为 Lequea。有人说这就是高丽人，有的说琉球人，还有人考证为日本人。作者得观琉球王家后裔尚氏所藏数千册的旧文献，发现蔡、红、郑、金诸氏家谱。知道琉球在十五六世纪时，遣使安南、暹罗、太泥、满剌加、苏门答剌、巡达（Sunda）、爪哇等处四、五十次之多，可见交往之盛。考其时朝鲜、日本，均不能有此。此三篇考论这 Gores 是琉球人，而其中有高丽人。当时倭寇猖獗，高丽人每每被虏，而被卖，或流落在琉球。这问题近年甚嚣尘上，波及欧洲学界，为作者发轫之论，我昔年曾介绍及之。

（19）倭寇之支那人掠夺与谣曲唐船(八年一月稿九年六月修)

（20）狂言中之日本女性与支那人之结婚(九年六月稿)

谣曲是室町时代盛兴的戏曲，中有曰"唐船"者，演一宁波船被倭寇掠去，船中有个祖庆官人，被虏在筑前、箱崎地方牧牛马十三年，娶倭妇，生二子。一日，本国的二子寻来，赎父归，而倭生二子欲随行，主者不许。祖庆两难，起身欲投海，主者动，许携归。

狂言亦戏曲，以对白搬演，中亦有"唐人子宝"、"茶盏拜"等，皆以此类事为题材。倭寇时代，不少华人流寓九州方面，传入的中国话、中国风习颇不少。

（21）欧人之台湾岛发见与琉球(六年八月稿八年十二月修)

（22）支那使节之琉球访问与《隋书·流求传》(二年八月稿八年十二月修)

（23）流求乃台湾乎琉球乎(八年七月稿九年二月修)

《隋书》里的流求是现在的台湾，这话是翻译《文献通考·四裔考》的法国人 Saint Denys 唱起来的，后来几成了定论。近来日本人研究这问题，颇多争论，而大势还是台湾说为多。作者却从各方面来批评前说，以为还是即今琉球的看法来得妥当些。这论旨，我曾为摘译介绍。文中附叙着日本对于东洋史的研究情形，亦颇资参考。

（24）支那人之倭寇(九年四月稿七月修)

（25）倭寇与支那人之中华思想(九年四月稿九月修)

作者以为倭寇大半是中国人之叛乱者。中国人的华夷思想每因异族之侵而高调，明初尤甚。及至明政之衰，内叛亦以倭寇概之，也是政府的一种手段。而亦惟其概之以倭寇，遂令这中华思想发生了动摇，所以才研究起日本来。

(26) 尚贤王所献青铜华瓶与东照宫(二年七月稿九年一月修)

考论琉球王尚贤献于东照宫(德川家康的庙)的一副铜香炉花瓶，原是中国赐琉球的，庆长年萨摩岛津氏讨其王，此为战利品。幕府贡献品，便划了原铸之铭，而刻了尚贤铭款，并墨书了岛津家的题识。

(27) 锁国前后日支交涉之一面(二年十月稿九年一月修)

德川家康初年，亟欲恢复，万历甲午役前的明贸易不可得，一面大放"御朱印船"向各地，一面授意萨摩，欲使琉球为介以通明。琉球支吾其间，于是有庆长十四年的岛津氏征讨之举。征讨结果，岛津氏尽收其实权实利，仍还其王，留其独立之名。并且竭力瞒住中国，自是琉球成了两属的形态。

(28) 英雄不死传说与东亚诸国情势(七年四月稿九年二月修)

历史悲剧中的英雄，每会复活到史的传说里，也是民间爱惜之情有以致之，而亦不是偶然的。源为朝、源义经，分明都有死时之记载，死后四五百年没有成问题。乃为朝死后五百年而有渡入琉球之说，后竟做了琉球始祖舜天之父。定西法师入琉球所记，袋中的《琉球神道记》，都只说他到琉球，因为其时日本与琉球只是对等关系。自从岛津征服，向象贤的中山世鉴里，就做舜天之父了。义经之说，在初期的《东游记》等书，只说他入虾夷，迨与虾夷的关系加密，便说他做了王。享保二年(1717)的加藤谦斋《镰仓实记》里，竟入了满洲；明治十三年末松谦澄(Dr. K. Suématsu)在伦敦著了 Identify of the great conqueror Genghis Khan with the Japanese hero Yoshitsune，唱为义经即成吉思汗之说；大正十三年小谷部全一郎又做了《成吉思汗者源义经也》一书。这等传说的递迁，都有其历史情势的背景的。

(29) 女真船之来航与《华夷译语》(八年六月稿九年十二月修)

镰仓初期有高丽人来船，身边的物件都收来检查，什么都不奇，只有带子上一银牌刻着四个不识得的字，照录在镰仓时代之史书《吾妻镜》里。经白鸟、内藤、稻叶诸博士逐渐考释，知为女真字。作者又利用东洋文库所藏的《华夷译语》重行考订一番。

(30) Bafan 船・八幡船・倭寇(九年十月稿十二月修)

此三名,向以为可作同一意义论的。作者考说:倭寇并不打"八幡大菩萨"的旗帜,打这种旗帜的船其实见于倭寇之后。Bafan 也并不是八幡的对音,倒是舶番一类字的音讹。Bafan 又常作动词用,则为抢劫之意。

(31) 支那人所画日本地图之变迁(七年十一月稿九年十二月修)

(32) 支那人之日本研究(七年六月稿九年六月修十二月再修)

日本政治地理的知识,宋时得之于奝然者已不为少,而元末朱思本《广舆图》的《华夷总图》里,只在东海中挂得一个牌子。到嘉靖年薛俊《日本考略》的《日本地理图》,位置虽不确,全形也很怪,却已好多了。迨倭寇热闹已过,重刻《广舆图》,就有了日本图,有了日本国的记载。《筹海图编》里,又取为《日本国图》。尤其是《倭国事略》里,见许多日本地名,大都可还得出本名来。这些虽不精确,那时日本却尚无地图。还有一件:这些图里多没有台湾,似乎很可怪,须知地理知识是葡萄牙人传授的。至于中国人关于日本的知识,《魏志》以后,直待奝然入宋而始一进,待倭寇而又一进。其所以不进者,自大思想之为害,现在的日本却又以伟大之姿,出现于中国人之前矣。

这粗略的介绍,并未能提得各篇要领,还盼大家取原书一读。有几句不可不交代的:书名《交涉史话》,这交涉二字与我们寻常用例微有不同,不是国交外交,所以介绍文中代以交往字。作者取材甚广,虽辩说不无冗长反复,而许多地方寻常读去觉得不易解的,须要仔细考查过。至于手民之误不免别字破句,要知道我们近来也着实有此病。还有一件:外国人总爱批评中国人自大,却谁无自尊心呢?作者处处流露着"皇国"口气,固然也是目下时髦,我们却正该加以敬意。我们对于日本确是太没研究了,此其原因,恐怕与其说是自大之故,无宁说是太懒惰了。我们读了此书,应当得到许多的触发警悟。

(《清华学报》1935 年第 10 卷第 3 期)

《西域文明史概论》

汪杨时

羽田亨著，郑元芳译，商务出版，二十三年五月初版，定价五角。

自英国斯坦因（Stein）、瑞典海定（Hedin）等外国探险队相继来华探险，以及我国学者的协力从事后，西域的研究才引起世人的注意。

西域这名称，我国原义甚是广泛，凡印度、波斯、埃及、欧洲等处，俱称为西域。此书作者认现今"新疆省天山南路各地"为西域，自较切当。

不管西域本身在东西交通史上及文明传播史上所占位置的如何重要，即以我国与西域的已往关系与今后的攸切相关而论，我们对于西域史的探讨，应认为非常切要。笔者本此观点，特将郑译羽田氏此书提出介绍并略抒鄙见。

作者在序言中说："此书目的，不外为就西域文明如何性质，以现在记者怀抱所作成，为平易之概论，资一般的参考。"所以，作者坦白地承认："若完全作为文明史观，关于其时代的变迁、发达过程、流行的状态，及必然须顾到的各种社会现象等研究，不备之点，实甚多也。"

本书除序言外，共分十二节：（一）西域的形势，（二）东西交通及西域，（三）古代西域人种，（四）西域的宗教，（五）佛教美术（上），（六）佛教美术（下），（七）西域中的汉文明，（八）汉人的西域经营及西域文明，（九）回鹘部族转往西域，（十）回鹘时代的西域文明，（十一）结论，（十二）补正三则。此外图版十四，附图二十一，均颇有价值。至于此书材料的来源，亦取自近三十年来探险队艰难辛苦所获得的结果为限。

作者将我国汉朝以来，历朝于西域关系深切的情形依次叙述后，认为我国文明对于西域则无多影响（页五四）。而其原因则为"实存有优劣之差"(页五五)。

例如作者举龟兹王绛宾因娶乌孙公主而亲汉,"乐汉衣服制度,归国后,治宫室,作徼道,设卫兵,出入传呼撞钟鼓,摹仿汉天子仪节,西域诸国人皆笑之云:'驴非驴,马非马,龟兹王所谓■也'"(页五二)一例,即认西域文明不易为汉文明转向。

我们如就社会演进的观点来讲,新事物新制度的开创皆积渐而成,不仅非一朝一夕即可使原有社会的传统观念能适应的,而且是起初的时候常受社会传统的守旧观念的碰击。这在文化传播史上几成公例。但是作者断章取义认此即为汉文明不易转向西域文明的例证,态度殊欠草率。

汉文明不易转向西域文明,固因同化不是一时即有成效,但是汉文明虽有汉、唐、元一度的扩展,汉人并无整个的同化政策,这种任其自生自息的传播,实难起反应。当时宗教的关系或亦有之。况且汉时中国文明传播西域,随汉人的居住其地而发生,正如作者所说:"西域之中国古代文明,要为西城之中国人的文明。"(页五一)这样,汉人无今日帝国主义式的文化侵略政策,实极明显。所以,我们认为西域文明的未被转向,实非汉文明本身优劣的问题,而是"中国对于西域经营之不彻底"(页五四)。

譬如现在英国人对马来亚的政策是,一方行同化马来亚政策,他方复尊重土人的风尚习俗。如以此即认为英国文明不能转向马来亚土人的风尚习俗,宁有是理? 我们不是有意夸大我汉人的古代文明,而是作者似乎稍有偏见。

作者也承认汉人经营西域的政策"无非防止北方民族占据彼地,保护汉土及葱岭以西诸国间之交通,而无贸易上的障碍"而已(页五六)。"汉人的目的既已达到,实际的政治,似无染手的必要!"(同页)所以"汉书《西域传》所载西域官名……"都是"汉人任西域人为此等官职,非汉人自就的文武官"。所谓"都护、长史,汉人驻在之地,并无民政关系,不过统督西域人的汉官而已"(页五六至五七)。

这不是汉族的无侵略目的仅期防其入侵的一明证吗? 且因"汉人居住之处,与西域人别作一区域而隔离之,绝不相混"(页五七)的关系,文化传播又岂易事？至于日后的隔膜，如诸蕃属的离我而独立，是汉人宽大为怀因循敷衍的结果。而作者抹杀此种事实，竟谓文化"优劣"之差，宁非舍本逐末，故作此论？

此外汉人的无暇及此，也是一个大原因。如"三国至西晋时代，中国之西域经营事业，因内地不安，故亦不发达"（页四七）。

作者说："凡一民族，已具发达的文明，如受新的别种文明之影响，而转变其性质，势必新文明为特别优秀的，抑或新文明有政治及经济等后援，否则，不过有微细的影响而已！"（页五四至五五）但是作者很知道汉人经营西域的"三通三绝"的政策，经营的目的和情形。试问作者，汉人经营西域有什么政治和经济的后援？作者不此之图，而认为是有"优劣"之差。我不知作者将怎样自圆其说？

即如唐代情形即不同，唐之政治因实际行于西域，凡唐内地之制度，尽量施行于西域，永住西域之汉人，为数亦不少。故中国文明影响于西域亦较大。各种遗物，尤其是绘画，如佛画、风俗画及人物画等，遂遗存于今日。此即"暗示西域文明实有相当的汉化"（页六七）。

可是话又要说回来了，笔者除对作者论述汉文明之处表异议外，此书的应世，在目前关于西域史的著作极缺乏的时期，实有亟切的需要。尤其是我国人更应有阅读的需要。所以译述界译出此书介绍于我国出版界，实适合于我国人参考和一般阅读之用。

（《华年》1935 年第 4 卷第 4 期）

《西域文明史概论》

汪杨时

羽田亨著,郑元芳译,商务印书馆出版,定价五角。

西域在东西交通史上及文明传播史上所占位置极重要,加以我国与西域以往的及今后的攸切相关,因之值得我们对西域史加以探讨,现将郑译羽田氏此书提出介绍,并略抒鄙见,就正高明。

本书除序言外,共分十二节:(一)西域的形势,(二)东西交通及西域,(三)古代西域人种,(四)西域的宗教,(五)佛教美术一,(六)佛教美术二,(七)西域中的汉文明,(八)汉人的西域经营及西域文明,(九)回鹘部族转往西域,(十)回鹘时代的西域文明,(十一)结论,(十二)补正三则。此外图版十四,附图二十一,亦都很有价值,至于此书材料的来源,也取自近三十年来各国探险队艰难辛苦所获得的结果。

现在住居西域的主要人种是突厥族,而作者多方利用探险所得的资料(如往昔住民书写的文字,由遗骸研究其头盖、骨骼、毛发等),考证出先突厥族住于该处的是"雅利安人种,尤其是住在波斯高原地方的人,是属于伊兰人种的系统的"(页七)。至于此人种据居此地的时间,作者说:"最迟在汉代,而继续到唐代。"(页十)又说:"自唐代末纪,突厥族方定住此间,其原住者伊兰人民或被逐退,或为杂婚,致陡失其势力,我人较易知晓。"

西域文化,首推佛教。佛教何时始流行于西域?据我国旧籍所载:"三国魏时,朱士行为求大乘经典去西方,至于阗国(Khotan)而达其目的。"(页十三)又据《魏略》,知佛教于前汉末期哀帝元寿元年(公元前二年)传入中国。基此可知"西域之佛教的传播,必前于公元前二年;盖其地为中国与西方各国交通必经之地,且由富于宗教信仰的'伊兰'系人种据居,佛教至此当先为树立,而后方始传播东方,波及中国,自可置信"(页十四)。但是"西域佛教并非纯料的印度佛教",须"加上其变化"。所以,"西域佛教传入中国,转及日本,亦不能只就普通印度佛教同观"(页十五)。

作者阐明西域佛教的时代、性质及其前后传播的相互关系后,复叙述西域佛教美术。作者研究各方资料的结果,认为无论佛画、雕刻、泥像等"佛教美术多属于乾陀罗(Gandhāra)系统"(页三十四)。

可是这种"美术是否为西域本地人所作?抑或出自他地艺术家之手?"(页三四)作者说:"格隆威得(Grunwedel)氏在其《古代的库车》(Alt-kutsche)一书中,载有关于刻即耳(Kizil)佛洞图录及解说之译文。据此译文,得知描写此等佛洞之画的人中有叙利亚人、印度人,及来自耶稣圣地人等。……故此佛洞所描的古代绘画,不依土著人之手,而实为来自西方诸国人民所描写……及后经历年月,土人对此艺术渐有亲密关系,各人模仿,先描其同样式者,更进而加上地方的风趣,乃至今日一般所知的此地方绘画,仍传有原样式各点甚多。但其题铭用字,则有汉字、突厥字以及吐火罗(Tokhara)语等,故又可证明此等笔者,实为从各方流行的中国人、突厥人及吐火罗人也。"(页三六至三七)

至于建筑,也占佛教美术的重要地位。西域的建筑材料极为贫乏,故所谓佛教关系的建筑,不外利用砖及泥的佛塔,尤其是所谓千佛洞。千佛洞全体可视为乾陀罗寺院建筑系统,不独刻即耳佛洞如是,其他佛洞亦如此,此种建筑依其性质支配,与绘画及雕刻有异,即其加入中国风之样式甚少。据调查哈喇和卓(Kara Khoja)佛寺遗迹之鲁科克(Le Coq)氏称:"其建筑乃为印度风,亦可视为波斯风;而无中国风。"(页三九至四〇)

上面都是本书中各项记述的提要,都很精彩正确。但作者认为我国历代的文明对于西域无多大影响(页五四),其原因是为"实存有优劣之差"(页五五)一点,却不无商讨的余地。

汉文明未能使西域的文明转向,固因同化不是一时即有成效,但是汉文明虽经汉唐元一度的扩展,汉人却并无整个的同化政策,这种任其自生自息的传播，实难起反应，当时宗教的关系容或有之。况且，汉时中国文明传播西域，随汉人的居住其地而产生，正如作者所说："西域之中国古代文明，要为西域之中国人的文明。"（页五一）这样，汉人无今日帝国主义式的文化侵占政策，实极明显。所以，我们认为西域文明的未被转向，实非汉文明本身"优劣"问题，而是"中国对于西域经营之不彻底"（页五四）。

作者又说："凡一民族，已具发达的文明，如受新的别种文明之影响，而转变其性质，势必新文明为特别优秀的，抑或新文明有政治及经济等后援，否则，不过有微细的影响而已！"（页五四至五五）但是同时作者又很明白汉人经营西域的"三通三绝"的政策，经营的目的和情形。那末，汉人经营西域有什么的政治和经济的后援？

唐代情形即不同，凡当时内地各种制度，尽数施行于西域，永住西域的汉人，为数亦不少。故中国文明影响于西域亦较大。各种遗物，尤其是绘画，如佛画、风俗画及人物画等，遂遗存于今日。此即"暗示西域文明实有相当的汉化"（页六七）。

不过此后作者叙述唐代经营西域的情形及晚唐后回鹘人，及其族类之突厥人占据西域后，东西文明之混合的显著特色，以及到了公元十四世纪末，回教文明完全代替回鹘文明，而使当时回鹘文明反毫不留形的经过情形，却都很精确的。

所以此书出版，在目前关于西域史的著作极缺乏的时期，实有亟切的需要。尤其是我国人更有阅读的需要。

末了，还有一句话要说，就是译文很流利，尤其名词的迻译极妥当，这是值得提及的。

（《商务印书馆出版周刊》1936 年第 170 期）

《西域文明史概论》的二种译本

于鹤年

日本羽田亨氏著《西域文明史概论》，于昭和六年（一九三一）由东京弘文堂出版。此书根据历次东西洋人在西域探检的结果，扼要的阐述西域文化之本质、来源，及其演变。持纯客观的态度，一切以实证为依归。而且遇有可讨论之问题，都极虚心的探讨，不肯涉于武断。不能读专门的探检的报告者，最宜读此，因为它文字通俗，插图完备，为他书所不及。在出版的同一年，我国即有译本印行。译者为钱稻孙氏，自印出版，列为泉寿译丛之一。至今年商务印书馆又印行第二种译本。此本译者为郑元芳氏。郑译虽在后，而似未能参考钱译，致有多少不同之处。至于二本译文如何，则瑕瑜互见，今略述如下。

钱氏的译本行文极其流畅，除了少数因为排印的错误而致不能了解的地方外，疵谬可称不多。郑氏的译本亦甚平妥，下笔极慎，惟笔调不如钱氏那样圆熟，且有几处字句无法卒读，未免相形见绌。例如：

（1）郑译第三页，第十行云："……两道自西来，合于敦煌地方（此地近因发现多数古书而顿有名），向东则在同地而分（今其东方至西安而离合）。"

凡加圈之处意义都不明了。再看钱译本就豁然了。

钱译第四页，第二行云："两路从西来，到近时发现许多古文书而骤然得名的敦煌地方相会；由东去时，也从那里分道（分合地点实在今敦煌之东的安西）。"

又如：

（2）郑译第三十三页，第八行云："惟可注意者，泥像雕刻材料的关

系,始在此地发达,究有几种呢?"不是有误字,就是有落字,再不然是译错了。再看钱氏译本如何:

钱译第三十六页,第五行云:"所不可不注意者;有人将以为泥像一物,因雕刻材料缺乏的关系,而为此地所特有;那可不是!"

(3) 郑译第四十四页,第十一行云:"惟作书籍用之木简其边多削入而打眼者,想即为以线穿数片木简系合一处之用耳。"

钱氏译本第四十六页,第十一行云:"凡是书籍的木简多在边缘上有缺口,似乎是用线索结扎数片,做成一册的……"

二本相较,郑氏译本不如钱氏译本之明确。第四例:

(4) 郑译第五十页,第七行云:"记者特就此试略述高昌国之沿革。即此等汉文明遗文,决非汉人以外之其他人种所遗存,故汉代以后占据此地之汉人种,实不外在中国内地感受汉文明之匈奴等种族。"

后半句自相矛盾,既是汉人种,如何又是匈奴?看钱氏译本就知其错误了。

钱译第五十页,第四行云:"我所以特地略讲高昌国的沿革者:须知汉文明之遗文所由存,并不在汉人以外的别人种,乃是汉以后占据其地的汉人种,或是在汉土受了汉文明之感化的匈奴种族所留存的。"

原来郑氏至少落了一个"或"字。再举一例:

(5) 郑译第五十一页,第三行云:"其后虽文字章句,受汉文明之关系。"

钱氏译本第五十二页,第一行云:"或者因为文字文章都要受入汉文明,其事较难。"

郑氏译本除了文字上的错误外,还有事实上的错误。如第五十页,第二行云:"六朝时代在此地汉译之佛典,有佛经之目录书,例如《出三藏记集》等。"案《出三藏记集》并非翻译之书,盖书出于误译,观下引钱氏译本自明。"又佛教盛行,汉译经典不独从汉土将来,六朝时已有即在此地汉译的,见于佛经目录书的有如《出三藏记集》之类"(钱氏译本第五十页,第十行)。又第六十二页,第一行云:"……慧超自印度巡礼圣迹,归达龟兹,在其旅行记中《往五天竺国传》称……"案《往五天竺国传》即慧超之旅行记,并非他的旅行记中别有一部分名为《往天竺国传》。

然而钱氏译本亦不是尽美尽善,全无可议之处,而郑译本亦非不堪一读。钱氏译本自有其弱点。郑氏译本自有其优点。第一,原书插图多而且精,钱氏译本完全略去,这固然有种种苦衷(原著者羽田氏曾愿以原图底版借与钱氏,在日本印刷,因赀力关系未能即时实现;不久九一八事变,此事遂成泡影。钱氏译本中有识语记此事)。可是因为这种缺点,致使原书的精彩失去不少。译本既无插图,凡是原书中解说插图的地方均改作叙述的口气,失去原有的形式,如不看原本或郑氏译本,几不知尚有插图。第二,钱氏译本中的地名除有通用的汉名者外,多用罗马字母,对于通欧洲文字者虽甚便利,然而却非译者所当为。至于郑氏译本之所长亦即钱氏译本之所短。第一,原书插图俱经印入,不过有一部分不甚精美,另有一部分,原系彩色,改印单色。虽不令人十分满意,究竟比没有强多了。第二,所有地名俱以汉字译其对音,虽不通欧洲文字者,亦能读出。此外郑氏译本还有一优点,即所根据的原本为第三版的,较比钱氏译本为原本多出补正三则。

补救的方法,最好是商务印书馆将原书修正重印。其次可附一勘误表(钱氏译本出于自力经营,非有社会上特别帮助,恐不能重印)。为临时之计,读者如能二种译本对读,是最妥不过的!

(《大公报·图书副刊》1935年1月3日)

《西域之佛教》

梁园东

羽溪了谛著,贺昌群译,商务印书馆出版,定价大洋九角。

"西北地理",在中国也算一种专门学问,但自何秋涛、李光庭、徐松诸人以次,对于西北知识,也不过根据历代史籍,钩稽厘订,与以参订而已,并未能有所发现。光绪间洪钧借使俄之便,始采译多桑《蒙古史》等书,辑为《元史译文证补》,始溢出中国人所知西北史地之范围,颇为近人稽考西北地理者所根据。但其书既未完成,且近四十年来,西人对于东西土耳其斯坦各地之考查,已超过前者远甚,而吾人能综合其所得,以重新介绍于国人者尚甚少。

按西北地理,对于中国历史之重要,并不自汉武帝交通西域以来始,在秦汉以前,中国古史之传说,如《逸周书·王会解》、《汤四方献令》、《穆天子传》等,皆与西北史地有关。吾人可大胆说一句,西域古史不明,则中国古史即不能明了。至若汉武帝以后,绘画雕刻之传入,佛教之输入,皆与西域各国有重要关系。所以吾人对于西域知识,尚不仅仅在某某地望之考释,而实在其全盘历史之明了。此种全盘历史知识,近今东西学者所知固有限,而吾国人所知者,尤为有限。

日人自那珂通世以来,开东洋史学研究之风,名家辈出,对于满蒙史地、西域史地、南洋史地,皆多有创获,因而对于中国史之了解,实超过吾中国人远甚。中国人不惟未能急起直追,即就其所创获,以介绍于国人者且甚少。依此一事以观,中国人欲抵抗日人之侵略,实有难能者在,此并非吾个人短气语也。

近贺昌群先生译日人羽溪了谛之《西域之佛教》,以飨吾人,颇使吾人于"抵制日货"之空气下,有不得不接受之感!此书虽只偏于"西域佛教"一点，而正为吾人所欲了解西域知识之一端，故特介绍于读者之前。

此书共七章，所述者为大月氏、安儿、康居、于阗、龟兹、疏勒、迦湿弥罗、健驮罗及高昌诸国之佛教传布状况。此诸国之佛教，实正为传入中国之佛教根据地，正如原著者序文中所说："世人多以为中国本土之宗教，系直接由印度传入者，实为错误。"在六朝以前，佛经佛像之最初传入中国，东来之僧人，及翻译之佛典，大都皆自西域，此在中国书中，亦俱可考见。而历来皆谬以印度为佛教产生地，遂一归之印度，对于西域各国之佛教，皆毫不考查，实为一大缺憾。近法人烈维，曾谓中国人之称佛徒为"沙门"，实为龟滋语 Samane 之译音，而非直译自梵文之 Sramana；又"出家"一词，实为龟兹语 Ost Memla Ine 之意译，而非梵文词"前进"Pravrajva 一字之原意（见冯承钧所译烈维《龟兹语考》）。此俱可见西域佛教对中国关系之重要。而中国佛教书中，能供给此种知识者绝少。本书著者之目的，即在详考此种传入中国之西域佛教，于东来之西域僧徒，及译为中国文之西域佛典，皆详为考订。虽其所述，尚未能真正寻绎西域佛教与印度佛教之不同处，然大体已能尽汉魏六朝间，中国与西域在佛教上之关系。

本书对于西域史地之叙述，为其副材料，而亦极有关系。其所述大都根据日本东洋史学权威白鸟库吉之说，如谓于阗为西藏语"玉城"之译名，康居为 Kangar 之译音等，皆极有理趣。又如大月氏诸王年代之考查，康居、于阗等国史迹，亦皆博采近今西洋考古家之发现，增订甚多，此书虽非以此见长，然于普通欲了解西域一般史地情形者，极有功益，自不待言。

本书译者贺昌群先生，于译文甚为精审，虽不免一二小误，如赵汝适之《诸蕃志》，乃译为李调元《诸蕃志》（绪论第七页。下注《函海》三十八册，想原文当系指《诸蕃志》在李调元《函海》中，或因颠倒致误）。然全书中西名词甚多，译者大都能用旧译，虽原书必有注出，而亦必有大部分为译者辛勤所得也。

（《人文月刊》1933年第4卷第10期）

读白鸟库吉博士《大秦之木难珠与印度之如意珠》(一)[①]一文辨答

章鸿钊

白鸟氏为日本史学名家,其立论自为世所重视。近见《东洋史论丛》载博士《大秦之木难珠与印度之如意珠》一文,考据渊博,自为精心结撰之作。其论述木难珠之处,有云"中国人就木难珠加以考察者甚少,近时章鸿钊氏著《石雅》,曾有所论究,断为琉璃,即 Aquamarine。此议论为本问题之核心,不得不加以批评焉"。按拙著《石雅》初版于民国十年即西元一九二一年刊行,再版刊于民国十六年即西元一九二七年,其间颇有所增订。白鸟氏仅就初版所见之文而论之。其文如次:

> 若夫木难,《升庵外集》谓碧色者即祖母绿,方氏《物理小识》谓黄鸦琥即木难。于今考之,《玄中记》谓大秦出木难,《唐书》谓拂菻多木难,拂菻即古大秦也。《南越志》亦曰木难金翅鸟口结沫所成碧色珠也,大秦人士珍之。乃崔豹《古今注》、郭义恭《广志》均云色黄,出东夷,而字亦或作莫难。(《古今注》莫难珠一名木难,《佩文韵府》卷七引《广志》亦作莫难。)疑本非一物,其出大秦者当与琉璃为近。盖《一切经音义》谓琉璃为金翅鸟卵壳,《南越志》谓木难金翅鸟口结沫所成,则二者之渊源自同;且自《后汉书》以下皆称大秦土产有琉璃,而《唐书·拂菻传》但言木难,不及琉璃,愈疑木难即琉璃也。(小注从略)其称碧色珠者,亦犹言琉璃珠耳。[②]

按此文仅疑木难即琉璃,非谓即 Aquamarine(蓝晶)也。白鸟氏谓

---

① 见市村博士古稀纪念《东洋史论丛》pp. 519 – 585,公元一九三三年八月发行。
② 见《石雅》初刊卷上三三页,即西装本卷上 pp. 65 – 66,公元一九二一年刊。

琉璃即 Aquamarine 者,不知何所据而云然。琉璃原为巴利 Pali 语 Velurya 或梵语 Vaidurya 之音转,余曾据洛乌弗尔氏 Laufer 之说,以当绿宝石 Beryl 或青金石 Lapis lazuli;① 又有人造琉璃,即玻璃或硝子之类。② 故琉璃之属据余所考见者,可编括之如次:

```
         ┌ 绿宝石 Beryl ┬ 祖母绿 Emerald
         │              ├ 蓝晶 Aquamarine
琉璃 ────┤              ├ 黄绿宝石 Gold Beryl
         │              └ 其他
         ├ 青金石 Lapis lazuli
         └ 人造琉璃
```

西人尚有以梵语 Vaidurya 当猫睛石或石英者,③ 以非本文所涉,略弗具论。要之余以木难当琉璃者,乃指绿宝石或青金石之属,实兼《升庵外集》之祖母绿言之,白鸟氏始谓琉璃专指今蓝晶 Aquamarine 也。

白鸟氏之木难说大要如次:

佛典中与金翅鸟有关之宝珠不必限于琉璃。《翻译名义集》(第八)摩罗伽陀条下云"《大论》云,此珠金翅鸟口边出,绿色,能避一切毒"。《玄应音义》卷二云"末罗羯多亦云摩罗伽多,绿色宝也"。此摩罗伽陀或末罗羯多皆为梵语 Marakatah 之对音字,拉丁语曰 Smaragdus,阿刺伯语曰 Zumurrud,英语曰 Emerald,日本译曰绿宝石。以《大智度论》与《南越志》之记事比较观之,则其类似之点决非偶然,其间必有连络之系统在焉。然则《南越志》所载,非当时直从大秦得之,实取之于佛典者也。

按日本所谓绿宝石,中国通称祖母绿,亦曰助木刺,皆为波斯语 Zumurud 之音转。白鸟氏以木难当梵语摩罗伽陀,与《升庵外集》以木难当祖母绿正同;祖母绿与蓝晶 Aquamarine 实同为绿宝石 Beryl 之

---

① 见《石雅》初刊卷上一页,即西装本卷上 p. 2。
② 《石雅》初刊卷上五六页,即西装本卷上 pp. 9-11。
③ 见 Laufer, Jade, a Study in Chinese Archeology, and religion, p. 111; Samuel Couliny, Encyciopaedia Sinica, p. 207.

属,①是仍含于余所谓琉璃之内也(见前表)。今白鸟氏强以余所指之琉璃当今蓝晶 Aquamarine,而彼以木难当摩罗伽陀即祖母绿 Emerald,且郑重申言之曰"依佛典,金翅鸟于琉璃之外,与摩罗伽陀有关,故不得援《一切经音义》与《增一阿含经》②之说,而断定《南越志》之木难珠为琉璃珠也"。又曰"木难既当梵语摩罗伽陀即今 Emerald,则章氏以木难当梵语之琉璃即今 Aquamarine 之第一理由已被打破矣"。按白鸟氏此言似未合于论理学之旨,余若转其语以答之曰"依佛典,金翅鸟于摩罗伽陀之外,复与琉璃有关,故不得不援《翻译名义集》之说而断定《南越志》之木难珠为摩罗伽陀也",则不知白鸟氏又将以余言为何如?然余固决不敢为是言也。

白鸟氏谓"梵语琉璃指英语 beryl,亦即蓝晶 Aquamarine",则尤自毁其矿物学上之基础矣。白鸟氏欲恃此以攻余之说,而卒不能自圆其说者亦以此。盖英语 beryl 即汉语绿宝石,而蓝晶 Aquamarine 与摩罗伽陀即祖母绿 Emerald 固同为绿宝石 Beryl 之属,则又乌得以梵语琉璃专指蓝晶,而谓祖母绿非 Beryl 之属,亦即非琉璃乎。白鸟氏因尝引及铃木敏氏之《宝石志》矣,请即以铃木氏一著证之:

> 铃木氏《宝石志》目次(八页)云:绿宝石(一名琉璃)含祖母绿蓝晶等 Beryl: Emerald, Aquamarine etc。
>
> 绿宝石条下(一九六页)云:其得作宝石用者以透明而带美丽浓绿色与淡青色之二种为主,前者谓之祖母绿 Emerald or Smaragd,后者谓之蓝晶 Aquamarine。又往往有黄绿色者曰 Aquamarine-Chrysolite,纯黄色者曰 Gold-beryl,淡红色者曰 Rose-beryl or Morganite,尚有青色、淡紫色及无色者。

此外无论何种矿物学,殆皆与铃木氏著全同,白鸟氏,既承认梵语琉璃即绿宝石 Beryl,即不当专指蓝晶 Aquamarine,更不当谓木难为摩罗伽陀即祖母绿者非琉璃之属也。

虽然,今以白鸟氏为史学名家,遽谓其于矿物学或未素所措意也,

---

① Beryl 日本译曰绿柱石,汉语曰绿宝石;Emerald 日本译曰绿宝石,汉语曰祖母绿;Aquamarine 日本译曰水绿宝石,汉语曰蓝晶。下文悉从汉语。
② 白鸟氏引《增一阿含经》云,金翅鸟以鸟为常食,此鸟之心脏纯青琉璃也。

殆不尽然,即吾人亦不敢如此妄测高深也。然则欲为白鸟氏进一解者必曰:白鸟氏谓"梵语琉璃指英语 Beryl 亦即今 Aquamarine"者,非谓今之矿物学上英语 Beryl 即指 Aquamarine 一种,乃梵语琉璃实即 Beryl 中之 Aquamarine,且舍是更无他物足以当之也。然世之说者,有以梵语琉璃指绿宝石 Beryl 者,为铃木敏氏等是;有以指绿宝石或青金石者,如哀戴尔氏 Eitel、乔林氏 Julien、仆德斯密底氏 F. Porter Smith 以及洛乌弗尔氏 Laufer 等皆是。若谓专指 Aquamarine,余诚寡识,尚未前闻。如已有为是说者,则白鸟氏必引及之,而曰此某某之说也;如前无是说而为白鸟氏所创要者,则亦为考诸文献,或征诸所闻见以证明之,庶几其说可大白于天下也。乃白鸟氏俱不出此何耶? 据余所见,佛典既以金翅鸟卵壳解琉璃,以金翅鸟心脏为纯青琉璃(据白鸟氏引《增一阿含经》),又以金翅鸟口沫解摩罗伽陀,则琉璃与摩罗伽陀即祖母绿 Emerald 之关系,似较蓝晶 Aquamarine 为尤密切。且考诸佛典,琉璃实不产印度,《一切经音义》(卷二三)云"琉璃从山为名,谓远山宝",《慧苑音义》(卷上)云"琉璃为不远山,谓西域有山,去玻罗奈城不远,此宝出彼,因以名之",皆其证;而白鸟氏谓"上代蓝晶惟出印度,自此输出外国",则琉璃显非蓝晶可拟,至少亦得言最初必不指蓝晶矣。又安见梵语琉璃专指蓝晶而不兼指摩罗伽陀即祖母绿乎? 借曰尽如白鸟氏所言,琉璃即今蓝晶矣,然欲恃此以攻余之说,仍不可能;何则? 余之欲以木难当琉璃者,实兼祖母绿言之。即兼白鸟氏所指之摩罗伽陀言之也。白鸟氏殆犹未见《石雅》再版,增订之文乎,则请重述之:①

若夫木难疑兼绿宝石与青金石言之,犹之梵语吠努离耶 Vaidurya 亦兼指绿宝石与青金石也。《升庵外集》谓碧色者即祖母绿,此即绿宝石一种,《南越志》谓木难金翅鸟口结沫所成碧色珠也,大秦人士珍之,亦犹是。佛经又作摩罗伽陀,《翻译名义集》(卷八)云,摩罗伽陀金翅鸟口边出,绿色,则因当为同物,木难殆即摩罗伽陀之音略。然绿宝石自祖母绿及一种蓝晶外,色带黄

---

① 《石雅》再刊上编三七页,即西装本上编 pp. 73-75。公元一九二七年刊。

者多,故崔豹《古今注》、郭义恭《广志》均云色黄,而字亦或作莫难(注从略)。《物理小识》谓黄鸦琥即木难,亦得之(下文与初刊本同从略)。

又《石雅·猫睛》篇就祖母绿论述如下:①

考之祖母绿即绿宝石 Beryl 之为纯绿色者,今泰西通称哀梅拉特 Emerald 是也。希腊语曰柱玛拉伽陶,亦曰马拉伽陶 Zmaragdos or Maragdos,波斯语正曰祖母绿 Zumurud,故洛乌弗尔氏谓中国祖母绿之名自波斯语出,意其物乃始得之于波斯者也。② 陶宗仪《辍耕录》又谓之助木刺,今西方亦相传曰斯麦拉特 Smaragd,音在相近。

按此二文明拙著固尝以木难当梵语摩罗伽陀,亦即祖母绿也。惟拙见与白鸟氏之说稍稍有不同者,即余疑木难殆为梵语琉璃,乃兼指绿宝石与青金石之属,而祖母绿固当为木难一种;白鸟氏则以木难专指祖母绿是也。此二说之是非长短,固非尽由主观所得论定,惟余所以坚持前说者,要自有其道也。古代矿物智识未全发达,自未能就结晶、物理与化学成分加以深切研究,其辨别宝石恒惟色是赖,凡同色者往往呼以同名,此例不少概见,木难恐亦未能外是。此其一。宝石之属以物罕而价贵,又嗜之者众,以赝乱真,自所难免,故同名异物之例为尤多。此其二。木难见于《古今注》与《广志》者尚有色黄一种,自与大秦碧色珠有别,而亦俱称木难或莫难,是显见木难非专指伽罗伽陀矣。此其三。佛典既视摩罗伽陀与琉璃同为金翅鸟之所出,而又同为青碧色者,则二者固当有统属之意义。故谓琉璃为绿宝石 Beryl 者,实已兼伽罗摩陀言之,但不必专以摩罗伽陀为限也。此其四。且梵语琉璃,亦非仅指绿宝石 Beryl,西人每谓亦兼青金石 Lapis lazuli 言之,证之记载亦甚确凿。木难殆亦独是。此其五。印度虽为多宝石之国,但摩罗伽陀与青金石

---
① 《石雅》再刊上编五四页,即西装本上编 p. 108;又《石雅》初刊卷上四七页,即西装本卷上 p. 94。
② 见 B. Laufer, *Notes on Turquois in the East*, pp. 55 - 56。

均非其所固有,①其由外商输入者,土人以非素所习见,不加辨别,辄呼以同名者,事所恒有。此其六。凡此则其不能如后世矿物学之例一名必归一物者,亦势所宜然也。

又就木难之语源考之,余与白鸟氏所见亦微有相左之处。白鸟氏之说曰:

> 波斯语谓天,乐土,绿宝石曰 Mînô,其古代波斯语之 Avesta 语谓天,精灵曰 Mainyu,其形容词之形为 Mainyava,(Horn, *Grundriss der Neupersischen Etymologie*, No. 1101)。又波斯语硝子,青色,釉药,天,乐土曰 Mînâ(Bianchi et Kieffer, *Ture-Francais*, Ⅱ, p. 1069)。想此语之原形为 Mainya,原为天之意,以其色碧绿,故又转釉药及绿宝石欤。木难或莫难当,为新波斯语 Mînô 古波斯语 Mainyu 或 Mrinyava 之对音字也。然木难珠产大秦国。若直接从大秦输入中国,则名称当类似拉丁语希腊语文 Smaragdos,乃木难转与波斯语之 Mainya(Va)酷似,则此宝殆自汉土与西域交通以后,由 Bactriana,Sogdiana 等 Iran 民族之国赍来者欤。

按载籍均言木难产大秦国,则其语源自当以得诸拉丁语或希腊语者为正。白鸟氏亦未尝不作是想。但既以木难专指祖母绿 Emerald,而又与拉丁语之 Smaragdus 未合,乃转而求之于波斯语,谓殆为新波斯语 Mînô 古波斯语 Mainyu 之对音字;又以汉魏之际波斯尚未通中国,而木难已见于第三世纪曹子建之乐府诗,遂证自汉通西域以后由 Bactriana,Sogdiana 等伊兰民族赍入者。此其立言之本旨也。然木难果由伊兰民族于汉魏之际率先输入,则《前汉书》、《后汉书》、《三国志》之西域传当于伊兰民族之国如安息康国等之土产中叙述之,而乃绝未及此何耶? 不惟此也,自元魏神龟中波斯通中国后,凡正史之波斯列传中亦绝未见木难之名何耶? 假若当时伊兰商人之赍木难入中国者必扬言曰此大秦国之产也,而后中国得而记之乎,则既赍大秦之宝而来,

---

① 参考 Frank D. Adams, *A Visit to the Gem Districts of Ceylon and Busma*, Bull Can. Inst. Uin and Met Vol. ⅩⅩⅨ, pp. 10—11, 1926; Wood, *Rersonal Narrative of Journey to the Source of the River Oxus by Route of the Indus Kabul and Badakshan*, p. 263.

亦必赍大秦之原语而来,而所谓波斯语者,其语源仍当求之于希腊拉丁民族也。且白鸟氏既信木难即祖母绿 Emerald,而汉代大秦国之属地埃及正为 Emerald 之有名产地,则木难之语源必在此而不在彼也审矣。《石雅》于论述木难之处曾加以附注①而为白鸟氏所未引者,兹补录于此:

> 洛氏《金刚记》(Laufer, *The Diamond*, p. 70)末篇详征中国载籍,谓木难当出大秦国,但未详所指。《中国瓷器原始》(*The Beginnings of Porcelain in China*, 1917, pp. 120 - 145)第四篇讨论罗马摩林器 Murrine vessels 甚悉,谓器以摩拉 Murra 为之,中国谓之琉璃,即为瓷釉之始。摩拉普利尼氏 Pliny 作摩里奈 Murrina,相传出金银坑中。此与木难音甚近,疑即木难之名所自出。摩里奈昔以为自然物,洛氏谓即釉采之属铸石为之者,与琉璃始末亦正同。

此即余以 Murra 或 Murrina 为木难语源之说也。余于《石雅》再刊中颇疑梵文摩罗伽陀 Marakata 之语源亦出于此,盖此物不产印度而产大秦国,则其语亦必有所承受也。骤视之,木难之"难"音与摩拉之"拉"音不甚近似,然中国"难"、"拉"二音实自昔有相通者。《水经注》(卷四十)《濡水》下云"又东北注难河,濡难声相近,狄俗语讹耳"。何焯云"濡乃官反,后讹为滦,今日滦河"。从濡难得转滦,则亦得从拉转难矣。在中国南方难拉等音最难分别,闽广人为尤甚。又如南方地名 Borneo 译婆罗洲亦曰般鸟;Penang 译槟榔屿,一曰碧澜,②亦曰彼南,皆其例。木难初见于沈怀远之《南越志》与郭义恭之《广志》,则亦当由南人重译而来者无疑,盖《魏书》(卷一〇二)正谓"大秦国东南通交趾,水道通益州永昌郡,多出异物"也。且普利尼氏原作摩里奈 Murrina,急读之,音尤与木难为近。洛氏谓摩拉汉语曰琉璃,即彼所谓釉采之属铸石为之者,中国亦称琉璃,如琉璃碗、琉璃瓦是也。昔人以摩拉 Murra 或摩里奈 Murrina 为自然物者,虽未尽详其本末,但以中国既谓

---

① 《石雅》初刊卷上三三页,即西装本卷上 pp. 65—66;又《石雅》再刊上编三七页,即西装本上编 p. 74。
② 见《海国舆地释名》卷八。

之琉璃,又按之梵语琉璃之本旨,当仍不外青金石 Lapis lazuli 与绿宝石 Beryl 之属;即梵语之摩罗伽陀 Emerald 本为绿宝石一种,且又产自大秦国者,亦自当属之。然则余之欲以木难当琉璃,自其语源与意义言之,似均较白鸟氏之说为一贯也。

白鸟氏谓"章氏以木难当琉璃之理由有二:一即《南越志》谓,木难为金翅鸟口沫所成,《一切经音义》谓琉璃为金翅鸟卵壳,是木难与琉璃均与金翅鸟有缘也;一则自《后汉书》始,历代正史之大秦国传必以琉璃为其国产之一,《唐书·拂菻国》即古大秦国之传文惟举木难,不言琉璃,是不外木难即琉璃之证也"。是诚然矣。故白鸟氏欲攻余之说,必期一举尽破余所持之二种理由而后已,但如上述,白鸟氏谓余之第一理由已被打破者,平情察之,实不尽然,已一一辨答之矣。然则余之第二理由,白鸟氏又将如何抨击之乎?请述其说:

> 诚如章氏所言:《唐书·拂菻传》载产物有木难无琉璃。然其前有"水精琉璃为棁"之文,则此国木难之外有琉璃矣。又《通典》大秦国条列举此国之产物,亦先及琉璃后有木难。以此观之,木难与琉璃自为别物也。更考之,汉籍广载琉璃,因其书之种类,琉璃之种类亦不一。例如《一切经音义》、《增一阿含经》等凡佛典中所见之琉璃固为 Velurīya 之对音字,即今日之 Aquamarine(蓝晶),但如历代之大秦传或拂菻传所载之琉璃,全为别物。《魏略·西戎传》大秦国条载黑白赤绿黄青绀缥红紫十种琉璃,Aquamarine 之色常青,故世间当无分为十色之 Aquamarine 也。Hirth 氏指大秦国之琉璃为硝子者固甚当也(China and Roman Orient, p.228)。又《晋书》(卷九八)《大秦国传》有"琉璃为墙壁"之文,《旧唐书》(卷一九八)《拂菻传》有"其宫室柱棁多以水精琉璃为之"之文,以 Aquamarine 为墙壁柱棁,势不可能,亦当指硝之言也。尤如《魏书·西域传》大月氏国下叙琉璃制造之起原,则琉璃即硝子甚明。故大秦国传或拂菻国传之琉璃,实即硝子,不当与《一切经音义》之琉璃,即指 Apurmarine 者混同视之。章氏则不知此区别,以《一切经音义》之琉璃当大秦传中之琉璃也。其于论旨之根本既有误解,结论之不得正鹄者固当然也。

按史氏记录往往摭拾旧籍以成文，且亦不敢谓当时之史家，必尽具宝石学之知识者；故吾人若不推寻其文字之所从出，与前后语气之异同，不加辨别而漫然读之，鲜能得其名实之所归者。此不尽当时作者之过，要亦不善读史者之失也。例如《通典》大秦条云"土多金银奇宝，夜光璧、明月珠、琥珀、琉璃、大贝、车渠、玛瑙等"，此明从前史即《后汉书》以下之大秦传取其名物之不重复者连类书之；及见《南越志》有"木难大秦人士珍之"之文，则又据而录之而已。《通典·自叙》所谓"佑少尝读书，不达术数之艺，所纂《通典》，实采群言"者是也。然则木难与琉璃之果为何物？吾人不当质诸《通典》作者之杜佑氏，而当质诸杜氏以前之史家及《南越志》作者之沈怀远氏也。又如《唐书·拂菻传》云"土多金银、夜光璧、明月珠、大贝、车渠、玛瑙、木难、孔翠、虎魄"，是又明据《通典》之文而再加以取舍者。其必舍琉璃而取木难者，似否能无所斟酌而然；不然，其前虽有"水精琉璃为梲"之文，于土产之下自不妨仍存琉璃一名，犹之上文言"东门高二十丈，扣以黄金"，又云"黄金为地"，而下文即言"土多金银"，盖一言都门，一言宫殿，一言土产，固不得以文字重出为诟病也。且"水精琉璃为梲"云者又明从《晋书·大秦传》"琉璃为墙壁水精为柱础"之文，及《旧唐书·拂菻传》"其宫室柱栊多以水精、琉璃为之"之文参合而成者。其为人造琉璃之类，宁待白鸟氏引证 Hirth 氏之说始得察之，即当时之史家亦安有不知之理。余之不甚重视此文，而信与下文木难无关者亦正在此。盖自汉通西域，人造琉璃已入中土。故《西京杂记》云"武帝以白光琉璃为鞍"，又云"昭阳殿窗扉多是绿琉璃"，是汉初已然矣。下逮于晋，则琉璃器、琉璃钟、琉璃碗、琉璃卮等名屡见传记，潘尼《琉璃碗赋》所谓"取琉璃之攸华，诏世之良工"者，此物此志也已。魏世祖时采矿铸之于京师，或以为中国自铸琉璃之始；然《隋书·何稠传》（卷六八）称"隋时久绝琉璃作匠"，隋之去魏，不得云久，而云久绝者，或前乎元魏面已有传其术者欤。然则自《晋书》以下，史氏撰述，其于人造琉璃水精之类必得察之，又安得以《唐书·拂菻传》有"水精琉璃为梲"之文，而遽断定木难与自然琉璃亦必为别物耶。又白鸟氏谓"凡佛典中所见之琉璃 Velurīya，固即今日之 Aquamarine，而历代大秦传或拂菻传所载之琉璃全为别物，实即硝子，不得混同视之"，亦殊未见其尽然。如北凉沮渠京声译《治禅病秘要经》卷上云"尔时但见十方大地如白琉璃",又云"皮皮相裹,中间明净如白琉璃",又西藏亦分琉璃为青绿白黄诸色。若如白鸟氏之说,此白琉璃与凡分青绿黄白诸色者亦非 Aquamarine 莫属乎?窃意印度与西域诸国交通最早,人造琉璃当早有之,而不必大秦或拂菻乃得有之也。且琉璃既为梵语 velurīya 之转译,而谓一则指绿宝石 Beryl 即今 Aquamarine, 一则尽指硝子可乎!若史氏绝未知佛典琉璃为何物,则何敢呼硝子为琉璃;必已先知有自然物,而后遇人造琉璃,则特详其作法色泽与夫用之之途,以示与真者有别,如曰"铸石"、曰"五色"、曰"十种"、曰"为棁"、"为墙壁"、"为柱栿"、"为行殿"皆是。非然者,而谓史氏所称琉璃皆指硝子,则首如《后汉书·西域传》称"大秦国有夜光璧、明月珠、骇鸡犀、珊瑚、琥珀、琉璃、琅玕、朱丹、青碧"云云,其前后所列皆为自然物,而独指琉璃为硝子,果何所见而云然耶?佛典称琉璃为远山宝,史传中亦未有言天竺有琉璃者,正明琉璃之真者初必别有所指(不必即如白鸟氏所指之 Aquamarine),而非印度之所固有;其得有之者,又疑自大秦而来,如《南史》中天竺国下云"西与大秦安息交市海上,多大秦珍物",《旧唐书·天竺国》下云"通于大秦,故其宝物或至扶南、交阯贸易焉",即其明证。又安见佛典之琉璃与史传大秦之琉璃全为别物耶?蒙诚不敏,窃愿有所承教矣。

　　白鸟氏谓"章氏不知此区别,以《一切经音义》之琉璃当《大秦传》之琉璃"诚如前所述矣;然若谓余全不知史传中之琉璃有类似硝子者在,甚乃疑余欲以史传中类似硝子之琉璃当大秦之木难,则窃期期未敢首肯。何则?余之论究木难,如《石雅》初版及再版所述,文字虽稍有出入,而意义则仍取一贯,固绝未尝以木难指类似硝子之琉璃也;至余之辨别自然琉璃与人造琉璃(即白鸟氏所谓硝子),则具详《石雅·璆琳》篇与《瑟瑟》篇,①虽未敢苟同白鸟氏所唱"凡历代大秦传或拂菻传之琉璃全为硝子"之说,但如白鸟氏所引《魏略·西戎传》、《晋书·大秦国传》、《旧唐书·拂菻传》,以及《魏书·大月氏传》等文,而视为类似硝子

---

① 《石雅》初刊卷上五至十页,三七至三八页,即西装本卷上 pp. 9-20,74-75;又《石雅》再版上编六至十一,四二至四三页,即西装本上编 pp. 12-22,84-88。

之琉璃者，余已无不备引之而备证之故也。蒙诚不敏，不识白鸟氏目余为"全不知此区别"者，又果合于批评之正鹄否耶！

试将白鸟氏之立言用意，再加以总括的解释，则其原委略可得而详焉。白鸟氏以木难当佛典之摩罗伽陀即祖母绿 Emerald，又以琉璃指英语 Beryl，则以摩罗伽陀本为 Beryl 一种，仍不外琉璃之属，是与余以大秦木难当琉璃，又以指摩罗伽陀之说初无以异也。其所以异者，白鸟氏不屑依据矿物学以立言，以英语 Beryl 专指蓝晶 Aquamarine，而出摩罗伽陀于 Beryl 之外，于是谓余以木难当琉璃，即今蓝晶 Aquamarine，而彼则以木难当摩罗伽陀 Emerald，既非 Beryl，亦即非琉璃也。此其一。余之论木难与琉璃之关系，于《石雅》再版为较详，即明言摩罗伽陀为木难一种；同时又以《古今注》与《广志》之黄色木难归诸 Beryl 之属，亦即琉璃之属也。依白鸟氏之说，虽可解释碧色木难，而不能解释黄色木难，且白鸟氏亦未尝就黄色木难稍加措意也。此其二。然则白鸟氏所恃以攻余之说者又果何如？同一金翅鸟也，又同为金翅鸟之所出也，木难与琉璃合则非之，木难与摩罗伽陀合则是之，而摩罗伽陀与琉璃相互之关系则不问也。此其三。就木难之语源言之，白鸟氏与余既同以木难当摩罗伽陀，而摩罗伽陀又为古时大秦国之所出，木难之见于记载者亦然，则自以求诸希腊拉丁语者为正。白鸟氏亦未尝不知之而明言之；求之不得，乃遁而至波斯；波斯之通中国，实在木难入中国以后，证之不得，又遁而至伊兰民族。以此视余以希腊语 Murrina 或 Murra 为木难所从出，亦即中国所谓琉璃者，其迂回曲折，诚不可以道里计矣。此其四。由是白鸟氏论锋一转，而余之第二理由又全在集矢之下矣。以《唐书》载拂菻土产有木难而复有"琉璃为棁"之文，《通典》举大秦产物亦先琉璃而后乃木难，故白鸟氏直得断之曰"木难与琉璃自为别物也"。然已知《唐书》"琉璃为棁"云者是指硝子言矣，则本传琉璃与木难并出，正犹硝子与木难并出，而木难之得为琉璃自若也。何则？余明以木难当《一切经音义》之琉璃，固为自然琉璃，而非硝子也。《通典》本是"实采群言"之作，群言既异，则同物异名，自所恒有。假若《通典》以前凡史传之琉璃有得视为自然物者，则《通典》大秦条下之琉璃亦正得作如是解；乃《唐书》叙拂菻土产既袭《通典》之文，而必易琉璃为木难者，愈得明木难之为琉璃类也。以白鸟氏之明宁不知此，我必为之推断曰"凡历代大秦传或拂菻传之琉璃全为硝子"，而后余之第二理由始无所保障，白鸟氏乃得一击而收全胜之效矣。此其五。虽然，其如立言之太易何哉。

余之辨木难而答白鸟氏者止此。至白鸟氏论佛典如意珠，以其本非实有者，又非余辨答范围所及故不具述。

白鸟氏本文又附"硨答石与婆萨石"一条。凡涉硨答文献，上自南北朝，下迄近代，靡不征引，可谓详已。惟婆萨石仅承伯希和氏 Pelliot 之说，谓即硨答石之用作药品者，见于唐人《北户录》(T'oung Pao T. XIII, p.438)，此外更无所称引。按以中国婆娑石当波斯语 Pāzahr or Pādzahr 者，始于赫尔芝氏 Hirth，伯希和氏亦一时附和其说。但洛乌弗尔氏 Laufer 则与伯赫两氏所见相左，① 余撰《洛氏中国伊兰卷金石译证》又复从而佐证之，② 及今犹信洛代之说为然也。波斯语 Pāzahr 或 Pādzahr 虽与婆萨石音义为近，实指动物体中之结石，洛氏解作牛黄。白鸟氏谓即硨答石，意亦犹是；惟硨答石用以祈雨，牛黄乃药品耳。至婆萨石之见于《北户录》者，仅云"玳瑁甲生取者治毒第一，其力不下婆萨石"，则亦未见其为出动物体中也。他书所载，称婆萨石者不多见。有称菩萨石者，实即石英之属，③《本草纲目》(卷八)亦附于白石英、紫石英之下，云解药毒、蛊毒，不知即《北户录》之婆萨石否。至洛氏所举婆娑石或摩挲石，《本草纲目》(卷十)原为一种，则又率产于山岩中。就意义言之，《北户录》谓婆萨石能治毒，而马志《开宝本草》与苏颂《图经本草》亦均言婆娑石能解毒防毒，宜为同类矣。但《西溪丛话》谓"船过产石山下，爱其石以手扪之，故曰摩挲"，《庚辛玉册》亦称摩挲石出三佛齐海南山中，则又明非出动物体中者，而与硨答石为不类也。故不惮复赘一言于此。

(《学艺》1934 年第 13 卷第 3 期)

---

① 详 Laufer, *Sino-Iranica*, pp. 525 - 528。
② 《洛氏中国伊兰卷金石译证》pp. 94 - 95。
③ 《石雅》初刊卷上二〇页，即西装本卷上 pp. 39 - 40；又《石雅》再刊上编二三页，即西装本上编 pp. 44 - 45。

《考证法显传》

汤用彤[①]

足立喜六撰,一九三六年一月十五日东京三省堂刊行。

  足立喜六氏此书在本刊一一七期(本年二月十三日)已有介绍。此书利用多种版本,校合考订,成一定本,并且详加考证注解,附以地图多幅,其对于研究此书者,裨益实非鲜浅。前次本刊的介绍谓在《佛国记》的研究史上,可说是划出一个新纪元的根本著作,这个评语,并不一定太过。就是本书载有石田干之助的序,亦说西洋人研究颇多错误,中国人著作又简略,今得足立氏此书出世,至为可喜。实在讲起来,自从法人 Rémusat 在一八三六年刊印他的译注之后,到今年恰经一百年。此一世纪中东西洋研究此书者比中国人多,而且较有成绩。现在国内学界扰乱不安,读书无心,救国乏术,其学问前途之无进步,不问可知。吾人对于日人整理汉籍之新成绩,不禁愧杀。

  足立氏此书校合日本现存各种古本,实与学者一极大便利。氏所根据之原本为北宋版东禅寺本与开元寺本,而以石山寺写本以及丽本共五种作参证。北宋东禅寺本特异之点,在其中记叙鸟夷国少十二字,毗舍离国少三百余字,师子国少十三字。按丽本毗舍离国多放弓仗一段三百余字,初见于《水经注·河水》篇中所引之《法显传》。今北宋本既缺此段,丽本所多之三百余字系后人抄录《水经注》窜入,抑系北宋本印行时原有脱简,实为一问题。足立氏因北宋版最古,既缺此段,则余本多此一段谓系后来加入。其所陈理由,并不甚充足。又如丽本叙鸟夷国事曰:

[①] 原文以笔名"达多"发表。

乌夷国僧亦有四千余人，皆小乘学，法则整齐。秦土沙门至彼都，不预其僧例（自字下十二字北宋本所无）。法显得符行堂公孙经理，住二月余日。

按此谓乌夷国戒律整齐，中国沙门来，不能入其僧伽，受供给。法显到此，幸而有符公孙之经理，而得住二月余。北宋版缺"不预僧例"一句，遂使人不能明了何以法显须受符公孙之供给。因此北宋本缺此十二字，实是刊印脱误，并非丽本（及他本）刊行时此十二字自他处窜入也（叙师子国丽本多十三字，文义亦较完足）。盖版本年代甚早，固有价值。但版本之善否，不能全依年代断定。按丽本（即高丽新雕本）源出于北宋官版，并且曾与丹本等校勘。据今日所存守其的校勘记说起来，其工作时颇为审慎。故丽本之佳良，实应不下于北宋东禅寺刊本也。因此作者校勘多以所见之北宋本为主，未见其甚确当也。

作者虽不能于《法显传》所有之问题一一详加解答，材料搜集亦稍见遗漏，但其考证上常有创获。而其谓法显海行归国后曾在京口夏坐，再往建康，则为全书最新颖处。然吾人于此，不能完全赞同。按《法显传》原文叙其将著陆时情形曰：

（上略）昼夜十二日到长广郡界牢山南岸，便得好水菜。但经涉险难，忧惧积日，忽得至此岸，是藜藿依然，知是汉地。（中略）此青州长广郡界，统属晋家（晋一作刘中略）。太守李嶷敬信佛法，闻有沙门持经像乘船泛海而至，即将人从至海边迎接经像，归至郡治。商人于是还向扬州。刘法青州请法显一冬一夏。夏坐讫，法显远离诸师久，欲趣长安。但所营事重，遂便南下向都，就禅师出律（此据北本宋版，他本律作经律，似较妥）。

作者据《通鉴》一一六卷义熙八年九月庚辰（十三日）以刘道怜为兖、青二州刺史镇京口，适在法显归来之后。又因刘道怜可称为刘兖州（但《通鉴》同卷所言之刘兖州系刘毅从弟藩，足立氏谓系道怜，非也），似可称为刘兖青州，而上文"刘法青州"云云，"法"字乃"沇"字之误，"沇"字与"兖"通，故刘法青州请住一冬一夏者，乃指道怜也。因此作者断定法显于义熙八年七月十四日到北青州后，复由海道南下（参看附图五），至京口得见道怜。明年夏坐讫,乃至建康(时已九年七月)。此说虽辩,但仍有疑点:(一)法显经涉险难,忧惧积日,甫得着陆,方庆更生,何堪仍循海路南下。(二)《传》云,法显夏坐后,"欲趣长安,但所营事重,遂便南下向都"。夫京口在建业之东偏北,似不能曰南下向都。又法显如先已自山东境南下至京口,乃忽欲趣长安,亦甚可怪。按法显归国后首次夏坐不在京口,实在彭城。《水经注·泗水》篇云:

又东南过彭城县东北。泗水西有龙华寺,是沙门释法显远出西域,浮海东还,持《龙华图》首创此制,法流中夏,自法显始也。其所持天竺二石,仍在南陆东基堪中,其石尚光洁可爱。

此故事虽不可尽信(但郦善长上距法显之世不远,约百年有余),所记不能全属子虚。据此,法显在牢山上陆后,必系由陆路南下,道过彭城,并在此逗留颇久,因而有故事之遗传。又按《宋书》五十一《刘道怜传》于义熙七年加北徐州刺史,移镇彭城。合以《通鉴》所载,则道怜七年在彭城,至八年九月十三日奉命为兖、青州刺史,至早在此月后,移镇京口。而法显则疑于八年七月中在长广郡。郡守李嶷或即李安民之祖父(安民幼在山东且信佛法),自刘裕收复青、徐州后,北方倚道怜为重镇,李嶷或原为刘家部将,彼既见法显,因资助其南往彭城见道怜。其时道怜尚未南去,因留供养(或即住于龙华寺),及道怜去后,刘怀慎以辅国将军监北徐州诸军事,镇彭城(《宋书》四十五)。此地仍属刘裕势力范围(故《传》文谓统属刘家亦是实录),自有人资给。而彭城西通关洛(刘裕义熙十三年即自彭城西进伐秦),法显在彭城安居之暇,徘徊岐路,故欲西趣长安亦与事势相合。但因彭城以南,均属晋土,自此发迹下都,其事顺便,故于九年遂南下,约在秋冬之际到达也(按道怜在义熙十一年,始解兖、青刺史。而依作者意,《法显传》作于十年,书中称道怜为"刘兖青州",固亦无不可也。)

本书印刷精美,而标点甚多错误。例如下:

(页四一)非夫弥勒大士继轨释迦,孰令三宝宣通。(句)边人识法(无标点)固知冥运之开。(句)本非人事,(读——下略)

(页二六九)是以不顾微命,浮海而还。(句)艰难具,(读)更幸蒙三尊威灵,危而得济。

凡此类句读错误,疑非均由于手民之疏忽(原书每句下空一字上文"通"、"开"二字下皆然)。此虽细事,但此书主旨,原在校勘,于标点,似亦不应轻率也。

(《大公报·图书副刊》1936年3月19日)

《考证法显传》

泉

足立喜六撰,昭和十一年一月十五日三省堂刊行,四圆八十钱。

作者前年出过一本《长安史迹之研究》,已为学界所传诵,并有人译过。现在这部著作,又比那《史迹研究》来得重要得多。谁都知道:"渡天"之记,没有比东晋的法显再早,又再详明简要的了。便是近今考古家、探险家所奉为至宝的玄奘《大唐西域记》,其实还不如他。所以历代的《大藏经》以及明季以来的著名丛书,无不收载此书。西洋人翻译的,也已有四五个本子。但是,我们所见的,西洋人翻译的,多只是南宋改窜过的本子,其中颇有讹譌。北宋藏,中土已不复可见;日本却还有,并且两种"福州本"——"东禅寺本"及"开元寺本"都有存在。中土、朝鲜俱已无存的"高丽藏",也有存在。古版大藏之外,还有不少古写本。作者利用这许多善本,校合考订,不仅订出了个"定本"来,并且详加考证注解,冠以"序说",附以图幅、索引——汉文索引及西文索引。此其为益学界,真非浅尠。在《佛国记》的研究史上,可说是划出一个新纪元的根本著作。作者不以专家自名,而用力于这样根本的、全幅的大工作,以视自命专家的但趋细碎者,不啻午夜警钟,当头棒喝。抑其研究态度,比了堀德谦氏的《解说西域记》还恳挚,比藤田丰八氏的《慧超往五天竺国传考释》还周密。凡言西域史地、东西交通、文化交涉者,《解说西域记》与《慧超传考释》是两部必读的日本书;如今却添了这部《考证法显传》。实在论起来,《慧超传》原是汉文,往年曾经以个人翻印过;《西域记》应该译补,而大部头不易办,也不易得其人;这《法显传》倒是值得马上翻译的。现在只将作者所利用日本传存的善本,介绍一番:

(1) 北宋本(闽本,福州本):

（a）东禅寺本（等觉院本）——京都东寺，醍醐寺藏。题"崇宁三年十二月"（1104），允为现存最古之本。比之于高丽藏以下，及其他的丛书本，记叙"㤭夷国"少十二字，"毗舍离国"少三百余字，"师子国"少十三字。作者考论，这些原是别处窜入之文。

（b）开元寺本——宫内图书寮，京都知恩院，德富苏峰氏藏。德富氏的，是金泽文库旧藏。此种宋本，题有"绍兴戊辰"（1148），可见雕造不止于绍兴十六年（1146）。论绍兴已入南宋，而此本与东禅寺刻同一底本，还是北宋本。

（2）南宋本（浙本、湖州本、思溪本）——东京增上寺，埼玉县川越喜多院藏。据增上寺的《缘山三大藏经缘起》："湖州路思溪法宝寺雕刻，南宋理宗嘉熙三年版……日本后宇多院建治元年近州管山寺僧传晓入宋将来"；嘉熙三年（1239），去开元寺本开版九十一年；建治元年，当南宋末恭宗德祐元年，元世祖至元十二年（1275）了。这南宋本与北宋本大有差异，而与通行本多相一致，与高丽本又有些类似，所以《法显传》在南宋本颇受过一番改窜。

（3）高丽本（丽藏本）——东京增上寺藏。丽藏有新旧：显宗二年（1011）开雕的旧版，高宗十九年（1232）遭了蒙古兵燹；高宗二十四年（1237）再刻，由守其校勘经文，是为新版。这《法显传》题"丙午岁"（高宗丙午＝1246），与南宋本同时。守其的校勘，是很有名的；然而取与北宋本对校起来，颇有出入。例如北宋本的"祇洹精舍大援落有二门"，丽藏本作"祇洹精舍大院各有二门"，意义上便大有出入了。

（4）古写本——作者采取的有两本：

（a）石山寺本——滋贺县石山寺藏。这写本和北宋本极相似；并且"张掖王改业"作"段业"，"净好白毡周币"作"净好白縈周匝"还比北宋藏好。当是与北宋版同时而别有之本所出。

（b）南禅寺本——京都南禅寺藏。这是"应永七季"写本，近于南宋本，却很精。

（5）丛书本《佛国记》——秘册汇函、津逮丛书、汉魏丛书、学津讨源、唐宋丛书本。

从这许多轻易见不到的善本，考订成了"定本"，又从而为之章节句读。这样考证下来,发见原作者于"夏坐"记得不遗不漏,是有意义的:自来于法显的行程及逗留的久暂,多有推测之误。细数他记的"夏坐"之数,可知其发迹长安是隆安三年,即是弘治元年的三月光景(399);不是弘治二年。从师子国出发是义熙七年八月光景(411),十一月光景到耶婆提国,义熙八年四月十六日出航(412),七月十四日回到青州。义熙九年四月十六日至七月十五日在京口夏坐,七月下旬到建康。

附图有:(1)长安发迹至张掖镇,(2)自张掖镇至鸟夷国,(3)葱岭及西北印度附锡兰岛,(4)中东印度历访佛迹地,(5)印度洋及东海海流信风,(6)上陆地图。

(《大公报·图书副刊》1936年2月13日)

《张骞西征考》

克凡

日本桑原骘藏著，杨炼译，商务印书馆发行，廿三年九月初版，每册定价大洋三角。

汉张骞通西域，曾代替了古代中国与外国在交通上辟一新世界，故凡研究中外交通史的人，类知张氏西征的梗概事实。惟当时西域诸国究竟在今之何地？张氏出使时究竟到些什么地方？经张氏此行的结果在文化上究竟发生过什么影响？这些问题恐尚少人知道，而本书虽仅为一种演讲式的论文，对于上述诸问题，似都能给我们以一个崭新的解答。其间所提示的事实，有时固亦有颠倒是非之处，但大部份的材料，我想尚不至于大错误。

本书不分章节，也没有明晰的段落，所以很难于其中看出着重之点。据我读过本书的印象，原著者似乎对下列诸问题曾替我们下了一个切实的确定。就是：（一）关于河西地方月氏与乌孙的位置，他根据各种旧史书所载的事实推测，以为月氏应在河西之西部，月氏在西，乌孙在东，在西汉初叶，乌孙则应介在西方之月氏与东方之匈奴间。（二）由月氏乌孙位置的决定，原著者更考定月氏移转至伊犁方面之年代为汉孝文帝之前八年（公元前一七二）至老上单于殁年，即孝文帝之后三年（公元前一六一）或后四年（公元前一六〇）之间；月氏移转至中央亚细亚之年代为张骞被拘于匈奴之时，约在公元前一百三十九年之事。（三）大宛贵山城的位置等等问题，为从来一般学者所未能充分解释者，原著者对于此等问题，曾提出相当的根据，结果断定 Khodjend 即汉时大宛贵山城的所在地，Samarkand 即为张骞远征时代的大月氏，而力斥日人白鸟氏主张 Sogdiana 在当时应属康居之非是。（四）原著者因为张骞西征的动机，完全系由匈奴之时为汉患，故对于匈奴种族之起源,讨论亦不厌详。(五)张骞西征的结果,其影响固非一端,而西域文化之输入中国乃为最要,原著者不但对当时中国艺术、天文学、石刻等受西域影响,详为指说,即微至当时西域植物如葡萄、石榴、苜蓿等由张骞出使带回中国者亦辨释綦明。(六)西域摩诃兜勒之胡曲等问题,向来学术界不甚注意,原著者却提出自己的新解释,以为所谓摩诃兜勒者,当是大伎乐之义。我们对此种断定虽不敢完全倾信,但在目前尚难见更为合理的解释。(七)关于五翕侯(即休密、双靡、贵霜、胖顿、高附等翕侯),原著者虽不特别提出自己意见,惟对于历来普通学者依据《汉书·西域传》所载以五翕侯为大月氏种族所建之说,仍略述其疑问之点,且于参考之部份中,由大月氏都城之蓝氏城起,对于其他许多小问题,亦辨别其可否。凡上诸点,都是本书的精粹,而值得我人加以注意的地方。

本书注解特详,足供吾人进一步探讨之用,亦其特点。惟文中书名,多仅举原名,未全附以对译,此于只通一二国文字的读者难免感觉不利,愿译者抽暇修正之。至本书立说欠妥之处,读者径取原书阅之,当能辨别,这里不多说了。

(《华年》1935年第4卷第1期)

《渤海史考》

毓

日本津田左右吉著，陈清泉译，二十八年六月商务印书馆初版，平装一册，一七四面，价七角，史地小丛书本。

唐代东北有靺鞨族者，占有现时苏领沿海州、东三省之大部，与朝鲜半岛之一部。自大氏建渤海国，外虽朝贡于唐，而内实立制度，建年号，无异独立。其国历数世之英主，典章文化，骎骎与中朝方驾。久治之后，安于文弱。殆契丹兴起，渤海西土，遂为所噬。东部失所统制，复归部落分立状态，对契丹叛服不常，或附高丽，或附女真。至金源灭辽，渤海遗黎乃同化于女真。

本书分前后两编：前编政治史，后编文化史。前编之前有序说，述渤海兴亡之大概，前编第一章，述渤海王国之建设，渤海在周为肃慎，在汉为挹娄，在南北朝为勿吉；靺鞨之名始于隋，唐沿袭之。其族为通古斯之一种。其王大氏则为附于高丽之别种。唐初朝鲜半岛高丽、新罗、百济三国争战累年，百济、高丽先后为唐所灭。其后唐人势力退出半岛，大祚荣即乘机建国。《旧唐书·渤海靺鞨传》与《新唐书·渤海传》述渤海国建立史事，略有出入。日本池内氏之考证，谓《新唐书》之乞乞仲象与大祚荣并非父子，而系一人异时之异名。津田氏驳池内说，谓二名虽未必为父子，要是两人。第二章述渤海之发展时代。渤海武王武艺时，国力发展，靺鞨诸族，大都归附。其与唐及日本，均保持朝贡与友好关系。文王钦茂享国五十余年，文治最盛。《册府元龟》载钦茂之卒于开元二十年，《旧唐书》传在二十六年，津田考证，以《旧唐书》为正。第三章述渤海之极盛时代，始成康诸王之守成，迄宣王仁秀之治绩。宣王以后，国运渐衰，史料阙佚，无从详考。第四章述渤海之衰灭时代。

契丹兴起，阿保机以一世枭雄，引兵陷渤海都忽汗城，渤海哀王諲撰出降，契丹改其地为东丹国，王皇子于其地。惟渤海之东半部仍未沦亡。契丹东丹王之奔后唐，非由礼让，乃由契丹太宗之煎迫及渤海遗民之叛乱。《高丽史》中所记忽汗城陷后之渤海人状况，则皆渤海遗臣投附高丽之记载，又从宋、辽、金三史所记极少之数条观之，可见渤海遗民尚保存有若干势力也。

后编第一章述渤海文化成分。其固有文化以狩猎为主而辅以农耕。肃慎楛矢，早见于中国古籍。其后来之文化则高丽及唐朝输入。第二章述渤海文化大概。其产业既以渔猎为主，农耕为辅，其国民性则由慓悍而渐化为温雅。其固有宗教不可详考，大要有崇拜祖先之习，后乃濡染佛教。其文字则采汉字。其文学艺术皆为汉化者，日本典籍尚有保存渤海人所作诗鳞爪者。其官制见《新唐书》传，大抵取法唐制，又与日本相似云。第三章述渤海文化之影响。其及于日本者有历法、音乐二项，而历法尤重要。唐穆宗长庆时所制宣明历，由渤海传入日本者也。其及于女真者典制为最重要，亦有痕迹可寻云。后编后有结论，论渤海兴亡之原因，渤海文化最大弱点，乃上级社会文化虽高，而平民则无知识如故，悬隔太甚。且其文化，完全来于模仿，故在国民自觉上，无根据也。

附录《渤海疆域考》，于渤海五京四至。考证极详，多晚近日本学者之成绩。五京之设置，盖仿唐之四都，高丽之五都，又五行之思想，亦不无关系云。

是书引《松漠纪闻》金粘罕阻人发宣圣墓一事（面八一）。案宗翰（粘罕）攻宋，取道山西而下汴京，实未尝至山东。洪氏此说，实误于传闻也。

（《图书季刊》1939年第4期）

《东胡民族考》

克 凡

日本白鸟库吉著，方壮猷译，中华教育文化基金董事会编译委员会编辑，商务印书馆发行，廿三年九月初版，每册定价大洋一圆一角。

本篇文字，着重在介绍原著者在此方面所努力的结果，而不轻易作若何无关重要的批评，因为我自己对吾国北方古代民族的起源、分布、及其兴亡的事迹，尚未有深切的研究，故虽不敢轻信他人的结论，然亦不肯作肤浅的论断，不过在叙述著者各篇概要之时，有时亦连带附以自己的意见。

依照篇目次第，首篇为《东胡考》，著者以为西方学者如 Deguignes、Abel Remusat、Klaproth、Parker、Chavannes，诸氏以东胡为通古斯之对音，论据非常薄弱，我们应该先研究所谓通古斯名称之起源及其意义，次再说明所谓东胡之名称及其意义，然后才可以判定此两民族果否可视为同一的种族。据他研究的结果，通古斯之名，原为土耳其种 Yakut 人轻侮其邻民族的名称，其原音为"Tongus"，后转为"Tungus"（通古斯），系豕之义，而东胡之名，乃为自中国春秋时代以迄汉代称呼游牧于辽河上游之蒙古人的汉名，其名义则正如其文字本身所表现，即东方的胡人。胡之一语，即蒙古语之所谓"人"的意义。因知东胡与通古斯二名，在声音上虽甚酷似，若就其种类、名义、住地等来说，两民族似绝无相互的关系。

次为《乌桓鲜卑考》，白鸟氏根据前篇所论东胡与通古斯不同种而与匈奴同为蒙古种的一族，以为乌桓、鲜卑与通古斯亦系不同种。他考查与乌桓同语言风俗之鲜卑族语言，如鲜卑"郭落带"，其原音为"Sabi-guruk"，系瑞兽之义，作乐水即饶乐水，乃蒙古语"Sarakha"的音译，黄水之义,即指今之西喇木伦河;乌秦侯水乃乌侯秦水之误写,为蒙古语"Toghosun"的音译,土河之义,即指今之老哈木伦河等,因即推知鲜卑民族的本地,大约即在今西喇木伦及老哈河之间。又考定乌桓(亦作乌丸)在东室韦西北三百里,当在黑龙江之上流域,盖乌丸因不得志于南方,遂远遁至今俄国之领域。

次为《慕容氏考》,白鸟氏据《晋书·慕容廆载记》的记载,以为慕容氏乃东胡之苗裔,即鲜卑之一部族,更从《通典》、《资治通鉴》、《读史方舆纪要》、《热河志》、《晋书·地理志》诸书中所记关于慕容氏的掌故,考知慕容氏的原住地,约在西喇木伦之下流域以至义州一带的地方,亦即今长栅内外附近之地。至"慕容"二字的本来意义,系富有之义,为Ba-yung 的音译;起初仅为鲜卑一酋长所用的美称,后乃变为其所统率的部落的总名。

次为《宇文氏考》,原著者从庾信所撰《周上柱国齐王宪碑》内称宇文氏于晋太康年间据黄龙(《热河志》卷五十七)和《周书·文帝纪》中所载,考知宇文氏的祖先,原系居于阴山之南,后乃迁于辽西,更从《热河志》卷百三外记一引《十六国春秋·前燕录》记录的一段,并参照慕容氏的原住地,推知宇文氏的领域,"盖北据西喇木伦河之上流域,西南达乎朝阳县界,东界慕容氏,南连段氏,西与拓拔氏相接也"(见八一页)。其种属《周书》及《十六国春秋》均明言系鲜卑种,独《魏书》以为匈奴种,原著者并未加以若何新见解。

次为《吐谷浑氏考》,白鸟氏对此民族名称的起源、种属,及其原住地,似并未讨论,而仅仅对于"恪尊"、"屈海"、"赀"和"莫贺"诸吐谷浑语原音的考查。如"恪尊"的原语,据他考查系为可敦(Katun),"后讹为三支:甲,讹为哈敦(Hatun),又展转讹为阏氏(Aci);乙,讹为可贺敦(Khotun);丙,讹为恪尊(Katsun)、可孙(Kusun),又展转讹为现今通古斯语之(Asi)"(见原书傅运森序二页)。此种考查,固甚广博,然以其置重于各民族的语音,不分中外古今,强为比附之故(全书十余篇的体裁大率类此),结果遂有时不免于失败。例如此考以汉初匈奴之"阏氏",竟断为乃唐时可敦之转讹,而以现今通古斯语谓妻曰 Asi 者为证,不惜颠倒我国数千年的历史事迹,这实在就很难符合于考据的原则。

次为《乞伏氏考》和《秃发氏考》，亦均从语音方面求其原音。

次为《托跋氏考》，篇幅最长，可资借鉴之处亦最多，据白鸟氏考查的结果，以为托跋氏虽《魏书·帝纪》载系黄帝之后，《宋书·索虏传》称系汉李陵之裔，《南齐书·魏虏传》谓为匈奴种，其实皆非是，吾人应从《魏书》所载拓拔氏祖先的传说和《隋书·经籍志》所列书目中托跋氏所表现的语音求其种属。在《帝纪》中载魏之始祖成帝毛的五世孙为"宣帝推寅"，而《魏志·鲜卑传》又载鲜卑檀石槐之部属西部渠帅有名"推演"者，《资治通鉴》则以此二人当系一人。此种考定，推以当时情势，盖有可能。原以托跋氏自诘汾以上之祖先悉失其传，独推寅之事迹殆为彼民族间所能朦胧记忆，而此推寅的名称，又恰恰与鲜卑檀石槐之渠帅推演类似，这实在是一件极可注意的事。依白鸟氏推测，大概托拔（编者注：即拓跋，下同，一仍原文）珪因以前祖宗均不甚明了，故于作祖先世系时，遂以推寅为中心，上追五世至远祖毛，后列七世至可汗邻，以掩饰其世系之不完全。果尔，则《魏书》之可汗推寅和《魏志》之渠帅推演，谓为一人，似无不可，由是再进一步谓托拔氏乃属鲜卑种，当亦离事实不远了。而且《经籍志》中所谓国语，也就是指托拔语，其中的《国语物名》和《国语杂物名》均明记系后魏侯伏侯可悉陵撰，《鲜卑号令》系周武帝撰，可见题国语者为后魏时人，而题鲜卑语者则为北周时人。所谓国语，固指托拔语，而所谓鲜卑语，亦何尝不是指托拔语呢？托拔语即是鲜卑语，则托拔氏之属于鲜卑，自更毫无疑义了。杜佑《通典》明定拓拔氏为东胡之后，鲜卑之别部（卷一九六），实得其中。至托拔氏之原住地和"托拔"二字的本来意义，据他考定，前者系在今之嫩江流域与兴安岭近傍一带之地，后者则为"Tabgac"的对音，其意义或即为"司印者之义"。

次为《地豆于及霫考》，原著者对地豆于所居的地望，考查甚为详晰，其结果以为地豆于系介在蠕蠕与高句丽之间，其境域北界当以陶尔河与乌洛侯国相接，南界当以西喇木伦河与奚契丹相连，东隔沙陀与高句丽之属地扶余（即今长春农安等地）相临，西界以兴安岭与蠕蠕接壤，即其后至唐代之霫或白霫民族之根据地，亦当与地豆于国相当。

次为《失韦考》，白鸟氏据《魏书·失韦传》考定失韦国的原住地，当在和龙（即今之朝阳）北方一千余里又二十七日行程之处。假定此每日行程为百里,则失韦国实当在朝阳之北三千七百余里之地,其中之捺水,盖即当时土人指呼黑龙江之名。至失韦原名,则当与《唐书·室韦传》所载之猱越同名异译,二者皆 Zeya 的对音。

次为《羯胡考》,西晋政衰,五胡乱起,羯胡据《魏书·羯胡石勒传》所载,实应收归匈奴种,不当列入他种,白鸟氏不但对此种属问题力矫前人主土耳其种之非是,且对羯胡语如"匐勒"、"秀支"、"替戾冈"、"仆谷"、"刱秃当"等的原义和原音,都给他们以一个真面目。

最后为《蠕蠕考》和《库莫奚》,著者对此两民族的居地、种类,及名义等也都为之考定。我们读完全书,觉得白鸟氏这十余篇的考据,虽亦有其独特的见解,如其间乌侯秦水考为辽河之一大支流老哈河,屈利水之考为嫩江,燕支水之考由焉耆山展转而来等,都能给予我们以许多新而合理的见解,然以全书过重于语音的推敲和对比,结果遂有时不免蹈践如上段所述之以汉时匈奴"阏氏"为唐时可敦之转讹,是则乃为其最大的弊病。所以我们读其书,不能尽信其书,还须仔细下一番辨别的工夫。不过本书引证甚为繁博,可利用之,借省检视各原书之劳,这可说是原著者的一个伟大贡献。

末了,我们受白鸟氏处处讲求各民族语音的暗示,起了一个小小的疑问,那就是评者读本书《吐谷浑氏考》中原著者所举吐谷浑语谓父曰"莫贺",即是蒙古语中"Aba"或"Abaga"的转讹而省略其首音 A 的。其中所举蒙古语族中的 Khalkha 语和 Butkha-Solon 语皆谓父曰"Aba"、"Awa",而吾莆现今流行语亦有称父亲曰"阿伯"(Aba),这种不期然的凑合相同,是否有民族文化关联或民族迁徙的原因或其他血缘关系在里面,评者尚无法证明,此外在同段原著者又举通古斯语谓父曰"Ama"、"Ami"、"Ammu",吾莆则有一区(常泰区)谓祖母曰"阿妈"(Ama),谓叔父曰"阿眉"(Ami),又刚刚与之相反,评者亦未知是何因由,特提供这里以求民族学者和人类学者的指教。

(《大夏》1934 年第 1 卷第 8 号)

《敦煌秘籍留真》

周一良

神田喜一郎辑印，民国二十七年京都小林写真制版所出版。

　　神田喜一郎氏影照巴黎所藏敦煌写本，以事繁费巨，未能全付影印。遂择六十三种，辑为书影，于民国二十七年在京都出版。每种影印一二叶，有题记者兼存其题记。惜只鳞片羽，复不注明原存行数。足供谈书法源流者之考镜，而裨益于学术研究者无多。唯其所收残卷之题记颇有值得注意者，在王有三先生所照巴黎之写本未印行发表前，此书要亦为治敦煌之学者所不废也。

　　书中所收之写本曾经发表或已为当代学者研究利用者，有《刊缪补缺切韵》、智骞《楚词音》、《舞谱》等。所影印虽只寥寥数行，偶亦有足据以订移写之误，祛学人之惑者。如六三号《舞谱》(伯希和三五〇一号)即可以订正《敦煌掇琐》中移录之误数处。最重要者为写本"接"字《掇琐》因形近一律误为"授"，遂不可通矣。四〇号《无上秘要》第三十三(伯二三七一号)卷尾题记"开元六年二月八日沙州敦煌县神泉观道士马处幽并侄道士马抱一"云云，与北平图书馆藏珍字二〇号《无上秘要》题记全同，自是一书。今《道藏》太平部所收《无上秘要》缺十余卷，卷三三《道藏》本存，不识图书馆所藏是何卷耳。二四号《唐律疏义》(伯三六九〇号)《职制》篇律文大字，疏作议曰，小字双行夹注，每条无小题。与《敦煌石室碎金》所印李氏藏《唐律》残卷律与疏平列者异，知唐代律疏格式已有不同矣。

　　三〇号老子《道德经》(伯二卷四七号)卷尾有"大唐景龙三年岁次己酉五月丁巳朔十八日甲戌沙州敦煌县洪闰乡长沙里女官清信弟子唐真戒年十七岁甲午生"云云题记，乃受《道德经》誓文。同号《十戒经》卷尾亦有受十戒十四持身品之誓文，称"长沙里冲虚观女官清信弟子唐真戒"。甲戌之戌字皆少一画作戌。六朝石刻戊、戌往往作代、戌。《鸣沙余韵》九〇之四所收《大集经》（斯坦因三九三五号）卷末隋开皇三年题记"贼寇退散"之贼字亦少一画作贼，盖六朝隋唐人作书惯习如此。宋开宝七年版佛本《行集经》卷一九卷末"大宋开宝七年甲戌岁奉敕雕造"之戌字亦缺此画。是沿唐人旧习，非关避讳也。甲午年当天后延载元年（六九四），至景龙三年（七〇九）仅得十六岁。三一号老子《道德经》（伯二四一七号）亦有受经誓文"大唐天宝十载岁次辛卯正月乙酉朔廿六日庚戌敦煌郡敦煌县神沙乡阳沙里神泉观男生清信弟子索栖岳载三十一岁"云云。两《道德经》后之誓文与《无上秘要》三七（《道藏》太平部七七二册）授道德五千文仪品师徒长跪读盟文条所载誓文除一二字外全同，自是道教受经誓文形式如此也。"男生"、"女官"为男女道士之称号。《无上秘要》四九三皇斋品五〇涂炭斋品（《道藏》七七四册）上章每自称"男女官"、"男官祭酒"、"小兆男生"云云。案《玄都律文》（《道藏》洞真部七八册）依"男官女官箓生道民"之次序叙述。《太微仙君功过格》（《道藏》同上）谓"传受行法官一人为百功，度箓生弟子一人为五十功，度受戒弟子一人为三十功"。此外又依受箓与经戒多少，而有种种称号，大抵因时代而有不同。见《洞玄灵宝三洞奉道科戒营始》卷四《法次仪》（《道藏》太平部七六一册）及《三洞修道仪》章（《道藏》正乙部九八九册）。官之位高于生。《魏书·释老志》牧土上师李谱文赐寇谦之诰言文录有五等，前四者皆云某某官，其源已久。所以曰官者，盖对"种民"而言。自教外人称之，男曰道士或黄冠，女道士亦曰女黄冠，省作女冠。道书中每以道士女冠对举。女冠系泛称，与女官之确指道教团中某一阶级者有别。《旧唐书》五一《杨贵妃传》言"妃时衣道士服，号曰太真"。《乐史太真外传》作"度为女道士。……册太真宫女道士杨氏为贵妃"。《通鉴》二一五天宝四载八月《考异》引《统纪》"八月册女道士杨氏为贵妃"。皆作女道士。唯《新唐书》七六本传作"即为自出妃意者，丐籍女官，号太真"。"官"疑应作"冠"，宋子京好古，不用女冠字，不知二者固非一事也。《通鉴》二一五天宝三载十二月"乃令妃自以其意乞为女官，号太真"。其文似本新书而易以习见词句。作女官不作女冠，疑亦沿袭子京之文非别有所受也。高丽泉盖苏文之子名男生，似亦与道教之男生有关，犹六朝人之以沙弥为小字耳。据《旧唐书》一九九上《高丽传》，武德七年曾遣使将天尊像及道士往彼，为讲《老子》。其王及道俗观听者数千人。金富轼《三国史记》（成书于绍兴十五年即一一四五年）四九《盖苏文传》："苏文告王曰：闻中国三教并行，而国家道教尚缺请遣使于唐求之。王遂表请唐遣道士叔达等八人兼赐《道德经》。"《东国通鉴》系此事于贞观十七年即六四三年，然此书系年未甚可信。要之高丽曾有道教，而未盛行。盖苏文以一武夫而留意于是，或者其人于天尊之教特有所嗜，遂以"男生"名其子耶？三处题记皆自称"宍人无识"。"宍"古"肉"字。肉人者凡俗愚陋之意，犹佛家之言凡夫耳。

三处题记年岁上之数字与三〇号之"甲午生"三字皆似预留空白再行填入者。两《道德经》题记皆言诣三洞法师北岳先生或中岳先生某人处求受道德五千文。《十戒经》题记作谨诣北岳先生阎某某奉受十戒。姓下之名二字皆漫漶不清。经文书法皆精，而题记则远弗逮，决非一人手笔。案《传受经戒仪注诀》书经法第四（《道藏》正乙部九八九册）云："受法之后徐觅能书清严道士敬信之人，别住静密，触物精新。自就师请经卷，卷皆拜受。竟又拜送，恭肃兢兢。所受部属悉应写之，皆用缣素钞之，则纸充乃应（？）。师手书一通以授弟子，弟子手书一通以奉师宗。功既难就，或拙秉毫，许得雇借。精校分明，慎勿漏误。误则夺年算，遭灾祸，其罚深重。"陈寅恪先生尝谓道家重书法，故西陲所出道经书体皆工整精美。此文适足以证成先生之说也。

四二号《法句经》予别有跋兹不具论。四五号《大智度论》（伯二一四三号）有题记云："大代普泰二年（五三二）岁次壬子三月乙丑朔廿五日己丑弟子使持节散骑常侍都督领（岭）西诸军事车骑大将军开府仪同三司瓜州刺史东阳王元荣惟天地妖荒，王路丕塞。君臣失礼于慈（兹？）及载。天子中兴，是以遣息叔和诣阙修□。弟子年老疹患，冀望叔和早得还回。敬造《无量寿经》一百部，四十卷为毗沙门天王，三十部为帝释天王，三十部为梵释天王。……愿天王等早成佛道。又愿元祚无穷，帝嗣不绝。四方附化，恶贼退散。国丰民安，善愿从心。含生有识，咸同斯愿。"北平图书馆藏菜字五〇号《摩诃衍经》题记残泐不完，止存年月官衔等三十余字。与此实是一书，文全同，可依此卷题记补足。赵斐云先生《魏宗室东阳王荣与敦煌写经》一文（《中德学志》五卷三期）据《元和姓纂》及新出墓志考证东阳王荣世系綦详，此题记所载官衔又可以补诸志之缺焉。赵先生文中引尹波为东阳王所写《妙法莲华观世音经》（当即普门品）之题记，今案伦敦藏写经残卷题记两事亦可与此比观。其一为《仁王般若波罗密经》（斯四五二八号），题记略云："大代建明二年（五三一）四月十五日佛弟子元荣既居末劫，生死是累，离乡已久，归慕常心（？）。是以身及妻子奴婢六畜悉用为比沙门天王布施三宝。……入法之钱即用造经。愿天王成佛，弟子家眷奴婢六畜滋益长命，及至菩提，悉蒙还阙。所愿如是。"（见 Lionel Giles, *Dated Chinese Manuscripts in the Stein Collection*, Bulletin of the School of Oriental Studies, vol. Ⅶ, p.820。翟理士未附原卷影本，其所移写容有错误。又谓末劫盖中亚小国名，尤可笑。）另一为《大般涅槃经》卷三十一（斯四四一五号）题记云："大代大魏永熙二年（五三三）七月十五日清信士使持节散骑常侍开府仪同三司都督岭西诸军事车骑大将军瓜州刺史东阳王元太荣敬造涅槃……各一部，合一百卷，仰为比沙门天王。愿弟子所患永除四体休宁，所愿如是。"（亦见 BSOS vol.Ⅶ, p.822）赵文已引《魏书·孝庄纪》称元太荣，盖亦犹元义小名夜义而省作义耳。大代大魏兼称之例亦详见赵文，兹不具论。尹波之经写于孝昌三年（五二七），题记云："愿东阳王殿下……保境安蕃，更无虞寇。皇途寻开，早还京国。敷畅神机，位升宰辅。"建明二年（五三一）三月尔朱世隆立前废帝于洛阳，改年普泰。而《仁王经》题记犹称建明二年四月十五日，因驿递稽缓，诏书未达也。题记言离乡已久，故造经祈福之外，犹希能遂还阙之愿，与尹波写经题记用意相同。是年十月高欢又立后废帝安定王于信都，号年中兴。而次年（五三二）所书之《大智度论》题记用泰普纪年，其所谓"天子中兴"自是指前废帝而言。所云"天地妖荒，王路丕（否）塞，君臣失礼"诸语，恰是此时六镇乱后尔朱氏高氏纷争之实况，干戈遍地，废立犹如弈棋，前废帝广陵王诗，所谓"颠覆立可待，一年三易换"也。元荣远处西陲，祸乱未曾波及，故敢无所顾忌，慨乎言之。然《智度论》题记与《仁王经》题记相距虽止一年，山东河雒已非乐土，故元荣造经唯祈元祚无穷帝嗣不绝。又惧其子困于东方,祈其早得回还,而自身无复"还阙"之意。又明年(五三三)所写《涅槃经》用贺六浑所立孝武帝永熙纪年。是时尔朱世隆早已伏诛,尔朱兆军败自杀,东方已成高氏天下。故元荣造经所愿者唯是"所患永除四体休宁"而已,不唯不求东归,且亦不敢存"元祚无穷"之想矣。敦煌写本题记单独或无意义,汇而读之乃可以考史实,窥世变。胡适之先生序许国霖氏书,曾创议编集"敦煌写本题记全集",良有以也。造经愿毗沙门天王等早成佛道,甚属稀见。题记胪列所造诸经,计有《无量寿经》、《摩诃衍》、《贤愚》、《观佛三昧》、《大云》等目,《鸣沙余韵》所收及北平图书馆藏《摩诃衍经》皆即《大智度论》,三阶教典籍亦多呼此论曰《摩诃衍经》,盖北朝流行之名称也。赵先生文中又引瓜州刺史邓彦妻写经,据《北周书·申徽传》、《令狐整传》考定彦为元荣之婿。然各本《周书》及《北史·申徽传》皆作刘彦,当从写经及《令狐整传》作邓。不见写经此误终不可正矣。赵文未及,故补著出之。刘字与邓字古人写法相近,故每致混淆。孙仲容《籀庼述林》陆《书颜师古汉书叙录后》文中谓《三国志·魏武纪》注引《魏书》所载劝受九锡诸臣中之刘展,即《魏文纪》注引《典论》中所指及小颜注《汉书》常征引其说之邓展(参看潘眉《三国志考证》一)。张菊生先生《校史随笔》"《南史》袁刘袁邓"条考定齐高帝九锡文"袁刘构祸"当从元本《南史》作袁邓,指袁颉邓琬。与此邓彦之误为刘彦如出一辙,亦校勘学上有趣之一例也。

四八号《十地义疏》(伯二一〇四号)有保定五年比丘智辩题记,为北周时写本。然其后又有"此汉写经记之耳汉写经汉写经"一行,当是唐时瓜、沙入吐蕃后为人随意注入。敦煌所出借谷种文书有止署甲子年月不著年号者,皆此时期物,其中往往注明汉硕汉斗(见《支那学》一〇卷三号,那波利贞氏文所引)。此汉写经之语亦其比矣。

南朝写经不多见,《鸣沙余韵》八九之一《大般涅槃经》(斯八一号)乃梁天监五年荆州写本。此书四四号《出家人受菩萨戒法》(伯二一九六号)有梁天监十八年题记。四九号《摩诃摩耶经》(伯二一六〇号)有陈至德四年题记,皆不著写经地名。《摩诃摩耶经》萧齐昙景译,此卷书写时日与译经时相去不远也。

五七号《梁武帝发愿文》(伯二一八九号)题记云:"大统三年五月一日

中京广平王大觉寺涅槃法师□□供养东都发愿文一卷，仰奉明王殿下，在州施化，齐于友称之世，流润与姬文同等……"《鸣沙余韵》二六《法华义记》(斯二七三三号)有题记云："正始五年五月十日释道周所集，在中京广德寺写讫。"正始五年七月改元永平，中京疑指洛阳。广德寺不见于《洛阳伽蓝记》，盖小寺复不关世谛，遂未入录。此处中京或是西魏迁关中后沿北魏都城旧名，以称新都之长安乎？东都当是江东之异称。魏孝文有子广平王怀，《魏书》二二《孝文五王传》阙，后人以《北史》补，而《北史·广平王怀传》亦残缺不全。《通志》八四下《广平王怀传》稍详，当本于《魏书》亦不及其子孙之袭封者。考《北史》五四《魏文帝纪》大统元年正月广平王赞为司徒，三年六月以司徒广平王赞为太尉。《魏书》八五《裴伯茂传》一〇四自序皆称赞为出帝兄子。罗氏《魏书·宗室传注》一二据广平王怀子嗣王悌墓志，知赞为悌之子。赞父悌与出帝同出于怀，而怀又与文帝之父京兆王愉同出孝文帝。支派不远，西迁后遂为魏室懿亲，因之题记中有"姬文"之称也。

(《清华学报》1948年第15卷第1期)

读桑原骘藏《蒲寿庚考》札记

白寿彝

一　蕃长司与怀圣寺

《蒲寿庚考》第二章说到蕃长司,第三章说到岳珂《桯史》卷十一所记的蒲姓,并设想怀圣寺塔为蒲姓所建立。我却从此设想,蒲姓住的地方,或就是蕃长司所在的地方,而礼拜堂和传呼礼拜的尖塔,都是和蕃长司在一处的。

我们知道唐时蕃长不只是蕃商居留之行政上的领袖,并且是法律上、宗教上的领袖。本书第二章注六所引的大食人游记,就可说明这种情形。宋时于蕃长外,并有"判官"底名称。判官当是 Qadi 底译名。Qadi,元代音译为"哈的",是伊斯兰教中的执法人,是依伊斯兰教法以判断同教间的诉讼者。元末伊本·白图泰游中国,曾见穆士林居住之所,均有 Shaikh 和 Qadi。Shaikh 底意思,是首领或长老,也可译作蕃长。大概宋元时,蕃商居留中国的,远较唐时为多,仅设蕃长,已照应不过来,于是便不得不依照伊斯兰各国底情形,把关于法律的事件分出来,交给判官。宋时蕃长司底组织,大概就包含有这两种人物,分掌行政和司法,但同时又都负宗教的责任。元时穆士林得自由居住各地,已不必再设蕃长司了,但与蕃长司相类似的组织仍应该是需要的。

现在我们看,唐宋时的蕃长,既然都是宗教上的领袖,并且"蕃长"底意义,也已包含"宗教领袖"之意义在内,则蕃长底办事处蕃长司,就应该不只是行政的、司法的机关,并且是宗教的机关。依照这种意义来说,则蕃长司中有礼拜堂,有传呼礼拜的尖塔,都是当然的。

岳珂《桯史》记蒲姓事，说：

> 番禺有海獠杂居。其最豪者，蒲姓，号曰蕃人，本占城之贵人也。既浮海而遇涛，惮于复反，乃请于其主，愿留中国以通往来之货。主许焉，舶事实赖，给其家。岁益久，定居城中，居室稍侈靡逾禁。使者方务招徕，以阜国计，且以其非吾国人，不之问。故其宏丽奇伟，益张而大，富盛甲一时。绍熙壬子，先君帅广，余年甫十岁，尝游焉，今尚识其故处。层楼杰观，晃荡绵亘，不能悉举矣。……
>
> 獠性尚鬼而好洁。平居终日，相与膜拜祈福。有堂焉，以祀名，如中国之佛而实无像设。称谓聱牙，亦莫能晓，竟不知何神也。堂中有碑，高袤数丈，上皆刻异书，如篆籀，是谓像主。拜者皆向之。旦辄会食；不置匕箸，用金银为巨漕，合鲑炙粱米为一，洒以蔷露，散以冰脑。坐者皆置右（左）手于褥下不用，曰此为触手，惟以涧而已。群以左（右）手攫取。饱而涤之，复入于堂以谢。……
>
> 居无溲匽。有楼，高百余尺，下瞰通流。谒者，登之。以中金为版，施机蔽其下。奏厕，铿然有声。楼上雕镂金碧，莫可名状。……
>
> 有池亭。池方广凡数丈，亦以中金通甃，制为甲叶，而鳞次全类今州郡公宴燎箱之为，而大之。凡用钛铤数万。……
>
> 中堂有四柱，皆沉水香，高贯于栋。曲房便榭不论也。尝有数柱，欲胹于朝。舶司以其非常有，恐后莫致，不之许，亦卧庑下。……
>
> 后有窣堵波，高入云表，式度不比它塔。环以甓，为大址，累而增之。外圜，而加灰饰，望之如银笔。下有一门，拾级以上，由其中而圜转焉，如旋螺，外不复见。其梯磴，每数十级，启一窦。岁四五月，舶将来，群獠入于塔，出于窦，喝晰号嘑，以祈南风，亦辄有验。绝顶有金鸡甚巨，以代相轮。今亡其一足。闻诸广人，始前一政雷朝宗溧时，为盗所取，迹捕无有。会市有窭人鬻精金，执而讯之，良是。……
>
> 他日，郡以岁事劳宴之。迎导甚设。家人帷观，余亦在。见其挥金如粪土，舆皂无遗。珠玑香贝，狼藉坐上，以示侈。帷人曰："此其常也。"后三日以合荐酒，馔烧羊，以谢大僚，曰："如例。"龙麝

扑鼻,奇味不可名,皆可食,迥无同槽故态。羊亦珍,皮色如黄金。酒醇而甘;几与崖蜜无辨。独好作河鱼疾,以脑多而性寒也。

依窣堵波底式度和窣堵波礼堂间的位置来说,我们相信桑原氏底说法,窣堵波即光塔,蒲姓居所即怀圣寺寺院。如果我们更进一步研究这一大段记载,我们看它所说蒲姓豪富的情况,他之"愿留中国以通往来之货","舶事"之"实赖",郡之"以岁事劳宴之,迎导甚设",并且在"劳宴"时似乎更无别客在坐,以及"挥金如粪土",旁若无人底情形,恐怕蒲姓不只是一个富甲一时的巨商,而且是一个在巨商中拥有权威的蕃长。我们更看它说"堂中有碑,高袤数丈","岁四五月舶将来,群獠入于塔,出于窦,嗬嘶号嘑以祈南风",则蒲姓的居所恐怕根本就不是一个私人住宅,而是一个公共处所。一个具有高袤数丈的 mihrab 之礼堂,不是一个小规模的建筑,不是一个私人礼堂所需要的。入塔祈风,也不仅关系蒲姓一人或一家底事,而是代表蕃商全体之共同的要求。这也很可以使我们想像蒲姓的居所,就是蕃长司所在,礼拜堂和传呼礼拜的塔,都是蕃长司中设备的一部。

马松亭阿衡说,中国底礼拜寺往往叫 Jama'at,外国底礼拜寺往往叫 masjid。Jama'at 底意思,是聚会的地方。masjid 底意思,是叩拜的地方。这两种不同的名词,实际上,就可代表中外礼拜寺之不同的机构。中国礼拜寺底这种特点,恐怕就是从蕃长司底组织承袭下来的。

二 三佛齐(Samboja＝Palembang)和占城(Champa)底穆士林

《蒲寿庚考》第三章说到大食人在南洋各地设置商业根据地,并特别举出三佛齐和占城。注十四说,三佛齐多蒲姓。并从《宋史·三佛齐传》中,举出蒲蔑、蒲陁汉、蒲押陁黎、蒲婆蓝、蒲谋西五个名字来。今按蒲谋西得为穆士林人名 Abu Musa 底对音。蒲押陁黎虽未见有适当的对音,但以大食朝贡人称此名者之多而言,也可相信他是一个穆士林。其他三人是否穆士林,很是一个疑问。《宋史·三佛齐传》中,另外可信为穆士林的,还有四个人:

1. "唐天祐元年(公元九零四年)贡物,授其使都蕃长蒲诃栗宁远将军。"蒲诃栗得为 Abu Ali 底对音。

2. "(建隆)三年(公元九六二年)春,室利乌耶又遣使李丽林。副使李鸦末,判官吒吒璧等来贡。"

3. "开宝四年(公元九七一年),遣使李何末以水晶火油来贡。"李鸦末、李何末均得为 muhammad、mahmud 或 Chmud 底省译,而冠以唐姓"李"字。

4. "大中祥符元年(公元一零零八年)其王思离麻啰皮遣使李眉地,副使蒲婆蓝,判官麻河勿来贡。"麻河得为 muhammad 底对音。

如依照桑原氏底说法,这四个人也可能地是侨居三佛齐的大食商人。又,泉州清净寺底创建人纳只卜,穆兹喜鲁丁本是大食之施那帏(Shilav)人,但和他同时的林之奇,著《泉州东坡葬蕃商记》,也说他是三佛齐人。

占城底穆士林,除桑原氏于本章注十九所举外,《宋会要·蕃夷七》,也有相关的记述。《会要》记熙宁元年(公元一零六八年)占城贡使有蒲麻勿,元祐元年(公元一零八六年)进奉大使有蒲麻勿。这两人底名子,均得为 abu Mahmud 底对音。大概他们之为穆士林,是相当可信的。

另外,勃泥(Borheo)和注辇(Mabar)底朝宋使中,似也有穆士林在内。《宋会要稿·蕃夷七》:

太平兴国二年(公元九七七年)九月二十日,"勃泥国王向打遣使施弩,副使蒲亚利,判官哥心来贡"。

大中祥符八年(公元一零一五年)九月二日,"注辇国使娑里三文,副使蒲心加,判官翁勿来贡"。

明道二年(公元一零三三年)十月二十一日,"注辇国王尸离啰茶印陁啰注啰遣使蒲神陁离等以泥金表进珍珠衫帽,及珍珠象牙"。

蒲亚利得为 Abu'All 底对音。哥心得为 Qashim 底对音,蒲加心神得为 Abu'Qashim 底对音。这三位大概都是穆士林。蒲"神"陀离当为蒲"押"陀离之误,虽找不出大食文底对音,但也可相信是一个穆士林底名字。大中祥符八年,注辇是初度朝宋。蒲心加之任副使,恐怕不免带有一些领导的性质。

三　蒲氏家谱

民国二十八年十二月,金德宝阿衡在福建德化访问教亲,在一个开香料店的蒲振宗家里,发现一本《蒲氏家谱》。他就把这本家谱抄了下来。另外还有一个《新谱》。他也把序、弁言和"孝房"一条,抄了下来。承他的情,把这些材料都抄了一个副本给我。他并写了一篇《发现蒲寿庚家谱经过》,发表在《中国回教救国协会会刊》第二卷第一期。

《家谱》共有四部:一、蒲氏家言,二、蒲氏族谱凡例,三、谱,四、谱系表。这谱修成时期,无年月可考。谱中所记最后的一人,是蒲奇成,称其顺治乙酉生,康熙癸丑授中书,并称其葬于福州。据此,这谱至早也要成于雍正年间。

《新谱》是蒲氏自泉州迁永春的一支所立,修成于光绪丁丑。

这两个谱荒谬的地方不少,但也有足资异闻,或可补充《蒲寿庚考》之不足的地方。

谱以宋代蒲孟宗为第一世祖。自此而下,二世,谷;三世,尧章,尧仁;四世,绪;五世,国宝;六世,大宾、世宾。世宾,字子玉,号邦光,"以恩贡官知福建泉州府晋江县官,(携)眷赴任,任满立籍,卜居晋江县之法石乡。夫人蔡氏,生三子,寿晟,寿崴,寿庚。"这六世底记述,可以说完全不可信。《蒲寿庚考》中所引的,关于寿庚家世之记录,均足为反证。寿晟、寿崴,也只是一个人名底异写,并不是两个人。这把《蒲寿庚考》第五章注十一至十三所引各条,参合起来看,是很明白的。

谱于第七世述寿晟、寿崴。于应叙寿庚处,不著一字,仅留白张一叶。第八世列五人,说:

师文,字章甫,号立庵,行一,寿庚公长子。娶马氏。大德元年,以文功袭职官;为福建平海行中书者。卒于壬辰,祭葬。翰林学士承旨官留梦炎撰文。圹内,墓志铭,以玛瑙石为之。生子崇谋。

师斯,字理甫,号笃庵,寿庚公次子,行四。以人才选举,至元甲申擢为翰林,太史院官。与学士承旨王鹗,请世祖以科举取士。

诏今中书议定程式，未及施行，遂致仕不朝。置白果园于泉城南门外，以自娱。娶乔平章女。生子，长曰崇谟，次曰崇圭。

师孔，字里甫，号□庵，寿嵒公长子，行二。娶铁参政长女。生子崇训、崇诰。以荫，补承务郎，监福州水口镇。后升任监丞而卒。

日和，字贵甫，寿嵒公次子。秉清真教，慎言谨行，礼拜日勤。元至正间，清真寺损坏；里人金阿里与之共成厥事，重修门第，皆以大石板砌成之，极其壮丽。右匾额上，镌有名字，至于(今)犹存。至永乐十三年，与太监郑和奉诏敕往西域，寻玉玺有功，加封泉州卫镇抚司。圣墓立碑，犹存。

均文，字平甫，号道复先生，寿庚公三子，行三。元贞二年，以才学著名，诏为右谕，德，兼中书省知制。大德十一年，制加孔子号曰大成，公撰制文。

这一段记述中，颇有错字，一时也无从改正。所记事迹，师文事当可信，师斯事似亦可信。惟师斯之擢翰林太史院官，既在至元甲申，即至元二十一年。而王鹗请以科举取士，据《元史·科举志》，实在至元四年。谱上所记年份，和《元史》不合。日和在泉州伊斯兰先贤墓，曾立有行香碑。碑文："钦差总兵太监郑和前往西洋忽鲁谟斯等国公干。永乐十五年五月十六日于此行香，望圣灵庇佑。镇抚蒲日和立。"这碑当即谱上所说"圣墓立碑"之碑。若以这碑和谱对看，日和似曾于永乐十三年随和西行。回国后，加封泉州镇抚司。等到十五年，和再下西洋时，日和适为镇抚，所以碑上，就刻有"镇抚"字样。师孔、均文事，更无可考。今所知者，孔子之加"大成至圣文宣王"封号，依《元史·祭祀志五》以记，是在至大元年。今作大德十一年，是早了一年的。

谱于均文后，说他们"从堂兄弟六人"。但谱中仅举出五个人来。这另外的一个人是谁？不知是否桑原氏所举出的蒲师武。

谱从第九世起，仅叙孝房。孝房是师文子崇谋所传的一支。九世。崇谟，"字典卿，号心宗，师文公长子。娶杨氏。生子太初、本初。以明经中元朝皇庆二年癸丑科二甲进士，历仕平章政事，卒于元统二年。帝加祭葬，谥曰忠惠公。"第十世，太初，字彦人，号闻斋，"崇谟长子。明洪武八年,为泉州卫军,技艺超群。至二十五年,调拨山东东昌府平山卫左所王勋王(名)下京操正军。娶陈氏,原分居晋江县三十六都偶人村。生子见龙"。本初,字纯仁,号诚斋,"崇谟公次子。借母氏杨姓,由泉州府学生员,中洪武十七年丁卯科举人。后应洪武三十年丁丑科会试,中第九名进士,殿试第二甲二十五名,点选翰林院编修之职。告老致仕,移居晋江十都腾图二甲和里古榕乡。以就埭田,携仆王福等,深耕自得。世之人称之曰诚斋先生。葬在本处后湖西沟。永诀戒子:'此地海滨之所,后必有寇。惟作士记,以表吾墓可也。'妻丁氏。生子,长曰潜龙,次曰承龙,三曰飞龙。"这所记太初事,因错字太多,不甚可解。大体上看,太初似是发入军营当兵。这大概是明太祖对于蒲氏的一种惩罚。本初虽是作了官了,但是改姓母姓以后,才办得到的。

《新谱》也记太初事,说:"查自明朝时,洪武八年,因帝怒云:蒲前朝必霸乱于泉。随尽杀于蒲,命俱不留。幸王姓友人,安平人也,以数月婴儿抱逃,直诣杨姓母家东石也。抚养长成,肄业诗书。出仕,官拜翰林院庶吉士。随换名姓,厥姓曰蒲,名本初公。"这和年谱所记,太初本初事,正确性恐怕都甚强。如果我们说这两个谱有价值,恐怕价值也就在这一些记载。这可见明初蒲氏受祸之惨,也可见寿庚后裔,适应力之强。这是可以补桑原书第五章之不足的。

谱于第十一世,即中断。于十七世,举出奇成,并有传略。谱系表较完整。如和福建地方志乘参看,或可更有所得,也未可知。

(《文史杂志》1944 年第 5、6 期)

《蒙古史研究》

克 凡

日本箭内亘博士著,陈捷、陈清泉译,商务印书馆印行,民国二十一年十二月初版,定价大洋四角。

自东北四省相继失陷后,国人对边疆问题逐渐注意,评者受爱国心的驱使,年来对本问题也甚感兴趣,除每日注意报纸消息外,举凡杂志及出版物之有关边情者,靡不尽力搜罗。惟以国人对边情素鲜研究,故在目前中国出版界中,关于边疆问题之出版物,大半多是译品,而少有自己的创作,本书也是许多译品中的一种。

本书总名《蒙古史研究》,乃箭内博士逝世后,其学生集其许多关于蒙古史事的论文而成,由日本刀江书院出版,原文曾先后刊登于日本《东洋学报》、《史学杂志》及《满鲜历史地理研究报告》中。译稿则以类相从,择其比较重要诸篇,编为单行本,已出版者有《辽金乣军及代兵制考》、《元代蒙汉色待遇考》、《元朝怯薛及斡耳朵考》、《元代经略东北考》、《元朝制度考》、《兀良哈及鞑靼考》等,其中之《兀良哈及鞑靼考》,译者去年曾加评论(文载《大夏》九卷廿六期),主张应与王国维先生之《鞑靼考》互读,可得"兼收并蓄"和"相得益彰"之效(王先生文载《清华学报》及《观堂集林》中)。

本书仍名《蒙古史研究》,殆存其真,共集有八篇论文:一《成吉思汗死地》,二《太昌原之战》,三《拖雷使者搠不罕之被杀》,四《海都叛乱之年次》,五《元代地名开元路之沿革》,六《辽代之汉城与炭山》,七《成吉思汗》,八《元世祖与唐太宗》。此外尚有序文二篇:一为白鸟库吉撰,乃就蒙古史在东洋史上之位置,东西学者对于此学科努力之概况,与箭内氏在此学问研究之功绩立论,并畅谈中国民族与蒙古民族在历史上势力消长的沿革。我们读后,真是感慨系乎其间。一为市村瓒次郎撰,内述《元史》之性质及其所以至今尚须改修之原因,末云个人与箭内氏的关系和期望箭内氏在蒙古史上努力之殷,并以自撰《元史源流考》中之元朝实录与经世大典一节作为本书之附录,卷首冠有箭内氏小传一篇。

在这八篇文字之中,值得我们注意的,约有几点:一点是原作者根据《元史·太祖本纪》二十一年及二十二年征伐西夏的记载,否认成吉思汗殂落于灵州及六盘山之说,而断定今甘肃清水县之西为其死地,并认萨里川是其发丧的处所。二点是他将成吉思汗死后蒙金两军在大昌原之战,考定在金正大五年之冬,即蒙古拖雷监国元年,西纪一二二八年。大昌原之战,乃蒙金交战史上最剧烈之一次,故陈和尚之名,至今尚不失传,惟以《金史》与其他纪载,互有不同,后来读史者亦各就所见而立说,致真相莫明,作者把它考究出来,实元史的一大快事。三点是他根据耶律铸《双溪醉隐集》中引用《理宗实录》与《理宗日历》及《续资治通鉴》诸书,考证拖雷使者搠不罕之被杀,乃在绍定四年七月路过沔州,由宋之沔州统制张宣命曹万户剿杀之于青野原。四点是他发见《元史·地理志》西北地附录阿力麻里条之注,与出处相异之 D'Ohsson: *Histoire des Mongols* 记载相符,因定海都叛乱年次为至元五年。按海都叛乱年月,洪钧《元史译文证补》有《海都补传》,谓在至元十二年,屠寄《蒙兀儿史记·海都传》谓在至元十一年,日人桑原氏在其所著《东洋史教科书》注为至元二年,那琦氏之《那琦东洋小史》则认为至元三年,我们看后,真如坠入五里雾中,莫知适从,箭内氏竟能拨邪归正,虽五年说并非他的创见(我国先儒邵远平及魏源皆先箭内氏主五年说者),亦可谓勇于别择。五点是他将辽太祖耶律阿保机最初居城之汉城(一名古汉城)和辽代帝后避暑地之炭山考定出来,前者在今滦河上流之边的石头城子附近,后者在今察汗格尔西南三十里地方。

此外如《元代地名开元路之沿革》一文,系反驳池内君在《东洋学报》第十二卷第三号所发表的著作;《成吉思汗》系对成吉思汗个人事业和人格的研究,矫正西洋人对此盖世英雄的恶评;《元世祖与唐太宗》仅就个人性格与境遇上论述元世祖私淑唐太宗的成功,且举隋炀帝私淑汉武帝不能成功为陪衬。我们都认为于考证方面,殊少裨益,至少这三篇文字是不能给我们对蒙古史地以一种正确的观察。

(《华年》1934年第3卷第19期)

《蒙古史》

冯承钧

多桑(C. D'Ohsson)撰，田中萃一郎译，昭和八年(民国二十二年)十月，三田史学会出版，丸善株式会社发行，定价六元。

　　多桑书自从洪钧的《元史译文证补》刊行以后，治蒙古史的人莫不知之。原书初在一八二四年出版，后在一八三四年、一八五二年重刊，迄今一百多年，尚未见一部汉译本。从前改修《元史》诸人，好像仅有洪钧、屠寄二人引用过。可是根据译人的片段译文，未能通检全书，本人既不能直接利用原书，而译人又非专门学者，可以说多桑书同中国学者实在没有发生关系。至若其他改修《元史》诸人，所本的多是Howorth同以后转贩至再至三的撰述，并不是多桑原书。

　　多桑书共七编，前三编始成吉思汗先世，迄元之亡，后四编述波斯汗国史事，附带言及察合台钦察两汗国之沿革。田中所译者，仅多桑书之前三编。多桑(实应译作朵松)好像是瑞典人，通突厥、波斯、阿剌壁，及欧洲诸国语言。其书所采材料，要可别为三大部分：一部分是回教史家的撰述，其中以采录剌失德丁(Rashid al-Din)、术外尼(Juwaini)、瓦撒夫(Wassaf)等书为最多；一部分是中国载籍，可是仅限于宋君荣(Gaubil)、冯秉正(Mailla)、夏真特(Hyacinthe)诸人所译《续通鉴纲目》、《元史类编》、《元史》(仅前四《本纪》同几编列传)等书之文；一部分是当时欧洲人的行记同撰述。此三部分以第一部分为最有价值，因为回教史家的撰述，迄今尚无全部译文，除通晓波斯语、阿剌壁语之东方语言学者外，不能直接参考。多桑书出版百余年，尚不废者，其故在此。其最薄弱的一部分，就是中国载籍的译文，所译的多是副料。当时还不知有《元朝秘史》、《圣武亲征录》、《黑鞑事略》、《蒙鞑备录》、《大金国志》，同元人文集中的许多碑志行状家传。尤可惜的，宋君荣等诸神甫所根据翻译的本子，皆是根据《元史语解》妄改的本子，这种译文，不但使多桑迷离不明，而且使间接参考多桑书的人发生许多误会（尤以《蒙兀儿史记》为最多）。不幸田中所参考的汉籍，也多是些乾隆时妄改的本子，未曾将他改正。

多桑书的优点，固在采录回教史家之文最富，可是其中亦有弱点。多桑在本书第一编第二章第二段附注中（原书第一册二十五页）曾说过，所本的回教撰述，文字不著韵母，而声母音点有时脱落，常易相混，这条附注很有关系。不幸田中译文将他删了（译文十五页）。声韵既不明确，所以有时误用。比方阔列坚一名，至少有三种写法，斡赤斤一名，至少有五种写法，主儿勤误作 Bourkine，那牙勤误作 Boucakines，如斯等类的错误，不计其数。此外根据御批《续通鉴纲目》、殿本《元史》，用罗马字写出的人名、地名、部族名，竟弄得一塌糊涂。如此看来，读多桑书，译多桑书，皆要审慎。

世人常咎《元史》译名不一贯。《元史》仓卒成书，固未暇画一，可是不无译例可寻。因为古人的译法很谨严，不似今人随便以本乡方言译写外国语言的声韵。要是了解元代译例的人，对于《元史》不一贯的译名，我觉得没有多大的困难。现在姑举几个例子来说。

《元史·完泽传》的土别燕，应是《元秘史》卷七的秃别延，可是《元秘史》卷五又作秃别干，这是甚么缘故呢？我们要知道，元代的蒙古人，除在最短期间用过八思巴字母外，始终用的是畏吾儿字母。顾畏吾儿字无 g 声母，译写既然脱落，读法自未免两歧，执此例以推之，所以 Bulgar《元史》写作不里阿耳，《元秘史》写作孛剌儿，而唐古（Tangut）变作唐兀矣。

蒙古语同西域语常将 b 变作 m，所以乞卜察黑（Qibčaq）变作钦察（Qimčaq），又若 Tabgač 变作 Tamgač（就是《西游记》中的桃花石）。

蒙古语中采用的突厥语，常将 y 变作 j。突厥语驿站曰 Yam，蒙古语变作 jam。自元迄今，驿站同车站中的站字，实在可以说原是译音。札剌亦儿在《元史·本纪》中一作押剌伊而者，应亦属此例。

汉语古译，常将 l 读作 n，在元代几成通例，若 Altan 之作按摊，

Sultan 之作算端,Jalal ad-Din 之作札兰丁,其例举不胜举。

蒙古语中之 n,可以随意增删,若 Alci 亦作按陈(Alcin),河西亦作合申(Qasin),月合乃之对称是 Yuhanan(此人在诸本《元史》中皆误作月乃合,《新元史》亦未根据神道碑改正),兀速(usu)有时亦作乌孙(usun)。

蒙古语对于并始发音之 R-,常叠用其后接之韵母,如 Ros 之作斡罗思(Oros),又如 Rincinpal 之作懿璘质班,皆其例也。《元史》中之也烈赞之对 Riazan,也是同样译法。所以有一部剌失德丁书钞本,写此名作 Ärazan,《蒙兀儿史记》不知此例,妄改为烈也赞,误也。

蒙古语对于开始发音之 A-,有时省略,若 Abu Said 之作不赛因,Abu Bakr 之作不别,此类省称,不仅见之于史录,并见之于波斯蒙古汗致密昔儿(Misr)算端之国书。

如此看来,元人译名虽似歧互,皆有译例可寻。翻译多桑书,自宜首先采用《元秘史》、《亲征录》、《元史》三书之旧有译名,而为之画一可也。乃历来翻译西书的人,皆喜自作聪明,妄加窜改,尤以《元史译文证补》的译名,在今日学界种毒为最深。譬如 Nogai,不知道是元人常译作的那海而作诺垓,还有可说,Cadjioun 或 Catchoun,明明知道是元代载籍中的合赤温或哈赤温,竟妄改作哈准,这同《元史语解》妄改名称的先例,有甚么分别。多桑书首先著录王罕子之名称作 Ilco Singoun(见田中译文三三页),核以剌失德丁原书及《元秘史》,应作 Ilqa Sangum,则多桑写法已误,乃在后面根据殿本《元史》的译文,又作 Schilgak-san-hona(见田中译文二三五页),大约是《元史》所根据的原名,是亦腊喝翔昆,误刊作赤腊喝翔昆(这类误刊虽洪武本《元史》亦不免),又经殿本改作实勒噶克缵昆,竟使多桑不识其为何人,妄改名称之弊如此。

田中译名,尤其复杂,或迳用"假名"译写,或直录原名,不附汉译,或用汉译名,而其汉译名来源很杂,有取诸元代史录者,有本于殿本《元史》改订名称者,有本于《元史译文证补》者,有别译新名者。其中有些名称,似不难在元代载籍中求其对称,如译文二六七页五行之 Carlouks,可作哈剌鲁,二七一页十二行之 Bayaoutes,可作伯岳吾,二七三页二行之 Baudans,可作不答安,五行之 Kingcoutes,可作晃豁坛。

其别译新名亦多虚构，若二七七页十二行之 Djadjérates，应是札只剌，乃作朱里耶特，二七二页五行之 Sidjoutes，应是失主兀惕，乃误作珊竹特，则与同页二行之 Saldjoutes（撒勒只兀惕）不分矣。四六六页二行之 Hadjio，核以元人译例可作哈只卜，乃译作哈求魄。此类错误译本中甚多，此不过随手拈出数条而已。

我以为翻译多桑书最重要的是译名。译名不正，不如仍录原名之为得。姑举一例以明之：蒙古人传说其祖先避难之地，名称 Erguéné-Coun，用新式译写方法，可作 Ärgánâ-qun，《元史译文证补》译作阿儿格乃衮，田中译文（十四页）亦采用之，其实应读作额儿格捏昆，案西域书中阿剌壁字不著韵母，此译写容或有误，似可改作 Ärgunâ-qun 或额儿古捏昆，由是可于蒙古古代传说中获见一点真相，可以推想蒙古人原来居地似在黑龙江上流之支流额儿古纳（Arguna）河畔，所以世同其地之弘吉剌，亦乞剌思等部通婚姻，此额儿古纳即是《元秘史》中之额沵古涅河，《元史·孛秃传》之也儿古纳河，"昆"犹言岩，则古代蒙古人之策源地，在今额儿古纳河畔之一山岩中矣，由此一点考证，可见译名之重要，切不可自作聪明，亦不可过信多桑的写法。

译名之乱，使人不能同中国载籍的旧译名共比附，这是田中译文的一个大缺点。此外尚有若干可议的地方，多桑所采中国载籍之文，原书具在，似应就其所采部分，直接根据汉籍翻译，不宜从法文转译。盖书经三写，乌焉成马，译文何独不然。况宋君荣等之译文，不少错误：如指也可那颜、耶律朱哥为二人，田中译文四一七页十行亦仍其误，且从御批《续通鉴纲目》作也可诺延耶律珠格尔，是并《元史·耶律秃花传》亦未一检矣。

此外还有误解法文之处。花剌子模算端摩诃末出奔可疾云时，召罗耳王问计，多桑原文说罗耳王入觐时，对算端帐幕七拜，法文 pavillon 一字训作帐幕，亦可训作旗帜，乃田中译文（一五四页）则作"近大纛七度虚脱仆地"。这段误译，并且经屠寄录入《蒙兀儿史记》，（第七册二十页）并且加了一点臆断的解释。其文曰："将近大纛，七度颠仆，盖时人恶之，甚其词也。"屠寄为田中所误的地方，不只此一点。可见译文不忠实，可以发生一种意外的影响。

田中译文第一编刊行已有二十余年，此次新版乃由三田史学会在其遗稿中，得其所译多桑书第二第三两编，合并刊行，并经吉田小五郎作一索引附刊于后，多桑书诚有作一索引之必要。惜吉田索引仅限于人名，而于重要不弱于人名之地名、部族名，皆屏弃不录。姑就人名言，亦多疏误。原译文之误刊概未改正，如爱牙赤仍误作 Abadji，Schiré 仍误作 Sehiré 之类，为数甚多。其原译文不误而索引误者，为数更多。汉字之误，无页无之。凡蛮字几尽误栾，他可类推。多桑书一名而译写歧互之处，多不比附，尚须详加校勘，否则无大功用。

我的批评，并不是指摘前贤而见己能，因为评书同作行状是完全相反的，要在指摘其误，读者切勿因此误会田中译文不好。除去上述的几种缺点以外，大致尚佳，并有许多地方具有卓识。譬如译 Bout-Tangri 作帖卜腾格理（译文五九页），改多桑虚构的 On-Oussoun 地名作捏坤乌孙（四八页）等例，非寻常翻译匠之所能。比较田中所译的多桑书，同那珂通世所译的《元朝秘史》，好像田中的成绩，不及那珂远甚。其实不然。那珂的《成吉思汗实录》，仅以《元秘史》为蓝本。《元秘史》除有小小差异外，译字皆是有标准的。那珂不过鸠辑中国载籍，同几部西书之文，以供比附而已。至若多桑书译写之名称复杂，虽有标准译字，亦无所用之，而其取材之多，尤使译人目迷五色。则田中译业之难，何啻倍蓰。加以多桑书中错误散见，欲改之则与原文异，不改则与事实违，无论何人译是书，终不免吃力不讨好，则吾人虽指摘田中译文之失，终不能不谅其用力之勤云。

二十三年二月五日

（《大公报·图书副刊》1934 年 2 月 17 日）

《明初之满洲经略》

酉　生

《明初之满洲经略》,和田清著,刊载于东京帝大文学部出版之《满鲜地理历史研究报告》第十四册。原文分上下二篇,上篇为《洪武朝之经略》,下篇尚未刊行,依题意似为永乐朝之经略。今仅就已刊者抉其大要著之于篇。

上篇分七节,一元末辽东形势,二明初辽东之群雄,三南满地方之经略,四高丽境上之经略,五纳哈出之降服,六三万铁岭两卫之建设,七太祖晚年之经营。

清修《明史》于涉及建州处率多故意删匿,辽东史事因以不详。元明交替之际,兵马扰攘,文献缺佚,《元史》之修以顺帝无实录可凭,不得不遣官北上采访,然历时仅数月,纂修又复草草,故史事多不详确。明人纪载,除一二较可征信者外,率多迷离不可凭信。且即以《明史》而论,纪传中虽稍有涉及初年辽东经略者,然片言只句,钩稽为难,且以事涉蒙韩,明人之言因亦未尽可信。以是虽事越五百年而终无一详瞻之纪载足征。

和田君此作取材于《元史》、《明史》、《明太祖实录》、《辽东志》、《庚申外史》、《北巡私记》、《高丽史》、《李朝实录》、《舆地胜览》诸书,参以箭内、津田、池内诸人之论证,融会贯通,时有创获。且叙述明简,在最近出版之史学论文中,此编最值得吾人一读。

第一节论元末辽东形势,托始于至正三年(1343)辽阳吾者野人之叛乱。时元纲不振,帝王偻于游猎淫欲,遣使者捕海东青鹘,苛求烦扰,叛乱因起,锁火奴、兀颜拨鲁欢等自称金后,起与元抗,虽未久即平,而江淮乱复起。

高丽恭愍王新即位,从元廷命出师讨淮南叛徒,以元兵内讧无功还。王素对元廷之压迫持反感,至是乘其衰微,决策反击,斩亲元大臣奇辙等,出兵夺鸭绿江西八站及双城总管府。停元年号,废元官制,元怒率师八十万进讨,恭愍王大惧,嫁祸于西北兵马使印珰,斩之以谢,返还鸭绿江外之地,咸镜道方面侵地则靳不还,元亦不强争。

继红巾余党入辽东,为元军所追击,一军南下侵高丽,陷平壤,寻为高丽军击散。恭愍五十年红军再来,陷开城,为名将李成桂所平。元廷之无力及不负责任,至是已招高丽之嫌恶。顺帝复惑皇后奇氏之言,谋废恭愍王,以兵送塔恩帖木儿往王,为高丽所败不得入。元人屡谋复双城总官府、守将纳哈出、女真酋长三善、三介数侵高丽,均不得逞。乃折而通好,使问数通。

第二节明初辽东之群雄,据《辽东志》所言,参证诸书,考定金山、平顶山得利嬴城之今地,以中韩纪载互证,知《大明实录》之知院哈刺张或即为《高丽史》所记之哈刺匠同知,《北巡私记》之辽东参政奇赛因帖木儿或即为《顺帝本纪》所载奇皇后族人三宝奴,语罗山城即五老山城即今桓仁地。元帝出走,其臣也速、也先、不花、洪保、保王、哈刺不花、刘益、高家奴等仍割据一方,为元效命,其最著者为纳哈出,与在上都之元帝为声援。西方则有李恩齐、张思道、脱列伯、孔兴诸将相犄角。也速、脱列伯分道南侵,明帝召还西征之常遇春扫荡蓟北,入热河击灭也速,陷上都,元帝出走应昌,西军脱列伯被虏,元帝自是不敢南向。洪武元年(1368)高丽见元势去,乃奉明正朔,出兵犯辽东,遣池龙寿、李成桂进克东宁府,取亏罗山城,以绝北元。寻复进军陷辽阳,乘势扩充国界。辽东平章刘益本为汉人,至是见蒙古势去,且辽阳失陷,不能与纳哈出等取联络形势,乃率众降明,明于是设定辽都卫,列成置将以镇之。取金州,克辽阳,着着进行,会高丽亦进军复陷五老山城,元军图报复,屡侵高丽边境以报之(1372)。

第三节南满地方之经略,洪武五年三路出军北伐,中东二路虽均失败,然元人自是远窜西北。明人惩前失,亦改而经营沿边,尤注意于辽东之经略,以马云、叶旺诸将任其事,置金盖复三州,降高家奴,收复开原铁岭之地。六年六月置边阳府县。闰十一月置定辽右卫于辽阳城北。八年四月增设金州卫,十月改定辽都卫为辽东都司。十年废所属州县,悉隶卫所,一切均以军政行之。以后迭有增减,至永乐七年辽东凡二十五卫二州。高丽方面,亲明之恭愍王以洪武七年(1374)被弑,局势乃一变。时明使来购马者蔡斌极横暴,归途为护送使所杀,夺马归北元,明廷大怒,数拘囚高丽使节。恭愍王无嗣,权臣李仁任立其养子辛禑为王,会北元亦遣兵拥沈王孙脱脱不花王来王高丽,经数次折冲,元人承认辛禑之嗣位,复寻旧好。遣翰林承旨字刺的来赐册宝,高丽乃废洪武年号,奉元宣光正朔,中外决狱一遵至正条格,遣使往谢册命。洪武十年七月元遣宣徽院使彻里帖木儿来征兵挟攻明定辽卫,不应。元将纳哈出则拥兵金山,数南下图恢复,不得逞。明以高丽数与元通,敕边将谨边备,仍绝其使者不令来贡。谋大举于辽南以割断元与高丽之联络。

第四节高丽境上之经略,时元名将扩廓帖木儿与其主爱猷识里达腊相继崩逝,明军数出师大宁、全宁逐元余军,辽东大为震动,其将校遣民纷纷求内附,明将周鹗、徐玉、陈玉经营直至鸭绿江右岸以北至辉发河流域之地,高丽与元之交通路乃不得不移于鸭绿江上流。一面见元势日非,不得不转而仍奉明正朔。继明军力日逼,与北元之交通遂绝。明廷长臂遂直达日本海,南忧既纾,遂转而包围北部之纳哈出。元使仍谋通高丽,辽东都司闻之遣兵邀截,明与高丽遂发生正面冲突,高丽终于屈服,遂永绝北元。纳哈出属下海西右丞阿鲁灰率众内附,兀者野人奚关总管府均相继降,遂置东宁沈阳诸卫。

第五节纳哈出之降服,洪武二十年春命冯胜统军征纳哈出,时遣降人往谕降,先锋军袭取庆州,纳哈出弃金山,退营新泰州,部朝鲜、蒙古均为明军所阻不得通,左右翼被断,遂不战降。命所部安住原地,自山海卫至辽东置驿联络,置广宁、义州诸卫。二十五年封子植为辽王,都广宁,热河自纳哈出平后置大宁卫,寻改为北平行都司,封宁王于此以镇之。

第六节三万铁岭两卫之建设,元在辽东之势力既尽颠覆,明乃于东北三姓方面置三万卫以镇抚北部,东南朝鲜境置铁岭卫以统御南部。

寻以粮饷难继,徙三万卫于开原,又置兀者野人乞列迷军民万户府于故哈儿分地,所辖区域当今黑龙江下流一带地。自后开原遂为明代经营东北之根据地。元人以合兰府为中心统辖女直野人,明代因之置铁岭卫,与朝鲜划岭为界。顾以频经丧乱,辽东边民多流徙入高丽,高丽亦乘机侵占元之边地,明人勃兴,两国遂相轧轹。洪武二十二年明廷谕以铁岭迤北元属元朝,并令归之辽东,高丽朝野骚然不平,大修战备为绝明之计,又假捏公崄镇一名,指其南旧属高丽与明辩解。会得明设卫置站报,遂命崔莹、李成桂将兵攻辽东,通使北元求联携,元人不能应。大将李成桂返师因崔莹废辛祸;兵事遂已。在明廷方面亦感伸入咸镜南道之南之困难,只能将卫所置于高丽江界对岸之黄城附近。总以其不能与后方取连络形势,复退置于奉集县,数年后复移于今铁岭地。盖明初之辽东经略,其目的在除去为元左翼之纳哈出,极力经营辽、鲜山地与伸其巨掌至日本海方面均非其始望所及。故纳哈出一倒,东方之威胁既除,太祖即转而从事西方蒙古之经略,不再东顾。

　　第七节太祖晚年之经营,纳哈出地位动摇之际,元主脱古思帖木儿东驻于呼伦贝尔以为后援,及纳哈出降,元主徘徊黑山鱼海间以抚戢残众。二十一年三月被明军袭击于捕鱼儿海,全军溃没,仅以身免,寻为逆臣也速迭儿所弑,自是蒙古遂分东西二部,不复能与明抗。东蒙诸将失主相继投明,明为置全宁卫于今巴林地,泰宁卫于今洮南附近,福余卫于今齐齐哈尔地,朵颜卫于洮儿河上源,应昌卫于达里泊湖畔以安置之,全宁、应昌二卫寻叛去。明初之外国经略方针,专事断绝两敌间之联络,其经营长白山左右时,以断绝高丽与纳哈出之联络为主眼,至是则又转而注眼于蒙古与兀良哈及兀良哈与女真之关系。二十八年兵发开原大举包围松花江北之蒙古山寨,自西向东攻逐兀者女直大酋西阳哈,蹂躏今哈尔滨之北呼兰、绥化、巴彦、海伦之地,转而至松花江南之宾县。自后数用兵,辽东内部之施设亦渐臻充实。高丽方面洪武二十五年李成桂灭王氏自立,谨事明廷,赐国号曰朝鲜。然前朝之嫌隙未除,又益以人口刷还问题之纠纷,引起两者间之猜嫌,数为明廷所诘责,边境时有劫掳之事。二十九年明使夏质被诱杀于鸭绿江上,明廷逮讯其义州万户,廷议伐朝鲜。朝鲜亦不堪压迫,有兴兵攻辽之议。正当危机一触即发之时,明太祖薨逝,朝鲜亦有内变,太祖李成桂禅位,遂得弭兵祸于无形。建文嗣位,不务远略,辽东方面之经略遂留待至成祖朝而重复活跃。

(《图书季刊》1934 年第 1 卷第 3 期)

箭内亘《可敦城考》驳义

唐长孺

《辽史·天祚纪》附录，称保大四年（1124年）七月，天祚谋出兵收燕云，耶律大石谏不听，大石遂杀萧乙薛、坡里括，率铁骑二百宵遁，北行三日，过黑水，[①]见白达达[②]详稳[③]床古儿，西至可敦城。日本箭内亘博士作《可敦城考》，[④]以为可敦城者，辽之镇州，地在鄂尔浑河旁，乌格淖尔之西。夫《辽史·地理志》纪有可敦城者三，称镇州者，旁鄂尔浑河；称河董城者，旁乌里顺河，箭氏辩之核矣。独云内州可敦城，箭氏默不置一辞。然三可敦城者，独居云内者在夹山西，是固与西至两字合也。考《唐书·地理志》丰州条下："中受降城有积塞军，本可敦城。"《辽史·地理志》曰："云内州，本中受降城地，有威塞军，古可敦城。"唐之丰州，非辽金之丰州也，西界灵州，东接榆林，则辽之云内犹唐之丰州也。《元和郡县志》曰："三受降城，景云三年，朔方总管张仁愿所置也，以拂云祠为中城，与东西二城相去各四百余里，遥相应接。中受降城，本秦九原地，汉更名五原，开元十年，于此置安北大都护府，东至东受降城三百里，西北至天德军二百里，南至麟州四百里，北至碛口三百里。东受降城，在榆林县东北八里。"榆林县今托克托也，天德军迁徙不常，要当

[①] 黑水当自夹山三日程之北方寻之，考天祚出渔阳岭，以图金，邱长春《西游记》曰："宿渔阳关，明日，度关而东，五十余里，丰州元帅以下来迎。"则丰州去渔阳岭（关）止五十里，夹山与丰州为界也。丰州（辽时）据《辽史·地理志》、《元一统志》、《清一统志》，知其西境直至萨拉齐，则夹山者，萨拉齐之西，而黄河以北地皆属之，黑水者在其北。考《清一统志》，乌喇特旗有黑河，在旗北二百里，蒙古名喀喇木伦，自毛明安所属地流入境，西南流经帷山，入宾河，大石所经即此河也。

[②] 白达达所居地，在金之北边，为阴山一带至贺兰山之民族。

[③] 辽官名。

[④] 见商务印书馆出版，箭内亘著《兀良哈及鞑靼考》附录，《可敦城考》。

以本城为准。《元和郡县志》曰"西北至横塞军城二百里"，横塞军盖即可敦城也。《元和志》曰："大宝八年，张齐邱又于可敦城置横塞军。"曰"又"者，本有积塞军也，则知中受降城虽在天德军东南，而所治地则逾之而西也。又据《清一统志》乌喇特旗西北一百九十里，有堆曰乌朱尔插汉，以为即拂云堆。《唐书》："中受降城有拂云堆祠，接灵州境。"《元和志》曰："以拂云祠为中受降城。"夫灵州在西受降城西，宜中受降城不能相接，今曰然者，中受降城治西城以北地也。以此考之，则中受降城之地，东抵今托克托，西至鄂尔多斯右翼后旗之北（据《唐书·回纥传》曰西城，汉高阙塞也，高阙在右后旗西），而可敦城则东南去中受降城四百里（即中城去天德军二百里，天德又去可敦城（横塞军）二百里也），以此推之，可敦城盖在今乌喇特西北六百里之地矣（当时之里）。虽《一统志》之言未可深信，而无明详舆图时亦难确其地，而要其大体必当于此求之焉，若是，则《辽史》以可敦城入云内州，不过以为中受降城地耳，而不知可敦城固遥在其西北，为白达达游牧地也。又考《唐贾耽记边州入四夷道里》曰："别道自鹏鹈泉北，经公主城。"公主城者，犹可敦城也，外夷之可敦，而中国之公主也。鹏鹈泉在西城北三百里，则公主城之远在云内西北，亦可证矣。

夫箭氏以大石所至之可敦城为镇州者，不过以为在夹山西（其实西北）耳，然若以西之一字言之，固不如以云内州（?）可敦城当之之为愈也。况《辽史》又曰："是年（天会八年，1130年）二月甲午，以青牛白马祭天地祖宗，整旅而西。先遗书回鹘王毕勒哥[①]曰：'昔我太祖皇帝北征过卜古罕城，即遣使甘州，诏尔祖乌毋主（《太祖本纪》曰胡毋扎）曰：汝思故国耶，朕即为汝复之；汝不能返耶，朕则有之。在朕，犹在尔也。

[①] 《宋史》称甘州回鹘王曰夜落隔者甚多，大石致书之毕勒哥，疑即夜落隔之转，考鄂尔军河旁之回纥古碑，有塔塔别Tatabi，今学者考释，大致以奘契丹之奘当之。又元魏姓曰拓拔，西域诸邦皆称中国曰桃花石，即拓拔兒之转音也（《蒙兀儿史记》及丁谦等，以为即《辽史》之大贺氏，无论大贺氏之有无，尚待考证。即桃花石之称，早在唐前，亦不可归之于辽。况其纪述不详，事绩茫昧。其声名安能远播西域耶。此言拓拔转音，取沙畹、伯希和、白鸟诸人说）。又《元史·和尚传》及虞集《高昌王世勋碑》中之玉里伯里，《元史·葛思麦里传》作字子八里。《唐书》元宗开元二年，突厥子同俄突勒，俄突勒即庞特勒也。夫塔塔别之别，与奘、拓拔、与桃花；玉之与字；俄之与庞，皆可互转，由深喉音变为重唇音。则夜之与毕，亦犹此例矣，考《东胡民族考》：
Uigur 语谓王者，及有王者资格之人，曰 Bejlik。
Osman 语谓王者，曰 Bejlik 或 Beglik。
则夜落隔与毕勒哥，皆回鹘王号，非真名也。

尔祖即表谢,以为迁国于此,十有余世,军民皆安土重迁,不能复返矣。是与尔国非一日之好也。今我将西至大食,假道尔国,其勿致疑。'"是则大石假道之回鹘,乃甘州回鹘也。而今之学者(箭氏即其一)以和州回鹘当之者,一误于北庭都护府之名,两误于可敦城为镇州,三误于耶律余睹闻大石行近和州之一言,勉为牵合,于是非和州回鹘不可,而不知与本文遣使甘州、诏尔祖云云相悖戾也。夫和州回鹘与甘州回鹘不相涉也。假道和州,而以惠于甘州者为辞,且曰我与尔国非一日之好,颠倒附会,有是理耶?使其言不误也,则必金初之和州回鹘,为辽初之甘州回鹘分支,或者在金初统治两地而后可。然征之史籍,无是事也,《唐书·回鹘传》曰:"庞特勒已自称可汗,居甘州,有碛西诸城。"《旧唐书》曰:"残众入吐蕃安西。"《地理志》曰:"安西大都护府,初治西州,贞元二年,吐蕃攻沙陀、回纥,北庭安西无援遂陷。"盖西州本高昌国地,唐灭高昌,置为西州交河郡也。贞元三年,地已陷入吐蕃,故曰吐蕃安西也。然残众之奔安西者,非独西州一地,实兼北庭而言。《旧唐书·吐蕃传》曰:"咸通七年,北庭回鹘仆固俊取西州,收诸部。"《回纥传》曰"懿宗时大酋仆固俊,自北庭击吐蕃,斩论尚热,尽取西州、轮台等城",此为回纥据有和州(宋州)之始。则和州自和州,甘州自甘州,和州为仆骨族,已非回纥本部,其不得相混明矣。

或者曰《宋史·西夏传》明言元昊弱冠时,独引丘袭破回鹘,夺甘州。[①] 景祐三年,又破回鹘,取肃、瓜、沙三州,是大石之时,地久入夏,安得有假道之说。然《辽史·萧惠传》太平六年,讨回鹘阿萨兰部,进至甘州,攻围三日,不克而还。其事当与元昊之夺甘州相后先。《百官志》有阿萨兰回鹘大王,回鹘国单于府,沙州回鹘敦煌郡王,甘州回鹘大王府,而独无和州回鹘。但有高昌国大王府,即和州回鹘也。《辽史》称甘州,但曰回鹘,有时亦称阿萨兰回鹘。《萧如惠传》所言,兴宗以后,回鹘入贡,史不绝书,岂能概以和州当之。《宋史·回鹘传》曰:"天圣年间,数来朝贡,至于熙宁,尚来入贡。六年复来入贡,神宗问其国生齿几何,曰三十余万。壮可用者几何,曰二十万。明年,使谕回鹘,令发兵深入

---

① 《宋史·西夏传》言元昊之取甘州,在夜落隔可汗时,夜落隔死于大中祥符九年,时元昊才八岁,必无是事,恐当在夜落隔通顺时。《纲目》称取甘州,在天圣六年,恐但据未弱冠三字耳,不足深信。

夏境。宣和中,因入贡,散而至陕西诸州。"《金史·太宗纪》天会五年,十月,丁卯,沙州回鹘活剌散可汗遣使入贡,①九年八月辛巳,回鹘隈欲遣使来贡。九月,和州回鹘执大石党撒八、迪里、突迪来献。则八月入贡之回鹘,必为甘州无疑。夫宣和、天会时,尚能自通朝贡。《夏国传》所言,元昊取甘州,殆如和州回之体降成吉思汗,外虽服属,内仍自主耳。

历据载籍,可知大石之时,甘州回鹘必尚存在。则《辽史》既明言甘州,安可移之于和州。既信大石所假道之回鹘为甘州,则大石先西北行,至镇州,再折而南自甘州(或其附近)西行。不趋近道,而有假道之烦,大石不若是之愚也。若自云内州(?)可敦城西行,至甘州(或其附近),其道甚便,则以大石所至之可敦城,为云内州(?)可敦城,当非臆说。

夫箭氏及今学者皆以镇州当大石所至之可敦城,而我独以云内州可敦城当之者,非仅以甘州回鹘为证也。其可证我说者有七:云内州可敦城,适在黑水西,一也;《金史》言大石且近群牧。② 牧群,《地理志》列西京道,《百官志》有西路群牧司、倒蹋岭群牧使司。以倒蹋岭之名观之,必在阴山附近可知。《元史·太祖纪》六年辛未,秋,耶律阿海袭金云内群牧监,足证云内(或其附近)置有群牧。与《金史》言,合二也;《金史·粘割韩奴传》言耶律余睹、石家奴征讨大石,石家奴行近兀纳水,考《姚牧庵集》中书左丞李公家庙碑曰:"唐季王西夏,甚盛强,宋、金尝加兵,终莫能服。我太祖始平之。其宗有守兀纳城,独战死不下。"兀纳城与兀纳水合,必为城以河名,而西夏之兀纳水,今之额济纳河也。足证大石西行,道由甘州,故蹑迹追迹,至于额济纳河,三也;若在镇州,大石会七州,不应遗镇、防、维三州之名,四也;《粘割韩奴传》又曰:"闻夏人与大石约曰,宜合兵以取山西诸部。"由此观之,大石与夏近,更与山西近,若在镇州,去山西甚远,五也;《金史》言和州回鹘执大石党来献,若

---

① 元昊于景祐三年,取肃、瓜、沙三州,而是时仍有沙州回鹘之名,足见虽为夏败尚未灭亡也。甘州回鹘,虽不必在甘州,要必与沙州相同,其名号尚存也。
② 见《金史·粘割韩奴传》,载婆卢火上奏语。

即大石所假道之回鹘,则《辽史》言其质子孙,赠驼马,大宴会,①与大石甚善。何为而执其从者,亦可证甘州之说,六也;赵子砥《燕云录》曰:"沙子里者,在沙院之西北,去金国四千里,南接天德云内,北连党项国,南关口到此数程无水。天祚有子赵王者,见在金门御寨,许王者,元妃所生,年十八九,今在沙子,天祚之弟大石,已立为主,云云。"许王之说盖为雅里之误。② 而沙子者,绥远、宁夏境之沙漠也,云内州(?)可敦城固在其地,七也。

凡此七者,皆足证大石所至之可敦城,非镇州而为云内州(?)可敦城,我故曰箭氏之说误也。

(《国学论衡》1935 年第 6 期)

---

① 亦见《辽史·天祚纪》附录,回鹘王得大石书后,即迎至邸,大宴三日,献马六百,驼百,羊三千,愿质子孙为附庸。
② 《松漠纪闻》亦言大石立梁王为帝于沙子,考梁王雅里之立,不缘大石,或者相距非遥,互通声气,遂以致误耶。

《兀良哈及鞑靼考》

梁园东

日人箭内亘著，陈捷、陈清泉译，商务印书馆出版，定价二角五分。

中国北方民族，与中国历史关系至为密切。然种族纷繁，民姓复杂，已极不易了解，又加以中国书中，译名错出，往往本一部族，不同译名多至五六七八，作史者又只断代，随所习用为记，不相统率，致读者即认识此等名称，已如入山阴道上，应接不暇，遑论了解史迹。

惟不同译名，若声音相近，处地相同，尚属易测其关系。如靺鞨、勿吉，即古之挹娄，后之女真；古之坚昆，即后之结骨、黠戛斯、奇尔济苏；古之丁零、丁令，即后之狄历、敕勒、铁勒，亦即高车、康里，都属易知。但若译音相差过远，且居地亦暧昧难指，则其究为何部何族，将无由明悉。以是如《通典》、《通考》等近似通史之书，杂列诸名，使北方民族，宛如田间杂草，旋除旋生，一若从地中生出者然。其中数小部族，尚无关系，若较大部族，竟不明其种姓，实为一大缺憾。即如在中国创建元代且与世界各处都有关系之蒙古人，究为何族，若考查愈深，将愈不能明了。据《唐书》所载，蒙兀为室韦之一部，而室韦为契丹之别种；《北史》亦云，室韦"盖契丹之类，其南者为契丹，在北者号为失韦。"如此室韦为契丹，而契丹为鲜卑遗族，是蒙古人应以鲜卑为本来部族无疑矣。但宋以来各书，习称蒙古为鞑靼，孟珙之《蒙鞑备录》云，鞑靼之种"有三，曰黑、曰白、曰生"，"今成吉思皇帝及将相大臣，皆黑鞑靼也"。黄震《古今纪要逸编》亦云："生鞑靼有二，曰黑、曰白，而今盛者（指成吉思汗）曰黑鞑靼。"此俱以蒙古为鞑靼，固亦可说。但此种鞑靼人，据《古今纪要逸编》乃谓系靺鞨种，谓"初鞑靼与女真同种，皆靺鞨之后……"而《蒙鞑备录》乃谓系沙陀种，谓"鞑靼始起地,处契丹之西北,族出于沙陀别种"。但沙陀乃突厥族,无待再论,是则鞑靼又应为突厥族。按,突厥族起源地在今蒙古之西,而靺鞨族在极东今松花江流源,却置鲜卑族于不论,是蒙古人既与极西之人同族,又与极东之人同族,若再加以鲜卑族,则鲜卑据拓拔氏之传说,乃出于匈奴故地以北甚远,核其方位,当在今西伯利亚(此点丁谦已有考证),是蒙古人又与极北之人同族!此蒙古人究属何族乎?只使吾人愈不明了而已!(鲜卑与靺鞨同属通古斯族,上只就旧史言耳。)

类此诸问题,在中国史中甚多。中国史之极需人整理研究,即在此。惟整理研究之方法,绝非旧日史籍中所包含类此凌乱复杂之方法,所能供给。欲研究中国史,实非多读近世东西洋史家之著述,默测其探讨叙述之方,以应用于中国书中不可。余今介绍日人箭内亘所著《兀良哈及鞑靼考》一文,即是此意。

箭内亘为距今去世不久日本东洋史学名家,尤长于所谓满蒙史地,其生前于此方面之著述极多。此文原本散见于《东洋学报》及《满鲜历史地理研究报告》等册上,最近经吾国陈捷、陈清泉二先生译为一小册出版。此书所讨论者,视名即知,即专究中国北方民族中兀良哈与鞑靼两族之族姓。其结论之重要,读其书即知,不烦备述。其《鞑靼考》一文,正与吾人上所述蒙古种族之问题有关。鞑靼究为何族,读此文自知。惟本文尚无究极之结论。箭内亘只谓蒙古人并不名鞑靼,蒙古之称鞑靼,乃中国人所加之名,蒙古人只名蒙古。然于鞑靼族之来源,鞑靼(即元之塔塔儿)居地何以与室韦相同,室韦何以又为鲜卑,与鞑靼是否同族,何以为同族诸问题,因不在其范围,尚未讨论。惟已解决鞑靼分黑白二种之来源,与阴山以北即沙陀种之并非鞑靼,实已给与蒙古种族问题研究上一最大助力。况且即弃此种结论于不论,而其文中参考书籍之多,与推断之细密谨严,在在皆足为研究中国史事者之取法也。

箭内亘此文,分别发表于民国四年及八年间。吾国王国维先生曾继其《鞑靼考》一文后,亦作有《鞑靼考》,于唐末以来鞑靼历与中国关系,及其事迹,考证极详。鞑靼自宋人以后,几成为北方人之通称,迄今尚呼蒙古人为"达子",实为最重要。然其事迹,只散见于各书,极难悉知。读箭内亘此书后,最好再读王先生文,始能尽悉也。王文载于《观堂集林》卷十四(遗书本)。

(《人文月刊》1934年第5卷第3期)

《满洲发达史》

林同济

稻叶岩吉，日本评论社，东京，昭和十年。

本书第一版是在日本大正四年问世的。内容疏漏欠妥之处虽多，但总算是泛述东北全史的创作。其志殊足称，而其用心亦殊可畏。该增订本则系于去年出版。凡二十年来日本学界努力研究的收获，稻叶氏大体尚能尽量采用，斟酌编入。除了著者时时发挥其"大和主义式"的论调外，本书结构，大致不差，称述亦较详于前版。我们若提及东北泛史的著作，恐怕此书还是首屈一指。

说来令人抱惭！中国书坊中，至今尚无一本国人自著的东北全史。九一八变后，国内也有三五学界权威，奋笔欲试。然而日月居诸，五年的好光阴已过，却是遍索出版界，只孑然有傅斯年氏《东北史纲》一书。而此书所论，只限于魏晋以上。其内容亦难满人望。比较稻叶氏此次的增订本，虽持论有殊，而工夫上仍不免相形见绌！

《满洲发达史》初版，有内藤虎次郎大正十二年的序言，增订本内仍将重印。内藤为日本国内的汉学大权威。对于东北史的研究，内藤氏亦可算是日本学界的前驱。他一九〇〇年所发表的《明东北疆域辨误》一文，根据永宁寺的碑拓，以证实明代的东北疆，确是远至黑龙江口一带。同时亦揭出《满洲源流考》的记录，显为清廷删削之余，不堪作据。该文出后，极引起日本学者对东北史的兴趣，后起之秀乃日有其人。

稻叶氏是内藤门下的高徒，对满鲜史地著述甚夥。所写的《清朝全史》一书，早经译成汉文。在萧一山氏《清代通史》未出之前，稻叶之书，几可说是泛述清史的唯一作品。原清代诸帝，为欲隐讳其祖先事明，受封建州的史实，对明代关于建州的记载，删除殆尽。内藤氏因此主张：

研究东北，须由朝鲜档案下手。稻叶氏奉此衣钵，贡献了不少有价值的文章。关于东北史地研究的大部分精华，多在白鸟库吉氏所主编的《满洲历史地理》内发表。《满洲发达史》的内容，采录《满洲历史地理》之处甚多。但关于汉初朝鲜四郡的位置以及一二其他问题，稻叶氏与白鸟氏却大有参差之点(《满洲历史地理》系于二十五年前完成的，其中虽大有误谬之处，但大体可为参考之用。与最近 Lucien Gilbert 的 *Dictionnaire Historique et Géojraphique de la Mandchourie* 均为研究东北史不可缺之书)。

《满洲发达史》增订本算是九一八事变后改编之作，字句行间，时露出咄咄迫人之态，日本人心理，经九一八而有显然的变化。九一八前，尚有一般谦抑之风；过了九一八以来的狂哮乱噬，东邻士夫之侥然天职自命者，固不止荒木、真畸一流军人。稻叶氏宿称客观的史家，到此亦情难自持，而不禁亦摇笔以推波助澜矣。书末所附《汉民族在满洲之地位》、《满洲国创成之历史的认识》各文，皆足代表彼邦所谓昭和时代的历史家精神，非复求真求实，不抑不扬的史学作品也。

全书始于战国，终于一九〇〇年，在此期内，东北可算是纯粹亚洲民族的天下，纯粹亚洲政治的舞台。欧风美化虽说是十九世纪中叶已经吹到这边，但是影响尚微，未足轻重。是故此期虽上下绵长一千三百载，而实际上确成一个完整的单位。稻叶氏绝笔于二十世纪的前夕，恰予该书以当然的结束。并且二十世纪来的档案史料，收罗较易，非若古代史实之散漫零落。稻叶氏之书，详古遗今，亦即其价值之所在。九一八以后，日本出版界，关于东北之著作，层出不穷，直令人应接不暇。其中关于当代问题者多，而类皆是投机之品。关于历史方面，亦有多种出世，如矢野仁一的《满洲史》，及川仪右卫门的《满洲通史》皆较佳之作，然内容要不出稻叶氏所论述的范围。

稻叶氏说："满洲及东蒙古的诸民族为经，汉民族为纬。经纬相交，而文化织成。"换言之，氏亦承认汉族文物以及汉人经营，乃东北文化形成的元素。所谓东北史者实不能离中国全史而独立。氏之此论尚不失求真的态度。其实汉人的种族与文明，从古以来，即是东北一切发展的原动力。只须一读稻叶氏书内各章各段的题目，即可看出此点之不谬。

书共十二章,除了首章为总说,最后两章为东蒙问题与北京政情以外,其余各章,可大体分成四篇。(一)第二章,泛论"明以前的满洲"。其中小题目,大半是论汉人的东北经营或其与东北的关系。(二)第三至第五章,论"明代的满洲经营"、"明人的辽东拓殖事业"以及明人与女真贸易的经过。就此三章而论,我们几乎可以说,除了汉族活动的事迹以外,便无所谓东北历史。此亦理之当然。盖明代女真势力甚微。明初东北全域是中国版图的一部。即至中叶以后,亦名义上臣服于明也。(三)除了第七章泛述满洲交通大系的变迁之外,第六章述清朝的兴起,第八章述满洲的封禁。清朝之封禁东北,自始即是官样文章,不生效力。故(四)第九、第十章乃分述封禁的失败及潜垦的经过。千三百年的演化,到了本世纪,全东北的河山,实际上皆变成汉民族的田地。

说来令人痛心!恰恰当全东北种族上、文化上完全汉化之时,中国在东北开始丢失推动力的资格,主动力的机能。二十世纪以来,东北政治上、经济上的重要主动力一变而转移入俄人、日人的手中,再变而成为日本所独占。三十年来,中国在东北的动作设施,只可说是消极的反动,而不可谓为积极的主动。

所以大体说来,东北历史,表面上虽是事态复杂,实际上只有两大期的分别。第一期是中国势力主动一切的时代;第二期,是世界政治侵入远东范围,中国与东北一齐卷入漩涡的时代。第一期内的匈奴、鲜卑、蒙古、满清的扰寇与第二期内的日俄侵略,其性质大大不同。前者不过是游牧民族的侵犯,来势虽凶,然终究不出两种方式:(一)掠边式。掠夺边城的财物,事毕即退回策源地,并不占领任何侵地;(二)深入式。深入内地,占据城池,但结果却大有脱离策源地之虞。中国的经济文物,对游牧民族而言,乃具有莫大的吸引力。游牧民族之侵中国,实是一种向心的运动。表面上似乎是主动进攻的行为;根本上,却是被吸被动的举动。其进攻农业地带愈深,则其离根愈远,失据愈甚,而受汉化的危险愈大。他们高唱克服全中国之顷,即是中国宣告吞并他们之日。此中真消息,雍正、乾隆诸帝皆极领略。我们只看他们在位时种种反对汉化的工作,即可了然。就此节而论,我们可以说:中国对边地民族,虽在战败亡国之顷,而仍不失其为主动的势力,总握气运的枢纽。

而今则情势大非,西方诸国,经工业革命与民治运动之后,已产生出绝大的政治经济威力。此种威力,断非游牧民族马上立国者所可比。它一方面迫于内在的必须,与其发展的速度,而不得不向外膨胀。一方面却具有无穷的伸长性、渗透性,不会因勤远略而发生离根失据的危险。此种新威力之来犯中国,不是受中国的吸力而来,乃是吸中国的精力而去。盘踞其固有的策源地而伸其政治经济的长臂于我地,以削我而肥彼。只有我们被吮死的日子,而无他们被同化的机会。此现代帝国主义式的"侵略"与古代游牧民族式的"侵掠"之所以绝对不同,而不容我们混为一谈而佁然自诩同化力之特强也。读稻叶氏之书,再参判以三十年来的东北命运,有不得不耸然自省,而深惧后之视今,不复是今之视昔矣!

(《政治经济学报》1936年第4卷第3期)

《明初之经营东北：驳日人矢野仁一博士谓明东北疆域限于边墙说》

刘选民

自中国领有东北以来，其经营最力者厥惟明代。有明一代，其重视东北，似尤过于西南。盖明初元裔虽远遁塞北，然仍具相当实力，苟结女真部族南侵，则明人自将感受极大之威胁。欲免除此种威胁，则惟有先经营东北，以断蒙古之左臂。故明太祖当中原甫定之际，即致意于辽东诸地。其眼光之远大，实有足为后人称道者也。

明初对于东北：如都司卫所建置之周密，兵备配置之雄厚，屯田给养之充裕，规模之大，既远超汉唐，而疆界之拓展，至混同江口，亦非汉唐之所及也。

当徐达、常遇春进兵大都（今北平），元顺帝之北走也，元室官吏之留东北者纷纷割据：于是丞相也速据大宁，辽阳行省丞相也先不花据开原，洪保保（明史作王保保）据辽阳，王哈剌不花据复州，辽阳行省平章刘益据得利嬴城，高家奴据平顶山。各置部众，多至万余人，少亦不下数千，互相称雄，不相统属。洪武三年（一三七〇）春，高丽王颛由海道遣使称藩。是年冬，平章刘益奉表归顺。乃以刘益为辽东卫都指挥同知。继命马云、叶旺率师自山东莱州渡海至辽东，着手经营。洪武四年（一三七一）七月，置定都都卫。五年（一三七二），收复辽阳。六年（一三七三），置辽阳府县。是时也速不花等相继溃败，独元将纳哈出据金山（辽河上流之北部，东部辽河与伊通河之分水岭，即今之农安县），屡寇盖州，洪武七年（一三七四）侵辽阳，剽掠辽东。洪武十九年（一三八六）冬，命冯胜率师征纳哈出，二十年（一三八七）六月，全师直指金山,破其巢窟,纳哈出势穷出降。至此,东北方始敉平(参看《辽东志》卷八《杂志》)。

太祖既一统区夏,乃以藩王镇守九边:于是燕王棣镇北平,宁王权镇大宁,辽王植镇广宁,代王桂镇大同,晋王㭎镇太原,庆王㮵镇庆阳,秦王樉镇西安,肃王楧镇甘州,韩王松镇开原。就中宁、辽、韩三王俱在东北,其政策之所在,固可窥见矣。

一　都司卫所之建置

都指挥使司简称都司,其设置不仅限于东北,内地亦皆有之(参看《明史》卷九)。惟内地之都司仅掌军政,民政则属之布政使司。至在东北,则军民两政皆属之都司焉(见《明史·地理志》卷四,页一上)。明初于东北置都司三:曰辽东都司,曰大宁都司,曰奴儿干都司。成祖靖难之役,撤大宁都司;天顺间又撤奴儿干都司;但辽东都司兵力,则与年递增,其实权固未有所影响也。都司之下设卫所。卫所之定制,按《明史·兵志》(卷九,页一上)载:"天下既定,度要害地,系一郡者设所,连郡者设卫,大率五千六百人为卫,千百二十人为千户所,百十有二人为百户所。所设总旗二,小旗十,大小联比以成军。"兹将各东北三都司之建置年代、位置,及兵备分述如下:

甲　辽东都司　洪武四年置辽东都卫,至洪武八年(一三七五)改为辽东都司(见《明史》四一,页四下)。辽东都司治所设于辽阳城内。都司之下置卫二十五及州二(参看《辽东志》二及《明史》四一):

卫名	所在地
定辽卫(中、左、右、前、后,五卫)	辽阳
东宁卫及自在州	
海州卫	海城
盖州卫	盖州
复州卫	复州
金州卫	金州
广宁卫(本、中、左、右、右屯五卫)	广宁

广宁中屯卫、广宁左屯卫	锦州
广宁前屯卫	宁远
沈阳中卫	沈阳
铁岭卫	铁岭
三万卫、辽海卫、安乐州	开原

都司置都指挥使，卫置指挥使、指挥同知，千户所百户所，分置千户、副千户、百户。

明初，辽东所置之兵力，据《皇明实录》洪武七年（一三七四）春正月甲戌条载："定辽都尉奏，并卫所官军以千户所青州土军五千六百人属定辽左卫，以右千户所莱州土军五千人并本卫军七百九十四人属定辽右卫，余军分为八千户所，内调千户余机领中后二所，往金州守御，俱隶都卫。从之。"当时兵力约二万五千人。翌年（洪武八年，一三七五）定辽都卫改为辽东都司。其后又陆续增添广宁、义州、铁岭、开原诸卫，兵力自当倍加。至嘉靖时，已增至十余万人。《全辽志》（卷二，页五五下）："辽东都司定辽中卫等二十五卫，安乐、自在二州，招集马军七万三百一十八，步军二万七千四百九十五，屯军一万八千六百三，盐军一千七百十四，铁军一千五百四十八。"嘉靖时，辽东人口约四十万弱，而兵力集中辽东都司者逾十余万，可见兵力配置之雄厚。盖因天顺年间，奴儿干都司撤至开原，故增厚辽东都司之兵力，以资统摄。以此推知明初辽东都司之兵力约当嘉靖时之半数。

乙　大宁都司　大宁都司设于洪武二十年（一三八七）。《明太祖实录》洪武二十年九月癸未条载："置大宁都指挥使司，及中左右三卫，会州、木榆、新城卫悉隶之。以周兴吴泚为都指挥使，调各卫兵二万一千七百八十余人守城。"大宁都司治所设于会州城内，即冯胜所筑之大宁新城，即今热河平泉县内东北百里之黑城（见《明史》卷三二八《朵颜传》）。大宁都司之位置左控辽东，右制蒙古，在国防上实居首要之地位，故太祖除设都司外，益以宁王权镇守之。

明成祖靖难之役，以宁王为后顾之忧，乃徙之南昌，而移大宁诸卫所于保定，以其所属兀良哈三卫（朵颜、福余、泰宁），改由奴儿干都司统辖（见《明史》卷九，页一上）。

丙　奴儿干都司　永乐元年(一四〇三),女真头目来朝,成祖即遣行人邢枢,知县张斌至奴儿干地方,招抚该地部族。永乐二年(一四〇四),置奴儿干卫。其后以女真部族归顺者益众,遂于永乐七年(一四〇九)置奴儿干都司。《明成祖实录》永乐七年闰四月癸卯朔乙酉条:"设奴儿干都指挥使司。初头目忽剌冬奴等来朝已立卫,至是复奏其地重要,宜立元帅,故置都司。以东宁卫指挥康旺为都指挥同知,王肇舟为指挥佥事,统属其众。"

奴儿干都司之下设有卫所。据《大明一统志》(卷八九,页五上天顺本)谓共有卫百八十四,所二十。按《大明一统志》成书于天顺五年(一四六一)四月,较为翔实。《大明会典》(卷一〇九,页一上,正德四年〔一五〇九〕本)谓设卫三百二十八。《明史·兵志》(卷九,页七下,乾隆本)则谓设卫三百八十四,俱无牴牾,盖明中叶奴儿干都司之卫所自百八十余已增至三百余矣。

奴儿干地方为元代东征元帅府所在,东向可以控制库页,西向以镇压黑龙江。其所在之地,在黑龙江下流发见之永宁寺碑,可确定在今黑龙江口附近之阿穆江对岸(参看内藤虎次郎之《奴儿干永宁寺二碑补考》,见内藤氏著《读史丛录》)。

奴儿干都司之兵备,据《实录》载,约三千余名。《皇明实录》宣德二年(一四二七)九月乙巳条:"差往奴儿干官军三千人,每人行粮七石,总三万一千余石,循例于辽东都司支给。"然该地苦寒,兼运输艰难,三年即更替,士卒视为畏途,天顺年间,乃撤至开原,改由辽东都司统摄。

二　东北部族之治理

东北部族主要为女真诸部与蒙古诸部。明代置卫所治之,而统于都司。女真诸卫统于奴儿干都司,蒙古诸卫初隶大宁都司,后入奴儿干都司。

甲　女真大别分为建州、海西、野人三部。建州女真位于吉林附近及木伦河流域;海西女真位于伊通河与松花江合流处、哈尔滨地方及三姓(依兰)之西部;野人女真位于黑龙江下流两岸(参看《大明会典》卷一〇七,东北夷条)。

建州女真又分三部,即建州卫、建州左卫、建州右卫是也。建州卫置于永乐元年(一四〇三)。《明成祖实录》永乐元年十一月辛丑条载:"女真野人头目阿哈出等来朝,设建州卫军民指挥使司,阿哈出为指挥使,余为千百户镇抚。赐诰印官带袭衣及钞帛有差。"明初建州之位置设于吉林附近。《辽东志》(卷九页五上)载:"建州东濒松花江,风土稍类开原。有稳秃河,深山多松木,国朝征奴儿干于此造船。"按明初于吉林城西设船厂,至今吉林尚有船厂之名。其后建州卫头目李满柱时,又移至婆猪江(佟佳江),正统三年(一四三八),以不容于朝鲜,又移浑河上流,继迁至苏子河流域,即赫图阿拉,今之兴京老城附近。

建州左卫置于永乐十年(一四一二)(参看《大明一统志》卷八九女真条),永乐初建州女真受野人女真之压迫,分别南迁。猛哥帖木儿率斡朵里部女真,移至珲春流域,值朝鲜内撤会宁府,乃乘虚占之。明朝乃置之为建州左卫。正德八年(一五一三)建州左卫头目遭杀害,乃自会宁经鸭绿江移至浑河上流之苏子河流域,与建州卫分地而居,为清朝之发祥地。

建州右卫之产生由于争夺左卫指挥职事,而将建州左卫分建州右卫。其位置亦在苏子河流域。

总之建州女真初自牡丹江迁至豆满江(图们江),及穆陵河流域,正统时又迁移至佟佳江上流及浑河上流(参看稻叶岩吉之《建州女直の原住地及ひ迁住地》,见《满洲历史地理》第二册)。

海西女真诸卫建置年代,未有明确记载,然《明成祖实录》永乐元年(一四〇三)十一月辛丑条载:"永乐元年,创置建州卫,阿哈出来朝,同来者有海西女真。"据《大明一统志》载:创置建州卫时,有兀者卫、兀者左卫、兀者右卫、兀者后卫四卫同时建置(《大明一统志》卷八九页五上:"建州卫、必里卫、兀者卫、兀者左卫、兀者右卫……以上俱永乐二年置。"可见与建州卫同时建置)。所谓"兀者"乃指海西女真也。(《大明会典》卷九九,页二上海西女真条:"永乐元年,女真野人头目来朝,设建州卫军民指挥使司,并千百户所镇抚,赐印及诰。又置兀者卫。")海西女真诸卫大致设于松花江流域。

野人女真地方，明人认为有设置卫所之必要者，皆一一设置之；其无必要者，则先置千户所、地面、寨站等，以拊循之。例如屯河千户所、可木地面、马达林站、忽里平寨等是也，其设置地域皆在黑龙江下流（以上所述奴儿干统辖之卫所，仅摘举其要者，余可参看《辽东志》卷九外志）。

乙　蒙古诸部　元末明初，据守东蒙北部者，有蒙古族之兀良哈部族。其所据地域，大抵在今之洮南一带。洪武二十年（一三八七），明筑大宁新城。次年，元之宗室辽王及朵颜元帅内附，乃予以兀良哈之名，并将该地设三卫：曰朵颜，曰福余，曰泰宁。朵颜卫置于今嫩江一带，福余卫置于今农安县附近，泰宁卫大约置于元之泰州，即今之伯都讷之北部诸部。太祖设此三卫之初，俱以属大宁都司（见《明史》卷三二八《朵颜传》页四上）。靖难之役，成祖撤大宁都司，乃改隶奴儿干都司（按《大明一统志》天顺刊本卷八九，页五上，奴儿干都司卫所仅一百八十，中无兀良哈三卫之名，盖是时尚属大宁都司。《辽东志》卷九，页五上，正统刊本，奴儿干都司卫所中有兀良哈三卫之名，可见是时已改隶于此）。

三　兵食给养之措置

明朝东北兵备之给养，每旗军一名月支米一石，岁支米一十二石。千户以下，每官一员，月支米二石，岁支米二十四石，指挥以上，每官一员，月支米三石，岁支米三十六石。盐铁屯军俱同（见《辽东志》卷二，页六十九上）。

洪武初，由江南山东等地自海道运粮以济东北诸军。《大明会典·边粮》（卷二五页二十下）载："洪武二年，令户部于苏州府太仓粮储三十万石，以备海运供给辽东。"又"洪武四年，令青州府军运山东粮储，给辽东定辽卫"。嗣以军费繁浩，内地渐感不支，且以转运维艰常遭覆溺，乃制屯田之法。

屯田之法，洪武初以戍卒十分之三屯田，七分成逻。其后损成逻而增屯田。永乐间减戍卒，增屯夫至十分之八（见《辽东志》卷八页七下）。

其制每军限田五十亩,租十五石。以指挥千百户为田官,都指挥为总督。自洪武至永乐,为田二万五千三百余顷,粮三百七十一万六千余石有奇(见《全边纪略》卷十《辽东门》)。

当时屯田得法,岁有羡余。奴儿干地方之兵食,亦赖以供给。然至明中叶,屯田之法坏,致士卒有缺食之苦,而成逻无精练之兵矣。

四 辽东边墙之建置

明辽东边墙之性质,与秦汉之长城迥然不同。长城可视为国境边围之设置,而辽东边墙创建之动机,乃治安保卫之权宜设备也。其分别之点:长城之外,秦汉时,其地不隶中国,而边墙外女真、兀良哈之部族,则皆明之臣属。嗣以兀良哈与女真之屡次剽掠,明朝乃加以防备,犹如内地之设碉堡,以防盗匪然。更设简明之譬例,如县之设县城,以资保卫;其行政权力,固达城墙外县属各村镇也。兹略论辽东边墙,以明梗概。

成祖既徙宁王,又撤大宁都指挥使司,兀良哈部族乃乘虚骚扰辽西。明廷乃以王翱经略辽东,规划设置防御,而筑边墙,以毕恭任其事。此段边墙自山海关筑至开原,建筑年间当在正统七年至正统十一年间,其经行地域,自长城狐子峪起,沿红螺山山脉,过宁远(兴城)锦州之西,乃折而北上,经义州之西北,越大凌河上流,至广宁(北镇)之东北,抵今之白土厂门,乃渐次东南行,达浑河与辽河会流处之三岔关(今牛庄对面)。越辽河,自牛庄附近之马圈子起,绕浑河左岸,经辽河之西,过黄泥洼,历长滩。越浑河至石佛寺,渡辽河抵对岸之旧门,经铁岭以北,复北上辽河右岸,过开原之西,达昌图之北。

成化三年(一四六七),东部之女真部族又屡侵掠,于是在成化年间,展筑东部边墙。自昌图之北南下,过铁岭,抚顺之东,越太子河上流,过兴京之西,南下达凤凰城之东南,止于鸭绿江口之九连城。皆设置烽墩堡垒,配兵守御(参看拙著《明辽东边墙与清之柳条边》一文,见《大公报·史地周刊》第一○九期)。

边墙之建筑,非如长城之雄伟一致;乃依地势之险阻,或以木栅木版为之，或筑以土墙石垛，仅在海西及辽阳以西一段，筑以砖墙。可见其原来目的仅在保卫防御，非徒划地以自限也。

五　东北疆域之范围

《满洲源流考》(卷十三，页四上)载："明初疆域，东尽于开原、铁岭、辽、沈、海、盖，其东北清朝全境，及清初乌拉、哈达、叶赫、辉发诸国，并长白山之纳殷，东海之窝集等部，明人曾未涉其境。"按《满洲源流考》乃清代官书，以东北为清人发祥地，乃掩灭明人东北之经营。而《明史·地理志》修于清代，自亦承其谬说。遂至日人如稻叶岩吉，及川仪右卫门、市村瓒次郎诸人，俱因袭之(参看稻叶岩吉之《满洲发达史》，及川仪右卫门之《满洲通史》、市次瓒次郎之《明代の满洲》，《史学杂志》二十四编七号)。其昧于中国史实，尚不足怪，惟矢野仁一博士，在所著《满洲国历史》(页一四六至一五四，昭和十年，一九三五，二月出版)力主明代东北之疆域限于边墙之说，强词夺理，混淆黑白，则不可不加以纠正也。

矢野谓："《满洲源流考》一书记明人曾未履开原以北之地，诚属乾隆之妄构，盖自《皇明实录》中及永宁寺碑，皆纪明兵力曾抵达该地。然永乐、宣德时代，明朝兵力虽实际遣至松花江、黑龙江诸地，难断定该地即受明朝实际政治之支配。"

按明兵力抵达松花江、黑龙江者非只一次，更非如郑和之领兵至南洋群岛，一履其地而撤退者。兹摘录《皇明实录》所载有明历朝遣派兵力至该地之记述如下。

(一) 永乐十二年(一四一四)九月壬子，命辽东都司以兵三百往奴儿干都司护印。先是与兵二百，至是都指挥同知(奴儿干)康旺请益，乃有是命，且勒与。踰二年遣还。

(二) 洪熙元年(一四二五)十一月，勒辽东都司赐随内官亦失哈等往奴儿干，官军一千五百五十人钞有差。

(三) 宣德二年(一四二七)九月乙巳，夏原吉言，差往奴儿干官军三千人。

(四) 宣德五年(一四三〇)八月庚午，勒遣都指挥康旺王肇舟佟答剌哈仍往奴儿干都司抚恤军民。又勅谕奴儿干、海东囊阿里、吉列迷、恨古河、黑龙江、松花江、阿速河等处野人，头目哥奉阿、囊哈奴等皆受节制。

又在吉林东十二华里处之江边，有阿什哈达摩崖（见《吉林通志》卷一二〇《金石志》，经内藤湖南氏考订，载于《读史丛录》之二三史料三一）：

钦委造船总兵官骠骑将军辽东都指挥刘清永乐十八年（一四二〇）领军至此。

洪熙元年（一四二五）领军至此。

宣德七年（一四三二）领军至此。

□□设立龙王□宇□□□年□□。

宣德七年重建。

宣德七年二月吉立。

永宁寺二碑，俱载明军屡次遣派至该地者（原文见下），皆足证明明朝之兵力不只一履其地，且曾更番换戍也。考奴儿干都司设有守备三千人以上，又于吉林城西设有船厂，作为水师根据地，储舡调兵至黑龙江诸地。陆路方面又自辽东经满泾站沿阿穆根河，以入黑龙江之左岸，设驿站凡四十五处（见《皇明实录》永乐十年（一四一二）九月丁卯条），又于今乌苏里江与黑龙江合流点以北置狗站（见《皇明实录》永乐七年，一四〇九，二月己酉条）。凡此诸种设备，皆足以控制奴儿干之地，安得谓明无实际政治支配之能力哉！

矢野又谓："曹廷杰之《伯利探路记》载：'论者咸谓明东北边塞尽于开原铁岭，迨永宁寺碑记及重建永宁寺碑之发现，方知此说不足为据也。'此种石碑发现，难谓该地必属明朝。郑和建石碑于锡兰岛，然锡兰岛岂属中国之领土！"

按郑和在锡兰所立之石碑与永宁寺二碑，性质迥异，不能混为一谈。永乐七年（一四〇九）郑和在锡兰山佛等寺立有布施碑，碑文如下：

大明皇帝遣太监郑和王贵通昭告于佛世尊曰仰惟慈尊圆明广大道臻玄妙法济群伦历劫河沙悉归弘化能仁慧力妙应无方惟锡兰

山介乎海南言言梵刹灵感翕彰比者遣使诏谕番海道□开深赖慈祐人身安利来往无虞永惟大德礼用报施谨以金银纻丝宝幡香炉花瓶纻丝表里灯烛等物布施佛寺以充供养惟世尊鉴之

总计布施锡兰山佛等寺供养……（下略）

时永乐柒年岁次己丑二月甲戌朔日谨施

可见郑和建于锡兰之布施碑纯为宗教性质，并无政治意味。在庙街（黑龙江下流）之上二百五十余里混同江东岸特林地方有明碑二：一刻勅建永宁寺记，永乐十一年（一四一三）立；一刻宣德六年（一四三一）重建永宁寺记，宣德八年（一四三三）立，皆纪太监亦失哈征服奴儿干及海中苦夷（库页）事。二碑现为海参威博物院所藏。永乐十一年之永宁寺碑碑文：

□闻天之德高明故能覆帱地之德博厚故能持载圣人之德神圣故能悦近而来远博施而济众洪惟我朝统一以来□□□□□十年实九夷八蛮□山航海骈肩接踵稽颡于阙廷之下者□□□□□东□奴儿干国□□□□之表其民曰吉列迷及诸□□杂居焉……永乐九年春特遣内官亦失哈等率官军一千余人巨□□□□艘复至其国开设奴儿干……（下略）

宣德六年重建永宁寺之碑文：

……七年上命太监亦失哈同都指挥康政率官军二千巨舡五十■至尼皆如□独永宁寺圆■基址存焉……皆悚惧战栗□之以戮而太监亦失哈等体皇上好生□□之意深加■■……于是人无老少踊跃欢忻（下略）（二碑文俱见《吉林通志》卷一百二十《金石志》）

永宁寺二碑俱纪明朝征服奴儿干地之史实，岂能与锡兰之布施碑同日而语哉！

矢野又谓：“明朝对女真兀良哈种族之部酋，予以都指挥使、都指挥同知、佥事、指挥使、都督等官名及玺印，许其世袭。其性质职掌与辽东都司迥异。”

按矢野所谓性质、职掌不同之点有三：一为职官概由土人充任，类于自治；二为子孙世袭其职，不受明人支配；三为与明廷之关系仅为朝贡。考明朝对边省之治理，不尽以汉人任职官，盖便于控制，而收实效。如川南云贵之地，即有土官之设，其行政皆受明廷之统辖。《大明会典·兵部》（卷一〇六页二上）载："洪武三十年（一三九七），改土官属本部（指兵部）。"土官之制，或设土知府、土知州、土知县；或设宣抚司、长官司等，皆以当地土人充任之，然其地固中国之内地也。职官之世袭，不尽限于女真、兀良哈诸部，中朝及内地亦然。明朝定制，武职得许世袭，明初内地都指挥等职官，亦俱许世袭。《大明会典》（卷一〇六页二十上）载："洪武二十年（一三八七）令，都指挥原系世袭，指挥使者出职，仍授世袭都指挥使。"明廷虽许其世袭，然未影响支配权，盖继袭之际，皆须奏准朝廷也。至于朝贡，明朝定制知府以下三年朝见一次。建州、海西女真及兀良哈诸部，定都每年朝贡一次，野人女真以途远，贡期不定（参看《大明会典》卷九十九朝贡）。其名虽异，而朝见之本质则一也。矢野又谓："女真等部之朝贡，其目的不过在求明廷明令许其承袭父职而已。"不知内地世袭之制，亦俱须请准朝廷。《大明会典》（卷一〇六页二十上）载："洪武三十年（一三九七）令，武职子孙应袭替而无文书来告者不准袭。"

矢野又谓："《大明会典》内，辽东都指挥使司置于兵部都司卫所条，与中国内地各部都司相同。奴儿干都司则置于兵部属夷东北诸夷条及礼部朝贡条。可见二者有别。"

按《大明会典》确以辽东都司置于兵部都司卫所条，而奴儿干都司置于兵部东北诸夷条及礼部朝贡条；然其中曲折，矢野博士容或尚有所未明者。考《大明会典》书成于正德年间（一五〇六——一五二一），而奴儿干都司已于天顺年间（一四五八——一四六四）撤至开原，故正德时，奴儿干都司已属虚设，故纂修者遂不以奴儿干都司同置于兵部卫所条，另置之以存其名。更有进者，《会典》一书，大抵纪载一代之典章制度；然并不叙论国家政策之所在，奴儿干都司可废，而统治东北之政策不改。观乎明中叶撤奴儿干都司后，对东北之经营，非特未见松懈，且屡增厚辽东都司之实力，其设置与兵备，较之明初，反益严密。是故《大明会典》之分类方法，并不足以证明其说也。

矢野又谓："明朝之设奴儿干都司，其性质与唐之羁縻州相同，徒具羁縻之力而已。"按奴儿干都司卫所之设置,与唐代之羁縻州,全然不同。《唐书·地理志》(《新唐书》卷四三,下页十三上)载:"唐置羁縻诸州,皆傍塞外,或寓名于夷落,而四夷与中国通甚众"。盖唐代所置之羁縻州,其地辽远,非兵力所能辖,乃置羁縻州以维系之;其性质与明之奴儿干都司绝异。明之兵力既能统摄该地,而职官俱受明廷之节制,焉能与唐之羁縻州混为一谈!

矢野综合以上论据,其结论谓:"明代中国之势力限于辽东都使之管辖区,与中国内地全然无异;其管辖区以外,边墙外广大之满洲内地,全然不受中国之支配也。"此种结论,殊难成立,盖其论据诸点皆无史实根据也!明辽东边墙之设置,本非国境之界线,上文业已阐明之。明李成梁经略辽东时,即于边墙之外,置宽甸六堡之屯田,可见疆域并不限于边墙。退而言之,女真、兀良哈诸部既为大明臣属,则其地之当属大明,理至明灼。明代东北之疆域虽无确定之界线(按当时亦无与别国规定疆界之必要),大抵东达日本海,及鞑靼海峡,北达黑龙江流域,及黑龙江下流以至江口,即今俄领东滨海阿穆尔省等地。

明之经营东北,大体可分三期:一,积极的发展时期,为洪武、永乐、宣德三朝。二,消极的保守时期,为奴儿干都司之撤退而于辽东都司事权之加重。三,统治的崩溃时期,为因满清之陷沈阳而退保锦州、宁远。矢野博士据明代中叶在东北之情形而论有明一代在东北之统治,是则以明末之情形而立论,则断言明代从未领有东北,亦无不可也。总之,明朝之经营东北,史实昭彰,奴儿干地之属中国,亦不辩自明也。

矢野博士历撰《满蒙藏支那领土论》(见《外交时报》卷三五 A 页四二)及《支那非国论》(见《外交时报》卷三五 A 页四一七)等文,今又抹杀事实,强谓明代东北限于边墙,若由特殊立场而论,自无足怪;第若以史学求真之精神而言,则不得不深为彼邦学术界发一叹也!

(《大公报·史地周刊》1936 年 12 月 25 日)

日本梅原末治博士新著三种

刘厚滋

日本京都帝国大学考古学教室梅原末治助教授,为日本东亚考古学之权威,曾受业故滨田青陵耕作、内藤湖南虎次郎两博士门下,承其法乳。著有《殷墟出土白陶研究》《柲柉之考古学考察》《中国青铜器时代》《战国式铜器研究》等重要论文数十首,对于东亚考古学方面贡献极多。其治学风尚著述篇目,丁士选君已有论文[①]介绍,载考古学社社刊《考古》第六期。去岁与仓石武四郎教授同受文学博士学位后,除辑印《支那考古学论考》论文集外,更陆续发表《古铜器形态之考古学研究》《河南安阳遗宝》《河南安阳遗物研究》等巨著三篇。厚滋既读其书,觉其规模论证,无不精审明辟,至堪服膺,爰为介绍于我国人,拙见异同,并疏纸后,尚维博士及我贤达有以教之。

一、《古铜器形态之考古学研究》

东方文化研究所发行,日本昭和十五年,即中华民国二十九年,西历一九四〇年六月三十日出版,定价日金十五元,图版五十五帧,插图十七面。

本文为论文体裁,全书共分:(一)序说;(二)对于一般材料之检讨及本论文所收材料说明;(三)古铜器形态之类聚;(四)各种形态演进之顺列;(五)古铜器形态之相对年代观及其实年代;(六)结论等六

---

① 《介绍日本考古学者滨田梅原两先生》,载《考古》第六期页六一至八三,民国二十六年六月出版。

节。乃东方文化学院京都研究所昭和十年(中华民国二十四年,西历一九三五年)度至十三年度(二十八年,公历一九三九年)之研究报告。而据博士自叙谓自一九二七年始,赴欧美搜集材料者三年,归研究所后,继续研究者又九年,至去夏出版,历时实已十二寒暑矣。

其内容:第一节略谓中国历来研究古器物学,素侧重礼乐制度之比定及款识铭文之解释,于"出土地"、"层位"、"同时出土遗物"及"古器物形态"本身,均尚不甚措意,故本文对于形态方面,试作一检讨。

第二节略谓:历来材料,不外著录器及新出土器两种。其著录器往往器已久佚,全凭图录。其是否可信,观《西清续鉴乙编》七百九十八器中,经容庚氏审定后,真器竟不满百,即可思过半。且古器物中,往往有真器伪铭者,故如郭沫若氏《两周金文辞大系》,瑞典高本汉氏《殷周青铜器研究》[1]之全以铭文断定器物年代方法,亦有相当危险,惟故内藤博士以现存实物比较著录器物为较妥。是以本文所收全用传世实物,并用未经润色之器物,如万列克氏赍归巴黎之山西浑源李峪村诸器较定之,当较可信云云。

第三节类聚:则打破中国历来分为酒器、烹饪器、乐器、服御器等传统方法,而以陶器为根据,就最原始之容器推想其发生状况,分十三类。其大致如下:

曰皿钵类　分皿形器,如盘。深钵形器,如殷。高杯形器三种,如豆、笾、[2]簠(以上均第一类)。

曰壶类　分圈底之壶,如尊、觚、觯(第二类)。侈腹缩颈之壶,如罍、彝之属(第三类)。提梁有盖壶,如卣之属(第四类)。扁壶、瓠壶(第五类)。

曰矩形钵壶合体,如方彝之属(第六类)。

曰下附款足棒足之深钵形器与壶形器合体,如鼎、鬲(第七类)。

曰长足深钵形而口缘时有双柱器之属　如爵、斝、角(第八类)。

曰壶形而前有注口后有鋬器　如盉,如兕觥、匜之属(第九类)。

曰筒形球形器　如壶、奁、量镦之属(第十类)。

---

[1] *Yin and Chou in Chinese bronzes* by Bernhard Karlgreu, the Bulletin of the Muscum of Far Eastern antiquities no. 8, Stockholm 1935.

[2] 即容庚先生所谓簋,参看《商周彝器通考》。

曰复合形器　分深钵与款足器合体,如甗。平皿上加有盖高杯器,如博山炉二种(第十一类)。

曰禽兽形铜器　有尊形、卣形器二种(第十二类)。

曰乐器　如铜鼓、铎、錞等器(第十三类)。

第四节则就本文类聚各器,分别顺列,以觇其演进痕迹。惟除第七类鼎鬲之属,既以图版二三、二四表示,并以文字详加说明外,其他如第二类、第三类、第五类、第九类均仅以图版中1、2、3、4等表示其顺列,文字不过暗示其特点而已。

至第七类鼎鬲之属演进详况,大致谓:足部演进有四个阶段:(一)款足,即袋足。(二)尚保有袋足痕迹者。(三)完全成为棒足。(四)模仿禽兽足趾形式。身部演进亦有三个阶段:(一)深壶形,与足联为一体。(二)身不甚深而尚保留袋足痕迹者。(三)浅广而圆者。是其足部身部之第一阶段,均即铜鬲,第二阶段均系一种保留一部份鬲形之鼎,如图版二二之二,第三阶段为一般铜鼎常态。足之第四阶段,又如夔足方鼎之足,如图版二十五之三十四及高本汉氏《殷周青铜器研究》A P2 A 193矣。盖因鬲为中国特有陶器,乃推想由陶鬲演成铜鼎之过程而加以证明。易言之即与故滨田博士《鼎与鬲》[①]一文中所主张之鼎出于鬲说以更充分之证据也。

第五节乃谓各种器物,在形体上均有相互的关系,如盉、鬲、鼎、匜四者下半部,壶、罍、卣之下半部,角、斝、爵之下半部均完全相同。倘已知其中一种演进状况,即以为根据,更研讨其局部之发生,则自可得一相对年代。至实年代则需以有铭文器物为根据云云。

第六节结论,其主要者,大意如下:

(一)认为一切器物,均系由单纯容器,增添足耳等局部而成。均系由单纯器物渐成美术品,不实用品物渐成实用品物。

(二)认为陶器为民间实用品,故当以之为研究根据。又陶器本身之进展,本均以为导源于黑陶,其后辘轳发明,窑业改良,硬陶乃出,至战国乃有瓷釉,不知殷墟实已发现有釉陶片。

---

① 见狩野教授还历纪念《支那学论丛》页六八三至六九八,《东亚考古学研究》页一五三至一七二。

（三）根据法国伯希和博士殷王陵文中记载，及安阳发现之木痕土片[1]事实，推想深纹缛刻之铜器之前身，必为木器，不过因木器易腐，已无复痕迹耳。

综全书内容，其取材审慎，审订精密，思想明透处，足与郭沫若氏《两周金文辞大系》、容庚氏《商周彝器通考》为近年金石古器物学著述之三巨著。而第五节就各器物通性考定其相对年代方法及结论之三尤为妙悟。民国二十七年厚滋在国立北平研究院史学研究所，得中英庚款委员会帮助，组织考古团调查冀中邯郸诸地，便道参观殷墟，得见印有朱漆阴文夔纹土片，当经考订为敷漆木制彝器遗留之痕迹，足为博士此说佐证。且以古器物发生情况论，当先有花纹简单诸器，后有缛纹深刻诸器；先有圆器，后有方器。而事实上周中叶器花纹多简，商器周初器反几皆缛纹深刻，殷墟之白陶残片亦然。方器如安阳所出方盉、方斝及大方彝等亦为周初物，全与理论相反。则当时自必另有一种易刻易方物质，用为陶范为铜范者矣。木较一切物质，皆易刻画，四木片相合，即成一方形，均与此情况相合。则古铜器物发生之初，有一种木刻器存在，与陶器共存，如博士之说，要为不误也。

其与拙见微有异同者，亦有二点：

（一）博士追溯古器物之发生，一以陶器为归趋，就现存事实言，自属至当不移之方法。惟就古文化言，应用陶器，尚为较后期之事实，原始人类必有以自然物质为容器，如安特生博士《甘肃考古记》所谓鼎出于缶，缶系象征果壳之陶器，郭宝钧氏《古器释名》所推测角、爵、觚诸器系用兽角制成，马叔平师《中国金石学概论》所谓簠、簋、筐、筥本相同二物之异名，系由编织器进化为铜器者。故如本文谓矩形之簠、圆角之簋系皿钵形器属，觚为圈底壶类，与尊觯同属，意终难安。观传世陶器中，迄未见细腰之觚、矩形之簠、椭角之簋，可见。他如以角、爵、斝为钵形容器之变形，亦正坐此病。

（二）本文第七类，合鼎、鬲为一属，表示由鬲逐渐进化为鼎之痕迹。易言之，即谓鼎出于鬲也。按发此说者本为故滨田博士，吾国学人如沈兼士师诸先生，亦颇同意其说。今博士更排列其逐渐演进之

---

[1] 其事实梅原氏谓将在中支建设事务所提出报告。

痕迹，自不容更有异议。惟就情理言，陶鬲既为中国特有文化产物，传世陶鬲数量之多，亦非他器可比。苟鼎果自鬲出，则青铜器发生后，必有大量铜鬲存在，或在青铜器发生之初，先有大量陶鼎。而事实上，传世铜鬲之数，不逮铜鼎远甚，观先外祖罗雪堂先生振玉《三代吉金文存》著录铜鼎八百三十三器，鬲仅一百二十一器，即可见一斑。至陶鼎更不经见矣。是以鬲鼎之关系，总似二元的，而不应有直接嬗蜕因果。其详当另为文论之。至二者曾经互相影响，又为明显事实，不待论也。

二、《河南安阳遗宝》

日本京都小林写真制版部发行，日本昭和十五年，即民国二十九年，西历一九四〇年十月二十日出版，定价二十五元。

本书为一种通论体裁之报告书。内容共分：（一）序说；（二）调查经过；（三）遗迹概观；（四）流传各地出土物之观察；（五）兵器；（六）彝器附镕范；（七）玉器石器；（八）雕牙雕骨各器；（九）后记等九节。又图版九十六帧，插图四十五幅。

所收材料，大抵皆中央研究院发掘殷墟前后，流传至欧美日本之殷墟出土古物，博士游历欧美采撷所得，经过审订之至精至真诸品。易言之，即中央研究院《安阳发掘报告》外之殷墟遗物总集。

其所采集之博物馆及私家等，计有京都帝国大学文学部、京都东方文化研究所、瑞典国立博物馆、美国波斯敦博物馆、日本嘉纳氏白鹤美术馆、日本东京帝室博物馆、朝鲜总督府博物馆、东京美术学校、中国河南省立博物馆、加拿大多伦多博物馆、美国西雅图博物馆、华盛顿夫立雅博物馆、日本中山商会及中、日、欧美收藏家如罗雪堂先生振玉、瑞典拜司特仑氏、日本河濑虎三郎氏等数十家。

惟因本书为一种通论体裁之报告，故不得不先于第一、第二、第三、第四等节叙述殷墟发现历史，罗雪堂先生寄寓京都将殷契学传入日本，中央研究院十年来发掘殷墟与日本大山柏公近岁组织北支考古调查班等故事，及安阳遗迹、小屯、侯家庄诸地概况等等。最后并表明自己选择材料时之态度：

（一）凡南京中央研究院曾见其物，或虽无其物而有同性质物品均收。如英陶伦特皇家博物馆及美国华爱特氏，已失去学术价值诸遗物，均不录。

（二）殷墟出土遗物大抵自石器时代至隋唐均有，而本文只侧重殷墟。

且深慨传世品中，多美术品、骨董品，而少有直接考古价值之物品也。

他如第五节兵器，共收骨贝、铜镞、铜矛，斧钺之属铜戈、铜刀，异形铜兵等兵器若干种。其最罕见者即所谓异形铜兵（图版二十七上）之尖端内曲，长一尺五寸，外刃，内附装柄处，略如戈胡之刀形器。又其持论谓一切花纹繁缛，或嵌玉饰之兵器，类皆美术品、宝玩器之属。但并非明器，因已有一种不含锡之薄铜纯铜器为当时明器[1]，故也云一点亦至堪注意。

第六节彝器所收有鸟纽盖饕餮夔纹方卣、鸡形卣、饕餮夔龙异形尊、夔龙方盉、夔凤方盉、虺龙方盉、牺首蝉纹方罍诸器，最为罕见。

第七节记石容器石象等。石容器中所收有瑞典博物馆东洋部藏大理石饕餮文鬲、河濑虎三郎藏牺首独耳直纹殷、守屋孝藏藏牺首双耳直文殷、罗雪堂先生藏大理石制钵形容器诸器。按《周礼·天官·玉府》云："若合诸侯则共珠盘玉敦。"郑司农云："玉敦，歃血玉器。"观宋以来彝器，迄未尝见玉质之敦，今乃知即此种大理石敦。然觇郑司农语，汉人似亦未见其器，故为悬揣之辞也。

第八节中则收雕牙雕骨诸器。其奇者有雕纹骨卣残片、象牙嵌玉石容器残片，及雕牙珮等牙笄等。

综全书所论，其搜集材料之多，取材方面之广，审订材料之严格，编制报告之详明，最为殊胜。尤以其搜集材料，排列成书以后，以通论体裁发表之，方法亦佳。

---

[1] 梅原末治有对于《从化学上确认中国纯铜器时代》一文之疑问，载《支那考古学论考》页九三至一一九。

惟第五节异形铜兵一目,尚有拙见贡之博士,即窃以为《尚书·顾命》"一人冕,执刘,立于东堂;一人冕,执钺,立于西堂;一人冕,执惎,立于东垂;一人冕,执瞿,立于西垂;一人冕,执锐,立于侧阶。"《孔传》谓惎、瞿皆戟属,刘钺属。其惎、瞿形状,清吴平斋云《两罍轩彝器图释》已有考订。近陆懋德先生《中国上古铜兵考》虽订为钺属,由出土句兵,已知其非,仍为戈戟类不论外。其刘之是否为钺尚无定论。升文忠允公长君际叔炳彪世丈告少随宦甘肃,曾在西陲军中,见有兵器名刘者,作卷尖刀形。当时即疑传谓刘为钺属之非,经十年而见此器,正同所说,或者此种异形铜兵,即所谓刘乎?

又以为此种花纹繁缛或饰玉之兵器,与其谓为宝玩器,莫如谓为仪仗或祭祀用器为愈。特未知博士以为何如耳?

三、《河南安阳遗物研究》

日本京都桑名文星堂发行,日本昭和十六年,即民国三十年,公历一九四一年三月五日出版,定价二十二元。

本书体裁为一考古学论文集,与滨田耕作氏之《东亚考古学研究》、梅原《支那考古学论考》大致相同,特范围较狭,限于安阳殷墟耳。共收论文五首,其关于白陶者,有:《河南安阳白陶再论》、《三谈白陶》等二篇。关于玉器石器者有:《安阳出土之三四种玉器与石器附补记》、《相传安阳出土之玉援戈附追记》等二篇。关于骨角器者有:《一个象牙容器》一篇。又白色饕餮文豆等图版四十五帧,插图三十版。大抵均为一九三九(民国二十七年,日本昭和十三年)以后出土,散在四方之安阳遗物。其白陶方面均日本昭和七年(民国二十一年,公历一九三二年)京都东方文化研究所出版之《殷墟白陶研究》一文所未收,玉石骨角器亦《河南安阳遗宝》所未录,故重行辑论之,因之所收间有已在杂志发表者。

其白陶再论一文主要点大致为:博士发表《殷墟白陶研究》一文,定白陶为殷墟遗物,一时均推为定论。惟日本江上波夫氏根据住友氏所藏三代铜鼓花纹,谓白陶为战国器。因重加检讨,适一九三八年夏又出土白陶罍及残片一百七十八片,均属新鲜材料,乃写为此文。结论仍

证明白陶确为殷墟遗物,其证据有二:

(一)民国二十七年(一九三八)试掘高楼庄时,在殷墟物同层,位中发见白陶。

(二)民国二十四年(一九三五)发掘侯家庄殷墓附葬品中亦有白陶,其事曾经李济博士口述,顾立雅《中华远古之文化》亦记有其事。

同时因得有新材料关系,对于白陶通性亦获得新知识数点:

(一)向来白陶残片,以豆为多,今乃知尚有罍殷等盖器。

(二)知制造白陶,曾用一种辘轳为工具。

(三)白陶花纹以在闪电纹波浪纹中间配以罍纹者为多。间亦有饕餮纹、虺龙纹、蝉纹、动物躯体文者。

白陶三论(《三谈白陶》)一文,则为《再论》(《河南安阳白陶再论》)发表后,又发见新材料,新事实之叙述,所述共有数点:

(一)美国华盛顿博物馆,寄赠高三三.二厘全形白陶罍照片一种。

(二)在三十年前,日本明治末,滨田耕作氏调查旅顺老铁山遗迹之遗物中亦发现一种白陶残片,后在同地复有所获,因知殷墟老铁山间当有相当关系。

(三)据保坂氏拓本及报告知白陶中除一般花纹繁缛陶片外,并有(1)纯白无刻文残片,(2)陶胎稍厚,有突起带纹且于烧后刻画粗纹残片,(3)陶胎中含细沙,肌地粗松残片。此三种残片中复原之器形中,又有与山东城子崖出土古鬲相同者。

其结论则谓(1)一般繁细花纹之白陶陶片,当系贵族用品,民间所用并不如此。(2)与黑陶有眷属关系云。

《安阳出土之石器玉器》一文记最近盗掘出土之安阳古墓附葬品。大抵石器、石容器中有饕餮文矩形器残片、饕餮文虺颈石觯残片、玉器中有玉蛙玉栉等为所罕见,余多所曾有者,不复详。

《安阳出土玉援戈》一文,记罗雪堂先生旧藏嵌玉彝器残片,实为古戈铜内事,及近年出土玉援铜戈赍至日本者之尺寸形状等。

《象牙容器》一文记与新近出土白陶同时输入之象牙容器形状大概。

综此书五论，类偏重于报告事实，其《白陶》两文，亦已成定论，无可评骘。而最使人感兴趣之事迹，则为《白陶三论》中说明殷墟老铁山、城子崖皆有白陶，[①]而自具精粗一点。盖可与俄人类学者史录国教授所推测之通古斯人移动痕迹及殷民族来自东夷说相表里，或者白陶文化果为殷民族特有文化，与号称为夏文化之彩陶文化分庭抗礼者耶。

（《燕京学报》1941 年第 29 期）

---

① 见 Creel's *The Early Chinese Culture*.

《东亚考古学论考》(第一)

安志敏

梅原末治著,民国三十三年,京都星野书店出版。

著者梅原末治博士,为日本京都帝国大学考古学教授,研究中国考古学,久负盛名。著作之已刊行者已逾十种,所发表之论文为数更多。所纂成之论文集,计有《支那考古学论考》、《日本考古学论考》、《古代北方系文物の研究》数种。今所刊行之《东亚考古学论考》第一,乃将博士历年所发表之论文中,择其尤者,纂集而成者也。

此书之内容:(一)《中国文化之源泉》,(二)《中国铜利器成分之考古学的考察》,(三)《所谓秦铜器——中国古铜器中战国样式之决定》,(四)《中国古铜器形态之考古学的研究》,(五)《四五尊彝之化学成分》,(六)《河南安阳发见之遗物》,(七)《再论中国青铜器时代》,(八)《传洛阳发见之一群古铜器考》,(九)《一种之铜制尖头器》,(十)《古代之南朝鲜》,(十一)《日、鲜、东北史前末期墓制考》,(十二)《辽东半岛史前文化所见》,(十三)《乐浪之调查与苏联于西伯利亚之发掘》,(十四)《汉代朝鲜文物之一考察》,(十五)《高句丽墓制考》,(十六)《百济遗迹调查之回顾及其新发掘》,(十七)《安南清化省东山出土之桶形铜器考》,附录《近年之日本考古学》。全书共四八三页,图版六〇,插图三〇,索引二十一页。此书所收之论文,除中国外,亦有关于朝鲜、安南、日本之考古学。就中仅中国文化之源泉为通论,余殆皆为关于古器物本身之观察及遗迹概况之叙述。此书中之论文,虽云皆曾发表,然此番编印之先,又概经著者重加订正增补,较初刊时益为精湛。

此书所收各论文中之特点甚多,兹举其荦荦大端:

1. 古铜器之研究。博士对古铜器之研究,不若中国学者之注重铭文,乃自器形、花纹及化学分析上,以决定其性质及年代。

2. 战国式铜器之决定。自民国十二年法人瓦尼耶克（L. Wannieck）氏于山西省李峪村发见一群古铜器以来,秦式铜器之名称,遂喧称于世。其后更有楚式、淮河式、秦楚式等名称出现,博士例举所谓秦式铜器之特征,及其所受西方文化之影响,决定其为战国时代之遗物,并谓凡具有此种特征者,皆应谓之为战国式铜器。博士所著之《战国式铜器の研究》,即根据此种理论而展开者。今日虽有若干人士仍保持秦式铜器之名称,然以公正之眼光观之,战国式铜器名称之决定,确有不可磨灭之价值。

3. 由考古学上以观测殷商之文化。博士根据殷墟出土之遗物,以观察殷商之文化,故所阐明多非由甲骨文中所能获得者。如商代铜器中,多混以铅质、明器尤甚,博士断定殷代缺乏锡矿,所需之锡乃由南方运来者。并根据贝之使用,象之存在,锡之输入,证明殷代已与南方有极密切之关系。吾国国立中央研究院于河南安阳侯家庄所发掘之黄土块印有浮雕花纹之印痕及红色,据中央研究院专家之研究,断定其为仪仗,而著者则以其为木器之印痕。博士并由数黄土块复原为一豆形,力持此说,诚有注意之必要。又博士绝对反对以殷墟为石金并用期。谓:"殷代以前,中国中原已属于青铜器时代之文化阶段,制作多数青铜器,熟悉铸铜技术。及入于殷代,或因特殊之情形获得丰富之青铜原料,或已知用铁为武器之原料,遂使青铜器之使用普及于各方面。"（见二四九页）此又为不刊之论,为研究殷商文化所当注意者也。

4. 阐明东北、朝鲜、日本史前末期墓制之关系。著者将东北、朝鲜、日本等地之史前末期墓制,如石棚、石冢、箱式棺、瓮棺等,区分其系统,叙明其源流,亦为研究此等地域史前文化之交流,所当参考者也。

5. 辽东半岛史前文化之概述。自鸟居龙藏先生于辽东半岛首作考古学研究以来,迄今已逾五十年。历年来所发见之遗物甚夥,各种石器与山东、河南之关系固毋庸论,其他如彩陶、黑陶、白陶、灰陶、骨卜、玉制品等,莫不与中国中原文化有密切之关联。博士于《辽东半岛史前文化之所见》中,并简述重要之发见及民国三十年日本学术振兴会所发掘之成绩,皆极扼要,颇有参考之价值。

此书优点极多,不但为研究中国考古学者,亦为研究殷商文化者,所必需一读者也。

(《燕京学报》1946年第31期)

《欧美搜储：支那古铜精华》

青　松

<small>七册，编辑者梅原末治，日本山中商会出版，定价日金一百五十圆。</small>

近年以来日本考古学界巨子若滨田耕作，梅原末治诸君，于吾国古代彝器之学皆有特殊之贡献。滨田氏前所编之《泉屋清赏》，久已脍炙人口。今日吾人又得读梅原氏所编之《支那古铜精华》，尤所欣幸。梅原氏于吾国古代彝器之纹镂，究讨甚深。前所为《殷墟出土白土器之研究》，吾人捧读而心折者久矣。今兹所出《支那古铜精华》，乃其年来游历欧美各国之创获。书中所有铜器，皆欧美公私诸藏库所储之物。梅原氏衷集其所得照片墨本之属，精印为七巨册。吾人于最近数日内始得读前五册。其书裒皇典丽，琳琅满目，盖是中新出古铜形制殊特者不可累计也。书之前三册为商周彝器，及秦汉古铜，凡二百五十事。后二册秦汉以迄隋唐之镜鉴，凡一百六十事。其中大都年来秦、晋、河、洛间椎埋所出之物，而流落欧美诸邦者。国家扰攘，纲纪陵夷，坐使吾远祖所遗留之宝器沦于异域；抚览斯编，曷胜愤慨。梅原氏竟以数载之功，独力搜辑，吾人坐观厥成，无能为役，掩卷沈思，徒增惭感。今于其书寻绎数四，略举其精要处以告今之治考古学者。偶有商榷之意，亦缀编末，并以就正于梅原氏。

本书所著录之器大都无文字，而形制殊特者为上。他如矢彝、矢殷、周公彝，诸器虽有文字，已成习见之品。此外一一七命殷，二一三陈侯伐匽壶，实可宝之品。皆见引于郭沫若氏之《古代铭刻汇考》。陈侯壶原题为嵌石夔样兽纹钫，尤奇特。钫实汉制。郭氏名为方壶，则至确。该器铭文契刻而成，与寿州新出楚器字体相同。而与屬羌钟则大相径庭。益可反证钟不作于战国之时，亦可证王静安先生秦用籀文，六

《欧美搜储：支那古铜精华》 475

国用古文说不可磨灭矣。三二羌作父已尊，羌作🕺，与甲骨文字相合。金文中所未尝见者也。亦可证🕺即羌字，足见郭沫若氏"苟甲"、"苟丁"，说之不可信矣。近年来臣辰所作之器累出不穷，文末皆附以🕺字。今本书八四有父乙臣辰卣，一〇九有臣辰毁，此人之史料又增二器矣。四六饕餮虺龙文方罍，据云有铭，而未载入本书；一四八咒觥据云有铭，亦未载入。罍藏巴黎卢氏 C. F. Loo，咒觥藏柏林 Edgar Worch 氏。吾人甚盼能早读二器之铭文也。本书有铭之器尚有十余事，其文字伪刻及经见者不与焉。

近年所出古铜，异形奇状，层出不穷。即就本书而论：三八双羊尊，已见于英人所编《猷氏集古录》。他如三十，雷文尊；三二、三三，两六棱尊；三四，至三六，两象尊；六十五，双柱有立鸟斝；七十，毁百夔凤纹卣；七六，雷纹卣；提梁两端有二羊头。七九，夔凤纹楕圆形卣；一〇〇，长方形瓿；上下二部可分开，共有四耳。一一三，饕餮纹彝；实四耳之毁。一二一，实一正方形之毁，亦有耳。一二〇，饕餮虺龙纹毁，雕镂甚精，两耳特大，如鱼腮。一三六，虺龙纹瓿，颈有两耳。一四二，梅原氏未定器名，实一盉。足似鬲，注口在盖，器盖相连，最为别致。一六五，水禽饰蟠螭纹彝；一六六，四脚长楕形鼎，满身变形雷纹。一六八，嵌珠象嵌文鼎，盖有兽头形。一七〇，异形盒样铜器，实一敦。一七一，附脚有盖壶；一九五，兽形容器，实从来未见之物，亦无从明定其名。二〇九，沈刻鸟兽纹敦，二一〇，沈刻禽兽文盂，两耳有二虾蟆作跃入势；下有四足，皆刻兽头。二一一，沈刻禽兽纹卵形敦；二一五，嵌石变样兽纹敦。此在先秦铜器中皆为希见者也。

镜鉴之部自一至四一凡五十一事，梅原氏据泰西诸学者之说，谓为秦镜。其纹镂之形式，确与常见之汉镜迥殊。今梅原氏所定名称：若羽状变形兽纹、丁字形饰羽状兽纹、格子目花饰羽状变形兽纹、七弧涡纹，透雕蟠虺纹、四叶形饰羽状变形兽纹透雕四夔纹、透雕双龙纹、细纹地散叶纹，凡此皆其新创之名。今按此项镜鉴与山西李峪村所出之铜器，及前十年新郑所出之铜鼎，前数年洛阳所出之屬羌钟，近今安徽寿州所出之大鼎，皆作变形雷纹者，似有一致之作风。其中关键，是否确受斯克坦文化之影响，吾人虽不敢决定，而晚周制作之器，上证东周，下较西汉，皆迥乎不同,则为事实。山西李峪村、洛阳、新郑,及寿州各处,皆南北暌隔。在春秋战国之间,亦非秦地。且此类镜鉴出土之处,亦未确知。则所谓"秦镜"者,亦莫须有之谈也。自八三至九四,凡十三事。梅原氏皆名为神人画象镜。其中画象,作车马游猎状,酷类武梁祠画象,亦汉镜中希见之品也。有年号者唯第二〇五片一镜。铭曰:东晋太和口年。唐镜之中亦有希见者。若一三六,嵌螺钿镜;一三七,嵌玉镜;一四〇,飞天十二支镜,皆奇特,而无文字。一四一至一四三狩猎纹镜三面,形似胡服,作骑马射雕逐鹿之状。镜类之中,得如许奇物,史界生色不少矣。

梅原氏此书以研究彝器镜鉴之纹镂为中心,故其所定花纹名称,类皆独抒己见。虽最后论定,尚待学者精密之考察,其开创之功,殊不可没也。其间所附器形实测之图,皆梅原氏精心结撰,得意之作也。惟梅原氏此书所定古器名称,殊不一致。其可商榷者颇多。例如:一二二,善夫克簠,误作善夫克簋。簠即盨,与簋大异也。敦与毁,近年来学者已公认为二物。而本书尚不能分辨。敦者,即估人所谓西瓜鼎,其本名应作㪟,或从金作錞。其初制无足有盖,去盖如汉代之洗;本书二〇三所谓齐侯盒是也。是器即齐侯四器之膳鼎,铭文已著其名,不必更名为盒;且盒在彝器中亦不类。所谓敦者,如陈侯午敦,陈侯因资敦是也。推此例以求之。则本书二〇九、二一一、二一五、二七〇诸器皆是也。而梅原氏既称鼎,又称敦,更名之曰鬻。其自相牴牾有如此者。一六六,实一长方■角四足鼎。梅原氏名之曰容器,亦未善。又本书定名,皆以花纹之式样为主。故善夫克盨,名之曰虺龙纹簠;九六,仲姞鬲,谓之直文鬲;二四,羌作父己尊,谓之饕餮文尊。然则所谓齐侯盒者,亦未始不可称弦纹盒矣。镜鉴中有字者皆附有释文。一一八之铭曰:"灵山孕宝,秦使观炉;形圆晓月,光清夜珠;玉台希世,红妆应图;千娇集影,百福来扶。"此铭皆叶虞韵字。而本书释"来扶"为"来快",疑是手民之误。又本书所有"壶"字,大部误为"壸"字。以若是精美之书,而校勘疏忽,不无余憾。总之梅原氏是书其功绩至大,区区数小事,虽未能当意,亦春秋责备贤者之义云耳。

《大公报·图书副刊》1934年3月31日

《战国式铜器之研究》

贺昌群[①]

梅原末治编,昭和十一年东方文化学院京都研究所,定价十五元。

十九世纪末叶以来,亚洲考古学上有三种发现,因而引起中西文化交通史上三种思潮:(一)为土耳其斯坦南今波斯境内苏萨(Susa)、安诺(Anau)远古伊兰文物之出土,与我国甘肃、辽宁、河南史前遗迹之关系。(二)为我国西北部木简文书及古美术品之发现与汉唐文化之关系。(三)为俄属土耳其斯坦南部斯西亚(Scythian)遗物之发现,与我国内蒙古、绥远、淮河流域等处所谓秦铜之关系。三者中(一)为关于中西史前交通者,即 Pampelly、Andersson、李济诸人所论。(二)为关于中古汉唐文化者,此项成绩较多,其结论亦较决定。至于(三)所谓秦铜器与斯西亚(按我国有译作"斯克泰"者,盖误从日本之音译)关系之研究,则十年来尤其近六七年颇风靡一时,如 M. Rostovtzeff 及其门人 G. Borovska 之主张最为有力。E. H. Minns、P. U. Yetts 诸人亦从而附和之。他如 H. Laufer、Ardenne de Tizac、O. Siren 之伦,则采其说而大加修正。反对之者,亦颇不乏人,如 E. Blochet、L. Ashton,及日本滨田耕作、原田淑人、梅原末治等,虽相当承认,但对于斯西亚艺术影响中国铜器之时代,均抱绝大之怀疑。吾国徐中舒氏于二者之关系,则全盘承认。其实问题颇多也。盖此项遗物各方学者多无亲近之机会,即以伊兰学名家之洛佛尔氏,在其《中国伊兰编》中亦尝有不能利用此项材料之叹。Minns 之 *Scythians and Greeks* 一书,其自序谓盖有感于为不解俄文之读者而作。故现时注意于斯西亚文物所及于所谓秦

---

① 原文以字"藏云"发表。

铜器之影响者，大抵仅能据 Minns、Rostovtzeff 诸人之数种著作，而此诸人者，对于中国历史知识，殊感缺乏，此 Rostovtzeff 于其书中屡自言之，其于先秦遗物，自不能作精密之观察。如斯西亚一民族，是否为蒙古种或斯拉夫种，或伊兰种，以及为游牧民族抑为农业民族等，犹为未能解决之问题。至其年代是否相当于春秋时代，抑战国时代或汉之初世，即 Rostovtzeff 自谓亦难于论定。

至所谓秦铜器之名，尤多可议之处。缘民国十三年法人 L. Wannieck 于山西大同浑源之李峪村（Li-yu）地方，因土人之发现获得数十件铜器，据云此项发现品中有铜戈，其上有纪元前二六七年之铭文，因而遂有秦铜器之称。但此有铭文之铜戈早已散佚，不在氏所获铜器中。故此项铜器为秦代之物否，自不能依此铜戈之传说而定。惟此项铜器之花纹颇有异于周代者，周器以严肃繁重之饕餮纹（近时又称兽面或鬼脸式）为主，其体制则端严重拙，而所谓秦铜器则不然，其纹样轻快流丽，连续细密，以蟠螭文（或称涡纹）或虺纹如卍状为主，体制则轻便巧薄，至于所谓动物纹（Animal Style），则尤为近时论斯西亚艺术与秦铜器之关键也。其实二者大有区别，不能并为一谈。斯西亚遗物之特征，Rostovtzeff 所言六项，文繁不具引（参阅 Animal Style in South Russia，pp. 25 - 28）。而以 Y. Fry 之说最为简明，氏谓斯西亚铜器之主要特征及其习惯手法为以动物图像为装饰，其间常以大的动物图像嵌以小的动物图像。其本身具一种生动猛悍之姿，一望而知为力的表现，辄予人以深刻之印象（参阅 Burlington Magazine，May, 1928 所载氏对于 Borovska: Scythian Art 之书评），所谓秦铜器殊不能与此相提并论。曩时友人徐中舒先生作《古代狩猎图象考》（《蔡元培先生六十五岁庆祝论文集》下册），于二者之关系，多所主张，窃不能心折其说，尝欲有所论述，旧稿弃置箧中，未遑整理，今因介绍此书之便，略附所见于此。

近时于所谓秦铜器之名，亦颇多异称，大抵各是其是。有称 Sino-Silberian Art 者（A. Salmony：Sino-Siberian Art in the Collection of C. T. Loo），有称绥远青铜器者（江上波夫等著《内蒙古》、《长城地带》），有称李峪村铜器者（G. Salles：Les bronzes de Li-yu，见 Revue *des Arts Asiatiques*, Tome Ⅷ, No.Ⅲ),有称周汉铜器者(大冢巧艺社印《周汉遗宝》)。种种名称之不统一,足以见此项研究,尚未臻于成熟之境地。

梅原末治氏此书,最初广告题为《所谓秦铜器之研究》,其后乃改题今名《战国式铜器之研究》,梅原氏以为此项铜器,既不类殷周之物,亦不属汉器,而秦铜器之称,亦颇不妥,书中所收诸器,盖包括近时新郑、洛阳金村古墓、河南辉县、安徽寿县等处所出之物。其书最明达之处,即为一字不提及斯西亚之关系,仅据诸器作客观之描述,极为审慎。凡收百二十六器,插图三十七幅。

(《图书季刊》1936年第3卷第3期)

日本东亚考古学会刊行考古书籍四种

伯　平

一、《貔子窝》昭和四年出版

日本昭和二年四月，东京东亚考古学会得关东厅、朝鲜总督府、东京、京都帝国两大学之助，又与中国京师大学、历史博物馆之合作，在关东州貔子窝管内碧流河畔发掘。此编即其结果，一名《南满洲碧流河畔之先史时代遗迹》。纪载用日、英二国文字。原田淑人、滨田耕作董其成。

内容分三。第一说明：（一）序说；（二）东老滩附近遗迹之地形及质地；（三）单砣子岛的发掘及遗物包含状态；（四）高丽寨台地的发掘及其遗物包含状态；（五）单砣子发现的石器并骨角器；（六）单砣子发见的土器；（甲）单色土器；（乙）彩色土器；（七）单砣子的埋葬墓及其遗物；（八）高丽寨发现的石器骨角器及玻璃片；（九）高丽寨发见的土器一；（甲）鬲及甗形土器；（十）高丽寨发现的土器一；（乙）其他的土器；（十一）高丽寨发现的铜器；（十二）高丽寨铁器；（十三）高丽寨发现的古钱；（十四）单砣子高丽寨两遗迹的关系及其年代；（十五）本遗迹发掘在考古学上的价值——结论。附录：（一）关东州貔子窝遗迹所发现的石器时代的人骨；（二）南满洲貔子窝所发掘之古铁片。第二图版六十八幅：石器如石剑、石镞、石斧、石庖丁、管玉、纺锤等类；土器如单色及彩色鬲、甗、高杯等类；铜器如铜镞、铜剑、泉货、明刀等类；铁器如铁剑、铁片等类。第三插图四十二。附录一斋藤博士论文图。

此次发掘之价值甚大，前者八木奘三郎踏查"满洲"，著有《满洲旧迹志》《满洲考古学》，不过皮相之观察而已。今次之结果却增加考古学上最有力之信据。如彩色陶器从来考古学家不大充分明了，而此次则增加若干新智识。又如鬲、鬶、甑等器形之发达，亦为新资料之加入。对于东亚土器论 Ceramography 树立一个巩固的基础，已毫无疑问。就骨骼上考究，唐砣子及高丽寨实属同一民族。据清野博士研究之结果，谓与现代朝鲜人及中国人，比较的远，但与河南仰韶村古代人骨似有相近，或即现代中国人之祖先，亦未可知。此说乃基于二件人骨之结果，如此推断不免失之过早，但与古代中国人有密切之关系，乃为不可掩之事实。往年鸟居龙藏以为南满洲之石器遗物，即《晋书》肃慎民族之遗物；砖墓贝墓则为汉民族后来移住之遗迹，此虽不失为一种解释，然孰知周汉以前，汉民族已早占领南满乎？又孰能否认种族之膨胀在汉武帝以前已不仅一次乎？即以鬲、鬶乃中国特有之物，决不能谓为皮相的文化之移植。纵使貔子窝附近有受通古斯——肃慎影响之嫌，然其主要的文化之状态则当属之汉族。此不过表示其一例，实则此地以及其附近各地在往古无不浸渍于中国之文化。南鲜康津明刀之发现可视为中国金属文化东移之一例。然则貔子窝之遗迹亦可表示中国文化逐渐光被东土之一例耳。

二、《牧羊城》昭和六年出版

日本昭和三年秋，东亚考古学会得关东厅及朝鲜总督府之助，在关东州老铁山麓发掘之。日人之参加者有滨田耕作、原田淑人、八幡一郎、岛村孝三郎，我方亦有北京大学助教庄严君参加。其后，将发掘之古物运至东京帝大考古学会研究室由各专家分任研究之。前半为田泽金吾执笔，后半则为驹井和爱执笔，原田淑人董其成。结果而成是编。一名《南满洲老铁山麓汉及汉以前遗迹》。

内容分三：第一说明，（一）序说；（二）牧羊城之遗迹；（三）牧羊城址出土之遗物：（甲）石器；（乙）骨角器；（丙）装玉类；（丁）铜制品；（戊）古泉；（己）铁器；（庚）土器；（辛）纺锤车；（壬）瓦砖；（四）牧羊城附近之古墓：（甲）贝墓；（乙）石墓；（丙）瓮棺；（丁）塱周墓；

（五）结论。附录：（一）牧羊城附近古墓发见之人骨；（二）牧羊城址对岸山东省福山县附近之故城。第二图版六十三幅。附录一，牧羊城附近古墓发见之人骨；附录二，山东省福山县附近汉代故城址土器残片、瓦砖残片。第三插图四十五幅。

此次发掘之价值，由土城之发现，可以证明从石器时代而牧羊城附近已有居民的聚落；由遗物之发现，可以证明"南满洲"为周末汉初中国金属文化东向之起点。此种文化之东向，逐渐扩张其领圈，由北而南至朝鲜，然后至日本。虽在中国已入铁器时代，而此袅袅之余音仍续进无已。由人骨之考察，牧羊城人骨与朝鲜古坟及现代朝鲜人稍有未合，与中国石器时代之人如貔子窝、仰韶、沙锅屯人种极类似，与现代中国人比较亦有类似之点，由牧羊城对岸之山东省福山县附近故城之发掘，如黝色土器、瓦珰、半瓦珰、平瓦、圆瓦、方砖、长砖、长方砖无不与牧羊发掘者同。山东半岛与辽东半岛往古之交通向来有文献方面之证明，今次则更有考古学上之实据。《东方学报》昭和六年第一册有驹井和爱之《山东省黄县龙口附近贝塚に就いて》一文，论山东省龙口附近贝冢出土之土器与貔子窝旅顺附近所发掘者极类似。是则从石器时代，山东、辽东二半岛已有密切之关系，因有考古学上之种种证据，则更为确论矣。

三、《南山里》昭和八年出版

昭和四年九月，东亚考古学会得关东厅、朝鲜总督府之助，又在关东州南山里尹家屯附近调查发掘，此编即其结果，一名《南满洲老铁山麓的汉代砖墓》。朝鲜京都帝大医学博士清野谦次为主任，滨田耕作为副。日文为岛田贞彦与滨田耕作二人执笔，英文则出自滨田一人之手。又与南山里砖墓有密切关系之刁家屯、营城子、牧城驿古坟，乃往年滨田所发掘，亦并增入此编。

内容分三：第一说明，（一）序说；（二）牧羊城及古坟所在地；（三）发掘之砖墓共八号；（四）砖墓及其构造：（甲）砖墓之外形及墓室；（乙）砖瓦及其筑成法；（丙）棺及幅葬品之配置；（五）砖墓之遗物：

(甲)遗物之种类；(乙)主要之遗物；(丙)砖瓦之纹样；(六)后论：(甲)牧羊城与古坟之关系；(乙)古坟之年代，与乐浪汉墓之比较。附录：第一，南山里刁家屯五砖墓：(一)古坟之原状；(二)墓室之配置；(三)椁室之构造；(四)砖瓦之种类；(五)砖瓦之纹样及其彩色；(六)发见之遗物；(七)结论。第二，营城子、牧城驿东西古坟：(一)古坟存在之状态；(二)东古坟之构造；(三)东古坟之遗物；(四)西古坟之构造；(五)西古坟之遗物；(六)结论。第三，南山里砖墓人骨之研究。第二图版五十三幅。第三插图五十四幅。

牧羊城既由考古方面证明中国人从石器时代经金石杂用时代Aeneolithic age已奠居矣，则南山里就地理言特别与山东半岛相近，其为当日中国达满洲之踏石，乃极当然之事。从墓中发现之五铢、漆器、砖瓦均为汉代之遗物，此尤足以证明汉代文物在此地特别之浓厚。就人骨而言，此地人骨又与现代朝鲜人及中国人类似，而更与古人骨如仰韶、沙锅屯、貔子窝、朝鲜雄贝冢相近。盖中国北部如山东、河北、河南与此间交涉最多，而北部朝鲜则有汉代乐浪之殖民，因是而成一种混血的人种也。

四、《营城子》昭和九年七月出版

内容分本文、图版、插图三部。一、本文：(一)序说：(甲)绪言，(乙)遗迹之状态；(二)第一号墓：(甲)发掘之经过，(乙)墓室之构造，(丙)遗物出土之状态，(丁)遗物之种类；(三)第二号墓：(甲)位置及外形，(乙)发掘之经过，(丙)砖墓之构造，(丁)遗物之出土状态，(戊)遗物之种类，(己)壁画；附录：(甲)滨田耕作之汉代壁画，(乙)水野清一之营城子古坟壁画之画迹。二、图版四十七幅，如彩色砖、瓦灯、瓦灶、瓦盘、瓦甑、瓦壶、瓦狗、瓦猪、瓦杯、破铁片、五铢钱、墓形、壁画等等是也。插图四十七幅，如本遗迹实测图、墓内实测图等等是也。

营城子在旅顺、大连公路之中间，古坟垒垒，为汉代古遗迹之集群。日本明治四十五年、大正二年，日人曾在此地发掘古坟二，发现陶器、瓦器、漆器等物，定物汉代之墓，惜遗物不多，成绩不大满意（参阅滨田耕作《东亚考古学研究》页三七六《牧羊城驿之古坟》）。昭和六年七月二十九日，关东厅偶尔在营城子会、沙岗子屯，发现一砖墓，初疑为埋没已久之居民住室，及续得无釉陶器、两耳杯，始断其为古墓，此墓发掘之成绩虽不佳，然因此而连带发掘又一古墓，二者实有连带关系。此刊即此二墓发掘之报告，名曰《营城子》，一名前《牧城驿附近之汉代壁画砖墓》。发掘与主编者为关东厅博物馆馆员森修、内藤宽二人，帝大教授滨田耕作为之校阅，并写英文撮要。

汉代绘画之实迹传于今者甚少，山东肥城县孝堂山及嘉祥县武氏祠为此资料唯一之代表。至于由古坟所发见则更为少闻。一九二三年，俄国柯智洛夫 Kozlov 在蒙古色楞格河上流古坟发见汉代的刺绣；一九二六年，日人原田淑人在平壤附近古坟发见汉代的漆器绘画，为研究汉代绘画之最新资料，但非壁画。惟一九二八年，日人八木奘三郎与塚本二氏曾在辽阳太子河附近古坟中发见壁画，经多人考究为汉代高句丽人之遗迹，惜漫漶甚多，不易辨析，此次营城子所发现则完整明晰。与美国波士顿博物馆所藏相较，此似稍逊。然该馆所藏者未经学者之调查，是否汉式，抑或六朝遗物，犹未可知；而此则经学者亲自发掘，同时并有汉代五铢钱出土为之证明，其为汉之壁画已毫无疑义。总之，此次出土除各项明器外，有可宝之汉代壁画，予研究汉代绘画者又一新的资料。

（《燕京学报》1934 年第 16 期）

《东方考古学丛刊甲种》读后记

安志敏

日人致力于中国考古学研究,远始于甲午战役(一八九四)以后。民国以来,日本国势向大陆侵略,考古学者之来中国作调查工作者愈多,殆皆以东北方面为主。迨九一八事变后,东北主权既坠,日人于此方面之工作,遂无所顾忌,而告极盛。综观日人前后于东北各地所做之考古工作,除短篇论文外,即正式报告亦不下数十种,虽为文化侵略,然对解释中国之古文化,亦尝有所贡献,故吾人亦未可忽视也。

今因篇幅之限制,仅择属于《东方考古学丛刊》各书,撮言其大要,借作介绍。余有当俟诸异日,幸请读者见谅。

《东方考古学丛刊》,由日本东亚考古学会发行,计有甲乙两种。已刊出者,计甲种六册,乙种五册,合计十一册。

东亚考古学会系民国十五年左右,由岛村孝三郎氏等之斡旋,日本东京帝国大学与京都帝国大学合作组织而成。最初尝以东亚考古学会之名义,邀请我国北京大学,成立东方考古学协会,共同参加发掘工作。故当发掘貔子窝、牧羊城之际,我国方面亦曾派遣学者参加,其后我国学者因故撤出,日人乃独断独行,惟仍沿用《东方考古学丛刊》之名称,实际皆出自日人之手,与我国学术界并无关系也。

一、《貔子窝》

《貔子窝:南满洲碧流河畔先史时代遗迹》,滨田耕作著,民国十八年出版,本文七二页,图版六八,插图四二,附录二〇页,附英文提要。

貔子窝为辽东半岛东岸沿海之一村落，附近贝塚（Kjokken Modding）极夥。当此次发掘以前，八木奘三郎氏尝于该地作多次调查并有所发见。此次发掘，系择貔子窝附近之东老滩火神庙一带之遗址。参加者，计有东京帝大之原田淑人、田泽金吾、驹井和爱、宫坂光次，京都帝大之滨田耕作、小牧实繁、岛田贞彦，东亚考古学会之岛村孝三郎、小林胖生，关东厅博物馆之内藤宽、森修，朝鲜总督府博物馆之小泉显夫，南满洲铁道株式会社之八木奘三郎，我国方面参加者则有马衡、罗庸、董光忠诸先生。纵观此次发掘，实为日本于东北各地作大规模发掘工作之发轫，自民国十五年五月一日迄十五日止，共工作两星期。

此次发掘之遗址，共有两处：一为一小岛（其地曾与海岸相连，仅涨潮时始为海水所隔离），名曰单砣子。一为海岸之台地，名曰高丽寨。二处虽相距甚近，但于文化上则微有区别。今略述其遗址物如下：

单砣子之遗址，为遗物包含层，其顶部之贝层，并非食余者。至于包含层内之遗物，石器有石剑、石镂、石刀、石斧、石锥、石纺车、扁平管玉、石器破片等；骨角器有牙锥、牙饰、骨锥、骨制管玉等；陶器有各种形式之钵、壶、豆、纺车、陶锤、陶铃及其他之陶制品；并发见一用途不明之青铜器碎片一片。于此遗址中，并有一特殊产物，即滨田博士所谓之彩陶，于陶壶上涂有红、黄、白三种色彩，多作几何形花纹。此种陶片于辽东半岛一带屡有所发见，而形状完整，得睹其原状者，则当推由此遗址中所获得之陶壶。又于此遗址中，并发见两所坟墓，皆无棺椁之痕迹，人骨尚有存在。第一号墓中，殉葬品有三个不同形式之陶壶。第二号墓中，殉葬品则有六个不同形式之陶壶、绿色管玉三个，及有孔石斧一个。

高丽寨之遗址，则位于台地之上，系贝塚，并有居住址之存在。所发见之遗物甚多；石器有环石、石剑、石镞、石针、石刀、石斧、石凿、石锤、石纺车、砥石，及其他等；骨角器则有牙锥、骨锥、骨钩、贝环；陶器有鬲、甗、甑、壶、豆、钵、陶锤、陶纺车、陶铃等；并发见一玻璃片，已不能辨其为何物。又由在遗址中，亦尝发见青铜器及藏器。青铜器方面，有铜镞、铜臻、铜璏、铜弭、弩机；铁器则有铁斧、铁锄、铁镰、铁枪、铁凿、有孔铁板、铁钉等。其他并有甚多货币，计有明刀钱、方足布、一刀钱、半两钱等。此等货币，当为决定年代上之最佳佐证。

据滨田博士之观察，以单砣子之遗址为石器时代，而高丽寨之遗址则当属于金石并用时代（高丽寨之年代，当在公历纪元前一百年至二百年；而单砣子尚在其前若干〔数百年以内〕年）。此两地古文化，无不受中国文化之影响。

本报告附有附录二篇：一篇清野谦次、金关丈夫、平井隆三氏对人骨之研究，略读"貔子窝之人骨，与近代华北人骨类似，恐与仰韶村沙锅屯人，同为形成现代中国人基础人种之一"。二为齐藤大吉对发掘铁器之研究，谓其与朝鲜金冠塚所发见之铁片为同一铸法，并推测当时已铸造大量之铁器，且于较高之温度下制炼而成者。

本书为巨帙之大型报告，将所获之遗物悉数收入，对比较研究上，颇多裨益。然其对层位之分析，仍未详尽，虽有图表以表示遗物之层次，而无一具体之说明。且包含层达九尺，而其遗物竟系同一性质，滨田博士亦未解释其原因，此处不能不令人怀疑。盖参加此次发掘者人数众多，遗物出土之层次，是否悉如报告上之所载，亦有相当问题也。

滨田博士对器物之研究上亦不无错误，如单砣子所出之绘彩陶器，滨田竟谓其为彩陶，以与安特生（J. G. Andersson）博士于河南仰韶村等地所发见之彩陶作比较。实际貔子窝所发现者，应谓之绘彩陶器，乃系于烧成后涂以彩色，故彩色易于脱落；而彩陶则系未烧制前绘彩，彩色不易脱落，两者之性质根本不同。且涂彩陶器为此时辽东半岛一带史前文化之特色，于年代及性质上，皆不能与彩陶相比较，仅可谓其开汉代绘彩陶器之先声而已。

二、《牧羊城》

《牧羊城：南满洲老铁山麓汉及汉以前遗迹》，原田淑人、驹井和爱合著，民国二十年出版，本文七〇页，图版六三，插图四五，附录三一页，附英文提要。

貔子窝发掘终了之后，东亚考古学会又计划第二次发掘工作，乃择定旅顺老铁山麓之牧羊城址，及其附近古墓。参加者，计有日本东京帝大之原田淑人、驹井和爱、田泽金吾、八幡一郎,京都帝大之滨田耕作、岛田贞彦、水野清一,东亚考古学会之岛村孝三郎,关东厅博物馆之内藤宽、森修等,我国北京大学方面仅有庄严氏参加,于民国十七年十一月一日迄二十五日举行发掘工作。

牧羊城,《盛京通志》谓为"木羊城",俗称牧羊城,著者由位置上推定其系汉代之沓氏县,土壁之痕迹今犹存在。其他石器、骨角器,均有出土,惟数目甚少。石器有石镞(六个)、石刀(六个)、石斧(十四个)、石锤(二个);骨角器则有骨镞(三个)、骨针(二个残缺)、半加工骨器(一个)、鹿角器(三个)。其他出土,玉器则有耳珰、管玉、玉制品。铜制品则有铜镞、铜弭、铜镦、带钩、铜釦、铜器、铸范等。货币则有明刀、明刀圆钱、一刀钱、半两、五铢、大泉五十等。铁制品则有铁镞、铁刀、铁斧等。陶器可分为三类:第一类皆为小断片,已难复原,以壶甕等为最多,较为原始,与貔子窝高丽寨所出土之陶器相同。第二类与第一类之区别甚为困难,此种陶器屡见于周宋汉初之遗址中,以豆类为最多。第三类则为汉代之瓦器,多为壶、甕、钵、缸等。此三类略有时代前后之别,其他之陶制品有纺车、瓦珰(残缺文作"乐央"、"长"或蕨纹)、半瓦珰(双马纹)、瓦(绳纹)、瓴(绳纹),据原田博士之意见,以该址为战国末期迄汉代之遗址,而建筑于石器时代遗址之上,故有石器之存在。

于牧羊城址附近并发见甚多之古墓,有贝墓、石墓、甕棺、墠周墓等,其葬法皆甚特殊。

贝墓共发见七所,系以贝壳堆积于尸体之上,呈长方形,内部殉葬有瓦盘、瓦壶、玻璃制耳珰、铁带钩等遗物。

石墓共发见三所,其形制与贝墓相同,惟以石块代替贝壳,内部殉葬有瓦豆、瓦盘、瓦碗、瓦壶、玛瑙环、青铜钏、玛瑙珠等。

甕棺系三甕套合成一棺,内置尸体,共发见三所,棺内已无遗物存在。

墠周墓系此次所发见之特殊坟墓,系掘土为椁而以火烧之使坚其壁。原田博士谓即古之墠周墓等。墓中计发见银剑、铜斧、铜镞、铜制剑柄等遗物。

本报告附有附录二篇:一为清野谦次、金关丈夫、关政则等之《牧羊城附近古墓发见之人骨》，将古墓中发见人骨与中国、朝鲜史前史后之人骨作一比较研究；二为水野清一、驹井和爱、江上波夫等之《牧羊城对岸山东省福山县附近之故城》，对山东省福山县三十里堡之汉代故城加以叙述，惟未经正式发掘，仅发见陶片、瓦珰、汉砖等破片而已。

原田博士对汉代考古研究有素，故主持此次之发掘工作可谓适得其人。然观察方面，却有极大之错误，如误以牧羊城址有石器时代遗址之存在，所出土之石刀，当即石铫，河南安阳之殷墟中亦出土甚多，固不能视为石器时代之遗物也。又所著录之石锤（图版十五之10），并非石器。而所谓半加工骨器及鹿角器，皆有以金属锯断之痕迹，当为制作时之工具用器。且如貔子窝之高丽寨，战国前后之遗址中，犹有大量之石器存在，则此遗址之石器，亦不能为石器时代之遗物。幸读者勿为其所误。实则牧羊城乃战国末年，迄后汉初年之遗址，当无何疑义也。

三、《南山里》

《南山里：南满洲老铁山麓之汉代坟墓》，滨田耕作、岛田贞彦合著，民国二十二年出版，本文一〇八页，图版五三，插图五四，附英文提要。

牧羊城址附近汉墓之分布极夥，东亚考古学会乃计划发掘，于民国十八年十月三日开始，迄二十日止。前后参加者，计有京都帝大之滨田耕作、岛田贞彦、梅原末治、清野谦次，东京帝大之田泽金吾，东京帝室博物馆之矢岛恭介，关东厅博物馆之内藤宽、森修、古贺慎一郎、今野金三郎等。

此等汉墓散于牧羊城。东南丘陵之山麓地带，皆系砖墓，今依简述如下：

第一号墓——此墓已被破坏，仅余有椁床及椁壁之一部分，南北长约十尺。砖可分为二类，一为交线图纹，二为箭状纹。砖上付有胡粉之痕迹，可想象椁内当涂以白色。此墓内已毫无器物残存。

第二号墓——计有前后二墓室。羨门及通路之一部分业已残缺，墓内殉葬物及尸体，经盗掘及墓室天井之坠落，颇呈混乱状态。遗物则有五铢钱、铁制小刀、漆筐（残缺）、铜饰板，瓦器有杯、灶、甄、壶、犬、豚、屋等。以上之瓦器，皆系明器，制作古拙，颇富风趣。

第三号墓——业已破坏，南北十五尺，东西九尺，深五尺。泥沙填满其内部，瓦器之存在毫无秩序。发见之瓦器，有盘、皿、桶、豆、灶、屋、豚等。

第四号墓——大体之构造，与第二号墓相同。墓室之天井，业已堕落，由前后二墓室构成，前室位于西方，九尺平方，后室位于东方，约十尺平方。墓内似经过盗掘，器物已大部混乱，墓内并豚之脊骨与头骨，当为用以殉葬者。殉葬之遗物，计有五铢钱、漆筐、金指环，瓦器则有壶、豆、杯、甄、皿、盘、屋、铣、俎、槽、豚、勺、灶、釜、碗、奁等。瓦俎上刻一鱼及小刀，古拙优美，堪为此墓中之代表物。此墓前室之人骨为一青年女性，及成年迄老年之三男性，而后室则为壮年之一男性。

第五号墓——系单室之砖墓，业已崩毁，遗物亦大部混乱。遗物仅有五铢钱、琉璃制瓦珰、瓦盘、瓦壶、漆器断片等。

第六号墓室——系单室砖墓，南北长九尺，宽七尺，虽业已崩毁，遗物之位置尚保存原状。遗物有五铢钱、铁镞、耳珰、瓦杯、瓦盘、瓦壶等。人骨则系成年男女二人，当为夫妇合葬者。

第七号墓——业仅一部分残存，仅砖上附有几何形之花纹。此墓为农人所偶然发见，墓室之构造已无从获悉。遗物有瓦壶，铁器则有锄形、斧形、半月形、梯形（案即粟坚）等物。

据滨田博士之推测，此等砖墓之年代，当在前汉迄后汉初叶。

本报告附有附录三篇：一为滨田博士之《南山里刁家屯五室砖室》，二为《牧羊驿之东西两古坟》，对古坟之形式及遗物等皆有叙述。此二文原载《东洋学报》，后收入"东亚考古学研究"，更转载于此。三为清野谦次、金关大夫、三宅宗悦之《南山里砖墓发见人骨之研究》，谓人骨中有少数近似朝鲜人之体质，当系混血所生。

本书中所述仅为对发掘之忠实报告，对推论方面则少有触及，虽无极重要之遗物，然对研究汉文化亦不无小助。且其报告制作之精密，亦为今日编著考古报告所当参考是也。

四、《营城子》

《营城子：前牧城驿之汉代壁画砖墓》，内藤宽、森修合著，民国二十三年出版，本文四七页，图版四七，插图三八，附英文提要。

民国二十年七月，日人改筑大连、旅顺间铁路，于前牧城驿沙冈子，因掘土偶然发见一砖墓之天井部分，当时工人乃将其拆除，于墓内发见殉葬之遗物，遂报告关东厅博物馆。博物馆乃遣内藤宽、森修调查，此即报告中所谓之第一号墓。并于附近发掘一汉墓，发现壁画，即报告中所谓之第二号墓。

第一号墓——墓室共有三所，即所谓之三室墓。天井皆呈穹形，而三室有通路相连。主室南北十尺二寸，东西九尺七寸，天井为工人拆除，已无法测知其高度。前室东西九尺二寸，南北六尺三寸，高十一尺二寸。东侧室东西四尺，南北四尺九寸，高六尺。殉葬之遗物，以瓦器为主，有豚、犬、壶、勺、皿、洗、釜、灶、屋、甑、杯，及其他异形之瓦器多种。

第二号墓——虽有盗掘痕迹，而遗物保存尚称完善。此墓由套室、主室、东北两小侧室，及前室所构成，套室将主室完全覆盖，而主室则系单独建筑于套室之内，此种形式之砖墓，于他地尚未有发见。主室高十尺三寸五分，东西九尺四寸，南北九尺二寸五分。东壁及南壁之外面，皆绘有壁画，除西壁以外，其他之三面皆绘有壁画，以白描为主，而配以赤黄二色，笔力雄拔，意态生动，诚具汉画之特征。出土之遗物，以瓦器为主，有钵、灯、案、灶、釜、筐、屋、俑、甑、勺、杯等。墓内之壁画，不特于美术史上占极重要之位置，即研究汉代风俗亦极重要，今简述之如下：

墓内之壁画，以北壁之壁画为最大，人物众多，宽九尺三寸，高七尺三寸。右上角绘有一半身之翼龙，左上角为一有翼仙人乘于云端，前有一鸟张翼飞翔。此二图中间稍低之处，有一佩剑长须之人物，头着三山冠，其后则随有双手捧物之小童，其左面则立一冠带整齐之白发老人。其最下部则绘有三人作伏拜、跪拜、立拜之形式，皆戴冠长须。

南壁内面，于通路之上，绘有一巨面圆目之怪物，两手横伸，其两侧各绘一持旗之人物。

东壁内面,通路之上绘云,其右侧立一鹤,左侧者业已磨灭不可复见。

东壁外面,绘有斜格之几何形花纹。

南壁则为头着三山冠,张目露齿之怪神,右手持旗,左手握蛇,其左侧更绘一直立持旗之虎。

本报告附有附录二篇:一为滨田耕作之《汉代绘画考》,原载于《国华》杂志,更转载于此。历述有关汉代绘画之画像石、画像砖、漆器、绘画等,并及于此墓之壁画。一为水野清一之《营城子古坟壁画考》,对壁画之含义加以阐述,此为水野之未定稿,而考订亦未详尽。

本报告对壁画之研究,未能探讨其背景及其流变,殊为憾事。然写作之忠实详尽,今后作考古发掘者,自当取法也。

五、《东京城》

《东京城:渤海国上京龙泉府址之发掘调查》,原田淑人、驹井和爱合著,民国二十八年出版,本文九〇页,图版一二〇,插图八〇,附英文提要。

东亚考古学会于民国二十二年计画发掘松江省宁安县,古渤海国上京龙泉府址之东京城。共发掘两次。第一次为民国二十二年六月六日迄二十五日,第二次为民国二十三年五月二十日迄六月十九日。前后参加者,计有东京帝大之原田淑人、驹井和爱、池田宏、三上次男,京都帝大之村田治郎、水野清一,东亚考古学会之岛村孝三郎,东方文化研究所之羽馆易、外山军治,东京帝室博物馆之矢岛恭介,朝鲜京城帝大之鸟山喜一等。

城址位于牡丹江附近之盆地,周围三十五里,四面七门,内城周围五里,东西南各一门。发掘时对内城外城予以普遍之发掘,而测其建筑概况。计发见六宫殿址及禁苑址,并发见四寺庙之遗址、土坛、柱基及基石等,尚可窥见当时之建筑情形。于城址之北,亦发见竖穴,宽约十尺,遗有灰层,混有木炭、纺车、陶片、骨片、贝壳等,陶片中有唐三彩陶,而纺车则系利用渤海之瓦珰破片制成者。并于三灵屯，调查丘陵中之一古坟，系以玄武岩等积成石椁，内部已毫无遗物存在，似系渤海时代之坟墓。

城址内所发见之遗物，以砖瓦为最多，有平瓦、瓦珰、鸱尾、鬼瓦等，其中有施以绿釉之琉璃瓦。而渤海瓦之特征，系瓦之背面边缘处，印有一字或二字之方形阳文文字。原田博士谓此当为造瓦之郡名，恐非是。案瓦上所印之文字，皆系汉文，其中有字形倒置，缺点画者，盖此当为制造工人之名字；因当时仰慕唐风，故袭用中国文字。且因出自工人之手，故文字错误亦所不免。铁制品有建筑用之环座、户柜、钉，武器用之镞、胄等。陶器类多黄绿釉，或三彩。残存之佛像亦多，计有砖、铜、铁、漆、泥塑等，亦有绘于壁上者。货币则仅发见日本"和同开珍"一枚。其他各种零星物件，如玻璃珠、玻璃瓶、铜制品、铁制火箸、铁剪、铁铃、石狮□部、石灯、瓦制纺车等，亦时有发现。

由发掘之结果，可知此遗址之古文化完全受李唐之影响，其本位文化之代表，则仅竖穴而已。

本报告最后并附有俄人 B. B. Ponosoff 以俄文所著之调查简报。

纵观全书，印刷固称精良，然浪费篇幅及图版，又未能对遗址遗物作详尽之比较研究，是其缺点。又此项编制工作，若委之于治渤海史之专家，当必有更可观之成绩，惜为少数考古学家包办，未能更进一步有所阐发，此则吾人引为憾事者也。

六、《赤峰红山后》

《赤峰红山后：热河省赤峰红山后先史遗迹》，滨田耕作、水野清一合著，民国二十七年出版，本文一三二页，图版四七，插图六二，附英文提要。

热河省赤峰之史前遗址，自清末以来即为学者所注意，前后来此调查者，有鸟居龙藏、桑志华（E. Licent）、梁思永诸氏。民国二十四年，东亚考古学会计画发掘此地，参加者计有京都帝大之滨田耕作、三宅宗悦，东方文化研究所之水野清一，东亚考古学会之岛村孝三郎、赤堀英三,满蒙文化研究所之三上次男,旅顺博物馆之岛田贞彦,伪满文教部之滨口守卫等,自六月十日迄三十日,共工作二十日。

此遗址可分为两种,一为墓地,一为居住址,二者所代表之文化与年代各不相同。

墓地位于红山之倾斜面上,分布极密,惟大部已被盗掘。此次发掘者共达二十六所,皆系以石板构成长方形石棺,置尸体与遗物于其中,然后以石块覆盖之。遗物计有陶壶、陶纺车、有孔石斧、骨锥、青铜镞、青铜扣、颈饰等。

第一住地,接近墓地为红陶文化之遗址,发见遗物甚多。陶器可分二类,即磨光红陶,与赤褐色绳纹陶二种,器形有豆、壶、鬲等。石器则有磨制之有孔石斧、石犁、石刀、石槌、石制铜斧铸型等。装饰品有玉珠、管玉、贝、贝环等。骨器则有骨镞、骨锥等。此外历年在附近所采集之遗物中,有青铜制之矛、刀、镞、斧、剑、扣等,皆与此遗址有密切之关系。

第二住地,位于第一住地南方台地之上,其南部则为砂丘地带,散布有燧石制之石刀、石镞、石核等之细石器。包含层之遗物,甚为丰富。陶器可分二类,一为彩陶,陶质颇细,呈红色,外涂以黑色之花纹,多呈带形花纹,器形有钵、壶、碗等。一为黑褐色,饰有爪纹,类似篦纹陶,器形以甕类为最多。石器类亦甚丰富,较多于第一住地,有大型打制石器,磨制石斧,细石器之石刀、石锥、石镞等。其他又有石刀、石犁、石锄、砥石、石皿等。贝环、贝钏,皆为咸水贝所制成。骨器、角器、牙器,亦间有存者。

据滨田博士之研究,赤峰为两种不同之文化所分布,年代亦有前后之别。第一种文化为彩陶文化,与河南、甘肃出土之彩陶具有极密切之关系。其无彩纹之黑褐色陶器,则与细石器文化之篦纹陶有莫大之关系。由石犁观之,当时农业生活所种植者似为稻米,至于其年代当在公历纪元前三千年左右。

第二次文化为红陶文化,年代较迟,已有瓦鬲存在。由历光之红陶转移为绳纹之灰陶,其时石器较少,仅有环石、环状石斧、有孔石斧、石槌等,尤以有孔石斧颇具铜斧之形式。青铜器文化已盛行,且具有北方色彩，即所谓绥远式青铜器。石棺之形式亦出自北方系统，此文化之年代，当与秦汉文化并行。

本报告有附录三篇，一为三宅宗悦、吉见恒雄、难波光重之《石椁墓人骨之人类学的研究》，谓所发现之人骨为长头人种，与华北史前之人种以及近代之华北人种异常类似，与蒙古人种或通古斯人种迥不相同。二为直良信夫之《赤峰红山筏出土之鸟兽骨》，谓第一次文化层中，特有獐；第二次文化层中特有犬、牛、马，二者皆有豚、赤鹿、羊等；彩陶文化中之豚，为野猪，而红陶文化则已成为家畜。三为矾松岭造之《赤峰红山后史前陶器之观察》，对遗址中之陶片，施以化学上之分析。

滨田博士于本报告中叙述发掘经过甚详，其结论颇多阐发。惟所谓骨角器，皆系天然物，并非用具。又有孔石器及不详磨制品（三四页），皆系石刀，惟形状微异耳。推论中亦有若干须加纠正之处，如赤峰之彩陶文化，乃彩陶与细石器之混合文化，滨田谓其呈现北方色彩，未免有误。又根据安特生（J. G. Andersson）于河南省渑池县仰韶村发见陶片中附有稻壳之痕迹，遂谓赤峰彩陶文化之人类亦种植稻米，此项推测根本不能成立，盖细石器中有石镞之存在，仍当兼以狩猎为生也。其他有疑问之推论尚多，兹不备举。

综观上述之六巨册报告，可得一结论，即发掘与报告固甚详密，而研究方面则多有不逮，尤以对史前考古之观察，不无独断之处。至其出版大型报告，乃因东亚考古学会有固定之经费，每次发掘皆拨出大量款额，故出版报告时对页数图版不加限制，书型特大携带为难，似不及乙种各册经济美观也。

（《大公报·图书周刊》1948 年 7 月 19 日、7 月 26 日）

《考古学上より见たる辽之文化·图谱》

何怀德

日本鸟居龙藏著，一九三六年，东方文化学院东京研究所出版，四巨册。

　　鸟居龙藏博士为日本考古学界及人类学界之泰斗，其所著诸书如《蒙古旅行》、《满蒙の探查》、《满蒙を再び探る》、《满蒙古迹考》、《极东民族》、《苗族调查报告》，及《人类学上より见たる西南支那》等，久为学者所推重。兹篇为博士数年来实地调查辽代遗迹图谱部分之结集，计图三百三十八幅，分装四巨册。每册卷首缀有绪论一篇，略叙内容之性质，每图后附有日英法三种文字之说明。搜罗宏富，印刷精美，诚为研究辽代图化史者所必参考之书也。兹将其内容介绍如下。

　　第一册计图八十六幅，所收者皆辽都上京及其附近之遗迹。图一至三为西拉木伦河(Shira Muren)及潢水石桥遗址。西拉木伦河为契丹民族之发祥地，潢水桥则为辽代交通之孔道，与辽代之历史皆有极密切之关系。图四至二十二为上京城垣之遗址、砖瓦、古钱、佛像、古墓，及建筑物之残迹等。图二十三为城西西拉木伦河畔之佛顶尊胜陀罗尼石幢。图二十四至二十六为辽代土城中所遗留之北宋时代之陶器碎片。图二十七至二十九为辽上京城北丘陵上之砖塔。图三十至四十九为颓垣以内南山之砖塔，该塔之雕刻有助于研究佛教之金刚界曼陀罗及道教之天尊者良多。图五十至六十二为辽代古刹全景及岩洞前所雕刻之佛像。图六十三至六十六为哈巴查庙中之陀罗尼石幢，并附幢上环刻不空罥索毗卢遮那佛大灌顶光陀罗尼、庄严宝王经六字大明陀罗尼及佛说大乘无垢清净光大陀罗尼之拓片。图六十七至八十二为厄伯格白臼庙全景及建于岩石上之陀罗尼石幢残迹等。图八十一至八十六示佛顶尊胜陀罗尼石幢所在之场地及其数种拓片。

第二册计图七十一幅。图八十七至九十一示位于孟考克山麓之城址(西楼址),及山上辽太祖陵所在地,并有多罗门式之石室。图九十二至九十五为阿噜科尔沁土城所在地。图九十六至一四五为辽代之庆州城(今日之白塔子)及城内之遗迹遗物。图一四六至一四九为鹿山,山岩上有鹿形之雕刻。图一五〇为鹿山山巅所残留之石屋。图一五一至一五六为鹿山以西所见之辽代坟墓残迹,及石人、石羊、石虎等遗物。图一五七至一六〇为千体佛碑诸拓片。图一六一至一六八为巴林长墙遗迹,该墙自外蒙古车臣汗部直至黑龙江省,本图所示仅长墙沿巴林蒙古之一部耳。

第三册计图八十四帧,所收者为巴林、蒙古、白塔子之北,辽代圣宗、兴宗、道宗三陵所在地之遗迹。图一六九示三陵之位置。图一七〇至二二七示东陵内外部及陵内残余之遗物。图二二八至二三三示中陵残迹,其构造及壁画多与东陵同。图二三四至二五〇为中陵前丘陵上所存之遗迹。图二三四及二三五为望仙殿遗址。二三六以下则为殿旁残留之遗物。

第四册共图八十四帧。图二五四至二六一续前册示辽道陵宗(即西陵)之远景。图二六四至二六八为道宗陵内之道宗皇帝汉文契丹文哀册及哀册篆盖。图二六九至二七二为宣懿皇后之汉文、契丹文哀册,并有汉文、契丹文对译各二页。图二六二至二六三为西陵内入门处所发现之木制人。图二七四至二七七为陵前发掘之三头盖骨。图二七八为山丘下残存之城址。图二八〇至二八一为辽圣宗皇帝之汉文哀册及篆盖。图二八三至二九一为仁德皇后(辽圣宗之皇妃)、钦哀皇后(辽圣宗之皇妃)、仁懿皇后(辽兴宗之皇妃)之汉文哀册及篆盖。图二九二至三〇一示东陵、中陵、西陵内外之陶器、瓦砖等遗物,尤为考古学上极珍贵之资料。图三〇二至三〇三为大辽相国贾公墓志铭图。图三〇四至三三七示辽之中京城状况。图三〇七至三一九为中京城内之大小砖塔。图三二二至三三七示中京城内外残留之石人、石狮子、石碑等。

夫今世之治辽史者,每苦史料之阙佚,于辽代文化无从窥其全豹,且于文字记载以外尤少当代实物为之佐证,兹编出,此种遗憾可以稍稍弥补矣。闻鸟居博士尚有研究部份未行问世,吾人甚愿其早日发表以飨士林也。

(《史学年报》1940年第3卷第2期)

评鸟居龙藏之《苗族调查报告》

江应梁

一、我的民族调查观

民族调查在今日是一种新兴的学问，综合历史学、社会学、人类学、民族学、考古学、地理学诸种科学混合应用而成的。而民族调查的贡献，也不是单纯的而是对以上诸种科学都可以发生功果的，因此，民族调查在今日已普遍地为中外学者所重视。中国是一个民族调查对象的宝库，尤其是西南边省各地，其境内拥有若干原始的半原始的古代民族的残遗，纵这种残遗里，可以给以历史学、社会学、人类学、民族学等科学上伟大的发现，是以西南民族四字，差不多可以成为研究上的一个新的科学名词，而对西南民族的调查与研究，也差不多成为了一种新的专门学问。

在我个人觉得调查一种未开化或半开化的民族，悉从此种调查中得到一个完美的报告，以供学术上的研究，则在调查的对象与调查的方法及观点上，便不得不先有一个精密的计划。关于调查对象，我认为大体上得包含着下列各项：

（一）种属的来源及过去的演变。
（二）现时人口及地理的分布。
（三）体质。
（四）习性。
（五）生活实相。
（六）宗教信仰。

（七）民俗。

（八）文化。

（九）语言。

（十）特殊事物。

关于调查的方法及观点，我认为当具备如是的条件：

（一）纯粹立在学术的客观的立场上，无加入丝毫主观的见解。

（二）尽量应用新的科学的方法。

（三）记录报告，唯求精确详实，虽行之较冗长，只要能达到精确详实之目的，亦无大害。

（四）多设法搜罗实物及拍摄照片。

我自己去实地作民族调查时，固然本着我个人此种见解去工作，而我对他人民族调查报告等类书籍，也根据我个人此种见解来评价，——虽然这未免觉得太主观或许更有些儿失之于粗略与幼稚。

现拟将日人鸟居龙藏所著《苗族调查报告》一书介绍于读者，而附带的加入个人主观的见解批评。原书出版于一九〇九年，东京北泽书局印行，定价日金八元，出版时间虽距今已觉甚远，但我国却于今年始由国立编译馆将之译作中文，由商务印书馆出版，售价国币二元八角。在国内说，尚是一本新书，此时付之来写介绍评论一类的文章，似乎也并不能算不合时。

二、全书组织

《苗族调查报告》为鸟居龙藏于一九〇二年至一九〇三年时旅行我国西南边区各省，对苗民作实际观察测验后的研究报告。书中研究之对象，仅限于贵州一省之苗民，而贵州一省之苗民中，亦仅以花苗、白苗、青苗、打铁苗、红苗、仲家作研究主体，全书计十章，其目如下：

第一章　旅行日记

第二章　研究苗族之文献

第三章　苗族之名称区别及地理分布与神话

第四章　苗族之体质

第五章　苗族之语言

第六章　苗族之土俗及土司

第七章　苗族之花纹

第八章　苗族之笙

第九章　铜鼓

第十章　结论

章末有附录三,并插图五十四幅。

就其全书组织上看,有着三个优点:

A. 于书首专辟一章,将中外学者对于苗民研究的书籍详为列出,并附加按语,此种编制,不仅使本书立论中有所征引时得到许多方便,且可使读者得到一个有价值的苗族参考书目之介绍。

B. 每章后附参考书目,以示全章中引用资料之来历,体系极为清白。

C. 体质测验一章,为全书重心,作者用极精确的科学方法,测验苗人身体各部之构造,充分地表现了人类学的理论应用,对民族调查所给以的收获极大。

但也有着几个缺点:

A. 缺乏历史演变的研究。调查报告一类的书,虽主要目的是在记载其观察所得的实象,但对任何一种事物,欲明了其现状,不能不推究历过去演变的情形,尤其是研究一种民族更不可少,鸟书对此似未曾注意到,虽在绪言及结论中引中国古籍关于苗人之记载多段,但却不能使读者对苗族过去实迹及由过去演变至今日之阶段,得一明确之认识。

B. 生活实象之叙述太简略。生活实象我个人认为民族调查中主要的部分,而鸟书对于此则仅以一章之二分之一的篇幅记载它,故读完全书,却不能得到苗人现实生活情况的一个映象。

C. 苗人文化之研究缺略。文化为调查一民族所不能不注意者,文化中主要的三项即语言、制度及文字,鸟书对苗人的语言调查记载极详,惟对苗人文字及制度则缺略。

D. 插片铜版,附于全文之后,另逐图加以说明,这在编排上也许较为清楚,但插图往之对正文中有相切关系者,倘能分其种类,附插于文中或每章之前，似对正文的叙述上省却许多烦难，同时读者亦可得到更大的方便。

下面拟分章略评其内容。

三、全书内容

（甲）第一章至第三章

第一章旅行日记，为考察报告应有之文字，第二章为研究苗族文献的介绍，为本书一大优点，已如上述。第三章把苗族之名称区别、地理分布、神话合为一道，有如一杂货店，而为我所最不能同意者，则为原书把贵州境内之苗人分作纯苗与非纯苗两派，而鸟氏则专以纯苗作研究对象，鸟氏所认为纯苗者有五种，为红苗、青苗、白苗、黑苗、花苗。此种分类，不知根据何种见解，西南诸省中之蛮夷民族，本即是一个支派统层下之民族，我辈为调查研究方便起见，不妨就原有习惯，把它分作罗之、苗人、猺人、黎人等。但住居一地方的苗人，在我觉得似乎不能再加以分剖，虽其各个部落村寨间，关于生活方式、习俗信仰、汉化程度之深浅，或有不同，但此种不同，正是以供我们作比较之研究，却不能根据此种不同而强分为纯与不纯的。

（乙）第四章

为全书重心，对苗人体质之考察，分两大部份：

A. 身体外表之观察——包含皮肤颜色、眼膜、头发、须髯、体毛、眉毛、发际之构形、颜形、眼形、鼻形、口及唇、耳形、齿、筋肉脂肪、姿势及体形、上肢屈曲之度、下肢变接之度、爪、第二指与第四指之比较、指之粗度、指纹、第一趾与第二趾之比较、足部等二十三项。

B. 身体测定——内分两类：

a. 头部及颜面测定——包含头之长度、头之宽度、最长宽头指示数、颜之高度、颜之宽度、颜面指示数、鼻长、鼻宽、鼻指示数内眥、外眥、内眥与外眥之差、口宽、耳之最长度等十四项。

b. 体部测定——包含身长、指极、身长指极之比例、耳高、颐高、肩高、肘高、中指高、上肢、上膊长、前膊长、脐高、臀围、上肢与下肢之比例、膝盖高、座高、胴长、胴长与身长之比例、胴长与肩宽之比例、肩宽、胸围、手长、手宽、足长、足宽、上膊围、腿围、腓肠部围、骨盘宽、骨盘高、骨盘外直径等三十一项。

从所测定之身体各部分类上看来,已可称得上精确详细四个字了,而每项测定,均以极精确之表解列出,故我说此一章为全书的重心,值得我辈取法。不过,鸟氏的测定,其中亦有着两个大缺点:

(1) 被测定的人数太小,全部仅四十人,其中如白苗、仲家,每种只二人,打铁苗六人,青苗七人,最多者为花苗亦仅二十三人。以这样少数人的体质测定,是否能够代表全部苗人的平均数,确是疑问。

(2) 女子体质未有测定。男女体质构造本不同,鸟氏所测定的四十人全为男子,女子仅有花苗十三人测得其身长一项,这在本书如是精细的体质测定一章中,不能不算是个大缺点。不过,要对苗民女子施行如男子样的测定,确实不是一件容易事,因在任何一种民族的风俗习惯中,决不轻易让一女子身体之各部给陌生的男子任意接触,即如我等往广东北江猺山调查猺人时,在山中与猺人万分亲近,交往得已无任何隔膜,但要去测定猺女的体质,仍然有着极大的困难,鸟氏以一异国人而深入苗族中,能精详地测定四十个苗男的体质,实已不易,对苗女体质之不能得到测定,确是不能苛求的事。

(丙) 第五章

此章可称为苗语辞汇,除章首章末抄录《防苗备览》中所记之红苗单语及《安顺府志》所载仲家与苗族单语比较外,中间将著者汇集之花苗、青苗、黑苗、白苗、打铁苗单语并简单语句,分类列出,附以英文字母译音,确甚详明。章末附言谓:

> 猓猡之有文字,世所共知,而苗族亦有之,《八纮译史》早有记载,而 Deveria 亦由是书而引用苗族之文字,载于 *Les Lolos et Miao-Tze* 中。……关于苗族,余在贵州及其他地方,均未睹其文字,故可不记。(据国立编译馆中译本录出)

这不能不说是全书中的一个缺憾。

(丁) 第六章

本章把苗民的土俗和土司制度混为一章,很觉得有些不伦类。

章中之土司部分,首将《后汉书》、《唐书》、《宋史》、《元史》中之《南蛮传》大段抄入,继把《贵州通志》所载贵阳等府州县之土司官目全部抄入,不加论证,不加结语。此种研究方式,在异国读者,也许认为极可贵之资料,但在国人方面,则觉得这种资料的寻取并不难,而所更需要的,是根据此种资料研究后给以一种论断。

土俗部分,包含服饰、食物、居住、农业、宗教、制度、娱乐、婚姻、文化程度、性格等十项。十项中,每项均为民族生活之主体,每项均为考察民族者所当特殊注意之事,严格说来,则每项均有单独列为一章来记述的必要。而鸟氏却将十项通括于半章中论完,每项均只用了百十字叙述之,如制度条谓:

> 昔日各苗族,均各有其独立之制度,今已服从于中国政府之治下,故在最近之将来,于文物典制,悉可同化于汉族。

宗教条谓:

> 余所访问之苗族,均已失去其固有之宗教,而多信佛教,且多少道教化。室内皆设观音像或关帝像等。

文化程度条谓:

> 古代苗族曾在长江畔建立三苗国,已有设立一种制度之程度(铜鼓亦已铸作使用)。决非极端未开化之野蛮民族,今虽不能见其昔日之状态,然其文化之程度则已至农业时代,而以农业为生活之基也。(均照录编译馆译文)

此真可说略之又略了。以民族调查中最重要之生活实相部分,而作如此之叙述,在我个人认为是全书最大的缺漏。

(戊)第七章至第九章

此三章可以说是苗族特殊事物的研究,著者将苗人之刺绣花纹、笙、铜鼓,提出作专章之研究,其见地确很高。三章中研究方式最完善者为铜鼓,研究方法最谨严者为笙,研究结论最精彩者为花纹。

对于铜鼓之研究分四步骤,首将中西人士对于苗人所用铜鼓之研究的结论语录出。进而根据中国史书上关于苗人铜鼓之记载,证明西南民族自古即有铸造铜鼓之俗。再便考知今日苗人中尚有用铜鼓之俗者,仅仲家苗一种,所用铜鼓,均非自铸而皆系从土中发掘得来,由此便研究及古代使用铜鼓的苗民之地理的分布,最后则研究铜鼓之(a)形状、(b)花纹、(c)化学成分、(d)音乐上之价值。全章确可称为结构最完善之民俗物研究方式。

笙的研究分三方面:一是从纵的方面研究苗人用笙之历史,二是纵横的方面研究用笙的民族的种类,三是对笙的本体的研究,分三点:

A. 解剖笙之全部构造。

B. 研究其所吹奏之曲谱。

C. 考察吹笙之时季与情趣。

对苗人用笙之横纵两方面之研究,虽所征引之典籍尚未见详尽,但此种研究方法之严密,深值得赞美。

花纹一章最使读者感到欣快者,便是附有多幅精致美丽的花纹图案,而全章之精彩处则在三点结论:

(1) 由花纹之研究,可鉴出应用此种花纹之民族的性格。

(2) 由花纹之研究,可见出一民族与他民族间的关系。

(3) 由花纹之研究,可推知应用此种花纹之民族的种族沿革及其血统。

(己) 第十章

本章为全书的总结论,亦即各章的分章结论。全章分八节:(1) 学者对苗族之意见,(2) 体质,(3) 言语,(4) 心理状态,(5) 土俗,(6) 文献史上之苗,(7) 文化程度,(8) 三苗南下。五至八节简略无可言者,一至四节可分别作一观察如下:

原书历引厥西学者对于苗人种属的意见,归纳言之,约有四派:

A. 认苗族为高加索种(Blanc ou Caucasique)。

B. 认苗族为西藏族(Tibetains)。

C. 认苗族为印度支那族(Indo-Chinois)。

D. 认苗族为 Thai 族。

苗族本为中华民族之一个个体,将中华民族强分为五族或六族,已属无聊,若更谓族非汉苗族或非蒙古利亚种而系别一民族,似更无意义,彼认苗族为亚利安(Aryan)族者,姑不问其所根据之理论能否成立,而我觉得其立论时恐免不了有种族主观之见。鸟氏对于诸人主张,虽未加以评论,但他却根据苗人体质构造,承认其为蒙古利亚种,而归之于安南民族系:

> 若单由苗族体质上之分类,固非 Caucasique,亦非 Tibetains,宁可归之于 Denibeer 氏所谓之 Populations,L'indo-chine 中,更勉强区分之,余意以为可列入 les Annamites 方面。

其立论的出发点,比较尚很客观,不过,苗族是否能列入安南民族系中,尚是一个问题,且此种分类法,在我便觉得根本不必要。

言语一节的结论很精彩,著者根据书中第五章所汇集之苗人单语,于此提出十个数字,列表与中国各地方言、西藏、暹罗、安南、尼泊尔等地同一意义单字的发音比较,其目的在借语言为证明其种族的地位,此种研究方法极精彩,其结论谓:

> 苗族语言,就其性质说,固明系 Mono-syllabique 但由单语说,则决非纯粹之语言,其中所含之成份,除印度支那诸族语外,其与中国、西藏语,亦似大有渊源,且与中印度之 Ho、Kol、Santali、Bhumji、Mundala 等语亦相类。

我却于其比较的研究中,寻得一个论证,倘若要以语言来证明苗民的种属,那我一向主张的苗人与汉民族系同一个个体的民族却可得到实证,试看苗人的十个数字中,竟有七个与汉人的发音近似,如一读 Ye,二读 Ao,三读 Pe,四读 Plu,五读 Psch,六读 Tu,七读 Shian,八读 Iji,九读 Chia,十读 Ku;而百读 Pa,千读 Tsuo,万读 Wan,则更为纯粹的汉音了。

鸟氏根据花纹及笙之研究,结论苗人心理状态是阴郁而不活泼的,此结论虽较抽象,但却有一个极超越的见解:

> 人皆以为苗族在古代与汉族对抗,迄于近代仍时有冲突,因此使其性质遂习养成勇猛狞恶,但以余观之,苗人过去之性格与现时之性格实相同,此可由彼等心理状态中证明,或者更可说,当苗族在古代极盛时,其性格不仅不凶恶,且反偏近女性之阴柔方面,自来认苗族为一凶悍之民族者,乃系另一民族对彼之观察也。

我所接触过的几种西南民族，其性格都绝非如史书上所记之凶悍不可近，我对于此种事相有着两个假说，一是因汉化渐深而改变其昔时凶悍之性，二是或者古代此种民族的性格也并不凶悍，而是由于古人主观的见解及错误的观察所致，鸟居龙藏君的见解，却与我后一个假设相合，而更根据心理状态的研究来证明此种立论，这在我私人确感到一种无限的欣快。

四、关于中译本的意见

在对鸟书的介绍批评未作结论之前，拟先将我对中译本的一点小意见附写于此。编译馆诸君，能以"余力"来从事翻译这类的书，确系独具只眼而有着远大的见解，在国人欲深入边疆去实际做学术工作而诸多困难的今日，能借外人此类实际调查的书籍来闭门研究，也未始不是一个暂时解渴的办法。但凡外人调查研究我民族之书籍，对学术上的贡献，确不得不令人钦敬，惟对于种族上的见解，便往往于不知觉间夹入主观色彩。鸟居龙藏氏此书，虽尚能本极客观的态度写出，但历引欧美学者主张苗民非中国民族的调论而不加以评论，很易使读者得到一个坏印象，中国史书的谓"苗夷民族，非我族类，其心必异"的见解。今日我们正当指出其谬误而推翻之，若再读外人所主张之苗民族与汉民为对立的两个民族之论调而不加以判断，那真是前门逐虎，后门入狼了。我以为倘能在译本中附以一篇详明的序言，对此种地方提供一些意见，则对于读者认识上，当能得到很大的帮助。此外对于书中征引文献之错误及全书精彩之处，最好也能在序言中给指出。译本译序中亦曾说道：

> 原书征引中西图书，多有讹误脱落之处，其易查核者业已修正，然而待考之处，尚不少焉。

我本想把全书征引之文细读一遍，替作者作个义务校对，但苦于此文是限期交卷的，且在我个人也恐无此力量，所以这一点很希望译本再版时译者诸君能做到。

译本把原书的第一章旅行日记删去了，所以全书只得九章，这在我却大大的不以为然。表面看去旅行日记虽似无关大体,但我们要知道他考察的时地及考察进行中的详细情形,则非读旅行日记不可。何况旅行日记中,也许有散碎的资料为正文中所寻不到者。倘使我们读本书的目的仅求对苗民得到个大体知道,那随读本文一过当已可满足,倘要借此书作研究苗民的资料,甚或进而探索作者调查苗民的方法步骤,那旅行日记一章之重要性则并不亚于本文。不知译者诸君能采纳我这意见否?

五、结　　论

鸟居龙藏的《苗族调查报告》一书,就大体上说,尚不失为一本完善的民族调查书籍,虽其中缺漏的部分很多,但其可贵之处,则在显示一种科学的研究方法。虽该书的出版,距今已二十余年,在这二十余年中,人类学与民族学的进步是突飞猛进的,对于民族研究的许多更新的见解及更新的方法,作者均尚未能采用,然而在科学落后的中国,今日始由国立编译馆将之译出,也未始不能做研究西南民族者的一种重要参考典籍。

今日国人皆醉心于民族复兴之谈论,但对自己国内民族之认识,却又极端隔膜,西南民族为中华民族中之一大支派,过去国人对西南民族谬误的传统的恶见解固无论矣,即今日言民族统一民族平等者,能有几人,亲身到西南民族集团中作实地之调查研究?反之,外国却有花毕生精力,冒最大危险,往我国西南边境中,作实际考察。考察报告一类书籍,在国内出版界中,如凤毛麟角,在欧美以至日本学术界中,却有不少专门著述,这不仅为国人极大耻辱,且为民族前途极大的危机,鸟居龙藏氏曾说:

> 据余所知,中国出版关于苗族语言之典籍,仅《防苗备览》、《苗族记》、《黔苗蛮记》等而已,中国人研究苗族之程度,可想而知矣!

不仅语言一项如此,几十年来国人研究西南民族的书籍,究有几本?今日国人欲求知晓自己国内的民族,反不能不从外人著作中寻取资料,这无怪乎外人要长叹一声道:"中国人研究苗族之程度,可想而知矣!"此语出诸外人之口,我辈不惟不应发生恶意的愤怒,且应深深地觉着内愧。

(《现代史学》1937年第3卷第2期)

《东北亚洲搜访记》

沦

鸟居龙藏著，汤尔和译，民国十五年十一月商务出版，价洋一元。

东北亚洲是富有神秘意味的地带，但由它供给我们的材料，却是无尽藏的。本书叙作者在俄国内乱当时作考古学及人类学游历之情形，虽无任何可称之学术上价值，却颇有可读之处。作者在此游历时，有五目的：

（一）力所能及，务向种种地方，实地调查；

（二）拟精查各地方博物馆之采集品；

（三）拟访各地方之学者，叩其蕴蓄；

（四）涉猎各地之图书馆，力所能及，搜集资料；

（五）拟买收属于作者之专门书籍。

作者本此五目的，乃乘俄内乱无暇东顾之时，由日自海参崴登岸沿中东路，随地考查，直到伊尔库次克，又折回至尼布楚、斯特列田斯克，然后顺黑龙江至海兰泡，再溯阿穆尔河至庙街，乃返。他这一行，携巨资，到处有日军之保护，故搜集调查之材料至丰富。他是日本有名的人类学者，他的精神，我们不能不佩服。

我们由他的书中，知道了满州学术上的富藏。第一是满洲人种的复杂；第二是古物和遗迹的丰富。所以近世的满蒙，实在已成为考古学、人类学的资料的渊薮。因为在地质史上考察，满洲确是新生代以后惟一的大陆，所以她较之其他现存大陆，有更长的历史。况且她至今还滞留在未开辟的时候，所以古物也容易保存，这是就地质、古生上讲。

在考古学上讲，满洲更属重要，因为她是日本、中国和西伯利亚接触的惟一孔道，各民族间交通的痕迹，差不多一一都可在此寻着。而各族间文化的比较研究这里也是供给资料的地方。

譬如关于中国人种的来源问题,东西学者的争执,却因了满洲考古学的研究而解决了。我们知道中国的西北是高原、荒瘠、不毛,东南是海,那么人种怎能从那边来呢?然而从出土的古物上,和各方面的证据上看,则谓由东北来是很少有错误的,并且我们还可以得到证明,说满洲在某一时期中,是有亚热带的气候的。满洲的考古学的发现,贡献给我们许多有历史后的中日韩三国文化上的知识,这也是不容忽视的:譬如陶器的各时代或各民族的出产,表现各时代民族的文化,是值得注意。又如许多古坟,翁仲和石像的雕刻,壁画的样态,研究艺术的人,固不容忽视;研究民生史的人,也不许略过。

总之,这册书是有兴趣的游记,它告诉我们满洲学问上的富藏,而且这部游记有很完整的系统,让我们切实了解满洲学术上的地位。

在这本书里,作者着重在现在满洲人种的错综——这是东方民族问题的一个重要关键。多数优良的黄种人在这个地方,那的确一个力量,让东方解放和自由。

同样兴趣的:

Grabau:*Stratigraphy of china*,vol. II. Shirokogorott:*The Social Structure of Northern Tuagus*;《满洲考古学概说》(满蒙事情十六讲之一);鸟居龙藏多数论文。

(《新东方》1931年一周年纪念特刊)

《第一次满蒙学述调查研究团报告》

鼎

日本早稻田大学第一次满蒙学术调查研究团编，民国二十三年十月发行，非卖品。

"满蒙"二字的合称，是日本澈上澈下想把东三省、热河、内蒙古打成一片樱（阴）为己有的一个最毒辣的名词。这名词的起源，至少有二十年的历史了。东北四省失陷之后，日人似乎更"名正言顺"了。这"第一次满蒙学术调查研究团"是早稻田大学、东京、京城各帝大的教授所组织，《报告》是日英文合刊，现在出到第一编第五部，第一部为团长德永重康氏的总报告，其余皆为各组专门报告。本文草成后，适见最近《独立评论》第一三六期翁文灏先生《日本学者在中国东北的科学工作》一文，已略述其大概。编者以为此项报告书既非卖品，国内一般读者自难得到，这里仍不妨重新介绍一次。微末之意，一则在使国人明了他们的组织，知道他们的一切行动都是有机构的，在我国即使是学术界，无论大小事，总有内在的或外在的牵词，相形之下，真可痛心；二则想将他们的行动主要工作和调查的结果，略略述录于此，以供国人参考。

民国二十一年东三省伪组织成立后，日本陆军部政务次官子爵土岐章氏即发起调查"满洲国"自然科学之组织，民国二十二年五月，遂成立所谓"第一次满蒙学术调查研究团"，团长为早稻田大学教授德永重康，德永氏为日本研究地质学、古生物学之著名学者，得理学博士、工学博士之学位，该团分各部门，各以专家若干人担任，今分列于下：

地质学、古生物学　德永重康、清水三郎（上海自然科学主任研究员）、松泽勋（东京帝大教授）。

地质学、岩石学、矿床学　伊原敬之助、佐藤舍三(上海自然科学研究员)、小南不二男(早稻田)。

地理学　多田文男(东京帝大)。

植物学　中井猛之进(东京帝大)、本田正次(东京帝大)、北川政夫。

动物学　森为三(京城帝大)、岸田久吉(农林省)。

人类学　八幡一郎。

此外有助手三人,庶务会计二人,警备队员二人,一等兵三十名,通译七名(内华人三人),膳食管理人一名,行李管理人一名,非团员日人三名,共六十二人。

旅行中一切费用及调查后研究报告之出版等事,概由日本外务省文化事业部(此为日本不退还我国庚子赔款而举办之一特种机关)、日本学术振兴会、南满铁道会社、原田积善会、朝日新闻社合力资助。团中有关东军及朝日新闻社之无线电飞机等帮助联络及考查之用,团员一律着制服。其他用具除仪器外,大多由陆军部供给,食粮亦由热河日军各兵站输送。所带器物计有:

携带物品　旅行床、蚊帐、折叠桌椅、帐幕、沐浴具、风雨灯、汽油灯、镁丝、军用炊具、滤水器、携带燃料用灶、军用行李、军用木箱、防蚊面罩、防蚊手套、饭盒、水桶、面巾等。

旅行食品　试制携带口粮、粉酱、粉甘酒、粉苏打、圆形燃料、罐头、干野菜、热食品、海草类、果子类、鲣干、白糖、麦片等。

共通用品　双眼镜、照相机、活动照相机、软片、风镜、面具、洗面器、药罐、军用铁鹤嘴、钳子、锉、锯、锥、开罐器、电筒、防虫剂、灯火燃料、用纸、文房具、地图类、药品、医具。

植物学组用品　解剖显微镜、植物解剖器、解剖刀、测高器、寒暑表、卷尺、篮、掘根器、锯(折叠式)、锹、铗、铊、腊叶吸取纸、油纸、种子袋。

动物学组用品　枪(三种)、陷阱(三种)、采鱼瓶、投网钓具、虫网、水虫网、鸟笼、解剖盆等。

人类学组用品　穿孔器(Borer sticks)铁具、碾药刀(Spatulas)、篮、测量器、计温表等。

地质学及地理学组用品　磁石板、斜面测量器、各种测量器、各种矿石袋、锤、沙金熔炉、化石采集用凿石膏及其他药品、野外备忘录等。

此外尚有某公司捐用之汽车四辆。一行于民国二十二年七月二十三日由东京出发，八月五日又由北票出发，开始调查工作。各组路线略有不同，大概皆在北票、朝阳、凌源、承德、兴隆、赤峰一带踏查，十月十二日始遄返日本。彼等此行调查结果，各组皆有专门报告。今撮要述之如下，以供国人参考。

一　地　质　学　组

热河主要之岩石，分水成岩与火成岩，其中最古之岩石属于黄姑屯层群，其生成时代为前震旦纪，以片麻岩、花岗岩为多，间夹以结晶片岩。片麻岩中含有多数之金矿脉，在承德之北一带，霞石（Gabbroic）岩中含有大块之鳍苗（Titanium）。

与黄姑屯层群错综相接者，其上有凤凰山层群，岩石以石灰岩及硅岩为主。其生成时代属于震旦纪，经过长时期之后，乃错综连接，遂成侏罗纪之北票火山层群。北票与热河含煤层群，又与北票火山岩群相错综，此层群之时代属于侏罗白垩纪，岩石分砂岩、页岩、砾岩等，各处皆含有炭量，热河省中重要之煤矿，即采掘此时纪者也。植物化石各处均有发见，以 Estheria 化石居多。

以上错综接连而有属于下部白垩纪之朝阳含化石层。岩石由砂岩、页岩、砾岩、凝灰岩等而成。此层中含有甚多 Lycoptera（鱼化石），Ephemeropsls（昆虫类幼虫化石）及 Estheria 化石甚多。

与此层群错综间，又有马圈子火山岩层群，属于白垩纪，造成此层群之岩石，为安山岩、集块岩、粗面岩、及凝灰岩等之火成岩，其大喷出之迹，发见于热河各处，与错综之承德砾岩层群，同属于白垩纪。

在围场附近，有玄武岩之大岩床极为广大，其与承德砾岩层群之接触部分，未能实际调查，若照从前调查者之定说，属于第三纪中之中新世，其理由因玄武岩流与玄武岩流之间地层中，在围场与林西间发见有显花植物化石，但德永氏等此次未采得此种化石层，故仍依从前之定说。

热河之大部分及华北各处分布之黄土层，据德永氏等此次调查，到处皆见其存在。中国黄土生成时期,照巴博氏(Barbour)及其他学者之说,以为乃中部地下层(Middle Pleistocene)之堆积。德永等在赤峰之北约距六十基罗迈当之朝阳沟,由黄土层中之下部采得羊象之遗骨,此遗骨中发见有被古人类伤创之痕迹,实为可注意之事项。

以上为该组调查所得之大要,其次彼等将所调查之地分为四区域。一、北票、朝阳、凌源一带。二、承德为中心之承德、隆化一带。三、隆化及围场一带。四、赤峰附近。彼等并视察各区岩层发达之种类及其时代,其报告甚详,今从略。

二 地理学组

热河省有三大河流,一滦河,起源蒙古高原南方之多伦诺尔,入热河,经丰宁、滦平而注于渤海。热河西南部为此河之流域,承德之繁荣,盖有赖于此河之支流也。二大凌河,由凌河南方山地流出,经热河之东北部至锦县,北注于渤海湾。经流之地,有凌源、朝阳、北票诸城。三老哈河及西喇木伦河,经热河之北至东头合流而成辽河,由营口注于渤海。因此三大河流域,热河遂可分为西南部、东南部、北部三大地理区域。此三区域,为造成热河若干各不相同之自然现象,可分为地形的、气候的、动植物的三种。其人民亦因此三大流域,而有多少差别。耕作法、聚落状态及房屋之构造,亦各带有不同之格调。今先述该团对于地形之调查报告,以次及其余二种。

在大凌河流域内,一千公尺以上之山地甚少,普通多系五百公尺左右之丘陵,由东北而西南,经几多断层之地,故多峭峰陵谷。其次滦河流域超过一千公尺之山地,虽占面积甚广,但与大凌河流域不同,多属不连续的孤立山峰及山块,由东北走,至西南断层,又有由东南走,至西北之断层,因此二断层列,境内山地多被其隔离。

再次,老哈河流域,虽有上述两系统之断层,惟陡度甚少,皆状如高地平原。西部为一千公尺内外之高地,至东方渐低,约五百公尺。

老哈河流域黄土层之堆积在五十公尺以上,大凌河流域之黄土层不过十公尺,滦河流域被黄土层遮盖之处甚少,南部兴隆县几全不见黄土,老哈河流域北部之沙丘被黄土遮盖,其他二大河流不见有沙丘。

热河之气候南北大不相同,南部之山岳地带超过六百公厘,气候稍温和;北部老哈河流域雨量三百公厘,气候之变化颇大。

据彼等之调查,热河住民亦应自然情形,分为三个地带。热河最初为蒙古人之游牧地,及蒙古人势力衰退,汉人始移住,至清时益盛。

热河之西南部即滦河流域,为汉族移住民之势力范围,其文化比其他地方稍高,东南部大凌河流域,由东三省移住者极多。上述二大河流域地方住居之蒙古人,衣食住及风俗习惯全然华化,蒙古固有而今仅存者,惟彼等所用之蒙古语及喇嘛教耳。

其次,北方老哈河流域,因位在北方,蒙古人尚有残存,今日仍为蒙古人之势力范围。彼等生活于半农半牧之状态,其风俗习惯仍存蒙古固有之模样。

耕作亦可分为华北系统、东北系统、蒙古系统三种。一为热河之西南,所谓滦河区域,在昔森林蓊郁,因汉人移住,盛加斩伐,绝不注意植林,故除土地外,其他已成童山。然伐采之迹,已加开垦,其耕作法如山西省、河北省所用之休闲农法即隔若干年之后,始种植是也。

大凌河区域即东南区域,昔时亦为森林,因乱伐之结果,已成耕作地。此区域之耕作法为轮流耕法,即每隔年始行耕种是也。北部老哈河流域,其农作法尤为原始的,选草原中稍为肥沃之地,施以极简单之耕作法,数年后其地质渐衰,又移住他处,另求新耕地。一方利用此草原,以牧畜为主,其他牛羊犬马等,亦大为饲畜,以充食料,或用其毛皮,然其牧畜法亦极幼稚。

热河村庄与市镇,其区别判然不同,其构造亦全然有别。市镇之周围,皆有壁垒以围绕之。

东南部为所谓大凌河流域,村庄星罗棋布,房屋栉比,所谓集村,周围多筑土堡,备有枪眼。西南部滦河流域虽属山地,以其接近河北省,村落甚多,但以山地之故,无大聚落。

房屋之构造,大凌河区域有所谓三间房子式的房屋,其屋根榫弧形。滦河流域之三间房子,有石筑涂以白垩者,屋根则非弧形而为斜平式。屋之四周,围以土墙者甚少。村落多聚集一隅,与河北省、山西省相同。

老哈河区域之村庄,其分布情形在前二者之间,不疏不密,以前皆为游牧式之蒙古包,其后则为固定式之蒙古包,外有泥墙,后渐变为汉式之房屋矣。

三 植物学组

热河省之森林,因汉人移住乱伐树木,已归荒凉。今承德北面围场之大森林,殆在乱伐状态中,天然林之残存者,仅南部兴隆县内之雾灵山(又名五龙山)、昌瑞山,滦平县之人头山,全宁县之松树山等处耳。故热河多童山濯濯,惟村落之周围见有人工所植之榆柳而已。

热河自生之植物,计有显花植物、隐花植物约有八百五十种,其中有新种二百余。在植物学上热河可分二大地域:一北部凌河流域,可假称为北带;一南部大凌河流域,可假称为南带。北带者为纯蒙古植物,而加以外蒙之植物分子,南带者纯华北植物,含有东三省南部及朝鲜植物分子。

自生之木本植物,已采集一百四十余种,其中与华北共通者约百分之七十六,与山东共通者约百分之三十,与蒙古共通者约三十种,与东三省南部共通者约五十六种,与朝鲜共通者约五十七种,与日本列岛共通者约二十二种。盖可以断定热河省之植物,大部份皆属于华北系,松柏类更全是华北系。又北带仅有草木二百余种,南带则有七百余种,乔木则南北两带共通者仅十三种。南带有而北带无者四十余种,北带有而南带无者仅一种而已。其栽培植物中之稍贱者如罂粟、甘草及麻黄等,自生于山野,到处皆是。

四 动物学组

热河之自然界已被汉人破坏,山无木,水已涸,干燥地带甚多,故动物殊少。该组所采集之动物,总计达五百余种,其中脊椎动物约一百三十种,内分哺乳类十三种,鸟类七十种,爬虫类十一种,两栖类十一种,鱼类三十二种。非脊椎动物约三百七十种,内昆虫类占大部分,约三百种,其他蜘蛛类四十种,多足类九种,甲壳类七种,软体动物十五种。

热河因干燥地带如此其多,故栖于森林之动物,栖于阴地之动物,栖于水边之动物,其种类均甚少。在比较的干燥地能生存之动物,仅查得有六种,可知其少矣。鱼类亦不多,淡水鱼仅三十二种,热河境内诸河一旦降雨,水量即骤增,浊水急流,因此热河之鱼类多为纺锤形,普通栖息于川底砂泥中。

该组考察此次所采集动物之分布状态,以为热河有大部分原为极大面积之森林所遮蔽,因栖息森林之同种类或相近之动物,处处均有残存之迹故也。如野兔、狼、狐狸、小纹蛇等,热河各处均有之,且其量甚多。

热河动物之分布,分南北两大区域,二者之分界,在建平与赤峰相连稍南一带。北部可假称为蒙古地带即沙漠动物栖息地带,有哺乳类如蒙古野兔等,鸟类如野雁等,爬虫类如蛇等,南部可假称为华北地带即森林栖动物之残存地带,其动物种类,同于华北各种之外,尚有东三省南部及朝鲜所产。哺乳类有针鼠鹿等,鸟类有山啄鸟等,爬虫类有大陆山蛇等。

关于此等动物,若再细为调查,其所谓北方地带即蒙古地带之动物,与内外蒙古之动物同种或近似者居多,寒带栖动物亦有少数。所谓南方地带即华北地带之动物,与东三省南部之动物同种或近似者居多,近热带性动物亦有若干种。

如上所述,热河山野自生之树林甚少,且干燥地居多,因此于牧畜为适宜之地。故饲养家畜甚多,热河境内羊及山羊有二百万头,马有八十万头,牛有百十万头,豚有百万头。惟其地北部与南部仍有多少不同之处,北部沙漠地方绵羊多而山羊少,马牛多属蒙古种,犬亦为狞猛之蒙古种,南部山羊多,骡马多,牛为山东种,犬为河北种。因人民智识缺乏,虽饲养家畜甚多,而不知改良饲养法,故其毛皮殊鲜良质。

五　人　类　学　组

热河在旧石器时代有人类居住之迹,因此次在赤峰之北朝阳沟方面发现兽骨，上有人为的斫痕，极为清晰，可为确证。与德永等在哈尔滨发现之旧石器时代遗物相对照，又可证明赤峰有更新世时代之人类居住，此在黄土层堆积稍后之时期，自此以后，一时似不见有人类之迹，但关于此点，今后尚有待研究也。

德永调查队颇注意新石器时代之遗迹，其遗物到处皆是。此时代之文化，可分两系统，分布于南北两地域。南带属于华北及东三省南部系统，广布于滦河、大凌河流域，以磨制石器为主，素烧土器带条纹者居多，又有型鬲土器之三脚壶等。

北带则属于蒙古东三省北部系统，分布于老哈河及西喇木伦河流域之间，多用磨制石器，其素烧土器，表面纹样甚多，此处最有兴味者，所谓蒙古系统文化，散布及于北平，发现与欧洲"中石器时代"之文化有共通之点。新石器时代之终期，青铜器自然次第混入新石器中。在热河调查青铜器系统，其分布可分为二，一中国系统，北至大凌河流域，二西伯利亚系统，南至滦河流域。

在青铜器出现时期，新石器时代之初，热河之地理的文化区分，不甚明了。在中国所认为青铜器时代，即指三千年前后之周汉时代，故热河在此时代当为青铜器时代，似无大误。此种青铜器遗物，在热河各处皆有发现，就中在北票附近采集者可称秦铜器，其分布上饶感兴趣。

与中国青铜器相前后，在西伯利亚东部欧洲及中央亚细亚方面所称为斯西亚(Scythian)文化之青铜器文化，已传播于西伯利亚，更传至热河，其遗物已有所采集。

青铜器之后为铁器时代，石器之制作，尚有残存，据德永等在热河寻查遗迹之结果，铁器、青铜器、石器相混合杂发见者不少。

在中国铁器之使用，以汉代为最广，热河、东三省、朝鲜及日本均大受其影响，而在热河各地发现当时或其后之铁器皆甚多。

（《图书季刊》1934 年第 1 卷第 4 期）

《内蒙古、长城地带》

青 木

江上波夫、水野清一著,东亚考古学会发行,定价十元。

本书为日本昭和五年江上与水野二氏前以东亚考古学会之资助留学北平时,数次旅行蒙古及北方边地之报告。本书所谓长城地带,盖指蒙古高原之南,黄河中原之北,中间为万里长城连绵一带之小平原(table land)地域。全书共三篇:

第一篇　内蒙古细石器文化

第二篇　绥远青铜器

第三篇　华北绳席文陶器遗迹

此三篇虽皆为独立报告,但自地域上言之,自可互相关联,即第一篇蒙古高原之新石器文化之后,继之而兴起者即第二篇所谓绥远青铜器文化,皆同为东亚北方民族之遗迹。与此相拮抗者,则为继黄河中原新石器文化(磨石器文化)而兴起之黄河中原金属器文化,向长城地带伸展,此为本书第三篇所论。至于全书之中心论旨,为中国北部新石器及青铜器文化与黄河中原文化在长城地带之接触情状也。

兹介绍其内容如下:

第一篇内蒙古细石器文化——内蒙古锡林郭尔新石器时代遗迹。按蒙古石器时代之研究,自一九〇〇年以后始渐活动。如天津北疆博物院之德日进(Teilhard de chardin),美国安特生探险队(The Central Asiatic Expedition of the American Museum of Natural History)之格兰吉尔(W. Granger)等,及以后该探险队之萧尔孙(N. C. Nelson)等,以至数年前斯文赫定所率领之西北科学考察团等,皆曾先后入蒙古调查。江上、水野二氏之调查,盖踵其后者也(一九〇六年鸟居龙藏氏亦曾往调查,惟在东蒙巴林、翁牛特一带)。本篇内容:首序言,一、潢江,二、贝子庙盆地,三、契坦,斯姆附近,四、东苏尼特附近,末为结语。据此调查所得之结果,略而言之,蒙古细石器文化,曾弘布于旧大陆,其细石器的技术之特征,乃新石器文化圈而向东之延长,遂为细石器文化总连环中最东之一环。由此而东及南,离兴安岭阴山山脉,遇不见细石器的技法之出现。此细石器中之石皿,石棒之文化系统,盖由中亚向西南亚细亚、北阿非利加、中欧蔓延。栉式陶器之文化系统,则有由西伯利亚而向北欧之痕迹。故蒙古细石器,文化与西方、北方之渊源颇深,惟仍具蒙古独特之格调,其对南方又尝与黄河流域之文化(磨石器)接触。此细石器文化(即发源于沙漠草原地带之狩猎游牧民族之文化)与磨石文化(即发源于黄河中原之农业文化)之分野地带,即沿长城北边之地——热河、东三省东部、朝鲜北部。此文化的中心地带之遗迹,不仅为新石器时代,青铜器时代之物亦甚显著,故蒙古、中华两种文化之接触融合,今日犹可见之。次论蒙古高原新石器时代之年代,此层可据蒙古高原所发现之鬲形陶器及绳席文黝色陶器(此皆为先秦中华文化之特征)观之,当可溯于公元前二千年之时代。最后谓当时蒙古住民之生活,当为狩猎与牧畜之游牧民,幕天席地而生,以食兽肉为主,少食谷物,衣着大约皮毛,布类即有之,亦必为输入品。

第二篇绥远青铜器。"欧亚"(Eurasia)大陆之沙漠草原地带,其游牧民族之石器文化,固与定居民族特异,前篇已论,故其青铜器文化之构成与发达,极为特殊,此即一般所谓斯西亚西伯利亚(Scythian-Siberian)文化,或北部"欧亚"文化之青铜器文化。此种文化之中心地带在南俄黑海北岸及西伯利亚叶尼塞河上流之地。最近始知绥远及蒙古南部沿长城之地,皆有此种文化分布之迹,故又称此为"斯西亚蒙古文化"或"中央亚细亚的文化",与长城一带之青铜器文化,皆有可注意之特性,因此又定名为"绥远青铜器"。此绥远青铜器即所以证明跨欧洲两大陆之所谓"斯西亚西伯利亚"文化关联之存在,而与西伯利亚之米索波特米亚文化、东俄之珂那尼诺文化、南俄之西斯亚文化等对立,成为所谓"绥远文化"。此绥远青铜器分布于长城地带之南,而与古来黄河及渭水流域之青铜器文化特异。黄河青铜器文化与绥远青铜器虽有密切关系,但其间确有不同之点,即居住农之汉民族与北方游牧民族之差异也。此差异与其互相之影响,在遗物上可以证明之。以上为本篇之研究大旨。全篇分十七章,一铜斧、铜凿类,二铜剑类,三青铜、刀子类,四铜镞、铁镞及弩机,五棍棒头类,六甲胄、小札类,七竿头铎铃,八马辔类,九革具类,十扣钩,十一饰金具,十二垂饰、兽形品,十三饰针纺锤车,十四古钱、铜环、杂品,十五印章类,十六镜鉴,十七铜容器类等。各项遗物皆各附说明。据本篇研究之结果,以上诸种青铜器中,大体可分三大集群。一铜斧、铜凿、铜刀等之青铜利器,与黄河中原之秦式,汉式有密切之关系,当与此期同时。二扣钩之属,当与六朝、隋、唐同时(当时青铜利器似已废绝)。三革具扣钩,垂饰之一部,印章、铜鞭、镜鉴之一部,铜容器之一部,此群种类虽多,然无青铜利器,当为辽、金、元时代之物。由此三群遗物观之,则第一青铜时代之使用者,当为匈奴,第二铁器时代之使用者,当为突厥等北方民族,第三当为契丹、西夏、女真、蒙古等民族所使用。本篇末附录有《北支那青铜利器集成表》《北支那青铜利器分析表》。

　　第三篇支那北边绳席文陶器遗迹。此篇为江上、水野诸人旅行张家口、绥远、包头、五原一带,所采集黄河系统绳席文陶器之报告。此一带地域,盖沿平绥路长城附近阴山山脉南之高原地带,在石器时代为黄河中原之农耕文化与蒙古高原之游牧文化之混淆地带;在青铜器时代,为北方"欧亚"文化与黄河中原文化之秦式文化之交错地。绥远青铜器即分布于此,足以反映当地北方游牧民之活动,而此黄河系统之绳席文陶器之出现,盖为汉民族城郭生活之遗迹,足以占汉民族向此方面进展之情形,故秦汉式尤其是汉式青铜器不能不受绥远青铜器之影响。此为本篇之主要论旨。

　　本篇大体以遗迹之所在地分为章目,一、北平西便门外古庙村,二、怀来火烧营故城址,三、怀来故城庙,四、宣化下花园,五、宣化王家房子,六、宣化四方台,七、张家口南菜园,八、张家口高家屯,九、绥远青冢,一〇、包头西便门外,一一、五原哈儿撒故城址等处出土遗物之详细报告,最后为结论。

(《图书季刊》1935年第2卷第3期)

《支那文化史迹》介评

梁绳祎

常盘大定、关野贞两博士合著，全十二辑，定价二百十六元，民国二十八年四月至二十九年二月东京法藏馆刊行。

本书收集关于中国文化史之遗迹遗物，以摄影及拓片为中心。其取材范围之广，考订鉴别之精，印刷之美，洵为空前杰制，为治中国文化史者所不可不读。兹略述其编著经过及内容如下：

一　著者及成书经过

本书为日本文学博士常盘大定与工学博士关野贞两氏合著。常盘大定字榴邱，专攻中国宗教史，尤邃于佛教研究。自明治四十一年（一九〇八）七月任东京帝大讲师，至昭和六年（一九三一）三月还历退休，前后任讲师教授二十四年，现年近古稀，犹孜孜于研究事业，任东方文化研究院研究员等职。其著作目录凡百数十种（详见《常盘博士还历纪念佛教论丛》昭和八年东京弘文堂版），复刊近年论文为《支那佛教研究》（昭和十三年春秋社版）一书。关野氏生于庆应三年（一八六七），本越后高田藩士族，毕业于东京帝大工科造家系，后为奈良县技师，从事古社寺之保存修理，潜心于建筑史研究。明治三十四年为东大工科副教授，三十五年及三十九年奉派至朝鲜、中国考察。归国后著《韩国建筑调查报告》、《后汉之石庙及其画像石》二文，刊行《平城京及大内考》。四十三年受朝鲜总督府之嘱，调查朝鲜庙宇古迹，刊《古迹图谱》。大正六年法国赠以博士学位。次年游学中国、印度、英、法、意各国，研究建筑史。大正十四年至昭和七年与常盘氏共刊《支那佛教史迹》全六册

(东京佛教史迹研究会版),收罗丰富,为世界治远东佛教美术史者所注意。其《朝鲜美术史》亦于是时刊行。昭和九年复与竹岛卓一氏共著《热河》四巨册(东方文化学院东京研究所版),并《辽金时代建筑及佛像》一书。次年(民国二十四年)七月逝世,寿六十九。

两氏自明治三十九年(一九〇六)以来,前后八次,历访全华,忍艰苦、越险阻,考察文化史上重要遗迹遗物,探伽蓝之废址,寻荒草之断碣,研究记录,摄影拓写,所积资料极夥。嗣乃选其精粹,辑为图版一千三百数十页,附以解说,分别释其地理、年代、沿革、结构,阐明其历史艺术地位,为严正生动之学术论述,勒为本书。盖集两人毕生之力以成,而关野氏不及见其刊行,名山盛业,非风景照片之集成也。

二　形　式　与　内　容

分图版解说两部,图版部全十二帙,宽市尺九寸,长市尺一尺一寸,每帙约百十叶,高级珂罗版印刷。解说部全十二册,每册约百页,具各辑内容如下:

第一辑　山西(云冈石窟、大同上华严寺、下华严寺、普恩寺、五台山大塔院寺、大显通寺、真容寺、灵境寺、大佛光寺、石壁山玄中寺、万卦山天宁寺、太原永祚寺、龙山石窟、其他。)

河北(居庸关、明陵、其他。)

云冈石窟成于北魏废佛后,与继此而兴之河南龙门石窟,均表现中国佛教文化最上之资料。五台山为文殊之净土,远引印度景慕,自显通寺、大塔院寺、真容寺以下,全山以文殊为本尊。石壁山玄中寺为念佛祖师昙鸾大师之遗址。龙山以宋披云为中心而开窟,乃中国唯一之道教石窟。居庸关以元初之喇嘛教雕刻著。明十三陵之规模,使游者惊叹不止,可想见明代伟业。

第二辑　山东(曲阜孔庙同诸碑、至圣林、颜庙、周公庙、济宁文庙诸碑、历城黄石崖、龙洞、玉函山、佛峪千佛山、开元寺、泰山诸庙、经石峪、泰安岱庙同诸碑、山东画像石、其他。)

曲阜为支配全华人心,先师孔子之遗址,并有周公庙、颜子庙。邹县之亚圣孟子墓、孟母三迁址,均使参谒者倾心。以文庙著名之济宁,有使汉学者惊奇不置之汉碑。泰山为中国五岳第一,南麓有岱庙,泰顶有玉皇庙,乃全华所祠东岳庙之本山。黄石崖规模虽小,而有北魏时代石窟,龙洞有隋代石窟,与玉函山、佛寺、千佛山、开元寺,均表明时代文化之趋势者。

第三辑　河北(正定临济寺、龙兴寺、南响堂山石窟、其他。)

河南(宝山灵泉寺同石窟、郑州开元寺塔、北响堂山石窟、洛阳白马寺塔、存古阁、巩县石窟寺、宋太宗陵、偃师文庙、其他。)

正定有临济禅师灵塔,乃以四喝三十棒鸣于天下者,并有开元寺塔、华塔、天宁寺塔及大佛寺。响堂山南北凡二,均为代表北齐时代佛教文化之石窟。北响堂山有壁刻经,为石刻一代经之嚆矢。宝山灵泉寺乃隋灵裕于北周废佛后,抒痛愤之石窟。郑州有开元寺之大砖塔。洛阳有白马寺、存古阁、孔子入周问礼碑。偃师有文庙、升仙太子碑。巩县有次于云冈、龙门之北魏、西魏石窟,附近有宋太宗陵。

第四辑　浙江(杭州径山寺、灵隐寺、净慈寺、三天竺寺、云栖寺、烟霞洞、石屋洞、飞来峰石窟、六和塔、雷峰塔、保俶塔。宁波延庆寺、阿育王寺、天童寺。上海龙华寺、白云观、天台山国清寺、真觉寺、善兴寺、高明寺、万年寺、台州紫阳道院、其他。)

杭州有著名之六和塔、雷峰塔、保俶塔,可见吴越王钱氏保护佛教之遗迹。复有孤山、梵天、慈云之遗址,径山、灵隐、净慈之名刹。烟霞、石屋二洞,系宋代开窟,飞来峰乃元代造显,均代表宋元时代之石窟艺术。宁波有舍利崇拜史上著名内外之阿育王寺,有如净之故址天童寺。上海有龙华寺塔、白云观。天台山有天台大师之真身寺,上有华顶峰头之大师降魔塔,下有以寒山、拾得传说驰名之国清寺。

第五辑　河南(开封相国寺塔、龙亭、归德文雅台、鹿邑太清宫。)

湖北(当阳玉泉寺、汉阳归元寺、武昌宝通寺塔、黄鹤楼、黄梅四祖山、五祖山。)

江西(庐山东林寺、西林寺、简寂观、白鹿洞书院。)

江苏(江宁摄山栖霞寺、幽栖寺、南京清凉寺、文庙、贡院、句容茅山华阳洞、镇江金山寺、扬州天宁寺、平山堂、苏州云岩寺、白云寺。)

开封之繁塔、铁塔、归德之文雅台、鹿邑之太清宫、荆州天台大师之故地玉泉寺、达摩禅宗之遗址度门寺、汉阳武昌之归元寺、黄鹤楼、宝通寺塔、黄梅之禅宗四祖、五祖遗址，均为名迹。庐山以中国佛教史上有伟大感化力之慧远祖师故址东林寺为首。此外有称为虎溪三笑中一人陆修静之故地简寂观，宋代朱子讲学地白鹿洞书院。摄山有独步江南之名舍利塔。牛首山有宋代之大砖塔。南京有高座寺、瓦宫寺、同泰寺、开善寺、文庙、贡院、梁墓。扬州有日本奈良朝文化恩人鉴真和尚之遗址。

第六辑　山西（天龙山石窟、太原晋祠、平远慈相寺、其他。）

河北（赵州柏林寺、顺德开元寺塔、通州砖塔、房山云居寺、石经洞、蓟县独乐寺、北京故宫、妙应寺塔、天宁寺塔、五塔寺、碧云寺、东西黄寺、雍和宫、大钟寺、白云观、东岳庙、九天宫、天坛、地坛、万寿山、其他。）

天龙山石窟乃由北齐至隋唐所为，齐时代之作，尤可注目。古唐村晋祠，有唐太宗御书碑。赵州为赵州和尚故地。房山小西天石室所保存之石经，自隋静琬法师发愿开雕，唐代续刻，中经废止，辽三宗时更加追刻，盖中国文化史上无比之大业。北京有太和殿、大成殿、天坛、地坛、万寿山、妙应寺之白塔、天宁寺之砖塔，及五塔寺、碧云寺、东西黄寺、雍和宫、白云观。

第七辑　山东（历城神通寺、千佛崖、九塔寺、大佛寺、灵岩寺、长清五峰山莲华洞、孝堂山祠、泰山徂徕山、兖州兴隆寺、肥城关庙、济南金石保存所、道院、吕仙阁、长春观、青州云门山石窟、驼山石窟、玄帝观、文昌宫、淄川普照寺、龙兴寺、其他。）

历城之神通寺、九塔寺、大佛寺、长清之灵岩寺均有名。五峰莲华洞有北齐时代石窟。孝堂山有汉代画像石，武梁祠与晋阳山，均著名于学术界。济南有金石保存所、吕仙阁、长春观及道院。驼山石窟称为隋代艺术之精华。云门山有道教全真教祖师马丹阳之刻像，及陈希夷之卧像。青州玄帝观有唐钟，文昌宫有北齐碑。淄川有古开元寺之六朝石佛，千余年后始公于世。

第八辑　广东（广州光孝寺、六榕寺、华林寺、文庙、五仙观、怀圣寺、韶州曹溪南华寺、乳源云门寺、潮州开元寺、韩文公祠。）

湖南（衡山南岳南台寺、南岳庙、岳麓书院、衡州文昌阁、石鼓书院、沩山密印寺、同庆寺、白云寺、长沙贾谊祠。）

云南（圆通寺、东西寺塔。）

广州光孝寺为禅宗六祖慧能大师之剃发所，其东、西两铁塔，可见南汉佛教文化。华林寺五百罗汉中，有马哥孛罗（Marco Polo）所传之善注尊者像。韶州曹溪有六祖大师遗址。乳源为僻县，其云门寺有云门宗（禅宗五宗之一）开祖文偃禅师之肉身像。潮州开元寺为华南名刹，城内及韩山有韩文公祠，内有苏东坡所撰昌黎伯庙碑。南岳有南岳庙。岳麓书院与衡州之石鼓书院名均知天下。沩山为沩仰宗开祖灵佑之故址。

第九辑　河南（龙门石窟、嵩山少林寺同诸碑、鼓楼、初祖庵、二祖庵、嵩岳寺、法王寺、会善寺、永泰寺、碑楼寺、嵩阳观、中岳庙同诸碑、石阙、崇福宫。）

龙门石窟与大同云冈石窟，均天下之至宝。如古阳洞、宾阳洞、莲花洞，尤价值无比。嵩山分少室太室，少室山有相传为北魏达摩故地之少林寺。寺内有达摩面壁九年之初祖庵。又有元代日本邵元所住之二祖庵。太室山阳有嵩岳寺，六朝之十五层砖塔峙立。此外有会善寺、法王寺、永泰寺、碑楼寺、中岳庙、嵩阳观、太室、少室、开母三石阙。

第十辑　陕西（华山西岳庙、西安慈恩寺、同诸碑、兴教寺、兴善寺、荐福寺、花塔寺、卧龙寺、碑林诸碑、香积寺、华严寺、崇圣寺、石佛寺、文庙、牛头寺、三原文庙、崇陵、乾州乾陵、泾阳昭陵、惠果寺石佛、醴泉石鼓、鄜县石窟。）

四川（广元千佛崖、剑州古重阳亭、峨眉山。）

西安古长安城址有慈恩寺之大雁塔，谓由玄奘三藏自负土石奠基。有名之西安碑林，有禅宗北宗大智禅师义福碑，净土教善导付法之弟子怀恽碑，华严宗之开祖杜顺碑，及大秦景教流行中国碑。文庙有虞世南、欧阳询诸碑。又泾阳昭陵有诸碑及六骏。乾州乾陵及三原崇陵有石人石马。鄜县石窟造像，形式手法特异，殊堪注目。广元有唐代之千佛崖，剑州古重阳亭有奇异之天部刻像。峨眉山为普贤净土，虽为中国四大名山之一，而遗物颇少。

第十一辑　浙江（普陀山潮音洞、普济寺、法雨寺、绍兴大善寺、禹庙、厦门南普陀寺。）

福建（福州乌石山白塔、闽王庙、文庙、九仙山石塔、东禅寺、开元寺、闽侯西禅寺、雪峰崇圣寺、枯木庵、鼓山白云廨院、涌泉寺、福清黄檗山万福寺、松隐堂。）

普陀山为观音之净土，中国第一佛法隆昌地，乃日本平安朝慧萼开基者，有慧萼初置观音像之潮音洞。福州白塔乃雪峰义存之护法闽越王王审知所创建，复有西禅寺、开元寺、文庙。雪峰崇圣寺为义存禅师之道场，位于僻远山间。鼓山涌泉寺神晏所开基，伽蓝堂皇，参诣者踵接，乃明末元贤、清初道霈住持遗址。黄檗山万福寺创建于唐代，由明末隐元禅师复兴。

第十二辑　满洲（承德行宫、布达庙、大红台、大佛寺、殊像寺、普宁寺、普乐寺、大名城大小塔、朝阳南北塔、辽阳大塔、北镇崇兴寺东西塔、义县石窟、奉国寺、嘉福寺、奉天故宫、皇寺、喇嘛塔、满洲博物馆、东陵、北陵、林东南塔、白塔子白塔、辽陵同壁画哀册文。）

内蒙（归化城五塔寺、大召堂、察哈尔、锡林、郭尔、乌兰札布等诸庙。）

承德有行宫、布达庙、大红台、大佛寺、殊像寺、普宁寺、普乐寺，如见清朝极盛时代。义县有奉国寺、嘉福寺、北魏石窟。宁城县有大名城大塔，朝阳有南北两塔，辽阳有千三层砖塔，北镇县崇兴寺有东西两塔。奉天有故宫、东陵、北陵、皇寺、喇嘛塔。林东辽上京址有南塔。白塔子之白塔，盖表示辽文化之最高峰者。辽三宗墓在瓦鲁漫哈，其人物山水壁画，极属罕见。三宗及皇后哀册盖及哀册，契丹文与汉文并存，尤史学界之瑰宝。

三　对于本书之感想

本书现仅刊出一部，吾人尚未能通观首尾，论列批评，自当有待。兹就其全部计划与说明观之，略述所感。此书有裨于治中国宗教史、美术史、建筑史者，自不待论。治中国通史与文化史者亦将由之得不少启示与便利。清末法人沙畹(E. Chavannes)漫游禹域，于一九〇六年（光绪三十二年)刊《华北考古图谱》,摄影精美,有裨卧游。治史者珍重其书,而叹国人少继起为之者。今本书成于邻邦名贤,范围之大,考订之详,视沙畹之书,均有过之,信可为亚人生色。中国文物,百年以来,在继续破坏改易中,如昭陵六骏,去国已二,云冈石窟,景象日非,西湖不见雷峰,历下已残趵突,即此存诸摄影拓片者,或已沦为陈迹,或且化为云烟。昔枣木翻刻,犹宝峄山秦篆,旧闻撷拾,借传洛阳伽蓝,则此写真绘色,惟妙惟肖者,其见重来日,常更甚于此时,可断言也。

百闻不如一见,充国倡之于汉,左图右史以学,杨谊行之于唐。本书作者之专门为中国佛教与建筑史,而勘查搜集,取材及于陕、鲁、晋、冀、豫、浙、苏、赣、鄂、湘、川、闽、粤、滇、满、蒙等地,所遗者甘、青、桂、皖、宁夏、西藏、贵州、新疆而已。豪情健足,为宗少文、徐霞客所不及。用力之勤,历时之久如此,则其鉴别精而论列允,非偶然矣。观乎此可知抱残守阙,理首文书之不足尽学事。

然本书内容亦非全无可议。所谓文化史迹者,应包括民族生活方式全部,惟本书实以宗教建筑为中心,而涉及佛教者尤多。虽限于作者研究范围,而顾名思义,似有不符。长城运河,未为专篇;甘肃安徽,竟从省略;塔影多而桥闸少,碑碣富而古器罕;江西未及龙虎山,浙江失收天一阁;故缁徒披览,或兴味津津,而学人史家读之,不免八笾同味之感。至于升仙太子之碑,入周问礼之碣,或语本小说,或事出附会,可供谈资,难云史迹。比类以求,将不胜收,拦入篇章,则千虑之一失也。又全书编制,于史迹地域、时代、种类,似少通盘计划,或一省而分入三辑,或一辑而涉及四省,为检查计,亦有未便。昔石田干之助氏为《东洋历史参考图谱》(昭和二至六年出版),与本书用意略近,日本学人便之,而撷拾亦苦未尽。理想之中国文化史迹,必积多数学者之力,以系统计划而成。本书无疑为一重要基石。情殷望蜀,迹类责贤,博雅君子,幸共图之!

著者案:国立男女师范学院图书馆、国立北京大学图书馆均已订购本书。

(《朔风(北京 1938)》1939 年)

《长安史迹考》

汤朝华

《长安史迹考》，日本足立喜六著，东洋文库论丛，杨炼译，中华民国24年9月出版，商务印书馆，240叶，2元4角。

《金陵古迹图考》，朱偰著，中华民国25年8月，309叶，商务印书馆，1元2角。

《金陵古迹名胜影集》，朱偰编，中华民国25年7月，96叶371帧，商务印书馆，2元5角。

  我读《长安史迹考》者凡三：原著方出，一读；译著又出，二读；《金陵古迹图考》读后，三读。三读而三兴奋！三读而感三不同。

  读《长安史迹考》的中国人，应该敬爱这部著作、这个著者。这是极可以代表日本学术界风气的一部著作：一个普普通通的高等师范学校毕业生，受中国人之请，来教长安，就此对于这个古都发生非常浓厚的历史兴趣，于是利用仅仅的余暇，脚踏实地，进行有计划的辛苦的调查和研究。不久，相遇本国的第一流学者，得到鼓励、指导、合作。四年以后，初稿完成，东归，但仍继续专心研究，前后二十年光景，书成，谨慎问世。——原书那波利贞序里这样说的。我还没有拜读本文，我感动了，我已经相信：这一段成书的经过就可以保证"成功"——我底信念果然并没有落空。要知道：长安不是奈良，一部了不得的"奈良史迹考"，即使成书的经过一模一样，结果也同等圆满，亦未必感动了我吧。长安是中国底古都，了不得的《长安史迹考》是出之于日本学者笔下！

  我绝不相信：足立喜六氏写作《长安史迹考》的始终曾经怀过半丝半毫的侵略野心。他只会有纯洁的崇高的求知精神。钱稻孙先生所说，"其实，日本的学术界总是走在政治界之前"（《东游归国一夕谈》，《书人月刊》第二卷第二号）的话是极对的，不过我想говор：日本的学术界不应引"走在政治界之前"为光荣，不是光荣，而简直是光荣的负极。像

《长安史迹考》那样美丽鲜艳的花朵,愿日本学术界长长开,多多开!

　　杨炼先生的译笔,可以说是完善。他用文言来译,对于这书也是很适当的。原笔的流畅、清丽、简洁、有力,他能全盘达出,这也不见得是易事(不过恕我无暇精细校对,不敢说没有小错微误)。但我最注意点还不在此也。我们底古都,人家又辛又苦用心用思,详细调查澈底研究,完了现成摆在我们前面,没有译本,说没有译本,有了译本,好书好译,欢迎的程度却亦能热烈至何等?据笔者所知,止于我离沪前一日(三月九日)初版尚未售通。也没有受着任何一位"标准人物"之宠,列入所谓"标准书"。也没见到任何一位史学者热烈公开介绍给国内读书界(所以才轮到我这不入流品的来说几句话。《书人》编者顾良先生登轮送我南归时:"到家,信尽可懒的写,《长安史迹考》可不能不写一篇书评。"我实在不敢辜负他一番好意。其实,这何尝是一篇书评?我有什么力量可评此书?这叫做"写到哪里是哪里",反正提醒提醒有这样一册好书就得)。在事实上,陇海车直达西安以来,游人不稀(途程的方便不输沪平,希望大家有机会尽先一游,游时万勿忘带这本也是极好的高等游览指南的,《长安史迹考》不写书评而宣传旅行,少有少有,正人君子当嗤笑也),而且,西安事变印象尚深。

　　至于朱偰先生所著《金陵古迹图考》,既是可以归入《长安史迹考》同类的书,我们应该一起谈谈。朱先生底书,材料非常丰富,但就写作的成功方面,不如《长安史迹考》。虽然,两书的意义是一样的重要,价值是一样的巨大,两位著者的勤劳辛苦是一样的值得敬重!《金陵古迹名胜影集》是《金陵古迹图考》的图册,提到"考"便不允许不及"图"。

　　一个京都总是某个国家在某个时代的缩影和索引。它底规模足以说明那个国家建立的基础的雄厚或衰薄,它底风光足以象征全国的文化的声色,它底生活足以反映国力的结构和组织——是的,它满口说是精华和灵魂。研究一个国家的历史,非要抓住那个国家历代的几个重要的京都不可——这是千真万确的。只就这一点来说:《长安史迹考》和《金陵古迹图考》已经是最重要、最有意义、最有价值的两部著作了。

　　新的中国文化尚待建设,将来的成就如何,全要看我们自身怎样努力,一切是在希望中、在理想中、在梦想中、在信念中;但唐的成就昂首中国文化史上,已是确切不可移的事实。所以,长安说是中国史上第一京都,也没有什么过不去的。建都长安的帝代不只是唐,更有秦、汉、隋,但有了唐都的长安,先三代的长安不得不流为附庸了。足立喜六氏底着眼点能完全偏重在唐都的长安,而不过遍及秦、汉、隋都的长安,是《长安史迹考》成为一部绝对成功的著作的根由。而朱偰先生的书,不能引人入胜,只达到使人觉得"可贵"而不十分"可爱"的地步,恐怕重心的欠缺便是大原因之一。朱先生或将说:"欠缺重心,更显得吾书的严肃的客观性,□□学术研究最需要的精神。"那笔者便想说:有水无山的风景是不足取的;至多不过"柳暗花明又一村",总难有"极顶峰遍观四方"的好胜境!

　　但应说明:以唐都的长安作为研究的中心的看法,在著者、在笔者出发的心境各异:足立喜六氏最主要的动机恐怕因为是:唐文化赐予日本民族的影响实在太深;而我却想到:唐文化在中国史上的地位实在太高——假定著者底血里没有日本味,这副忍劳耐苦的重担是决挑不起来的吧。因此我们在《长安史迹考》里,往往可以见到,异国相逢,倍觉亲爱的许多情景,如武则天后之宴吉备真备于麟德殿(叶146),圆仁法师之跨东渭桥(叶158),访大荐福寺(叶177),亲临"武难"而东还(叶180),弘法大师之留锡青龙石佛寺(叶182)……一若路途偶见两和服者千鞠万躬而起肃穆之心……笔者渴念东方两大邻族能有"真"亲善之一日,《长安史迹考》这样光彩的著作,当是"亲善村"里"了解路"旁一好绿荫树也。总之,无论对于中国史、日本史、中日交通史,发生兴趣的学人素士,都希望能尽先读《长安史迹考》!《长安史迹考》和《金陵古迹图考》共同的优点,岂但是集历代文献的大成,再加以一番系统的整理,而且是脚踏实地的考查。从此,一方面辨别旧文献的真伪,一方面获得许多新材料。然而朱偰先生吃亏了一着:较比足立喜六氏少一层测量的工作,结果《长安史迹考》所呈献给读者的图表精确多了(数量上的精确)!《金陵古迹图考》往往只绘画了一个粗粗的大概。不但此也,足立喜六氏对于汉、唐的度量衡下了一番工夫,第二章"汉、唐之尺度及里程考"即专述之(鄙意本章虽极珍贵,然终究是一种方法的说明,不宜列入全书本文,而应附录书后,就使非安置在书前,也该标名"引章",目前似破坏全书完整的体裁)。

　　两书都附录有关史迹的诗文若干,频添风韵不少。《长安史迹考》很有选择,所引寥寥,但多精彩;《金陵古迹图考》不然,附录不少,平淡的多,需要删割。而在许多"一经品题,声价十倍"(序)的诗文里,每每发现朱偰先生的创作,恭敬拜读这些创作之后——(不幸,止于现在,我还没有对于这些创作的某一部分发生什么好印象——)觉得朱先生如古代的那些诗人一样的善于"吟咏"由"凭吊"而所触起的情感。诗词之外,朱先生还有应该是散文的游记,如记牛头山之游(叶270)。个人看来:朱先生的韵文,毫无新的意境;朱先生的散文,倒是道道地地一位考古者底。足立喜六氏,在《长安史迹考》里,并没有挤在许多古代的文学家里陪吟,不过感慨、叹惜,甚至悲伤,以及诅咒,都有着的;最有趣的,他带着测量仪器访问史迹的时候,忽然相信因果报应起来了:"惟此陵(武宗端陵)之颓败情景,遥在前陵(德宗崇陵)之上,岂其生前毁佛之报应欤?"(叶218)这正是和西洋许多自然科学者或时变了非常虔诚的宗教信徒的情景相仿佛吧。

　　足立喜六氏底文笔,清丽简洁,流畅有力。这是二十年辛苦的表现,在内容上有长时期的■蓄精炼,在形式上有从容的筹置安排,两方面都很成熟,结果自然也当圆满。朱书连前带后不过三年便告功成,可以说是速成("速成"这两个字的意思够多么好,这里便多么好)!敢说:假如朱先生底家学没有那样深渊,修养没有那样安稳,环境没有那样平静,精神没有那样勤快,三年的短期中,无论如何产生不出这一部成绩已经相当可以的著作。这里笔者表示深深的敬意!我很相信:只要许以时间,朱先生一定可以把他已经匆匆问世的书写得更好些的!譬如说吧,重述的常有。引录的过多,像朱先生那样的一位精神饱满的所谓"少壮学者",是很容易克复的。其实,"内容"的成熟即是"形式"的成熟。朱先生如能辛苦十年,我想,他底成就没有问题会超过足氏二十年所获得的?到那时候,《长安史迹考》固然依旧光焕,一部新的《金陵史迹考》一定后来居上,更灿烂的!《金陵古迹图考》虽然匆匆问世,那也是中国学术界一桩喜事。但朱先生自己不妨以"初稿"视之,作为异日《金陵史迹考》之"少年作"。我知朱先生趣味极广,恐未必恋恋于此。

可是《金陵史迹考》如能澈底完成,也是了结中国史上一大研究题目,意义重大!(第 30 叶"[辛]阳山汤山"一段似脱落汤山部分,不知应否添入?)

两书都缺引得"索引",遗憾!

在触及《金陵古迹名胜影集》之前,愿述杂感若干!

实际史迹保存确是不易,不过像中国这样不爱惜的也很不多!天灾兵祸,无法避免,所摧毁的,也难说了。但是灾祸以外的遭殃,本来是可以避免的,而竟往往并不。朱先生说了一段沉痛的话:

> ……又于次年……前往(牛头山),则已划为要塞区;惟登山路口并无禁牌,亦无哨步,摄影而后始来阻难,经再三交涉,始将所摄之影并片匿没收,军人之不可理喻如此,良可慨叹。余考南都古迹,厄于宪兵者屡矣,凡史迹名胜,经若辈驻扎,则荡然无遗,而犹以要塞区为名,禁人游览。古者守在四裔,今者专株守京畿弹丸地耳!(《金陵古迹图考》第 26 叶)

世界上像样的国家,对于古物,没有不妥善保存的,年来一般社会人士,提起古物的保存,便伤心着发挥了一种论调,大意说是:大好山河都保不了,一大块一大块的丧失,还保存什么一小件一小件的古物。说这话的衷心是悲壮的,可是这话太有语病了。我们相信:土地和古物一样都是我们民族的祖先的遗产,我们不应堕落地说着那些妄浅的话:什么古物不能救亡,土地是要靠在上面活命的。我们只愿意说,并且深信:

> 如果我们无法守卫疆土,
> 我们岂能有力保存古物?
> 如果我们可能收复失地,
> 我们总该亟力爱护古物。
> 丧失了,都丧失了!
> 获得了,都获得了!

"收复失地"和"保存古物"这两个题目之下,都有花花样样的文章可做,好些我们都已经拜读过了。不管青红皂白,一致攻击是错误的。

假借名义的和真心爱护的,岂可负同等的罪名？想到毕沅(清·陕西巡抚)那样的人物,自告奋勇,一手整理关中史迹,着实可以敬重！

朱偰先生有几句话引起个人极大的兴奋：

> 实则金陵一隅,实中国民族思想之策源地。

> 诚能以金陵为国都,长安为西京,北平为北京,番禺为南京,励精图治,不遑宁处,据龙蟠虎踞之雄,依负山带江之胜,则中兴我民族,发扬我国光,其在兹乎！(《金陵古迹图考》第一章第一节)

不久以前,《六十年来之中国与日本》著者《大公报》王芸生先生发表《到北方来！》一文,曾激昂的说：最好连首都也立刻迁到北平去,以示"收复失地"决心等等的话。王先生的呼声使我感动之极,但实际上又是一回事——舆论家不妨唱唱高调,激励民心,不过如能说更切实一点的话更好。北平这城市太古老了,全国灵魂所寄托的首都不宜建立在一种积尘万丈的土地上。况且首都也不合适轻易迁徙。南京的建设已经十年,"外表"现在已经相当可观,足见民财民力已经花费了不少,决不能随便可以放弃的。中国的疆域也真太广,如实在感到政治中心有随机分立的必要,朱先生的意见是相当可以采纳的。国难以来,对于这个问题注意的人很多。但我总认为：现代的首都只能独一,"鞭长"并非"莫及",关键只在一颗坚决的赤心！——这是我个人对于这个重要的问题的意见。

《金陵古迹名胜影集》,原是预备对照《金陵古迹图考》欣赏的,后者"凡例"之(一)声明："惟一图一考,相辅而行,故本书所注图页,皆指《金陵古迹名胜影集》而言也。"了想不到,在事实上,《图考》所注的"图页"几乎全部"指"错了！愈对照愈吃力,真不知道朱先生怎么会造成这样的错误的？这太严重了,请朱先生赶快负责改正吧！

《影集》译名"NANKING",太马虎了。译"HSTORICAL NANKING"如何？

影集共 317 帧,这 317 帧是从 2000 多帧里选出来的；其中 METZENER 氏供给 57 帧,STRASSL 氏供给 56 帧,共 113 帧,陆地测量总局航空测量队供给 12 帧,所以朱氏自摄共 192 帧。航空摄影是鸟瞰式的,都很美丽,《首都志》也借来用的,尺寸也大。朱先生不至于怪我吧？M 氏和 S 氏的作品，大部分的都还相当讲究画面之美，他们对于构图和光影都曾用心，所呈献的成绩也似乎在"真"之外添上了"美"，而朱先生自摄部分每帧至多不过达到"清晰"而已。

朱先生始终以并列的左右双栏为准则，编排了全部的材料，好像新式简单的家用账本那样，引起个人无限的恶感。M 氏和 S 氏的形式或大或小，这是他们懂得如何放大如何裁小的缘故，而朱先生却是呆呆板板，几乎帧帧都是 3 寸 $\times 2\frac{1}{4}$ 寸。不明白朱先生对于这些不知道呢？不注意呢？不在乎呢？（譬如，第一影"台城柳"如放大至 8 寸 $\times 4\frac{1}{2}$ 寸光景，占一全叶，冠首，就不知道要美于原来多少？朱先生或者以为：如果这样，篇幅不够分配了。其实，317 帧也还选的太多，至少必需减去 $\frac{1}{3}$，剩 200 帧，而篇幅却应该增 $\frac{1}{2}$，由 96 叶加至 150 叶——定价也能加上 1 元，改售 3 元 5 角，虽贵，编的好，印的好，也很值得；现在即使稍贱，也还嫌贵。至于考文，不应附图合印，必需另印透明纸，复盖图上，图上只需标明题字已经够了。）

我所期待的一册金陵史迹影集是很美的，但朱先生赏赐了失望与我！我很知道我底期望错了。

（第 162 影"报恩寺碑"[一]是否应改直印？附白。）

香港·1937 年百花■夜

（《书人》1937 年第 1 卷第 3 期）

评杨炼译《长安史迹考》

周一良

日本足立喜六氏著《长安史迹之研究》一书，图片丰富，考订精审，本刊曾介绍之矣，顾其书二巨册，价日金十二元，殊非尽人而能购置，顷知杨炼氏已译为中文，易名《长安史迹考》，由商务印书馆出版，售价二元四角，于是亟购读之，乃披阅之下，不胜失望，此就其大可讥议表著而纠正之。所论止于杨氏译本。原书之评骘，则非此文所及。

一、大抵迻译书籍，无论学术论著，或文艺作品，译者于原书必相当了解认识。不惟其书之优点与劣点，即其影响于彼本国学术界者如何，译为中文后，在中国学术界之地位如何，皆须有深刻之认识，然后制为序文，冠诸篇首，使读其书者知其价值，不至懵然。此书不但无序文，即原书所具，理应照录者，如昭和八年（民国二十二年）十二月二十五日初版发行，列入东洋文库论丛第二十之一及二，皆不待搜讨而知，亦付阙如，三十年前林畏庐之译小说容可如是，今日固不应尔矣。且闻书店之购译稿，必使译者附以原书，商务想亦遵此例，何以编辑先生欲知原书之由来，而读者反无此权利耶？商务史地小丛书中有杨炼氏译《中国历代社会研究》一册，乃集合论文九篇而成，亦俱不注出处，殊违译书体例（编者按：杨君译《中国历代社会研究》，本刊第一〇八期亦尝指其多乖译例，与此意不谋而合）。

二、译事三难，首重在信。此书文字之不合原文者姑俟后举，盖犹可诿为了解能力之薄弱也；唯删节颠倒，而不著出，斯为大失。原书图版别为第二册，凡一百七十帧，图旁有简单之记注，并标示其方向，须详注者另为图版解说补遗，凡二十四则，附于第二册之首，第一册卷末又附珂罗版著者藏光绪十九年十月舆图馆测绘陕西省城图。盖此书长处即在图版之丰美,而译本止存五十二帧,附于卷首,不抵三分之一;陕西省城图及西安诸唐碑碑额、碑侧之花纹等图,悉被删除;且原书百分七十帧图版依书内所述次序排列,译本悉颠倒错乱之。因图版之删除与颠倒,于是势必更改原书页十一之小引(即例言)而后可(见译本页三第一行),然杨氏固未尝注明也。原书(第)十一章外教之寺院有(五)回教徒之风俗,(六)同治年间回教徒之骚乱二节(页二四四至二四六),译本无。盖西安寺院多毁于同治时之回乱,故著者略附及之,杨氏岂以为无关重要而删除之耶?著者之测量偶用中国尺度,然十之七八,系用日本尺度,皆分别著明。译者一切删去,或换算公尺,然百不一二。大抵删除其若干尺之上"我"(谓日本)字,而数字仍旧,于是尽成中国尺度矣,其贻误可胜言哉!此外漏译处如译本页二十一:"首先精测其环之直径时",句下据原书页二八,脱"各为曲尺九分二厘,与大泉五十钱同大。次由刀之大小端精测其最长距离"云云一节,遂与下"各一寸五分二厘"之文不相接。页廿四:"本邦钱尺即唐尺。"据原书页三一,"唐"字下当有"大"字。页三三:"六千六十五步",据原书页四三"六千"下脱"六百"二字。页六五:"方中一顷",据原书页八二,"一顷"上当有"方"字。页九六:"关于长安之旧文献",据原书页一一八,"长安"上当有"唐代"二字。页一一一:"(次东广化坊)"下据原书页一三五脱衍字。页一〇七:"外郭城东西一十八里一十五步",据原书页一三一,"里"字下脱"一百"二字。页一四二:"但以之与实测者较,尚属一致。"据原书页一七〇,此下脱"其错误之处尚在可恕范围,故足信为真正之长安城图"二语。凡此有意之删削与无意之漏落,对原书及读者,俱为不忠实。

三、此种学术文字,汉文最多,故稍通日文者,类能译之。足立氏原文极平易,尤不应生错误,而杨氏译文中错误屡见,至足惊诧。由其错误观之,译者日文程度似不高。书中文字每欠通顺,史学常识亦颇缺乏,固不仅草率疏忽而已也。今止摘其误译及文字不明显之甚者论列之。序页二:"……一切都市生活之内容,使日本所酝酿之王朝时代士民之都市生活,促进上代文化之发达,而具唐风。"据原书序页二当译为:"……所有都市生活之外表与内容,悉为日本王朝时代都市士民所吸收,使日本上代文化愈益发达,而具唐风。"同页:"苟日本遣唐使与留学生所勾留之长安城内外之风华景物,却使日本国民明悉,且得彻底的模仿之。其凤阙龙楼……使检讨……"按原书序页二,当译为:"日本国民对遣唐使与留学生所勾留之长安城,于其城内外之风华景物,悉知晓之,且彻底地模仿之。其凤阙龙楼……则检讨……"同页:"其城若以盛时皇城区域为中心,则仅占其东北两方而已。"据原书序页三当译为:"仅以盛时之皇城为中心,而稍稍扩张其北面与东面。"小引页四:"就中尤以隋唐时代浸润日本文化甚大。"据原书小引页十三当译为:"与日本之关系为最深。"本极简单,若如杨氏译文,不惟语意含糊,且似唐代文化受日本影响矣。页十五:"匈奴种刘曜率其叔刘渊所建之一汉族自立为王。"稍具历史常识者应感是语之含混,据原书页二十,当译作:"刘曜——出于匈奴族而建立汉国之刘渊之族人——自立为王。"页二十一:"试以精测货布各部之汉尺……而求其此率时。"据原书页二八,当译为:"试精测货布,求汉尺……之比率。"页二五:"故知黍尺即小尺,晋前尺与秦汉尺相同。"据原书页三二当译为"故黍尺——即小尺——与晋前尺——即秦汉尺——相同"。页三六:"现在洛阳至西安,为铁道线距离较短。"据原书页四六当译为:"今洛阳与观音堂之间为铁道,自观音堂至西安为旱路,系邮路故为最短距离。"盖著者写此书时观音堂至西安间铁路犹未敷设也。页五四:"而经营于死后之状况焉。"据原书页六六"于"字当译作"其"。页五八:"与《三辅黄图》所记完全一致。"据原书页七十,"完全"当译为"大略",盖《三辅黄图》谓长安城周围六十五里,而《汉旧仪》谓长安城方六十三里,固非完全一致,译者何疏略乃尔耶?又页五八:"又长乐宫之北,明光宫之西,未央宫之北有北宫及桂宫。"据原书页七二,当译作:"又长乐宫之北,有明光宫;未央宫之北,有北宫及桂宫。"苟如译者所云,则与页五七之汉长安故城图不符矣。页六二"与城壁西端相并行",据原书页七七,"与"字当作"自"。页六四:"黄肠以柏木黄心为椁。"据原书页八一,当译为"黄肠乃柏木之黄心,用以累积于棺之周围者"。页六八:"而于陵高,则较不增加。"据原文页八五当译作:"而于陵高则不按比例增加。"页六九:"除西汉诸帝之山陵外,皆被盗掘。"据原书页八五,当译作:"西汉诸帝之山陵皆被盗掘,无一例外。"译者适得其反。页九二:"以舍利塔来礼者。"据原书页一一三当译作:"盖彼来礼舍利塔者。"页九三:"惟不得如上之推测也。"据原书页一一四,当译为:"惟不能作更进一步之推测耳。"页九五:"复以不能辨认隋朝遗址之存在。"据原书页一一七,当译为:"复无确能辨认为隋朝遗址者之存在。"页九六"制作文献上之长安城抽象图",抽象二字殊不得当,据原书页一一七,当译为:"制作由文献上看来之长安城构成图。"页九七记程大昌《雍录》:"余犹未见其珍本也。"又:"稿成之后,见及明嘉靖年间刊行之定本。"按原书页一一九,皆作"完本"。完本者足本之谓,译者不之知,遂臆译为"珍本"、"定本"。页九七:"但经训堂本,明嘉靖刊本中唐宫城坊市总图,唐皇城图,唐京城坊市图等书,类皆仅备其目。"据原书页一一九,当作:"但经训堂本,明嘉靖刊本中唐宫城坊市总图、唐皇城图、唐京城坊市图等,类皆仅备其目。"盖诸图皆长安志图中之一部分,著者谓各本长安志图中诸图皆有目无书耳,译者误以为诸图亦为书,则"其"字将何所指乎?页九八:"仅据宋敏求《长安志》城坊中之金石与随笔等,而聊加增补。"据原书页一二〇,当译作:"仅据守敏求《长安志》之城坊,更依金石随笔等补若干事实。"页一〇八:"是以照《六典》所举之坊数,以长安实际之坊数,更控除西坊为百八坊。"据原书页一三二,当译作:"故《六典》止举计算上之坊数,长安实际之坊数,须更控除两坊,为百八坊。"页一二〇:"同为相近百步广阔之大街也。"据原书页一二六,当译为:"同为阔及百步之大街也。"页一五三,述韦杜二曲及曲江,有:"地处城外,脱离城俗,然以接近城之东南隅,故与长安中心之热闹处相隔不远。"意义颇不明了。据原书页一八五,则当译为:"前者地处城外,脱离城俗;此则在城内东南隅……"前者指韦杜二曲,后者则指曲江,截然有别,译者混而一之,诚聩聩矣。页一六五记景龙观钟铭朱拓本可免水火之灾,谓:"其被人尊崇,有足多者。"据原书页二百当译作:"尊崇而信仰之者颇多。"译文诚不知所云。页二〇八:"相传此墓系根据汉代伟功之霍去病墓先例。"据原书页二五四,当译作:"系取则于汉代霍去病墓之传其伟绩。"页二〇九:"后世探望此碑者,类多以行于田圃为苦,而厌弃之,复因农民无知,破剥其文字。"据原书页二五五,当译作:"后世探访此碑之雅人甚多,每每践踏田禾,农民厌之,破剥其文字。"

　　译者之疏忽，每沿袭日文所用字而忘更易，如页五一："村内有呼阿房宫古坟形之丘陵。""呼"当译曰"名"。页五二："即彼不诈之心事也。""不诈"当译曰"真正"。页六九："仅残柱础。""残"当译曰"剩"。页九〇："前方刻扉状与锭形。""锭"当译曰"锁"。页一六四："所载之寸法。""寸法"当译曰"尺寸"。又如半肉雕乃雕刻上之专名，而译者不之知，页一八三、一八五、二〇六、二一一，译为半裸或半裸刻，俱不词。页一六三、一六五之"当局"原书俱作按察使，译者臆改，殊为失当。又如页二〇六谓昭陵蕃酋石像"惜今未见其一"，语意若在而未得见者，实则当作"今已一无所见"，盖已俱不存在矣。其他文字欠妥类此者不一而足，不赘论。原书征引中国载籍，每有误字，译者未能改订。反有原书不误而译本致误者，如页一五一之"天宝十年"，原书页一八二作"十载"；页六七、七三之"尉侯"，原书页八二、九一俱作"尉候"，是也。

　　要之，此译本不可谓无遗憾，再版时能加修正，则所望于杨氏及商务书馆者也。

二十五年元旦夜写竟

　　编者按：中国因未加入国际出版协会，故吾国凡译外国文书籍，均可不必商求原著者之同意，而得径自翻译出版，此在法律上固无问题。盖吾国对于各种新学问，犹在介绍期中，翻译之事，自经济上及学术上观之，自为必要。然对于原著必须忠实，凡损益删改之事，译者宜当声明，使读者不致因译本之谬误而致疑于原书，此为一种道德。若仅为逐什一之利而草率将事，则非吾人所敢望也。

（《大公报·图书副刊》1936年1月23日）

图书在版编目(CIP)数据

近代中国学者论日本汉学 / 贾菁菁编校. —上海：上海古籍出版社，2018.11
(中国近代史学文献丛刊)
ISBN 978-7-5325-8990-6

Ⅰ.①近… Ⅱ.①贾… Ⅲ.①汉学—研究—日本—近代 Ⅳ.①K207.8

中国版本图书馆CIP数据核字(2018)第225668号

中国近代史学文献丛刊
近代中国学者论日本汉学
贾菁菁　编校
上海古籍出版社出版发行
(上海瑞金二路272号　邮政编码200020)
(1) 网址：www.guji.com.cn
(2) E-mail：guji1@guji.com.cn
(3) 易文网网址：www.ewen.co
浙江新华数码印务有限公司印刷
开本635×965　1/16　印张34.5　插页5　字数497,000
2018年11月第1版　2018年11月第1次印刷
ISBN 978-7-5325-8990-6

K·2553　定价：138.00元
如有质量问题，请与承印公司联系